Generis
PUBLISHING

I0894903

Opciones Energéticas

Una Mirada del Presente al Futuro

Jorge Morales Pedraza

Title: Opciones Energéticas

Una Mirada del Presente al Futuro

ISBN: 979-8-88676-203-7

Author: Jorge Morales Pedraza

Cover image: www.pixabay.com

Publisher: Generis Publishing
Online orders: www.generis-publishing.com
Contact email: info@generis-publishing.com

El libro describe la situación actual y las perspectivas de desarrollo de las energías convencionales y renovables a nivel mundial, así como en un grupo importantes de países y regiones.

A mis queridos nietos Mikail y Adrián

Agradecimientos

Este libro es una realidad gracias al apoyo y el trabajo de dos personas. Sin lugar a duda, el apoyo dado por mi esposa Aurora Tamara Meoqui Puig ha sido muy importante pues me ha proporcionado el tiempo y la tranquilidad necesaria para poder investigar y elaborar los diferentes capítulos del libro. Por otro lado, el trabajo de revisión y el apoyo dado por el ingeniero Alejandro Seijas ha sido muy importante para preparar, con la calidad indispensable, cada uno de los capítulos del libro, así como por la elaboración de algunas de las figuras incluidas en los mismos. Quiero aprovechar la ocasión para felicitar a mi estimado amigo y colaborador Alejandro y a su esposa por el nacimiento de su hijo Bruno.

Prefacio

La elaboración de un libro siempre es una tarea compleja que requiere de mucho tiempo de investigación y estudio. Si el tema principal del libro es sobre las opciones energéticas de países y regiones, entonces la tarea es mucho más compleja y difícil, debido a los múltiples factores que intervienen a la hora de estructurar una matriz energética técnicamente viable, económicamente posible, con el menor impacto negativo en el medio ambiente y la población, y que permita satisfacer plenamente sus necesidades energéticas.

El presente libro tiene nueve capítulos, se han incluido 185 figuras y se han elaborado 44 tablas con abundante información sobre las opciones energéticas de diferentes regiones y países para que el lector pueda comprender la importancia de tener en cuenta, durante la elaboración de la matriz energética de un país o región dada, las diferentes opciones energéticas disponibles y su peso no solo dentro del país sino también dentro de la región donde se encuentra localizado y a nivel mundial.

El capítulo I aborda el tema de las diferentes fuentes energéticas que están disponibles para la generación eléctrica a nivel mundial. ¿Porque el tema de la energía es tan importante para los países independientemente de la región donde estos se encuentran? No debe haber duda alguna sobre el hecho de que sin energía no hay desarrollo. Debido a ello, la producción de electricidad es la columna vertebral de los sistemas energéticos a nivel mundial. La electricidad alimenta a un número creciente de actividades, haciendo de la electrificación una mega tendencia dando forma decisiva a la sociedad y el medio ambiente. Si bien esto implica cambios drásticos y nuevas preguntas para responder, también ayuda a abordar algunos problemas espinosos con los que se enfrentan todos los países al tratar de aprovechar al máximo todas las fuentes de energía existentes en el país o que requieran ser importadas para satisfacer sus necesidades energéticas.

En este capítulo se estudian, además, las diferentes fuentes de energías existentes en el mundo para la generación eléctrica, entre las cuales se encuentran las siguientes:

- Combustibles fósiles. Dentro de este grupo se encuentran el petróleo, el gas natural, y el carbón;
- Energías renovables. Dentro de este grupo se encuentran la energía hidroeléctrica, la energía eólica, la energía solar, la bioenergía, la energía geotérmica, la energía de las olas, entre otras;
- Energía nuclear. A pesar de ser una fuente muy controversial en muchos países, no es posible ignorar su uso por cuestiones de política y no técnicas o económicas.

El capítulo I le ofrece al lector la última información disponible sobre los niveles de las reservas de los combustibles fósiles existentes a nivel mundial y por regiones, la evolución de sus niveles de producción y consumo durante los últimos años, los niveles de generación eléctrica de las diferentes fuentes energéticas a nivel mundial y su proyección hasta el 2030, la estructura de la matriz energética mundial actual y hasta el 2030, el nivel de las inversiones en las diferentes fuentes energéticas hasta el 2030, entre otros tópicos de interés. No es posible considerar el papel de los combustibles fósiles en la matriz energética de un país o región, sin conocer las reservas de todos estos tipos de combustibles ya que todas ellas son limitadas.

Con respecto a las energías renovables puede afirmarse que hay suficientes tipos de fuentes de este tipo para reemplazar el uso actual de combustibles fósiles para la generación de electricidad en todo el planeta y de esta forma reducir el negativo impacto que estas tienen en el medio ambiente y la población.

El capítulo II le brinda al lector la última información disponible sobre los países más contaminantes a nivel mundial. Entre los países analizados en este capítulo se encuentran China, India, los Estados Unidos (EE.UU), y la Federación Rusa (Rusia), y se exponen las causas por las cuales estos países son tan contaminantes.

En este capítulo se incluye, además, la última información disponible sobre las reservas, producción, y consumo de los diferentes combustibles fósiles disponibles a nivel de cada uno de estos países, se analiza la participación de cada uno de los diferentes tipos de combustibles fósiles en la generación eléctrica de los países anteriormente señalados, así como también el papel que juegan las diferentes fuentes de energías renovables y de la energía nuclear en sus respectivas matrices energéticas. Por último, el capítulo

II contiene una valoración de cual podría ser la estructura futura de las matrices energéticas de China, India, Estados Unidos, y Rusia, y el papel de las diferentes fuentes energéticas disponibles para satisfacer sus necesidades energéticas durante los próximos años.

El capítulo III está dedicado a ofrecerle al lector un análisis de la situación actual y las perspectivas del sector energético de España. La razón de incluir un capítulo independiente del libro para España es que este fue utilizado, junto a lo expuesto en los demás capítulos del libro, como base para una conferencia que sobre el sector energético español fue impartida por mí en un seminario de Maestría en la Universidad Internacional de Valencia en el año 2020, y en el que se analizó el sector energético español y de otros países y regiones, y sus perspectivas de desarrollo en el marco de la Unión Europea, América Latina y el Caribe, y la región del Asia y el Pacífico. En este capítulo se analiza, además, la política energética de España, el papel de los combustibles fósiles en la matriz energética actual y su perspectiva de desarrollo para los próximos años, el papel de las energías renovables como base principal de la futura estructura energética de España, así como el de la energía nuclear, fuente energética que se ha previsto su exclusión de la matriz energética española después del 2035, según los planes aprobados por el gobierno, entre otros tópicos de interés.

En el capítulo IV se incluye una visión actualizada y las perspectivas de desarrollo del sector energético a nivel de la Unión Europea (UE), los niveles de reservas de los diferentes combustibles fósiles existentes en la región, sus niveles de producción y consumo durante los últimos años, el papel de las energías renovables como base de la futura estructura energética de la región y su evolución durante los últimos años, así como el papel que la energía nuclear podría jugar en la generación de electricidad para alcanzar el objetivo de cero emisión de gases contaminantes para el 2050 a nivel de toda la UE, entre otros importantes tópicos. El capítulo IV incluye, además, un análisis del posible desarrollo del sector energético a nivel de la UE, así como del papel que podrían jugar las diferentes fuentes energéticas en la generación de electricidad con el objetivo de alcanzar la meta de cero emisión de gases contaminantes en el 2050.

En el capítulo V se le ofrece al lector una visión actualizada y las perspectivas de desarrollo del sector energético a nivel de América Latina y el

Caribe, los niveles de reservas de los diferentes combustibles fósiles existentes en la región, sus niveles de producción y consumo, y su evolución durante los últimos años, el papel de las energías renovables como base de la futura estructura energética de la región y su evolución en un periodo dado, así como el papel que la energía nuclear podría jugar en la generación de electricidad en un grupo de países, entre otros importantes tópicos. El capítulo V incluye, además, un análisis del posible desarrollo del sector energético a nivel de América Latina y el Caribe, así como del papel que podrían jugar las diferentes fuentes energéticas para satisfacer sus futuras necesidades de energía.

El capítulo VI le brinda al lector una visión actualizada y las perspectivas de desarrollo del sector energético a nivel de la región del Asia y el Pacífico, los niveles de reservas de los diferentes combustibles fósiles existentes en la región, sus niveles de producción y consumo, y su evolución durante los últimos años, el papel de las energías renovables como base de la futura estructura energética de la región y su evolución en un periodo dado, así como el papel que la energía nuclear podría jugar en la generación de electricidad a nivel de toda la región y en un grupo de países, entre otros importantes tópicos. La relevancia del capítulo VI radica en el hecho de que la región del Asia y el Pacífico se prevé se convierta en la región de mayor crecimiento energético a nivel mundial y con un crecimiento de la demanda que se espera sea la mayor a ese nivel durante las próximas décadas. Este capítulo incluye, además, un análisis del posible desarrollo del sector energético de toda la región del Asia y el Pacífico, así como del papel que podrían jugar las diferentes fuentes energéticas para la generación de electricidad, en particular las energías renovables y la energía nuclear.

El capítulo VII analiza en detalle la situación actual y las perspectivas de desarrollo de las diferentes fuentes de energías renovables en la generación eléctrica a nivel mundial, por regiones y en un grupo seleccionado de países, las capacidades instaladas por tipo de energía renovable y su evolución durante los últimos años, así como los niveles de generación eléctrica producida por cada una de ellas y su evolución reciente, entre otros tópicos de interés. El capítulo VII incluye, además, un análisis detallado de las perspectivas de desarrollo de las diferentes fuentes de energías renovables durante los próximos años a nivel mundial, regional, y en un grupo seleccionado de países.

En el capítulo VIII se incluye la última información disponible sobre el papel de la energía nuclear en la generación eléctrica a nivel mundial, por regiones, y en un grupo selecto de países, la cantidad de reactores nucleares de potencia en operación y su capacidad de generación por países, regiones, y a nivel mundial, la cantidad de unidades en construcción por países, regiones, y a nivel mundial y su capacidad de generación, los tipos disponibles de reactores nucleares de potencia, el papel actual y futuro de la energía nuclear en la matriz energética de más de 30 países de todas las regiones geográfica, entre otros tópicos de interés. El capítulo VII incluye, además, un análisis detallado de las perspectivas de desarrollo de la energía nuclear a nivel mundial y por regiones durante los próximos, entre otros tópicos de interés.

Por último, el capítulo IX le ofrece al lector un resume de aquellos elementos más relevantes incluidos en los diferentes capítulos del libro.

El Autor

Contenido

Capítulo I

Fuentes de energías para la generación eléctrica

Visión general

Sin energía no hay desarrollo. Debido a ello, a electricidad se conoce con frecuencia como la nueva columna vertebral de los sistemas energéticos a nivel mundial. La electricidad alimenta a un número creciente de actividades, haciendo de la electrificación una mega tendencia dando forma decisiva a la sociedad y medio ambiente. Si bien esto implica cambios drásticos y nuevas preguntas para responder, también ayuda a abordar algunos problemas espinosos con los que se enfrentan todos los países al tratar de aprovechar al máximo todas las fuentes de energía existentes en el país o que requieran ser importadas para satisfacer sus necesidades energéticas (Aalto y otros, 2021).

Las diferentes fuentes de energías existentes en el mundo para la generación eléctrica actúan como un importante catalizador de la electrificación. Las diferentes fuentes energéticas disponibles en el mundo pueden ser agrupadas de la forma siguiente:

- **Combustibles fósiles**. Dentro de este grupo se encuentran el petróleo, el gas natural, y el carbón. Las reservas de todos estos tipos de combustibles fósiles son limitadas;
- **Energías renovables**. Dentro de este grupo se encuentran la energía hidroeléctrica, la energía eólica, la energía solar, la bioenergía, la energía geotérmica, la energía de las olas, entre otras. Hay suficiente fuentes de energía renovables para reemplazar el uso actual de combustibles fósiles para la generación de electricidad en todo el planeta;
- **Energía nuclear**.

Muchos países continúan dependiendo en gran medida de los combustibles fósiles, no solo para la generación de electricidad, sino también para el funcionamiento de los sectores de transporte e industria. Según Capuano (2018) en el documento titulado "International Energy Outlook 2018," el petróleo y el gas representaron más de la mitad del consumo mundial de energía y capturaron cerca del 70% de la inversión total en suministro de energía entre 2000 y 2015. Los sistemas de transporte del mundo dependen casi por completo de los suministros de petróleo. Pero el uso de combustibles fósiles tiene una limitación importante: no solo existen en una cantidad limitada, sino que son muy perjudiciales para el medio ambiente, especialmente el petróleo y el carbón. Los combustibles fósiles, como el petróleo, el carbón, y el gas natural, cuando son utilizados para la generación eléctrica y otros fines, producen gases de efecto invernadero y aunque contribuyen significativamente a la contaminación del medio ambiente y son los máximos responsables del cambio climático (Nautiyal, Singal, Varun y Sharma, 2011), son las fuentes de energía más económicamente disponibles para la inmensa mayoría de los países del mundo no solo en la actualidad sino también en el futuro inmediato. Los beneficios climáticos de la transición del uso de los combustibles fósiles a las diferentes fuentes de energías renovables para la generación eléctrica son muchas veces impugnados ya que algunos piensan que esta transición puede obstaculizar la conversión de la industria en menos empresas con mucho menos influencia en el medio ambiente que las actuales. Sin embargo, el mayor problema desde la perspectiva del medio ambiente es la creciente demanda de energía a nivel global. Este aumento se alimenta fundamentalmente por las crecientes necesidades energéticas de los países desarrollo, principalmente de los llamados "países emergentes", los que consumen la mayor parte del suministro de combustibles fósiles a nivel mundial, mientras que aumentan simultáneamente el uso de las diferentes fuentes de energías renovables para la generación de electricidad. En otras palabras, el volumen del consumo de combustibles fósiles puede aumentar globalmente durante los próximos años, a pesar de la desinversión en el sector, junto con la expansión del volumen de la generación eléctrica de las diferentes fuentes de energías renovables y al aumento de su participación en la matriz energética mundial (Aalto y otros, 2021). Las regiones y países en donde se podría producir este fenómeno incluye el sudeste de Asia, India, y el Medio Oriente (IEA 2019 a, Anexo A).

En el 2019, el carbón, el gas natural y el petróleo representaron el 84,3% del consumo mundial de energía primaria. El petróleo, a pesar de ser utilizado cada vez menos para la generación eléctrica en muchos países (33,1% del total), alimenta la mayoría de los automóviles que circulan en el mundo y es la fuente principal para satisfacer la demanda actual de plásticos, mientras que el gas natural (24,2% del total) y el carbón (27% del total) calientan y electrifican los hogares de millones de personas en todo el mundo. El transporte masivo también es impulsado en gran medida por los combustibles fósiles, especialmente petróleo.

El gradual agotamiento de algunos de estos combustibles fósiles y la creciente demanda de ellos en los países en desarrollo más avanzados, son algunos de los mayores desafíos que enfrentará el mundo con respecto a la seguridad energética durante las próximas décadas (Dadwal, 2009). Con el aumento del consumo mundial de energía, los países no pueden seguir dependiendo de la oferta de combustibles fósiles (Demirbas, 2007), y deben tratar de encontrar otros tipos de fuentes de energía para satisfacer en el futuro el aumento esperado de la demanda de energía, particularmente de electricidad.

La evolución prevista del consumo de energía a nivel global durante la próxima década viene marcada por cuatro factores que están entrelazados. El primero es el imperativo medioambiental, centrado en el cambio climático. El segundo es la adopción de medidas para lograr una menor participación del carbón en la generación eléctrica dentro de la matriz energética mundial, con el fin de reducir las emisiones de dióxido de carbono y otros gases contaminantes, y alcanzar la descarbonización del sector energético a ese nivel. El tercero son las mejoras de la red eléctrica (electrificación). El cuarto y último factor es la reducción de la intensidad energética.

Es muy importante tener presente que los responsables de la política económica en los diferentes países, especialmente en los países en desarrollo, deberán conciliar el control de la contaminación medioambiental con las legítimas aspiraciones de crecimiento económico de las economías de estos países. El tránsito al uso de una energía limpia como las energías renovables en sustitución del uso de los combustibles fósiles en la generación eléctrica, solo podrá lograrse si se tienen en cuenta los cuatro factores anteriormente mencionados, en especial la reducción de la intensidad energética[1] (Singla, 2019).

---

[1] La intensidad energética es la cantidad de energía consumida por unidad de PIB y de su reducción depende que se puedan cumplir los objetivos marcados en política medioambiental trazada por la comunidad internacional para combatir el cambio climático.

Es una realidad innegable que la producción de energía, particularmente la generación de electricidad y su crecimiento sostenido, constituyen elementos indispensables para garantizar el progreso económico y social de cualquier país. Por esta razón, el uso de todos los tipos de fuentes de energía disponibles en un país para la generación eléctrica y otros fines debe estar siempre en la mente de los políticos y expertos en energía durante la elaboración de la mejor combinación posible de las diferentes fuentes de energía para conformar la matriz energética del país (ver Tabla 1).

El problema que enfrenta el mundo ahora es cómo satisfacer el aumento previsible de la demanda de energía, particularmente la demanda de electricidad, utilizando todas las fuentes de energía disponibles de la manera más eficiente y económicamente posible, y sin aumentar la emisión de CO_2 y otros gases de efecto invernadero a la atmósfera. Para ello se deben analizar las diferentes fuentes de energía renovable mencionadas anteriormente y determinar cómo se pueden utilizar para satisfacer esta demanda, o al menos una parte importante de ella, sin afectar el medio ambiente.

Sin embargo, hay ciertos factores que deben ser considerados por las autoridades competentes de cualquier país durante la selección de la combinación más eficiente y económica de las diferentes fuentes de energía existentes en el país para la generación de electricidad. Por ejemplo, el uso de combustibles fósiles para la generación eléctrica es un contribuyente importante y creciente a la emisión de CO_2. Debido a ello, cualquier aumento en el uso de este tipo de fuente de energía con este propósito específico, tendrá como resultado el aumento de la emisión de CO_2 a la atmosfera que es muy contaminante, junto a otros gases de efecto invernadero[2].

Producción y consumo mundial de energía

La producción de energía por país y región durante el periodo 1995-2019 se muestra en la Tabla 1.

[2] Un gas de efecto invernadero (GEI) es un gas atmosférico que absorbe y emite radiación dentro del rango infrarrojo. Este proceso es la fundamental causa del efecto invernadero. Los principales GEI en la atmósfera terrestre son el vapor de agua, el dióxido de carbono, el metano, el óxido de nitrógeno, y el ozono. Sin los gases de efecto invernadero la temperatura promedio de la superficie terrestre sería alrededor de −18 °C, en lugar de la media actual de 15 °C. (Wikipedia Gas de efecto invernadero, 2019).

Tabla 1: Producción de energía por país y región durante el periodo 1995-2019 (millones de toneladas de petróleo equivalente)

País o región	2000	2005	2010	2015	2018	2019
UE-27	679	706	697	654	628	608
China	1.124	1.671	2.235	2.504	2.594	2.719
EE.UU	1.666	1.630	1.723	2.022	2.158	2.310
Rusia	978	1.203	1.280	1.334	1.484	1.530
Asia (excluyendo a China)	2.585	3.027	3.445	3,777	4.083	4.056
Medio Oriente	1.327	1.521	1.632	1.895	2.043	1.979
África	877	1.076	1,162	1.104	1.171	1.187
Resto del mundo	2.764	700	601	441	294	356
Total mundial	9.999	11.535	12.775	13.728	14.454	14.745

Fuente: EU Energy in Figures 2021

De acuerdo con los datos de la Tabla 1 se puede afirmar que, en el 2019, China fue el país que produjo la mayor cantidad de energía a nivel mundial (18,4% del total mundial), seguido de los EE.UU (15,7%), y Rusia (10,4%). La producción de energía de China en el 2020 alcanzó la cifra de 2.749 millones de toneladas de petróleo equivalente, un 1,1% mayor que la reportada en el 2019. En el 2020, EE.UU registró una producción de energía de 2.190 millones de toneladas de petróleo equivalente, que representa un 5,5% superior a la registrada en el 2019. Rusia reportó en el 2020, una producción de energía de 1.402 millones de toneladas de petróleo equivalente, que representó un crecimiento del 9,1% con respecto a la reportada en el 2019.

El consumo de energía por país y región durante el periodo 2000-19 se incluye en la Tabla 2.

Tabla 2: Consumo final de energía por país y región durante el periodo 2000-19 (millones de toneladas de petróleo equivalente)

País o región	2000	2005	2010	2015	2018	2019
UE-27	1.027	1.092	1.070	994	1.021	1.015
China	791	1.234	1.652	1.979	2.065	2.101
EE. UU.	1.546	1.563	1.513	1.511	1.593	1.588
Rusia	418	412	447	453	514	521
Asia (excluyendo a China)	1.572	1.813	2.118	2.356	2.512	2.558
Medio Oriente	240	312	416	492	499	510
África	363	432	496	564	601	613
Resto del mundo	772	777	731	667	673	655
Total mundial	7.004	7 953	8.801	9.403	9.901	9.983

Fuente: EU Energy in Figures 2021

Según los datos incluidos en la Tabla 2, el país que mayor cantidad de energía consumió en el 2019 fue China (21%) seguido de los EE.UU (15,9%), y Rusia (5,2%). Los países y regiones que consumieron más energía que la que produjeron fueron la UE, China, los EE.UU y la región de Asia, excluyendo a China. En ese mismo año, la producción de energía a nivel mundial fue casi 48% mayor que el consumo reportado.

Por tipo de combustible, la evolución de la producción mundial de energía durante el periodo 2000-19 se puede apreciar en la Tabla 3.

Tabla 3: Evolución de la producción mundial de energía por tipo de combustible durante el periodo 2000-19 (millones de toneladas de petróleo equivalente)

Tipo de combustible	2000	2005	2010	2015	2018	2019
Petróleo y productos	3.711	4.060	4.105	4.428	4.563	4.549
Combustibles sólidos (carbón fundamentalmente)	2.277	2.997	3.662	3.868	3.915	4.002
Gas natural	2.060	2.367	2.711	2.965	3.287	3.431
Energías renovables	1.254	1.366	1.545	1.755	1.935	1.988
Energía nuclear	675	722	719	670	707	728
Otras fuentes de energías	22	23	34	41	48	48
Total	9.999	11.535	12.775	13.728	14.454	14.745

Fuente: EU Energy in Figures 2021

Como se puede apreciar en la Tabla 3, los combustibles fósiles generaron, en el 2019, el 81,3% del total de la energía producida en el mundo (11.982 Mtoe). Las energías renovables produjeron, en el mismo año, solo el 13,5% del total. Sin embargo, el uso de las energías renovables para la generación eléctrica creció un 58,5% durante el periodo 2000-19, mientras que la producción de energía mediante el uso de combustibles fósiles creció un 48,9% en el mismo periodo.

A su vez, la evolución mundial del consumo final de la energía producida, por tipo de combustible, durante el periodo 2000-19 se muestra en la Tabla 4.

Tabla 4: Evolución mundial del consumo final de la energía producida, por tipo de combustible, durante el periodo 2000-19 (millones de toneladas de petróleo equivalente)

Tipo de combustible	2000	2005	2010	2015	2018	2019
Petróleo y productos	3.118	3.444	3.596	3.829	4.020	4.036
Combustibles sólidos (carbón fundamentalmente)	542	825	1.057	1.101	965	950
Gas natural	1.119	1.195	1.346	1.422	1.603	1.634
Energías renovables	877	921	981	1.033	1.062	1.078
Electricidad	1.092	1.301	1.538	1.743	1.932	1.965
Calor	248	260	275	272	305	306
Otras fuentes de energías	7	7	8	10	13	14
Total	7.004	7.953	8.801	9.408	9.901	9.983

Fuente: EU Energy in Figures 2021

Según los datos incluidos en la Tabla 4 se puede afirmar que el consumo de los combustibles fósiles a nivel mundial fue muy alto (66,3%) durante el periodo 2000-19, mientras que las energías renovables solo representaron el 10,8% del total de la energía consumida en el periodo bajo consideración.

La generación de electricidad por tipo de combustible durante el periodo 2000-20 se muestra en la Tabla 5.

Tabla 5: Generación de electricidad por tipo de combustible durante el periodo 2000-20 (TWh)

Tipo de combustible	2000	2005	2010	2015	2016	2017	2019	2020
Petróleo y productos	1.207	1.135	977	976	926	842	825,3	758,0
Combustibles sólidos (carbón fundamentalmente)	5.494	7.322	8.666	9.553	9.587	9.863	9.824,1	9.421,4
Gas natural	2.760	3.704	4.839	5.5.76	5.834	5.883	6.297,9	6.268,1
Energías renovables	2.830	3.297	4.201	5.537	5.933	6.269	7.027,7	7.443,8
Nuclear	2.591	2.768	2.756	2.570	2.608	2.636	2.796	2.700,1
Otras fuentes de energías	54	67	90	100	108	113	233,6	231,8
Total	15.436	18.293	21.529	24.313	24.986	25.606	27.004,7	26.823,2

Fuente: EU Energy in Figures 2019 y BP Statistical Review of World Energy 2021

Tal y como se muestra en la Tabla 5, los combustibles fósiles generaron el 61,3% del total de la electricidad producida en el 2020 (16.447,5 TWh), las energías renovables el 27,8% y la nuclear el 10,1%. Durante el periodo bajo consideración la generación de electricidad a base de combustibles fósiles creció un 73,8% mientras que las renovables creció 2,6 veces y la nuclear solo un 1,04 veces. Sin embargo, desde la década del 2000, el aumento de la conciencia mundial sobre los negativos efectos del cambio climático en los diferentes países producto de la quema de los combustibles fósiles para la generación eléctrica, junto con las vulnerabilidades asociadas con las importaciones de combustibles fósiles y una posible situación de haber alcanzado un nivel muy cerca del tope de las reservas de petróleo, ha provocado que la atención vuelva hacia las energías renovables. En el 2019, el sector de producción de energía fue la fuente principal (41%) de las emisiones de CO_2 (IEA, 2020 b).

Debido a ello, un cambio a gran escala en el sector energético es, por tanto, crucial para una transición energética hacia la neutralidad climática, y las energías renovables son cruciales para alcanzar este propósito. Se espera que para el 2050, el uso de las energías renovables logren alcanzar su primacía histórica. Las diferentes soluciones tecnológicas abarcarán desde pequeñas terrazas residenciales con celdas fotovoltaicas y sistemas micro hidráulicos hasta gigantescas plantas de energía solar como la Noor en Marruecos o la presa de las Tres Gargantas en China. Al mismo tiempo, las centrales de energía nuclear existentes y propuestas serán soluciones parciales importantes para alcanzar la neutralidad climática en varios países (Aalto y otros, 2021).

El crecimiento del consumo energético mundial previsto durante el periodo 2018-30 por regiones geográficas se muestra en la Fig. 1.

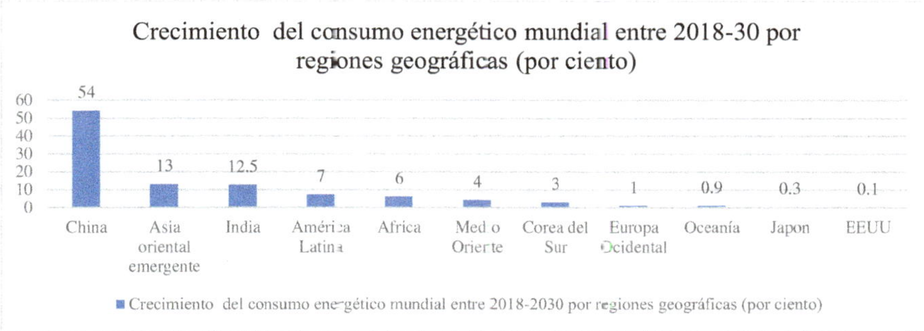

Fuente: Caixa Bank Research a partir de datos de la EIA, FMI y Oficina Nacional Estadística de China

Fig. 1: Crecimiento del consumo energético mundial previsto durante el periodo 2018-30 por regiones geográficas

De acuerdo con la Fig. 1, China será el país con el mayor crecimiento en el consumo mundial de energía durante el periodo 2018-30 con el 54% de este crecimiento, seguido muy de lejos por Asia oriental emergente con el 13%, India con el 12,5%, Latinoamérica con el 7%, África con el 6%, Oriente Medio con el 4%, Corea del Sur con el 3%, y Europa Occidental con el 1%. EE.UU prácticamente tendrá un crecimiento cero en el consumo energético mundial en el periodo 2018-30.

Considerando los datos incluidos en la Fig. 1 podemos afirmar que, entre 2018 y 2030, el consumo global de energía aumentará alrededor del 15%, y su coste económico un poco más, alrededor del 18%, sobre todo por los costes de transición asociados a la evolución hacia la utilización de fuentes de energía más limpias para la generación eléctrica, pero también en algunos casos más caras. Aun así, estos incrementos probablemente serán inferiores al crecimiento previsto del PIB global, que se situará alrededor del 45%, gracias a que la intensidad energética global se podrá reducir alrededor de un 20%. Por países, China, India, y el resto de Asia Oriental emergente representarán el 79,5% del incremento del consumo energético global esperado entre el 2018 y el 2030 (China un 54%, Asia oriental emergente un 13%, y la India un 12,5%), mientras que el incremento combinado de Europa Occidental, EE.UU, y Japón apenas supondrá el 1,4% del incremento total.

Estructura de la matriz energética mundial

Para los años 2018 y 2030, la matriz energética mundial por fuentes de energía se muestra en la Fig. 2.

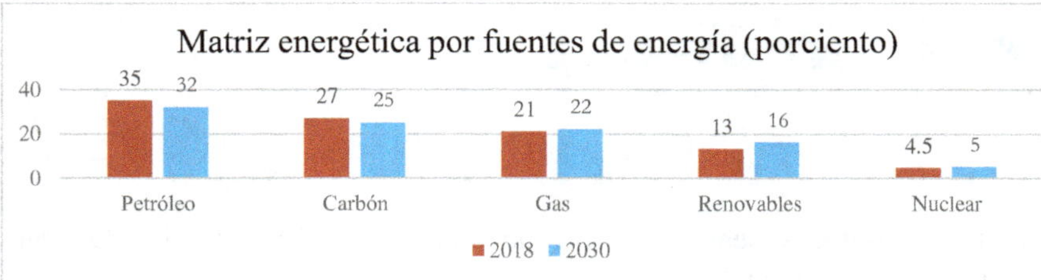

Fuente: Caixa Bank Research a partir de datos de la EIA, FMI y Oficina Nacional Estadística de China
Fig.2: Matriz energética mundial por fuentes de energía

Como se puede apreciar en la Fig. 2, se espera que los combustibles fósiles sigan dominando la matriz energética mundial durante el periodo 2018-30, seguido de las energías renovables y la energía nuclear. Dentro de los combustibles fósiles el petróleo seguirá siendo el tipo de fuente energética principal, seguido del carbón y el gas natural, aunque su participación en la generación eléctrica decrecerá. Se debe destacar el hecho de que el petróleo tendrá una participación menor en la matriz energética mundial en el 2030 que la reportada en el 2018, al caer del 35% en ese año al 32% en el 2030. Algo similar ocurre con el carbón al caer del 27% en el 2018 al 25% en el 2030[3]. El único tipo de combustible fósil que crecerá en el periodo considerado, aunque muy poco, es el gas natural que pasará del 21% en el 2018 al 22% en el 2030.

---

[3] Según el documento titulado "World Energy Outlook 2019," en estos momentos hay unos 2.250 GW de capacidad mundial instalada de centrales de carbón. El 62% de las centrales de carbón tienen menos de 20 años de construidas, el 22% tienen entre 20 y 40 años y el 16% tiene más de 40 años. En los últimos 20 años, Asia ha representado el 90% de toda la capacidad de centrales de carbón construida en todo el mundo, y estas centrales tienen una vida operativa potencialmente larga por delante. En las economías en desarrollo de Asia, las centrales de carbón existentes tienen un promedio de solo 12 años. Debido a ello, se tienen tres opciones para reducir las emisiones de gases de efecto invernadero: a) adaptarlas con la tecnología para la captura de carbono, utilización, y almacenamiento o equipos de cogeneración de biomasa; b) reutilizarlos para centrarse en proporcionar la adecuación y flexibilidad del sistema al tiempo que reduce las operaciones; c) o retirarlas temprano. La mayor parte de los 2.250 GW de capacidad de carbón existente en el mundo se vería afectada por una de estas tres opciones.

El incremento del precio del gas natural y del petróleo reportado desde los últimos meses del 2021 y los primeros meses del 2022 podrían cambiar estas estimaciones.

Inversiones en combustibles fósiles

Según el documento titulado "World Energy Investment 2021," la inversión en generación basada en el uso de los combustibles fósiles disminuyó en más del 10% en el 2020, dada la menor demanda de energía y de los precios de la electricidad, aunque hubo notables diferencias entre países y regiones. Alrededor de un 33% de la caída en el 2020 se produjo en la India, impulsado por un menor gasto en las centrales de carbón, interrupciones causadas por cierres de este tipo de centrales y una menor demanda de electricidad. En los EE.UU, la inversión en el sector de los combustibles fósiles aumentó, derivado de un repunte en la inversión en centrales que operan con gas, debido al incremento de la capacidad de plantas de energías renovables y la continuación del cierre de centrales de carbón viejas e ineficientes (alrededor de 10 GW en el 2020). Se prevé un incremento de las inversiones en centrales que operan con combustibles fósiles en los EE.UU en el 2021. Por el contrario, en China, la inversión en centrales que operan con combustibles fósiles disminuyó en el 2020 y se espera que vuelva a hacerlo en el 2021, aunque la reducción prevista para el 2021 será mucho menor que en años anteriores.

Las inversiones en centrales de carbón a nivel mundial en el 2020 alcanzaron los 20 GW, el primer aumento registrado desde el 2015. A pesar de que las inversiones en centrales de carbón están ahora un 80% por debajo de lo reportado hace cinco años atrás, esto no garantiza que no se produzca un repunto en las inversiones en este tipo de centrales en el futuro. El aumento de las inversiones en centrales de carbón a nivel mundial estuvo motivado, en gran parte, por el incremento en un 45% de las inversiones en las centrales de carbón en China en comparación con lo reportado en el 2019, llegando a casi 13 GW, o casi tres veces más que lo reportado en ese año. Este incremento de las inversiones en las centrales de carbón se produjo después de que el gobierno chino redujo las restricciones sobre la construcción de nuevas centrales de carbón. Es importante resaltar que se prevé una cantidad considerable de nuevas inversiones en centrales de carbón en los planes de expansión de energía en varios países asiáticos, incluso en países que también están presionando con fuerza para incrementar la participación de las energías renovables en sus respectivas matrices energéticas. Vietnam es un buen ejemplo de lo dicho anteriormente, ya que por un lado tiene como meta alcanzar casi unos 130 GW de nuevas capacidades en energías renovables para el 2045, mientras que también prevé duplicar su capacidad en centrales que utilizan el carbón como combustible durante el mismo período, según la última versión del borrador del plan de desarrollo energético nacional.

Según el documento titulado "World Energy Investment 2021," se espera que la inversión mundial en el suministro de carbón aumente ligeramente en el 2021, después de una reducción de casi el 9% en el 2020. La dinámica de la inversión mundial en carbón está determinada por lo que sucede en Asia, especialmente en China e India. Solo el 17% del consumo global de carbón está relacionado con el comercio internacional. Ello se debe a que la gran mayoría del carbón que se produce en Asia es para su consumo en el país en el que se produce. Como resultado, las tendencias de inversión en el suministro de carbón están determinadas en gran medida por empresas de orientación nacional, a menudo de propiedad estatal, en estos países.

Las inversiones de carbón en China e India en el 2020 se mantuvieron en niveles similares al registrado en el 2019, mientras que en el resto del mundo cayeron sustancialmente, alrededor de un 25%. En China, la inversión en suministro de carbón tiene como objetivo la modernización del sector. Esto implica esfuerzos continuos para cerrar pequeñas minas que son muy ineficientes e invertir en la explotación de minas mecanizadas y más eficientes. En India, un objetivo clave es reducir las importaciones de carbón, invirtiendo para aumentar la producción nacional de este tipo de fuente energética. El gobierno indio también busca fomentar la minería del carbón a través de una serie de subastas de carácter comercial. En 2020, la respuesta a la primera ronda fue tibia, limitada a empresas indias, por lo que el gobierno ha lanzado un segunda subasta en el 2021.

La tendencia de la demanda de carbón es la principal incertidumbre a la que se enfrentan los inversionistas, especialmente para nuevos proyectos mineros relacionados con el carbón, dado el objetivo anunciado de China de alcanzar la neutralidad de carbono para el 2060 y el creciente ritmo de inversión en energías renovables en la India, junto con compromisos climáticos cada vez más ambiciosos adoptados en muchas economías avanzadas. La financiación de proyectos de carbón se están volviendo cada vez más complejo, con más dificultades para el carbón térmico que para el carbón coquizable. En el plano internacional, la débil perspectiva en la demanda de carbón se ve reforzada por la presión de los accionistas, requisitos ambientales, sociales y de gobernanza, así como también regulaciones como la taxonomía de la UE, que están aumentando el escrutinio sobre la necesidad en el uso del carbón para la generación eléctrica.

Sin lugar a duda, el mayor crecimiento en su participación en la matriz energética mundial lo tiene las energías renovables que pasan del 13% en el 2018 al 16% en el 2030, es decir un 3% de crecimiento en el periodo considerado. A pesar de este incremento, la IEA considera que el progreso de las energías renovables es todavía demasiado lento para situar las emisiones globales en un declive sostenido hacia la neutralidad climática cero para el 2050, lo que permitiría mantener el calentamiento global por debajo de +1,5° C, así como evitar turbulencias en los mercados energéticos. El petróleo, el gas, y el carbón están en el origen todavía de un 80% del volumen total de la energía consumida a nivel mundial y son responsables de tres cuartas partes de los desajustes climáticos. Hasta ahora, los compromisos climáticos adquiridos por los Estados solo permitirían, en caso de cumplirse, alcanzar hasta el 2030 un 20% de la reducción total de emisiones de gases de efecto invernadero necesaria para mantener el calentamiento bajo control. Debido a ello, las inversiones en proyectos energéticos descarbonizados deben triplicarse durante los próximos diez años para poder alcanzar la neutralidad climática cero en el 2050, según declaraciones del director de la AIE, Fatih Birol.

Como la pandemia del COVID-19 frenó los progresos en la electrificación a nivel mundial, especialmente en África subsahariana, la financiación de los países emergentes es clave porque deberán equiparse evitando las centrales de carbón para la generación eléctrica. Después de mantenerse estable en el 2020, la inversión mundial en el sector energético se espera aumente en alrededor del 5% en el 2021 a más de US$820 mil millones. Las energías renovables dominan la inversión en nuevas fuentes de energía y se espera que representen el 70% del total de la inversión en el 2021. Gracias a las mejoras en la tecnología y reducciones en los costos, un dólar gastado en energía eólica y solar fotovoltaica hoy da como resultado cuatro veces más electricidad que un dólar gastado en las mismas tecnologías hace diez años.

La energía nuclear también se espera que crezca, pero a un ritmo mucho menor pasando del 4,5% en el 2018 al 5% en el 2030, es decir crecerá solo un 0,5%. Por otro lado, es importante tener presente que el uso de la energía nuclear y de las fuentes de energía renovables para la generación eléctrica están casi libres de la emisión de dióxido de carbono, pero un accidente nuclear podría tener consecuencias devastadoras para el medio ambiente y la población, no solo en el área circundante al sitio de la central, sino también para el medio ambiente y la población que vive lejos de ese sitio. Esta posibilidad limita el desarrollo y uso de la energía nuclear para la generación eléctrica en muchos países, además de su alto costo de capital inicial, la necesidad de garantizar una alta seguridad de operación, y el largo tiempo de construcción, entre otros factores.

Teniendo en cuenta las diferentes fuentes de energía disponibles en el mundo que se pueden usar ahora para satisfacer el aumento previsible de la demanda de energía durante los próximos años, no debería haber ninguna duda de que, al menos para las próximas décadas, solo hay unas pocas opciones realistas disponibles para reducir aún más las emisiones de CO_2 como resultado de la generación de electricidad. Estas opciones son, entre otras, las siguientes:

- Aumentar la eficiencia en la generación y consumo de electricidad (ver Fig. 3);
- Ampliar el uso de todas las fuentes de energía renovable disponibles, tales como la hidroeléctrica, la eólica, la solar, la bioenergía[4] y la geotérmica;
- Introducción masiva de nuevas tecnologías de avanzada, como la tecnología de captura de emisiones de dióxido de carbono en las plantas generadoras eléctricas que usan combustibles fósiles (especialmente carbón), que permitan secuestrar permanentemente el dióxido de carbono producido por estas plantas;

[4] Llamaremos "bioenergía" a la energía producida a partir de la materia orgánica, la cual puede ser utilizada directamente como combustible, procesada previamente en forma líquida o gaseosa, o ser un residuo de procesado o conversión. También puede abarcar la energía almacenada, procedente del sol, en materiales como plantas o residuos de animales (Caparrós Gass y Ovando Pol, 2008).

- Aumentar el uso de nuevos tipos de reactores nucleares de potencia que son inherentemente seguros y libres de riesgo de proliferación (Generación III, III + y IV), así como de los reactores nucleares modulares o SMR, y los micro reactores;
- Incrementar el ahorro energético (Morales Pedraza, 2010).

Generación eléctrica mundial

La evolución de la generación eléctrica a nivel mundial durante el periodo 2015-20 se muestra en la Fig. 3.

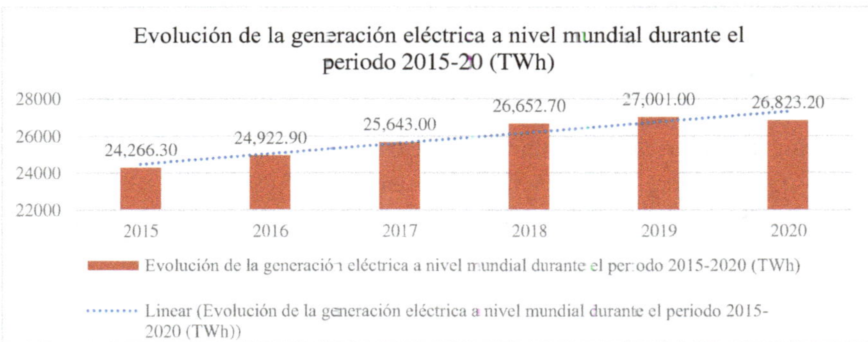

Fuente: BP Statistical Energy Review 2021
Fig. 3: Evolución de la generación eléctrica a nivel mundial durante el periodo 2015-20

Como se puede apreciar en la Fig. 3, la generación de electricidad a nivel mundial creció un 10,5% durante el periodo considerado, aumentando de 24.266,3 TWh en el 2015 a los 26.823,2 TWh en el 2020. Se espera que la generación de electricidad a nivel mundial siga creciendo en los próximos años, a pesar de la reducción del 0,7% reportada en el 2020 respecto al 2019, como consecuencia, entre otros factores, de un aumento de la demanda, especialmente por el aumento de la demanda de los países en desarrollo más avanzados.

Por el tipo de combustible utilizado, la generación de electricidad a nivel mundial, en el 2020, se comportó tal y como se muestra en la Fig. 4.

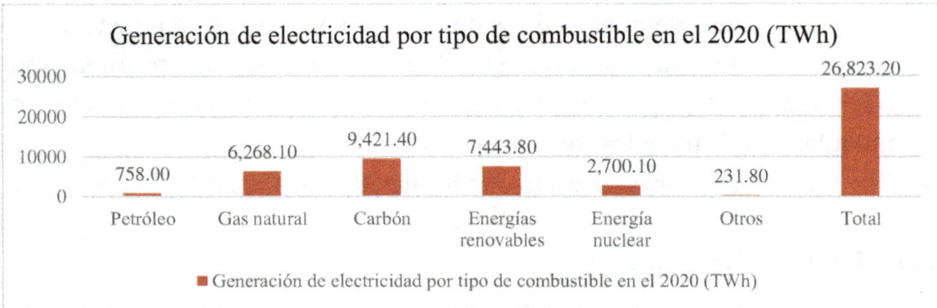

Fuente: BP Statistical Review of World Energy 2021

Fig. 4: Generación de electricidad por tipo de combustible utilizado a nivel mundial en el 2020

Como se muestra en la Fig. 4, los combustibles fósiles siguieron siendo, en el 2020, la principal fuente de energía que se utiliza a nivel mundial para la generación de electricidad produciendo el 61,3% del total (16.447,5 TWh[5]), mientras que las energías renovables produjeron el 27,8% del total. Dentro de los combustibles fósiles, el carbón siguió siendo en el 2020 el tipo de combustible más utilizado para la generación eléctrica a nivel mundial (35,1% del total).

Durante siglos el carbón ha sido fundamental para la revolución industrial en todo el mundo. El carbón desempeñó un papel decisivo en el desarrollo del mundo moderno, pero también es la causa principal del cambio climático. Según datos de 2019 de la Agencia Internacional de Energía (AIE), “la quema de carbón causa más del 40% de las emisiones mundiales de carbono y más del 75% de las emisiones provenientes de la generación de electricidad” (Fisher y Liou, 2021). Para cumplir los objetivos del Acuerdo de París sobre cambio climático y mantener el calentamiento global por debajo de 1,5° C respecto de los niveles preindustriales, es fundamental disminuir gradualmente el uso del carbón en la generación eléctrica durante los próximos años. Por esta razón, se espera que para los próximos años se reduzca significativamente el uso del carbón y el petróleo para la generación de electricidad a nivel mundial, y se incremente el uso de las fuentes de energías renovables con ese mismo fin. Sin embargo, los últimos datos sobre el uso del carbón para la generación eléctrica en los principales países indican lo contrario, más aún si

[5] TWh: mil millones de kWh.

se tiene en cuenta el incremento del precio del gas a nivel mundial reportado a finales del 2021 y primeros meses del 2022.

Ahora bien, desde el punto de vista técnico, es muy importante resaltar que depender de un solo recurso energético, ya sea renovable como el agua en las plantas hidroeléctricas o no renovable como el gas natural, es muy riesgoso para cualquier país o región, porque la escasez de uno u otro recurso energético puede poner en peligro la seguridad del suministro de energía y afectar seriamente amplios sectores económicos. Sin lugar a duda, la fiabilidad y la seguridad del suministro de energía en un sistema eléctrico, es una gran preocupación para la industria eléctrica, sus clientes, y la clase política de cualquier país.

Debido a ello, la elección de tecnologías de última generación y la combinación de diferentes tipos de tecnologías de generación eléctrica son elementos a tener en cuenta, y así poder conformar una matriz energética lo más balanceada posible, desde el punto de vista técnico y económico, sin ignorar la capacidad ya instalada en el país y las potencialidades de las diferentes fuentes energéticas. Por ejemplo, en caso de sequía, las centrales hidroeléctricas pudieran limitar su generación de electricidad, y con ello el suministro de esta a ciudades y regiones de un país en momentos de más alta demanda. Esta situación podría ocasionar importantes cortes de electricidad con las negativas consecuencias para la población y para amplios sectores de la economía.

Un tipo de fuentes de energía que también han demostrado en el pasado que puede utilizarse efectivamente para la generación de electricidad es la energía nuclear, aunque es un tipo de fuente energética muy controversial en muchos países. ¿Se puede afirmar que la energía nuclear podría usarse de manera segura para la generación de electricidad en el futuro, a pesar de los graves accidentes ocurridos en varias centrales nucleares desde 1979? La respuesta a esta pregunta es sí, la energía nuclear puede volver a jugar un papel importante en el equilibrio energético de varios países de casi todas las regiones, como lo hizo en los años sesenta, setenta, y ochenta, si se introducen medidas de seguridad adicionales en todos los reactores nucleares de potencia actualmente en funcionamiento en todos los países, sin excepción, y se apoya la incorporación de nuevos tipos de reactores nucleares de potencia inherentemente seguros (Generación IV, los SMRs[6], y los micro reactores). Estas medidas adicionales podrían reducir al mínimo la posibilidad de tener un nuevo accidente nuclear similar a los ocurridos en los EEUU en 1979, en Ucrania en 1986, y en Japón en 2011 (Morales Pedraza, 2013). En el 2018, la generación de electricidad mediante el uso de la energía nuclear a nivel mundial representó el 10,1% del total. En el 2020, la generación de electricidad mediante el uso de la energía nuclear a nivel mundial representó también el 10,1% del total, una cifra igual a la reportada en el 2018 y el 2019.

Aunque el futuro de la seguridad energética es una gran preocupación para el mundo desarrollado, también hay muchos países en desarrollo, particularmente los países en desarrollo más avanzados, que no cuentan con los medios adecuados para satisfacer el aumento esperado de la demanda de energía durante los próximos años mediante el aumento de la oferta de electricidad para una parte importante de su propia población.

La demanda mundial de energía en los próximos 25 años debe promover que incluso con un mayor crecimiento económico en países y regiones como los EE.UU y Europa, la demanda de energía allí continúe estable o decreciendo. En el caso de las economías emergentes uno de los más relevantes hechos es que la demanda crecerá en forma significativa en el Sureste de Asia y el Pacífico, seguido de África, y el Medio Oriente (Tarazona, 2015).

Por último es importante indicar lo siguiente, Según el documento titulado "World Energy Investment 2021":

- Se espera que la inversión en petróleo y gas aumente en aproximadamente un 10% en 2021 a medida que las empresas se recuperan financieramente del impacto del 2020, pero el gasto sigue siendo por debajo de los niveles previos a la crisis del coronavirus. La demanda más firme y los precios más altos del petróleo y el gas han llevado a estrategias de inversión divergentes. El control de costos sigue

[6] SMR: Abreviatura en inglés de los llamados "Pequeños reactores modulares." Los SMRs se definen como reactores nucleares, generalmente equivalentes a 300 MWe o menos, diseñados con tecnología modular que utiliza la fabricación de módulos del reactor en fábrica, persiguiendo economías de producción en serie y tiempos de construcción cortos. Esta definición, de la Asociación Mundial de la Energía Nuclear, se basa estrechamente en las del OIEA y el Instituto de Energía Nuclear de los Estados Unidos.

siendo un tema común, pero algunas de las principales compañías petroleras nacionales buscan invertir de forma anticíclica para ganar mercado;

- Existen fuertes presiones sobre las empresas privadas para mantener las carteras de petróleo y gas actuales. A pesar de los precios más altos reportados en el 2021 y primeros meses del 2022, las principales compañías petroleras privadas prevén mantener la producción de petróleo y el gasto en gas estable durante el año, aunque su participación en el gasto general es ahora del 25%, en comparación con casi el 40% a mediados de la década del 2010. El predominio de las empresas estatales es visible en el suministro de carbón, con una dinámica de inversión determinada en gran medida por lo que sucede en China e India. En China, la política prioritaria es modernizar el sector energético cerrando pequeñas minas de carbón ineficientes e invirtiendo en cambio en minas de carbón más grandes y totalmente mecanizadas. En India, el principal objetivo de la inversión nacional es reducir las importaciones de carbón;
- El gasto de inversión en el sector energético parece atrapado entre dos mundos: ninguno lo suficiente fuerte para satisfacer las tendencias actuales de consumo de combustibles fósiles ni lo suficientemente diversificado para cumplir con los objetivos de energía limpia del mañana;
- La creciente participación de las energías renovables en la inversión de nuevas capacidades de generación de energía ha causado una fuerte caída en las inversiones para nuevas centrales eléctricas de carbón, que están ahora un 80% por debajo de lo que estaban hace cinco años. Sin embargo, hubo un ligero aumento de los avances para nuevos proyectos de carbón en el 2020, debido en gran parte a China, donde el gobierno redujo las restricciones sobre la construcción de nuevas centrales de carbón en algunas de sus provincias. Camboya, Indonesia y Pakistán fueron otros países donde las decisiones finales de inversión en centrales de carbón se redujeron en el 2020. Esos tres países juntos aprobaron casi 5 GW de nuevas capacidades de centrales eléctricas de carbón. En India, la cantidad aprobada cayó por debajo de 1 GW, su nivel más bajo en una década;

- Las inversiones en centrales de carbón en China en el 2020 fueron aproximadamente el 25% del nivel registrado en el 2010. En el caso de la India fue menos del 5%. Sin lugar a duda, la creciente participación de las energías renovables en el monto total de la inversión en el sector de la generación eléctrica ha provocado una fuerte caída en las aprobación de inversiones adicionales para la construcción de nuevas centrales eléctricas de carbón. Sin embargo, hay que señalar que hubo un ligero aumento de los avances para nuevos proyectos de carbón en el 2020, debido en gran parte a China, donde el gobierno redujo las restricciones sobre la construcción de nuevas plantas eléctricas de carbón en varias provincias del país;
- Las inversiones para la construcción de nuevas centrales eléctricas de gas se redujeron a nivel mundial en el 2020, pero siguen siendo más del doble que las del carbón (50 GW frente a 20 GW). Una gran reducción de las inversiones para la construcción de nuevas capacidades de centrales eléctricas de gas en los EE.UU más que compensó el crecimiento en partes de Asia (fuera de China e India);
- En general, la mayor parte de la inversión en el suministro de combustible en el 2020 se destinó a la compra de combustibles fósiles: 84% al petróleo y gas y 14,5% al carbón[7]. Alrededor del 1,3% se gastó en combustibles bajos en carbono;
- Se prevé que el gasto en mejoras de eficiencia energética aumente en el 2021 en casi el 10%, en respuesta al renovado crecimiento económico y los efectos iniciales de la ejecución de los programas de recuperación económica adoptados por muchos países de todas las regiones geográficas. Sin embargo, en un contexto de precios de los combustibles relativamente altos, el crecimiento económico se ha fuertemente concentrado en mercados y sectores con políticas gubernamentales claras, como el sector de la construcción en Europa. En el sector energético, las políticas y los estímulos adoptados por

[7] A nivel mundial, el carbón se mantuvo, en el 2020, como la fuente principal de energía para la generación eléctrica alcanzando un 35,1% de la producción total reportada ese año. Mientras que la participación del carbón en la producción mundial de electricidad ha cambiado poco en las últimas cuatro décadas, la participación del gas y las energías renovables se ha incrementado de manera significativa durante ese mismo periodo. En el 2020, la participación de la energía nuclear en la producción de electricidad alcanzó la cifra del 10,1%.

muchos gobiernos para fortalecer su sector energético están impulsando proyectos en nuevas áreas, como el uso del hidrógeno con bajas emisiones de carbono y la utilización de la captura de carbono y almacenamiento;

- Se espera que la inversión en el sector eléctrico mundial aumente alrededor del 5% en el 2021. La pandemia del coronavirus aplanó la inversión en este sector en el 2020. La reanudación del crecimiento del consumo de electricidad es un reflejo del papel central de la electricidad en las estrategias de desarrollo y de transición energética adoptadas por los países, junto con las expectativas de mejoras en la economía y en la situación de la salud pública a nivel mundial.

Sin embargo, a pesar de estos signos alentadores que se han mencionado anteriormente, el gasto en el desarrollo y uso de tecnologías de energía limpia para la generación eléctrica se está quedando muy por debajo de lo que se necesita para garantizar una recuperación de la crisis económica mundial provocada por el COVID-19. Muchos países en desarrollo carecen de los medios para adoptar estrategias de recuperación expansiva, y los primeros signos de inflación en algunas economías de estos países ha llevado a los expertos a preguntarse sobre cuánto tiempo durará el entorno actual de bajas tasas de interés. Los US$750 mil millones que se espera gastar en tecnologías de energía limpia y en la eficiencia energética en todo el mundo en el 2021 siguen estando muy por debajo de lo que se requiere para detener y luego revertir el impacto negativo en el clima del uso de los combustibles fósiles para la generación eléctrica, fundamentalmente petróleo y carbón. Según la opinión de muchos expertos, la inversión en el uso de tecnologías de energía limpia para la generación eléctrica debería duplicarse en la década del 2020 para mantener las temperaturas muy por debajo de un aumento de 2° C y más del triple para lograr una estabilización del 1,5° C. (World Energy Investment 2021, 2021).

En el caso de la demanda mundial de electricidad la situación para el 2021 y 2022 será la siguiente: según el documento titulado "Electricity Market Report July 2021," la demanda mundial de electricidad se recuperará con fuerza en el 2021 y en el 2022. Tras caer alrededor del 1% en 2020, la demanda mundial de electricidad está previsto que crezca cerca de un 5% en el 2021 y un 4% en el 2022. La mayoría de estos aumentos se producirán en la región del Asia y el Pacífico. Más de la mitad del crecimiento mundial del consumo de electricidad que se prevé para el 2022 ocurrirá en China, el mayor consumidor de electricidad del mundo. India, el tercer consumidor más grande de electricidad, representará el 9% del crecimiento global.

La generación de electricidad mediante las fuentes de energías renovables sigue creciendo con fuerza, pero no puede mantenerse al día con la creciente demanda de electricidad. Después de crecer un 7% en el 2020, se prevé que la generación de electricidad a partir de energías renovables aumente en un 8% en el 2021 y en más de un 6% en el 2022. A pesar de estos aumentos, se espera que las energías renovables puedan satisfacer solo alrededor de la mitad del crecimiento proyectado de la demanda mundial de electricidad en el 2021 y en el 2022. La generación de energía nuclear se prevé que crezca alrededor del 1% en el 2021 y un 2% en el 2022.

La electricidad producida por los combustibles fósiles se espera pueda cubrir el 45% de la demanda en el 2021 y el 40% en el 2022. La electricidad generada por las centrales eléctricas de carbón, después de disminuir un 4,6% en el 2020, se estima que aumente casi un 5% en el 2021 para superar los niveles pre-pandémicos y más de un 3% en el 2022. De alcanzarse esta cifra se podría alcanzar un máximo histórico en el uso del carbón para la producción de electricidad. Después de disminuir en un 2% en el 2020, se espera que la generación de electricidad mediante las centrales de gas aumente un 1% en el 2021 y cerca del 2% en el 2022. Es importante resaltar que el crecimiento del uso del gas para la generación eléctrica se espera se mantenga por debajo del carbón durante el periodo considerado, ya que juega un papel más pequeño en la región de Asia y el Pacífico de rápido crecimiento energético, y al aumento de la competencia de las energías renovables en los EE.UU (Electricity Market Report July 2021, 2021).

Capítulo II

Países Más Contaminantes

En este capítulo se analizará la situación actual y las perspectivas del sector energético en cuatro países que han sido seleccionados por el alto nivel de contaminación de sus ciudades, con el fin de identificar cuáles son las causas que generan esta situación. En estos países se estudiará el papel de las energías renovables para reducir sus altos niveles de contaminación, y su peso dentro de la matriz energética nacional. Los países que serán estudiados son China, India, Rusia, y los EE.UU.

República Popular China (China)

China es uno de los países que está aumentando, de una manera sistemática, su demanda de energía y por ello necesitará, durante los próximos años, la construcción de nuevas centrales de generación eléctrica con el objetivo de poder satisfacer, en el mayor porcentaje posible, el aumento esperado en la demanda de electricidad. Sin embargo, para muchos expertos el boom en la demanda de energía de China es cosa del pasado. Mientras la demanda de energía antes crecía en paralelo con la economía, en el fututo esta relación se debilitará con una demanda de energía creciendo muy por debajo del crecimiento económico. Una de las razones que explica esta situación es que China es el país con mayor presión en alcanzar una alta eficiencia energética; otra es que el país está transformando su economía, de una basada en la industria pesada, a otra basada en el sector de los servicios.

Según la Asociación Mundial de la Energía Nuclear (2019), la mayor parte de la electricidad de China continental se produce a partir del consumo de combustibles fósiles, principalmente de carbón, lo que provoca una alta contaminación de grandes ciudades como Beijing y Shanghái, entre otras. Según el documento titulado "BP Statistical Review of World Energy 2021," la generación de electricidad mediante el uso de los combustibles fósiles en el 2020 en China fue de 5.176,1 TWh o el 66,5% del total generado ese año (7.779,1 TWh). Debido a ello, el gobierno chino está siendo presionado a nivel internacional para que reduzca, de forma significativa, el uso del carbón en la generación eléctrica y aumente el uso de las energías renovables, con el fin de reducir los efectos negativos que el uso de los combustible fósiles tiene para el medio ambiente. En China, dos grandes centrales hidroeléctricas se conectaron a la red en los últimos años con el fin de reducir la alta dependencia del uso del carbón para la generación eléctrica en el país. Una de ellas es la llamada "Three Gorges (Tres Gargantas)" con una capacidad 18,2 GW y la otra la llamada "Yellow River (Río Amarillo)" de 15.8 GW de capacidad.

En el 2020, la generación de electricidad en el país fue de 7.779,1 TWh, lo que representó un incremento del 3,7% respecto a lo reportado en el 2019 (7.503,4 TWh) (BP Statistical Review of World Energy 2021, 2021). La generación eléctrica en China por tipo de fuente de energía en el 2020 fue la siguiente:

- **Carbón**: 4.917,7 TWh (63,2% del total). Con respecto al 2019, ello representó un aumento de 68 TWh. En el 2019, la generación de electricidad en China mediante el uso del carbón fue de 4.849,7 TWh (64,6% del total). Al comparar ambas cifras se puede llegar a la conclusión de que el peso del carbón en la generación eléctrica en China en el 2020 fue un 1,4% mayor al reportado en el 2019;
- **Energías renovables**: 2.185,1 TWh (28,1% del total). Con respecto al 2019, ello representó un aumento de 170,6 TWh. En el 2019, la generación de electricidad en China mediante el uso de las diferentes fuentes de energías renovables alcanzó los 2.014,5 TWh (26,8% del total). En cuanto al peso de las energías renovables dentro de la generación de electricidad total a nivel del país, en porciento, el incremento fue solo del 1,3%. Según las previsiones de la IEA en el documento titulado "Renewable Energy Market Update 2021," se seguirán incrementando nuevas capacidades a nivel mundial de los diferentes tipos de energías renovables en los próximos dos años, después de un año 2020 sin precedentes. Las nuevas capacidades de energías renovables aumentó en casi 280 GW en el 2020, un 45% más que lo reportado en el 2019. Casi el 50% de las nuevas capacidades instaladas está en China, que duplicó con creces sus nuevas capacidades instaladas en el 2019.

  El mayor aumento en las nuevas capacidades de energías renovables instaladas fue en el sector de la energía solar fotovoltaica (48% del total), seguida de la energía eólica (41%) y la hidráulica (7%). Dadas sus características específicas, la energía eólica sigue siendo la fuente de generación de electricidad renovable de más rápido crecimiento en términos absolutos. Sin lugar a duda, la energía eólica es más barata que cualquier otra, pero hay que tener cuidado que siga bajando de precio pues esta tendencia puede ser peligrosa e influir negativamente en la ampliación de este tipo de fuente energética para la generación eléctrica en el futuro, según Pastor (2021) en su artículo titulado "La energía eólica es más barata que cualquier otra, pero cuidado: que siga bajando de precio tiene peligro."

El máximo responsable de la empresa Siemens Gamesa, Andreas Nauen, ha dado dos datos importantes relacionado con el uso de las energías renovables para la generación eléctrica. El primero, es que la energía eólica es más barata que cualquier otra. El segundo, y que es más preocupante para él, es que según su opinión no se debería hacer demasiado barata la energía eólica porque esta tendencia a disminuir sus costos haría muy difícil hacer que esas plataformas eólicas sean rentables para los fabricantes, lo que a su vez reduciría la posibilidad de invertir en nuevas innovaciones y en la construcción de nuevos parques eólicos.

Varios estudios revelan que tanto la energía solar como la eólica son las fuentes de energía más baratas en la mayor parte del mundo, pero esa carrera por lograr por ejemplo aerogeneradores más baratos está teniendo un efecto peligroso en el futuro de esta tecnología Los bajos precios asociados a la energía eólica y la creciente competitividad en este mercado ha hecho que los márgenes de beneficio se hayan reducido de forma importante. También hay riesgos derivados de la escasez de materias primas que existe en todo el mundo como resultado de la crisis provocada por la pandemia del coronavirus, y que ha hecho que los proveedores tengan dificultades para satisfacer la demanda y los precios de materiales como el acero, muy usados en estos aerogeneradores, suban de forma notable.

Aunque esas subidas en los precios de los materiales han acabado siendo trasladadas a los clientes y a las subastas para proyectos eólicos, el problema está en que sin beneficios las empresas como Siemens Gamesa tienen más complicado invertir en innovación.

Por otro lado, se prevé que la tasa de crecimiento anual de la expansión de las capacidades de las diferentes fuentes de energías renovables disminuya en los próximos años de más del 10% en el 2020 a ligeramente por encima del 9% en el 2021 y ligeramente por debajo del 9% en el 2022. Aun así, se espera que las energías renovables representen más del 90% de las nuevas capacidades de generación a ser instaladas durante ese tiempo. Las mayores nuevas capacidades a instalar en los próximos dos años se esperan estén localizadas en la región de Asia y el Pacífico. Aunque el crecimiento anual en China en los próximos años disminuirá como resultado de los niveles excepcionalmente altos de las nuevas instalaciones de energías renovables instaladas en el 2020, éstas seguirán siendo altas;

- **Energía nuclear**: 366,2 TWh (4,7% del total). Con respecto al 2019, ello representó un aumento de 17,5 TWh. En el 2019, la generación de electricidad en China mediante el uso de la energía nuclear fue de 348,7 TWh (4,6% del total). En cuanto al peso de la energía nuclear dentro de la generación de electricidad total a nivel del país, en porciento, el incremento fue de solo el 0,1%. A pesar del programa chino aprobado por el gobierno para aumentar la participación de la energía nuclear en la matriz energética del país, ésta sigue siendo muy bajo;
- **Gas natural**: 247 TWh (3,2% del total). Con respecto al 2019, ello representó un aumento de 14,5 TWh. En el 2019, la generación de electricidad en China mediante el uso del gas natural alcanzó los 232,5 TWh (3,1% del total). En cuanto al peso del gas natural dentro de la generación de electricidad total a nivel del país, en porciento, éste aumentó solo en un 0,1%;
- **Otras fuentes energéticas**: 51,6 TWh (0,7% del total). Con respecto al 2019, ello representó un aumento de 4,4 TWh. En el 2019, la generación de electricidad en China mediante el uso de otras fuentes de energía alcanzó los 47,2 TWh (0,6% del total). En cuanto al peso de otras fuentes de energías dentro de la generación de electricidad total a nivel del país, en porciento, éste creció solo un 0,1%;
- **Petróleo**: 11,4 TWh (0,01% del total). Con respecto al 2019, el total de la electricidad generada en el 2020 mediante el uso del petróleo aumentó solo 0,6 TWh.

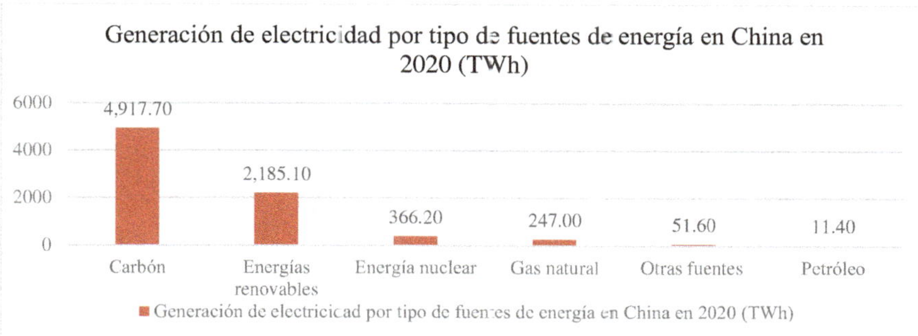

Fuente: BP Statistical Review of World Energy 2021

Fig. 5: Generación de electricidad en China por tipo de fuentes de energía en 2020

El papel de los combustibles fósiles en la combinación energética del país en el 2020 fue muy alto (66,5% del total), particularmente el uso de carbón (63,2% del total) para la generación eléctrica (Ver Fig. 5). Las energías renovables ocuparon el segundo lugar con el 28,1% del total.

Los combustibles fósiles en la generación eléctrica en China

Analicemos ahora brevemente cómo ha evolucionado la producción y el consumo de petróleo, gas natural, y carbón en China durante los últimos años y sus niveles previstos para los años siguientes, teniendo en cuenta que los combustibles fósiles, particularmente el carbón, es el tipo de combustible más utilizado en el país para la generación de electricidad, y el principal causante de la alta contaminación que sufren muchas ciudades y regiones en China.

El petróleo en la generación eléctrica en China

Según el documento BP Statistical Review of World Energy 2021, las reservas de petróleo en China, en el 2020, son las mismas reportadas en el 2019, y que ascendieron a 26 miles millones de barriles o el 1,5% del total mundial. Durante el periodo 2000-20, las reservas de petróleo en China ascendieron en un 71,1% pasando desde los 15,2 miles de millones de barriles en el 2000, a los 23,3 miles de millones de barriles en el 2010, y a los 26 miles de millones de barriles en el 2020.

La evolución de la producción de petróleo en China durante el periodo 2010-20 se muestra en la Fig. 6.

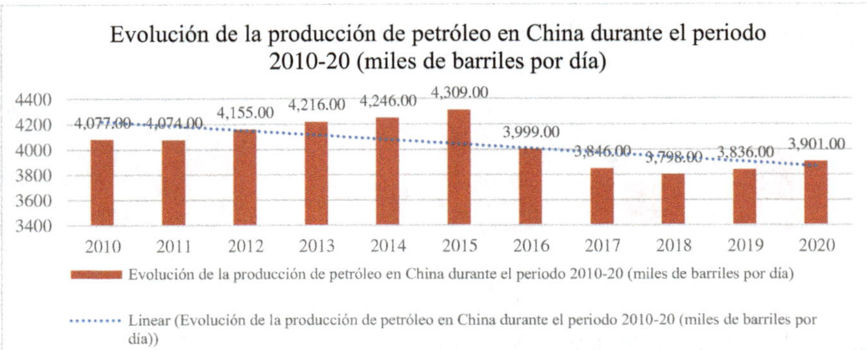

Fuente: BP Statistical Review of World Energy 2021

Fig. 6: Evolución de la producción de petróleo en China durante el periodo 2010-20

Según los datos incluidos en la Fig. 6, la producción de petróleo decreció en un 4,6% en todo el periodo bajo consideración, cayendo de los 4.077 miles de barriles por día en el 2010 a los 3.901 miles de barriles por día en el 2020. Analizando los datos que se muestran en la Fig. 6, se puede afirmar que la producción de petróleo en China creció un 5,7% durante el periodo 2010-2015 pasando de los 4.077 miles de barriles por día en el 2010 a los 4.309 miles de barriles por día en el 2015. A partir de ese año y hasta el 2018 la producción de petróleo decayó alrededor de un 12,5%. Durante los años 2018, 2019, y 2020, la producción de petróleo en China volvió a crecer en un 2,7%, pasando de los 3.789 miles de barriles por día en el 2018 a los 3.901 miles de barriles por día en el 2020.

Es importante resaltar que la producción de petróleo de China representó, en el año 2020, el 4,4% de la producción total mundial (88.391 miles de barriles por día), que es un 0,4% mayor a la alcanzada en el 2019, lo que representa una cifra muy baja si tenemos en cuenta el alto consumo de petróleo del país como se puede apreciar en la Fig.7. Se espera que la tendencia que se muestra en la Fig. 6 se mantenga en el futuro, sino se descubren nuevos yacimientos de petróleo en el país en las próximas décadas. Debido a ello, además de la alta contaminación que se produce al quemar petróleo para la generación eléctrica y el bajo nivel de las reservas de petróleo del país, se espera que la participación de esta fuente de energía en la matriz energética del país sea cada vez menor, en beneficio de la energía nuclear y las energías renovables, pero con un peso todavía importante en el sector de transporte. La capacidad de refinación de petróleo en China en el 2020 ascendió a 16.691 miles de barriles diario, lo que representó el 16,4% del total mundial, solo superada por la capacidad de refinación instalada en los EE.UU con el 17,8% del total mundial (18.143 miles de barriles por día).

La evolución del consumo de petróleo en China durante el periodo 2010-20 se muestra en la Fig. 7.

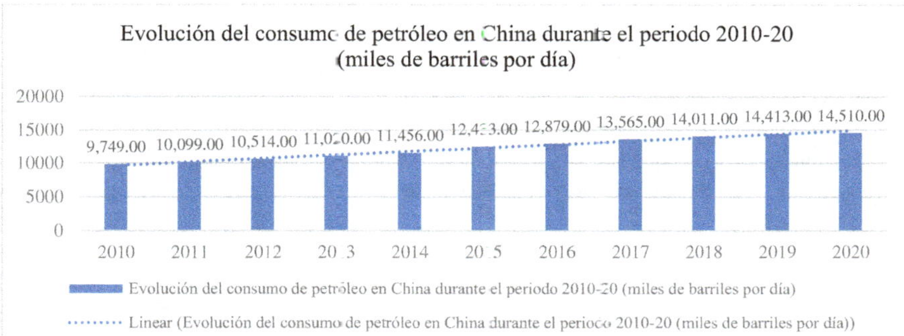

Fuente: BP Statistical Review of World Energy 2021 y cálculos del Autor
Fig.7: Evolución del consumo de petróleo en China, incluyendo Hong Kong, durante el periodo 2010-20

De acuerdo con los datos incluidos en la Fig. 7, se puede afirmar que el consumo de petróleo en China en el periodo 2010-20 creció en un 48,8%, aumentando desde los 9.794 miles barriles diarios en el 2010 a los 14.510 miles de barriles por día en el 2020. Este aumento, junto a un mayor consumo de carbón dentro de la matriz energética del país, tuvo un impacto negativo no solo en el medio ambiente sino también en la población, clasificando al país como el mayor contaminador del medio ambiente en el mundo. A pesar de las medidas para reducir el consumo de petróleo para la generación eléctrica adoptadas por el gobierno chino, el consumo de petróleo en el país representó, en el 2020, el 16,4% del consumo mundial de este tipo de combustible fósil (88.696 miles de barriles por día). Se pronostica que este crecimiento continuará durante los próximos años, aunque en sectores diferentes al sector de la generación eléctrica, como por ejemplo en el sector del transporte.

El gas natural en la generación eléctrica en China

Las reservas de gas natural de China en el 2020 ascendieron a 8,4 trillones de metros cúbicos, cifra que representa el 4,5% del total mundial (188,1 trillones de metros cúbicos), o 2 trillones de metros cúbicos superior a la reportada en el 2018 e igual a lo reportado en el 2019. Durante el periodo 2000-2020, las reservas de gas natural en China han crecido seis veces pasando de los 1,4 trillones de metros cúbicos en el 2000 a los 8,4 trillones de metros cúbicos en el 2020.

La evolución de la producción y consumo del gas natural en China en el periodo 2010-20 se muestra en las Figs. 8 y 9.

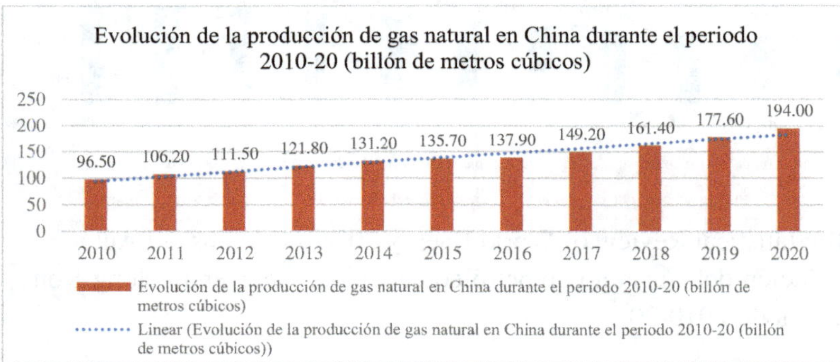

Fuente: BP Statistical Review of World Energy 2021

Fig.8: Evolución de la producción del gas natural en China en el periodo 2010-20

Tal y como se puede apreciar en la Fig. 8, la producción de gas natural en China durante el periodo 2010-20 creció unas dos veces, aumentando desde los 96,5 billones de metros cúbicos en el 2010 hasta los 194 billones de metros cúbicos en el 2020. La producción de este tipo de fuente energética en China en el 2020 representó el 5% del total mundial (3.853,7 billones de metros cúbicos). Se espera que la producción de gas natural en China continúe creciendo durante los próximos años con el fin de reducir el uso del petróleo y el carbón en la generación eléctrica, y reducir de esta forma la alta contaminación de sus principales ciudades y regiones.

Por otro lado, el consumo de gas natural en China durante el periodo 2010-20 se muestra en la Fig. 9.

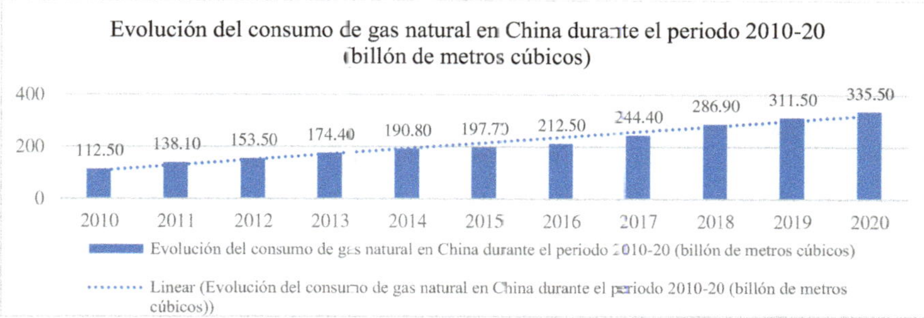

Fuente: BP Statistical Review of World Energy 2021 y cálculos del Autor
Fig. 9: Evolución de la producción del gas natural en China en el periodo 2010-20

A partir de los datos incluidos en la Fig. 9, se puede afirmar que el consumo de gas natural en China durante el periodo 2010-20 creció casi tres veces, aumentando desde los 112,5 billones de metros cúbicos en el 2010 hasta los 335,5 billones de metros cúbicos en el 2020. El consumo de este tipo de fuente energética en China en el 2020 representó el 8,8 % del total mundial (3.822,8 billones de metros cúbicos). Se espera que el consumo de gas natural en China continúe creciendo durante los próximos años con el fin de reducir el uso del petróleo y el carbón en la generación eléctrica y así lograr una reducción significativa de la contaminación de sus principales ciudades y regiones. En el 2020, la generación eléctrica de las centrales térmicas de gas alcanzó la cifra de 247 TWh, lo que representa el 3,2% del total de la electricidad producida en el país ese año. En el 2019, la generación eléctrica de este tipo de plantas fue de 232.5 TWh, representando el 3,1% del total.

El carbón en la generación eléctrica en China

Según BP Statistical Review of World Energy 2021, las reservas de carbón en China en el 2020 ascendieron a 143.197 millones de toneladas representando el 13,3% del total mundial (1.074.108 millones de toneladas). China ocupó, en el 2020, el cuarto lugar con respecto a las reservas mundiales de carbón por detrás de los EE.UU con 248.941 millones de toneladas o el 23,2% del total mundial, la Federación Rusa con 162.166 millones de toneladas o el 15,1% del total mundial, y Australia con 150.227 millones de toneladas o el 14% del total mundial.

La evolución de la producción de carbón en China durante el periodo 2010-20 se muestra en la Fig. 10.

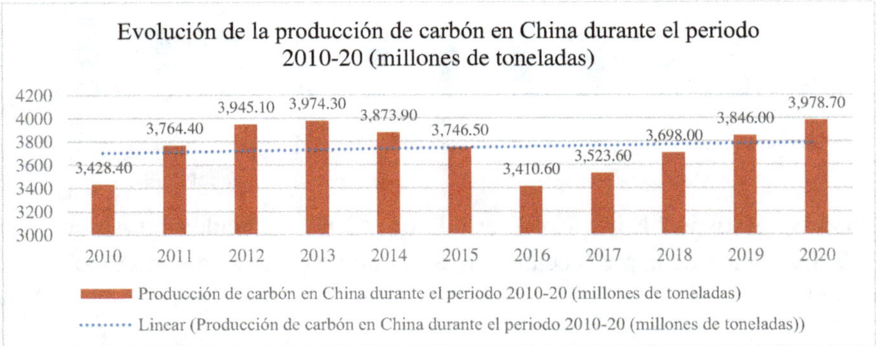

Fuente: BP Statistical Review of World Energy 2021 y cálculos del Autor
Fig. 10: Producción de carbón en China durante el periodo 2010-20

Si se considera todo el periodo 2010-20 entonces se puede afirmar, a partir de los datos que se muestran en la Fig. 10, que la producción de carbón en China aumentó un 16,1% con tres tendencias claras. La primera, del 2010 al 2013, donde la producción de carbón creció un 15,9%, alcanzando la mayor producción de todo el periodo en el 2013. La segunda, del 2013 al 2016, donde la producción de carbón decreció un 14,2%, registrándose en ese último año la producción más baja dentro de ese periodo. La tercera, del 2016 al 2020, donde la producción de carbón volvió a crecer un 16,7%, registrándose en el último año considerado la producción de carbón más alta de todo el periodo. Independientemente de estos altos y bajos en la producción de carbón durante el periodo 2010-20, se espera que la misma decrezca durante los próximos años, así como también su utilización en la generación de electricidad en China con el objetivo de reducir los altos niveles de contaminación que sufren las principales ciudades y regiones del país.

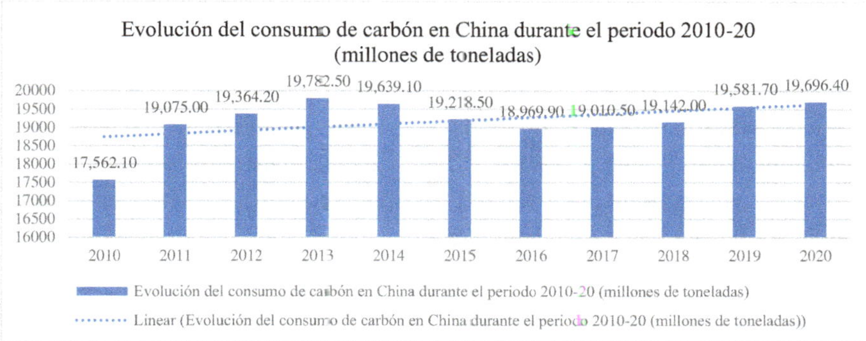

Fuente: BP Statistical Review of World Energy 2021 y cálculos del Autor
Fig. 11: Consumo de carbón en China durante el periodo 2010-20

Como se puede apreciar en la Fig. 11, el consumo de carbón en China durante el periodo considerado creció en un 12,2%, pasando de los 17.562,7 millones de toneladas en el 2010 a los 19.696,4 millones de toneladas en el 2020. Ahora bien, el periodo 2010-20 puede ser dividido en tres etapas. La primera etapa abarcaría los años 2010 hasta el 2013, donde el consumo de carbón creció en un 12,6% y alcanzando en el 2013cla cifra más alta de consumo de este tipo de fuente energética en todo el periodo bajo consideración. La segunda etapa abarcaría los años 2013 hasta 2016 y durante el mismo se produce un decrecimiento del consumo de carbón en un 4,1%. La tercera etapa abracaría los años 2016 hasta el 2020 durante los cuales el consumo de carbón en China volvió a crecer en un 3,8%. No obstante ello, se espera que el consumo de carbón en China decrezca aún más durante los próximos años debido al cierre de centrales eléctricas de carbón para la generación eléctrica más obsoletas y altamente contaminantes del medio ambiente.

Es importante resaltar que desde finales del 2020 hasta principios del 2021, la participación del carbón en la matriz energética de China se recuperó con respecto a los niveles reportados a principios del 2020. El incremento del uso del carbón para la generación de electricidad en China fue el resultado de la reducción de la disponibilidad de electricidad producida por las centrales hidroeléctricas durante el periodo de seca del invierno, y por un rápido crecimiento de la demanda de electricidad.

Según el documento titulado "Electricity Market Report July 2021," la expansión acelerada del uso de las energías renovables para la generación de electricidad en China entre julio y octubre del 2020 produjo más de 210 TWh, el nivel mensual más alto registrado en el período 2015-20. Esta expansión ayudó a reducir la participación del carbón en la generación de electricidad a un nuevo mínimo histórico del 58% en octubre de dicho año. Lamentablemente, desde noviembre del 2020, la participación del carbón dentro de la matriz energética nacional ha aumentado otra vez, manteniéndose por encima del 64% hasta abril del 2021.

Durante los primeros cuatro meses del 2021, la participación del carbón dentro de la matriz energética nacional fue del 66,5%, un porcentaje mayor que en los mismos períodos de 2019 y 2020. El incremento de la participación del carbón dentro de la matriz energética nacional registrado a partir de finales del 2020 no es del todo inesperado: la generación de electricidad a través de las energías renovables en China está fuertemente condicionada por el clima, con una mayor generación de electricidad durante los meses de verano y la temporada de lluvias en el sur de China. En consecuencia, en mayo del 2021, la mayor disponibilidad de energía hidroeléctrica, e energía solar fotovoltaica y energía eólica conllevaron a que la participación del carbón dentro de la matriz energética nacional cayera nuevamente al 61%.

En un cambio significativo de su política energética, el gobierno chino ha anunciado en febrero del 2022 que ayudará a que sus centrales eléctricas de carbón funcionen a plena capacidad, generando más alarma sobre el cumplimiento de las promesas climáticas hechas por el gobierno de China. Sectores de la segunda economía más grande del mundo se paralizaron en el 2021 debido a la escasez de energía, en parte causada por una caída en el suministro de carbón a medida que los precios mundiales del combustible fósil se dispararon. China, el mayor emisor del mundo de los gases de efecto invernadero responsables del cambio climático, se ha comprometido a alcanzar un máximo de emisiones para el 2030 y convertirse en carbono neutral para el 2060.

Pero la producción de carbón se ha incrementado desde la escasez de energía del año pasado, lo que generó incertidumbre y preocupación sobre el cumplimiento de esos objetivos. El enfoque en la seguridad energética y el crecimiento económico se reiteró en una reunión de alto nivel del Consejo de Estado de China, presidida por el primer ministro Li Keqiang, según la agencia estatal de noticias Xinhua. En la mencionada reunión se decidió incrementar el suministro de carbón y el apoyo a las centrales eléctricas de carbón para que funcionen a plena capacidad y generen más electricidad para satisfacer la demanda industrial y residencial, compensando de esta forma las dificultades que se han presentado con el uso de las energías renovables para la generación eléctrica debido a la situación climática del país. El gobierno china les ha pedido a los principales legisladores que se aseguraran de que las reducciones de emisiones no perjudiquen el crecimiento económico y la seguridad energética del país, lo que se considera una señal para limitar las restricciones en el uso del carbón para la generación eléctrica durante los próximos años.

Tras la crisis energética del 2021, China reabrió docenas de minas de carbón y eliminó las cuotas de producción, deshaciendo los pasos anteriores dados para reducir las emisiones de gases de efecto invernadero. Debido a las medidas adoptadas por el gobierno chino, la producción de carbón alcanzó un récord de cerca de cuatro mil millones de toneladas métricas el año pasado, el más alto en una década, después de que la pandemia interrumpiera las importaciones. Dos tercios de la economía de China se alimentan de carbón, y se estima que genera el 29% de las emisiones de gases de efecto invernadero del mundo, el doble de la participación de EE.UU y tres veces la de la UE.

A la luz del reciente compromiso de China de lograr emisiones cero para el 2060, este cambio estacional de regreso al uso del carbón para satisfacer un aumento de la demanda de electricidad señala el gran desafío que China debe enfrentar, al menos a corto y mediano plazo, para lograr la reducción de la generación de electricidad mediante las centrales de carbón, incluso cuando la demanda de electricidad crece con fuerza, y lograr una mayor participación de las energías renovables y nucleares dentro de la matriz energética nacional en los próximos años.

Las energías renovables en la generación eléctrica en China

Desde el año 2006, China ha experimentado un rápido crecimiento en la utilización de sus recursos de energías renovables para la generación eléctrica, en particular la energía eólica, situando al país entre los países líderes a nivel mundial, en cuanto a instalación y generación electica a través de las energías renovables. Este crecimiento fue facilitado en gran medida por el marco de la política de energía renovable incluida en la Ley de Energías Renovables, aprobada por el gobierno chino en el 2005 y enmendada posteriormente en el

2009. Mediante esta ley se adoptaban políticas claves que incluían objetivos de energía renovable específicos; una política de conexión y compra obligatoria de electricidad generada por las centrales de energías renovables; un sistema nacional de tarifas reguladas; y arreglos para compartir costos y financiar proyectos de energías renovables. En otras palabras, el objetivo de la mencionada ley era el de promover el desarrollo y la utilización de las diferentes energías renovables en la generación eléctrica, aumentar el suministro energético a través del uso de las energías renovables, mejorar la estructura energética del país, garantizar la seguridad energética, proteger el medio ambiente, y garantizar un desarrollo económico y socialmente sostenible. La ley establecía que la expansión del uso de las energías renovables en la generación eléctrica se priorizarían dentro del sector energético chino.

De acuerdo con Zhang and Liu (2015), en el 2007, el Consejo de Estado de China publicó el plan de desarrollo a mediano y largo plazo para las energías renovables, mediante el cual se establecía el objetivo de alcanzar el 15% del consumo de energía primaria de China a partir de fuentes de energía renovables, incluyendo energía hidroeléctrica, eólica, y solar para el 2020. El objetivo de disponer de una capacidad instalada de energía eólica de 30 GW para el 2020 ya fue alcanzado en el 2010. Para el resto de las energías renovables, los objetivos a alcanzar eran los siguientes:

- **Energía hidroeléctrica**: 300 GW. En el 2020, China tenía una capacidad instalada de 370,2 GW, unos 70,2 GW por encima del objetivo aprobado;
- **Energía eólica**: 30 GW. En el 2020, China tenía una capacidad instalada de cerca de 282 GW, unos 252 GW por encima del objetivo aprobado;
- **Energía solar**: 1,8 GW. En el 2020, China tenía una capacidad instalada de 254,4 GW, muy superior al objetivo aprobado;
- **Bioenergía y otras fuentes**: 30 GW. En el 2020, China tenía una capacidad instalada de 18,7 GW (solo en plantas de bioenergía), una cifra inferior al objetivo aprobado.

Según el documento titulado "Estadísticas de Energía Renovable 2021," China es el país con la mayor capacidad instalada de centrales eléctricas que funcionan con energías renovables a nivel mundial alcanzando, en el 2020, la cifra de 894.879 MW (31,9% del total mundial[8]), seguido por los EE.UU con 291.680 MW (10,4% del total), Brasil con 150.046 MW (5,4% del total), India con 134.257 MW (4,8% del total), Alemania con 131.739 MW (4,7% del total), y Canadá con 100.582 MW (3,6% del total) (ver Fig. 12). Fuera de la red, China tenia, en el 2020, una capacidad de centrales eléctricas de energías renovables de 866.470 MW, la que representaba el 5,3% de la capacidad total mundial instalada.

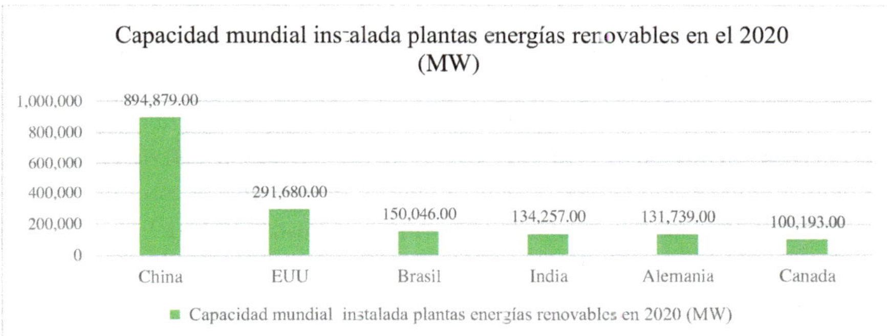

Fuente: Estadísticas de Energía Renovable 2021 IRENA[9]
Fig. 12: Capacidad mundial instalada plantas energías renovables en el 2020

En el 2019, la generación eléctrica mediante el uso de todas las fuentes de energías renovables instaladas en el país y reportada por las autoridades competentes chinas, fue de 1.986.041 GWh o el 28,5% del total de la electricidad producida a nivel mundial[10], seguido por EE.UU con 767.035 GWh (11% del total), Brasil con 515.449 GWh (7,4% del total), Canadá con 427.296 GWh (6,1% del total), India con 271.163 GWh (3,9% del total), Alemania con 242.435 GWh (3.5% del total), Rusia con 197.725 GWh (2,8% del total), Japón con 186.259 GWh (2,7% del total), Noruega con 131.415 GWh (1,9% del total), e Italia con 115.860 GWh (1,7% del total).

---

[8] La capacidad mundial de las plantas de energías renovables instaladas y conectadas a la red en el 2020 alcanzó la cifra de 2.802.004 MW. Fuera de la red, la capacidad mundial instalada ascendió, en 2020, a 16.356.956 MW, unas 5,8% veces mayor que la capacidad conectada a la red.

[9] Citación completa: IRENA (2021), Estadísticas de Energía Renovable 2021. The International Renewable Energy Agency, Abu Dhabi.

[10] La generación de electricidad mediante el uso de todas las fuentes de energías renovables instaladas a nivel mundial, en el 2019, alcanzó la cifra de 6.963.450 GWh.

En China, que lidera la recuperación económica mundial, la demanda de electricidad, según el documento titulado "Electricity Market Report July 2021," creció un 4% interanual en el 2020. En el primer trimestre del 2021, la demanda de electricidad en el país creció un 22,5% interanual, en contraste con la caída del 6% en el primer trimestre del 2020 tras las medidas de bloqueo adoptadas por el gobierno chino para contener la expansión de la ola de contagios causado por el COVID-19. Después de la aplicación de las estrictas medidas de bloqueo por parte del gobierno chino durante el primer trimestre de 2020 y la posterior caída de la demanda de electricidad, el país alcanzó la demanda pre-pandémicos en el segundo trimestre del 2020, lo que refleja una rápida recuperación de la economía china. En el segundo semestre del 2020, la demanda de electricidad creció de manera significativa superando los niveles de 2019. Esta tendencia continuó en el primer trimestre del 2021, con una demanda industrial superior al primer trimestre de 2019 en más del 15%. La demanda comercial de electricidad en el primer trimestre del 2021 superó la demanda registrada durante el mismo periodo del 2019 en un 16,5%.

Comparado con los niveles pre-pandémicos de 2019, la demanda de electricidad en China durante el primer trimestre del 2021 creció un 15%, lo que confirma el fuerte repunte observado en la segunda mitad del 2020. Con un crecimiento de la demanda de electricidad del 16% en abril y del 15% en mayo del 2021 en comparación con lo reportado en el 2019, dicha demanda continuó su racha de crecimiento durante la primavera del 2021.

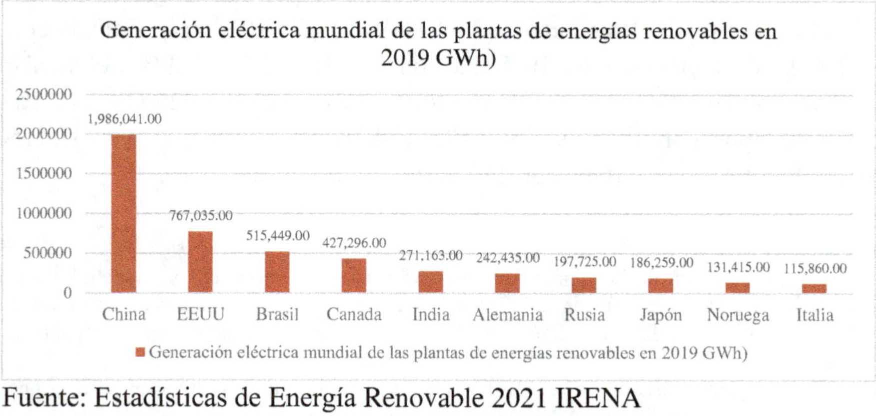

Fuente: Estadísticas de Energía Renovable 2021 IRENA

Fig. 13: Generación eléctrica mundial plantas energías renovables en 2019

La proyección de la generación eléctrica mediante el uso de las fuentes de energías renovables en países y regiones seleccionadas durante el periodo 2018-40 se muestra en la Fig. 14.

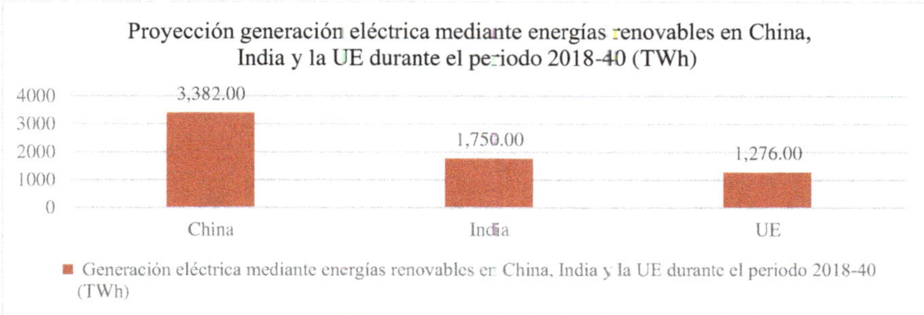

Fuente: World Energy Outlook 2019

Fig. 14: Proyección de generación eléctrica promedio anual mediante las energías renovables en China, India, y la UE durante el periodo 2018-40

Es importante resaltar que China es un líder mundial en la generación de energía eléctrica utilizando métodos no tradicionales, gracias a su expansión en el uso de las energías renovables, tal y como se puede apreciar en la Fig. 14. En el año 2018, el uso de las energías renovables en China generó el 27,5% del total de la energía generada en el país, siendo la segunda fuente de energía dentro de su matriz energética. Durante el periodo 2018-40, se espera que China genere un promedio anual de 3.382 TWh, seguido por la India con 1.750 TWh, y la UE con 1.276 TWh.

La energía hidroeléctrica en la generación eléctrica en China

Según el documento titulado "Estadísticas de Energía Renovable 2021," China es el país con la mayor capacidad hidroeléctrica instalada a nivel mundial en el 2020 con 370.160 MW, lo que representa el 27,8% del total mundial[11], seguido por Brasil con 109.318 MW (8,2% del total mundial), EE.UU con 102.398 MW (7,7% del total mundial), Canadá con 81.404 MW (6,1% del total mundial), Rusia con 52.427 MW (3,9% del total mundial), y la India con 50.740 MW (3,8% del total mundial). Esta capacidad ha venido creciendo sistemáticamente desde el 2010 y se espera que siga esa tendencia

[11] Según el documento titulado "Estadísticas de Energía Renovable 2021," la capacidad hidroeléctrica instalada a nivel mundial, en el 2020, fue de 1.332.885 MW.

durante los próximos años. Fuera de la red, China no tenía, en el 2020, centrales hidroeléctricas generando electricidad.

La evolución de la capacidad hidroeléctrica instalada en China durante el periodo 2010-20 se muestra en la Fig. 15.

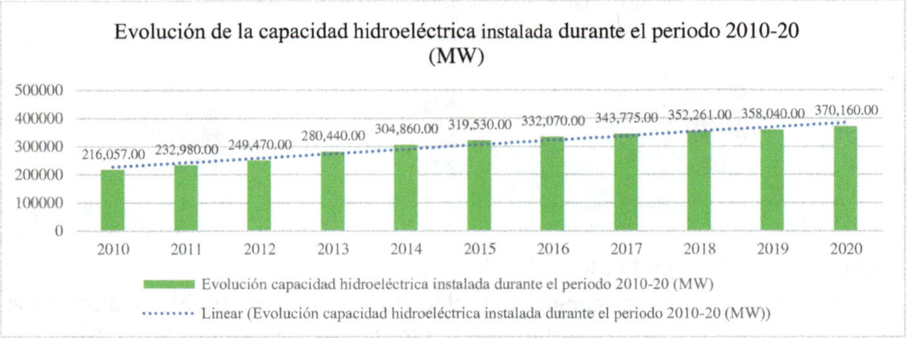

Fuente: Estadísticas de Energía Renovable 2021 IRENA

Fig. 15: Evolución de la capacidad hidroeléctrica instalada en el país durante el periodo 2010-20.

De acuerdo con los datos que se muestran en la Fig. 15, se puede afirmar que la capacidad hidroeléctrica instalada en China durante el periodo 2010-20 creció un 71,3%, pasando de los 216.057 MW en el 2010, a los 370.160 MW en el 2020. El crecimiento de la capacidad instalada en el país en este tipo de fuente energética fue sistemático en todo el periodo bajo consideración. Ello ha permitido reducir el uso del carbón y el petróleo en la generación eléctrica y de esa forma disminuir la alta contaminación de muchas de sus ciudades aunque esta reducción es aún insuficiente. Se espera que la capacidad instalada de este tipo de fuente energética en el país continúe creciendo durante los próximos años. Un ejemplo que confirma esta tendencia es el siguiente. La empresa State Grid Corp of China, la eléctrica estatal más grande del país, ha puesto en funcionamiento en el 2022 la central hidroeléctrica de almacenamiento por bombeo más grande del mundo, denominada “Fengning” de 3,6 GW de capacidad, que consta de 12 unidades de turbina-bomba reversibles de 300 MW de capacidad cada una, ubicada en la provincia de Hebei, a unos 180 kilómetros de Beijing. Con una capacidad de generación de electricidad anual diseñada de 6.612 TWh y una capacidad anual de almacenamiento por bombeo de 8.716 mil millones de horas, también tiene la planta subterránea de almacenamiento de bombeo más grande del mundo, dijo

State Grid. El país apunta a tener 62 GW de instalaciones de almacenamiento operando para el 2025 y 120 GW para el 2030, dijo la Administración Nacional de Energía (Roca, 2022).

La instalación de almacenamiento por bombeo de Fengning funcionará como una planta de energía pico para la operación segura y estable de la red Beijing-Tianjin-North Hebei mientras equilibra el suministro de energía intermitente de grandes parques eólicos y solares en el norte de Hebei y Mongolia Interior. A plena capacidad, la central hidroeléctrica Fengning es capaz de almacenar energía generada por otras fuentes de energías renovables de hasta 40 millones de kWh, lo que no solo ayuda a garantizar el funcionamiento estable y constante de la red eléctrica en el norte de China, sino que también impulsa la transición limpia de la matriz energética del país, facilitando los esfuerzos de China para alcanzar el pico de carbono para el 2030 y la neutralidad de carbono para el 2060 (Roca, 2022).

La evolución de la producción de electricidad mediante el uso de las centrales hidroeléctricas instaladas en el país durante el periodo 2010-19 se muestra en la Fig. 16.

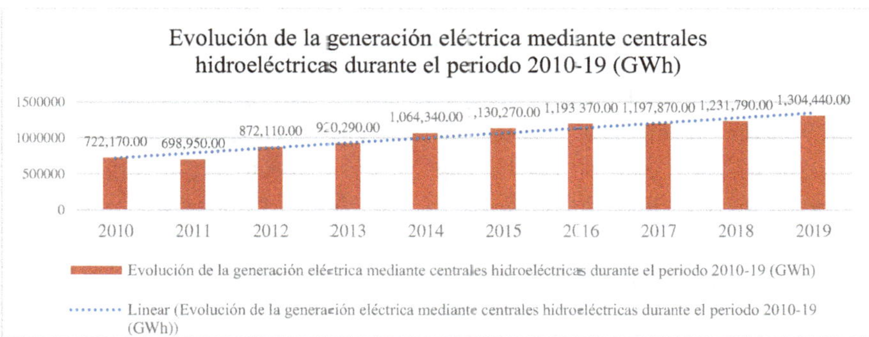

Fuente: Estadísticas Energía Renovable 2021 IRENA

Fig. 16: Evolución de la producción de electricidad mediante el uso de las centrales hidroeléctricas instaladas en el país durante el periodo 2010-19

Según los datos incluidos en la Fig. 16, la generación eléctrica en China por medio de centrales hidroeléctricas durante el periodo 2010-19 creció un 80,6%, pasando de los 722.170 GWh en el 2010 a los 1.304.440 GWh en el 2019. Con excepción del año 2011, la generación eléctrica mediante el uso de centrales hidroeléctricas creció de forma sistemática durante todo el periodo bajo consideración. Se espera que la generación de electricidad mediante centrales hidroeléctricas en China continúe creciendo durante los próximos años, así como también su participación en la matriz energética del país como resultado del cierre de un grupo de centrales de carbón viejas e ineficientes, en cumplimiento de la política energética adoptada por el gobierno chino para reducir la alta contaminación de sus ciudades y regiones.

Por otro lado, es importante resaltar que China tiene, a nivel mundial, la mayor capacidad instalada de centrales hidroeléctricas mixtas en el 2020 con 339.840 MW, y que representa el 28% del total mundial. Estas centrales generaron, en el 2019, un total de 1.272.540 GWh, o el 30,2% de la producción mundial de electricidad mediante este tipo de instalaciones (4.207.127 GWh). El país, además, tiene instalada la mayor capacidad mundial de centrales hidroeléctricas de bombeo que en 2020 fue de 30.320 MW o el 25% del total mundial, las que generaron, en el 2019, unos 31.900 GWh o el 27,9% del total mundial (114.480 GWh). Esta producción de electricidad es la mayor registrada en el 2019 a nivel mundial muy cerca de la electricidad total generada utilizando este tipo de centrales en toda Europa (33.126 GWh) (Estadísticas de Energía Renovable 2021, 2021).

La energía eólica en la generación eléctrica en China

Desde el año 2000, la generación de electricidad mediante los parques eólicos en China ha crecido 21 veces. El mercado eólico terrestre chino creció en el 2020 en 72.411 MW de nuevas capacidades respecto a lo reportado en el 2019, y ha sido el líder mundial en la instalación de nuevas capacidades eólicas desde el 2008. La evolución de la capacidad eólica instalada en China durante el periodo 2010-20 se muestra en la Fig. 17.

Fuente: Estadísticas de Energía Renovable 2021 IRENA
Fig. 17: Evolución de la capacidad eólica instalada en China durante el periodo 2010-20

De acuerdo con los datos incluidos en la Fig. 17, se puede afirmar que China ha venido aumentando su capacidad eólica en los últimos años a un ritmo muy alto, siendo en estos momentos el país con la mayor capacidad instalada a nivel mundial con respecto a este tipo de energía renovable[12]. El crecimiento registrado en el periodo considerado fue más de 9 veces, pasando de los 29.663 MW en el 2010 a los 281.993 MW en el 2020 cifra que representa el 38,5% del total mundial (732.410 MW).

La capacidad de los parques eólicos terrestre instalados en el país en el 2020 fue de 273.003 MW (39,1% del total mundial, 698.043 MW) y generaron en el 2019 un total de 395.048 GWh (29,7% del total mundial, 1.328.054 GWh). La capacidad de los parques eólicos marinos instalados en el país en el 2020 alcanzó la cifra de 8.990 MW (26,2% del total mundial, 34.367 MW) y generaron n el 2019 un total de 11.512 GWh (13,7% del total mundial, 84.330 GWh), solo superado por el Reino Unido con 31.975 GWh, y Alemania con 24.744 GWh.

La evolución de la capacidad de los parques eólicos terrestres instalados en China durante el periodo 2010-20 se muestra en la Fig. 18.

12 Según el documento titulado "Estadísticas de Energía Renovable 2021," la capacidad mundial eólica instalada en el 2020 fue de 732.410 MW, generando un total de 1.412.384 GWh en el 2019.

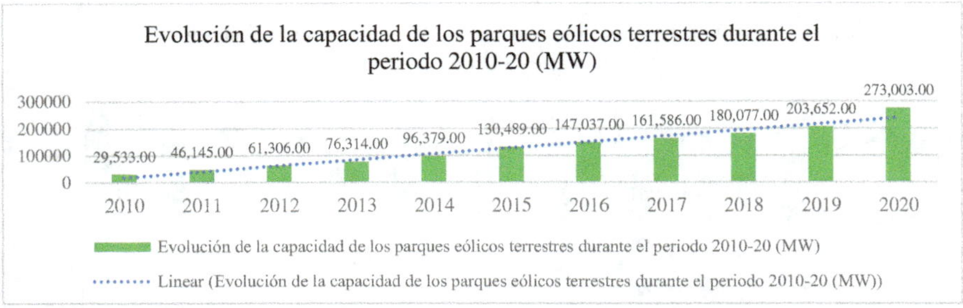

Fuente: Estadísticas de Energía Renovable 2021 IRENA
Fig. 18: Evolución de la capacidad de los parques eólicos terrestres instalados en China durante el periodo 2010-20

Según los datos incluidos en la Fig. 18, la capacidad de los parques eólicos terrestres instalados en el país creció 9,2 veces durante el periodo 2010-20, pasando de los 29.533 MW en el 2010 a los 273.003 MW en el 2020. China ocupa el primer lugar mundial en cuanto a la capacidad de sus parques eólicos terrestres con el 39,1% del total[13]. Se espera que la capacidad de los parques eólicos terrestres en China siga creciendo en los próximos años, así como su participación en la matriz energética del país, como resultado de la construcción de nuevos parques eólicos tantos terrestres como marinos, aunque éstos últimos a un ritmo muy inferior a los primeros.

En el caso de los parques eólicos marinos. China ha sido el líder mundial en la construcción de nuevos parques por tercer año consecutivo con más de 3 GW de nuevas capacidades conectada a la red en el 2020. La evolución de nuevas capacidades eólicas marina instaladas en China durante el periodo 2016-20 se muestra en la Fig. 19.

[13] Según el documento titulado "Estadísticas de Energía Renovable 2021," la capacidad de los parques eólicos terrestres instalados a nivel mundial, en el 2020, ascendió a 698.043 MW.

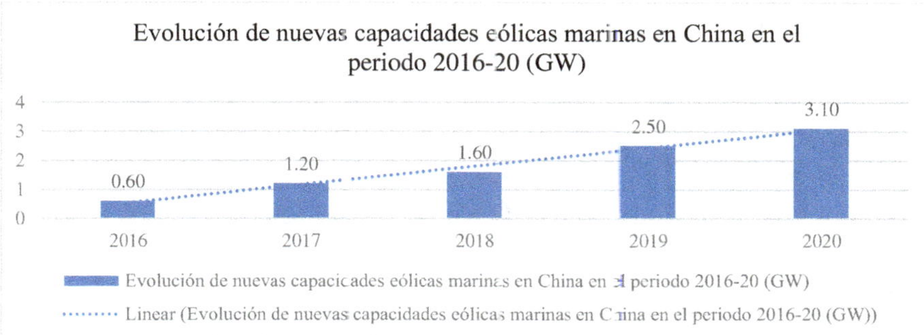

Fuente: GWEC Global Offshore Wind Report 2021

Fig. 19: La evolución de nuevas capacidades eólicas marina instaladas en China durante el periodo 2016-20

Tal y como se puede apreciar en la Fig. 19, las nuevas capacidades eólicas marinas instaladas en China en el periodo 2016-20 crecieron unas 5,2 veces pasando de 0,6 GW en el 2016 a 3,1 GW en el 2020. Esta tendencia se espera se mantenga durante los próximos años. El crecimiento de nuevas capacidades eólicas marinas instaladas en China en el 2020 fue un 24,6% mayor en comparación con las instaladas en el 2019, pasando de los 2,5 GW en el 2019 a los 3,1 GW en el 2020. Otros países de la región del Asia y el Pacífico que han estado instalando nuevas capacidades eólicas marinas en el 2020 son la República de Corea, Taiwán, Vietnam, y Japón.

La evolución de la generación eléctrica reportada por los parques eólicos instalados en China durante el periodo 2010-19 se muestra en la Fig. 20.

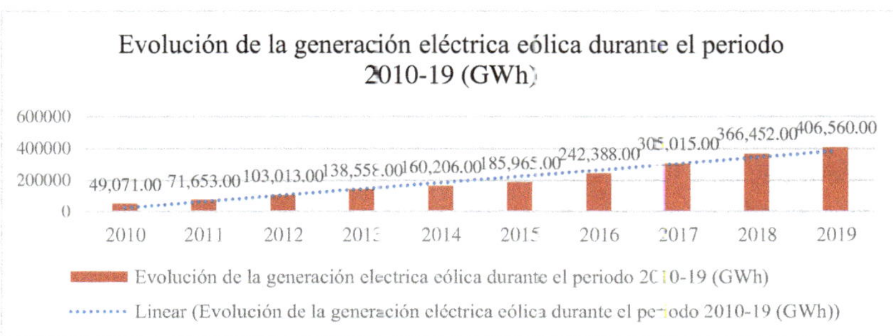

Fuente: Estadísticas de Energía Renovable 2021 IRENA

Fig. 20: Evolución de la generación eléctrica reportada por los parques eólicos durante el periodo 2010-19

Según se muestra en la Fig. 20, la generación eléctrica de los parques eólicos en China creció 8,3 veces durante el periodo considerado, pasando de los 49.071 GWh en el 2010 a los 406.560 GWh en el 2018. China, en ese mismo año, fue el país con la mayor generación de electricidad mediante parques eólicos a nivel mundial con el 28,8% del total (1.412.384 GWh), seguido por Alemania con 125.894 GWh (8,9% del total mundial), el Reino Unido con 64.335 GWh (4,6% del total mundial), y Brasil con 55.986 GWh (4% del total mundial).

En el caso específico de los parques eólicos terrestres, la evolución de la generación eléctrica en China mediante el uso de este tipo de fuente energética durante el periodo 2010-19 se muestra en la Fig. 21.

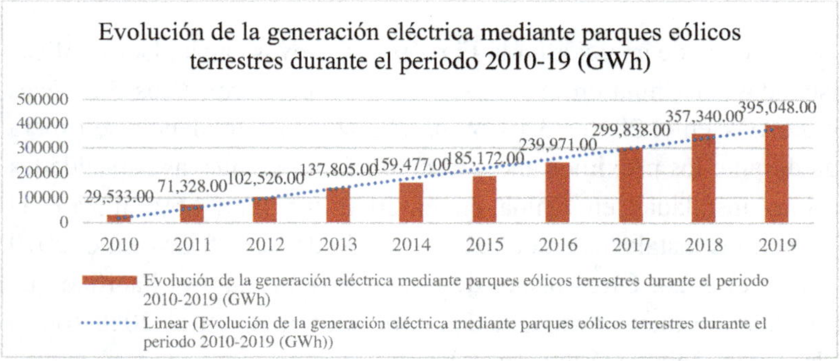

Fuente: Estadísticas de Energía Renovable 2021 IRENA
Fig. 21: Evolución de la generación eléctrica en el país mediante el uso de este tipo de fuente energética durante el periodo 2010-19

Tal y como se muestra en la Fig. 21, la generación eléctrica en China mediante los parques eólicos terrestres creció 13,4 veces durante el periodo considerado, pasando de los 29.533 GWh en el 2010, a los 395.048 GWh en el 2019. Se espera que esta tendencia continúe durante los próximos años, según los planes aprobados por el gobierno chino.

En el caso de los parques eólicos marinos instalados en China, la evolución de la generación eléctrica reportada por los mismos durante el periodo 2010-19 se muestra en la Fig. 22.

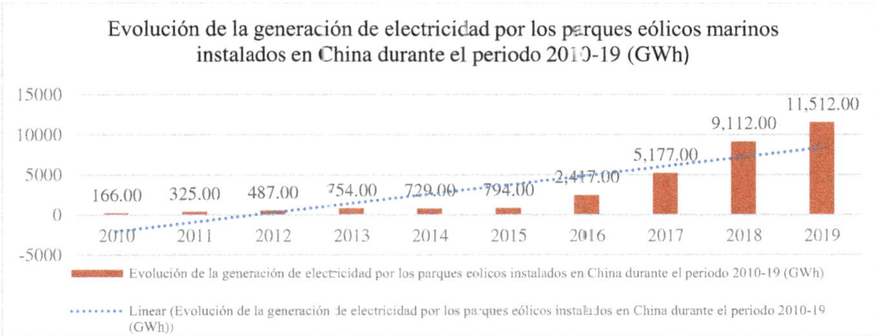

Fuente: Estadísticas de Energía Renovable 2021 IRENA

Fig. 22: Evolución de la generación eléctrica en China mediante el uso de parques eólicos marinos durante el periodo 2010-19

Tal y como se puede apreciar en la Fig. 22, los parques eólicos marinos instalados en China durante el periodo 2010-19 aumentaron en 69,3 veces la producción de electricidad, pasando de los 166 GWh en el 2010 a los 11.512 GWh en el 2019. Se estima que esta tendencia se mantenga durante los próximos años, teniendo en cuenta los estimados de nuevas capacidades que serán instaladas en el país durante ese periodo. Según el documento titulado "GWEC Market Intelligence Report 2021," la perspectiva del mercado predice que China continuará instalando la mayor parte de las nuevas capacidades eólicas marinas en la región del Asia y el Pacífico en la primera mitad de esta década. Sin embargo, la nuevas previsiones de mercado de GWEC indican que la cuota de mercado de China caiga del 76% en el 2021 al 56% en el 2026. Esta disminución se espera que continúe hasta alcanzar una participación del 48% hacia finales de esta década.

Por otro lado, se espera que Taiwán sea el mercado eólico marino más grande de la región después de China. Sin embargo, el mencionado mercado se estima que se diversifique mucho más a partir del 2025, cuando nuevos proyectos eólicos marinos a gran escala estén listos para ser comisionados en Japón, la República de Corea, Filipinas, y Vietnam.

La energía solar en la generación eléctrica en China

China ha venido desarrollando, a un ritmo considerable en los últimos años, la capacidad solar instalada en el país y la generación de electricidad mediante el uso de este tipo de energía. También ha incrementado la capacidad de los parques solares fotovoltaicos fuera de la red, alcanzando, en el 2020, la cifra de 403.800 MW (9,4% del total mundial, 1.493.351 MW) (Estadísticas de Energía Renovable 2021, 2021).

La evolución de la capacidad solar instalada en el país durante el periodo 2010-20 se muestra en la Fig. 23.

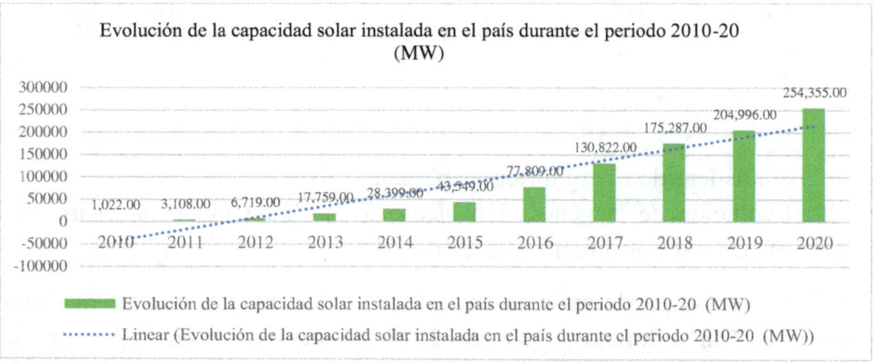

Fuente: Estadísticas de Energía Renovable 2021 IRENA
Fig. 23: Evolución de la capacidad solar instalada en el país durante el periodo 2010-20

Según se muestra en la Fig. 23, la capacidad de los parques solares instalados en China durante el periodo considerado creció nada menos que 248,9 veces, pasando de los 1.022 MW en el 2010 a los 254.355 MW en el 2020[14]. China, en ese mismo año, fue el país con la mayor capacidad de parques solares instalados a nivel mundial con el 35,5% del total, seguido por EE.UU con 75.572 MW o el 10,6% del total mundial, Japón con 68.665 MW o el 9,6% del total mundial, y Alemania con 53.783 MW o el 7,5% del total mundial. Se espera, según los planes del gobierno chino, construir más parques solares durante los próximos años, con el fin de sustituir la producción de electricidad por medio de viejas y obsoletas centrales de carbón por energías mucho más limpias que reduzcan la alta contaminación de sus principales ciudades y regiones, como es el caso de la energía solar.

En el caso específico de los parques solares fotovoltaicos, la capacidad instalada de este tipo de parques en el país, en el 2020, alcanzó la cifra de

[14] Según el documento titulado "Estadísticas de Energía Renovable 2021," la capacidad de los parques solares instalados en el mundo, en el 2020, alcanzó la cifra de 716.152 MW.

253.834 MW representando el 43,9% del total mundial[15]. Sin lugar a duda, en el 2020, China fue el país con la mayor capacidad de parques solares fotovoltaicos instalados a nivel mundial, seguido por los EE.UU con 73.814 MW o el 10,4% del total mundial, Japón con 68.665 MW o el 9,7% del total mundial, y Alemania con 53.781 MW o el 7,6% del total mundial ("Estadísticas de Energía Renovable 2021, 2021).

La evolución de la capacidad de los parques solares fotovoltaicos en China durante el periodo 2010-20 se muestra en la Fig. 24.

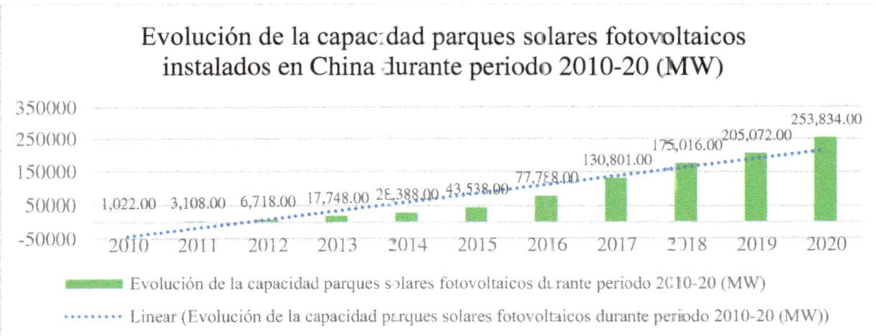

Fuente: Estadísticas de Energía Renovable 2021 IRENA

Fig. 24: Evolución de la capacidad de los parques solares fotovoltaicos en China durante el periodo 2010-20

Como se puede apreciar en la Fig. 24, la capacidad de los parques solares fotovoltaicos instalados en China durante el periodo 2010-20 creció 248,3 veces, pasando de los 1.022 MW en el 2010 a los 253.834 MW en el 2020. Se espera que esta tendencia continúe durante los próximos años, con el fin de cambiar la matriz energética de China donde las energías renovables deberán jugar un papel mucho mayor que el actual, con el fin de disminuir el alto nivel de la contaminación de muchas de sus principales ciudades y regiones.

En el caso específico de los parques solares térmicos, la capacidad instalada de este tipo de parques en el país, en el 2020, alcanzó la cifra de 521

---

[15] Según el documento titulado "Estadísticas de Energía Renovable 2021," la capacidad de los parques solares fotovoltaicos instalados en el mundo ascendió, en el 2020, a los 709.674 MW.

MW, representando el 8,2% del total mundial[16]. Sin lugar a duda la capacidad solar térmica instalada en el país es una cifra muy baja en comparación con la capacidad de los parques solares fotovoltaicos instalados en el país en ese mismo año.

La evolución de la generación eléctrica en China mediante los parques solares instalados en el país durante el periodo 2010-19 se muestra en la Fig. 25.

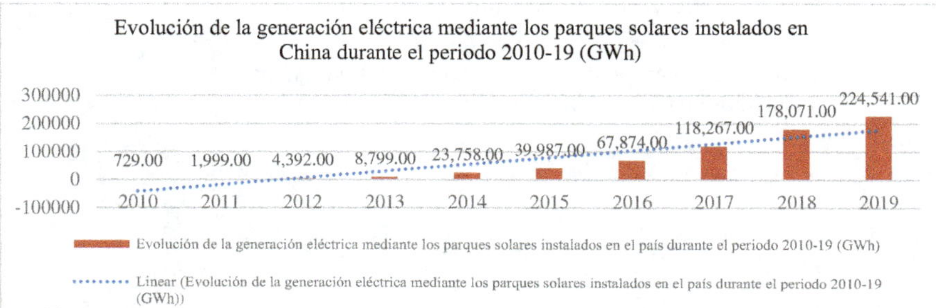

Fuente: Estadísticas de Energía Renovable 2021 IRENA

Fig. 25: Evolución de la generación eléctrica en China mediante los parques solares instalados en el país durante el periodo 2010-19

Según se puede apreciar de la Fig. 25, la generación eléctrica en China mediante los parques solares instalados en el país, fundamentalmente los parques solares fotovoltaicos, creció 308 veces durante el periodo bajo consideración, pasando de los 729 GWh en el 2010 a los 224.541 GWh en el 2019. Se espera que la generación eléctrica mediante los parques solares en China continúe creciendo durante los próximos años, fundamentalmente en el caso de los parques solares fotovoltaicos, con el fin de continuar cambiando la matriz energética del país dándole más peso al uso de las energías renovables para la generación de electricidad, y reducir de esa forma la alta contaminación de las principales ciudades y regiones chinas.

La evolución de la generación eléctrica en China mediante los parques solares fotovoltaicos y térmicos durante el periodo 2010-19 se muestra en las Figs. 26 y 27.

[16] Según el documento titulado "Estadísticas de Energía Renovable 2021," la capacidad de los parques solares térmicos instalados en el mundo ascendió, en el 2020, a 6.379 MW.

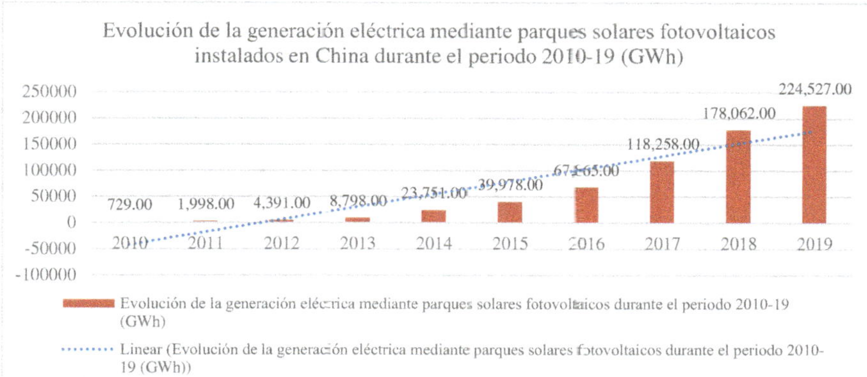

Fuente: Estadísticas de Energía Renovable 2021 IRENA
Fig. 26: Evolución de la generación eléctrica en China mediante los parques solares fotovoltaicos instalados en el país durante el periodo 2010-19

Según los datos que se muestran en la Fig. 26, la generación eléctrica mediante los parques solares fotovoltaicos instalados en el país creció casi 308 veces, pasando de los 729 GWh en el 2010 a los 224.527 GWh en el 2019. Como se puede ver en la Fig. 26, la generación eléctrica producida por los parques solares fotovoltaicos instalados en el país creció todos los años del periodo considerado, en particular durante los últimos tres años. Se espera que esta tendencia continúe durante los próximos años, según los planes ya aprobados por el gobierno chino, manteniendo al país en el primer lugar a nivel mundial en cuanto a la generación eléctrica mediante parques solares fotovoltaicos[17]. Los países que generaron más electricidad mediante parques solares fotovoltaicos en el 2019 fueron China con 224.527 GWh o el 33,1% del total mundial, seguido por los EE.UU con 93.943 GWh o el 13,8% del total mundial, Japón con 68.953 GWh o el 10,2% del total mundial, Alemania con 46.392 GWh o el 6,8% del total mundial, e Italia con 23.689 GWh o el 3,5% del total mundial.

Por otro lado, la evolución de la generación eléctrica en China mediante los parques solares térmicos instalados en el país durante el periodo 2010-19 se muestra en la Fig. 27.

---

[17] Según el documento titulado "Estadísticas de Energía Renovable 2021," la generación eléctrica mediante parques solares fotovoltaicos a nivel mundial ascendió, en el 2019, a 678.999 GWh.

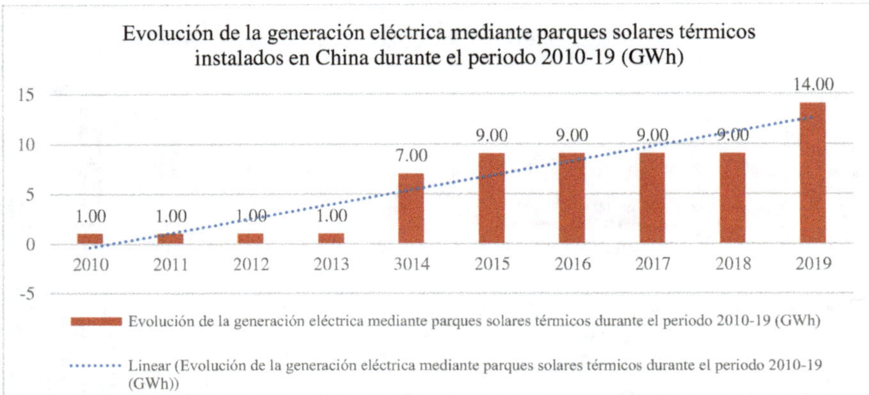

Fuente: Estadísticas de Energía Renovable 2021 IRENA

Fig. 27: Evolución de la generación eléctrica en China mediante los parques solares térmicos instalados en el país durante el periodo 2010-19

Tal y como se muestra en la Fig. 27, la generación eléctrica en China mediante los parques solares térmicos creció 14 veces durante el periodo considerado, pasando de los 1 GWh en el 2010 a los 14 GWh en el 2019. Sin embargo, el volumen de la generación eléctrica mediante estos tipos de parques solares en el país es muy baja, si lo comparamos con la energía generada por los parques solares fotovoltaicos durante el mismo periodo. Además, es importante destacar que la participación de la generación eléctrica mediante la energía solar térmica se ha mantenido estable desde el 2015 hasta el 2018, dando un salto en el 2019, como se puede apreciar en la Fig. 27. No se espera grandes avances en la generación eléctrica mediante el uso de los parques solares térmicos instalados o a ser instalados en el país durante los próximos años.

La bioenergía en la generación eléctrica en China

Según el documento titulado "Estadísticas de Energía Renovable 2021," China continúa lidereando el uso de la bioenergía dentro de la región de Asia y el Pacífico con una capacidad total instalada, en el 2020, de 18.687 MW. Esta capacidad representa el 43,4% del total de la región (43.013 MW) y el

14,7% del total mundial[18]. Otro países con las mayores capacidades de plantas de bioenergías instaladas son Brasil con 15.650 MW o el 12,3% del total mundial, India con 10.532 MW o el 8,3% del total mundial, y Alemania con 10.367 MW o el 8,2% del total mundial. Las plantas de bioenergía más importantes instaladas en China consumen biocombustibles sólidos y residuos renovables con una capacidad instalada 17.784 MW, lo que representa el 17% del total mundial (104.456 MW), y generando 78,450 GWh o el 17,1% del total mundial (457.653 GWh), residuos municipales renovables con una capacidad instalada de 6.790 MW o el 44,2% del total mundial (15.375 MW), generando 30.350 GWh o el 44,3% del total mundial (68.506 GWh), otros biocombustibles sólidos con una capacidad instalada de 10.994 MW o el 15,9% del total mundial (69.053 MW), generando 48.100 GWh o el 14,5% del total mundial (330.846 GWh), y el biogás con una capacidad instalada de 903 MW o el 4,5% del total mundial (20.108 MW), generando 3.800 GWh o el 4,1% del total mundial (91.819 GWh).

La evolución de la capacidad de las plantas de bioenergía instaladas en China, durante el periodo 2010-20, se muestra en la Fig. 28.

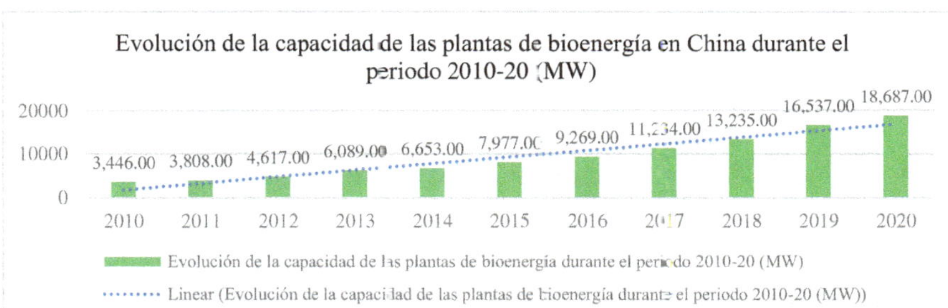

Fuente: : Estadísticas de Energía Renovable 2021 IRENA

Fig. 28: Evolución de la capacidad de las plantas de bioenergía instaladas en China, durante el periodo 2010-20

Según los datos que se muestran en la Fig. 28, la capacidad de las plantas de bioenergía instaladas en China creció 5,4 veces durante el periodo 2010-20, pasando de los 3.446 MW en el 2010 a los 18.687 MW en el 2020. Se espera

[18] Según el documento titulado "Estadísticas de Energía Renovable 2021," la capacidad de las plantas de bioenergías instaladas a nivel mundial alcanzó la cifra de 127.201 MW en el 2020.

que la capacidad de las plantas de bioenergía instaladas en el país continúe creciendo durante los próximos años, con el fin de aumentar su participación en la matriz energética de China. Los países con las mayores capacidades instaladas de plantas de bioenergía a nivel mundial son los siguientes: China con 18.687 MW o el 14,7% del total mundial (127.201 MW), seguido por Brasil con 15.650 MW o el 12,3% del total mundial, EE.UU con 11.980 MW o el 9,4% del total mundial, India con 10.532 MW o el 8,3% del total mundial, Alemania con 10.367 MW o el 8,2% del total mundial, y el Reino Unido con 7.243 MW o el 5,7% del total mundial.

La evolución de la generación eléctrica mediante las plantas de bioenergía instaladas en China durante el periodo 2010-19 se muestra en la Fig. 29.

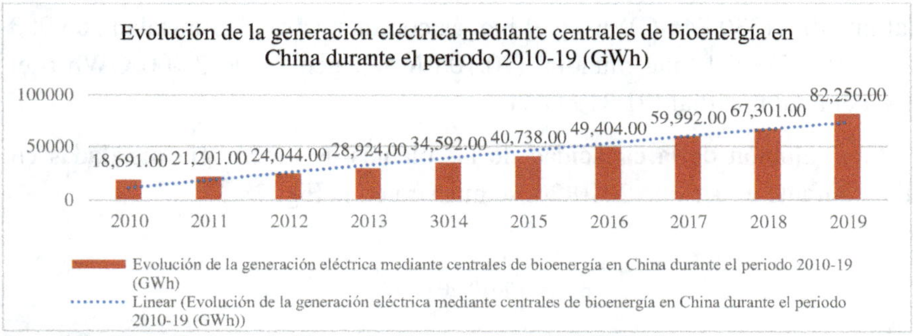

Fuente: : Estadísticas de Energía Renovable 2021 IRENA

Fig. 29: Evolución de la generación eléctrica mediante centrales de bioenergía instaladas en China, durante el periodo 2010-19

Tal y como se muestra en la Fig. 29, la generación eléctrica mediante las centrales de bioenergía instaladas en el país creció 4,4 veces en el periodo considerado, pasando de los 18.691 GWh en el 2010 a los 82.250 GWh en el 2019[19]. Los países con la mayor generación eléctrica mediante el uso de centrales de bioenergía después de China son los siguientes: EE.UU con 63.194 GWh o el 11,3% del total mundial (587.553 GWh), Brasil con 54.921 GWh o el 9,3% del total mundial, Alemania con 50.221 GWh, o el 8,5% del total mundial, y el Reino Unido con 37.303 GWh, o el 6,3% del total mundial.

[19] Según el documento titulado "Estadísticas de Energía Renovable 2021," la generación eléctrica mediante el uso de plantas de bioenergía a nivel mundial, en el 2019, alcanzó la cifra de 557.853 GWh.

El gobierno chino tiene planes para continuar construyendo centrales de bioenergía durante los próximos años y de esta forma incrementar su participación en la matriz energética del país, con el objetivo de reducir la alta contaminación de sus principales ciudades y regiones.

La energía geotérmica en la generación eléctrica en China

De acuerdo al contenido del documento titulado "Estadísticas de Energía Renovable 2021," se puede afirmar que en el 2020 China tenía una capacidad instalada de centrales de energía geotérmica muy pequeña, solo 26 MW, representando el 0,1% del total mundial (14.013 MW). Esta capacidad se ha mantenido estable desde el 2011. La generación eléctrica mediante el uso de esta fuente de energía renovable fue también muy pequeña alcanzando en el 2020 la cifra de 144 GWh, o el 0,2% del total mundial (92.047 GWh). Esta generación se ha mantenido estable desde el 2013.

Ahora bien, el gobierno chino tiene planes para elevar a más del triple su consumo de energía geotérmica para los próximos años y se espera que este tipo de energía llegue a representar cerca del 1,5% del consumo total de energía del país (Sánchez, 2016), lo que ayudará a reducir las emisiones de dióxido de carbono en 177 millones de toneladas. Los recursos geotérmicos en el país se utilizan para calefacción, generación eléctrica, y para otros usos diversos.

Según el regulador de energía chino, el potencial de energía geotérmica equivale aproximadamente a 853.000 millones de toneladas de carbón estándar y tiene el potencial de sustituir el carbón en el consumo de energía. Es importante resaltar que una instalación geotérmica puede sustituir 3.000 toneladas de carbón por año, lo que elimina la emisión de más de 75 millones de toneladas de dióxido de carbono y 30 toneladas de dióxido de azufre.

Por último, la Corporación Petroquímica de China (Sinopec), la mayor empresa productora de energía geotérmica en el país se comprometió a continuar desarrollando este tipo de energía a nivel nacional y aumentar la proporción de la producción de energía limpia, según lo publicado por el rotativo en inglés China Daily. La compañía ya ha reemplazado el uso de carbón por la energía geotérmica en 10 ciudades del país, de acuerdo con declaraciones de Ma Yongsheng, presidente de Sinopec, durante el Foro Internacional de Energía Geotérmica China 2018, que se celebró en Shanghái en ese año (Jorquera, 2018).

El objetivo de Sinopec, es reemplazar el uso del carbón para la generación eléctrica y calefacción por la energía geotérmica en 20 ciudades de China y fomentar la capacidad de calefacción hasta 120 millones de metros cúbicos para el 2023. Las regiones que actualmente usan la energía geotérmica para la calefacción en China ya superan los 150 kilómetros cuadrados, y en los últimos años han crecido a un ritmo acelerado. El norte del país, que goza actualmente de suficiente suministro de este tipo de energía, planea tener 1.000 kilómetros cuadrados de áreas calentadas por energía geotérmica para el 2021.

Teniendo en cuenta los abundantes recursos de energía geotérmica del país, que representan la sexta parte del total global hasta ahora muy poco explotada, diversos analistas consideran que la exploración y la explotación de la energía limpia desempeñaran un rol significativo en la optimización y la seguridad energética del país durante los próximos años.

Según el IEA en su documento titulado "Electricity Market Report July 2021" en China, que lidera la recuperación económica mundial, la demanda de electricidad creció un 4% interanual en el 2020. En el primer trimestre del 2021, la demanda creció un 22,5% interanual, en contraste con la caída del 6% en el primer trimestre del 2020 tras las medidas de bloqueo impuestas por los países como consecuencia de la pandemia del coronavirus. Comparado con los niveles pre-pandémicos del 2019, la demanda de electricidad en el primer trimestre del 2021 fue un 15% más alto que el registrado en el 2019, lo que confirma el fuerte repunte observado en la segunda mitad del 2020 en China. Con un crecimiento del 16% en abril y del 15% en mayo del 2021 en comparación con 2019, China continuó su racha de crecimiento de la demanda de electricidad durante la primavera del 2021.

La energía nuclear en la generación eléctrica en China

Sin duda alguna, China es el país con el mayor y más ambicioso programa nuclear en el mundo. El principal objetivo de este importante programa es el de reducir lo más posible la alta contaminación de sus principales ciudades y regiones y abaratar la generación de electricidad en el país, mediante el cierre de sus centrales de carbón más obsoletas y contaminantes y menos económicas.

Según la base de datos PRIS-OIEA de fecha diciembre del 2021, China tenía en operación un total de 53 reactores nucleares de potencia con una capacidad de 50.809 MW(e) y 13 reactores nucleares de potencia en construcción con una capacidad de 14.792 MW(e). En el 2020 las centrales nucleares chinas produjeron 366.300 GWh de electricidad para un 4,9% del total de la electricidad generada en el país durante ese año (7.417,000 GWh).

La Tabla 6, muestra los reactores nucleares de potencia en operación y la Tabla 7 los reactores nucleares de potencia en construcción en China en diciembre del 2021.

Tabla 6: Reactores nucleares de potencia en operación en China en diciembre del 2021

Nombre	Tipo	Localización	Unidad de potencia de referencia (MW)	Capacidad eléctrica bruta (MW)	Primera conexión a la red
YANGJIANG-6	PWR	Yangjiang	1.000	1.086	2019-06-29
YANGJIANG-5	PWR	Yangjiang	1.000	1.086	2018-05-23
YANGJIANG-4	PWR	Yangjiang	1.000	1.086	2017-01-08
YANGJIANG-3	PWR	Yangjiang	1.000	1.086	2015-10-18
YANGJIANG-2	PWR	Yangjiang	1.000	1.086	2015-03-10
YANGJIANG-1	PWR	Yangjiang	1.000	1.086	2013-12-31
TIANWAN-6	PWR	Lianyungang	1.000	1.118	2021-05-11
TIANWAN-5	PWR	Lianyungang	1.000	1.118	2020-08-08
TIANWAN-4	PWR	Lianyungang	1.045	1.126	2018-10-27
TIANWAN-3	PWR	Lianyungang	1.045	1.126	2017-12-30
TIANWAN-2	PWR	Lianyungang	990	1.060	2007-05-14
TIANWAN-1	PWR	Lianyungang	990	1.060	2006-05-12
TAISHAN-2	PWR	Taishan	1.660	1.750	2019-06-23
TAISHAN-1	PWR	Taishan	1.660	1.750	2018-06-29
SHIDAO BAY-1	HTGR	Weihai	200	211	2021-12-20
SANMEN-2	PWR	Taizhou	1.157	1.251	2018-08-24
SANMEN-1	PWR	Taizhou	1.157	1.251	2018-06-30
QINSHAN-1	PWR	Jiaxing	308	330	1991-12-15
QINSHAN 3-2	PHWR	Jiaxing	677	728	2003-06-12
QINSHAN 3-1	PHWR	Jiaxing	677	728	2002-11-19
QINSHAN 2-4	PWR	Jiaxing	619	660	2011-11-25
QINSHAN 2-3	PWR	Jiaxing	619	660	2010-08-01
QINSHAN 2-2	PWR	Jiaxing	610	650	2004-03-11
QINSHAN 2-1	PWR	Jiaxing	610	650	2002-02-06
NINGDE-4	PWR	Ningde	1.018	1.089	2016-03-29
NINGDE-3	PWR	Ningde	1.018	1.089	2015-03-21
NINGDE-2	PWR	Ningde	1.018	1.089	2014-01-04
NINGDE-1	PWR	Ningde	1.018	1.089	2012-12-28

LING AO-4	PWR	Shenzen	1.007	1.086	2011-05-03
LING AO-3	PWR	Shenzen	1.007	1.086	2010-07-15
LING AO-2	PWR	Shenzen	950	990	2002-09-14
LING AO-1	PWR	Shenzen	950	990	2002-02-26
HONGYANHE-5	PWR	Dalian	1.061	1.119	2021-06-25
HONGYANHE-4	PWR	Dalian	1.061	1.119	2016-04-01
HONGYANHE-3	PWR	Dalian	1.061	1.119	2015-03-23
HONGYANHE-2	PWR	Dalian	1.061	1.119	2013-11-23
HONGYANHE-1	PWR	Dalian	1.061	1.119	2013-02-17
HAIYANG-2	PWR	Haiyang	1.170	1.250	2018-10-13
HAIYANG-1	PWR	Haiyang	1.170	1.250	2018-08-17
FUQING-5	PWR	Fuqing	1.000	1.150	2020-11-27
FUQING-4	PWR	Fuqing	1.000	1.089	2017-07-29
FUQING-3	PWR	Fuqing	1.000	1.089	2016-09-07
FUQING-2	PWR	Fuqing	1.000	1.089	2015-08-06
FUQING-1	PWR	Fuqing	1.000	1.089	2014-08-20
FANGJIASHAN-2	PWR	Jiaxing	1.012	1.089	2015-01-12
FANGJIASHAN-1	PWR	Jiaxing	1.012	1.089	2014-11-04
FANGCHENGGANG-2	PWR	Fangchenggang	1.000	1.086	2016-07-15
FANGCHENGGANG-1	PWR	Fangchenggang	1.000	1.086	2015-10-25
DAYA BAY-2	PWR	Shenzhen city	944	984	1994-02-07
DAYA BAY-1	PWR	Shenzhen city	944	984	1993-08-31
CHANGJIANG-2	PWR	Changjiang	601	650	2016-06-20
CHANGJIANG-1	PWR	Changjiang	601	650	2015-11-07
CEFR	FBR	Tuoli	20	25	2011-07-21

Fuente: PRIS-OIEA diciembre 2021

Tabla 7: Reactores nucleares de potencia en construcción en China en diciembre 2021

Nombre	Tipo	Localización	Unidad de potencia de referencia (MW)	Capacidad eléctrica bruta (MW)
CHANGJIANG-3	PWR	Changjiang	1.000	1.197
FANGCHENGGANG-3	PWR	Fangchenggang	1.000	1.180
FANGCHENGGANG-4	PWR	Fangchenggang	1.000	1.180
FUQING-6	PWR	Fuqing	1.000	1.150
HONGYANHE-6	PWR	Dalian	1.061	1.119
SANAOCUN-1	PWR	Gorakhpur Village	1.117	1.210
TAIPINGLING-1	PWR	Huizhou	1.116	1.200
TAIPINGLING-2	PWR	Huizhou	1.116	1.202
TIANWAN-7	PWR	Lianyungang	1.171	1.265
XIAPU-1	FBR	Xiapu	642	682
XUDABU-3	PWR	Xingcheng	1.200	1.274
ZHANGZHOU-1	PWR	Zhangzhou	1.126	1.212
ZHANGZHOU-2	PWR	Zhangzhou	1.126	1.212

Fuente: PRIS-OIEA diciembre 2021

Según se puede apreciar en la Tabla 6, de los 53 reactores nucleares de potencia en operación en diciembre del 2021 un total de 49 de ellos son del tipo PWR[20] (92,5% del total), uno del tipo FBR[21], uno del tipo HTGR[22] y dos del tipo PHWR[23]. Un aspecto característico del programa nuclear chino es que la mayoría de los reactores nucleares de potencia que conforman sus centrales nucleares tienen una capacidad de generación superior a los 1.000 MW (18 unidades, 34% del total). En el caso de los reactores nucleares de potencia en construcción (ver Tabla 7), 12 unidades son del tipo PWR (92,3% del total) y solo una es del tipo FBR, siendo ésta la única unidad que tiene una capacidad menor a los 1.000 MW.

El programa nuclear chino no solo es sin duda el mayor y más ambicioso programa nuclear a nivel mundial sino que también se adelanta a otros países que utilizan la energía nuclear para la generación eléctrica o son constructores de centrales nucleares al poner en marcha el primer SMR del mundo, una nueva tecnología nuclear que promete energía limpia, barata y segura.

De acuerdo a Kardoudi (2021), la Asociación de Energía Nuclear de China acaba de anunciar la puesta en marcha de un pequeño reactor modular del tipo SMR, con una capacidad de 200 MW que ya está suministrando energía a la red eléctrica del país. El SMR chino es el primero de este tipo en el mundo en estar operativo y se adelanta a otros países como EEUU, Rusia, Argentina, y el Reino Unido, entre otros. que también están apostando por este tipo de tecnología nuclear para la generación eléctrica. Rusia también sigue apostando por la energía nuclear y desarrolla sus propios reactores del tipo SMR. De hecho, dos de estos reactores de 35 MW cada uno están localizados a bordo del Akademik Lomonosov, un buque atracado frente a la ciudad rusa de Pevek, en el Ártico y que generar eléctrica a partir de la energía nuclear. Según el programa nuclear ruso, el país continuará desarrollando este tipo de tecnologías y han anunciado que para el 2024 tendría listos varios SMRs de 50 MW de capacidad.

[20] Reactor de agua a presión.
[21] Reactor reproductor rápido.
[22] Reactor refrigerado por gas a temperatura elevada.
[23] Reactor de agua pesada a presión.

El nuevo reactor SMR[24] chino, situado en la bahía de Shidao, en la provincia de Shandong, al este del país, ha sido construido por la compañía estatal China Huaneng Group, y su tamaño es mucho más pequeño que los reactores nucleares de potencia tradicionales que se encuentran en operación no solo en China sino en otros países también. Según Bloomberg, el SMR chino ocuparía una quinta parte del tamaño del Hualong One, el primer diseño de un reactor nuclear de potencia hecho en China, y debido a su reducido tamaño y su diseño modular, hace que su construcción consuma menos tiempo que los reactores nucleares de potencia tradicionales, se pueda construir en una instalación nuclear apropiada con más eficiencia y después de construido trasladado a su localización definitiva. Es, sin duda, un tipo de reactor nuclear de potencia más sencillo de operar, y es, además, mucho más seguro. Debido a su forma de construcción, se espera que su costo sea muy inferior a los reactores nucleares de potencia tradicionales de igual capacidad lo que reduciría significativamente su costo.

El SMR chino está refrigerado por gas. En otras palabras, en lugar de calentar agua, el SMR chino calienta helio para producir energía y, al contrario de los reactores nucleares de potencia tradicionales, está diseñado para apagarse de manera automática en caso de algún fallo en su funcionamiento.

Además de la puesta en funcionamiento de su primer reactor del tipo SMR, China está probando un segundo reactor del tipo SMR como paso previo a conectarlo junto al anterior a la red eléctrica. Se espera que este segundo reactor esté en pleno funcionamiento comercial a mediados del 2022.

La apuesta del gobierno chino por la energía nuclear para la generación eléctrica con el objetivo de reducir la contaminación de sus principales regiones y ciudades debido al uso del carbón con el mismo fin es muy clara. Se estima que el país asiático invertirá cerca de €400 mil millones en construir al menos 150 nuevos reactores nucleares de potencia durante los próximos 15 años, más de los que el resto del mundo ha construido en los últimos 35 años. De concretarse este ambicioso plan para la utilización de la energía nuclear para la generación eléctrica aprobado por el gobierno chino, el país se convertiría en el primer país del mundo por la cantidad de reactores nucleares

[24] Reactor modular pequeño.

de potencia para la generación de energía en operación (Kardoudi, 2021), sobrepasando a los EE.UU que al final del 2021 tenía en operación 93 unidades.

Mientras China y Rusia empiezan a sacarle rendimiento a sus SMRs, los de EE.UU y otros países todavía están en fase de desarrollo. La Administración Biden lanzó un programa el pasado mes de abril diseñado para apoyar la innovación energética y el despliegue de los SMRs. La Comisión de Regulación Nuclear estadounidense ha aprobado por primera vez un diseño de SMR de la empresa Nuscale. Otra compañía trabajando para desarrollar este tipo de reactores es Natrium, que está financiada por los multimillonarios Bill Gates y Warren Buffett, entre otros. Nuscale se espera que construya el primer SMR en Europa aunque es poco probable que la UE apoye la construcción de más centrales en la región. A favor de la construcción de nuevas centrales nucleares están Francia, Polonia, República Checa, Hungría, Rumanía[25], Eslovaquia, Eslovenia, Finlandia, Croacia, y Bulgaria. En contra a la construcción de nuevas centrales nucleares en el seno de la UE están España, Alemania, Luxemburgo, Austria, Dinamarca. España, de hecho, tiene previsto cerrar la última de sus siete centrales nucleares en el 2035, y Alemania el resto de sus unidades en operación en el 2022.

La generación eléctrica en China

En China, el consumo de electricidad, considerado un indicador clave de la actividad económica del país, aumentó un 3,7% en el 2020 con respecto al 2019 produciendo 7.779,1 TWh, según el documento titulado "BP Statistical Review of World Energy 2021," por sectores, el terciario consumió un 10,7% más de electricidad en el año 2017 respecto al 2016, seguido del agrícola, que gastó un 7,3% más, y el industrial, con un incremento del 5,5%. Además, la electricidad consumida por los hogares aumentó un 7,8% con respecto al 2016. En el 2020, según los datos de la Administración Nacional de Energía

[25] . El presidente Rumano, Klaus Iohannis, anunció un acuerdo con el enviado presidencial especial de los EE.UU para el clima, John Kerry, para construir nuevos reactores de potencia durante la pasada conferencia COP26. El plan del gobierno rumano es tener lista la primera central nuclear con reactores del tipo SMR para el 2028. Por otro lado, el Reino Unido ha anunciado, a través del consorcio Rolls-Royce SMR, sus planes para la construcción de 16 unidades por todo el país, el primero de los cuales podría entrar en funcionamiento en el 2031 (Kardoudi, 2021).

(2019), el consumo de energía de las industrias primaria, secundaria y terciaria subió un 10,2%, un 2,5% y un 1,9%, respectivamente. A su vez, el consumo de energía residencial experimentó un aumento interanual del 6,9% en dicho año.

Por otro lado, la capacidad de electricidad instalada de China continuó expandiéndose en el 2020. El país añadió 13,23 millones de kW de capacidad hidroeléctrica en el 2020, mientras que la nueva capacidad instalada de energía eólica y solar aumentó en 71,67 millones de kW y 48,2 millones de kW, respectivamente. Mientras tanto, la generación eléctrica de China en el 2020 creció un 2,7% con respecto al 2019. El consumo total de electricidad alcanzó los 5,92 billones de kWh durante ese período. El consumo de electricidad de la industria primaria y secundaria subió un 5,2% y un 3% respectivamente, mientras el terciario escaló un 9,3%, en comparación con el mismo período del año anterior. Entretanto, el consumo de electricidad en el sector residencial aumentó un 5,9% interanual y llegó a los 877.700 millones de kWh, de acuerdo con la misma fuente.

Es importante resaltar que el consumo de electricidad per cápita en China fue de 3.510 kWh en el 2012. Para el 2030, se espera que sea de 5.500 kWh y para el 2050 alrededor de 8.500 kWh; esto representa un aumento de 56,7% y 142%, respectivamente.

El rápido crecimiento de la demanda de electricidad en el país en los últimos años ha dado lugar a una escasez de energía, y a una alta dependencia de los combustibles fósiles, particularmente del carbón, lo que ha provocado una gran contaminación del aire en varias ciudades y regiones del país. La contaminación por CO_2 provocada por el alto uso de carbón para la generación eléctrica representó, en el 2018, el 27,8% del total mundial seguido por los EE. UU con el 15,2%, e India con el 7,3%, según el documento titulado "BP Statistical Review of World Energy 2020." El Banco Mundial calcula que la pérdida económica debida a la contaminación atmosférica en China es de casi el 6% del PIB. Por esta razón, el nuevo gobierno chino ha priorizado la búsqueda de una combinación energética que pueda reducir al mínimo este impacto negativo en el medio ambiente.

La región más contaminante a nivel mundial es la región del Asia y el Pacífico con el 49,4% del total mundial, seguida por la región de América del Norte con el 18,2% y Europa con el 12,5%.

Mirando hacia el futuro

La estructura actual y futura de la matriz energética mundial no es especialmente beneficiosa para combatir el cambio climático y reducir las emisiones de gases contaminantes a la atmosfera. Solo en el 2018, se han emitido 34.854 millones de toneladas métricas de dióxido de carbono a la atmósfera, un 13% más que en 2010, cuando el objetivo que se persigue es su reducción. China ha contribuido en un 61% a este aumento, y aunque sus progresos en el control de la polución de sus ciudades y regiones están siendo notables, aun son insuficientes. Es importante tener en cuenta que la propia dinámica de su elevado crecimiento económico en las últimas décadas, y el peso de su industria pesada han impedido que este aumento haya sido mucho menor.

El cierre de centrales de carbón viejas e ineficientes, el incremento del uso de las energías renovables en la generación eléctrica, y el aumento del uso de la energía nuclear con este mismo fin, han ayudado a reducir la contaminación de las principales ciudades y regiones chinas, pero las medidas adoptadas no han sido suficientes. Otras economías emergentes, especialmente la India, no han registrado tampoco progresos significativos en la reducción de la contaminación de sus principales ciudades y regiones, lo que dificultará alcanzar los objetivos fijados por la comunidad internacional para combatir el cambio climático y reducir la actual alta contaminación de países y regiones. "Esta necesidad de compatibilizar el legítimo afán de crecimiento de las economías emergentes con el control de la polución medioambiental marcará la economía global en la próxima década" (Singla, 2019).

El consumo de carbón a nivel mundial representó un 27% del consumo energético global en 2018, pero fue responsable del 43,3% de las emisiones globales de gases contaminantes a la atmosfera. La reducción del peso de esta fuente de energía entre 2010 y 2018 ha sido casi inexistente ya que, al ser barata, es la principal fuente primaria de energía de China e India, las dos grandes economías que más crecen (China y la India aportaron un 40% del incremento de consumo energético global entre 2010 y 2018). A pesar de lo dicho anteriormente, y tomando en consideración la alta contaminación de las principales ciudades chinas, el gobierno de este país ya ha iniciado la descarbonización de su economía. Como resultado de las medidas adoptadas, el carbón ha pasado de representar el 68,1% del consumo energético total en el

2010 al 60,2% en el 2018 (Singla, 2019); es decir se ha producido un decrecimiento del 7,9% en el uso de esta alta contaminante fuente energética. Sin embargo, se espera que como resultado de las recientes medidas adoptadas por el gobierno chino de utilizar al máximo posible las capacidades de las centrales eléctricas de carbón existentes en el país para la generación de electricidad durante los próximos años, se detenga la reducción de la participación del carbón en la matriz energética china con las implicaciones que ello tendría para el proceso de descarbonización de la mencionada matriz prevista para el 2060.

Un factor importante para la conformación de la matriz energética de China y de otros países es la llamada "intensidad energética". La evolución prevista de la intensidad energética a nivel global dependerá críticamente de lo que suceda en China. Este país ya juega actualmente un papel clave si consideramos que entre 2010 y 2018 ha contribuido en un 28,5% y en un 60,9% al incremento global del consumo energético y de emisiones de gases de efecto invernadero, respectivamente. Sin lugar a duda, China continuará siendo un actor fundamental en las previsiones de la intensidad energética a nivel global, "dado que se espera que aporte un 30% del ahorro energético entre 2018 y 2030, por encima de la suma de EE.UU y Europa Occidental (un 16,7% y un 7,4%, respectivamente). Hay que destacar que China prevé centrar su ahorro energético en una notable reducción de la intensidad energética de alrededor del 20% (superior al 17,4% correspondiente al periodo 2010-18), gracias a un proceso de transformación estructural hacia un modelo económico con un mayor peso del sector terciario" (Singla, 2019).

China tiene ambiciosos planes para el incremento del uso de las energías renovables y nucleares para la generación eléctrica durante las próximas décadas, con el fin de reducir, lo más posible, el uso del carbón en el sector energético.

En el caso específico de la energía solar, China tiene por objetivo el alcanzar una base instalada solar térmica de al menos 27,6 GW para el 2030, lo que la convertiría en líder mundial en el uso de este tipo de energía renovable para la generación eléctrica. Según Abengoa (2018), el programa estratégico "Programa de Demostración CSP" lo lanzó el gobierno chino articulado en sucesivas olas de proyectos, la primera de las cuales estaba compuesta por 20 proyectos, por un total de 1,35 GW. Su objetivo inicial era tenerlos ejecutados para finales del 2018. Debido a diferentes factores solo cinco de estos proyectos iniciales has sido ejecutados con una capacidad instalada de 300 MW. Las dos causas principales de estos retrasos son, en primer lugar, las dificultades de los desarrolladores adjudicatarios de los proyectos para alcanzar los necesarios acuerdos de financiación dentro del mercado chino, y la lentitud en incorporar socios que aporten la tecnología y el know-how. Otro de los objetivos clave del programa era la necesaria reducción del coste por kWh, que vendría por la competencia entre suministradores chinos de componentes. Considerando la reducción de costes esperada, para la segunda ola de proyectos que arrancó en el 2019 se identificaron cerca de 60 proyectos por un total de 14,9 GW, que están en fase del estudio de viabilidad, siendo el objetivo alcanzar un acumulado de 5 GW para el periodo 2020-21.

El programa chino para incrementar el uso de la energía solar en la matriz energética del país prevé la instalación de nuevas capacidades, fundamentalmente en parques solares fotovoltaicos. Solo en el 2017 se instalaron parques solares fotovoltaicos con una capacidad de 53 GW, más de la mitad de la capacidad mundial, ampliando la capacidad ya instalada en un 69% (130,5 GW). En el 2019, se instalaron 30 GW adicionales en nuevos parques solares fotovoltaicos, una cantidad menor que las capacidades instaladas en años anteriores. El país tiene como objetivo generar un 20% de su energía de fuentes renovables para el 2030. Recientemente, China activó, en la ciudad de Huainan en la provincia de Anhui, la planta solar flotante más grande del mundo (Eco Inventos, 2018), con una capacidad de 40 MW. Otra planta de este mismo tipo pero con una capacidad de 20 MW, entró en funcionamiento también en la mencionada provincia generando 850 MWh suficiente para atender las necesidades de electricidad de 200.000 hogares.

Sin lugar a duda, China avanza a pasos agigantados en la utilización de las tecnologías del futuro, e incrementa el uso de la energía solar y eólica en la generación eléctrica como ningún otro país en el mundo. Con su política de crecimiento en el sector de las energías renovables, China ha reemplazado claramente en la actualidad a Alemania y a toda Europa como líder mundial en el uso de este tipo de energía para la generación eléctrica. Las inversiones de Europa en energías renovables se han reducido constantemente desde 2011 y, según Bloomberg New Energy Finance (Bloomberg NEF), entre 2011 y 2017 han bajado a menos de la mitad, hasta los US$57 mil millones. La UE tuvo hasta 2011 un claro rol de liderazgo, pero se lo cedido a China. Según datos de la agencia mencionada anteriormente, China invirtió en el 2017 un total de US$133 mil millones en energías renovables, tanto como nunca lo había hecho anteriormente. Más de la mitad de esta inversión fue utilizada para construir parques solares para la generación eléctrica. De acuerdo con la Administración Nacional de Energía de China, en 2019, se han instalado en el país parques solares fotovoltaicos con una capacidad de 30 GW, más de la mitad de la capacidad mundial. Alemania, pionera en su día en energía fotovoltaica, ha montado, según estimaciones de expertos, nuevas capacidades solares fotovoltaicas por 38,4 GW volviendo a sobrepasar a China en la instalación de nuevas capacidades de este tipo de fuente energética.

China es el mercado de energía eólica más grande del mundo en instalaciones nuevas y acumulativas. En 2019, el país instaló 25,8 GW de nuevas capacidades de energía eólica, de las cuales 24,5 GW son parques eólicos terrestre y un poco más de 1,3 GW de aerogeneradores en parques eólicos marino, lo que representa el 34,4% y el 21,1% de la cuota de mercado global, respectivamente. El crecimiento continuo de este mercado de aerogeneradores se debe principalmente a políticas ambiciosas a nivel nacional que han hecho que la energía eólica y otras energías renovables sean extremadamente competitivas en cuanto a costes se refiere. El 21 de mayo de 2019, la Comisión Nacional de Desarrollo y Reforma de China (NDRC, 2019) lanzó una nueva política que presenta una hoja de ruta clara hacia un mayor uso de la energía eólica terrestre libre de subsidios. Según lo estimado en el momento del lanzamiento de la nueva política de la Administración Nacional de Energía de China, hay más de 60 proyectos de energía eólica terrestres ya aprobados pero que aún no están instalados. Según GWEC Market Intelligence Report 2021, se prevé que después del 2020 las nuevas instalaciones de energía eólica terrestre en China tengan una capacidad total de 20 GW.

A mediados del 2019, China tenía más de 10 GW de proyectos de parques eólicos en alta mar en construcción con otros 40 GW ya aprobados y listos para ser construidos. De manera similar a la energía eólica terrestre, también se espera un aumento de la instalación de la energía eólica marina en China durante los próximos años. Este país, que lidera la recuperación mundial, registró un crecimiento de la demanda de electricidad del 4% interanual en el 2020. En el primer trimestre del 2021, la demanda creció un 22,5% interanual, en contraste con la caída del 6% en el primer trimestre del 2020 (Electricity Market Report July 2021, 2021). Mirando aún más hacia el futuro, se espera que el mercado eólico marino chino mantenga el impulso de crecimiento registrado durante los últimos años y la instalación de nuevas capacidades anuales sean superiores a los 4 GW.

China fue el mercado de parques eólicos marinos más grande del mundo en lo que respecta a nuevas instalaciones en el 2017 y ocupó el segundo lugar, después del Reino Unido. La situación cambio en el 2018. En ese año, China instaló 1.8 GW desplazando por primera vez al Reino Unido (1.3 GW) como el mercado de parques eólicos marinos más grande a nivel mundial. A ese nivel, las instalaciones eólicas en alta mar continuaron aumentando y alcanzó el 8% para las nuevas instalaciones y representó el 4% del total de las instalaciones eólicas marinas existentes en el 2018.

En el 2019, las capacidades eólicas marinas chinas representaron 21,1% del total mundial, solo superado por el Reino Unido con el 34,8% de ese total y Alemania con el 26,7%. En el 2020, las capacidades eólicas marinas chinas representaron el 26,2% del total mundial, superando las capacidades eólicas marinas de Alemania. El Reino Unido continúo siendo el país con las mayores capacidades eólicas marinas a nivel mundial con el 30,2%. Teniendo en cuenta la aceleración de la construcción de nuevos parques eólicos marinos en China, el GWEC Market Intelligence Report 2021 cree que dicho país probablemente se mantenga como el segundo país del mundo con las mayores capacidades eólicas marinas solo superado por el Reino Unido. En el 2020, China ya poseía las mayores capacidades eólicas marinas instaladas en Asia.

Con respecto a la participación de las centrales hidroeléctricas en la matriz energética del país la situación es la siguiente. Según el documento titulado "Electricity Market Report July 2021," si bien la generación de electricidad mediante las centrales hidroeléctricas en China aumentó en más del 3,5% en los primeros cinco meses del 2021 en comparación con el 2020, las regiones del sur y sureste del país se enfrentan a importantes sequias que limitan significativamente la generación de electricidad mediante el uso de este tipo de centrales. Durante ese periodo, la producción hidroeléctrica decreció en más del 7% en las provincias costeras del sur y cerca del 14% en Sichuan.

Sin embargo, la generación de electricidad mediante las centrales hidroeléctricas aumentó en Yunnan, donde la demanda de energía de las industrias como las fundiciones de estaño, zinc y aluminio creció significativamente, pero a costa de una disminución importante de los niveles de los embalses. A principios de mayo, el operador de red local emitió un comunicado pidiendo a las empresas que reduzcan el consumo de energía para evitar el corte de esta. En la provincia sureña de Guangdong, un gran centro de producción industrial, una disponibilidad limitada de energía hidroeléctrica, junto con una fuerte recuperación económica y una alta demanda de electricidad asociada, resultó en cortes del suministro de electricidad y a paradas de la producción.

Al igual que otros países, China se enfrenta a los retos que plantea la transición energética hacia un sistema eléctrico bajo en carbono. Y un problema importante es la «restricción», lo que significa que las redes eléctricas no utilizan adecuadamente la electricidad generada por las energías renovables, incluso cuando las plantas de energía eólica y solar son capaces de producirla. Cerca del 10% de la capacidad solar se mantuvo sin explotar durante la primera mitad de 2015, mientras que alrededor del 15% de la energía eólica se desperdicia durante todo el año. En regiones como Gansu, Ningxia, Heilongjiang, Xinjiang, y Yunnan, la situación es mucho peor. La Ley de Energías Renovables de 2009 de China prohíbe tal restricción, pero el problema persiste, en parte por razones técnicas.

Sin embargo, una gran parte del problema no es en realidad técnico como se argumenta. En la práctica, las centrales de energía de combustibles fósiles tienen prioridad sobre las energías renovables, dejando menos espacio para la energía solar y eólica en un país con un gran exceso de capacidad de generación mediante el uso del carbón. También hay una falta de claridad sobre la forma en que el mandato de integración de las energías renovables se debe hacer cumplir. Un mejor diseño y la implementación de políticas adecuadas pueden ayudar. En los últimos meses, el gobierno chino ha lanzado tres medidas para abordar el problema. Estas medidas fueron las siguientes:

1. **Prohibir la construcción de nuevas centrales de carbón**. El gobierno central ha ordenado a 13 provincias suspender las aprobaciones de nuevas centrales eléctricas de carbón, y a otras 15 provincias, retrasar la construcción de nuevos proyectos que ya habían sido aprobados. El

gobierno chino también ha establecido un mecanismo de alerta temprana para anticipar y desalentar las decisiones locales que puedan exacerbar la sobrecapacidad eléctrica mediante el uso del carbón en el futuro. De cara a las centrales térmicas de carbón proyectadas para el futuro inmediato, el gobierno chino ha emitido una alerta en 28 provincias, pidiendo a las autoridades locales que suspendan su homologación y a las empresas que reconsideren la inversión. Al frenar el desarrollo de nuevas centrales térmicas de carbón, la principal fuente de energía eléctrica de combustible fósil en China, el gobierno tiene como objetivo evitar la competencia con las energías renovables;

2. **Instrumentación de normas de gestión que garanticen la venta de la generación de energía renovable a la red**. Las normas de gestión emitidas por el gobierno chino establecen una garantía de compra mínima anual para la generación eólica y solar, asegurando la recuperación de coste y beneficio razonable por esos proyectos. Por primera vez, las normas de gestión estipulan que las centrales de energía renovable sean compensadas por las centrales de combustibles fósiles que exprimen su parte de compra garantizada, generando electricidad que debería haberse generado a partir de fuentes renovables. Por encima del nivel garantizado de compra, se anima a las energías renovables para participar en el mercado de producción con precios competitivos. Dado que las energías renovables tienen bajos costos marginales de generación, el movimiento puede potenciar aún más la generación de electricidad mediante un mayor uso de las energías renovables. Otras energías renovables, como la biomasa, geotérmica, y la energía solar distribuida, han garantizado la compra de la totalidad de electricidad generada;
3. **Objetivos de consumo y de generación para las energías renovables**. La nueva directiva gubernamental fija un consumo mínimo de electricidad de energía renovable no hidroeléctrica (solar, eólica, biomasa, geotérmica, etc.). Treinta y una provincias tienen ahora objetivos de consumo que van desde el 5% al 13% en el 2020 y la creación de incentivos para las autoridades locales para integrar las energías renovables. Al mismo tiempo, la directiva obliga a las compañías eléctricas a generar al menos un 9% de la electricidad procedente de fuentes renovables no hidráulicas para el año 2020, casi

el doble de la cuota de generación en los últimos cinco años. También establece la intención de desarrollar un sistema de comercio de certificados de energía renovable, donde las compañías eléctricas pueden vender o comprar la electricidad generada por las energías renovables como una forma de cumplir con el requisito antes mencionado.

En su conjunto, las últimas medidas adoptadas por el gobierno chino son un paso significativo para que se desperdicie menos la electricidad generada por las energías renovables en China. También reflejan el intento del gobierno para aprovechar el poder del mercado para hacer frente a este desafío. Yendo más allá del objetivo a alcanzar en el 2030, un grupo de expertos en energía ha indicado que China tiene una oportunidad de luchar para lograr una alta penetración de las energías renovables en el futuro inmediato, donde éstas pudieran llegar a representar más del 60% del consumo de energía primaria, y el 85% del consumo de electricidad en el año 2050. Pero estos objetivos solo se podrán alcanzar si China aplica políticas agresivas para respaldar el uso de las energías renovables para la generación eléctrica durante los próximos años. Las últimas acciones emprendidas por el gobierno chino dan razones para pensar que China podría estar en el buen camino de cambiar su actual matriz energética dándole un mayor peso al uso de las energías renovables para la generación eléctrica, cerrando las centrales térmicas de carbón viejas e ineficientes, reduciendo de esta forma la alta contaminación de muchas de sus principales ciudades y regiones.

Finalmente es importante destacar que China y los EE.UU continúan atrayendo alrededor de la mitad de las inversiones en el sector energético mundial mostrando un crecimiento positivo de la inversión en el 2020 a pesar de la pandemia. Este crecimiento fue impulsado por un gran aumento en el gasto en proyectos de energías renovables - especialmente eólica - antes de la retirada del régimen de subvenciones anterior en China, y una fecha límite para la elegibilidad para los créditos fiscales en los EU. Después de un año récord, las inversiones en energías renovables podrían caer en China en el 2021 (aunque es probable que se mantengan en niveles muy por encima del registrado en el 2019), a pesar de que el país anunció un objetivo de neutralidad de carbono a ser alcanzado en el 2060, registra un crecimiento del uso de las centrales eléctricas de carbón en la generación de electricidad al menos durante los próximos años.

India

India es uno de esos países que necesitarán expandir su producción de energía por lo menos tres o cuatro veces para proporcionar la energía necesaria para satisfacer la creciente demanda de una cantidad cada vez mayor de personas durante los próximos años (Dadwal, 2009). Esa expansión deberá lograrse de forma tal que simultáneamente se obtenga una significativa reducción de la alta contaminación que se registra en el país y que lo ubica entre los tres países más contaminantes a nivel mundial.

La dependencia de la India de los recursos energéticos importados y la necesidad de adoptar una reforma del sector energético para disminuir la participación de los combustible fósiles, particularmente el carbón en la matriz energética del país, son los mayores desafíos que debe enfrentar el gobierno y la industria energética para satisfacer la creciente demanda de energía que se prevé en el futuro, y a la vez, reducir los actuales altos niveles de contaminación de muchas ciudades y regiones del país.

La edición del documento titulado "BP Energy Outlook Projected 2015" incluyó una proyección de la producción de energía de la India que representaba un aumento de un 117% hasta el 2035, mientras que el consumo aumentaría en un 128%; el déficit entre la demanda y la producción de energía se estimaba en un 11%. Se ha previsto por diversas fuentes que la transición energética de la India será de tal magnitud que se pronostica que, a mediados de la década del 2020s, el país superará a China como el mercado de crecimiento más grande del mundo, lo que implicará que más de una cuarta parte del crecimiento de la demanda mundial de energía será responsabilidad de dicho país, según se plantea en el documento titulado "BP Energy Outlook 2020."

De acuerdo con la Asociación Mundial de la Energía Nuclear (2019), la estructura energética del país evolucionará muy lentamente durante los próximos 22 años, con combustibles fósiles representando el 87% de la demanda en el 2035, en comparación con un promedio global del 81% (frente al 92% actual). El petróleo seguirá siendo el combustible dominante utilizado en el país para la generación eléctrica con un 36% del total, seguido del gas natural con un 30%, y el carbón con el 21%.

Los combustibles fósiles en la generación eléctrica en la India

Sin duda alguna, este es el tipo de fuente energética que más se utiliza en la India para la generación eléctrica y esta situación no se espera que cambie durante los próximos años, a pesar de las medidas adoptadas por el gobierno para reducir el uso de combustibles fósiles para la producción de electricidad, la causa principal de la alta contaminación de las principales ciudades y regiones en la India.

Las reservas de combustibles fósiles en la India

La evolución de las reservas de petróleo, gas natural, y carbón en la India durante el periodo 2008-20 se muestra en las Figs. 30, 31, y 32.

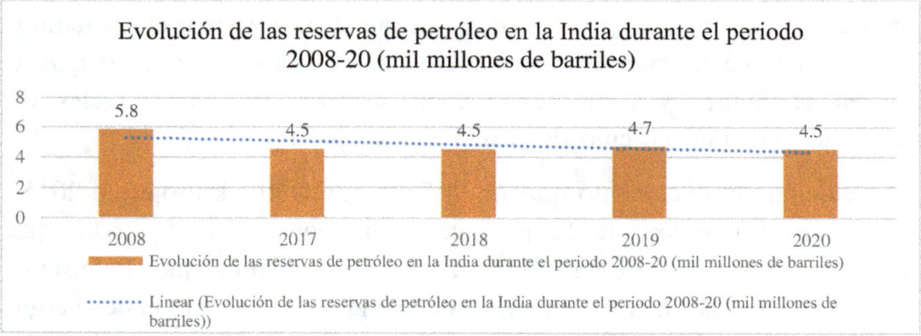

Fuente: BP Statistical Review of World Energy 2021

Fig. 30: Evolución de las reservas de petróleo en la India durante el periodo 2008-20

Las reservas de petróleo en la India han venido descendiendo durante el periodo 2008-20 y ya en el 2020 representaron el 0,3% de las reservas mundiales de este tipo de combustible con una relación reservas/producción de solo 16,1 años. La proyección futura es que el volumen de estas reservas continúe decreciendo, a no ser que se produzcan nuevos descubrimientos de yacimientos de petróleo de cierta magnitud en el país.

Por otro lado, la evolución de las reservas de gas natural en la India durante el periodo 2008-20 se muestra en la Fig. 31.

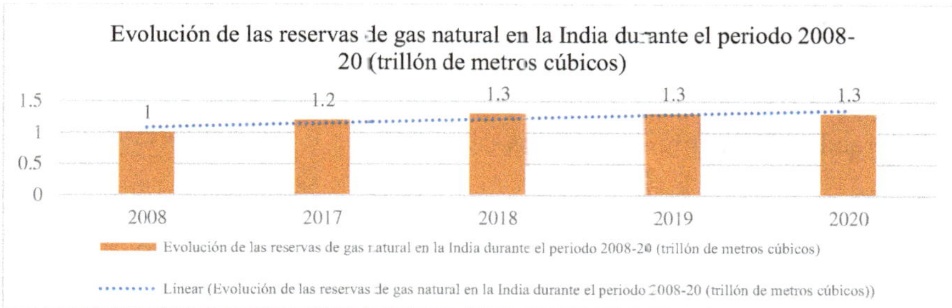

Fuente: BP Statistical Review of World Energy 2021

Fig. 31: Evolución de las reservas de gas natural en la India durante el periodo 2008-20

Como se puede apreciar en la Fig. 31, las reserva de gas natural en la India han crecido, en el periodo considerado en un 30%, aumentando de 1 trillón de metros cúbicos en el 2008 a 1,3 trillones de metros cúbicos en el 2020. Las reservas de gas natural de la India representaron, en el 2020, el 0,7% del total mundial con una relación reservas/producción de 55,6 años.

Por último, según el documento titulado "BP Statistical Review of World Energy 2021," las reservas de carbón en la India en el 2020 alcanzo un total de 111.052 millones de toneladas, las que representaron el 10,3% del total mundial (5to lugar a nivel mundial) con una relación reservas/producción de 147 años. La evolución de las reservas de carbón en la India durante el periodo 2010-20 se muestra en la Fig. 32.

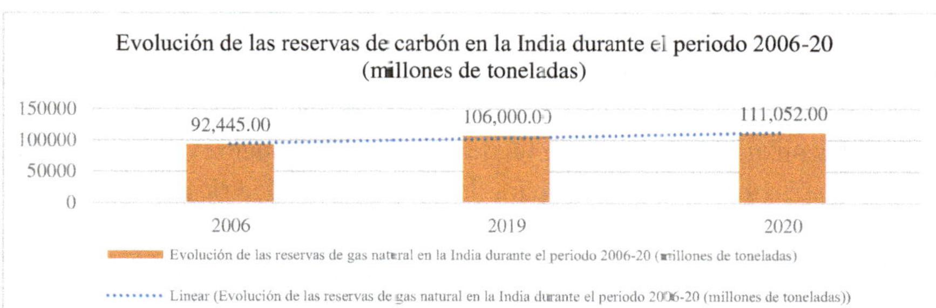

Fuente: BP Statistical Review of World Energy 2021 y otras fuentes consultadas por el Autor

Fig. 32: Evolución de las reservas de gas natural en la India durante el periodo 2006-20

Tal y como se puede apreciar en la Fig. 32, las reservas de carbón en la India crecieron en un 20,1% pasando de los 92.445 millones de toneladas en el 2006 a las 111.052 millones de toneladas en el 2020. En el 2021, había en la India operando 150 centrales eléctricas de carbón.

El petróleo en la generación eléctrica en la India

La India no es un gran productor de petróleo con una producción promedio que representó, durante el periodo 2010-20, el 0,9% del total mundial. La evolución de la producción de petróleo en la India durante el periodo 2010-20 se muestra en la Fig. 33.

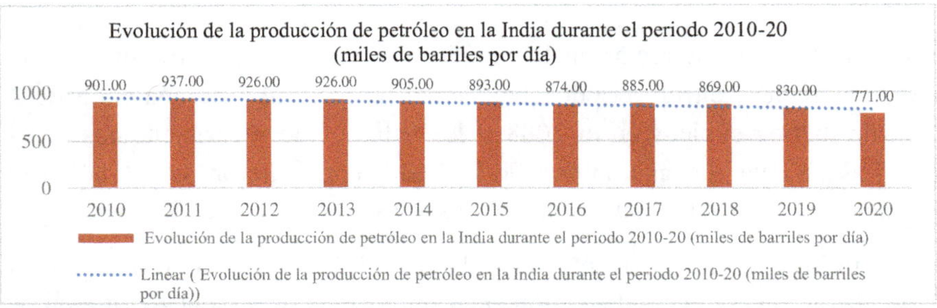

Fuente: BP Statistical Review of World Energy 2021

Fig. 33: Evolución de la producción de petróleo en la India durante el periodo 2010-20

Según los datos incluidos en la Fig. 33, la producción de petróleo en la India disminuyó en un 14,5% durante el periodo considerado, reduciéndose de 901 mil barriles por día en el 2010 a los 771 mil barriles por día en el 2020. Se espera, teniendo en cuenta las reservas probadas de petróleo en la India mencionadas anteriormente, que la tendencia a la disminución del uso de este tipo de combustible en el país para la generación eléctrica continúe sin cambios significativos durante los próximos años. La producción de petróleo de la India representó, en el 2020, el 0,9% de la producción mundial de este tipo de combustible ocupando el lugar número 21 entre los países productores.

A pesar de que la India no es un gran productor de petróleo, consumió, en el 2019, un total de 5.271 mil barriles por día (5,4% del total mundial) ocupando el puesto número tres de entre los principales países consumidores que son los EE.UU con 19.400 mil barriles por día, y China con 14.056 mil barriles por día. La evolución del consumo de petróleo en la India durante el periodo 2010-20 se muestra en la Fig. 34.

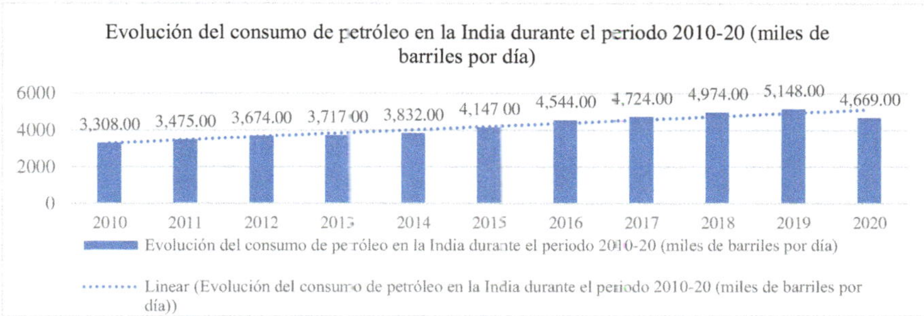

Fuente: BP Statistical Review of World Energy 2021

Fig. 34: Evolución del consumo de petróleo en la India durante el periodo 2010-20

Tal y como se puede apreciar en la Fig. 34, el consumo de petróleo en la India ha venido creciendo ininterrumpidamente durante casi todo el periodo bajo consideración, con excepción del periodo 2019-20, durante el cual registró por primer vez un decrecimiento del 9,4%. El crecimiento en todo el periodo fue del 41,1%, pasando de los 3.308 mil de barriles por día en el 2010 hasta los 4.669 mil barriles por día en el 2020. Se espera, producto del desarrollo acelerado del país, que el consumo de petróleo siga creciendo durante los próximos años, aunque su participación en la generación eléctrica disminuya en favor del gas natural, la energía nuclear, y las energías renovables.

La capacidad de refinación de petróleo instalada en el país en el 2020 fue de 5.018 mil barriles por día. El crecimiento de la capacidad de refinación en la India reportado durante el periodo 2009-19 fue del 3,4%. Durante el 2020, esta capacidad creció 0,5% con respecto a la reportada en el 2019, representando el 4,9% del total mundial. Se ha previsto un aumento en el volumen de las importaciones de petróleo que en últimos años creció en un 39,3% para poder satisfacer las necesidades asociadas al desarrollo económico del país durante los próximos años.

El gas natural en la generación eléctrica en la India

La India no es un país importante en la producción de gas natural llegando a producir, en el 2020, un total de 23,8 billones de metros cúbicos (0,6% del total mundial), ocupando el puesto número 29 entre los países productores de este tipo de combustible. La evolución de la producción de gas natural en la India durante el periodo 2010-20 se muestra en la Fig. 35.

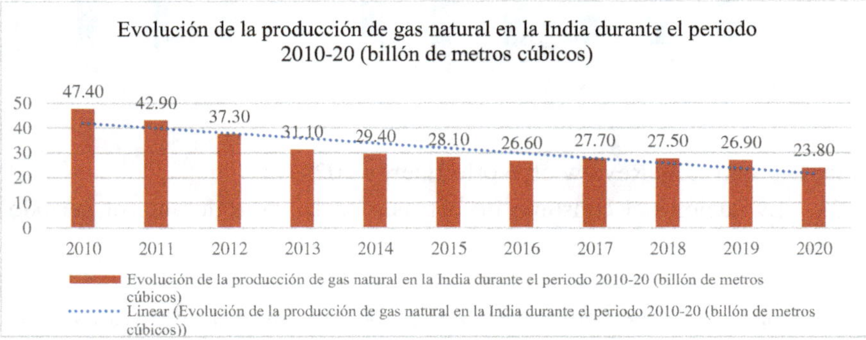

Fuente: BP Statistical Review of World Energy 2021

Fig. 35: Evolución de la producción de gas natural en la India durante el periodo 2010-20

De acuerdo con los datos que se muestran en la Fig. 35, la producción de gas natural en la India, durante el periodo considerado, decreció cerca del 49,8%, disminuyendo de los 47,4 billones de metros cúbicos producidos en el 2010 a los 23,8 billones de metro cúbicos en el 2020. Se espera que la producción de gas natural en la India continúe decreciendo durante los próximos años, a la vez que se espera se incremente el uso de la energía nuclear, el cual fue del 9,2% durante el periodo 2008-18, así como de las energías renovables que fue del 17,1% durante el mismo periodo para la generación de electricidad en el país.

El gas natural tiene una participación del 30% en la matriz energética del país. En el 2020, el país consumió 59,6 billones de metros cúbicos de gas natural, lo que representó el 1,9% del total mundial. Durante el periodo 2008-18 el consumo promedio anual de gas natural representó el 3,8% del total mundial, un 2,8% mayor que el registrado en el 2018. De acuerdo con el nivel de consumo de este tipo de combustible, la India ocupó, en el 2020, el puesto número 13 de entre los mayores países consumidores. La evolución el consumo de gas natural en la India, durante el periodo 2010-20, se muestra en la Fig. 36.

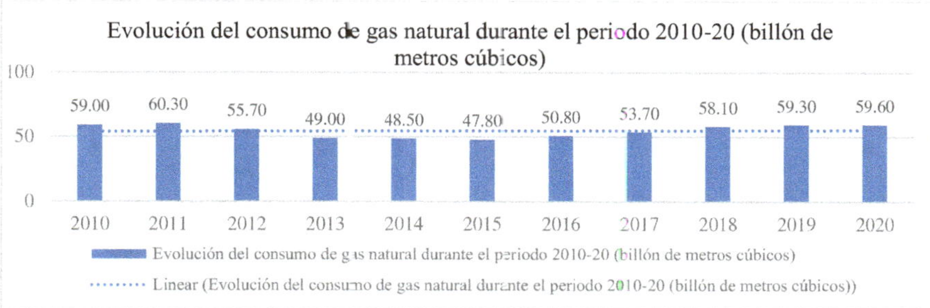

Fuente: BP Statistical Review of World Energy 2021

Fig. 36: Evolución del consumo de gas natural en la India durante el periodo 2010-20

Tal y como se muestra en la Fig. 36, el consumo de gas natural en la India creció solo 1% en todo el periodo bajo consideración, aumentando de un consumo de 59 billones de metros cúbicos en el 2010 a los 59,6 billones de metros cúbicos en el 2020. Analizando detenidamente la Fig. 36 el periodo bajo consideración se puede dividir en dos etapas. La primera etapa abarcaría el periodo 2010-15 donde se ve claramente, en la Fig. 36, que el consumo de gas natural decreció un 19%. Sin embargo, en la segunda etapa, abarcando el periodo 2015-2020, se produce un incremento del 24,7% en el consumo de este tipo de combustible llegando a sobrepasar ligeramente, al final del periodo analizado, el nivel registrado en el 2010. Según los planes del gobierno indio, se espera que el consumo de gas natural para la generación eléctrica en el país continúe creciendo en los próximos años, y de esta forma se vayan reemplazando las centrales de carbón viejas e ineficientes para la generación eléctrica, las que están ocasionando una alta contaminación en las principales regiones y ciudades donde estas centrales están ubicadas.

El carbón en la generación eléctrica en la India

La India es un gran productor de carbón y a la vez un gran consumidor de este tipo de combustible fósil para la generación eléctrica. La evolución de la producción de carbón en la India durante el periodo 2010-20 se muestra en la Fig. 37.

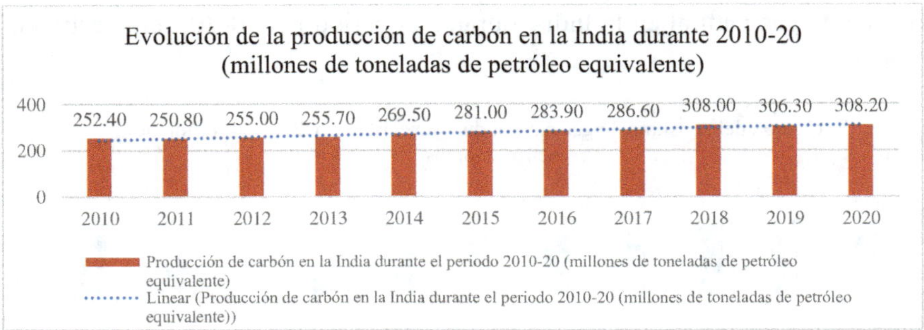

Fuente: BP Statistical Review of World Energy 2021 y cálculos del Autor
Fig. 37: Producción de carbón en la India durante el periodo 2010-20

Según los datos incluidos en la Fig. 37, la producción de carbón en la India creció un 22,1% durante el periodo 2010-20, aumentando de los 252,4 millones de toneladas de petróleo equivalente en el 2010 a los 308,2 millones de toneladas de petróleo equivalente en el 2020. A pesar del aumento en la producción de carbón durante el periodo bajo consideración, según Eco Inventos 2019, el gobierno de la India siguió dando pasos para acabar con su dependencia histórica del carbón para la generación eléctrica y transitar hacia un modelo energético en el que el uso de las diferentes fuentes de energías renovables cobre un mayor peso dentro de la matriz energética del país. Como resultado de las medidas adoptada por el gobierno indio para reducir su actual dependencia del carbón para la generación eléctrica se decidió la paralización de proyectos para la construcción de centrales de carbón en varias regiones del país con las que pretendía generar 13,7 GW.

A la decisión de poner freno a estos proyectos se suma el reconocimiento por parte de las autoridades de la India de que otros 8,6 GW procedentes de centrales de carbón que ya están operando pueden no continuar haciéndolo por mucho más tiempo, según el Instituto para el Análisis Económico y Financiero de la Energía (IEEFA). El plan nacional de electricidad de la India prevé, hasta el año 2027, la instalación de 275 GW de fuentes de energías renovables y de otros 97 GW procedentes de centrales hidroeléctricas y nucleares. Con estas nuevas instalaciones el gobierno indio pretende sustituir las centrales de carbón viejas e ineficientes que se pretenden cerrar durante ese periodo.

Es importante resaltar que, según el documento titulado "Electricity Market Report July 2021," a principios del 2021 la generación de electricidad mediante las centrales de carbón en la India alcanzó una participación del 79%

dentro de su matriz energética, el nivel más alto desde principios del 2019, con el fin de poder satisfacer el crecimiento de la demanda de electricidad en el país. Ello se debió a una alta disponibilidad de carbón y a la poca producción de electricidad de las centrales hidroeléctricas y los parques eólicos. La generación de electricidad en India en el primer trimestre del 2021 fue de alrededor un 10% mayor que lo reportado en el mismo período del 2019. En enero y febrero del 2021 fue un 5% más alto que el registrado en el mismo período en el 2020.

La generación de electricidad mediante el uso del de carbón y de las energías renovables en la India ha crecido más rápidamente que la generación total registrada en los últimos dos años, reduciendo la participación de la energía nuclear y del gas natural dentro de la matriz energética nacional. La generación de electricidad mediante las centrales de carbón creció un 11% desde el primer trimestre del 2019 al primer trimestre del 2021. En el caso de las energías renovables, la generación de electricidad aumentó en un 13% en el mismo período. Al mismo tiempo, la generación de electricidad mediante las centrales nucleares creció solo un 2% y la generación de electricidad mediante las centrales de gas natural disminuyó en un 4%.

Es importante tener en cuenta que, según Eco Inventos 2019, las centrales de carbón como la que se proyectaba en el estado de Uttar Pradesh, con 3,8 GW de potencia, o como la central de carbón de 4 GW que estaba prevista en la península de Kathiawar, no llegarán a construirse por decisión del gobierno indio. Además de estas paralizaciones se esperan más anuncios sobre nuevas cancelaciones en los próximos meses. El objetivo es disminuir la participación del carbón en la matriz energética del país durante los próximos años y de esta forma reducir el alto nivel de contaminación de las principales ciudades y regiones del país.

India es uno de los países considerados, en el 2020, como altos consumidores de carbón para la generación eléctrica. La evolución del consumo de carbón en la India durante el periodo 2010-20 se muestra en la Fig. 38.

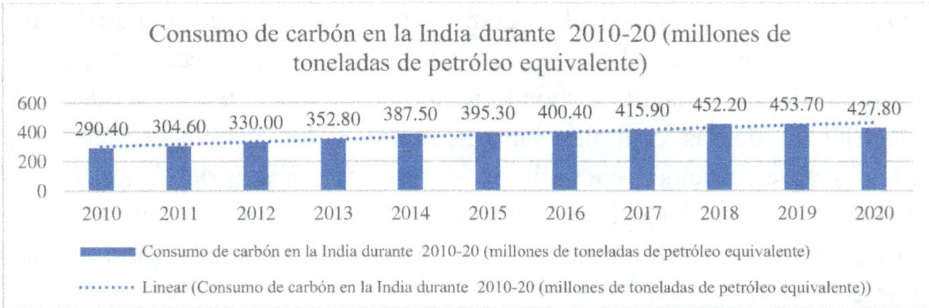

Fuente: BP Statistical Review of World Energy 2021 y cálculos del Autor
Fig. 38: Consumo energético en la India durante 2010-20

Tal y como se puede apreciar en la Fig. 38, el consumo de carbón en la India creció un 47,3% durante el periodo 2010-20, aumentando de los 290,4 millones de toneladas de petróleo equivalente en el 2010 a los 427,8 millones de toneladas de petróleo equivalente en el 2020. Ese incremento en el uso del carbón para la generación eléctrica hasta el 2019 se ha producido a pesar de las medidas adoptadas por el gobierno indio para reducir la participación de este tipo de combustible fósil en la matriz energética del país, factor relevante de la alta contaminación de sus principales ciudades y regiones. Ya en el 2020, se apreció una disminución del 5,7% con respecto a lo reportado en el 2019 en el uso del carbón para la generación eléctrica, tendencia que debe continuar durante los próximos años.

Las energías renovables en la generación eléctrica en la India

Aunque el despliegue de la capacidad de las centrales de energías renovables ha continuado creciendo con fuerza en la India, la generación de electricidad total de las energías renovables para el primer trimestre del 2021 cayó ligeramente en relación con el primer trimestre del 2020 (0,1%), debido a condiciones climáticas desfavorables para la energía hidroeléctrica y la eólica. Como resultado, el crecimiento de las energías renovables en este período fue insuficiente para satisfacer el crecimiento de la demanda de electricidad, obligando al gobierno indio a hacer uso de las centrales eléctricas de carbón para satisfacer la demanda no cubierta.

La demanda de electricidad se redujo después de la segunda ola de la pandemia que comenzó a afectar al país a mediados de abril del 2021. La generación de electricidad total en mayo del 2021 todavía era un 8% por encima del nivel del 2020 pero un 8% por debajo del registrado en el 2019. Esto provocó un aumento de la participación de las energías renovables en la generación de electricidad del 20% en mayo del 2019 al 22% en mayo del 2021.

Según el IEEFA, dentro de las nuevas fuentes de energías renovables previstas a sr utilizadas en la generación eléctrica en la India para el 2027, los parques solares jugarán un papel destacado como resultado de la importante caída registrada en los costes de la energía solar en general, y la que se prevé se produzca en los próximos años. Los precios de los paneles solares fotovoltaicos han bajado alrededor del 30% y continuarán disminuyendo durante los próximos años.

A la bajada de los costes de la energía solar, se suma otro factor importante a tener en cuenta y es que las tarifas solares en la India se han abaratado de manera significativa en el 2017, hasta alcanzar los US$38 por MWh. En rupias, esto se traduciría en 2,44 rupias por kWh, tarifa muy competitiva, en especial si se compara con la de 3,20 rupias por kWh establecida para el carbón.

Debido a su enorme población de más de 1.339 de millones de personas según el censo del 2017, India es un país con una alta demanda energética y con una gran población rural que utiliza la leña como principal fuente de energía. El gobierno prevé satisfacer sus grandes necesidades futuras de energía a través de un agresivo programa para aumentar el uso de las diferentes fuentes de energías renovables, particularmente de la energía solar. Actualmente el 87% de la energía que produce el país es de origen fósil por lo que la India está considerada como uno de los tres mayores contaminantes del medio ambiente a nivel mundial. Su rápido crecimiento poblacional e industrial exige que la eficiencia energética sea una componente vital en la política energética nacional (Eco Inventos, 2019).

Por su situación geográfica, India es un país que recibe radiación solar durante todo casi todo el año, aproximadamente unas 3.000 horas al año, por lo que el uso de la energía solar para la generación eléctrica es ideal para el medio rural ya que la misma no requiere de una red de distribución eléctrica para su instalación. Por esta razón, el uso de la energía solar para la generación eléctrica es una alternativa viable para el país por su inmejorable ubicación geográfica, y por ello, el gobierno indio apuesta decididamente por incrementar la participación de la energía solar en su matriz energética futura y está impulsando la construcción de parques solares por todo el país. El gobierno prevé, además, la elaboración de un plan de Energías Verdes para promocionar no solo el uso de la energía solar, sino también la energía eólica, la energía hidroeléctrica a pequeña escala (mini-hidroeléctricas) y de la bioenergía, particularmente la biomasa (Eco Inventos, 2019).

El país contaba, en el 2020, con una capacidad instalada de diferentes tipos de energías renovables de 134.257 MW, equivalente al 4,8% del total mundial (2.802.004 MW). En el caso de la energía solar, la capacidad instalada en ese mismo año fue de 39.211 MW equivalente al 5,5% del total mundial (716.152 MW). La capacidad de todas las fuentes de energías renovables se espera, según los planes del gobierno indio, que sea de al menos 840.000 MW para el año 2030, por lo que es necesario aumentar la capacidad ya instalada en el país en no menos de 705.743 MW durante los próximos años. La India ha logrado en los últimos años avances importantes en el incremento de la participación de las energías renovables en la matriz energética del país, pero todavía existe una gran dependencia de los combustibles fósiles para la generación eléctrica, a pesar de la cancelación de la construcción de nuevas centrales eléctricas de carbón. También hay varios obstáculos que superar, para aumentar el papel de las energías renovables en la matriz energética nacional, como puede ser el almacenamiento energético y el fortalecimiento de los capacidad industrial de los fabricantes indios de elementos para la construcción de parques solares, eólicos, plantas de biomasa, entre otros. Debido a ello, en este proceso de transformación de la matriz energética del país, las compañías extranjeras tienen un papel preponderante que jugar (Eco Inventos, 2019). Un resumen de la utilización de las energías renovables en la India se incluye en la Tabla 8.

Tabla 8: Las energías renovables en la India (2018, 2019, y 2020)

Tipo de fuente energética	Capacidad instalada en 2020 (MW)	Por ciento del total mundial (%)	Capacidad instalada en 2019 (MW)	Por ciento del total mundial (%)	Capacidad instalada en 2018 (MW)	Por ciento del total mundial (%)
Energía hidroeléctrica	50.740	3,8	50.225	3,8	50.082	3,9
Energía eólica (toda eólica terrestre)	38.559	5,3	37.505	6	35.288	6,3
Energía solar (38.983 MW de capacidad es de energía solar fotovoltaica en 2020)	39.211	5,5	35.060	6	27.355	5,6
Bioenergía (10.518 MW de capacidad es de biocombustibles sólidos y residuos renovables en 2020)	10.532	8,3	10.228	8,2	10.140	8,2
Energía geotérmica	-	-	-	-	-	-

Fuente: Estadísticas de Energía Renovable 2021 IRENA

Tal y como se puede apreciar en la Tabla 8, todas las fuentes de energías renovables incrementaron su capacidad instalada en el 2020 con respecto al 2019. pero solo un tipo de fuente energética renovable (bioenergía) incrementó ligeramente su participación en la matriz energética mundial en ese año, si la comparamos con lo reportado en el 2019.

Finalmente, es importante resaltar que en la India, durante el primer trimestre del 2021, la demanda de electricidad fue casi un 10% más alta que la reportada en el mismo período del 2019. La segunda ola de COVID-19 que golpeó a la India a mediados de abril del 2021 ralentizó su ritmo de crecimiento, aunque la demanda de electricidad en abril de ese año todavía fue de un 7% más alto que la registrada en abril del 2019. En los primeros cuatro semanas de mayo del 2021, el crecimiento de la demanda de electricidad se redujo a cerca del 6% en comparación con el mismo periodo del 2019.

La energía nuclear en la generación eléctrica en la India

Una de las componentes de la matriz energética de la India es sin duda alguna la energía nuclear. En la India, el desarrollo de la energía nuclear comenzó con el objetivo de utilizarla con fines pacíficos para mejorar la calidad de vida de las personas y lograr la autosuficiencia para satisfacer las futuras necesidades energéticas del país. El programa de energía nuclear indio, que se inició de manera modesta inicialmente, ahora ha crecido como un amplio espectro, multidisciplinario y multidimensional conformado por 63 organizaciones. El espectro de estas actividades importantes incluye investigación y desarrollo en ciencias e ingeniería nucleares, exploración y minería de radioisótopos, desarrollo e implementación de la energía nuclear para la generación eléctrica, y su aplicación en la investigación bioagrícola, en la medicina, entre otras.

El programa nuclear de la India se concibió sobre la base de tres etapas secuenciales únicas y el desarrollo de tecnologías asociadas para la utilización óptima de las modestas reservas de recursos nucleares autóctonos de uranio y los abundantes recursos de torio que existen en el país. Este programa secuencial de tres etapas se basa en un ciclo de combustible cerrado, en el que el combustible gastado de una etapa se reprocesa para producir combustible para la siguiente etapa.

Las dos empresas fundamentales que tienen la responsabilidad de ejecutar el programa nuclear aprobado por el gobierno indio son las siguientes:

- Nuclear Power Corporation of India Limited (NPCIL) que está ejecutando el programa comercial de energía nuclear previsto en la

primera etapa (que comprende la importación de reactores nucleares de potencia del tipo PHWR y LWR[26]);
- Bharatiya Nabhikiya Vidyut Nigam Limited (BHAVINI) que está ejecutando el programa de energía nuclear comercial de la primera etapa (que comprende el desarrollo de reactores reproductores rápidos del tipo FBR).

Ambas empresas son propiedad del gobierno de conformidad con las disposiciones de la ley.

La segunda etapa prevé la generación de electricidad mediante el uso de Pu-239 obtenido de la operación de los reactores nucleares adquiridos durante la primera etapa, actuando como núcleo de combustible en los reactores reproductores rápidos (FBR).

La tercera etapa prevé la utilización de los reactores reproductores que utilizan como combustibles el U-233 y el torio. Los vastos depósitos de torio de la India permiten el diseño y funcionamiento de reactores reproductores alimentados con U-233.

En el mes de diciembre del 2021, había en la India, según la base de datos PRIS-OIEA de diciembre del 2021, un total de 23 reactores nucleares de potencia en siete centrales con una capacidad neta de 6,885 MW, y seis reactores nucleares de potencia en construcción con una capacidad neta de 4,194 MW (ver Tablas 9 y 10). Estos reactores nucleares produjeron, en el 2020, un total de 40,374 GWh lo que representó un 3,3% del total de la electricidad generada en el país durante ese año que fue de 1,233,911 GWh. Como se puede apreciar, en el 2021, la participación de la energía nuclear en la generación de electricidad en el país era todavía muy bajo, obligando al gobierno a utilizar las centrales térmicas de petróleo, gas, y carbón para poder satisfacer las necesidades energéticas del país.

[26] Reactor de agua ligera.

Tabla 9: Reactores nucleares de potencia en operación en la India en diciembre del 2021

Nombre	Tipo	Localización	Unidad de potencia de referencia [MW]	Capacidad eléctrica bruta [MW]	Primera conexión a la red
KAIGA-1	PHWR	Kaiga	202	220	2000-10-12
KAIGA-2	PHWR	Kaiga	202	220	1999-12-02
KAIGA-3	PHWR	Kaiga	202	220	2007-04-11
KAIGA-4	PHWR	Kaiga	202	220	2011-01-19
KAKRAPAR-1	PHWR	Surat	202	220	1992-11-24
KAKRAPAR-2	PHWR	Surat	202	220	1995-03-04
KAKRAPAR-3	PHWR	Surat	630	700	2021-01-10
KUDANKULAM-1	PWR	Tirunellveli-Kattabomman	932	1.000	2013-10-22
KUDANKULAM-2	PWR	Tirunellveli-Kattabomman	932	1.000	2016-08-29
MADRAS-1	PHWR	Madras	205	220	1983-07-23
MADRAS-2	PHWR	Madras	205	220	1985-09-20
NARORA-1	PHWR	Narora	202	220	1989-07-29
NARORA-2	PHWR	Narora	202	220	1992-01-05
RAJASTHAN-1	PHWR	Kota	90	100	1972-11-30
RAJASTHAN-2	PHWR	Kota	187	200	1980-11-01
RAJASTHAN-3	PHWR	Kota	202	220	2000-03-10
RAJASTHAN-4	PHWR	Kota	202	220	2000-11-17
RAJASTHAN-5	PHWR	Kota	202	220	2009-12-22
RAJASTHAN-6	PHWR	Kota	202	220	2010-03-28
TARAPUR-1	BWR[27]	Boisar	150	160	1969-04-01
TARAPUR-2	BWR	Boisar	150	160	1969-05-05
TARAPUR-3	PHWR	Boisar	490	540	2006-06-15
TARAPUR-4	PHWR	Boisar	490	540	2005-06-04

Fuente: PRIS-OIEA diciembre 2021

Tabla 10: Reactores nucleares de potencia en construcción en la India en diciembre del 2021

Nombre	Tipo	Localización	Unidad de potencia de referencia [MW]	Capacidad eléctrica bruta [MW]
KAKRAPAR-4	PHWR	Surat	630	700
KUDANKULAM-1	PWR	Tirunellveli-	932	1.000

[27] Reactor de agua en ebullición.

		Kattabomman		
KUDANKULAM-3	PWR	Tirunellveli-Kattabomman	917	1.000
KUDANKULAM-4	PWR	Tirunellveli-Kattabomman	917	1.000
PFBR	FBR	Madras	470	500
RAJASTHAN-7	PHWR	Kota	630	700
RAJASTHAN-8	PHWR	Kota	630	700

Fuente: PRIS-OIEA diciembre 2021

Sin lugar a duda, la energía nuclear como fuente de energía limpia, es una de las más adecuada para reemplazar gradualmente durante los próximos años el uso del carbón para satisfacer la creciente demanda de energía de la India. En un intento por mejorar estas cifras y disminuir significativamente el alto nivel de contaminación de las principales ciudades y regiones del país, el gobierno de la India aprobó la construcción de diez reactores nucleares de potencia que se espera sumen otros 7.000 MW a la capacidad nuclear actual de la India. Esta es la primera vez que se aprueban diez reactores de una sola vez y también esta iniciativa brinda a los proveedores nacionales una escala suficiente para operar, disminuyendo así sus costos de inversión, que en el caso de las centrales nucleares son muy altos. Los diez reactores que el gobierno indio ha aprobado recientemente para su construcción son reactores de agua pesada presurizada (PHWR). Aunque este tipo de reactores son costosos, el gobierno indio persiste construir reactores de este tipo porque carece de la experiencia necesaria para construir y operar reactores de agua ligera (LWR) más baratos.

La generación eléctrica en la India

Un elemento importante a la hora de analizar la matriz energética de la India en los últimos años es el incremento de la producción y el consumo del carbón utilizado para la generación eléctrica. Como se conoce, India es unos de los tres países más contaminantes del medio ambiente a nivel mundial, y el aumento del uso del carbón en la generación eléctrica no ayuda a disminuir ese alto nivel de contaminación. La contaminación de la ciudad de New Delhi es muy alta (ver Fig. 39).

Fuente:
https://commons.wikimedia.org/wiki/File:Poulluted_killer_fog_in_Delhi.jpg
Fig. 39: Contaminación de la capital de la India

Las emisiones de CO_2 como resultado del aumento del consumo de energía en el país, especialmente del consumo de carbón para la generación eléctrica, se prevé que aumenten en los próximos años en un 115%. Como resultado del desarrollo económico de la India, se está produciendo un rápido aumento de la demanda de electricidad en el país, y eso ha conllevado a un aumento en el consumo de este tipo de fuente energética altamente contaminante. La generación eléctrica en la India aumentó, durante el periodo 2010-20, en un 66,4%, creciendo desde los 937,5 TWh en el 2010 hasta los 1.560,8 TWh en el 2020.

De acuerdo con el documento titulado "Electricity Market Report July 2021," durante el primer trimestre del 2021, la demanda de electricidad en la India fue casi un 10% más alta que en el mismo período del 2019. La segunda ola de COVID-19 que golpeó la India a mediados de abril 2021 ralentizó el ritmo de crecimiento, aunque la demanda de electricidad en dicho mes todavía fue un 7% mayor que en abril del 2019, y tres puntos porcentuales por debajo del crecimiento reportado en el mes de marzo. En los primeros cuatro semanas de mayo de 2021, el crecimiento se redujo a cerca del 6% en comparación con el mismo periodo del 2019. A pesar de su severidad, la segunda ola de COVID-19 que afectó a la India tuvo un impacto menor en la demanda de electricidad que la primera ola reportada en el 2020. Después de adoptar un conjunto de estrictas medidas de bloqueo que comenzaron a aplicarse a mediados de marzo del 2020, la demanda de energía disminuyó un 25% en comparación con el 2019 durante cinco semanas consecutivas, desde finales de marzo hasta principios de mayo.

La evolución de la generación eléctrica en la India durante el periodo 2010-20 se muestra en la Fig. 40.

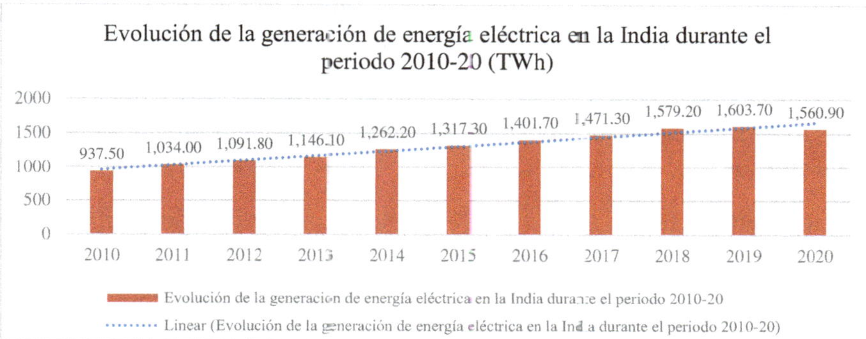

Fuente: BP Statistical Review of World Energy 2021

Fig. 40: Evolución de la generación eléctrica en la India durante el periodo 2010-20

El Duodécimo Plan Quinquenal del Gobierno Indio para el Periodo 2012-17 (Twelfth Five Year Plan (2012–17): Faster, More Inclusive and Sustainable Growth, 2013), previó la adición de 94 GW de capacidad instalada para la generación eléctrica, con un costo de US$247 mil millones. Tres cuartas partes de estos recursos serían para financiar nuevas centrales eléctricas de carbón o lignito y solo 3,4 GW serían para las centrales nucleares, incluida la compra de dos reactores nucleares de potencia importados con una capacidad de 1.000 MW y otras dos unidades de producción nacional con una capacidad 700 MW. Para el año 2032, se espera que las nuevas capacidades energéticas a ser instaladas en el país asciendan a 700 GW lo que permitiría cubrir entre el 7% y el 9% del crecimiento del PIB, y esto incluiría un aumento de las capacidades nucleares por 63 GW (9% del total). La Agencia Internacional de Energía de la OCDE[28] prevé que la India necesitará una inversión de aproximadamente US$1.600 millones en generación, transmisión, y

[28] Organización para la Cooperación y el Desarrollo Económicos.

distribución de energía para el 2035, con el fin de poder satisfacer el aumento esperado de la demanda de electricidad para ese año.

A pesar del aumento sistemático de la producción de electricidad en la India durante los últimos años, la demanda actual y la prevista aún están lejos de ser satisfechas. Las pérdidas de transmisión se estiman en 193 TWh (17% del total de electricidad generada) en el 2012, que es mayor que el promedio internacional, por lo que se estudian las acciones a adoptar para reducir significativamente estas pérdidas y evitar la construcción de nuevas centrales.

Según el documento titulado "BP Statistical Review of World Energy 2021," la generación eléctrica por tipo de fuente de energía en la India en 2020 fue la siguiente:

- **Carbón**: 1.125,2 TWh (72,1% del total). La utilización del carbón como fuente de energía para la generación eléctrica disminuyó, en el 2020, un 5,1% respecto a la reportado en el 2019 que fue de 1.184,5 TWh (73,9% del total);
- **Energías renovables**: 314,8 TWh (20,2% del total). La utilización de las energías renovables para la generación de electricidad en el país aumentó en un 4,5% en el 2020 respecto a lo reportado en el 2019 que fue de 301,2 TWh (18,8% del total);
- **Gas natural**: 70,8 TWh (4,5% del total). La generación eléctrica en la India utilizando gas natural como fuente de energía creció, en el 2020, en 4,9% respecto a lo reportando en el 2019 que fue de 67,5 TWh (4,2%);
- **Energía nuclear**: 44,6 TWh (3% del total). La generación eléctrica en la India mediante el uso de la energía nuclear como fuente de energía, en el 2020, decreció un 1,4% respecto a lo reportando en el 2019 que fue de 45,2 TWh (2,8% del total);
- **Petróleo**: 4,9 TWh (0,3% del total). La generación eléctrica en la India, en el 2020, mediante el uso del petróleo como fuente de energía disminuyó un 4% con respecto a la cantidad generada en el 2019, que fue de 5,1 TWh (0,3% del total);

- **Otras fuentes energéticas**[29]: 0,6 TWh (0.03% del total). La generación eléctrica mediante el uso de estas fuentes energéticas en la India, en el 2020, creció tres veces con respecto a la reportada en el 2019 que fue de 0,2 TWh (0,01% del total).

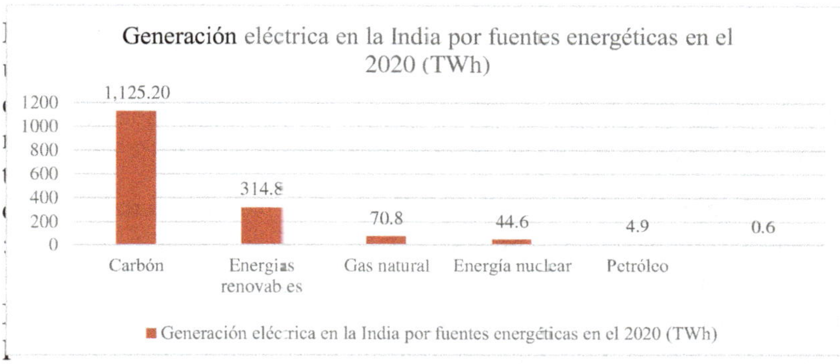

Fuente: Statistical Review of World Energy 2021

Fig. 41: Generación eléctrica en la India por tipo de fuente de energía en el 2020

Tal y como se puede apreciar claramente en la Fig. 41, el carbón proporcionó el 72,1% de la electricidad generada en la India en el 2020, pero las reservas de este tipo de combustible fósil están efectivamente limitadas (111.052 miles de toneladas o el 10,3% del total mundial) y el impacto negativo del uso del carbón para la generación eléctrica en el medio ambiente es muy alto[30]. En 2020, la India importó un total de 137,1 millones de toneladas de carbón, lo que representó el 10,4% del total mundial, produjo un total de 452,6 millones de toneladas de este tipo de combustible fósil, lo que representó el 7,9% del total mundial y consumió 427,8 millones de toneladas de carbón lo que representó el 11,6% del total mundial.

Mirando hacia el futuro

La India utiliza como su principal fuente energética para la generación eléctrica el carbón, razón por la cual se registran altos niveles de contaminación de sus principales ciudades y regiones. Teniendo en cuenta que esta fuente energética es la más contaminante de los combustibles fósiles que

[29] Incluye desechos no renovables e hidro bombeado, entre otras.

[30] India es uno de los tres principales países más contaminantes a nivel mundial.

se utilizan para la generación eléctrica, la India ha decidido añadir un 50% más energía solar y eólica a su matriz energética de la que se ha instalado hasta ahora en EE.UU y proporcionará acceso a la electricidad por primera vez a decenas de miles de poblaciones rurales a un ritmo mayor al que lo hacen otros países.

El sector de las energías renovables en la India está creciendo a pasos agigantados. En la conferencia del clima de París de diciembre de 2015, el gobierno de la India anunció que añadiría 160 GW de energías eólica y solar para el 2022 a los 35,3 GW ya instalados en el país en el 2018.

Es importante resaltar que la India es un país con una alta demanda energética y de crecimiento poblacional con una población de 1.339 millones según datos del 2017. Actualmente más del 80% de la energía que produce el país es de origen fósil lo que produce una gran contaminación en muchas ciudades y regiones. Su rápido crecimiento poblacional e industrial exige que la eficiencia energética sea un componente vital en la política energética nacional.

El gobierno indio espera satisfacer, aunque sea parcialmente, las grandes necesidades de energía del país en el futuro, a través de un agresivo programa de uso de la energía solar. Debido a ello, el gobierno indio empezó a desplegar la energía solar a gran escala en el 2011, y se prevé que haga grandes avances en la generación de electricidad mediante el uso de este tipo de energía para el 2020, con el Banco Mundial aportando mil millones de dólares en préstamos sólo en ese año[31]. A pesar del reciente desarrollo de la energía solar en la India para la generación eléctrica ya, en el 2019, el país tenía instalada una capacidad en parques solares de 25,1 GW. El gobierno apunta a tener una capacidad instalada en parques solares de 100 GW para el 2022. Además, los precios están siendo especialmente bajos para este tipo de energía, por lo que el gobierno está cancelando los proyectos de construcción de varias centrales eléctricas de carbón en diferentes regiones del país, con el fin de reducir la alta contaminación de sus ciudades y regiones (Leahy, 2017).

---

[31] India es un país que recibe radiación solar durante casi todo el año, aproximadamente 3.000 horas. Está considerado como uno de los tres países más contaminados del mundo, con mucha población rural que usa la leña como fuente energética. Por esta razón, el uso de la energía solar es ideal para el medio rural ya que no requiere de una red de distribución eléctrica para su instalación (Eco Inventos, 2019).

El boom solar y eólico de la India ha reducido los costes de la generación eléctrica en gran medida, cayendo de los 12 céntimos el kWh a solo 4 céntimos el kWh en el caso de la energía solar, lo que la hace más barata que el carbón. Como resultado, el gobierno indio espera que no se necesite generar más energía a partir de carbón en el futuro cercano para satisfacer la creciente demanda de energía. Para lograr este objetivo el país tiene que poseer una capacidad en instalaciones que utilicen las energías renovables para la generación eléctrica de al menos 840 GW para el año 2030 (Leahy, 2017).

Una componente importante de la futura matriz energética de la India será la energía hidroeléctrica. Según el documento titulado "Electricity Market Report July 2021," este tipo de fuente de energía representa actualmente el 12% de la electricidad total generada en el país en el 2020, pero cayó un 15% en los primeros cinco meses del 2021 en comparación con el mismo período del 2020, y en un 10% en relación con el 2019. En la Región Norte, que generó el 39% de la producción total de energía hidroeléctrica en la India en el 2020, esta disminuyó un 25% en los primeros meses del 2021 como consecuencia de la sequía que afectó a la región. Dos de los estados del norte del país se vieron particularmente afectados por la sequía. En Punjab, los niveles de almacenamiento de agua en sus embalses a mediados de junio del 2021 estaban un 25% por debajo de la media reportada durante los últimos diez años. En Himachal Pradesh, los niveles de almacenamiento de agua en sus embalses se redujeron en más de un 60%. La disminución de energía hidroeléctrica junto con una mayor demanda de electricidad resultó en un aumento del 33% en la generación de electricidad mediante centrales térmica durante primeros cinco meses del 2021.

Según el documento titulado "World Energy Outlook 2019," India remplazará a China como principal fuente en el crecimiento mundial de demanda de energía en el 2040, especialmente en el caso del petróleo (ver Fig. 42)[32]. En ese año la demanda anual de energía de la India será igual a la de EE.UU pero su consumo por habitante será apenas un 40% del consumo promedio mundial por persona.

---

[32] Según otras fuentes consultadas, este reemplazo se produciría a mediados de la década del 2020.

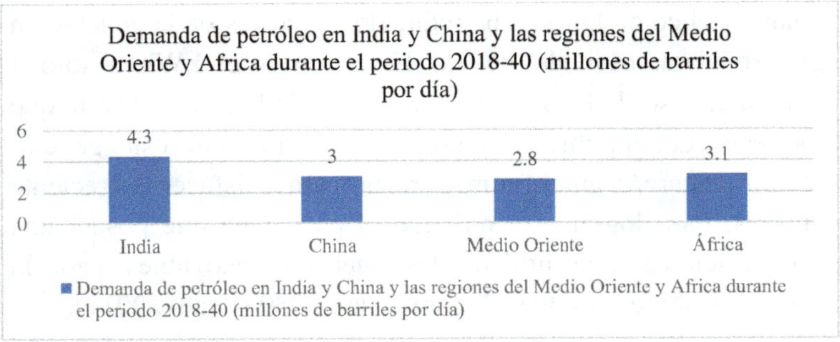

Fuente: World Energy Outlook 2019

Fig. 42: Demanda de petróleo en India, China, el Medio Oriente y en África durante el periodo 2018-40

De acuerdo con la Fig. 42, la India será el país que demande, en el 2040, más petróleo a nivel mundial con unos 4,3 millones de barriles por día, seguido de China con 3 millones de barriles diario, África con 3,1 millones de barriles por día y el Medio Oriente con 2,8 millones de barriles por día.

En el caso del gas natural la demanda de este tipo de combustible en la India durante el periodo 2018-40 se comportará como se muestra en la Fig. 43.

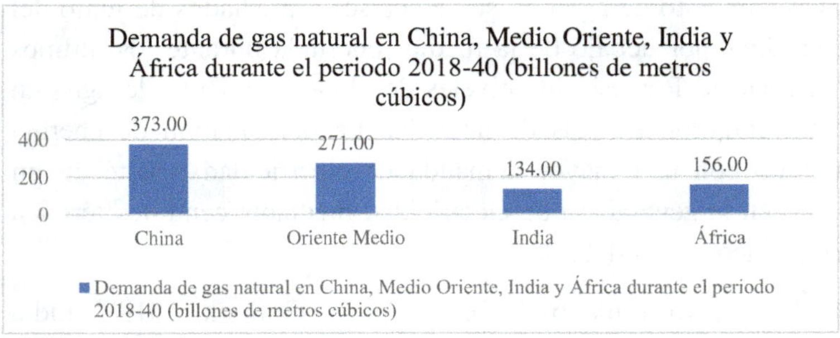

Fuente: World Energy Outlook 2019

Fig. 43: Demanda de gas natural en China, Oriente Medio, India y África durante el periodo 2018-40

Tal y como se muestra en la Fig. 43, China será el país con mayor demanda de gas natural en el periodo considerado con 373 billones de metros cúbicos, seguido por el Medio Oriente con 271 billones de metros cúbicos, y la India en la última posición con 134 billones de metros cúbicos. En el caso de África, la demandará será de 156 billones de metros cúbicos.

Finalmente, la generación eléctrica mediante el uso de las fuentes de energías renovables a nivel mundial se comportará, durante el periodo 2018-40, de la forma siguiente:

- China será el país con la mayor generación de electricidad en el periodo considerado con 3.382 TWh, seguido de la India con 1.750 TWh, y la UE con 1.276 TWh;
- Es importante resaltar que durante el periodo 2000-18 el consumo de petróleo a nivel mundial (919 millones de toneladas de petróleo equivalente) fue superior en un 11,8% al consumo eléctrico (822 millones de toneladas de petróleo equivalente) pero en el periodo 2018-40 se espera que el consumo de electricidad (1.146 millones de toneladas de petróleo equivalente) sea superior en un 121% al del petróleo (518 millones de toneladas de petróleo equivalente).

Sin lugar a duda, el uso de las energías renovables para la generación eléctrica será el principal desafío para reemplazar el uso del carbón como fuente principal de energía en el sector energético de Asia, liderado por China e India. La expansión de la generación eléctrica a partir de la energía eólica y solar fotovoltaica ayudará a las energías renovables a superar el carbón en la matriz de generación de energía a nivel mundial a mediados de la década de 2020. Para el año 2040, las fuentes bajas en carbono se proyecta que proporcionen más de la mitad de la generación total de electricidad. La energía eólica y la energía solar fotovoltaica serán las principales fuentes de energías en crecimiento hasta el 2040, pero individualmente la energía hidroeléctrica (15% de la generación total en el 2040) y la nuclear (8% del total) retendrán las principales participaciones en la matriz energética mundial (World Energy Outlook 2019, 2019).

Estados Unidos de América (EE.UU)

Estados Unidos es uno de los tres países más contaminantes a nivel mundial con una política energética que hasta el 2021 no priorizaba el uso de las diferentes fuentes de energías renovables existentes en el país, y que, además, no apoyaba los esfuerzos internacionales para combatir el cambio climático. Por suerte para la comunidad internacional, la nueva administración de los EE.UU cambió esa errónea política energética. En dicho país, la principal fuente energética es el petróleo, seguido del carbón, el gas natural, la energía nuclear y la energía hidroeléctrica. Sin embargo, es el carbón la principal fuente energética para la generación de electricidad en el país.

A pesar de que los combustibles fósiles tienen un peso importante en la matriz energética de los EE.UU, el uso de las energías renovables para la generación eléctrica en el país estableció un récord, en el 2017, por segundo año consecutivo. Los estadounidenses usaron menos electricidad proveniente de las centrales eléctricas tradicionales en el 2017 en comparación con el 2016, según la Agencia Estadounidense de Energía, y una proporción creciente de esta electricidad provino de fuentes renovables. Por consiguiente, gracias a la generación de electricidad más barata y limpia proveniente de las fuentes de energías renovables, el país pudo reducir las emisiones de dióxido de carbono, aunque este indicador es todavía muy alto comparado con otros países.

El mayor incremento en el uso de las energías renovables en el país lo ha tenido la energía solar. Durante el periodo 2010-18 la generación de electricidad por los parques solares instalados en el país creció 21,6 veces, siendo el incremento reportado en el 2016-17 (20.646 GWh) el mayor de todos los incrementos reportados en dicho periodo. A lo largo del periodo 2010-18 se instalaron 58.916 MW de nuevas capacidades de energía solar, fundamentalmente solar fotovoltaica. Las energías hidráulicas, eólicas, y geotérmicas son también utilizadas para la generación eléctrica en los EE.UU.

Los combustibles fósiles en los Estados Unidos

Los combustibles fósiles son la fuente de energía que más se utiliza en el país para la generación eléctrica, a pesar de que el uso de este tipo de fuente energética es la que más contamina el medio ambiente, haciendo que los EE.UU se encuentre entre los tres países más contaminantes del planeta.

El petróleo en la generación eléctrica en los Estados Unidos

Según el documento titulado "BP Statistics Review of World Energy 2021," las reservas de petróleo en los EE.UU, en el 2020, alcanzó la cifra de 68,9 mil millones de barriles, representando el 4% del total de las reservas mundiales de este tipo de fuente energética. Este nivel de las reservas de petróleo en los EE.UU son las mismas que las reportadas a finales del 2019. La evolución de la producción de petróleo en los EE.UU durante el periodo 2010-20 se muestra en la Fig. 44.

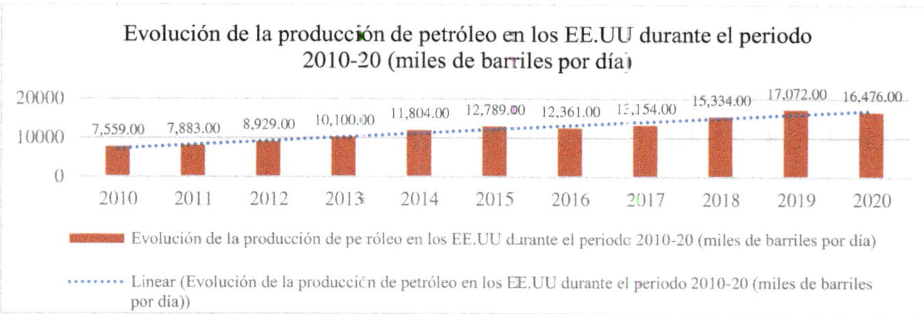

Fuente: BP Statistics Review of World Energy 2021

Fig. 44: Evolución de la producción de petróleo en los EE.UU durante el periodo 2010-20

Tal y como se muestra en la Fig. 44, la producción de petróleo en los EE.UU creció 2,2 veces durante el periodo considerado, pasando de los 7.559 miles de barriles diarios en el 2010 a los 16.476 miles de barriles diarios en el 2020. Se espera que la producción de petróleo en los EE.UU empiece a declinar en los próximos años pero manteniéndose como el mayor productor de petróleo en el mundo que en el 2020 fue del 18,6% de la producción mundial, por encima de Arabia Saudita con 11.039 miles de barriles por día (12,5% de la producción mundial) y de la Federación Rusa con 10.667 miles de barriles por día (12,1% del total mundial).

EE.UU es no solo el mayor productor de petróleo del mundo sino también el mayor consumidor mundial de este tipo de fuente energética. La evolución del consumo de petróleo en los EE.UU durante el periodo 2010-20 se muestra en la Fig. 45.

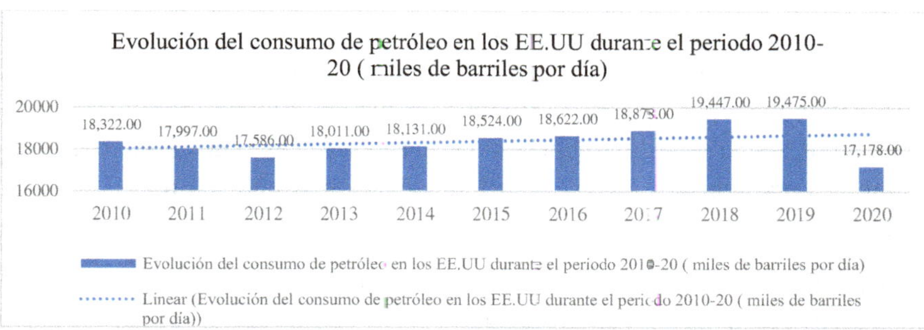

Fuente: BP Statistical Review of World Energy 2021

Fig. 45: Evolución del consumo de petróleo en los EE.UU durante el periodo 2010-20

Tal y como se muestra en la Fig. 45, el consumo de petróleo en los EE.UU decreció un 6,3% durante el periodo considerado, pasando de los18.322 miles de barriles diarios en el 2010 a los 17.178 miles de barriles diario en el 2020. EE.UU fue, en el 20120, el mayor consumidor de petróleo a nivel mundial con el 19,4% del total, seguido por China con el 16,1% del total mundial. Se espera que esta situación se mantenga durante al menos los próximos años. Como la producción de petróleo en el 2020 fue menor que la demanda (702 miles de barriles diarios), EE.UU tuvo que importar 5.883 miles de barriles diarios de petróleo crudo de otros países y regiones (Canadá, México, Europa, Medio Oriente, Rusia[33], entre otros) y 1.981 miles de barriles de otros productos petrolíferos. También exportó unos 3.110 miles de barriles diarios de petróleo crudo a Canadá, México, América del Sur, entre otros y 5.007 miles de barriles diarios de otros productos petrolíferos.

Según el documento titulado “BP Statistical Review of World Energy 2021,” la capacidad de refinación de petróleo en los EEUU creció en el periodo 2010-20 en un 2,3%, pasando de los 17.736 miles de barriles diarios en el 2010 a los 18.143 miles de barriles diarios en el 2020. Esta capacidad de refinación representa el 17,8% de la capacidad mundial, seguida de la capacidad de refinación de China (16.691 miles de barriles diarios) con el 16,4% del total mundial.

El gas natural en la generación eléctrica en los Estados Unidos

Según el documento titulado “BP Statistics Review of World Energy 2021,” las reservas de gas natural de los EE.UU, a finales del 2020, alcanzaron la cantidad de 12.6 trillones de metros cúbicos que representaron el 6,7% del total mundial. Los países con las mayores reservas de gas natural son, a finales de 2020, la Federación Rusa con 37,4 trillones de metros cúbicos o el 19,9% del total mundial, Irán con 32,1 trillones de metros cúbicos o el 17,1% del total mundial, Qatar con 24,7 trillones de metros cúbicos o el 13,1% del total mundial, y Turkmenistán con 13,6 trillones de metros cúbicos o el 7,2% del total mundial.

La evolución de la producción de gas natural en los EE.UU durante el periodo 2010-20 se muestra en la Fig. 46.

---

[33] A principio del 2022, EE.UU decidió no comprar más petróleo a Rusia como sanción por su invasión a Ucrania en febrero de ese año.

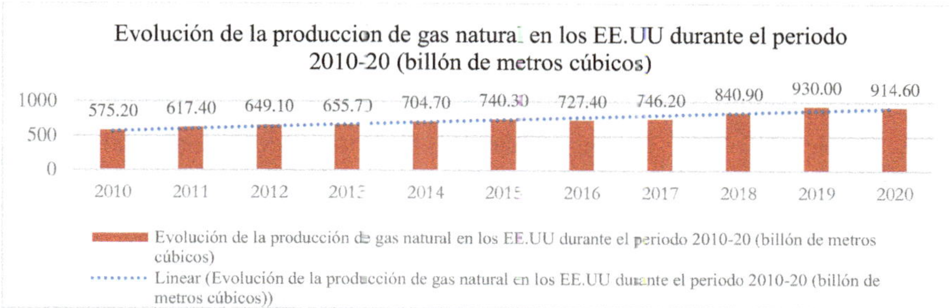

Fuente: BP Statistical Review of World Energy 2021

Fig. 46: Evolución de la producción de gas natural en los EE.UU durante el periodo 2010-20

Según los datos que se muestran en la Fig. 46, la producción de gas natural en los EE.UU creció un 59% durante el periodo considerado, pasando de los 575,2 billones de metros cúbicos en el 2010 a los 914,6 billones de metros cúbicos en el 2020. La producción de gas natural de los EE.UU, en el 2020, representó el 23,7% del total mundial ocupando el primer lugar entre todos los productores de esta fuente de energía, seguido por la Federación Rusa con 638,5 billones de metros cúbicos o el 16,6% del total mundial. Se espera que la producción de gas natural en los EE.UU empiece a decrecer en los próximos años, particularmente su uso en la generación eléctrica en el país.

La evolución del consumo de gas natural por los EE.UU durante el periodo 2010-20 se muestra en la Fig. 47.

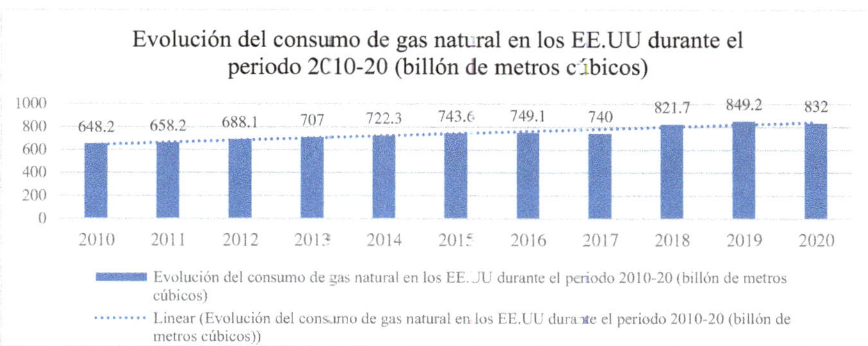

Fuente: BP Statistical Review of World Energy 2021

Fig. 47: Evolución del consumo de gas natural por los EE.UU durante el periodo 2010-20

Tal y como se muestra en la Fig. 47, el consumo de gas natural en los EE.UU creció un 28,4% durante el periodo bajo consideración, creciendo de los 648,2 billones de metros cúbicos en el 2010 a los 832 billones de metros cúbicos en el 2020. Sin lugar a duda, la producción de gas natural en los EE.UU puede satisfacer el consumo de este tipo de fuente de energía y esta situación se espera se mantenga sin cambio al menos durante los próximos años. No obstante ello, el país importó, en el 2020, unos 1,3 billones de metros cúbicos de Trinidad y Tobago, Noruega, Nigeria, entre otros países, y exportó, ese mismo año, unos 61,4 billones de metros cúbicos a México, América del Sur, Europa, entre otros países y regiones. A través de gasoductos, los EE.UU importó, en el 2020, 68,2 billones de metros cúbicos de Canadá y de México y exportó, en ese mismo año, 76,1 billones de metros cúbicos a los mismos países.

El carbón en la generación eléctrica en los Estados Unidos

Según el documento titulado "BP Statistics Review of World Energy 2021," las reservas de carbón en los EE.UU son las mayores del mundo, llegando, en el 2020, a los 248.941 millones de toneladas de petróleo equivalente, representando el 23,2% del total mundial, la mayoría de las cuales son del tipo antracita y bituminoso (88% del total). La evolución de la producción de carbón en los EE.UU durante el periodo 2010-20 se muestra en la Fig. 48.

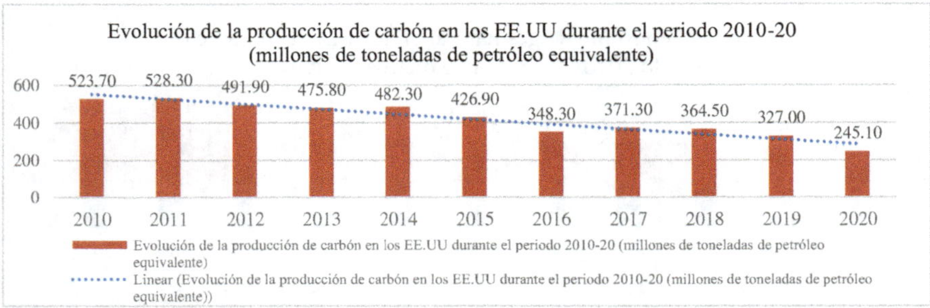

Fuente: BP Statistical Review of World Energy 2021 y cálculos del Autor

Fig. 48: Evolución de la producción de carbón en los EE.UU durante el periodo 2010-20

Tal y como se puede apreciar en la Fig. 48, la producción de carbón en los EE.UU decreció un 53,2% durante el periodo 2010-20, pasando de los 523,7 millones de toneladas de petróleo equivalente en el 2010 a los 245,1 millones de toneladas de petróleo equivalente en el 2020. Este decrecimiento es el resultado de las medidas adoptadas por la administración Obama para reducir el uso de las centrales térmicas de carbón para la generación eléctrica, particularmente aquellas centrales que son viejas, muy ineficientes y altamente contaminantes del medio ambiente. A pesar de lo beneficioso que representó para el país la aplicación de las medidas aprobadas por la administración Obama, la administración del expresidente Trump eliminó esas medidas y apoyó el incremento del uso del carbón en el sector energético, tomando en consideración las vastas reservas de esta fuente de energía existente en el país. No obstante ello, el consumo de carbón para la generación eléctrica continuó disminuyendo en el país, tal y como se podrá apreciar en la Fig. 51, tendencia que se espera continúe con la nueva administración del Presidente Biden.

La evolución del consumo de carbón en los EE.UU durante el periodo 2010-20 se muestra en la Fig. 49.

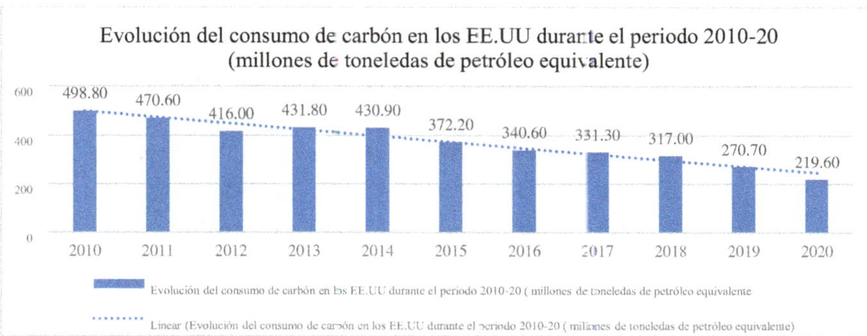

Fuente: BP Statistical Review of World Energy 2021 y cálculos del Autor
Fig. 49: Evolución del consumo de carbón en los EE.UU durante el periodo 2010-20

Según los datos incluidos en la Fig. 49, el consumo de carbón en los EE.UU decreció un 55,9% durante el periodo bajo consideración, cayendo desde los 498,80 millones de toneladas de petróleo equivalente en el 2010 a los 219,6 millones de toneladas de petróleo equivalente en el 2020, a pesar del apoyo que esta fuente de energía recibió de la administración del expresidente Trump. Esta tendencia se espera que continúe sin cambio al menos en los próximos años, teniendo en cuenta la política energética de la nueva administración en los EE.UU.

La evolución del precio del carbón en los EE.UU, durante el periodo 2010-20 se muestra en la Fig. 50.

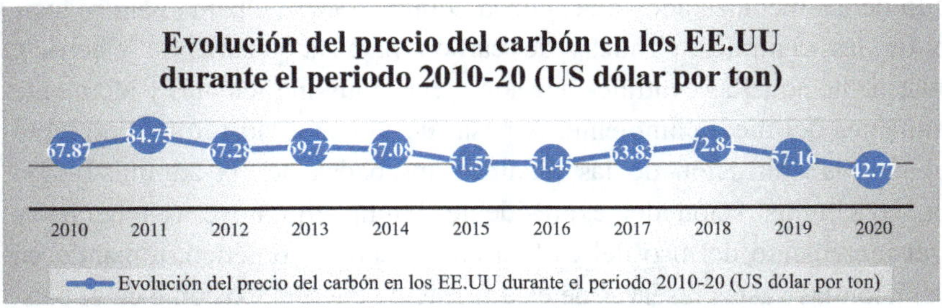

Fuente: BP Statistical Review of World Energy 2021
Fig. 50: Evolución del precio del carbón en los EE.UU durante el periodo 2010-20

Si consideramos todo el periodo en su conjunto, entonces se puede afirmar que el precio del carbón en los EE. UU decreció en un 37%, pasando de los US$67,87 por tonelada en el 2010 a los US$42.77 por tonelada en el 2020. No obstante, y como se puede apreciar claramente en la Fig. 50, el precio del carbón sufrió altas y bajas dentro del periodo considerado, sufriendo una recaída del 26,3% durante el periodo 2013-16, cayendo de los US$67,92 por tonelada en el 2013 a los US$51,45 por tonelada en el 2016. Después de ese año, el precio del carbón empezó a crecer de nuevo hasta el 2018 debido a la nueva política sobre el uso del carbón para la generación eléctrica del país promovida por la administración del expresidente Trump. Durante el periodo 2018-2020, el precio del carbón se desplomó un 41,3% debido a la nueva política energética impulsada por la administración del presidente Biden.

Las energías renovables en la generación eléctrica en los Estados Unidos

Según los datos publicados recientemente por la Comisión Federal de Regulación de la Energía (FERC) de los EE.UU, la energía solar, la eólica, la biomasa, la geotérmica y la hidroeléctrica, dominaron las nuevas incorporaciones de capacidad de generación eléctrica en los EE.UU durante el 2021.

De acuerdo con el informe mensual de la FERC titulado “Energy Infrastructure Update” (con datos hasta el 30 de septiembre de 2021), se puede afirmar que las fuentes de energías renovables representaron el 87,61% (o 16.665 MW) de los 19.022 MW de nueva capacidad añadida durante los nueve primeros meses del año 2021. La energía solar lideró las adiciones de capacidad con 8.410 MW (44,2% del total), seguida de cerca por la eólica con 8.188 MW (43% del total). En comparación con los primeros nueve meses del 2020, las nuevas adiciones de capacidad solar representaron un crecimiento del 38,28%, mientras que las de la eólica representaron un incremento del 34,19%. En 2021 también se produjeron pequeñas adiciones en las capacidades de energía hidroeléctrica con 28 MW (0,15% del total), geotérmica con 25 MW (0,13% del total) y de biomasa con 14 MW (0,07% del total).

Es importante señalar que seguido de los incrementos reportados de las capacidades instaladas de energía solar y eólica, se encuentra el aportado por el gas natural (2.327 MW). El incremento de las capacidades del petróleo (19 MW) y el carbón (11 MW) fueron muy pequeñas.

Como resultado del incremento de las capacidades de las energías renovables en el 2021, estas aportan ahora el 25,39% de la capacidad total de generación instalada en los EE.UU, una cuota significativamente mayor que la del carbón (18,88%) y más de tres veces la de la energía nuclear (8,32%). En comparación, hace un año, la cuota de las energías renovables era sólo del 23,28%. Hace cinco años, era del 18,46% y una década antes, del 14,11%. Este crecimiento se debe casi por completo a que la cuota de la energía eólica en la capacidad de generación instalada se ha triplicado y la de la energía solar se ha multiplicado por 37. La energía eólica representa ahora el 10,52% de la capacidad de generación del país, frente al 3,79% de reportada en septiembre del 2011, mientras que la energía solar a escala de servicios públicos es ahora del 5,14%, frente al 0,14% reportada en septiembre del 2011, y eso sin incluir la energía solar distribuida (por ejemplo, en los tejados).

Además, los datos de la FERC sugieren que la cuota de capacidad de generación procedente de la energía solar y eólica está en vías de aumentar significativamente en los próximos tres años (es decir, hasta septiembre del 2024). La FERC señala que puede haber hasta 168.601 MW de nueva capacidad solar en proyectos bajo consideración, con 51.758 MW clasificados como "altas adiciones probables", compensados por sólo 92 MW de retiros previstos. Además, la nueva capacidad eólica prevista para septiembre del

2024 podría ascender a 73.453 MW, con 22.957 MW de alta probabilidad para ser construidas. Se prevé un cierre de sólo 151 MW de las capacidades ya instaladas. En comparación, el crecimiento neto del gas natural será de sólo 14.535 MW. Por tanto, se prevé que la energía solar y la eólica juntas proporcionen cinco veces más capacidad de generación neta que el gas natural en los próximos tres años, y de más de 50 veces la capacidad neta nueva prevista para la energía nuclear (sólo 1.377 MW). Si se materializan las últimas proyecciones de la FERC, en septiembre de 2024 las fuentes de energía renovable deberían aportar el 30,04% de la capacidad total de generación instalada disponible en el país, con la energía solar y la eólica a escala de servicios públicos representando el 8,88% y el 11,8% respectivamente.

La capacidad no es lo mismo que la generación real. Así, durante el primer semestre de 2021, la Administración de Información Energética de EE.UU (EIA) informó de que las energías renovables representaban el 22,4% de la generación eléctrica total del país, es decir, algo menos de lo que la FERC informó que era su cuota (25,1%) de la capacidad de generación instalada para el mismo periodo. La FERC sólo suele informar de los datos de las instalaciones a escala de servicio público (es decir, las de 1 MW o más) y, por tanto, sus datos no reflejan la capacidad de las energías renovables distribuidas, en particular la energía solar fotovoltaica en tejados que, según la EIA, representa alrededor del 30% de la generación eléctrica nacional por energía solar. Esto sugiere que el total de la capacidad solar distribuida y a escala de servicios públicos combinada es significativamente mayor que la capacidad solar del 5,14% comunicada por la FERC, es decir, probablemente por encima del 7%.

La generación eléctrica en los Estados Unidos

Es importante destacar que el "sector de la energía eléctrica genera la mayor parte de la electricidad en los Estados Unidos", pero otros sectores consumen la mayor parte de esa electricidad. Ahora bien, el esquema del uso de cada tipo de combustible varía extensamente por sector. "Por ejemplo, el petróleo proporciona alrededor del 92% de la energía utilizada para el transporte, pero sólo el 1% de la energía utilizada para generar electricidad" (Energía en Estados Unidos, México y Canadá, 2018).

La Agencia Europea del Medio Ambiente (2013), prevé que la demanda anual de electricidad aumente a 28.141 TWh en el 2030, con una creciente participación de diferentes fuentes de energías renovables. Como se mencionó anteriormente, se espera que el carbón mantenga la supremacía como la principal fuente de energía en la generación de electricidad en los EE.UU hasta al menos el 2035, aunque para el principio de la década del 2020s se espera que se retiren aproximadamente 49 GW de la capacidad de centrales eléctricas de carbón instaladas, debido a las restricciones ambientales y la baja eficiencia en su operación.

Según el documento titulado "BP Statistical Review of World Energy 2021," EE.UU es el segundo país, detrás de China, en cuanto a la generación eléctrica se refiere con una generación reportada, en el 2020, de 4.286,6 TWh o el 16% del total mundial[34]. La evolución de la generación eléctrica en los EE.UU durante el periodo 2010-20 se muestra en la Fig. 51.

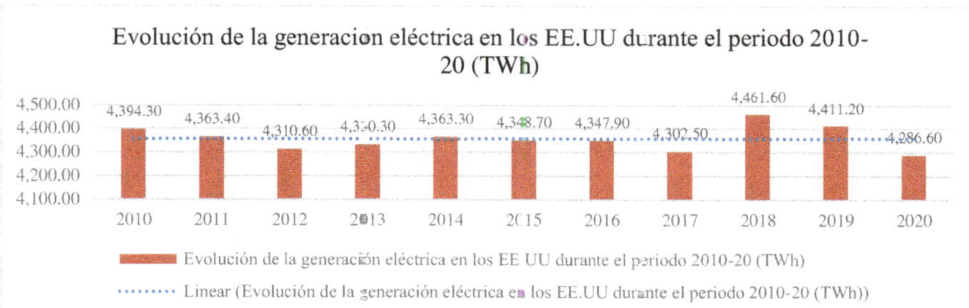

Fuente: BP Statistical Review of World Energy 2021

Fig. 51: Evolución de la generación eléctrica en los EE.UU durante el periodo 2010-20

Durante el periodo considerado, la generación eléctrica en los EE.UU decreció un 2,5%, con claras altas y bajas dentro de ese periodo, pasando de los 4.394,3 TWh en el 2010 a los 4.286,6 TWh en el 2020. Durante los años 2010-12, la generación de electricidad decreció un 2%, disminuyendo de los 4.394,3 TWh en el 2010 a los 4.310,6 TWh en el 2012. Durante los años 2012-14, la generación eléctrica creció un 1,2%, aumentando de los 4.310,6 TWh en el 2012 a los 4.363,3 TWh en el 2014. A partir de este último año

[34] China fue, en el 2020, el país de mayor generación eléctrica con 7.779,1 TWh o el 29% del total mundial (26.823,2 TWh).

hasta el 2017, la generación eléctrica en los EE.UU decreció un 1,4%, cayendo de los 4.363,3 TWh en el 2104 a los 4.302,5 TWh en el 2017. En el 2018, la generación de electricidad volvió a crecer un 3,7%, siendo éste el crecimiento más alto registrado en el periodo 2010-20 pero volvió a descender 3,9% durante el periodo 2018-20 cayendo desde los 4.461,6 TWh en el 2018 a los 4.286,6 TWh en el 2020, siendo este la caída más alta en todo el periodo considerado.

Se espera que la generación eléctrica en el país continúe la tendencia mostrada en la Fig. 51 de altas y bajas durante los próximos años, pero es muy probable que predomine un ligero incremento de la generación eléctrica a partir de un aumento esperado de la demanda pero con una mayor eficiencia energética. No obstante ello, los altos precios de la electricidad reportados desde el 2021 podrían hacer decrecer el consumo de electricidad en los EE.UU durante los próximos años, mediante una combinación de mayor ahorro y eficiencia energética. La mayor generación eléctrica dentro del periodo 2010-20 se registró en el 2018.

La generación eléctrica por las diferentes fuentes de energías existentes en el país durante el 2020 se muestra en la Fig. 52.

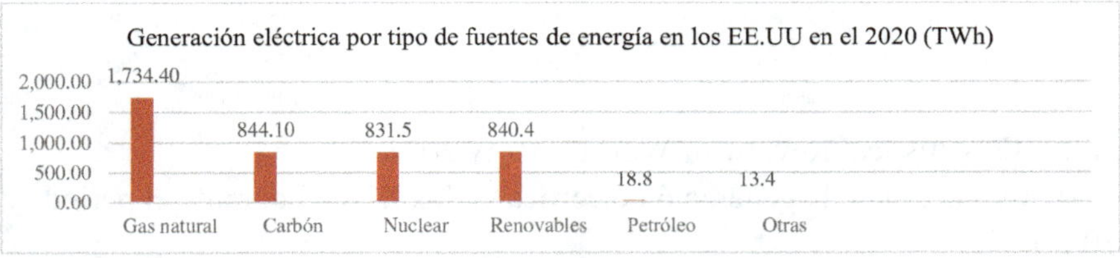

Fuente: BP Statistical Review of World Energy 2021

Fig. 52: Generación eléctrica por las diferentes fuentes de energías existentes en el país durante el 2020

Según el documento titulado "BP Statistical Review of World Energy 2021," en el 2020, la generación de electricidad en los EE.UU fue de 4.286,6 TWh, de los cuales 844,1 TWh (19,7%) fueron producidas por las centrales eléctricas de carbón; 1.734,4 TWh (40,5%) fueron producidas por las centrales que operan con gas natural; 831,5 TWh (19,4%) fueron producidas por las centrales nucleares, y 840,4 TWh (19,6%) fueron producidas por las centrales que utilizan las energías renovables como fuente de energía, incluyendo las centrales hidroeléctricas que generaron 288,7 TWh.

La región occidental de los EE.UU rica en recursos hídricos se vio afectada por un período de sequía extrema y excepcional durante el verano del 2020 que continuó hasta mediados del 2021, frenando la participación de las centrales hidroeléctricas en la generación de electricidad del país en ese periodo. Debido a ello, la producción de energía hidroeléctrica representó el 6,7% de la generación de electricidad total reportada en el 2020 reduciéndose, según el documento titulado "Electricity Market Report July 2021," en aproximadamente 12 TWh (10%) en los primeros cinco meses del 2021, en comparación con el mismo período del 2020. La caída en la generación de electricidad mediante las centrales hidroeléctricas localizadas en el noroeste del país representó más del 40% de la reducción nacional reportada durante ese periodo. En California[35], donde el 7% de la energía hidroeléctrica de los EE.UU fue generada en el 2020, la capa de nieve y las precipitaciones que alimentan los ríos y arroyos esta primavera han disminuido significativamente. Como resultado, los niveles de llenado de los principales embalses se redujeron un 70% de los niveles medios históricos reportados a principios de abril.

A partir de los datos del nivel de sequía que ha venido afectando a este estado en los últimos años, se ha previsto que la producción hidroeléctrica caiga al 30% del promedio histórico reportado durante los últimos 10 años. Esta situación junto a una esperada reducción de la energía hidroeléctrica en la región del noreste del estado podría tener serias implicaciones sobre la

[35] California ha establecido un nuevo récord en el uso de las energías renovables para la generación eléctrica al reportar un 97,6% del total de producción de electricidad a través de las energías renovables, marcando un nuevo hito importante en el camino hacia una red libre de carbono para el 2040. Según el Operador Independiente del Sistema de California (CAISO), el récord anterior fue del 96,4% establecido el 27 de marzo de 2022. Si bien estos máximos históricos son breves, demuestran sólidamente los avances que se están logrando en el uso de las energías renovables en la generación eléctrica del estado. La red CAISO actualmente cuenta con 26.443MW de energía renovable, incluidos 15.148 MW de energía solar y 7.892 MW de energía eólica, y las fuentes restantes provienen de pequeñas centrales hidroeléctricas, geotérmicas y biocombustibles (Roca, 2022 a).
Tanto la energía solar como la eólica han establecido recientemente nuevos récords de generación en California, según CAISO, con la energía solar alcanzando un pico histórico de 13.628 MW justo después del mediodía del 8 de abril, y la energía eólica alcanzando un pico histórico de 6.265 MW a principios de marzo

disponibilidad en el suministro de energía obligando a una restricción más severa en el consumo de electricidad, particularmente cuando la demanda de electricidad alcance su punto máximo debido a las temperaturas más altas en el verano. Una baja producción hidroeléctrica, junto con un aumento de la demanda de electricidad como resultado de una rápida recuperación eléctrica, podría obligar a las autoridades del estado a incrementar la generación de electricidad basada en combustibles fósiles, algo que no ayudaría al país a reducir la contaminación de sus principales ciudades y regiones.

La capacidad de generación eléctrica y producción de electricidad por tipo de fuentes de energía en los EE.UU en el año 2020 se muestra en la Tabla 11.

Tabla 11: Capacidad de generación eléctrica y producción de electricidad por tipo de fuentes de energía en los EE. UU en el 2020 (MW)

Fuente energética	Capacidad instalada (MW)	Producción de electricidad (miles de MWh)
Carbón	250.436	844,1
Petróleo	2.472	18,8
Gas natural	533.742	1.738,4
Energía nuclear	106.330	831,5
Hidroeléctricas	100.799	288,7
Energía eólica[36]	103.775	337.510
Energía solar	41.668	132.631
Energía geotérmica	2.555	16.930
Biomasa	867	56.054

Fuente: American Public Power Association 2020, US Energy Information Administration 2020 y BP Statistical Review of World Energy 2021

Como se puede apreciar en la Tabla 11, la mayor capacidad instalada en fuentes de energías para la generación eléctrica es en centrales de energías que utilizan el gas natural como combustible, seguido por las centrales de energías que operan con carbón, las centrales de energías renovables incluyendo las hidroeléctricas, y las centrales nucleares. En otras palabras, la mayor capacidad instalada en el país para la generación eléctrica descansa en centrales de energía que operan utilizando combustibles fósiles,

[36] EE.UU es el segundo mercado en capacidad de parques eólicos en operación con más de 117,7 GW instalados en el 2020 (Estadísticas Energía Renovable 2021) solo superado por China con casi 282 GW.

particularmente carbón y gas natural. La capacidad instalada en centrales de energías renovables en los EE.UU, en 2020, fue de 291.680 MW.

La estructura de la participación de las diferentes fuentes de energías utilizadas en la generación de electricidad en los EE.UU en el 2020 se muestra en la Fig. 53.

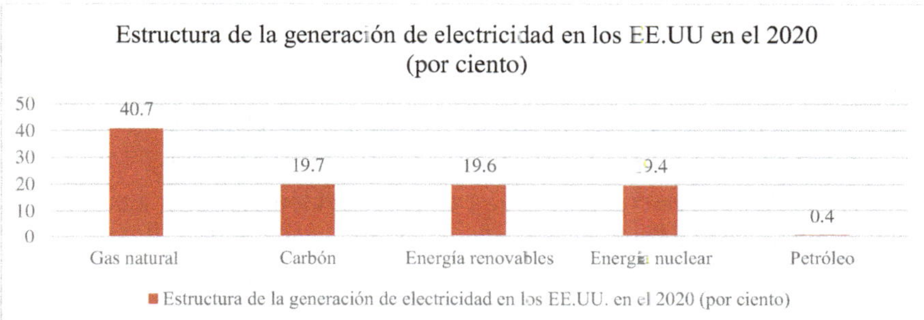

Fuente: BP Statistical Review of World Energy 2021

Fig. 53: Estructura de la generación de electricidad en los EE. UU por tipo de fuentes de energía en el 2020

Tal y como se muestra en la Fig. 53, la principal fuente de energía para la generación eléctrica en los EE.UU, en el 2020, fue la de los combustibles fósiles, fundamentalmente gas natural y carbón, con el 60,4% del total, seguida por las energías renovables con el 19,6% del total y la energía nuclear con el 19,4%. Se espera que la participación del carbón en la generación de electricidad en el país continúe disminuyendo durante los próximos años, debido al cierre de centrales eléctricas de carbón obsoletas e ineficientes que operan con este tipo de combustible con una capacidad prevista de al menos 24.000 MW entre los años 2019 y 2021. De acuerdo con fuentes de la Administración de Información Energética de los EEUU (EIA), se espera que la participación del carbón en el mercado de generación eléctrica del país disminuya del 28% en el 2018 a poco menos del 22% en el 2020 (Roca, 2019)[37].

También se espera que la participación de la energía nuclear disminuya por el cierre de algunas centrales nucleares por pérdidas económicas en su

[37] Según el documento titulado "BP Statistical Review of World Energy 2021," el carbón tuvo una participación del 19,7% en el total de la generación eléctrica en el país en el 2020.

operación. La utilización de las energías renovables para la generación eléctrica en los EE.UU, en el 2020, ubica al país en el segundo puesto a nivel mundial solo después de China. Por otro lado, se espera que la participación de las energías renovables crezca de manera significativa en las próximas décadas, como resultado de la construcción de nuevos parques solares y eólicos, así como de nuevas centrales eléctricas que utilizan la biomasa para la generación de electricidad.

Según la base de datos del World Data.info 2021 y el Indexmundi data base 2019, el consumo de electricidad en los EE.UU, en el 2020, fue de 3.902 TWh, ocupando el segundo lugar después de China con 5.920 TWh, y por delante de la India con 1.048 TWh. La participación de cada una de las diferentes fuentes de energía en la producción de energía en los EE.UU, en el 2020, fue la siguiente, según el documento titulado "BP Statistical Review of World Energy 2021":

- **Petróleo**: 18,8 TWh o el 2,5% del total mundial. La producción de crudo en el 2020 en los EE.UU representó el 18,6% del total mundial alcanzando la cifra de 16.476 miles de barriles diarios, disminuyendo en 586 miles de barriles diarios con respecto a lo reportado en el 2019 (3,5%). La producción de crudo en los EE.UU creció sistemáticamente cada año entre el 2010 y el 2015. Entre el 2016 y el 2019, la tendencia se invirtió y la producción de crudo comenzó a crecer desde los 12.361 miles de barriles diarios en el 2016 a los 17.702 miles de barriles diarios en el 2019. La producción de crudo en el 2019 fue la mayor registrada en el periodo 2009-19 (17.072 miles de barriles diarios). La segunda mayor producción de crudo fue la reportada en el 2018 (15.334 miles de barriles diarios) y la tercera en el 2017 (13.154 miles de barriles diarios). En el 2020, el consumo de petróleo fue de 17.178 miles de barriles diarios, el consumo más bajo registrado en el periodo 2009-20[38]. Se espera que esta tendencia se mantenga durante los próximos años. El precio del petróleo del tipo Brent en el 2020 fue de US$41,84, pero en el 2022 alcanzó la cifra de más de US$115 con una clara tendencia al alza. La capacidad de refinación de los EE.UU en el 2020 ascendió a 18.143 miles de barriles diarios o el 17,8% del total mundial,

[38] El mayor consumo de petróleo en el periodo bajo consideración se alcanzó en el 2019 con 19.475 miles de barriles diarios.

cantidad que es 831 miles de barriles diarios inferior a la reportada en el 2019;

- **Gas natural**: 1.738,4 TWh o el 27,7% del total mundial. La producción del gas natural, en 2020, fue la segunda cantidad más elevada registrada desde el 2009 (914,6 billones de metros cúbicos) representando un decrecimiento del 1,7% con respecto al reportado en el 2019, que es la cifra más alta registrada en el periodo 2009-2020. La producción de gas natural en los EE.UU en el 2020 continúo siendo la mayor registrada en el mundo, seguida por Rusia con 638,5 billones de metros cúbicos. Las técnicas más eficientes y rentables de la perforación y de la extracción de gas natural han dado lugar a la producción creciente de este tipo de combustible fósil en forma de gas esquisto en los EE.UU. El aumento de la producción de gas ha contribuido a aumentar el consumo de gas natural para la generación eléctrica y en los sectores industriales dentro del país[39]. El consumo de gas natural en los EE.UU en el 2020 fue de 832 billones de metros cúbicos, la mayor cantidad reportada a nivel mundial, seguido por Rusia con 411,4 billones de metros cúbicos y la segunda mayor registrada dentro de los EE.UU;
- **Carbón**: 844.1 TWh, o el 8,9% del total mundial. La producción de carbón en los EE.UU alcanzó un máximo en el 2011 (22,27 Exajoules) disminuyendo posteriormente hasta llegar en el 2020, al año con la menor producción de carbón registrada en el periodo 2009-20 (10,71 Exajoule). La principal razón de la disminución de la producción de carbón en el país en los últimos años se debe a un menor consumo de este tipo de fuente energética para la generación de electricidad debido a la alta contaminación que su uso produce y a las medidas adoptadas por la administración de los EE.UU para reducir su utilización en la generación eléctrica. El consumo de carbón para la generación eléctrica en el 2020 fue de 9,20 Exajoule la más baja del periodo 2009-20. Según el documento titulado "Electricity Market Report July 2021," en los EE.UU, el número de centrales eléctricas de carbón continúa

[39] Los líquidos de las centrales de gas natural (NGPL) son líquidos de gas de hidrocarburos que se extraen del gas natural antes de que este sea puesto en tuberías para su transmisión a los consumidores. La producción de NGPL ha aumentado junto con los aumentos en la producción de gas natural alcanzando una cifra récord en el 2017 (Energía en Estados Unidos, México y Canadá, 2018).

disminuyendo. Después del retiro de 14 GW en el 2019 y 8,8 GW en el 2020, unos 4,4 GW están previstos para retirarse en el 2021 y 8,8 GW en el 2022. En el 2020, una nueva central eléctrica de carbón entró en operación en Alaska, pero con una capacidad de sólo 17 MW. A pesar de las difíciles circunstancias que actualmente existen alrededor del uso del carbón para la generación eléctrica, la investigación y el desarrollo de la generación de energía a base de carbón continúa su ritmo dentro del país;

- **Energías renovables**: 840,4 TWh o el 11,3% del total mundial. A pesar del aumento en el uso de las energías renovables para la generación de electricidad en los EE.UU, la producción de las centrales de energía hidroeléctrica en ese año fue cerca del 2% menor que el promedio registrado en el país durante los últimos 50 años. Sin lugar a duda, los incrementos en la producción de energía eólica y solar ayudaron a aumentar la producción energética global y en los EE.UU a partir de las fuentes de energías renovables[40];
- **Energía nuclear**: 831,5 TWh o 30,8% del total mundial ocupando el primer lugar por la cantidad de electricidad generada utilizando este tipo de fuente energética. A pesar de que EE.UU dispone del mayor número de reactores nucleares de potencia en operación en el mundo (93 unidades), en el 2021 había solamente dos reactores nucleares de potencia en construcción. Según la política energética de las últimas administraciones es de esperar una disminución de la participación de la energía nuclear en la matriz energética del país durante los próximos años.

La energía nuclear en la generación eléctrica en los Estados Unidos

La energía nuclear en los EE.UU es una componente importante en la matriz energética del país, a pesar de que este tipo de fuente energética no ha estado dentro de las prioridades de las últimas administraciones. Según datos

---

[40] La energía eólica generó, en el 2017, alrededor del 6% del total de la generación de electricidad de los Estados Unidos y alrededor del 21% de la generación de energía renovable. La energía solar, tanto fotovoltaica como la térmica, proporcionó cerca de 1,7% de la electricidad total de los EE.UU en el 2017 (Energía en los Estados Unidos, México y Canadá, 2018). En el 2020, según el documento titulado "Estadísticas de Energía Renovable 2021," la energía eólica en los EE.UU produjo 298.200 GWh y la energía solar 97.478 GWh.

del PRIS-OIEA de diciembre del 2021, EE.UU es el país con la mayor cantidad de reactores nucleares de potencia en operación a nivel mundial con un total de 93 unidades, o el 21% del total mundial (439 unidades), las cuales generaron, en el 2020, un total de 831,5 TWh, lo que representó el 19,4% del total de la generación eléctrica del país (4.286,6 TWh) (BP Statistical Review of World Energy 2021, 2021). La capacidad nuclear instalada en el país, en el 2021, ascendió a 95.523 MW, lo que representa el 24,5% del total mundial. EE.UU tiene en estos momentos dos unidades en construcción y un total de 40 unidades cerradas permanentemente.

Los reactores nucleares de potencia en operación y construcción en los EE.UU se muestran en las Tablas 12 y 13.

Tabla 12: Reactores nucleares de potencia en operación en los EE.UU en diciembre del 2021

Nombre	**Tipo**	**Localización**	**Unidad de potencia de referencia [MW]**	**Capacidad eléctrica bruta [MW]**	**Primera conexión a la red**
ANO-1	PWR	Pope	836	903	1974-08-17
ANO-2	PWR	Pope	988	1.065	1978-12-26
BEAVER VALLEY-1	PWR	Shippingport	908	959	1976-06-14
BEAVER VALLEY-2	PWR	Shippingport	905	958	1987-08-17
BRAIDWOOD-1	PWR	Braidwood	1.194	1.270	1987-07-12
BRAIDWOOD-2	PWR	Braidwood	1.160	1.230	1988-05-25
BROWNS FERRY-1	BWR	Decatur	1.200	1.256	1973-10-15
BROWNS FERRY-2	BWR	Decatur	1.200	1.259	1974-08-28
BROWNS FERRY-3	BWR	Decatur	1.210	1.260	1976-09-12
BRUNSWICK-1	BWR	Southport	938	990	1976-12-04
BRUNSWICK-2	BWR	Southport	932	960	1975-04-29
BYRON-1	PWR	Byron	1164	1.242	1985-03-01
BYRON-2	PWR	Byron	1.136	1.210	1987-02-06
CALLAWAY-1	PWR	Fulton	1.215	1.275	1984-10-24
CALVERT CLIFFS-1	PWR	Lusby	877	918	1975-01-03
CALVERT CLIFFS-2	PWR	Lusby	855	911	1976-12-07
CATAWBA-1	PWR	York County	1.160	1.188	1985-01-22
CATAWBA-2	PWR	York County	1.150	1.188	1986-05-18
CLINTON-1	BWR	Hart Township	1.062	1.098	1987-04-24
COLUMBIA	BWR	Benton	1.131	1.190	1984-05-27
COMANCHE PEAK-1	PWR	Glen Rose	1.205	1.259	1990-04-24
COMANCHE PEAK-2	PWR	Glen Rose	1.195	1.250	1993-04-09
COOK-1	PWR	Bridgman	1.030	1.131	1975-02-10
COOK-2	PWR	Bridgman	1.168	1.231	1978-03-22
COOPER	BWR	Brownville	769	801	1974-05-10
DAVIS BESSE-1	PWR	Ottawa	894	925	1977-08-28
DIABLO CANYON-1	PWR	Avila Beach	1.138	1.197	1984-11-11
DIABLO CANYON-2	PWR	Avila Beach	1.118	1.197	1985-10-20
DRESDEN-2	BWR	Morris	894	950	1970-04-13

DRESDEN-3	BWR	Morris	879	935	1971-07-22
FARLEY-1	PWR	Dothan	874	918	1977-08-18
FARLEY-2	PWR	Dothan	883	928	1981-05-25
FERMI-2	BWR	Lagoona Beach	1.115	1.198	1986-09-21
FITZPATRICK	BWR	Oswego	813	849	1975-02-01
GINNA	PWR	Ontario	560	608	1969-12-02
GRAND GULF-1	BWR	Port Gibson	1.401	1.500	1984-10-20
HARRIS-1	PWR	New Hill	964	980	1987-01-19
HATCH-1	BWR	Baxley	876	911	1974-11-11
HATCH-2	BWR	Baxley	883	921	1978-09-22
HOPE CREEK-1	BWR	Salem	1.172	1.240	1986-08-01
LASALLE-1	BWR	Marseilles	1.137	1.207	1982-09-04
LASALLE-2	BWR	Marseilles	1.140	1.207	1984-04-20
LIMERICK-1	BWR	Limerick	1.134	1.194	1985-04-13
LIMERICK-2	BWR	Limerick	1.134	1.194	1989-09-01
MCGUIRE-1	PWR	Cornelius	1.158	1.215	1981-09-12
MCGUIRE-2	PWR	Cornelius	1.158	1.215	1983-05-23
MILLSTONE-2	PWR	Waterford	869	918	1975-11-09
MILLSTONE-3	PWR	Waterford	1.210	1.280	1986-02-12
MONTICELLO	BWR	Monticello	628	691	1971-03-05
NINE MILE POINT-1	BWR	Scriba	613	642	1969-11-09
NINE MILE POINT-2	BWR	Scriba	1.277	1.320	1987-08-08
NORTH ANNA-1	PWR	Mineral	948	990	1978-04-17
NORTH ANNA-2	PWR	Mineral	944	1.011	1980-08-25
OCONEE-1	PWR	Oconee	847	891	1973-05-06
OCONEE-2	PWR	Oconee	848	891	1973-12-05
OCONEE-3	PWR	Oconee	859	900	1974-09-18
PALISADES	PWR	South Haven	805	850	1971-12-31
PALO VERDE-1	PWR	Wintersburg	1.311	1.414	1985-06-10
PALO VERDE-2	PWR	Wintersburg	1.314	1.414	1986-05-20
PALO VERDE-3	PWR	Wintersburg	1.312	1.414	1987-11-28
PEACH BOTTOM-2	BWR	York County	1.300	1.412	1974-02-18
PEACH BOTTOM-3	BWR	York County	1.331	1.412	1974-09-01
PERRY-1	BWR	Perry	1.240	1.303	1986-12-19
POINT BEACH-1	PWR	Two Creeks	591	640	1970-11-06
POINT BEACH-2	PWR	Two Creeks	591	640	1972-08-02
PRAIRIE ISLAND-1	PWR	Red Wing	522	566	1973-12-04
PRAIRIE ISLAND-2	PWR	Red Wing	519	560	1974-12-21

Fuente: PRIS-OIEA diciembre 2021

Tabla 13: Reactores nucleares de potencia en construcción en los EE.UU en diciembre del 2021

VOGTLE-3	PWR	Waynesboro	1.117	1.250
VOGTLE-4	PWR	Waynesboro	1.117	1.250

Fuente: PRIS-OIEA diciembre 2021

En el documento titulado "The Nuclear Industry's Contribution to the U.S. Economy" (Berkman et al., 2015), se resalta que las centrales nucleares contribuyen anualmente con alrededor de US$60 mil millones al producto interno bruto de los EE.UU, y más de US$100 mil millones en producción bruta. Si se excluye la energía nuclear de la matriz energética de los EE.UU, entonces el uso de combustibles fósiles para la generación de electricidad aumentaría (6% en el caso del carbón y 13% en el caso del gas natural), junto con un aumento del 23% en las emisiones de gases de efecto invernadero y un aumento promedio del precio de la electricidad de alrededor del 6%. Además, el mencionado documento analiza otros beneficios económicos y sociales de la energía nuclear, especialmente en comparación con el carbón y el gas natural. Estos beneficios son los siguientes:

- El uso de la energía nuclear para la generación de electricidad evitaría la emisión de 573 millones de toneladas de gases de efecto invernadero cada año por un valor de US$25 mil millones;
- El uso de la energía nuclear para la generación de electricidad proporciona unos 475,000 empleos a tiempo completo;
- En los países que tienen la energía nuclear dentro de su matriz energética, el uso de este tipo de fuente de energía ayuda a mantener los precios minoristas de la electricidad alrededor de un 6% más bajos en comparación con los paises que no utilizan la energía nuclear con ese fin;
- Anualmente, el uso de la energía nuclear para la generación de electricidad proporciona US$10 mil millones en ingresos federales y US$2,2 mil millones en ingresos por impuestos estatales;
- La energía nuclear proporciona más de dos tercios de la energía baja en carbono y ha impedido que los EE.UU lance a la atmosfera alrededor de 20 mil millones de toneladas más de CO_2 en los últimos 40 años (Berkman et al., 2015). Dado que las centrales nucleares generaron en los EE.UU el 19,4% de la electricidad total en el 2020, incluso un aumento modesto en la demanda de electricidad requeriría agregar una capacidad adicional de 13,2 GW para el 2025, además de las dos centrales nucleares actualmente en construcción, con el fin de mantener el nivel de esta participación en la matriz energética nacional. Si las centrales nucleares actualmente en operación se retiran después de 60 años de servicio, se necesitarían un total de 22 GW de nueva capacidad nuclear para el 2030 y de 55 GW para el 2035, si el país decide mantener el papel actual de la energía nuclear en la matriz energética del país (Berkman et al., 2015).

Mirando hacia el futuro

Los productos derivados del petróleo han seguido siendo las principales fuentes de energía primaria consumidas en los EE.UU desde la década de los 1950. En las últimas décadas se ha llevado a cabo una importante disminución del uso del petróleo en la generación eléctrica en el país, y, en el 2019, la mayor parte del petróleo se consumía en el sector del transporte (70%), y solo un 1% se utilizó para la generación eléctrica. En el 2020, el petróleo solo generó el 0,4% del total de la electricidad generada en los EE.UU utilizando este tipo de fuente energética.

El gas natural es la segunda mayor fuente de energía consumida en los EE.UU y la fuente energética más utilizada para la generación eléctrica. El consumo de gas natural ha aumentado sustancialmente desde mediados de la década del 2000, principalmente como resultado del aumento del uso de este tipo de combustible en la generación de electricidad del país. En 1950, el sector industrial consumió la mayor cantidad de gas natural (59%) en los EE.UU, mientras que el sector de energía eléctrica consumió solo el 11%. En 2018, el sector de energía eléctrica de EE.UU consumió más gas natural (35%) que el sector industrial (34%) (López Redondo, 2019).

El consumo de carbón disminuyó por séptimo año consecutivo en el 2020, alcanzando el nivel más bajo desde 1975 y aproximadamente la mitad de su pico registrado en el 2005. "En 1950, casi la mitad del consumo de carbón de los EE.UU estaba en el sector industrial (47%), y el sector del transporte también consumía una parte significativa de esta tipo de fuente energética (13%). Sin embargo, desde la década de 1960, casi todo el carbón estadounidense se ha utilizado para generar electricidad. En el 2018, el sector de la energía eléctrica representó el 91% del consumo de carbón de los EE.UU" (López Redondo, 2019).

Resumiendo podemos afirmar en el caso de los combustibles fósiles lo siguiente. Según el documento titulado "Electricity Market Report July 2021," en los EE.UU, los precios de la gasolina aumentaron recientemente. En la primera mitad del 2021, los futuros del precio del gas lo cotizaron un 78% más que en el 2020 alcanzando los US$3 por MBtu, su nivel más alto para este período del año desde el 2014. Los precios del gas natural aumentaron en un nivel superior al promedio del 2020 en el primer trimestre del 2021, debido a un clima más frio que el habitual combinado con una menor producción de gas natural (-2% interanual) y a un fuerte incremento de las exportaciones del gas natural licuado (+38% interanual) durante ese periodo. Por el contrario, los precios del carbón en los Estados Unidos cambiaron poco. Los precios del carbón aumentaron un 5% interanual en el primer semestre del 2021. Sin lugar a duda, la mejora de la competitividad del carbón dio lugar a un fuerte repunte de la generación de electricidad mediante un mayor uso de las centrales eléctricas de carbón, con un aumento del 34% interanual en el primer semestre del 2021, generando alrededor de 110 TWh, principalmente a expensas de una reducción en la generación de energía mediante el uso de las centrales de gas, que cayó un 9% dejando de generar alrededor de 60 TWh.

Sin lugar a duda, los EE.UU tiene la tecnología, el talento y las condiciones ambientales que se requieren para el despliegue de la energía solar a gran escala para satisfacer la demanda cada vez mayor de energía. Las energías renovables proporcionaron el 19,6% de la generación de electricidad en los EE.UU en el 2020. La generación eléctrica mediante las diferentes fuentes de energías renovables proporcionó un récord de 840,4 TWh de electricidad en el 2020.

Casi el 90% del aumento en la electricidad generada mediante el uso de las energías renovables en los EE.UU entre el 2008 y el 2018 provino de la energía eólica y de la energía solar. Solo la generación hidroeléctrica convencional superó la generación eólica dentro del conjunto de las energías renovables (Reve, 2019).

Entre las fuentes de energías renovables en los EE.UU, ha sido la energía solar la que ha tenido el mayor repunte, siendo el 2013 el primer año con el incremento más alto de la generación eléctrica mediante este tipo de fuente energética en el país. A lo largo del año 2020 se instalaron 14.746 MW de energía solar fotovoltaica adicionales, el mayor incremento reportado durante los últimos años. Las adiciones de nuevas capacidades han impulsado el aumento en la generación de energía solar y eólica de los EE.UU. A fines de 2020, un total de 117.744 MW de capacidad de generación de energía eólica estaban conectadas a la red eléctrica nacional, frente a los 45.676 MW en el 2010, un aumento de 2,6 veces. Casi toda la capacidad adicional estaba en tierra. Según el documento titulado "Global Offshore Wind Report 2021," los EE. UU tenía solo 42 MW de parques eólicos marinos en operación a finales del 2020, pero el nivel de desarrollo de este tipo de fuente energética se espera que sea significativamente más alto en el futuro. Aunque el proceso de permisos, especialmente la aprobación final de la Oficina de Administración de Energía Oceánica (BOEM) de los proyectos de parques eólicos marinos durante la Administración Trump desaceleró la construcción de nuevos parques de este tipo, el 2021 se espera sea un año sin precedentes para el desarrollo de este tipo de fuente energética en el país. Las razones son las siguientes:

- Primero, la Administración Biden anunció un ambicioso plan para alcanzar la construcción de nuevos parques eólicos marinos con una capacidad total de 30 GW para el 2030;
- Segundo, el proyecto Vineyard Wind de 800 MW recibió ya la aprobación federal de BOEM, lo que realmente representa el comienzo del desarrollo acelerado de la industria eólica marina de los EE.UU;
- Tercero, DOE y BOEM planean promover la construcción de nuevos parques eólicos marinos para el 2025, lo que representaría más de 19 GW de nuevas capacidades de energía eólica marina en los EE.UU;
- Cuarto, nuevos proyectos han sido anunciados en Carolina del Norte, en Massachusetts y en Virginia, incrementando el total de los objetivos de desarrollo eólico marino a nivel estatal hasta los 38,5 GW. Según análisis de mercado de la GWEC se espera un total de 28,4 GW de nuevas capacidades de energía eólica marina que podrían construirse en los EE.UU al final de esta década, lo que representaría un 25% más de lo que se pronosticó para el mercado de dicho país hace un año.

Sin lugar a duda, la administración Biden ha elevado la atención estratégica del gobierno al desarrollo de parques eólicos marinos en el país con la propuesta de alcanzar 30 GW de nuevas capacidades para el 2030. Al igual que en China, ha sido un proceso de aprendizaje para el gobierno y otros organismos en los EE.UU con el fin de mejorar la coordinación interinstitucional, agilizar los procedimientos de consideración y aprobación de nuevas propuestas, además de aumentar los recursos humanos requeridos para la revisión técnica y ambiental de los proyectos propuestos. En los últimos años, se ha venido planteando que los permisos han sido identificados como un obstáculo importante para los desarrolladores para cumplir con los plazos de construcción y beneficiarse de los impuestos y esquemas de crédito. El proyecto eólico marino Virginia de 12 MW instalado en el 2020 tuvo que esperar ocho años para asegurar el cumplimiento de leyes ambientales, federales, y planes de manejo costero. Según el documento titulado "GWEC Market Intelligent Report 2021," un total de 28,4 GW de energía eólica marina podría construirse en los EE. UU. Para el 2030 se espera contar con hasta 15 GW de capacidad eólica marina con fondo fijo a través de solicitudes a nivel estatal y otras 9,2 GW para el 2028 en Rhode Island, Nueva Jersey, Massachusetts, Connecticut, y Maryland.

Para cumplir el objetivo de aumentar las capacidades eólicas marinas en los próximos años, BOEM ha establecido grupos de trabajo para ayudar durante todo el proceso. También hay nuevas fechas límites para analizar los permisos que se presenten. Estos pasos, mejoras, y compromisos entre las autoridades y las partes interesadas han convertido a los EE.UU en un buen ejemplo de una administración orientada a la acción para resolver los obstáculos relacionados con la revisión y aprobación de permisos para fomentar el crecimiento de la energía eólica marina.

La capacidad solar aumentó a 75.572 MW en el 2020, desde los 5.644 MW en el 2011. La capacidad existente incluye 1.758 MW de capacidad solar térmica, y 73.814 MW de energía solar fotovoltaica.

La energía solar fue, por primera vez en el 2018, la primera fuente de energías renovables en los EE.UU en cuanto a nuevas capacidades de generación eléctrica se refiere. La generación de energía solar de los EE.UU aumentó 48 veces hasta llegar a más de 97 millones de MWh en el 2019, desde los 6,8 millones MWh alcanzados en el 2011. La generación de energía solar a escala de servicio público representó el 69%, o 67 millones de MWh de generación solar total en el 2018.

La capacidad hidroeléctrica convencional en los EE.UU aumentó un 1%, entre 2011 y el 2020, pasando de los 100.943 MW en el 2011 a los 102.938 MW en el 2020. Durante ese periodo, la generación hidroeléctrica osciló entre los 344.561 GWh reportados en el 2011 y los 310.571 GWh en el 2019 (IRENA Renewable Energy Statistics 2021, 2021). La generación eléctrica a partir de otros recursos renovables, como la biomasa y la energía geotérmica, aumentó de 70 millones de MWh a 79 millones de MWh entre los años 2008 y 2018, representando el 1,9% de la generación eléctrica total en el 2018 (Reve, 2019).

A pesar de lo dicho anteriormente respecto al desarrollo alcanzado por las energías renovables en los EE.UU, el apoyo político a este tipo de fuente de energía ha sido irregular, y no contó con el apoyo de la pasada administración Trump, el cual retiró a Estados Unidos del Acuerdo de París sobre cambio climático, posición que ha sido rectificada por la nueva de la administración de Biden. Sin lugar a duda, el futuro de las energías renovables en los EE.UU es aún incierto, a pesar de que el consumo de este tipo de fuente energética se ha triplicado desde 1950, y siendo el propio sector de la energía eléctrica de los EE.UU, el que ha consumido hasta un 56% de la energía renovable generada. Lo alentador es que algunos estados han fijado grandes metas en relación con la energía renovable en general, y a la energía solar en particular, con el fin de reducir la alta contaminación que produce el uso de los combustibles fósiles para la generación eléctrica y la disminución de los costos de generación eléctrica mediante el uso de los parques solares y eólicos que se han registrado en los últimos años.

En el caso de los EE.UU, y con datos actualizados hasta el 31 de octubre del 2021, la Comisión Federal de Regulación de la Energía ha confirmado que las instalaciones de energías renovables añadieron 18.255 MW de nueva capacidad de generación durante los diez primeros meses del 2021, o una media de 1.826 MW al mes. Por su parte, en el documento titulado "Short-Term Energy Outlook 2022" de la EIA de los EE.UU, se prevé que la capacidad de generación de electricidad a partir de fuentes de energía renovable continúe creciendo en el 2022 y el 2023. El pronóstico incluye el crecimiento de la capacidad tanto eólica como solar, pero esta última debe crecer a un ritmo más rápido. Las condiciones de sequía extrema en el oeste pueden moderarse un poco el próximo año y, por esta razón, se prevé que la participación de la generación hidroeléctrica en los EE.UU aumente del 6% en el 2021 al 7 % en el 2022 y 2023.

Según el pronóstico de la EIA, la energía solar distribuida a pequeña escala (menos de 1 MW) crecerá en unos 5.100 MW en el 2021, es decir, una media de unos 425 MW al mes. En resumen se puede afirmar que las energías renovables a escala de los servicios públicos más la energía solar distribuida están añadiendo, de media, más de 2.250 MW de nueva capacidad cada mes en los EE.UU.

Según Mosquera (2022), la energía solar y la eólica dominaron las nuevas incorporaciones de capacidad de generación eléctrica en EE.UU durante los diez primeros meses de 2021, añadiendo 9.604 MW y 8.580 MW, respectivamente a las capacidades ya instaladas anteriormente. Si a ello se añade la nueva energía hidroeléctrica (28 MW), la geotérmica (25 MW) y la biomasa (18 MW), las energías renovables proporcionaron el 83,6% de toda la nueva capacidad de generación hasta finales de octubre del 2021. Esta nueva capacidad en energías renovables supera en más de cinco veces a la del gas natural (3.549 MW) y mucho más todavía a la añadida en petróleo y carbón, que en 2021 sólo aumentó en 19 MW y 11 MW, respectivamente. Las energías renovables suponen, en el 2021, más del 25,47% de la capacidad total de generación instalada en EE.UU, una cuota significativamente mayor que la del carbón (18,77%) y más de tres veces la de la energía nuclear (8,32%). Hasta el 2020, la participación de las energías renovables en la matriz energéticas del país era del 23,31%. Hace cinco años, era del 18,58% y una década antes, del 14,12%. Este crecimiento de la participación de las energías renovables en la matriz energética de los EE.UU se debe, casi por completo, a que la energía eólica instalada se ha triplicado y la energía solar se ha multiplicado nada menos que 35 veces. La energía eólica representa ahora más del 10,54% de la capacidad de generación del país frente al 3,80% en octubre del 2011, mientras que la energía solar ha llegado hasta el 5,21%, frente al 0,15% en octubre del 2011, y sin incluir la energía solar distribuida a pequeña escala.

De acuerdo a la última edición del documento titulado "Electric Power Monthly" de la EIA (con datos hasta el 31 de octubre 2021), durante los diez primeros meses de 2021 la generación solar y eólica a escala de servicios públicos aumentó un 27,9% y un 11,1%, respectivamente, en comparación con el mismo periodo de 2020. La eólica representa ahora el 8,64% de la producción eléctrica de EE.UU, mientras que la solar -incluida la de pequeña escala- aporta el 4,08%.

Si las proyecciones de crecimiento de las energías renovables en la matriz energética futura de los EE.UU se materializan, las fuentes de energía renovable supondrán más del 30% de la capacidad total de generación instalada disponible en país al término del 2024, con la energía solar y la eólica representando el 9% y el 11,81% respectivamente, o más del 20% en conjunto (Mosquera, 2022).

Actualmente, los EE.UU alberga muchas de las instalaciones solares más grandes del mundo, así como instalaciones domésticas muy avanzadas. Además, EE.UU está consiguiendo bajar los precios cada año para la electricidad generada por las plantas de energías renovables y eso abarata los costos de producción de la electricidad generada mediante el uso de este tipo de fuente energética en comparación con las fuentes de energías convencionales.

El uso de la energía nuclear para la generación eléctrica en el país, según el documento titulado "Electricity Market Report July 2021," enfrenta un gran problema ya que muchas centrales nucleares en los EE.UU tiene más de 40 años de operación y muy pocas han sido modernizadas. El país tiene un grupo alto de centrales nucleares con una edad promedio de 41 años y menos del 2% de las mismas han sido aprobadas en los últimos 20 años. Para avanzar en la construcción y concesión de licencias de nuevos reactores nucleares de potencia, fue aprobada en el 2019 la ley sobre Innovación y Modernización en Energía Nuclear.

Las unidades 3 y 4 de la central nuclear de Vogtle (1,1 GW de capacidad para cada unidad), cuya construcción se inició en 2013, son los únicos dos reactores nucleares de potencia que se espera entren en operación en el 2022, después de la entrada en operación de la central nuclear de Watts Bar (1,3 GW de capacidad) en el 2016. La capacidad total de los últimos cierres de centrales nucleares fueron de 1,7 GW en el 2019, 2 GW en el 2020, 1 GW en el 2021 (Indian Point 3), además de más de 4,5 GW que se espera cierren durante el resto del 2021 (las centrales nucleares de Exelon en Dresde y Byron, dos unidades cada una). Para el 2022, se espera el cierre de la central nuclear de 0,8 GW de Palisades. Debido al cierre de varias unidades en los últimos años y a otras unidades que se espera cierren a partir del 2023, puede afirmarse que el futuro del uso de la energía nuclear para la generación eléctrica en los EE.UU es aún muy incierto. Esta situación pudiera cambiar en el futuro con la entrada al mercado de los reactores nucleares de potencia de la cuarta generación, los SMRs y los micro reactores, estos últimos con amplias posibilidades de uso en el sector militar.

Federación Rusa (Rusia)

La política energética de Rusia se encuentra detallada en el documento titulado "Estrategia Energética de Rusia para el Periodo Hasta el 2020," aprobado por el gobierno de dicho país al principio del actual milenio. En el 2000, el gobierno ruso aprobó las disposiciones básicas de dicha estrategia que confirmó en el 2003. El documento esboza varias prioridades entre las cuales se encuentran las siguientes:

- Aumento de la eficiencia energética;
- Reducción del impacto sobre el medio ambiente;
- Desarrollo sostenible;
- Desarrollo energético y tecnológico;
- Mejoras de la eficacia y la competitividad del sector energético.

Los combustibles fósiles en la generación eléctrica en Rusia

Sin lugar a duda, los combustibles fósiles son la fuente energética que más se utiliza para la generación eléctrica en el país y se espera que esta situación no cambie durante los próximos años.

El petróleo en la generación eléctrica en Rusia

Rusia es un importante productor de petróleo a nivel mundial. Según el documento titulado "BP Statistical Review of World Energy 2021," Rusia produjo en el 2020 un total de 10.667 miles de barriles por día, siendo el tercer productor mundial de este tipo de fuente de energía, por detrás de los EE.UU con 16.476 miles barriles por día y de Arabia Saudita con 11.039 miles barriles por día.

Las reservas rusas de petróleo, en el 2020, ascendieron a 107,8 miles de millones de barriles (o el 6,2% del total mundial), siendo la sexta reserva mundial por detrás de Venezuela con 303,8 miles de millones de barriles o el 17,5% del total mundial, Arabia Saudita con 297,5 miles de millones de barriles o el 17,2% del total mundial, Canadá con 168,1 miles de millones de barriles o el 9,7% del total mundial, Irán con 157,8 miles de millones de barriles o el 9,1% del total mundial, e Iraq con 145 miles de millones de barriles o el 8,4% del total mundial. El consumo de petróleo en Rusia, en el 2020, ascendió a 3.238 miles de barriles diarios lo que representó el 30,4% del total producido en el país, dejando una cantidad considerable para su exportación. La capacidad de refinación de petróleo en Rusia en el 2020 ascendió a 6.736 miles de barriles diarios lo que representó el 6,6% del total mundial, superado solo por los EE.UU con 18.143 miles de barriles diarios o el 17,8% del total mundial, y por China con 16.691 miles de barriles diarios o el 16,4% del total mundial (BP Statistical Review of World Energy 2021, 2021).

Rusia es el segundo exportador mundial de petróleo crudo y otros productos derivados del petróleo en el 2020 con 7.433 miles de barriles por día, después de los EE.UU con 8.117 miles de barriles diarios, y el principal exportador de gas natural a través de gasoductos con 197,7 billones de metros cúbicos[41], siendo estas dos fuentes de energías los principales productos de exportación del país, "aunque en la última década el gobierno ha tratado de reducir la dependencia de estos productos" (Yegórov, 2017). Las ventas de estos dos tipos de combustibles fósiles representaron el 68% de los ingresos totales de exportación de Rusia en el 2013, según datos del Servicio Federal de Aduanas de Rusia, cayendo al 62% del total de las exportaciones del país en el 2016, según datos del Centro de Exportaciones de Rusia y al 60% en el 2019, según Investopedia. Las ventas de petróleo, gas natural y sus derivados ascendieron al 30% del PIB, lo que refleja la intención del gobierno de Rusia de reducir su dependencia de los ingresos por la venta de petróleo y gas natural y rebajar el consumo de petróleo dentro del país. En el 2019, las ventas de petróleo crudo por parte de Rusia ascendieron a US$121,4 billones, solo superado por Arabia Saudita con US$133,6 billones.

La actual dependencia de Rusia de estos dos productos de exportación crea dificultades al país, por lo que el gobierno viene tomando medidas para reducir esa dependencia. En primer lugar, el país es vulnerable a las fluctuaciones del precio de los hidrocarburos. Según un informe del Centro de Exportaciones de Rusia, "los hidrocarburos desempeñan un papel destacado en las ventas. Los carburantes y los productos energéticos, tipo gas, petróleo y sus derivados suponen el 62% del total de las exportaciones. En 2016, Rusia recibió 176.000 millones por la venta de hidrocarburos y el total de los beneficios fue de 285.000 millones" (Yegórov, 2017). Según datos del mencionado centro, "en el 2016 los precios cayeron un 17% (US$58.000

[41] La producción de gas natural por Rusia alcanzó, en 2020, los 638,5 billones de metros cúbicos (16,6% del total mundial, solo por detrás de los EE.UU con 914,6 billones de metros cúbicos (23,7% del total mundial). Las reservas de gas natural de Rusia ascendieron, en el 2020, a 37,4 trillones de metros cúbicos (19,9% del total mundial), siendo estas las mayores reservas mundiales de este tipo de fuente energética, seguidas de las de Irán con 32,1 trillones de metros cúbicos, y Qatar con 24,7 trillones de metros cúbicos (BP Statistical Review of World Energy 2021, 2021).

millones) respecto a 2015, sobre todo debido a la fuerte caída del precio del petróleo que se produjo a principios de año" (Yegórov, 2017). Aunque el precio del petróleo se ha recuperado en el 2019 llevando a alcanzar un precio de US$64,21 el barril (Brent), éste sigue siendo bajo con respecto al alcanzado en años anteriores[42]. Debido a ello, Rusia, México y otros países exportadores fuera de la OPEC han decidido bajar la producción de petróleo para lograr un precio razonable de este producto en el 2021. En noviembre de ese año el precio del petróleo subió a los US$78,91 un 23%, más alto en el reportado en el 2019. En marzo del 2022, ya el precio del barril había superado los US$115 y seguía subiendo.

Por otro lado, debido al aumento en el uso de las energías renovables para la generación eléctrica a nivel mundial y a las medidas adoptadas por muchos países para reducir el uso del petróleo en la generación eléctrica y en el sector del transporte, se espera que se produzca una reducción de la demanda de este tipo de combustible en los próximos años a nivel mundial. Esta posible tendencia deberá ser tenida en cuenta por parte de los principales exportadores de petróleo a la hora de definir las prioridades de exportación de sus productos y del papel que jugaría la exportación de petróleo dentro de ellas. Aunque, en el 2016, el presidente ruso Vladímir Putin señaló que todavía es prematuro esperar el final de la era de los hidrocarburos, el gobierno admite que la dependencia del petróleo y del gas natural es perjudicial para el país, aunque los expertos creen poco probable que la situación cambie radicalmente en la próxima década.

Además del gas natural y del petróleo, Rusia es un gran exportador de carbón (Yegórov, 2017), otro tipo de combustible que muchos países están tratando de reducir su uso para la generación eléctrica, debido a que es el combustible fósil más contaminante del medio ambiente. Según el documento titulado "BP Statistical Review of World Energy 2021," las reservas de carbón en Rusia, en el 2019, ascendieron a 162.166 millones de toneladas (15,2% del total mundial), ocupando el segundo lugar por detrás de los EE.UU con

[42] Durante el periodo 2011-13, el precio del barril de petróleo (Brent) llegó alcanzar la cifra de US$111,26 en el 2011, y de US$108,66 en el 2013. En el 2019, el precio del barril de petróleo (Brent) cayó hasta los US$64,21 por barril. A finales del 2021, el precio del barril de petróleo alcanzó el valor de US$78,91. En los primeros meses del 2022, el precio del barril superó los US$115 por barril.

249.537 millones de toneladas (23,3% del total mundial). Es importante resaltar que durante el 2019 Rusia recibió casi cinco veces más ingresos por las exportaciones de petróleo crudo y productos derivados del petróleo que de las exportaciones del gas natural.

Europa, incluida Turquía, recibe la mayor parte de las exportaciones de petróleo crudo y productos de Rusia (en el 2018 fue de 112,5 millones de toneladas de petróleo), así como prácticamente todas las exportaciones de gas natural. Asia, especialmente China, recibe volúmenes sustanciales de petróleo crudo y algo de GNL de Rusia. Sin embargo, debido a las sanciones económicas adoptadas por la UE contra Rusia como resultado de su participación en la guerra de Ucrania y la anexión de Crimea, y considerando el nuevo papel que la región de Asia y el Pacífico desempeñará en la economía mundial en el futuro, Rusia concluyó recientemente un acuerdo por 30 años y por US$400 mil millones para suministrar gas natural a China desde los campos en el este de Siberia. Este acuerdo, que sin duda aumentará aún más los ingresos de exportación de gas natural por parte de Rusia, reduciría la dependencia de este tipo de exportaciones a la UE e incrementaría las posibilidades de exportación a la región de Asia y el Pacífico. América del Norte importa algunos productos derivados del petróleo rusos, particularmente aceites sin terminar utilizados en las refinerías de petróleo en los EE.UU, aunque estas exportaciones dejaran de existir como resultado de la decisión de la administración Baden de cancelar todas las importaciones de petróleo y sus derivados a partir de abril del 2022.

Aunque Rusia exporta más petróleo crudo y gas natural del que consume en el país, las ventas internas de petróleo crudo y gas natural son mucho más bajas en valor que las exportaciones debido a la integración vertical de la industria del petróleo y el gas natural y los precios internos subsidiados. Muchas empresas petroleras rusas están integradas verticalmente, y poseen tanto los campos petroleros como las refinerías que procesan el petróleo crudo que consumen. Estas empresas pueden vender petróleo crudo directamente a sus propias refinerías a precios bajos. Los precios internos del gas natural también están subsidiados, lo que obliga a las compañías rusas como GAZPROM a utilizar los ingresos de exportación para financiar inversiones en nuevas infraestructuras y proyectos dentro del país.

La evolución de la producción de petróleo en Rusia durante el periodo 2010-20 se muestra en la Fig. 54.

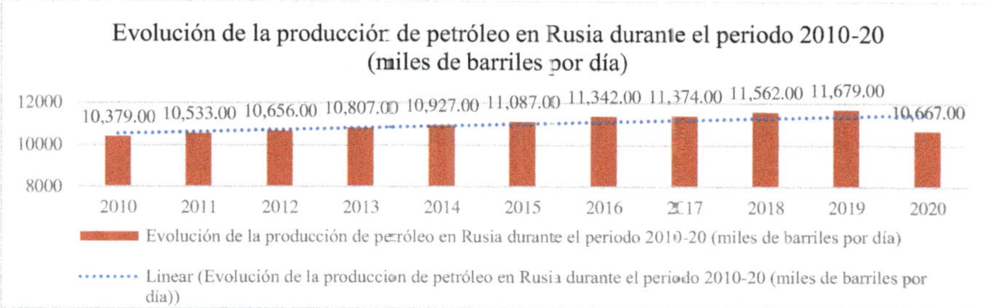

Fuente: BP Statistical Review of World Energy 2021

Fig. 54: Evolución de la producción de petróleo en Rusia durante el periodo 2010-20

Tal y como se puede apreciar en la Fig. 54, la producción de petróleo en Rusia creció un 2,8% durante el periodo 2010-20, pasando de los 10.379 miles de barriles diarios en el 2010 a los 10.667 miles de barriles diarios en el 2020. Se espera que la producción de petróleo siga creciendo en el país en los próximos años, pero limitando la exportación de este tipo de fuente energética para tratar de subir el precio del barril a un nivel razonable, intentando, además, de exportar más petróleo crudo y otros productos derivados del petróleo a la región de Asia y el Pacífico, con el fin de reducir la dependencia de la exportación de este tipo de fuente energética a Europa, nivel de exportación que tiende a reducirse en el futuro por las sanciones adoptadas por la UE contra Rusia como resultado de la guerra de Ucrania, y su papel dentro de la matriz energética del país en el futuro.

La evolución del consumo de petróleo en Rusia durante el periodo 2010-20 se muestra en la Fig. 55.

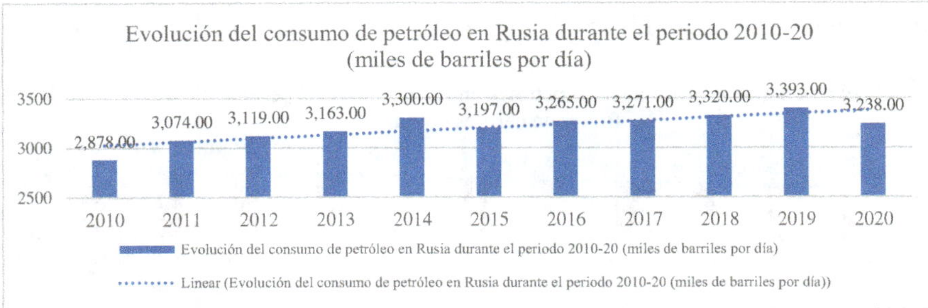

Fuente: BP Statistical Review of World Energy 2021

Fig. 55: Evolución del consumo de petróleo en Rusia durante el periodo 2010-20

Tal y como se muestra en la Fig. 55, el consumo de petróleo en Rusia creció un 12,5% durante el periodo bajo consideración, aumentando desde los 2.878 miles de barriles por día en el 2010 a los 3.238 miles de barriles por día en el 2020. El pico del consumo de petróleo durante el periodo 2010-20 fue reportado en el 2019. Se espera que el consumo de petróleo en Rusia siga creciendo durante los próximos años, con el fin de satisfacer la prevista creciente demanda de los diferentes sectores económicos del país, como resultado del desarrollo económico que se prevé alcanzar durante ese periodo, y para hacerle frente a un posible incremento de las exportaciones hacia la región de Asia y el Pacífico en los próximos años.

El gas natural en la generación eléctrica en Rusia

Otra fuente energética de vital importancia para Rusia es el gas natural. Según el documento titulado "BP Statistical Review of World Energy 2021," las reservas de gas natural en Rusia son las mayores a nivel mundial con 37,4 trillones de metros cúbicos representando el 19,9% del total a ese nivel, seguido por Irán con 32,1 trillones de metros cúbicos (17,1% del total mundial), y Qatar con 24,7 trillones de metros cúbicos (13,1% del total mundial). La evolución de la producción de gas natural en Rusia durante el periodo 2010-20 se muestra en la Fig. 56.

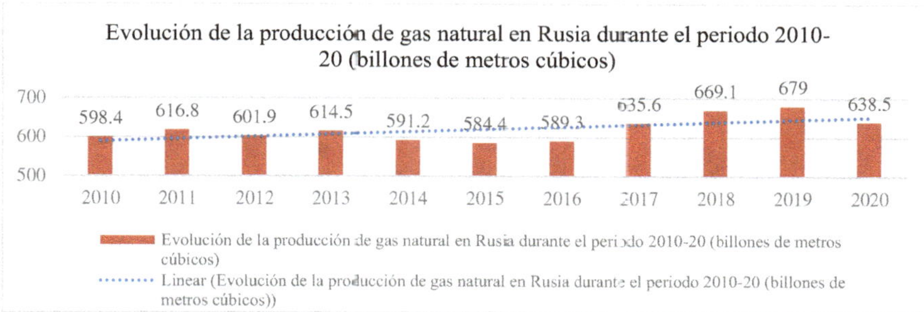

Fuente; BP Statistical Review of World Energy 2021

Fig. 56: Evolución de la producción de gas natural en Rusia durante el periodo 2010-20

A partir de los datos reflejados en la Fig. 56, se puede afirmar que la producción de gas natural en Rusia creció un 6,7% durante el periodo 2010-20, con un mayor crecimiento desde el 2015 (14,6%), pasando de los 598,4 billones de metros cúbicos en el 2010 a los 638,5 billones de metros cúbicos en el 2020. Se espera que la producción de gas natural en Rusia siga con una tendencia creciente durante los próximos años, con el fin de incrementar su participación en la matriz energética nacional, así como elemento clave en los productos de exportación de Rusia, fundamentalmente hacia la región de Asia y el Pacífico, pero disminuyendo su peso en el total de las exportaciones del país.

La evolución del consumo de gas natural en Rusia se espera siga, en los próximos años, una tendencia creciente, particularmente en el sector energético, después de un decrecimiento del 6,2% durante el periodo 2011-15. La evolución del consumo de gas natural en Rusia durante el periodo 2010-20 se muestra en la Fig. 57.

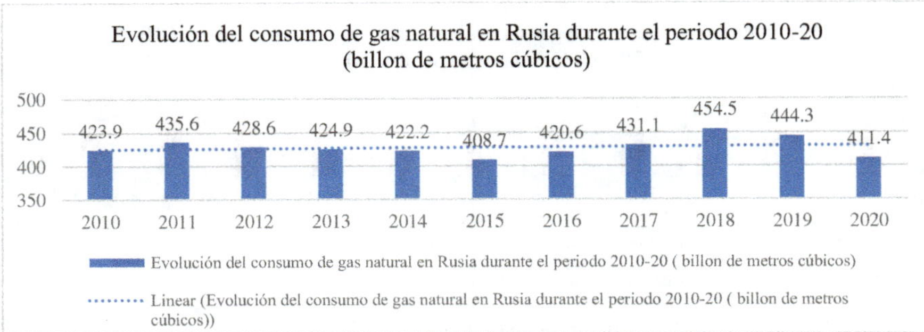

Fuente: BP Statistical Review of World Energy 2021

Fig. 57: Evolución del consumo de gas natural en Rusia durante el periodo 2010-20

Como se puede apreciar en la Fig. 57, el consumo de gas natural en Rusia decreció un 2,9% durante el periodo 2010-20, pasando de los 423,9 billones de metros cúbicos en el 2010 a los 411.4 billones de metros cúbicos en el 2020. Hay que destacar que el consumo de gas natural registró un decrecimiento del 6,2% durante los primeros años del periodo bajo consideración, pero el consumo de esta fuente energética volvió a crecer significativamente durante los últimos años del periodo considerado hasta el 2019, registrando un pico de consumo en el 2018. En el periodo 2019-20, el consumo de gas natural en Rusia volvió a decrecer en un 9,5%.

En el 2020, Rusia exportó a más de 16 países de varias regiones del mundo un total de 40,4 billones de metros cúbicos de gas licuado, ocupando el tercer lugar entre los países exportadores de este tipo de gas, representando el 8,3% del total mundial por detrás de Australia con 106,2 billones de metros cúbicos o el 21,8% del total mundial, y de Qatar con 106,1, billones de metros cúbicos o el 21,7% del total mundial.

Teniendo en cuenta las altas y bajas registradas en el consumo de gas natural en Rusia en los últimos años, resulta difícil pronosticar cual será el comportamiento de este indicador en el futuro. Lo que sí se puede afirmar es que el consumo de gas natural en Rusia se mantendrá alto en el futuro inmediato, siendo este tipo de fuente energética un elemento importante en la matriz de consumo de energía del país.

El carbón en la generación eléctrica en Rusia

El carbón es otra de las fuentes de energía que se utilizan en Rusia para la generación eléctrica. Según el documento titulado "BP Statistical Review of World Energy 2021," las reservas de carbón en el país ascendieron, a finales del 2020, a 162.166 millones de toneladas de petróleo equivalente, representando el 15,1% del total mundial (1.069.636 millones de toneladas de petróleo equivalente) solo por detrás de las reservas de carbón de los EE.UU, las cuales ascienden a 248.941 millones de toneladas de petróleo equivalente o el 23,2% del total mundial. Las reservas de carbón se encuentran dispersas por todo el país, pero los yacimientos más importantes se encuentran en Pechora y la Cuenca de Kuznetsk. La cuenca Kansk-Achinsk contiene también enormes depósitos de lignito. Se cree que Siberia y las cuencas de Tunguska contienen también muchos recursos de carbón aún no explorados, aunque su explotación comercial probablemente sería difícil por las características de la región.

La evolución de la producción de carbón en Rusia durante el periodo 2010-20 se muestra en la Fig. 58.

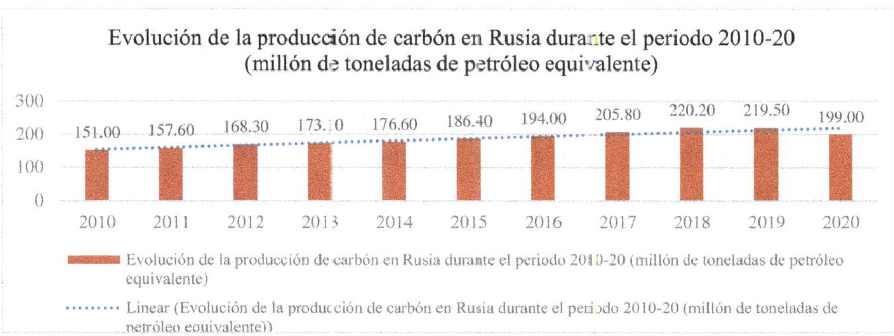

Fuente: BP Statistical Review of World Energy 2021 y cálculos del Autor

Fig. 58: Evolución de la producción de carbón en Rusia durante el periodo 2010-20

Tal y como se puede apreciar en la Fig. 58, la producción de carbón en Rusia creció un 31,8% durante el periodo bajo consideración, pasando de los 151 millones de toneladas de petróleo equivalente en el 2010 a los 199 millones de toneladas de petróleo equivalente en el 2020. Se espera que la producción de carbón en Rusia continúe creciendo en los próximos años, aunque su participación en la matriz energética nacional se prevé que decrezca en favor del uso de las energías renovables, la energía nuclear, y el gas natural para la generación eléctrica.

La evolución del consumo de carbón en Rusia durante el periodo 2010-20 se muestra en la Fig. 59.

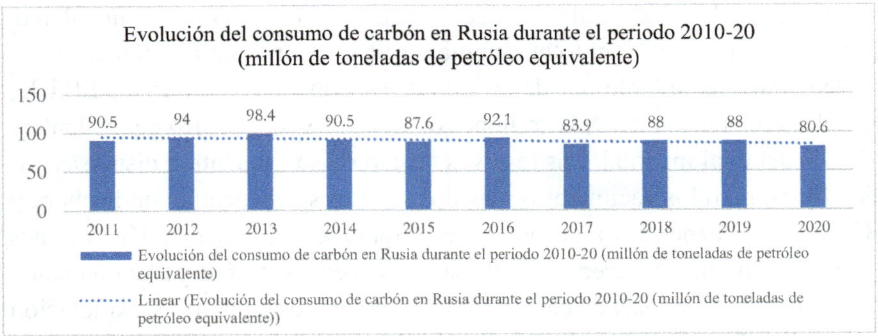

Fuente: BP Statistical Review of World Energy 2021 y cálculos del Autor
Fig. 59: Evolución del consumo de carbón en Rusia durante el periodo 2010-20

Según los datos incluidos en la Fig. 59, se puede afirmar que el consumo de carbón en Rusia decreció un 10,9% durante el periodo 2010-20, pasando de los 90,5 millones de toneladas de petróleo equivalente en el 2010 a los 80,6 millones de toneladas de petróleo equivalente en el 2020. En ese periodo el pico en el consumo de carbón se registró en el 2013, después del cual el consumo de carbón decreció un 19,1%, debido a la reducción el uso de este tipo de fuente energética en la generación eléctrica del país, y al aumento del uso del gas natural con ese mismo fin como resultado de la disminución de las compras de gas natural por Europa. Es importante resaltar que el gas natural ha desplazado al carbón como combustible para la generación eléctrica en la parte europea de Rusia, y comienza a ganarle terreno también en la parte del extremo oriente del país, particularmente para la generación eléctrica.

Rusia ocupa el sexto lugar a nivel mundial en cuanto al consumo de carbón se refiere con 88 millones de toneladas de petróleo equivalente o el 2,2% del total mundial después de China con el 54,3% del total mundial, el mayor consumidor de este tipo de fuente energética a ese nivel, India con el 11,6% del total mundial, EE.UU con el 6,1% del total mundial, Japón con el 3% del total mundial, y Suráfrica con el 2,3% del total mundial.

Las energías renovables en la generación eléctrica en Rusia

Las energías renovables en Rusia están en gran medida sin desarrollar, aunque existe un potencial considerable para su uso. "En el año 2009, el gobierno de la Federación Rusa ratificó un plan donde se establecía que, para el año 2020, la proporción de energía eléctrica producida por fuentes renovables deberá aumentar del 0,8% actual al 4,5%" (Podorvaniuk, 2012). En el 2020, según el documento titulado "BP Statistical Review of World Energy 2021," la generación eléctrica por medio de las energías renovables ascendió a 1.085 TWh, igual al 19,9% del total de la electricidad generada en el país, y más de cuatro veces lo previsto por el plan, pero aún muy baja en comparación con el uso de combustibles fósiles con el mismo objetivo que fue de 648,5 TWh o el 59,7% del total.

La potencia instalada actualmente de las centrales eléctricas eólicas puede aumentarse entre 50 MW y 300 MW, las geotérmicas[43] entre 70 MW y 200 MW, las centrales hidroeléctricas entre 10 MW y 200 MW, y las solares entre 1 MW y 300 MW, según Mijaíl Kozlov, director de Innovación y Renovables (Podorvaniuk, 2012).

La razón fundamental para el atraso en el uso de las energías renovables en Rusia es la falta de un mercado para la venta de la electricidad producida por este tipo de fuentes energéticas. En Rusia no hay un mercado para la venta de la producción generada por las energías renovables por la sencilla razón de que se carece de una ley especial dedicada a apoyar el incremento de este tipo de energías en la matriz energética nacional. Tampoco existe un sistema de subvenciones como en otros países para promover el uso de esta fuente de energía para la generación eléctrica. Según muchos expertos, la energía que no se subvenciona no existe, a no ser que esté lo suficiente madura y sea económicamente rentable que no es el caso de las energías renovables.

En Rusia se regula las tarifas y se subvenciona de una u otra manera el petróleo, el carbón, el gas, el sector de la energía nuclear, el del transporte, hay subvenciones cruzadas en las tarifas para la Administración de Servicios Comunales, entre otras. Si se mira al resto de los países desarrollados, resulta fácil comprobar que no hay fuente de energía que no esté subvencionada, ya

[43] En Rusia la energía geotérmica se utiliza, fundamentalmente, para la producción de calefacción y electricidad en algunas regiones del Cáucaso del Norte y el Lejano Oriente.

que es una parte importantísima de la infraestructura. A estos obstáculos hay que añadir que no hay acceso a las redes de distribución para los pequeños productores. En Alemania todo está bien organizado hasta el punto de que una red de distribución está obligada a construir accesos incluso para las centrales eólicas marinas asumiendo el coste total. En Rusia, ya puedes levantar una central solar o eólica al lado de la central de distribución más cercana, que te resultará muy difícil conseguir acceso a la red.

En la Tabla 14 se incluyen los datos más relevantes sobre el uso de las energías renovables en la generación eléctrica en Rusia.

Tabla 14: Las energías renovables en Rusia

Tipo de fuente energética	Capacidad instalada (MW) 2020	Porciento a nivel mundial (%)	Generación eléctrica (GWh) (2019)	Por ciento a nivel mundial (%)
Hidroeléctrica	52.427	3,9	197.709	4,6
Energía solar fotovoltaica	1.428	0,2	1.116	0,02
Energía solar térmica	-	-	-	-
Energía eólica terrestre	945	0,1	151	0,01
Energía eólica marina	-	-	-	-
Bioenergía	1.370	1,1	109	0,02
Energía geotérmica	81	0,6	433	0,5

Fuente: Estadísticas de Energía Renovable 2021 IRENA

A partir de los datos que se muestran en la Tabla 14 se puede llegar a las siguientes conclusiones:

- Dentro del sector de las energías renovables, las centrales hidroeléctricas en Rusia poseían, en el 2020, las mayores capacidades instalades con el 93,2% del total (56.251 MW) y fueron responsables por la generación del 99,1% del total de la producción eléctrica en ese año (199.419 GWh);
- La energía solar fotovoltaica es la segunda fuente de energía para la generación eléctrica dentro del sector de las energías renovables en Rusia, desplazando a la bioenergía de ese puesto, con una capacidad instalada, en el 2020, del 2,5% del total y fueron responsables por la generación del 0,02% del total de la producción eléctrica en ese año;
- La bioenergía, tercera fuente de energía dentro del sector de las energías renovables en Rusia reportó una capacidad instalada, en el 2020, del

2,4% del total y fueron responsables por la generación del 0,05% del total de la producción eléctrica de ese año.

La energía nuclear en la generación eléctrica en Rusia

Rusia tenía, en el mes de diciembre del 2021 según la base de datos PRIS-OIEA, un total de 38 reactores nucleares de potencia en operación que representaban el 8,6% del total mundial, con una capacidad de 28.578 MW (7,3% del total mundial), cuatro unidades en construcción (7,7% del total mundial) con una capacidad de 3.759 MW (6,9% del total mundial), y nueve unidades cerradas totalmente (4,7% del total mundial) con una capacidad de 3.032 MW (3,5% del total mundial) (ver Tablas 15 y 16).

Tabla 15: Reactores nucleares de potencia en operación en Rusia en diciembre del 2021

Nombre	Tipo	Localización	Unidad de potencia de referencia (MW)	Capacidad eléctrica bruta (MW)	Primera conexión a la red
AKADEMIK LOMONOSOV-1	PWR	Pevek	32	35	2019-12-19
AKADEMIK LOMONOSOV-2	PWR	Pevek	32	35	2019-12-19
BALAKOVO-1	PWR	Balakovo	950	1.000	1985-12-28
BALAKOVO-2	PWR	Balakovo	950	1.000	1987-10-08
BALAKOVO-3	PWR	Balakovo	950	1.000	1988-12-25
BALAKOVO-4	PWR	Balakovo	950	1.000	1993-04-11
BELOYARSK-3	FBR	Zarechnyy	560	600	1980-04-08
BELOYARSK-4	FBR	Zarechnyy	820	885	2015-12-10
BILIBINO-2	LWGR	Bilibino	11	12	1974-12-30
BILIBINO-3	LWGR	Bilibino	11	12	1975-12-22
BILIBINO-4	LWGR	Bilibino	11	12	1976-12-27
KALININ-1	PWR	Udomlya	950	1.000	1984-05-09
KALININ-2	PWR	Udomlya	950	1.000	1986-12-03
KALININ-3	PWR	Udomlya	950	1.000	2004-12-16
KALININ-4	PWR	Udomlya	950	1.000	2011-11-24
KOLA-1	PWR	Polyarnyye Zori	411	440	1973-06-29
KOLA-2	PWR	Polyarnyye Zori	411	440	1974-12-09
KOLA-3	PWR	Polyarnyye Zori	411	440	1981-03-24
KOLA-4	PWR	Polyarnyye Zori	411	440	1984-10-11
KURSK-1	LWGR	Kurchatov	925	1.000	1976-12-19
KURSK-2	LWGR	Kurchatov	925	1.000	1979-01-28
KURSK-3	LWGR	Kurchatov	925	1.000	1983-10-17
KURSK-4	LWGR	Kurchatov	925	1.000	1985-12-02
LENINGRAD 2-1	PWR	Socony Bor	1.101	1.188	2018-03-09
LENINGRAD 2-2	PWR	Sosnovyy Bor	1.066	1.188	2020-10-22
LENINGRAD-3	LWGR	Sosnovyy Bor	925	1.000	1979-12-07
LENINGRAD-4	LWGR	Sosnovyy Bor	925	1.000	1981-02-09

NOVOVORONEZH 2-1	PWR	Novovoronezh	1.100	1.180	2016-08-05
NOVOVORONEZH 2-2	PWR	Novovoronezh	1.101	1.181	2019-05-01
NOVOVORONEZH-4	PWR	Novovoronezh	385	417	1972-12-28
NOVOVORONEZH-5	PWR	Novovoronezh	950	1.000	1980-05-31
ROSTOV-1	PWR	Volgodonsk	950	1.000	2001-03-30
ROSTOV-2	PWR	Volgodonsk	950	1.000	2010-03-18
ROSTOV-3	PWR	Vologda's	950	1.000	2014-12-27
ROSTOV-4	PWR	Volgodonsk	979	1.030	2018-02-02
SMOLENSK-1	LWGR	Desnogorsk	925	1.000	1982-12-09
SMOLENSK-2	LWGR	Desnogorsk	925	1.000	1985-05-31
SMOLENSK-3	LWGR	Desnogorsk	925	1.000	1990-01-17

Fuente: PRIS-OIEA diciembre 2021

Tabla 16: Reactores nucleares de potencia en construcción en Rusia en diciembre del 2021

Nombre	Tipo	Localización	Unidad de potencia de referencia (MW)	Capacidad eléctrica bruta (MW)
BALTIC-1	PWR	Neman	1.109	1.194
BREST-OD-300	FBR	Seversk	300	320
KURSK 2-1	PWR	Kurchatov	1.175	1.255
KURSK 2-2	PWR	Kurchatov	1.175	1.255

Fuente: PRIS-OIEA diciembre 2021

Según la Tabla 15, en diciembre del 2021 había en Rusia del total de las 38 unidades en operación un total de 24 reactores nucleares de potencia eran del tipo PWR (63,2% del total), 12 unidades del tipo LWGR[44] (31,6% del total), y dos unidades del tipo FBR (5,3% del total). De acuerdo a los datos incluidos en la Tabla 16 se puede afirmar que de las cuatro unidades que había en construcción en Rusia en diciembre del 2021, tres unidades eran del tipo PWR (75% del total) y una unidad del tipo FBR (25% del total).

La mayoría de los reactores nucleares de potencia rusos tienen ya aprobada una licencia para la extensión de su vida útil. En general, los reactores nucleares de potencia rusos tenían licencia original de explotación por 30 años. A finales del 2000, se anunciaron planes para extensiones de la vida útil de doce reactores nucleares de potencia de primera generación por un total de 5,7 GWe. El nuevo período de extensión previsto oscila entre los 15 y 25 años, lo que requiere una gran inversión en su renovación. En general, las

[44] Reactor de grafito y agua ligera también conocidos como Reactor de Canales de Alta Potencia (RBMK).

unidades VVER-440 (PWR) y la mayoría de las unidades RBMK (LWGR) tendrán una extensión de vida de 15 años y las unidades VVER-1000 (PWR) de 25 años.

Según la Asociación Mundial de la Energía Nuclear, el suministro de electricidad de Rusia, anteriormente controlado centralmente por el Sistema Unificado de Energía (UES), enfrenta una serie de graves limitaciones. Primero, la demanda está aumentando fuertemente después de más de una década de estancamiento. En segundo lugar, unos 50 GWe en diferentes centrales generadoras (más de una cuarta parte) en la parte europea de Rusia han llegado al final de su vida útil de diseño. Según la base de datos PRIS-OIEA de diciembre del 2021, la producción de electricidad en Rusia a través de sus centrales nucleares ascendió, en el 2020, a 215.745 GWh o el 20,6% del total de la electricidad generada en el país en ese año (1.047.029 GWh).

Rusia tiene previsto ampliar la participación de la energía nuclear en la matriz energética nacional durante los próximos años. El objetivo para el 2030 es aumentar la participación de la energía nuclear en la producción de electricidad hasta alcanzar no menos del 20% del total, cifra ya alcanzada en el 2020.

El impacto de las sanciones occidentales en el sector nuclear ruso

Mientras las naciones occidentales buscan formas de reducir su dependencia del petróleo y el gas rusos como consecuencia de la crisis en Ucrania, hay un aspecto relacionado con el sector energético ruso que hasta ahora no ha recibido atención: la mayoría de los 32 países que usan energía nuclear dependen de Rusia para alguna parte de su cadena de suministro de combustible nuclear. Debido a ello, el nuevo paquete de sanciones occidentales contra Rusia por la guerra en Ucrania excluye por ahora el sector del gas y el nuclear. La energía nuclear es una parte fundamental de muchas redes eléctricas nacionales. Algunos países de la UE dependen especialmente de la energía nuclear para la generación eléctrica, incluida Francia, país que produjo el 70,6% del suministro eléctrico del país en el 2020, Hungría el 48%, Finlandia el 33,9%, y Suecia el 29,8%. En los EE.UU, los reactores nucleares de potencia generaron en el 2020, el 19,7% de la energía total del país. En Ucrania, el 51,2% de la electricidad generada en el 2020 provino de sus reactores nucleares de potencia en operación. Muchos de estos países adoptaron originalmente la energía nuclear para minimizar la dependencia de los combustibles fósiles importados y, más recientemente, para reducir las emisiones de carbono y mejorar la calidad del aire.

Las consecuencias económicas de la guerra en Ucrania podrían interrumpir el acceso al combustible para la industria de la energía nuclear. Debido a ello, cualquier acción que pudiera considerarse para contrarrestar la influencia de Rusia dentro del sector nuclear mundial, incluyendo dentro de la UE, requerirá de esfuerzos concertados que garanticen la seguridad energética, la mitigación climática, y un compromiso con el derecho internacional.

Un grupo reducido de naciones exportan combustible, materiales, servicios nucleares, y son suministradores de los equipos necesarios para construir las centrales nucleares. Los principales proveedores internacionales son, entre otros, EE.UU, Rusia, Francia, y China. Varios otros países juegan papeles importantes, incluidos Canadá, Japón, Alemania, y Corea del Sur. La conversión, el enriquecimiento, y la fabricación de uranio son procesos técnicos sofisticados que se manejan en un pequeño número de instalaciones en todo el mundo. Los combustibles para reactores nucleares son altamente especializados y están vinculados a diseños de reactores específicos. La compra de un reactor de potencia de un proveedor como Rosatom, la empresa nuclear estatal de Rusia, o la empresa francesa Framatome, puede conducir a una dependencia del suministro por décadas.

Todos estos factores hacen que las cadenas de suministro nuclear sean más complejas, menos competitivas, y más difíciles de cambiar rápidamente que otros tipos de energía, como el petróleo y el gas. Y dado que los materiales y tecnologías clave para la energía nuclear civil también se pueden utilizar para producir materiales nucleares utilizables en la fabricación de armas nucleares, los suministros de materiales y equipos nucleares están sujetos a estrictos controles de exportación y restricciones comerciales de carácter nacional e internacional. Kazajstán produce más del 40% del suministro mundial de uranio, seguido de Canadá (12,6%), Australia (12,1%) y Namibia (10%). Rusia es un jugador menor en el suministro de uranio, produciendo alrededor del 5% del total mundial, mientras que los EE.UU y Europa producen menos del 1%. Sin embargo, gran parte del uranio molido de Kazajistán viaja a través de Rusia antes de exportarse a los mercados mundiales. Otras partes de la cadena de suministro también pasan por Rusia. Solo unas pocas instalaciones en el mundo convierten el uranio molido en hexafluoruro de uranio; Rusia produjo aproximadamente un tercio del suministro en el 2020, gran parte con uranio de Kazajistán. Rusia también posee el 43% de la capacidad de enriquecimiento mundial, seguida de Europa (alrededor del 33%), China (16%), y los EE.UU (7%). Actualmente hay algo de capacidad sobrante en los EE.UU y Europa, y China está expandiendo su capacidad de enriquecimiento de uranio.

Antes de la guerra en Ucrania, Rusia tenía una estrategia nacional para aumentar sus exportaciones de reactores nucleares de potencia, siendo un proveedor líder mundial de este tipo de reactores nucleares, construyendo centrales en el extranjero y luego proporcionando su combustible. Sus clientes incluyen a países como Hungría, Turquía, China, Egipto, entre otros.

Un elemento importante que debe señalarse es que entre el 16% y el 20% del suministro anual de uranio de los EE.UU proviene, al menos parcialmente, de Rusia, principalmente para realizar su enriquecimiento. Si el comercio nuclear de los EE.UU con Rusia se interrumpiese por la guerra de Ucrania, el impacto más grave se produciría en dos proyectos de demostración de reactores avanzados bajo desarrollo: el Xe-100 en el estado de Washington, y Natrium en Wyoming. Estos reactores necesitan combustible enriquecido hasta casi un 20% de uranio-235, y Rusia es actualmente el único proveedor mundial de este tipo de combustible.

La generación eléctrica en Rusia

La estructura de la generación eléctrica en Rusia en el 2020 se muestra en la Fig. 60.

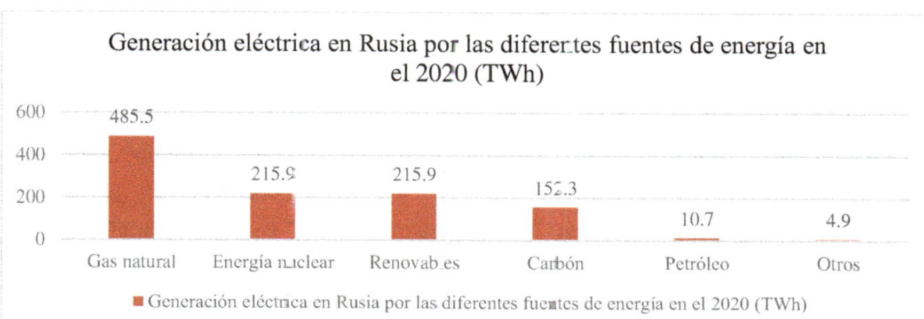

Fuente: BP Statistical Review of World Energy 2021 y cálculos del Autor
Fig. 60: Generación eléctrica en Rusia por las diferentes fuentes energéticas en el 2020

Como se puede apreciar en la Fig. 60, los combustibles fósiles generaron, en el 2020, un total de 648,5 TWh, lo que representó el 63,6% del total producido en ese año (1.085,2 TWh). La energía nuclear generó, en ese año el 19,9% del total de electricidad producida (17,87% según el OIEA), y las energías renovables el 19,9% del total, es decir el mismo porcentaje alcanzado por la energía nuclear durante ese año. El gas natural fue, de nuevo, la fuente energética más utilizada para la producción de electricidad en Rusia con el 44,7% del total. El uso del petróleo para la generación eléctrica en Rusia fue muy bajo en el 2020, representando alrededor del 1% del total. Se espera que la participación del carbón en la matriz energética del país decrezca en los próximos años y se aumente la participación de las energías renovables, las cuales se utilizan todavía muy poco en la actualidad para la generación eléctrica en el país con excepción de la energía hidroeléctrica, así como también el gas natural y la energía nuclear.

Mirando hacia el futuro

En noviembre de 2009, se publicó el documento titulado "La Estrategia de Energía 2030" por parte del gobierno ruso, en el que se proyectaron las inversiones en el sector energético del país para las próximas dos décadas. Se prevé una posible duplicación de la capacidad de generación instalada en el país de 225 GW en el 2008 hasta los 445 GW en el 2030. Un plan revisado a mediados del 2010 proyectó la generación de 1.288 mil millones de kWh en el 2020 (se generaron 1.105,1 TWh), y 1.553 mil millones de kWh en el 2030, lo que requiere la adición de 78 GW de nuevas capacidades en el 2020 y un total de 178 GW para el 2030, incluyendo 43,4 GW de energía nuclear. En la estrategia adoptada se previó el desmantelamiento de 67,7 GW de capacidad de las centrales de energía para el 2030, incluyendo 16,5 GW por el cierre de centrales nucleares.

En el 2009, la producción de electricidad por medio de las centrales nucleares fue de 163.3 TWh (83.7 TWh de VVER y 79.6 TWh de RBMK y otros tipos de reactores). Durante el periodo 2010-12, fue de 170-178 TWh, pero cayó a 162 TWh en el 2013. Antes de esto, la producción de electricidad nuclear había aumentado fuertemente debido simplemente al mejor rendimiento de las centrales nucleares, con factores de capacidad que saltaron del 56% al 76% durante el periodo 1998-2003, y luego al 80,2% en el 2009.

La energía nuclear generó alrededor del 18,97% del total de electricidad producida en el 2019, y el 19,9% en el 2020.

Es importante resaltar que en el 2006, Rosatom anunció el objetivo de que las centrales nucleares generaran el 23% de la electricidad total a ser producida por el país para el 2020, y del 25% para el 2030, pero los planes aprobados por el gobierno en el 2009 redujeron este objetivo significativamente. A mediados del 2013, el gobierno proyectó que las centrales nucleares generaran el 15,9% del total de la electricidad en el país para el 2020, con un aumento sustancial en el uso de los combustibles fósiles, especialmente del gas natural. En el 2020, ya las centrales nucleares generaban el 19,9% del total de la electricidad producida en el país, un porcentaje mayor que el proyectado para el 2020 después de la revisión de los planes inicialmente aprobados por el gobierno.

En julio del 2012, el Ministerio de Energía (MINENERGO) publicó proyectos de planes para encargar entre 78 GW y 83 GW nuevas capacidades para el 2020, incluidos 10 GW de nuevas capacidades nucleares para un total de 30,5 GW, con el fin de poder generar 238 TWh por año, y de 43,4 GW para el 2030. Un año después, MINENERGO redujo la proyección a 28,26 GW para el 2019. La inversión total prevista era de 9.550 millones de rublos, incluidos 4.950 millones de rublos en la mejora de las centrales eléctricas, 3.280 millones de rublos para aumentar la capacidad de la red y 1.320 millones de rublos en energía nuclear. En mayo del 2015, el Ministerio de Desarrollo Económico anunció un retraso muy significativo en la puesta en marcha de nuevas centrales nucleares. La puesta en marcha de dos nuevas unidades de Leningrado y dos nuevas unidades de Novovoronezh se retrasó un año, y la construcción de Smolensk II se pospuso por seis años.

Paralelamente a esta situación, Rusia está aumentando considerablemente su capacidad hidroeléctrica, con el objetivo de aumentar en un 60% hasta el 2020 y duplicarla para el 2030. El objetivo es tener casi la mitad de la generación de electricidad de Rusia a partir de centrales nucleares e hidroeléctricas para el 2030. En el 2020, la generación eléctrica de las centrales hidroeléctricas (212,4 TWh) y nucleares (215,9 TWh) alcanzó la cifra de 428,3 TWh lo que representó el 39,5% del total de la electricidad producida por el país durante ese año.

Capítulo III

España

El sector de la energía en España tiene un peso relativamente bajo dentro del PIB del país, pero su importancia va más allá de su participación en la producción total, puesto que es un sector estratégico del que necesitan todas las ramas de la actividad económica, y ésta es necesaria para cualquier clase de producción de bienes y servicios. Precisamente uno de los elementos que ha limitado un incremento mayor del desarrollo económico de España ha sido la pobreza de recursos energéticos, en concreto la carencia de hidrocarburos líquidos y gaseosos, así como la mala calidad y carestía del carbón existente. La escasez de recursos energético ha sido un elemento clave en la situación de dependencia exterior de dichos recursos y ha condenado tradicionalmente al sistema energético español a una situación de déficit crónico y de dependencia del suministro exterior de estos recursos (Gutiérrez Jodra, 2003). Esta dependencia exterior es cercana al 80%, ya que la producción nacional de energía está prácticamente centrada en los recursos energéticos renovables, en la producción nuclear, y en la pequeña contribución del carbón nacional (PANER, 2010).

Según Morales Pedraza (2012), la política energética adoptada por España se dirige hacia la liberalización completa de los mercados energéticos. Este objetivo se logró en el año 1997. El objetivo principal era, en ese momento, lograr lo siguiente:

- Disminuir los precios de la energía;
- Garantizar el suministro de energía y la calidad de éste;
- Mejorar la eficiencia energética;
- Reducir el consumo de energía[45];

[45] "La promoción del ahorro y la eficiencia energética constituye un instrumento decisivo, ya que su valor neto es positivo para la sociedad desde su mismo origen, al implicar simplemente consumir menos energía para producir lo mismo o más, gracias a las mejoras en los patrones de consumo o en los métodos productivos. Por este motivo, se han adoptado políticas decididas de promoción del ahorro y la eficiencia energéticas que están mostrando resultados significativos, a través de la aprobación de los Planes de Acción 2005-07 y

- Proteger el medio ambiente;
- Desarrollar las infraestructuras energéticas;
- Promocionar el uso de las energías renovables[46].

El marco legal de la política energética española se basa en dos leyes. La primera es la Ley 54/1997 del 27 de noviembre sobre el sector eléctrico, y la segunda la Ley 34/1998 sobre el sector de hidrocarburos. En el campo de la generación de electricidad, se estableció el principio de libertad para establecer y operar sobre el principio de libre mercado, aunque se requiere la autorización previa del gobierno para la construcción de nuevas centrales de generación de energía. Sin embargo, es necesario destacar que la autorización para la construcción de nuevas centrales eléctricas solo se puede denegar por motivos medioambientales.

La Ley 34/1998 de 7 de octubre sobre el sector de hidrocarburos, otorgó al gobierno la responsabilidad de establecer las normas dentro del sector energético. Esta ley considera las diferentes etapas en la industria de hidrocarburos líquidos y gaseosos. Como resultado de la aprobación de la mencionada ley se creó la Comisión Nacional de Energía con el siguiente mandato:

- Regular los sistemas de energía;
- Mantener la libre competencia entre ellos y la transparencia del desempeño;
- Beneficiar a todas las organizaciones que trabajan en el sistema y a los consumidores.

Según fuentes del OIEA, en septiembre de 2002 el gobierno español aprobó el documento titulado "Planificación y desarrollo de las redes de

---

2008-12, y posteriormente, del Plan de Activación 2008-11, que refuerza los anteriores. Estos esfuerzos se han traducido en un descenso de la intensidad energética final superior al 13% durante los últimos cinco años, con reducciones en todos los ejercicios" (PANER, 2010).

[46] "El desarrollo de las energías renovables constituye una apuesta prioritaria de la política energética española. Las energías renovables tienen múltiples efectos positivos sobre el conjunto de la sociedad, entre otros, la sostenibilidad de sus fuentes, la reducción en las emisiones contaminantes, el cambio tecnológico, la posibilidad de avanzar hacia formas de energía más distribuidas, la reducción de la dependencia energética y del déficit de la balanza comercial, el aumento del nivel de empleo y el desarrollo rural" (PANER, 2010).

transporte eléctrico y gasista 2002-2011," en el que se previó aumentar el consumo eléctrico como promedio en un 3,75% por año, incrementando el uso de gas natural y manteniendo el uso de la capacidad nuclear ya instalada en el país.

La Ley 54/1997 sobre el sector eléctrico admite el derecho a la instalación gratuita en el campo de la generación. En relación con la construcción de nuevos reactores nucleares de potencia, en este momento, no hay solicitud para construir nuevas unidades, y el gobierno es reacio a continuar apoyando el uso de la energía nuclear para la producción de electricidad en el país, a pesar de alta participación en la matriz energética nacional reportado en el 2020[47] (22,2% del total, 55,793 GWh).

Los combustibles fósiles en la generación eléctrica en España

En el 2020, según el documento titulado "BP Statistical Energy Review 2021," el consumo de la energía primaria en España alcanzó la cifra de 4,97 Exajoules. Esta cifra representó un decrecimiento del 11,3% con respecto al reportado en el 2019. La energía primaria consumida es principalmente de origen fósil: petróleo (44,4% del total), gas natural (23,4% del total), carbón (1,4% del total) para un total de 69,2%, seguido por las energías renovables (20,3%) y la energía nuclear (10,5% del total).

El petróleo en la generación eléctrica en España

Según el documento titulado "BP Statistical Review of World Energy 2021," España no tiene reservas de petróleo significativas (150 millones de barriles) y, por ello, sus necesidades de este tipo de combustible fósil tienen que satisfacerse mediante la importación de esta fuente de energía de diferentes países. La escasa presencia de yacimientos de energía primaria fósil ha supuesto históricamente una elevada tasa de dependencia energética en España. Esta mayor dependencia de los combustibles fósiles introduce fuentes de riesgo adicionales sobre los procesos productivos, como los relacionados con la garantía del suministro energético, o con la volatilidad de los precios de los mercados internacionales (PANER, 2010). Tampoco el país produce importantes cantidades de petróleo (27.537 toneladas en el 2020, un 31,6%

[47] En ese año ocupó el tercer lugar después de las energías renovables y el gas natural.

menor a la reportada en el 2019, que fue la mitad a la registrada en el 2018), pero es, sin embargo, uno de los principales consumidores dentro de la UE ocupando el cuarto lugar. La evolución del consumo de petróleo durante el periodo 2010-20 se muestra en la Fig. 61.

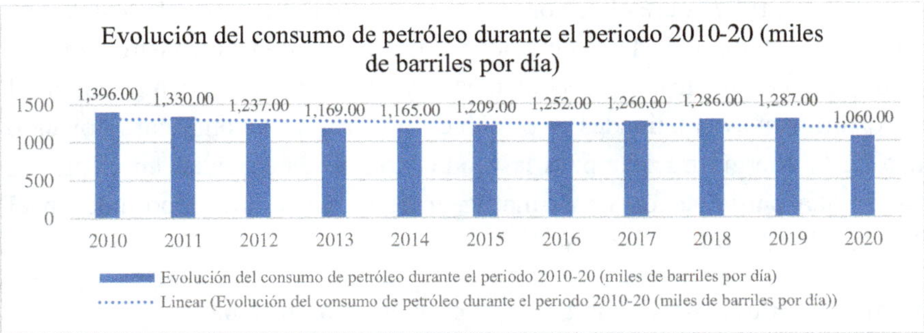

Fuente: BP Statistical Review of World Energy 2021

Fig. 61: Evolución del consumo de petróleo en España durante el periodo 2010-20

Tal y como se puede apreciar en la Fig. 61, el consumo de petróleo en España decreció un 24,1% durante el periodo considerado, pasando de los 1.396 mil barriles por día en el 2010 a los 1.060 mil barriles por día en el 2020. Ahora bien, el comportamiento del consumo de petróleo fue diferente dentro del periodo considerado. Todo el periodo se puede dividir en tres etapas. La primera, del 2010 al 2014, el consumo de petróleo disminuyó un 16,6%, pasando de los 1.396 mil barriles diarios en el 2010 a los 1.165 mil barriles diarios en el 2014. Esta disminución fue consecuencia de la grave crisis económica que afectó al país desde finales de la década del 2000s. La segunda etapa, del 2014 al 2019, el consumo de petróleo aumentó un 10,5% pasando de los 1.165 mil barriles diarios en el 2014 a los 1.287 mil barriles diarios en el 2019, como resultado de la paulatina recuperación económica del país en la segunda mitad del decenio del 2010. La tercera etapa comprende el periodo 2019-2020, durante el cual el consumo de petróleo volvió a decrecer en un 17,7%, pasando de los 1,287 mil barriles diarios en el 2019 a los 1.060 mil barriles diarios en el 2020. Este decrecimiento se debió al impacto negativo de la pandemia del COVID-19 en la economía del país, incidencia que se mantuvo durante todo el 2021. Se espera que el consumo de petróleo vuelva a crecer lentamente al menos durante los próximos años, pero a largo plazo disminuirá su participación en la matriz energética del país a favor de las energías renovables y el gas natural, las cuales se espera puedan cubrir casi el 75% de toda la futura demanda eléctrica nacional. La guerra en Ucrania podría provocar una disminución de la actividad productiva del país debido al cese de la exportación de productos a Rusia por las sanciones impuestas por la UE contra dicho país por su invasión a Ucrania, y por tanto, una reducción del consumo de petróleo durante el 2022.

De acuerdo al documento titulado "BP Statistical Review of World Energy 2021," la capacidad de refinación de petróleo en España en el 2020 fue de 1.586 mil barriles diarios, cifra que representa el 1,6% del total mundial. Durante el periodo 2010-2020, la capacidad de refinación de petróleo en España creció un 11,6%.

El gas natural en la generación eléctrica en España

En la actualidad, el gas natural se ha convertido en una de las energías más utilizadas en los hogares españoles, al ser el combustible fósil más limpio de todos. Los gases que lo componen son los siguientes:

- Metano (es el gas principal, podemos encontrar entre un 75% y 95% en la mezcla);
- Etano, propano, butano, nitrógeno, dióxido de carbono, sulfuro de hidrógeno, helio y argón (estos gases representan entre el 25% y el 5% de la mezcla).

España se caracteriza por un pobre historial en lo que a exploración y producción de hidrocarburos se refiere. Sin embargo, España dispone de unos recursos extraíbles de gas natural que podrían cubrir sus necesidades de consumo durante 70 años.

Las reservas de gas natural en España en el 2020 ascendían a 2.548.000.000 metros cúbicos según el documento titulado "CIA World Factbook 2022" ocupando el lugar 93 a nivel mundial. Estas reservas de gas natural se encuentran en el entorno de Sotés, localidad a poco más de 10 kilómetros de Logroño. En esa localidad se encuentra más del 90% del gas localizado en el subsuelo del territorio nacional.

La escasez de gas natural ha disparado el precio de este combustible en toda Europa, en particular España por su alta dependencia de ese tipo de combustible fósil, hasta alcanzar limites muy altos no solo en el país sino en toda la región. Según Mosquera (2021) en un análisis que abarca el periodo comprendido entre octubre del 2020 y la actualidad titulado "Más renovables: así se logra que el gas marque el precio de la electricidad las menos horas posibles", ofrece como conclusiones las siguientes:

- El precio al por mayor de la electricidad en España se ha cuadruplicado (+272%) entre septiembre del 2020 y septiembre del 2021, aumentando desde los €42 por MWh a los €156 por MWh (es decir un aumento de €114 por MWh);
- La mayor parte del incremento se debe a la subida del precio del gas natural. En enero del 2021, el costo del gas estaba en €21 por MWh y el 30 de septiembre llegó a alcanzar los €93 por MWh, lo que supone un incremento de un 343%;
- Los precios disparados del gas natural se deben a una combinación de factores entre los cuales se encuentran los siguientes:

    - Un invierno frío en el hemisferio norte reduciendo los niveles de almacenamiento de gas natural;
    - El aumento en la demanda y los precios del gas en Asia y Latinoamérica tuvieron como resultado que los cargamentos de gas natural licuado (GNL) se destinaran para satisfacer las necesidades de ambas regiones en lugar de las de Europa;
    - La demanda global de energía ha aumentado producto del COVID-19;
    - La importación de gas natural de Rusia no ha satisfecho el aumento de la demanda en Europa por razones de tipo político. Esta situación pone de relieve los riesgos asociados a la dependencia continuada de gas de importación, cuyos precios son tan volátiles y susceptibles a la geopolítica y los acontecimientos globales.

- El costo de generar electricidad procedente del gas natural, incluyendo los costes asociados de los créditos de carbono, ha aumentado en cinco veces, hasta los €154 por MWh en septiembre del 2021, partiendo de los €33 por MWh en septiembre del 2020);

- Aunque el precio de las asignaciones de carbono también ha aumentado un 2,2 veces en el mismo período, pasando de los €28 por tonelada a los €61 por tonelada, su contribución al aumento del costo de la generación de electricidad es mínimo si lo comparamos con el precio del gas natural. Analizando tan solo el componente de costo del gas natural se puede apreciar que este ha subido en €109 por MWh, pasando de los €23 por MWh a los €132 por MWh en doce meses.

El consumo de gas natural en España durante el periodo 2010-2020 decreció un 10,5%, pasando de los 36,2 billones de metros cúbicos en el 2020 a los 32,4 billones de metros cúbicos en el 2020. Durante el periodo considerado, España importó de más de nueve países un total de 20,9 billones de metros cúbicos de gas licuado. Nigeria fue el país que más gas licuado exportó a España en el 2020 con 4 billones de metros cúbicos (19% del total), seguido de Rusia con 3,4 billones de metros cúbicos (16,3% del total). La importación de este tipo de gas decreció en dicho periodo un 15,9%, pasando de los 28,2 billones de metros cúbicos en el 2010 a los 20,9 billones de metros cúbicos en el 2020.

El carbón en la generación eléctrica en España

El carbón, a pesar de ser el tipo de combustible fósil más contaminante de todos, es muy importante en todo el mundo y en particular en España, especialmente como fuente de energía para generar electricidad. España tiene un grado de autoabastecimiento de carbón del 31%, siendo por esta razón el único combustible fósil con el que España puede contar para generar electricidad sin necesidad de importarlo, aunque no satisface todos sus necesidades ni tiene la mejor calidad.

El grado de autoabastecimiento de energía primaria (relación entre producción interior y consumo total de energía) es relativamente bajo, lo que supone que en España el 78,4% de la energía primaria consumida es importada del exterior. En el 2020, según el documento titulado "BP Statistical Review of World Energy 2021," se reportaron en el país unas reservas de carbón que ascendieron a 1.187 miles de toneladas, representando el 0,1% del total mundial (1.074.108 miles de toneladas). Las reservas de carbón existentes en España pueden satisfacer las necesidades de este tipo de fuente energética para muchos años (286 años), siendo ésta la reserva energética autóctona más importante en la actualidad.

La generación eléctrica en España

En el 2020, la producción de electricidad en España a través de todas las fuentes de energías fue de 255,8 TWh, según datos del documento titulado "BP Statistical Review of World Energy 2021." En el 2020, según la base de datos PRIS-OIEA de fecha diciembre del 2021, la generación eléctrica en el país ascendió a 251.159 GWh, un 9% menor al reportado en el 2019. Si bien de manera individual la energía nuclear viene ocupando desde hace varios años y hasta el 2020 el primer lugar dentro de la matriz energética española, (ver Tabla 17), en el 2020, las energías renovables pasaron a ocupar el primer lugar, generando en su conjunto el 44,4% de la energía eléctrica producida en ese año, lo que representó un crecimiento del 9,1% respecto a los resultados registrados en el 2018. De ellas, la energía eólica representó prácticamente el 50% del total generado por las energías renovables y la energía solar casi un 18% de ese total (109.740,69 GWh). El 2018 fue un año con buena aportación de la producción hidroeléctrica en el país, 36.803 GWh, casi un 75% mayor que el reportado en el 2017 (21.070 GWh), un año de sequía. Sin embargo en el 2020, la contribución de la centrales hidroeléctricas a la generación de electricidad fue un 17% menor lo que no ha ayudado a que las energías renovables consoliden participación en la generación eléctrica del país.[48]

[48] El Grupo Red Eléctrica, a través de su filial Red Eléctrica de España, invertirá un total de €3.221 millones para hacer posible la transición energética en todo el territorio español mediante el desarrollo de la red de transporte de alta tensión y la operación del sistema eléctrico.

Tabla 17: Estructura de la matriz energética de España en el 2020 (por ciento y GWh)

1º	Nuclear	22,6%	55.756,8
2º	Eólica	22,2%	54.378,72
3º	Ciclo combinado	17,8%	44.023,81
4º	Hidráulica	12,4%	30.548,66
5º	Cogeneración	10,9%	26.952,56
6º	Solar	8,0%	19.799,98
7º	Carbón	2,0%	5.021,99
8º	Otras renovables	1,8%	4.477,75
9º	Otras	3,9%	9.699,24

Fuente: Statista 2020

El parque generador de energía eléctrica en España es cada vez más renovable, a pesar de que la instalación de nuevas centrales de generación renovable ha sido baja durante los últimos años. Desde el 2018, la generación eléctrica de ciclo combinado ha incrementado su participación en la matriz energética de España, pasando a ocupar el segundo lugar en la matriz energética española con el 17,8% del total. En los últimos años han entrado en servicio nuevos parques de generación eólica, solar fotovoltaica, y de otras fuentes de energías renovables lo que ha permitido incrementar la generación eléctrica en el país a través del uso de este tipo de fuentes energéticas. A finales del 2020, la potencia instalada de todos los tipos de energías renovables fue de 59.108 MW, un 7,9% superior al reportado en el 2019 (54.778 MW) (IRENA Estadísticas de Energía Renovable 2021, 2021).

El nuevo impulso que están tomando las energías renovables en los últimos años, después del parón experimentado desde el 2012, permitirá continuar aumentado su contribución a la matriz energética del país. El papel de las energías renovables en la generación eléctrica de España se verá fortalecido en el futuro por la conexión de más parques solares y eólicos al sistema eléctrico nacional. Adicionalmente, hay otros muchos proyectos de energías renovables que se están planificando sin subvenciones de ningún tipo, con la expectativa de que el precio del mercado eléctrico permita obtener una retribución suficiente por la energía producida y haga rentable las inversiones que sean realizadas en este tipo de fuente energética. Varias propuestas se han presentado para construir en España más de 23.000 MW de capacidad en parques solares fotovoltaicos en los próximos años, lo que multiplicaría por

2,6 veces la potencia actual instalada en este tipo energía renovable (8.761 MW).

La evolución del papel de las energías renovables en la generación energética del país (capacidad instalada) durante el periodo 2011-20 se muestra en la Fig. 62.

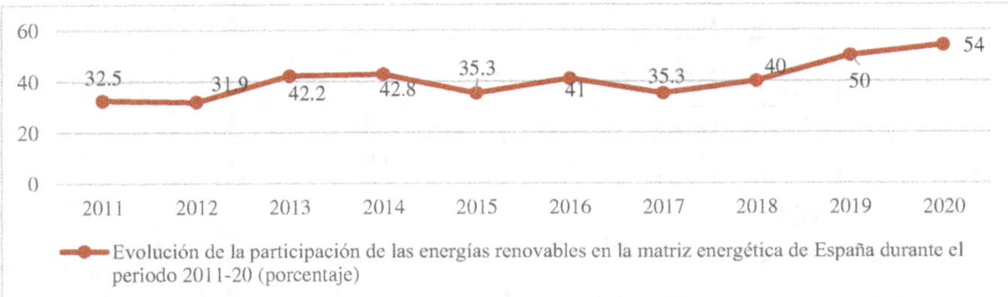

Fuente: Sistema Eléctrico Español 2020 (REE)

Fig. 62: Evolución del crecimiento del papel de las energías renovables en la generación energética del país durante el periodo 2011-20

De acuerdo con la Fig. 62, la participación de las energías renovables en la matriz energética española creció un 21,5% durante el periodo 2011-20 incrementándose del 32,5% en el 2011 al 54% en el 2020. Sin lugar a duda, el parque de generación eléctrico español es cada vez más renovable. Durante el año 2020, la capacidad instalada de origen renovable alcanzó la cifra de 59.108 MW experimentado un crecimiento del 7,9% con respecto al 2019 con la entrada en funcionamiento de 4.330 MW de nuevas capacidades. De esta manera, las energías renovables representan ya el 42,2% de la capacidad de generación instalada en España en el 2020. La demanda nacional de electricidad durante el año 2020 fue de 247.159,51 GWh representando una reducción del 6,6% con respecto a la demanda reportada en el 2019 después de un crecimiento continuado en los últimos cuatro años.

Sin embargo, debe resaltarse que la participación de este tipo de energías, dentro de la matriz energética española decreció, dentro del periodo considerado en tres ocasiones, en el 2012, 2015 y 2017. Después del 2017, la participación de las energías renovables en la matriz energética española creció un 14,7%. Según los planes del gobierno, se espera que la participación de las energías renovables en la matriz energética española continúe creciendo en los próximos años, simultáneamente al decrecimiento del papel de los combustibles fósiles, particularmente petróleo y carbón en la generación de electricidad, así como de la energía nuclear ya que no solo no se prevé, por parte del gobierno, la construcción de nuevas centrales nucleares durante las próximas décadas, sino que se prevé el cierre de las mismas para el 2035.

A pesar de lo expuesto anteriormente sobre las nuevas propuestas de inversión en energía renovables, hay que tener presente que dichas inversiones no se materializarán todas inmediatamente, ya que muchos inversores han presentado sus proyectos con la intención de asegurarse un punto de conexión para la evacuación a la red eléctrica nacional de la futura electricidad producida.

En la Fig. 63 se presenta la evolución, entre el 2010 y el 2020, de la potencia instalada en el conjunto de las centrales eléctricas españolas. La aparente estabilidad de las potencias de los distintos tipos de centrales eléctricas en los últimos años se va a ver significativamente alterada a partir de 2019, por distintos acontecimientos que están ya en marcha.

Fuente: Eurostat 2019, Expansión/Datos macro.com 2018-2019 y Sistema Eléctrico Español 2020 (REE)

Fig. 63: Evolución de la capacidad energética instalada en España durante el periodo 2010-20

Según los datos reflejados en la Fig. 63, la capacidad energética instalada en el país durante el periodo 2010-20 creció un 8,9%, pasando de los 101.740 MW en el 2010 a los 110.839 MW en el 2020. Sin embargo, es importante resaltar que a partir del 2015 se produjo una reducción del 2,8% de dicha capacidad como resultado del cierre de varias centrales eléctricas que utilizaban combustibles fósiles para la generación electricidad. A partir del 2017, la capacidad energética instalada en el país volvió a crecer un 6,7%.

Simultáneamente al crecimiento del uso de las energías renovables en la generación eléctrica en el país se espera se produzca un decrecimiento acelerado del uso de los combustibles fósiles con ese objetivo en los próximos años, tomando en consideración los cierres anunciados por varias empresas propietarias de centrales eléctricas que utilizan este tipo de combustible, fundamentalmente carbón y petróleo. El uso del carbón en la generación eléctrica registró un fuerte retroceso durante el 2020 (5,6 TWh) en comparación con el 2019 (14,1 TWh) descendiendo un 60,3% disminuyendo significativamente su participación en la matriz energética nacional. En el 2020, la participación del carbón en la matriz energética española fue de solo el 2,2%. En cuanto a los intercambios internacionales la situación es la siguiente. Los programas de intercambio de energía eléctrica de España con otros países registraron en el 2020 un ascenso del 5,4% con respecto al año 2019. Las exportaciones crecieron un 23,4% hasta situarse en los 13.507 GWh, y las importaciones disminuyeron a 16.807 GWh (-5,7%). "Por lo tanto, por quinto año consecutivo el saldo neto de los intercambios programados fue importador, con un valor de 3.300 GWh, un 52% inferior al del año 2019" (Sistema Eléctrico Español, 2020).

España tiene interconexiones energéticas con cuatro países. Estos países son Francia, Portugal, Marruecos, y Andorra. España fue un año más importador neto de electricidad con Francia y por segundo año consecutivo, exportador de electricidad con Portugal. En la interconexión con Francia se registró un saldo importador de 5.248 GWh, representando una disminución del 45,9% respecto al 2019. En el caso de Portugal, el saldo exportador fue de 1.455 GWh, frente a los 3.395 GWh reportado en el 2019 (-57,2%). Con Andorra, el saldo fue una vez más exportador con 196 GWh, y con Marruecos ha sido también exportador, con un valor de 298 GWh, frente a los 774 GWh importado el pasado año (-61,5%).

Está previsto que nueve de las catorce centrales de carbón existentes en España, es decir el 64,3% del total, cierren a más tardar en el 2022. El gobierno y las empresas propietarias de las centrales nucleares existentes han acordado un plan de cierre de las mismas hasta el 2035, lo que retiraría otra importante fuente de producción de electricidad que deberá ser sustituida por centrales eléctricas que utilicen fuentes de energías renovables. Sin embargo, el alto precio del gas que ha roto todos los récords históricos de los últimos años podría reabrir el debate del cierre de las centrales nucleares en el país.

Las proyecciones del gobierno español en cuanto a la capacidad generadora e instalada en el país hasta el 2020 se incluyen en las Tablas 18 y 19.

Tabla 18: Proyecciones de generación eléctrica por medio de energías renovables para el periodo 2012-20 (GWh)

Tipo de Fuente de Energía	2012	2014	2016	2018	2020	Por ciento de crecimiento (%)
Hidroeléctrica	28.676	31.228	32.408	32.844	33.314	16,2
Hidroeléctrica < 10 MW	6.284	5.331	5.158	5.599	6.280	-0,1
Geotérmica	0	0	0	60	300	500
Solar fotovoltaica	8.090	9.256	10.565	12.222	14.316	77
Solar térmica	4.463	6.867	9.084	11.866	15.353	344
Energía de las ondas	0	0	22	110	220	10 veces
Eólica en tierra	47.312	53.906	59.598	64.925	70.505	49
Eólica en el mar	0	75	975	3.727	7.753	103 veces
Biomasa	4.876	5.499	6.510	7.931	10.017	105

Fuente: Plan de Acción Nacional de Energías Renovables de España (PANER) 2011-20

Tabla 19: Capacidad instalada proyectada para el periodo 2012-20 (MW)

Tipo de Fuente de Energía	2012	2014	2016	2018	2020	Por ciento de crecimiento
Hidroeléctrica	17.997	18.017	20.057	20.112	20.117	11,8
Hidroeléctrica < 10 MW	1.912	1.982	2.052	2.117	2.185	14,3
Geotérmica	0	0	0	10	50	5 veces
Solar fotovoltaica	4.921	5.553	6.391	7.780	8.367	70
Solar térmica	2.028	2.746	3.361	4.149	5.079	150,4
Energía de las ondas	0	0	10	50	100	10 veces
Eólica en tierra	23.555	26.416	29.278	32.139	35.000	48,6
Eólica en el mar	0	50	500	1.500	3.000	60 veces
Biomasa	803	897	1.048	1.265	1.587	97,6

Fuente: Plan de Acción Nacional de Energías Renovables de España (PANER) 2012-20

Según la Tabla 18, las proyecciones de energía para el período 2012-20 muestran un aumento en la generación de electricidad de casi todas las fuentes de energías existentes en el país. El mayor crecimiento se espera lo tenga la energía hidroeléctrica que debería crecer de los 28.676 GWh en el 2012 a los 33.314 GWh en el 2020; esto representaría un aumento del 16,2%. El uso de centrales hidroeléctricas para la generación de electricidad durante el período considerado ocupa el segundo lugar después de la energía eólica terrestre. La capacidad proyectada de energía hidroeléctrica para el 2020 también será la segunda por detrás de la capacidad proyectada de energía eólica que se instalará en ese año (ver Tabla 19).

La evolución de la capacidad real instalada de las energías renovables en España durante el periodo 2010-20 se muestra en la Fig. 64.

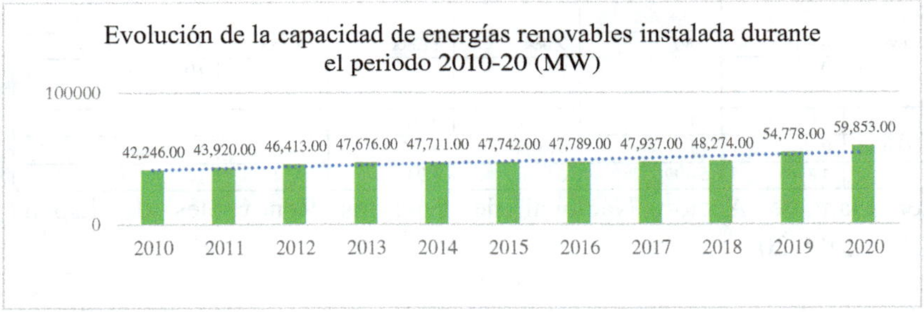

Fuente: Estadísticas de Energía Renovable 2021 IRENA y Sistema Eléctrico Español 2020 (REE)
Fig. 64: Evolución de la capacidad real instalada de las energías renovables en España durante el periodo 2010-20.

A partir de los datos que se muestran en la Fig. 64, se puede afirmar que la capacidad de las centrales de energías renovables instalada en España durante el periodo 2010-20 creció un 41,7%, pasando de los 42.246 MW en el 2010 hasta los 59.853 MW en el 2020. Es importante resaltar que la construcción de nuevas capacidades de centrales de energías renovables se vio frenada a partir del 2012, pero ha dado signo de recuperación a partir del 2018, creciendo un 23,4%. De acuerdo con los planes del gobierno, la capacidad instalada de este tipo de fuentes de energía deberá seguir creciendo en los próximos años a un ritmo mucho mayor que el actual, con el fin de reducir aún más la quema de combustibles fósiles en la generación eléctrica, particularmente de carbón que, en el 2020 generó solo el 2,2% del total de la electricidad producida en el país, y la aprobación del cierre de todas las centrales nucleares para el 2035, las cuales generaron el 22,2% del total de la electricidad producida por el país ese mismo año, la cual fue de 55.793 GWh según la base de datos PRIS-OIEA de fecha diciembre 2021, y de 59.853 GWh, según el Sistema Eléctrico Español 2020.

Es importante resaltar que no existe preocupación por una posible insuficiencia futura del sistema eléctrico español como resultado del cierre de un número determinado de centrales eléctricas que funcionan con combustibles fósiles, ya que en estos momentos el país cuenta con más potencia eléctrica instalada que la necesaria para poder satisfacer la demanda de energía actual y futura. Por ejemplo, desde el 2002 se han construido en España centrales de generación eléctrica con gas natural (ciclos combinados) que suman más de 26.000 MW pero que apenas están funcionando al 10% de su capacidad. Y ante la posible introducción masiva de vehículos eléctricos en los próximos años, la Red Eléctrica de España ha asegurado que el país dispondrá de las infraestructuras necesarias para que cada millón de vehículos eléctricos suponga solo un incremento equivalente al 1% de la demanda energética del país.

Según el informe de la Red Eléctrica de España titulado “El Sistema Eléctrico Español 2020,” la demanda de energía eléctrica en el país durante el año 2020 presentó un descenso del 5,5% respecto al año 2019, alcanzando una demanda total de 249.991 GWh. La demanda de sistema eléctrico peninsular representó, en el 2020, el 94% del total de demanda española siendo un 5% inferior a la demanda registrada en el 2019 que fue de 236.694 GWh. Los datos de demanda eléctrica de los grandes consumidores españoles han experimentado una variación negativa respecto al año 2019. Estas variaciones son las siguientes:

- La industria desciende un 6,6%;
- El sector de servicios presenta un mayor impacto con una caída del 10,4%;
- Otros sectores de actividad desciende un 4,2%.

La participación de la generación no renovable en el 2020 se ha situado en el 54,5 % del total peninsular, disminuyendo un 6,6% respecto al año 2019 cuando el peso de las energías no renovable fue del 61,1%. Este descenso de la generación eléctrica mediante fuentes de energías no renovable peninsular se debió sobre todo a la menor producción de los ciclos combinados, que han generado un 25% menos de la electricidad producida en el 2019, y de las centrales de carbón que han representado tan sólo el 2,2% del matriz energética del país, el valor más bajo desde que existen registros estadísticos (Sistema Eléctrico Español, 2020).

En el 2021, se estima que alrededor del 46,6% de la electricidad que ha demandado España ha sido producido los parques solares, los parques eólicos, las centrales hidroeléctricas y la biomasa, todas fuentes de energía limpias, renovables, y autóctonas (no hay que importarlas). Las centrales de ciclo combinado que queman gas para generar electricidad solo produjeron el 17,2% del total y las centrales nucleares, el 20,8%. En conjunto las diferentes fuentes de energías renovables han producido en el 2021 en España más electricidad que la generada por la energía nuclear y el gas natural juntos.

En el cómputo total del año, la demanda energética en el país se estima que ascendió a 256.462 GWh, un 2,6% más que en el mismo periodo del 2020 y un 3,1% menor que lo reportado en el 2019. Sin lugar a duda, España es un país económicamente dependiente en términos de energías primarias y de tecnologías de conversión a energías finales. El grado de autoabastecimiento de combustibles fósiles es uno de los más bajos de la UE. Sin embargo, la apuesta por incrementar el uso del gas natural y de las energías renovables para la generación eléctrica, y el cierre de centrales de carbón y nucleares durante los próximos años, modificará significativamente la matriz energética del país en el futuro. Un elemento importante a tener en cuenta es el hecho de que al incrementar la participación de las energías renovables en la matriz energética española se ha producido, a su vez, un aumento de la vulnerabilidad del sistema eléctrico y encarecido su gestión operativa (Navarrete, et al., 2011).

La evolución de la participación de los combustibles fósiles en la matriz energética española durante el periodo 2010-20 se muestra en la Fig. 65.

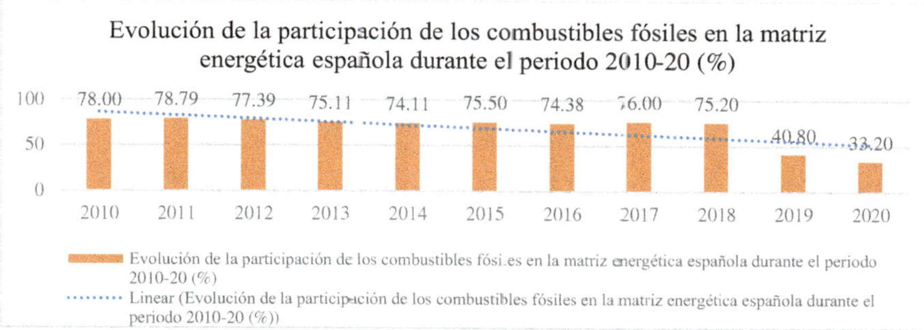

Fuente: Eurostat 2019 and Energy data 2020 edition y BP Statistical Review of World Energy 2021
Fig. 65: Evolución de la participación de los combustibles fósiles en la matriz energética española durante el periodo 2010-20

Como se puede apreciar en la Fig. 65, la participación de los combustibles fósiles en la matriz energética española decreció en el periodo considerado un 57,5%, descendiendo desde el 78% en el 2010 al 33,2% en el 2020. El mayor decrecimiento se registró en el periodo 2018-20, durante el cual la participación de los combustibles fósiles en la matriz energética española descendió un 55,9%. Se espera que la participación de los combustibles fósiles en la matriz energética española continúe decreciendo durante los próximos años, especialmente el uso del carbón y el petróleo para la generación eléctrica, en beneficio del uso de las energías renovables y el gas natural[49].

La evolución de la participación de las energías renovables en la matriz energética española durante el periodo 2010-20 se muestra en la Fig. 66.

[49] Del total de 15 centrales de carbón operando en el país en el 2018, la decisión del gobierno es dejar solo tres en operación durante los próximos años hasta su cierre definitivo.

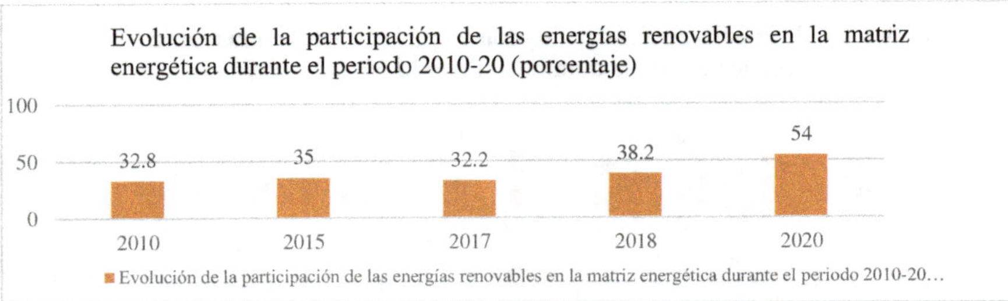

Fuente: Energy data 2020 edition y Sistema Eléctrico Español 2020 (REE)

Fig. 66: Evolución de la participación de las energías renovables en la matriz energética española durante el periodo 2010-20

De acuerdo a los datos que muestra la Fig. 66, se puede afirmar que la participación de las energías renovables en la matriz energética española creció un 21,2% en el periodo 2010-20. Según las medidas adoptadas por el gobierno y la industria para luchar contra el cambio climático, se espera que la participación de las energías renovables en la matriz energética del país continúe creciendo durante los próximos años, reduciendo de esta forma la participación de los combustibles fósiles en la mencionada matriz, especialmente el carbón y en menor medida el petróleo. El objetivo es utilizar energías limpias para la generación de electricidad y poder cumplir de esta forma con los compromisos asumidos por España a nivel internacional de reducir los efectos negativos en el medio ambiente y la población que tiene la quema de combustibles fósiles, especialmente el carbón y el petróleo.

Por último, en las Figs. 67 y 68, se muestra la evolución de la generación de electricidad mediante todas las fuentes de energías en España durante el periodo 2010-20.

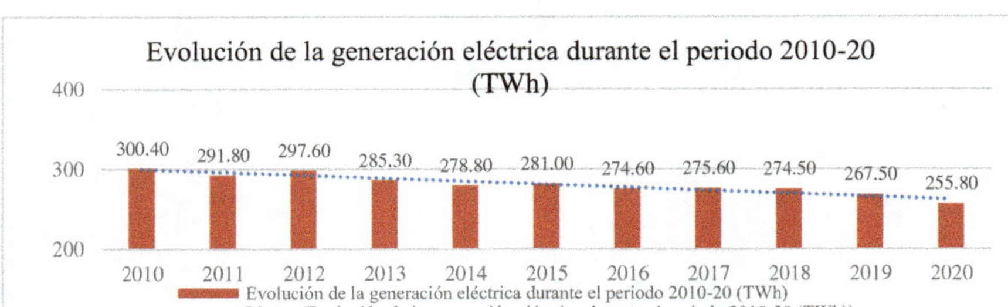

Fuente: BP Statistical Review of World Energy 2021

Fig. 67: Evolución de la generación de electricidad mediante todas las fuentes de energías en España durante el periodo 2010-20

Tal y como se puede apreciar en la Fig. 67, la generación eléctrica en España mediante el uso de las diferentes fuentes de energías decreció un 14,9% considerando todo el periodo 2010-20, disminuyendo desde los 300,4 TWh en el 2010 a los 255,8 TWh en el 2020. Desde el 2012 se ha venido registrando un descenso en la generación eléctrica en el país, el cual ha sido más significativo durante el periodo 2018-20.

El decrecimiento de la generación eléctrica mediante las diferentes fuentes de energías en España estuvo motivado, entre otras razones, por la intensa sequía que afectó al país en el 2017 y que motivó que las centrales hidroeléctricas generaran menos electricidad que la que produjeron en el 2016, así como también por las consecuencias de la pandemia COVID-19 que afectó España en el 2020, entre otros factores. Se espera que la generación eléctrica en el país mediante el uso de los diferentes tipos de energías continúe en general decreciendo durante los próximos años, como resultado de la elevación de la eficiencia energética, el uso más racional de las diferentes fuentes energéticas, y el ahorro en el consumo de electricidad, entre otros factores.

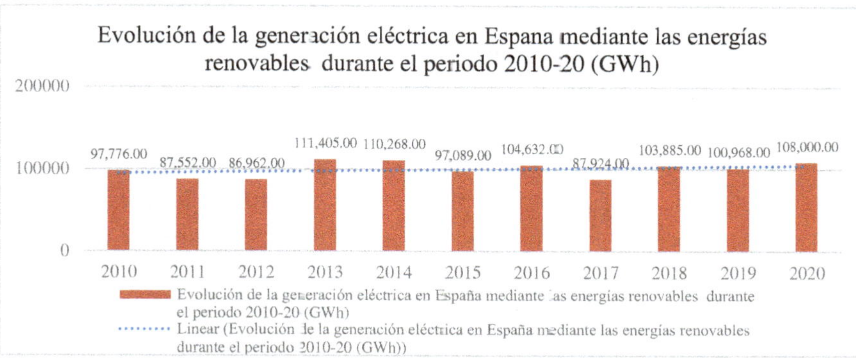

Fuente: Estadísticas de Energía Renovable 2020 IRENA y cálculos del Autor

Fig. 68: Evolución de la generación de electricidad mediante las energías renovables en España durante el periodo 2010-20

Mediante la Fig. 68, se puede apreciar que la generación eléctrica en España mediante el uso de las diferentes fuentes de energías renovables creció un 10,6% considerando todo el periodo 2010-20, pasando de los 97.776 GWh en el 2010 a los 108.000 GWh en el 2020. El estancamiento de la generación eléctrica mediante las diferentes fuentes de energías renovables entre los años

2010-18 estuvo motivado, entre otras razones, por la falta de apoyo gubernamental al uso de las energías renovables y la intensa sequía que afectó al país en el 2017 y que motivo que las centrales hidroeléctricas generaran menos que lo que produjeron en el 2016. A pesar de ello, las energías renovables aumentaron su cuota en el conjunto de la generación eléctrica en el 13,9% pasando del 40,1% en el 2018 a los 54% en el 2020. Se espera que la generación eléctrica en el país mediante el uso de las energías renovables siga la tendencia registrada en el 2020, y crezca su participación en la matriz energética nacional, la cual alcanzó el 22,2% del total en el 2020.

En cualquier caso, son las energías renovables las fuentes de energías destinadas a jugar un papel más relevante en la matriz energética española durante los próximos años, siendo las únicas fuentes cuya producción de electricidad manifestará no sólo un crecimiento en términos absolutos, sino también en términos relativos. Ello se evidencia a partir del esperado aumento en la cobertura a la demanda eléctrica, del orden de un 3,3% de media anual. En cuanto al gas natural, su mayor utilización para la producción de electricidad será, principalmente, en las instalaciones de cogeneración, las cuales evolucionarán a un ritmo superior al de los ciclos combinados.

Por tipo de energías renovables, se espera que la energía eólica, tanto terrestre como marina, seguirá ocupando un lugar dominante dentro de este tipo de fuente energética, con el 52% de la producción eléctrica renovable en el 2020, aproximándose al nivel de la producción eléctrica mediante la energía nuclear. Le siguen a más distancia la energía hidráulica, la energía solar térmica y la energía solar fotovoltaica, responsables respectivamente del 8,3%, 3,8% y 3,6% de la producción eléctrica bruta total (PANER, 2010). La evolución del balance eléctrico nacional durante el periodo 2010-20 se muestra en la Tabla 20.

Tabla 20: Balance eléctrico nacional durante el periodo 2010-20

GWh	2010	2015	2020
Carbón	29.710	33.630	33.500
Energía nuclear	56.000	55.600	55.600
Gas natural	108.829	121.419	141.741
Petróleo	18.535	9.381	8.721
Energías renovables	86.271	119.902	160.858

Producción bruta	299.345	339.932	400.420
Consumo en generación	9.300	8.610	8.878
Producción neta	290.045	331.321	391.542
Demanda final de electricidad	246.011	276.775	317.944
Perdidas en transmisión y distribución	25.520	28.065	31.138
Incremento respecto al año anterior	0,80%	2,69%	2,95%
Porcientos renovables en producción bruta	28,8%	35,3%	40,2%

Fuente: PANER 2010

Como se puede apreciar en la Tabla 20, se había previsto que para el 2020, las energías renovables generaran un total de 160.858 GWh, lo que representaría el 40,2% del total de la producción eléctrica bruta prevista para ese año, pasando a ocupar el primer lugar entre todas las fuentes energéticas que se utilizarían en el país con ese objetivo, seguidas por el gas natural con 141.741 GWh o el 35,4% del total, la energía nuclear con 55.600 GWh o el 13,9% del total, el carbón con 33.500 GWh o el 8,4% del total y el petróleo con 8.721 GWh o el 2,1% del total. En realidad, la generación de electricidad registrada en el 2019 fue la siguiente (Tabla 21):

Tabla 21: Balance de energía eléctrica nacional en el 2019

Tipo de fuente energética	GWh	% dentro del total por tipo de fuente energética	% del total nacional
Hidráulica	30.614	27,7	12,2
Hidroeólica	20	0,02	-
Eólica	54.899	49,7	22
Solar fotovoltaica	15.289	13,8	6,1
Solar térmica	4.538	4 1	1,8
Otras renovables[1]	4.480	4	1,8
Residuos renovables	726	0,7	0,03
Total energías renovables	**110.566**	-	**44,2**
Turbinación bombeo	2.748	2	0,1
Nuclear	55.757	39,6	22,3

Carbón	5.022	3,6	2
Fuel/gas	4.194	3	1,7
Ciclo combinado	44.023	31,3	17,6
Cogeneración	27.008	19,2	10,8
Residuos no renovables	2.015	1,4	0,8
Generación no renovable	**140.767**	-	**56,3**
Consumos en bombeo	-4.621	-	-1,8
Enlace Península Baleares	0	-	
Saldo intercambios internacionales físicos	3.280	-	1,3
Demanda	**249.991**	-	**100**

Nota: (1) Incluye biogás, biomasa, hidráulica marina y geotérmica
Fuente: Sistema Eléctrico Español 2020 y cálculos hechos por el Autor

Según PANER 2010, el intercambio internacional de electricidad en el año 2020 debió arrojar un saldo exportador del orden de los 25.000 GWh por año. La mejora de la eficiencia incorporada a este escenario sitúa las posibilidades de generación de electricidad mediante el uso de fuentes de energías renovables en España por encima de las necesidades de consumo interno, lo que contribuye en buena medida al superávit de energía renovable del país que puede ser transferido a otros Estados miembros de la EU, contribuyendo así al cumplimiento de los objetivos conjuntos aprobados en el campo de la energía. Pero, para poder alcanzar un porcentaje de generación de electricidad con renovables superior al actual 44,2%, resulta imprescindible ampliar las interconexiones eléctricas hacia otros países de Europa central a través de Francia, de forma sensiblemente superior a lo actualmente planificado.

Finalmente, es importante resaltar lo siguiente: en términos relativos, destaca la generación de electricidad mediante el uso de la energía solar termoeléctrica, con un fuerte incremento en su producción eléctrica de un 13,42% superior respecto al nivel alcanzado en el 2010. Le siguen la biomasa y el biogás cuyas producciones, se espera, pasen a experimentar significativos aumentos, entre un 7% y un 12,6% de media anual a lo largo del periodo

2009-20. Asimismo, cabe citar la incorporación de nuevas tecnologías, aún poco visibles, como la eólica marina, la geotermia, y las energías del mar, que irán cobrando cada vez un mayor protagonismo, especialmente en el caso de la eólica marina. Estas tecnologías emergentes, en conjunto, supondrán en el horizonte del 2020 una aportación a la matriz energética española equivalente a la producción eléctrica derivada del uso de los combustibles fósiles (PANER, 2010).

Sin lugar a duda, desde el punto de vista medioambiental, el uso y fomento de las energías renovables presenta una serie de ventajas evidentes frente al uso de las energías convencionales para la generación eléctrica, entre ellas la minimización de emisiones a la atmósfera de gases de efecto invernadero. En un escenario en el que se frenase abruptamente el desarrollo de las energías renovables no sólo se potenciarían los impactos medioambientales por las nuevas instalaciones basadas en combustibles fósiles, sino que significaría un retroceso en la lucha contra el cambio climático, haciendo insostenible el actual modo de vida español. En materia medioambiental, además, cabe destacar que el Plan de Energías Renovables es el primero en España para el que se ha llevado a cabo una Evaluación Ambiental Estratégica. Este proceso representa un instrumento de integración del medio ambiente en las políticas sectoriales para garantizar un desarrollo que permita afrontar los grandes retos de la sostenibilidad, como son el uso racional de los recursos naturales, la prevención y reducción de la contaminación, la innovación tecnológica, y la cohesión social.

Las energías renovables en la generación eléctrica en España

Desde finales de la década de los 90s, se ha producido en el país un fuerte crecimiento de la demanda y un importante cambio en la composición de la matriz energética española. Este cambio es el resultado de un incremento del papel de los ciclos combinados de gas natural y de las energías renovables, especialmente de la energía eólica dentro de la matriz energética del país.

España, junto a Grecia y Países Bajos, llevan desde 2019 aportando más de la mitad del crecimiento total de la producción de energía eólica y solar en la UE, según el sexto informe anual de Ember titulado "European Electricity Review 2021." Un dato destacado incluido en el mencionado informe es que España es el país dentro de la UE que más ha reducido el uso del carbón y del gas para la generación eléctrica durante el periodo 2019-21. En el mencionado informe se señala, además, que las energías eólica y la solar generaron, en el 2021, un tercio de la electricidad en España, y han contribuido a bajar en ocho puntos porcentuales la cuota de los combustibles fósiles en la matriz energética española. En el caso específico de la energía solar, su uso para la generación eléctrica se ha duplicado desde el 2019, pasando de 15 TWh a los 26 TWh. Se espera, según dicho informe, que la energía solar produzca, prácticamente, el 30% de la generación de electricidad en España para el 2030, frente al 10% actual (Moore, 2022).

De acuerdo al informe mencionado anteriormente, como resultado del aumento significativo del precio del gas en el 2021, el uso de este tipo de combustible fósil cayó un 8% en toda Europa, pasando de producir el 20% de la electricidad en el 2019 al 18% en el 2021. Las mayores caídas se han producido en los Países Bajos (-24%) y España (-18%), los dos países con los mayores uso de las energías renovables para la generación de electricidad en la región.

Respecto al carbón, el informe señala que su participación en el matriz energética española sigue siendo muy elevada. Si bien las energías solar y eólica han aumentado su participación en la matriz energética generando hasta los 44 TWh en los últimos dos años dentro de la UE, y este incremento ha compensado de cierta forma la caída en el uso del gas debido a su alto precio registrado en el 2021, no ha ocurrido lo mismo con el carbón, que aportó menos del 3% de la electricidad en el 2021, frente al 5% registrado en el 2019. En España, la producción de energía con carbón se ha reducido casi a la mitad desde el 2019, tras el cierre de varias centrales de carbón viejas y obsoletas con una capacidad de 6,5 GW (casi la mitad del parque) en los últimos dos años (Moore, 2022).

España está demostrando al mundo cómo deshacerse rápidamente de los combustibles fósiles, pero aún queda mucho trabajo por hacer para lograr las metas aprobadas por el gobierno.

La energía hidroeléctrica en la generación eléctrica en España

Dentro de las energías renovables que se utilizan en el país para la generación eléctrica, la energía hidroeléctrica es la fuente de energía más consolidada y de mayor grado de madurez, gracias al aprovechamiento de la orografía y a la existencia de un gran número de presas. Desde un punto de vista sectorial, el Plan de Acción Nacional de Energías Renovables de España (PANER 2010) plantea la necesidad de explotar en lo posible el potencial todavía disponible de energía hidroeléctrica existente en el país. Cabe subrayar el desarrollo esperado de la potencia instalada de bombeo, cuyo incremento se considera que será un factor esencial de cara a facilitar la integración en la red de las energías renovables, aunque esta tecnología no se considere una tecnología de generación eléctrica como tal por muchos expertos.

Según el documento titulado "Estadísticas de Energía Renovable 2021," España contaba, en el 2020, con una capacidad en centrales hidroeléctricas de 20.114 MW (ver Fig. 71). El nivel medio de generación de hidroelectricidad (excluyendo las centrales de almacenamiento por bombeo) refleja el hecho de que España ya ha aprovechado una proporción considerable de sus recursos hídricos que pueden ser explotados económicamente para la generación eléctrica. Se prevé agregar unos 450 MW de capacidad en nuevas centrales hidroeléctricas de pequeño tamaño, lo que permitiría una producción total de energía hidroeléctrica de alrededor de 6.000 GWh por año[50]. Según el gobierno español, el potencial hidroeléctrico con posibilidades de ser desarrollado bajo criterios de sostenibilidad es de más de 1 GW. Sin duda, la energía hidroeléctrica fue, después de la energía eólica, la segunda de las energías renovables según el nivel de la generación de electricidad reportado en el 2019 (12,2%) pero aún lejos de alcanzar la meta planteada.

Fuente: Raiden32
https://es.wikipedia.org/wiki/Presa_de_Aldead%C3%A1vila#/media/Archivo:
Presa_Aldead%C3%A1vila_desembalsando.JPG
Fig. 69: Presa de Aldea Dávila, Salamanca

[50] En el 2019, la generación hidroeléctrica fue de 30.614 MW, según el Sistema Eléctrico Español 2020 (REE) y de 26.874 GWh según el documento titulado "Estadísticas de Energía Renovable 2021."

La evolución de la capacidad instalada de las centrales hidroeléctricas españolas durante el periodo 2010-20 se muestra en la Fig. 70.

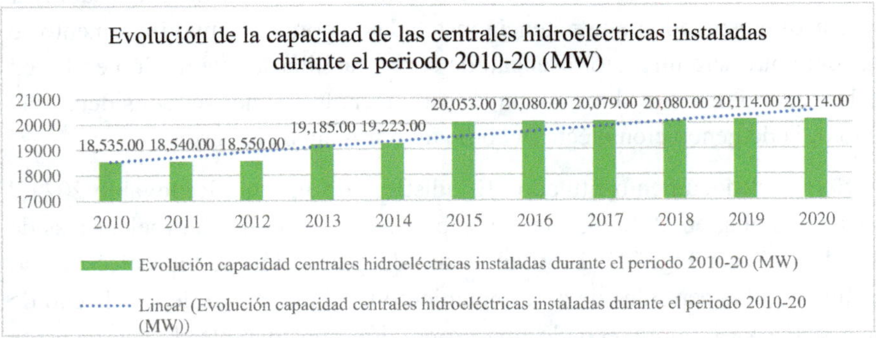

Fuente: Estadísticas de Energía Renovable 2021 IRENA

Fig. 70: Evolución de la capacidad instalada de las centrales hidroeléctricas españolas durante el periodo 2010-20

Como se puede apreciar en la Fig. 70, la capacidad de las centrales hidroeléctricas instaladas en España creció un 8,5% durante el periodo considerado, pasando de los 18.535 MW en el 2010 a los 20.114 MW en el 2020. Este crecimiento en la capacidad instalada se debió a la ya alta utilización del potencial hidráulico disponible en el país para la generación eléctrica. A pesar de ello, se espera que el uso de la energía hidroeléctrica siga creciendo en los próximos años, aunque de manera más lenta que el crecimiento de las energías eólicas y solar. En el marco de la UE, la capacidad total de las centrales hidroeléctricas instaladas en España en el 2020 representó el 12,9% del total, ocupando el cuarto lugar después de Noruega con 33.003 MW (21,1%), Francia con 25.897 MW (16,6%), e Italia con 22.448 MW (14,4%).

La evolución de la generación de electricidad mediante las centrales hidroeléctricas en España durante el periodo 2010-19 se muestra en la Fig. 71.

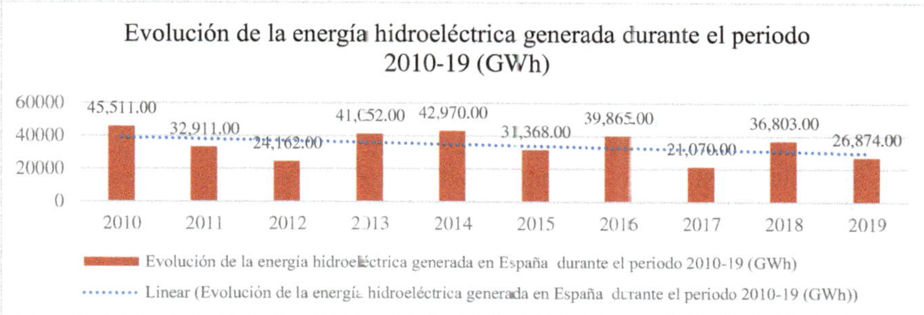

Fuente: Estadísticas de Energía Renovable 2021 IRENA
Fig. 71: Evolución de la generación de electricidad mediante la energía hidroeléctrica en España durante el periodo 2010-19

Según los datos que se muestran en la Fig. 71, se puede afirmar que la generación hidroeléctrica en España durante el periodo 2010-19 disminuyó en un 41%, decreciendo desde los 45.511 GWh en el 2010 a los 26.874 GWh en el 2019. El brusco descenso registrado en los años 2012, 2015, 2017, y 2019 fue el resultado de la intensa sequía que afectó al país en esos años y que limitó considerablemente la generación de electricidad por parte de las centrales hidroeléctricas que operaban en el país. Se espera que la generación de electricidad mediante el uso de las centrales hidroeléctricas continúe jugando un importante papel dentro de la matriz energética de España durante los próximos años, aunque su crecimiento será inferior al de las energías eólicas y solar fotovoltaica.

El potencial de la generación de electricidad mediante el uso de las energías hidroeléctricas ha sido calculado en 138 TWh, o cerca de 5,1 veces el alcanzado en el 2019. En ese año, la energía hidráulica generó el 10,8% de toda la energía eléctrica producida en España. Sin lugar a duda, la participación de la energía hidroeléctrica en la matriz energética española ha disminuido en los últimos años debido también al aumento de la utilización de otros tipos de fuentes de energía para la generación eléctrica[51].

---

[51] La ventaja del uso de las centrales hidroeléctricas para la generación de electricidad es que produce energía limpia y autóctona. La desventaja es que se requiere una infraestructura determinada y que la producción de energía depende de las condiciones

Es importante tener en cuenta que el crecimiento promedio de las pequeñas centrales hidroeléctricas en los últimos años apenas alcanzó el 2,1% anual; esto representó un aumento de la capacidad instalada de este tipo de plantas de solo 36 MW por año como promedio.

El crecimiento en el uso de centrales hidroeléctricas para la generación de electricidad en España fue bajo en los últimos años debido, además, a una serie de barreras que prácticamente han paralizado el sector. El plan anterior del gobierno respecto al uso de las energías renovables para el período 2005-10 establecía que el sector de pequeñas centrales hidroeléctricas alcanzaría una capacidad instalada total de 2.199 MW para el 2010, pero este objetivo no se logró para las centrales hidroeléctricas de menos de 10 MW debido a diferentes factores (Liu et al., 2013). Sin embargo, durante el período 2006-10, las centrales hidroeléctricas aumentaron su papel en la matriz energética de España creciendo de los 25.000 GWh en el 2006 a los 45.511 GWh en el 2010; un aumento del 82%.

Sin lugar a duda, la energía hidroeléctrica tiene todavía un cierto potencial para agregar al sector energético de España. En el 2010, España tenía 1.047 pequeñas centrales hidroeléctricas con una capacidad instalada total de 1.926 MW que generaban 4.719 GWh. Teóricamente, la energía hidroeléctrica es capaz de proporcionar 138 TWh de potencia (Williams, 2011). Se espera que para el 2020, el país tenga 1.100 pequeñas centrales hidroeléctricas con una capacidad instalada total de 2.185 MW y genere unos 6.280 GWh (Liu et al., 2013).

Es importante tener en cuenta, como se dijo anteriormente, que el uso de centrales hidroeléctricas para la generación de electricidad en España se espera que aumente durante los próximos años pero a un ritmo inferior al uso de las energías eólica y solar fotovoltaica. Sin embargo, el objetivo que se ha planteado para los próximos años podría no ser alcanzado si no se adoptan las siguientes medidas:

---

climatológicas. La central hidroeléctrica con mayor producción actual en España es la de Aldea Dávila, situada en Salamanca, en el río Duero.

- Agilizar los procedimientos actuales para la planificación del uso del agua en las secciones del río donde están ubicadas las centrales hidroeléctricas;
- Establecer un nuevo procedimiento administrativo unificado para concesiones de agua o modificación de las existentes, aplicable a centrales hidroeléctricas de hasta 50 MW;
- Promoción de licitaciones en infraestructuras públicas existentes, con nuevas normas para la renovación de concesiones y la posibilidad de modificación de concesiones ya otorgadas;
- Establecer la posibilidad de modificar las concesiones de agua existentes para la generación de electricidad por parte de la autoridad responsable (es decir, evitar el proceso de competir por la concesión de agua en los casos en que la modificación no provoque un aumento o disminución del flujo máximo ni de la capacidad instalada superior a 50% de los montos originalmente otorgados y consistente con el Plan de Manejo de la Cuenca del Río en vigor) (Liu et al., 2013).

Finamente, es importante resaltar que la capacidad de las centrales hidroeléctricas mixtas instaladas en España en el 2020 ascendió a 16.793 MW, capacidad que se mantenido bastante estable desde el 2009, generando en el 2020 un total de 24.646 GWh. La capacidad de las centrales hidroeléctricas de bombeo en el 2020 ascendió a 3.321 MW (36,3% de crecimiento con respecto a la capacidad registrada en el 2010), representando el 8,2% del total de la capacidad instalada en la UE, y generando 2.228 GWh o el 8,2% del total de la electricidad generada durante ese año por este tipo de centrales dentro de la UE.

La energía eólica en la generación eléctrica en España

Según la Asociación Empresarial Eólica en un documento titulado "Eólica 2018," se señala que en el 2017 en España la potencia eólica instalada aumentó en 66 MW elevando la capacidad de los parques eólicos a 23.092 MW. En el 2018, la capacidad eólica en España aumentó aún más que en el 2017, en unos 344 MW alcanzando la cifra de 23.436 MW y generó el 19,8% del total de la electricidad producida en el país. En el 2019, la capacidad eólica en España aumentó en 2.148 MW alcanzando la cifra de 25.553 MW y generó

50.896 GWh, un incremento de 1.769 GWh con respecto al total de la electricidad generada en el país en el 2018. En el 2019, había instalado en el país un total de 1.123 parques eólicos en 807 municipios del país. Según el documento titulado "Estadísticas de Energía Renovable 2021," en el 2020, la capacidad de los parques eólicos instalados en España fue de 27.089 MW, aumentado en 1.506 MW la capacidad de este tipo de instalaciones, y generando un total de 55.647 GWh, un 9,3% mayor que el generado en el 2019.

Se prevé por el gobierno continuar apostando por la energía eólica terrestre (ver Fig. 73), ya madura y muy cercana a la competitividad con la generación eléctrica convencional, con un objetivo de 35 GW para el inicio de la década del 2020. Asimismo, se espera un desarrollo progresivo de la energía eólica marina, especialmente al final de la década.

La evolución de la capacidad de los parques eólicos instalados en el país durante el periodo 2010-20 se muestra en la Fig. 72.

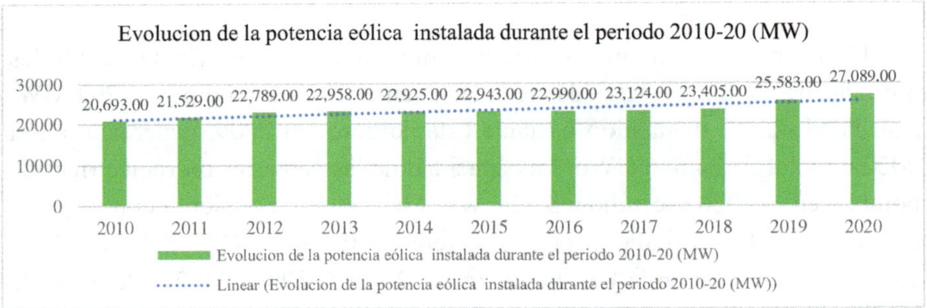

Fuente: Estadísticas de Energía Renovable 2021 IRENA

Fig. 72: Evolución de la capacidad eólica instalada en España durante el periodo 2010-20

Como se puede apreciar en la Fig. 72, la capacidad eólica instalada en el país creció en un 30,9% durante el periodo considerado, pasando de los 20.693 MW en el 2010 hasta los 27.089 MW en el 2020. Se espera que la capacidad eólica en el país siga creciendo en los próximos años, y supere la participación registrada en el 2019, que fue del 22%, en la matriz energética del país. No se descarta que la participación de la energía eólica en la matriz energética de España llegue incluso a superar la de la energía nuclear que, en el 2019, fue del 22,3% y del 22,2% en el 2020, según la base de datos PRIS-OIEA de diciembre del 2021.

Fuente: https://www.flickr.com/photos/rlasaosa/7675481784/in/photostream/
Fig. 73: Parque eólico en Castilla- La Mancha

De acuerdo con la Asociación Empresarial Eólica (Eólica 2018), los parques eólicos instalados en el país evitan la emisión de 25 millones de toneladas de CO_2 cada año. En parques eólicos, España tiene una capacidad instalada de 27.089 MW en el 2020 (la capacidad eólica marina era de solo 5 MW en el 2020 y generó en ese año 11 GWh), utilizan 20.306 aerogeneradores para la generación de electricidad que en el 2020 fue de 55.647 GWh, beneficia a 12 millones de consumidores, emplea a 22.578 personas y exporta por valor de €2.391 millones (ver Fig. 75). Solo en el 2020 se instalaron parques eólicos con una capacidad de 1.506 MW. Según REE, la energía eólica ha sido la segunda fuente de generación eléctrica en España en el 2018, ubicando al país en el quinto lugar en el mundo por la potencia eólica instalada, después de China (281.993 MW), Estados Unidos (117.744 MW), Alemania (62.184 MW), e India (38.559 MW). y aporta el 0,31% del PIB español (€3.394 millones). Se espera para el 2030 tener instalados en el país parques eólicos con una capacidad total de 40.000 MW, unos 12.911 MW más que la capacidad total instalada en el 2020, lo que haría disminuir significativamente las emisiones de CO_2, y permitiría avanzar hacia una cobertura energética 100% limpia para el 2050. Según el plan del gobierno español, la energía eólica seguirá creciendo en los próximos años y se espera que se mantenga como la mayor fuente de energía renovable en el país, al menos hasta el 2050, seguido de la energía hidroeléctrica y la energía solar.

La evolución de la generación de electricidad en España mediante el uso de parques eólicos durante el periodo 2010-19 se muestra en la Figura 74.

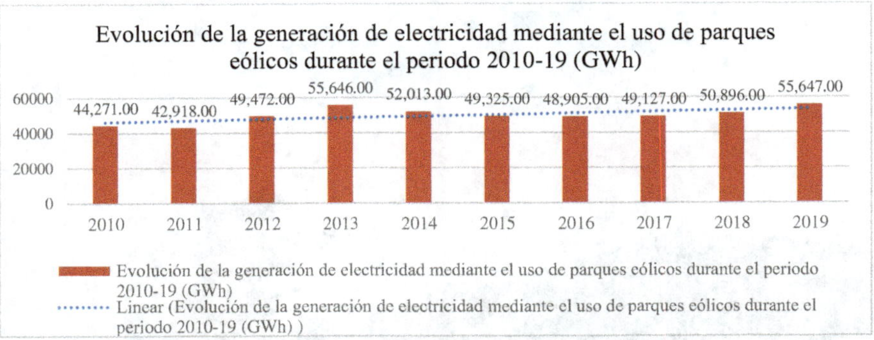

Fuente: Estadísticas de Energía Renovable 2021 IRENA

Fig. 74: Evolución de la generación de electricidad en España mediante el uso de parques eólicos durante el periodo 2010-19

Según los datos reflejados en la Fig. 74, puede afirmarse que la generación eléctrica mediante los parques eólicos instalados en España creció un 25,7% durante el periodo considerado, pasando de los 44.271 GWh en el 2010 a los 55.647 GWh en el 2019. Se espera que esa tendencia continúe durante los próximos años al incrementarse las capacidades de los parques eólicos en el país previstos por el gobierno.

La evolución de la cobertura de la demanda eléctrica en España mediante los parques eólicos instalados en el país, durante el periodo 2010-20, se muestra en la Fig. 75.

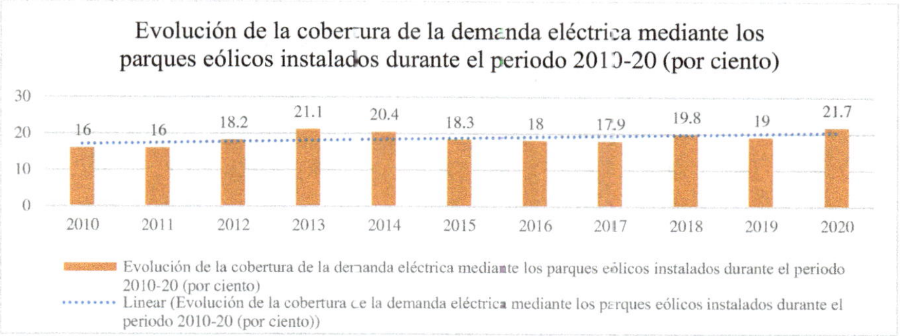

Fuente: www.ree.es y cálculos del Autor

Fig. 75: Evolución de la cobertura de la demanda eléctrica en España mediante los parques eólicos durante el periodo 2010-20

De acuerdo con la Fig. 75, la cobertura de la demanda energética mediante los parques eólicos instalados en el país creció un 5,7% durante el periodo 2010-20, pasando del 16% en el 2010 al 21,7% en el 2020. La mayor cobertura de la demanda energética en el país mediante la operación de los parques eólicos fue en el 2020, y alcanzó la cifra del 21,7%. Después del segundo pico alcanzado en el 2013, la participación de la generación eléctrica mediante energía eólica decreció un 3,2% durante el periodo 2013-17, volviendo a crecer un 1,9% durante los años 2017 y 2018. Como dato curioso tenemos que la energía eólica llegó a satisfacer el 53% de la demanda en el 2018. Se espera que la generación de electricidad mediante los parques eólicos continúe la tendencia registrada durante los dos últimos años y siga aumentado su participación en la matriz energética nacional. Otro detalle curioso relacionado en cómo se atienden los picos diarios en la demanda de energía en el país es el siguiente: el pico de la demanda del mediodía se cubre con el aporte de la energía solar pero el de las 21 horas, al no haber energía solar disponible, se tiene que cubrir con las centrales hidroeléctricas.

Sin lugar a duda, la capacidad de los parques eólicos terrestre es mucho mayor si se le compara con la capacidad de los parques eólicos marinos. La evolución de la capacidad eólica terrestre en España durante el periodo 2010-20 se muestra en la Fig. 76.

Fuente: Estadísticas de Energía Renovable 2021 IRENA

Fig. 76: Evolución de la capacidad eólica terrestre en España durante el periodo 2010-20

Tal y como se muestra en la Fig. 76, la capacidad de los parques eólicos terrestres en España creció un 30.9% durante el periodo considerado, pasando de los 20.693 MW en el 2010 a los 27.084 MW en el 2020. El plan del gobierno es continuar construyendo parques eólicos terrestres en el futuro, con el fin de incrementar su participación en la matriz energética nacional.

La evolución de la generación eléctrica de los parques eólicos terrestres instalados en España durante el periodo 2010-19 se muestra en la Fig. 77.

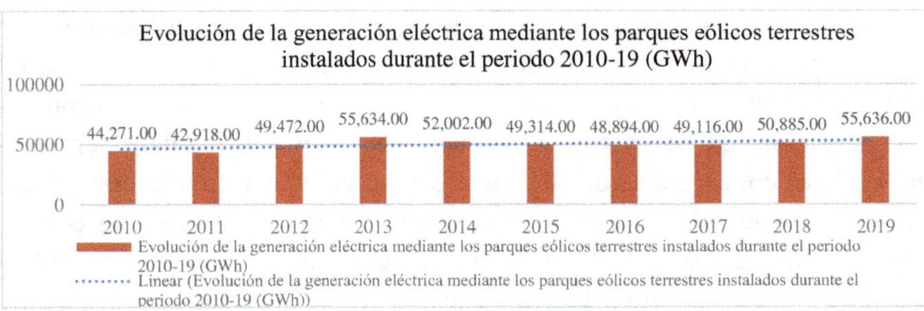

Fuente: Estadísticas de Energía Renovable 2021 IRENA

Fig. 77: Evolución de la generación eléctrica de los parques eólicos terrestres instalados en España durante el periodo 2010-19

Según los datos que se muestran en la Fig. 77, se puede concluir que la generación eléctrica en España mediante los parques eólicos terrestres instalados en el país creció un 25,7% durante el periodo considerado, pasando de los 44.271 GWh en el 2010 a los 55.636 GWh en el 2019. Se espera que esta tendencia se mantenga en el futuro y que la participación de los parques eólicos terrestres en la matriz energética nacional siga incrementándose durante los próximos años.

El uso de los parques eólicos marinos para la generación eléctrica en el país es muy reducido con una capacidad de solo 5 MW instalada en el 2020 frente a las costas de Jinámar (Gran Canarias), siendo ésta la primera y hasta ahora el único parque eólico marino existente en país. Este parque eólico marino tuvo una generación eléctrica reportada de 11 GWh en el 2019. Se espera poder construir un gran parque eólico marino durante los próximos años y se hacen planes para construir otros parques eólicos en tres zonas de las islas. Según Ladari Fuentes (2021), detrás de estos planes se encuentra Greenalia, un grupo de empresas que en los últimos años está apostando por las energías renovables como la eólica y la fotovoltaica. Recientemente, la compañía ha dado un paso más en la construcción de un parque eólico flotante en Gran Canarias, pues la Agencia Estatal de Seguridad Aérea (AESA) les ha concedido el permiso aeronáutico para el montaje de los cuatro aerogeneradores que conformarían el mencionado parque. Se espera que este nuevo parque flotante pueda suponer un hito clave y esencial para el avance del sector eólico flotante a nivel mundial y una oportunidad histórica para España de liderar el sector energético.

Con este trámite, Greenalia cuenta con el visto bueno para el ensamblaje del parque eólico flotante Gofio en el puerto de Arinaga y, para, su posterior remolque a la ubicación definitiva, prevista frente al municipio de San Bartolomé de Tirajana dentro del mar territorial de Canarias. Sin embargo, el parque eólico Gofio no será el único flotante de la isla. Habrá cuatro más: Dunas, Mojo, Cardón y Guanche, proyectos de 50 MW de potencia cada uno, situados en la misma zona en la que se ubicará el parque eólico marino Gofio. Cada instalación constará de cuatro aerogeneradores marinos de 12,5 MW de potencia unitaria dispuestos sobre cimentaciones flotantes ancladas al fondo marino a profundidades de entre 61 y 92 metros. Tal y como asegura la empresa, con una potencia de 50 MW se podría abastecer a una población de más de 70.000 hogares, a través de un sistema productivo que evitará la emisión de alrededor de 140.000 toneladas de CO_2 al año (Ladari Fuentes, 2021).

Al igual que en el caso de Gofio, los cuatro nuevos parques eólicos flotantes se conectarán a la red mediante el uso de cables submarinos y subterráneos que evacuarán la energía generada por cada uno de los parques eólicos flotantes de manera completamente independiente. La vida útil de los parques eólicos flotantes será de 20 años y que tendrá una potencia total de 200 MW, lo que equivale a un tercio del total de la potencia de las energías renovables que hay instalada en las islas.

Finalmente, es importante resaltar lo siguiente. Hasta hace pocos años, la energía eólica instalada en España era anecdótica, y su participación en la matriz energética era insignificante. Sin embargo, en los últimos años, la instalación de parques eólicos conectados al sistema eléctrico español se ha expandido rápidamente incrementando su participación en la matriz energética del país. Este crecimiento ha demostrado ser más rápido que el crecimiento promedio dentro de la UE, a pesar de que durante los años 2013-17 apenas creció debido a las políticas energéticas adoptadas por el gobierno que limitaban el apoyo a la expansión de las energías renovables en el país.

Un elemento importante a tener en cuenta durante la elaboración de planes para el aumento de la capacidad eólica a instalar en el país en los próximos años es el siguiente: los productores de energía eólica tienen derecho a transferir su producción al sistema eléctrico nacional a través de la compañía de distribución o transmisión de electricidad, siempre que la absorción de energía por parte de la red sea técnicamente posible. Los productores de energía eólica pueden elegir entre dos opciones diferentes para incorporar su producción de electricidad al sistema. Pueden optar por participar directamente en el mercado mayorista de electricidad o vender la energía a los distribuidores.

La primera opción de participar directamente en el mercado mayorista español de electricidad consiste en presentar ofertas o establecer contratos bilaterales. En ambos casos, los productores de energía eólica tienen el mismo trato que el régimen ordinario en lo que respecta a los servicios auxiliares. Si optan por participar directamente en el mercado mayorista español de electricidad presentando ofertas, su producción tiene el siguiente tratamiento en relación con el manejo de la congestión:

- Su producción no puede retirarse debido a problemas de congestión de la red (excepto para la gestión en tiempo real);

- Su producción se incorporará para resolver restricciones técnicas, siempre que su precio de oferta sea inferior al 70% de la tarifa de referencia (excepto para la gestión en tiempo real);
- Los productores deberán estar conectados a una compañía de distribución que a su vez estará conectada a un punto de la red de transmisión en el cual el operador del sistema ha identificado un problema de restricción.

La segunda opción es vender la energía a los distribuidores. Los productores de energía eólica tienen derecho a vender su producción a las empresas de distribución, las que están obligadas a comprar esta energía. Las empresas de distribución deducen esta producción de las ofertas de compra que tienen que presentar al mercado mayorista español de electricidad para abastecer a sus clientes cautivos. Lo anterior también es lo que actualmente se aplica a la producción de todas las centrales de energía renovables y de alta eficiencia, integradas en el llamado "régimen especial", en oposición al "régimen ordinario".

El año 2005 vio la consolidación de un sistema de soporte confiable en el mercado eléctrico de España. Más de 7.900 MW en molinos de viento se conectaron a las redes del sistema eléctrico de la península española. Esta enorme cantidad requiere soluciones avanzadas para mantener el nivel real de calidad de la energía, como el desarrollo de centros de despacho, que transmiten con precisión las órdenes dadas por el operador del sistema de transmisión a los parques eólicos. La integración de la energía eólica es posible, pero requiere el desarrollo de procedimientos adecuados que armonicen y hagan compatibles los requisitos técnicos con las reglas del mercado.

La Red Eléctrica de España (REE) publicó un informe preliminar sobre el sistema eléctrico del país, revelando que por "primera vez, la energía eólica contribuyó más a la cobertura anual de la demanda de electricidad". Por esta razón, España se convirtió en el primer país del mundo en generar electricidad mediante la energía eólica durante todo un año, según informes del regulador de energía del país y de la Asociación Española de Energía Eólica.

La energía solar en la generación eléctrica en España

Por su ubicación geográfica, España es uno de los países con mayores horas de sol al año en todo el mundo, y éste es un punto muy a su favor para llevar a cabo políticas para el impulso del uso de la energía solar para la generación eléctrica. Lamentablemente, el documento elaborado por Solar Power Europe titulado "EU Market Outlook for Solar Power 2021-2025," muestra un estancamiento en el uso de esta fuente de energía para la generación eléctrica a partir del 2008, año en que España llegó a ser uno de los países con mayor potencia solar fotovoltaica instalada a nivel mundial. El 30 de septiembre de ese año el gobierno español aprobó una nueva regulación en la que la energía solar fotovoltaica ya no recibirían una prima tan alta por kWh que se inyectaba en la red, sino que las primas, además de reducirse, pasaron a ser variables en función de la ubicación de la instalación.

Estas y otras modificaciones incluidas en el Real Decreto aprobado en esa fecha tuvieron como consecuencia un frenazo inmediato del sector. La crisis del sector no hizo sino agravarse posteriormente, cuando nuevos reales decreto, el Real Decreto 1565/2010 del 19 de noviembre por el que se regulan y modifican determinados aspectos relativos a la actividad de producción de energía eléctrica en régimen especial, y el Real Decreto-Ley 14/2010 del 23 de diciembre por el que se establecen medidas urgentes para la corrección del déficit tarifario del sector eléctrico, establecieron un objetivo de 13,4 GW de capacidad instalada de energía solar para 2020[52], lo que se tradujo en un mercado anual de 300 a 400 MW. En virtud de ambos decretos se aprobaron importantes reducciones de tarifas, especialmente para el segmento de instalaciones solares montadas en tierra. El nuevo sistema básicamente promueve el desarrollo de un mercado solar fotovoltaico para su instalación en la azotea de las casas y edificios. Sin embargo, el mayor revés ha sido la introducción de un límite (para los próximos tres años) en la cantidad de horas por las cuales el productor recibirá la tarifa completa. Este límite afecta retroactivamente a todos los parques solares fotovoltaicos instalados bajo el

[52] Respecto a las tecnologías solar fotovoltaica y solar termoeléctrica se prevé, en el NREAP, un incremento significativo en el uso de este tipo de fuentes energéticas, que en conjunto las llevaría hasta los 12-13,4 GW, bastante equilibrado entre ambas en cuanto a producción energética, con un gran incremento del aporte energético al balance eléctrico español.

Real Decreto anterior. El número de horas depende de si los paneles solares fotovoltaicos están utilizando un sistema de seguimiento o no. A partir de 2014, este límite se estableció según la ubicación geográfica del parque solar fotovoltaico, desestimulando totalmente el uso de este tipo de energía para la generación de electricidad, limitando las primas hasta una fecha concreta, y posteriormente eliminando éstas para los nuevos parques solares fotovoltaicos que se instalasen a partir de ese momento (García, 2019).

La evolución de la capacidad de energía solar en España durante el periodo 2010-20 se muestra en la Fig. 78.

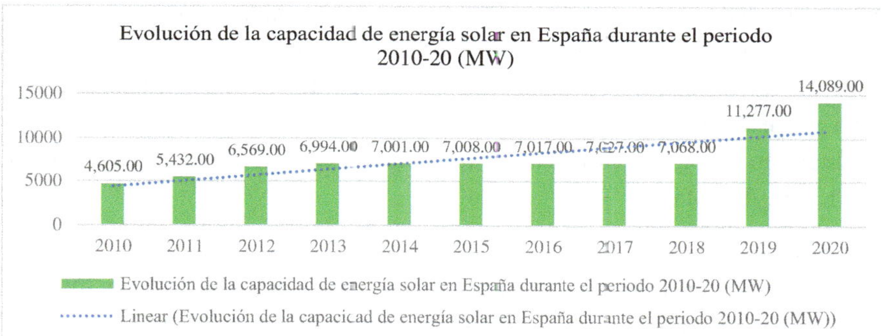

Fuente: Estadísticas de Energía Renovable 2021 IRENA

Fig. 78: Evolución de la capacidad de energía solar en España durante el periodo 2010-20

Como se puede apreciar por los datos incluidos en la Fig. 78, la capacidad de los parques solares instalados en España creció 3,1 veces durante el periodo considerado, pasando de los 4.605 MW en el 2010 a los 14.089 MW en el 2020. Ese crecimiento se debe, fundamentalmente, a la construcción de nuevos parques solares fotovoltaicos instalados después del 2013, ya que, a partir de ese año, no se construyeron nuevos parques solares térmicos en el país. Ahora bien, el mayor salto en cuanto a nuevas capacidades solares instaladas en el país durante el periodo bajo consideración se registró en el 2020 al crecer en 4.209 MW el mayor incremento registrado en el periodo 2010-20.

Es evidente que el periodo considerado puede ser dividido en tres etapas. Durante la primera etapa, que comprende los años entre el 2010 y el 2013, la capacidad de los parques solares instalados en España creció un 51,9%. Durante la segunda etapa, que abarca los años 2014 y 2018, la capacidad de los parques solares se mantuvo bastante estable, moviéndose entre los 6.994 MW y los 7.068 MW. Durante la tercera etapa, que comprende los años 2018 y 2020, la capacidad de los parques solares creció significativamente (casi un 100%), reflejando el apoyo dado por el gobierno español al desarrollo de las energía renovables y su incremento en la participación de su matriz energética para desplazar el uso de los combustibles fósiles y la energía nuclear en la generación eléctrica del país.

Las comunidades autónomas con mayor porcentaje de energía solar térmica instalada con respecto al total son Andalucía con el 43,4%, Extremadura con el 36,9%, y Castilla La Mancha con el 15,2%. Con respecto a otros países europeos, la capacidad de los parques solares instalados en España representó, en el 2020, el 8,6% del total de la región, ocupando el tercer lugar en la región por detrás de Alemania con el 32,9% del total, e Italia con el 13,2% del total.

Según fuentes de la Red Eléctrica Española, España generó casi el 3% de su electricidad a partir de energía solar en el 2010. En el 2012, la participación de la energía solar en la matriz energética del país alcanzó el 4,78%, lo que representó un aumento del 1,78% respecto al nivel alcanzado en el 2010. En el 2018, la participación de la energía solar en la matriz energética del país fue del 4,8% algo similar a lo registrado en el 2012, lo que refleja la falta de estimulación por parte del gobierno al uso de este tipo de energías para la generación de electricidad, y la adopción de medidas que limitaban el apoyo del gobierno a su utilización como fuente energética. En el 2019, como resultado del cambio de política del gobierno, los parques solares instalados en España generaron 15.103 GWh, representando el 10,4% del total de la electricidad producida en la región, duplicando el porcentaje de generación reportado en el 2018.

La evolución de la generación eléctrica mediante la energía solar en España durante el periodo 2010-19 se muestra en la Fig. 79.

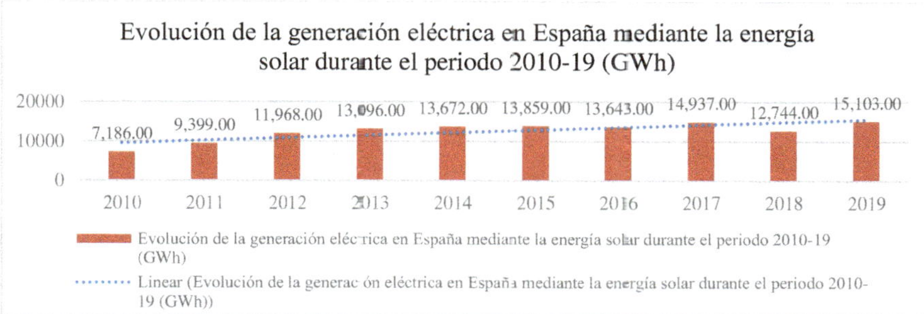

Fuente: Estadísticas de Energía Renovable 2021 IRENA
Fig. 79: Evolución de la generación eléctrica mediante la energía solar en España durante el periodo 2010-19

Tal y como se puede apreciar en la Fig. 79, la generación eléctrica en España producida por la energía solar creció 2,1 veces% durante el periodo 2010-19, pasando de los 7.186 GWh alcanzados en el 2010 a los 15.103 GWh registrados en el 2019, la menor generación eléctrica de los parques solares en todo el periodo bajo consideración. Sin lugar a duda, y de acuerdo con los recientes planes del gobierno de aumentar la participación de la energía solar en la matriz energética española durante los próximos años, se espera que la tendencia registrada durante la última etapa del periodo bajo consideración se mantenga durante los próximos años, y se eliminen o modifiquen todas las medidas anteriores adoptadas por el gobierno y que frenaron la participación de este tipo de fuente de energía eléctrica en la matriz energética del país desde el 2013.

Considerando solamente la energía solar fotovoltaica, la Fig. 80 muestra cuál ha sido la evolución de las capacidades instaladas de este tipo de energía durante el periodo 2010-20.

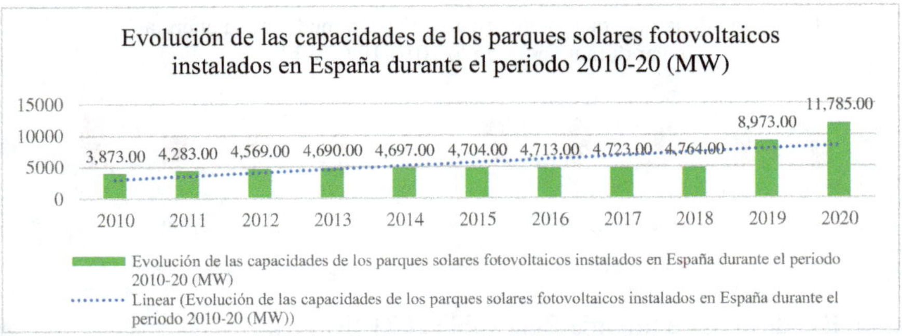

Fuente: Estadísticas de Energía Renovable 2021 IRENA

Fig. 80: Evolución de las capacidades instaladas de los parques solares fotovoltaicos en España durante el periodo 2010-20.

Según los datos incluidos en la Fig. 80, la capacidad de los parques solares fotovoltaicos instalados en España creció tres veces durante el periodo bajo consideración, pasando de los 3.873 MW en el 2010 a los 11.785 MW en el 2020. Como se puede apreciar en la Fig. 80, durante el periodo 2012-18, las capacidades instaladas de parques solares fotovoltaicos se mantuvieron bastante estables debido a la falta de incentivos y apoyo para el uso de este tipo de fuente energética para la generación eléctrica por parte del gobierno. Sin embargo durante el periodo 2018-20 estas capacidades aumentaron significativamente pasando de los 4.764 MW en el 2018 a los 11.785 MW en el 2020, es decir aumentando un 2,5 veces. Se espera que la participación de la energía solar fotovoltaica en la matriz energética española continúe creciendo durante los próximos años, aunque es posible que sea a un ritmo mucho mayor que el reportado durante los años 2018, 2019, y 2020.

La evolución de la generación eléctrica en España mediante el uso de la energía solar fotovoltaica durante el periodo 2010-19 se muestra en la Fig. 81.

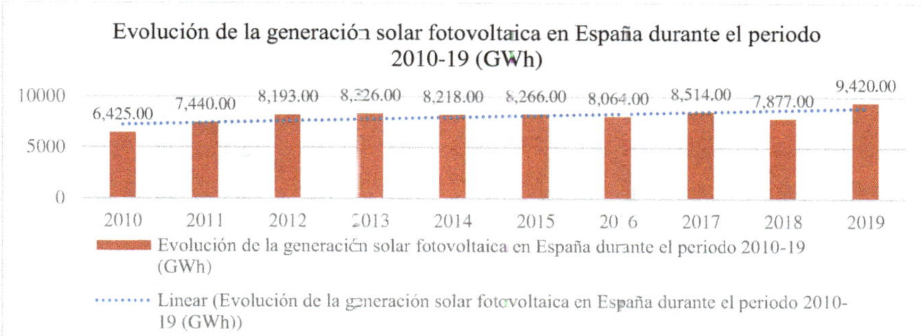

Fuente: Estadísticas de Energía Renovable 2021 IRENA

Fig. 81: Evolución de la generación eléctrica en España mediante el uso de la energía solar fotovoltaica durante el periodo 2010-19

Tal y como se puede apreciar en la Fig. 81, la generación eléctrica mediante los parques solares fotovoltaicos instalados en España creció 46,6% durante el periodo bajo consideración, pasando de los 6.425 GWh en el 2010 a los 9.420 GWh en el 2019. La producción de electricidad mediante los parques solares fotovoltaicos durante el año 2020 representó el 6,2%, situándose por delante de las centrales de carbón por primera vez desde que existen registros. Se espera que la generación eléctrica mediante los parques solares fotovoltaicos instalados y a hacer instalados en España continúe creciendo en los próximos años, según los planes energéticos aprobados por el gobierno para llevar a cabo la transición energética en el país, revertiendo medidas adoptadas por el gobierno anterior respecto al uso de esta fuente de energía para la generación eléctrica. Mediante esa transición se prevé garantizar una mayor participación de las energías renovables en la matriz energética nacional.

La evolución de la capacidad solar térmica en España durante el periodo 2010-20 se muestra en la Fig. 82.

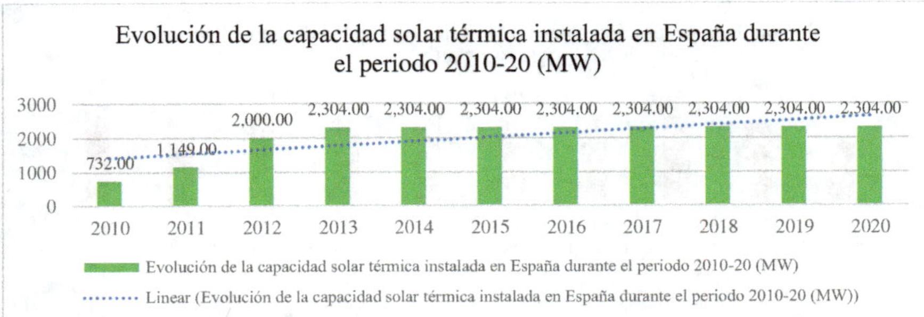

Fuente: Estadísticas de Energía Renovable 2021 IRENA

Fig. 82: Evolución de la capacidad solar térmica instalada en España durante el periodo 2010-20

La Fig. 82 muestra un crecimiento de la capacidad de los parques de energía solar térmica durante los primeros años del periodo considerado del 215%, pasando de los 732 MW instalados en el 2010 a los 2.304 MW instalados en el 2020. Como se puede apreciar en la Fig. 84, a partir del 2013, la capacidad instalada de parques solares térmicos se ha mantenido sin cambio alguno.

A pesar de la importancia que tienen las energías renovables en la matriz energética española ahora y hasta el 2050, no hay planes inmediatos para la construcción de nuevos parques solares térmicos en el país.

La evolución de la generación solar térmica en España durante el periodo 2010-19 se muestra en la Fig. 83.

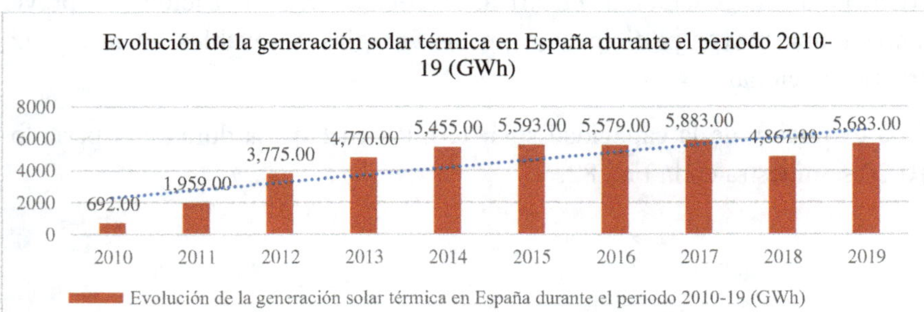

Fuente: Estadísticas de Energía Renovable 2021 IRENA

Fig. 83: Evolución de la generación eléctrica en España mediante el uso de la energía solar térmica durante el periodo 2010-19

Como se puede apreciar en la Fig. 83, la generación eléctrica mediante los parques solares térmicos instalados en el país creció 8,2 veces durante el periodo bajo consideración, pasando de los 692 GWh en el 2010 a los 5.683 GWh en el 2019. Se espera que la participación de los parques solares térmicos en la generación eléctrica española continúe teniendo una participación similar a la reportada desde el 2013, siendo inferior a la que se espera alcance la generación eléctrica a través de los parques solares fotovoltaicos.

Sin lugar a duda, una de las asignaturas pendientes de España en materia de energías renovables tiene que ver directamente con el uso de la energía solar para la generación eléctrica, o con la falta de ella en toda la península. España es uno de los países de Europa y también del mundo con mayor cantidad de horas de sol durante todo el año, pero hasta el momento, esto solo representó un 3,5% de la generación total de energía eléctrica del país en el 2019. Se espera que esta tendencia se mantenga durante los próximos años, tomando en consideración los planes del gobierno y la industria de construir nuevos parques solares fotovoltaicos para la generación eléctrica.

En el caso de la generación eléctrica mediante los parques solares térmicos instalados en el país (ver Fig. 84), ésta creció 8,2 veces en el periodo 2010-19, aunque hay que tener en cuenta que la capacidad instalada de este tipo de energía solar es muy baja (2,1% del total) y se ha mantenido sin modificaciones significativas desde el 2013. Las comunidades autónomas con mayor generación eléctrica mediante el uso de parques solares térmicos son Andalucía, Extremadura, y Castilla La Mancha. Con respecto a otros países europeos, la generación eléctrica mediante los parques solares en España representó, en el 2019, el 0,4% del total generado en ese año en la región por todas las fuentes energéticas disponibles.

A pesar de las críticas a las políticas sobre el uso de la energía solar para la generación de electricidad en España, los parques solares instalados en el país están generando electricidad a un costo razonable.

Fuente: https://commons.wikimedia.org/wiki/File:PS20andPS10.jpg
Fig. 84: Parque solar térmico de Abengoa en Sanlúcar La Mayor (Sevilla)

La energía geotérmica en la generación eléctrica en España

La energía geotérmica es, sin lugar a duda, una fuente de energía muy importante porque no depende de las condiciones externas (suministro, clima, etc.), es relativamente limpia, es prácticamente inagotable, y es un tipo de energía relativamente económica y ambientalmente ecológica. En el 2016, los países que utilizaban más la energía geotérmica para la generación electricidad fueron los EE.UU, Japón, Islandia, Italia y las Filipinas (Hernanz, 2019). En la UE, esta fuente energética es una de las más usadas para la generación de electricidad, aprovechando las fuentes de calor que hay en la misma para poder crear corrientes energéticas. En el 2015, el uso mundial de la energía geotérmica para la generación eléctrica alcanzó el 15% del total (Hernanz, 2019), siendo esta la menor de los otros usos que a nivel mundial se le dio a la energía geotérmica en ese año. En el 2018, la generación eléctrica mediante el uso de las plantas geotérmicas en la UE fue del 7,9% del total mundial. En el 2019, esta fue del 7,4% un 0,5% menor al reportado en el 2018. Los países de la UE que en el 2020 explotaban sus recursos geotérmicos eran Italia con una capacidad instalada de 797 MW y una generación eléctrica en el 2019 de 6.075 GWh, Alemania con una capacidad instalada de 40 MW y una generación eléctrica en el 2019 de 197 GWh, y Portugal con una capacidad instalada de 29 MW y una generación eléctrica que en el 2019 fue de 215

GWh. Fuera de la UE pero dentro de Europa, el país con la segunda más alta capacidad geotérmica instalada es Islandia con 756 MW, generando en el 2019 un total de 6.018 GWh.

España es un país que tiene un potencial limitado para el uso de este tipo de energía para la producción de electricidad, aunque no existe un registro oficial de energías renovables térmicas a nivel de grandes profundidades. Su mayor limitante es que se encuentra solamente en lugares específicos con ciertas condiciones geológicas especiales. Existe un potencial geotérmico en el sureste del país (Andalucía y Murcia), en el nordeste (Barcelona, Gerona, y Tarragona), en el noroeste (Orense, Pontevedra, y Lugo) en el centro (Madrid), en zonas del norte del país (Aragón, Navarra, el País Vasco, y Cantabria), y en Extremadura. Otras áreas de menos potencial se encuentran localizadas en Albacete, Lérida, León, Burgos, y Mallorca, entre otras (ver Fig. 85) (Carazo, 2014).

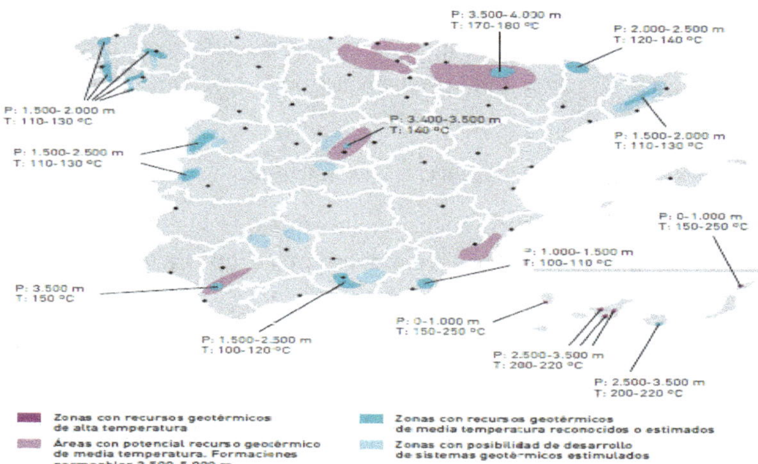

Fuente: https://www.energynews.es/energia-geotermica-lo-que-necesitas-saber/
Fig. 85: Mapa con potencial geotérmico español

De acuerdo con NC Arquitectura, la investigación de los recursos geotérmicos en España se lleva a cabo por el Instituto Geológico y Minero de

España (IGME). Estos estudios se iniciaron en la década de los 70s, mediante la realización del Inventario General de Manifestaciones Geotérmicas, mediante el cual se procedió a un reconocimiento general, geológico, y geoquímico, de los indicios termales existentes en todo el territorio español. Posteriormente, se realizó una selección de las áreas de mayor interés geotérmico, basada en criterios geológicos y en el resultado del reconocimiento antes citado. Cada una de las áreas seleccionadas han sido investigadas, en mayor o menor intensidad dependiendo de su potencial geotérmico, a lo largo de las décadas posteriores mediante la realización de estudios de detalle, utilizando para ello técnicas geológicas, geofísicas, geoquímicas, entre otras.

Lamentablemente, hasta el 2019 no existían plantas de generación eléctrica a partir de la energía geotérmica en todo el territorio español, pero este tipo de energía sí se utiliza para la climatización de las casas[53]. Esta situación se debe, fundamentalmente, "a la complicada situación que ha atravesado el sector eléctrico español y a los costes de inversión en la primera fase de la promoción de este tipo de instalaciones, vinculados al riesgo asociado a la identificación del recurso. En otras palabras, es difícil que las empresas se animen a gastar dinero en un negocio en el que faltan datos y apoyo" (Mosquera, 2016).

La bioenergía en la generación eléctrica en España

La bioenergía[54] es un tipo de energía renovable que se obtiene a partir del procesamiento de materia que se forma a través de un proceso mecánico o biológico.

El Real Decreto 661/2007 del 25 de mayo por el que se regula la actividad de producción de energía eléctrica en régimen especial, estableció un régimen de tarifas de alimentación para la producción de electricidad para

---

[53] Por ejemplo, para una casa de 100 m^2 se hace un pozo que cuesta unos €6.000, más una bomba de calor con depósito de agua caliente, cuyo precio está en torno a unos €10.000. A ello se le suma el suelo radiante de unos €41 el m^2. El gasto de la bomba de calor es de €24 por tener refrigeración, calefacción, agua caliente todo el tiempo (Hernanz, 2019).

[54] La bioenergía puede usarse como sinónimo de biocombustible y de biomasa. También se conoce como bioenergía a todo el contexto relacionado con la producción de biocombustibles y con la obtención de biomasa. Los tipos fundamentales de bioenergía son la biomasa (sólido), los biocombustibles (líquido) y el biogás (gaseoso).

cada tipo de bioenergía, incluyendo la cogeneración con combustibles tradicionales[55]. Gracias a esto, la central térmica tradicional que introduce biomasa sólida o produccion de biogás puede vender una parte de su producción de acuerdo con la tarifa del régimen especial. Sin embargo, debe destacarse que este decreto permite al productor elegir entre vender la energía al distribuidor a cambio de una tarifa fija específica para todos los períodos de programación, o venderla directamente en el mercado diario, o en el mercado de futuros, o a través de un contracto bilateral. En estos últimos tres casos, el productor recibe el precio negociado más una prima. La elección debe hacerse por un período de al menos un año y comunicarse al menos con un mes de anticipación a la autoridad responsable que registrará la decisión en el Registro Administrativo de Instalaciones de Generación de Electricidad. Además, el Real Decreto mencionado anteriormente establece el derecho del productor a vender la totalidad o parte de la producción neta a través de líneas directas. La energía vendida a través de una línea directa no se regirá por el régimen económico establecido en este Real Decreto.

El NREAP para España propone medidas relacionadas con los subsidios para proyectos y acciones con influencia directa en el sector de la biomasa en el país. En España hay alrededor de 30 centrales eléctricas con producción de electricidad a partir de la biomasa sólida, la mayoría de ellas localizadas en Andalucía y Galicia. Por el momento, más del 60% de la electricidad generada por este tipo de centrales eléctricas proviene de centrales eléctricas instaladas cerca de industrias que consumen dicha electricidad. Alrededor del 90% son empresas de la industria del papel.

En España, la industria del biogás tiene un gran desarrollo en aplicaciones en la desgasificación de vertederos. Existen empresas con presencia internacional con experiencia en procesos anaerobios de residuos orgánicos urbanos.

En el 2019, la bioenergía generó un total de 197.140 GWh. En el caso de España las centrales de bioenergías generaron un total de 5.572 GWh. Se prevé que se incremente el uso de la bioenergía hasta llegar alrededor del 10%

[55] Para la biomasa, teniendo en cuenta la abundancia del potencial disponible y el desarrollo previsto de la cogeneración con esta tecnología, se estima que en el 2020 la potencia instalada sea unas dos veces y media la existente a finales del 2010.

en el 2020, o aproximadamente la mitad de la producción prevista de energías renovables, de acuerdo con los planes nacionales de energías renovables de los Estados miembros de la UE. En el caso de España, según el Sistema energético español 2020, la capacidad instalada de bioenergía en el 2019 fue de 1.189 MW, compuesta por biocombustibles sólidos y residuos renovables (897 MW), residuos municipales renovables (121 MW), otros biocombustibles sólidos (777 MW), biocarburantes líquidos (6 MW), y biogás (286 MW). El Plan de Acción Nacional de Energías Renovables (NREAP) aprobado por el gobierno en el marco de la Directiva de la UE del 2009 sobre las energías renovables, estimaba una capacidad instalada total de biomasa y residuos en el 2020 de 1.950 MW (1.350 MW para biomasa sólida, 200 MW para residuos y 400 MW para biogás). Además, las pequeñas unidades de cogeneración, así como las centrales eléctricas de más de 10 MW, desempeñarían un papel importante en el desarrollo del sector durante los próximos años. En España, la bioenergía se utiliza principalmente en la calefacción residencial y las industrias, y en menor medida, para la generación de electricidad y biocombustibles.

Según Residuos Profesional en un artículo titulado "El futuro de la bioenergía en Europa pasa por un uso más eficiente de los recursos," publicado en el 2013, se plantea que "a menudo se considera la bioenergía como "neutra en carbono", pues se supone que el dióxido de carbono liberado en la combustión es compensado por el CO_2 absorbido durante el crecimiento de las plantas. Sin embargo, según destaca el mencionado artículo, el cambio en el uso de la tierra puede invalidar cualquier ahorro de gases de efecto invernadero derivado de la producción de biocombustibles basada en cultivos energéticos. La causa estaría en el desplazamiento de la producción agrícola hacia tierras no utilizadas anteriormente, lo que podría llevar a la conversión de bosques y sabanas en tierras de agricultura. Este cambio en el uso de la tierra tendría efectos negativos en la biodiversidad y aumentaría las emisiones de gases de efecto invernadero." Hay que tener presente también que la disponibilidad de tierras productivas en Europa es limitada y que se requieren para la producción de alimentos.

La evolución de la capacidad de las instalaciones de bioenergía en España durante el periodo 2010-20 se muestra en la Fig. 86.

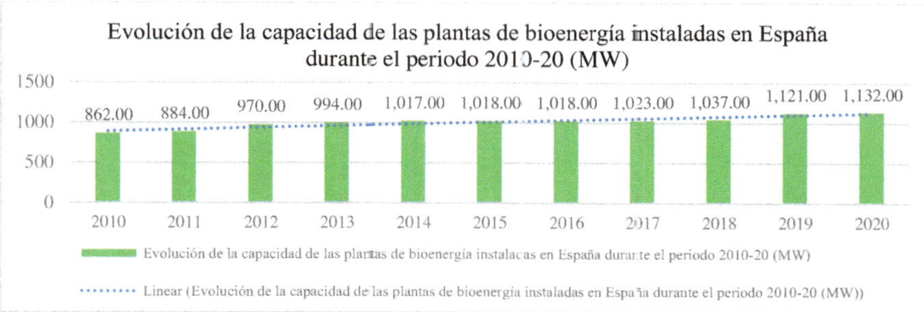

Fuente: Estadísticas de Energía Renovable 2021 IRENA

Fig. 86: Evolución de la capacidad de las instalaciones de bioenergía en España durante el periodo 2010-20

De los datos que se muestran en la Fig. 86, se puede afirmar que la capacidad de las instalaciones de bioenergía en España creció un 31,3% durante el periodo bajo consideración, pasando de los 862 MW en el 2010 a los 1.132 MW en el 2020. A pesar del incremento registrado en las capacidades de las centrales de bioenergía en el país en los últimos años, este tipo de energía tiene todavía una participación muy baja en la matriz energética española. Se espera que esta tendencia registrada en los últimos años se mantenga sin cambios significativos en el futuro, por lo que la participación de la bioenergía en la matriz energética del país continuará siendo muy baja. Dentro del marco de la UE, las capacidades de bioenergía instaladas en España representaron, en el 2020, el 2,7% del total de las capacidades instaladas en la región, ocupando el noveno lugar (el octavo dentro de la UE). Las mayores capacidades de bioenergía instaladas en la UE están en Alemania con 10,367 MW o el 24,8% del total, Suecia con 5.299 MW o el 12,7% del total, Italia con 3.554 MW o el 8,5% del total, Finlandia con 2.597 MW o el 6,2% del total, Dinamarca con 2.135 MW o el 5,1% del total, Francia con 1.851 MW o el 4,4% del total, y Austria con 1.249 MW o el 3% del total.

La evolución de la generación eléctrica mediante el uso de las instalaciones de bioenergías instaladas en España durante el periodo 2010-19 se muestra en la Figura 87.

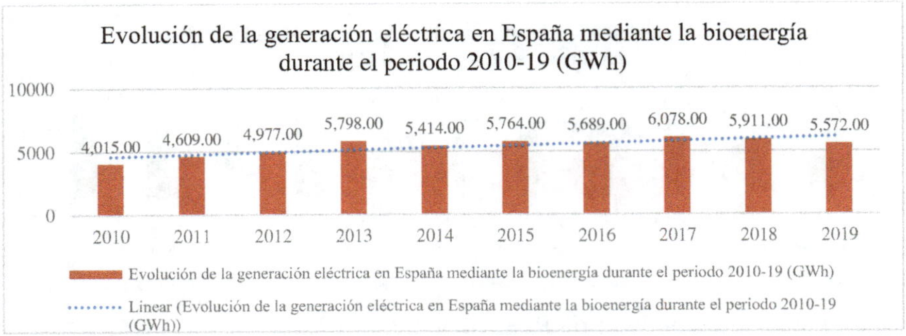

Fuente: Estadísticas de Energía Renovable 2021 IRENA

Fig. 87: Evolución de la generación eléctrica mediante el uso de las centrales de bioenergías instaladas en España durante el periodo 2010-19

Tal y como se puede apreciar en la Fig. 87, la generación eléctrica mediante el uso de las centrales de bioenergía en España creció un 38,8% durante el periodo 2010-19, pasando desde los 4.015 GWh en el 2010 hasta los 5.572 GWh en el 2019. Teniendo en cuenta las medidas adoptadas por el gobierno para aumentar la participación de las energías renovables en la matriz energética española, se espera que la generación eléctrica mediante las centrales de bioenergía continúe creciendo, aunque lentamente, durante los próximos años y su participación en la matriz energética del país sea un poco mayor que la actual, que es muy baja. En el marco de la UE, la producción de electricidad en España mediante las centrales de bioenergía, en el 2019, representó el 2,8% del total de la electricidad generada en la región, ocupando el octavo lugar por detrás de Alemania con 50.221 GWh o el 25,5% del total, Italia con 19.563 GWh o el 9,9% del total, Finlandia con 13.291 o el 6,7% del total, Suecia con 13.036 GWh o el 6,6% del total, Francia con 8,644 GWh o el 4,4% del total, Polonia con 7.717 GWh o el 3,9% del total, y Dinamarca con 5.953 GWh o el 3% del total.

En el caso de los biocombustibles sólidos y otros residuos renovables, la evolución de la capacidad instalada en España de este tipo de bioenergía durante el periodo 2010-20 se muestra en la Fig. 88.

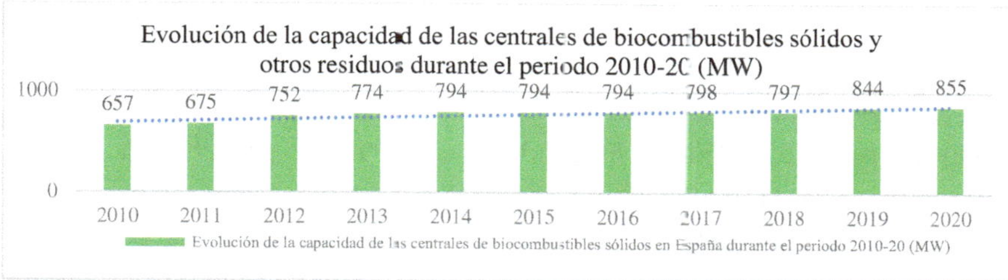

Fuente: Estadísticas de Energía Renovable 2021 IRENA

Fig. 88: Evolución de la capacidad instalada en España de centrales de biocombustibles sólidos y otros residuos durante el periodo 2010-19

De acuerdo con los datos que se muestran en la Fig. 88, se puede afirmar que la capacidad de las centrales de biocombustibles sólidos y otros residuos en España creció un 30,1% durante el periodo considerado, pasando de los 657 MW en el 2010 a los 855 MW en el 2020. Esta tendencia se espera que se mantenga en los próximos años. En el marco de la UE, la capacidad instalada de las plantas de biocombustibles sólidos y otros residuos en España representó, en el 2020, el 3,3% del total instalado en la región, ocupando el octavo lugar por detrás de Suecia con 4.402 MW o el 16,9% del total, Alemania con 2.677 MW o el 10,3% del total, Finlandia con 2.481 MW o el 9,5% del total, Dinamarca con 1.990 MW o el 7,6% del total, Francia con 1.339 MW o el 5,1% del total, Italia con 1.174 MW o el 4,5% del total, y Austria con 1.085 MW o el 4,2% del total.

La evolución de la generación eléctrica mediante el uso de las centrales de combustibles sólidos y otros residuos en España durante el periodo 2010-19 se muestra en la Fig. 89.

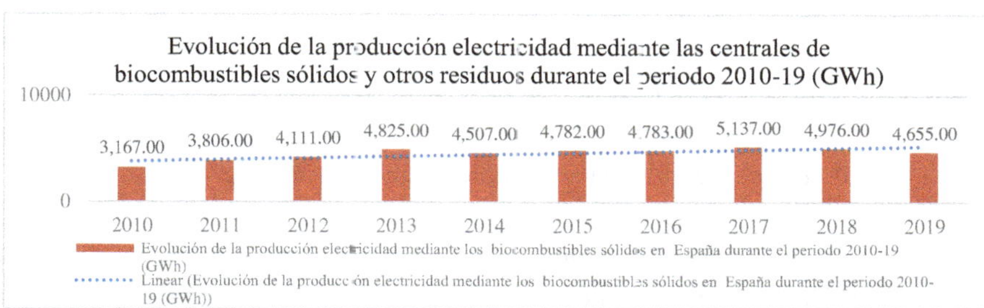

Fuente: Fuente: Estadísticas de Energía Renovable 2021 IRENA

Fig. 89: Evolución de la producción de electricidad mediante las centrales de biocombustibles sólidos en España durante el periodo 2010-19

De acuerdo con los datos que se muestran en la Fig. 89, se puede afirmar que la producción de electricidad mediante las centrales de biocombustibles sólidos y otros residuos creció en España un 47% durante el periodo 2010-19, pasando de los 3.167 GWh en el 2010 a los 4.655 GWh en el 2019. En el marco de la UE, la generación de electricidad en España mediante las centrales de biocombustibles sólidos y otros residuos representó, en el 2019, el 3,4% del total de la electricidad generada en la región, ocupando el octavo lugar por detrás de Alemania con 16.914 GWh o el 13,1% del total, Suecia con 12.987 GWh o el 10% del total, Finlandia con 12.927 GWh o el 10% del total, Italia con 6.609 GWh o el 5,1% del total, Polonia con 6.546 GWh o el 5% del total, Francia con 6.056 GWh o el 4,7% del total, y Dinamarca con 5.317 GWh o el 4,1% del total. Se espera que la producción de electricidad en España mediante las centrales de biocombustibles sólidos y otros residuos siga creciendo durante los próximos años, con el fin de reducir el uso del carbón y el petróleo con este propósito, así como también en el sector del transporte.

En el caso de las centrales de biogás instaladas en España para la generación eléctrica, la Fig. 90 muestra la evolución de la capacidad de este tipo de instalaciones durante el periodo 2010-20.

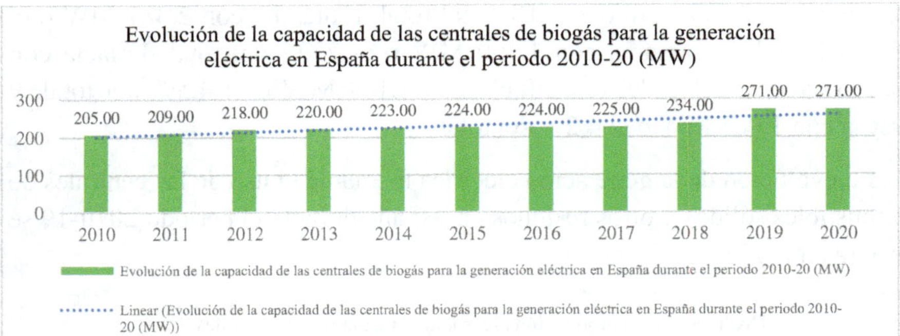

Fuente: Estadísticas de Energía Renovable 2021 IRENA

Fig. 90: Evolución de la capacidad de las centrales de biogás instaladas en España para la generación eléctrica durante el periodo 2010-20

A partir de los datos incluidos en la Fig. 90, se puede afirmar que la capacidad de las centrales de biogás instaladas en el país durante el periodo 2010-20 creció un 32,2% pasando de los 205 MW en el 2010 a los 271 MW en el 2020. Durante el periodo 2012-17, las capacidades anuales de las centrales de biogás instaladas en España se mantuvieron relativamente estables moviéndose entre los 218 MW y los 225 MW. En el periodo 2018-19 se registró el mayor salto en cuanto al total de las capacidades de las centrales de biogás instaladas en el país. Manteniéndose estable de nuevo durante el periodo 2019-20. Se espera que esta tendencia pueda cambiar durante los próximos años con el fin de disminuir la participación de los combustibles fósiles y la energía nuclear en la matriz energética del país.

En el marco de la UE, la capacidad de las centrales de biogás instaladas en España representó, en el 2020, el 2% del total, ocupando el quinto lugar en la región por detrás de Alemania con 7.459 MW o el 54,8% del total, Italia con 1.432 MW o el 10,5% del total, Francia con 511 MW o el 3,8% del total, y la República Checa con 368 MW o el 2,7% del total.

En la Fig. 91 se muestra la evolución de la generación eléctrica mediante las centrales de biogás instaladas en España durante el periodo 2010-19.

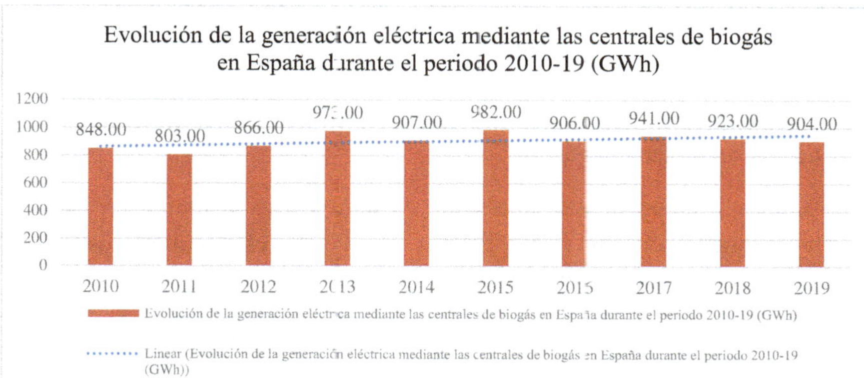

Fuente: Estadísticas de Energía Renovable 2021 IRENA

Fig. 91: Evolución de la generación eléctrica mediante las centrales de biogás instaladas en España durante el periodo 2010-19

La generación eléctrica en España mediante las centrales de biogás instaladas en el país creció, según los datos incluidos en la Fig. 91, en un 6,6% durante el periodo considerado, pasando de los 848 GWh en el 2010 a los 904 GWh en el 2019. Como se puede apreciar en la Fig. 93, durante todo el periodo considerado la generación eléctrica mediante las centrales de biogás ha sufrido altas y bajas. Se espera que este comportamiento se mantenga durante los próximos años, aunque es probable que la participación de este tipo de energía dentro de la matriz energética se incremente durante los próximos años. El objetico a alcanzar es el de incrementar la participación de las centrales de biogás en la matriz energética del país, para reducir de esta forma la participación de los combustibles fósiles, especialmente el carbón y petróleo en la generación eléctrica.

En el marco de la UE la generación eléctrica mediante las centrales de biogás instaladas en España representó, en el 2019, el 1,4% del total de la electricidad producida en la región, ocupando el sexto lugar detrás de Alemania con 32.910 GWh o el 52,6% del total, Italia con 8.277 GWh o el 13,2% del total, Francia con 2.587 MW o el 4,1% del total, la República Checa con 2.528 GWh o el 4% del total, y Polonia con 1.135 GWh o el 1,8% del total.

El número total de centrales eléctricas que utilizan biomasa y residuos para la generación de electricidad alcanzó un total de 203 instalaciones en el 2012. Sin embargo, solo dos nuevas centrales eléctricas de biomasa se han puesto en servicio en España desde ese año, debido a que la inestabilidad en el marco regulatorio del país y el retiro del apoyo del gobierno al incremento de la participación de las energías renovables en la matriz energética del país afectó significativamente al sector.

Resumiendo el papel de las energía renovables en la matriz energética española se puede afirmar según Barrero (2021) en el documento titulado "Estado de las energías renovables en España 2021" lo siguiente:

- Las energías renovables le han ahorrado al país €20 millones cada día durante todo el 2020;
- La contribución directa del sector de las energías renovables al PIB de España cayó un 7,4% hasta alcanzar la cifra de €11.806 millones. A pesar de esta caída, el peso relativo de las energías renovables no solo no ha menguado sino por el contrario, ha crecido durante el 2020 hasta representar el 1,05% del PIB, un 0,04% mayor que el reportado el año anterior que fue de 1,01%. Un dato interesante es que el sector de las energías renovables ha mantenido todo el empleo directo, el que incluso ha crecido tímidamente, aunque ha perdido hasta 3.000 puestos de trabajo indirectos;
- El balance nacional de energía en España en el 2020 se muestra en la Fig. 92.

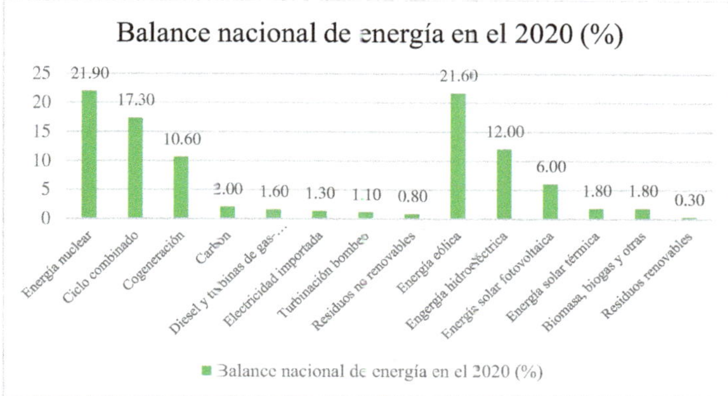

Fuente: Red Española de Electricidad (REE)
Fig. 92: Balance nacional de energía en España en el 2020

Como se puede apreciar en la Fig. 92, en el 2020, la fuente de energía con la mayor contribución individual al balance energético del país continuó siendo la energía nuclear con un 21,9%, seguido muy de cerca por la energía eólica con el 21,6%, las centrales de ciclo combinado con el 17,3%, la energía hidroeléctrica con el 12%, y las centrales de cogeneración con el 10,6%. En total, las energías no convencionales contribuyeron con el 33,4% del total de la generación eléctrica registrada en el 2020, mientras que las energías renovables, incluyendo la energía nuclear, contribuyeron con el 65,4%. El porcentaje de electricidad aportado al balance nacional eléctrico español solamente por las fuentes de energías renovables en el 2020 ha sido el más elevado de todos los tiempos, contribuyendo con un 44% del total;

- El uso de las energías renovables en la generación eléctrica en España en el 2020 ha representado un ahorro en importaciones de combustibles fósiles de €6.273 millones, evitando además la importación de 23.156.739 toneladas equivalentes de petróleo, sin contar los €1.301 millones ahorrados, al no tener que pagar derechos de emisión (pues ni la energía solar, ni la energía eólica, ni la energía hidroeléctrica emiten CO_2);
- La evolución de la aportación de las energías renovables al PIB español durante el periodo 2013-20 se muestra en la Fig. 93.

Fuente: Asociación de Empresas de Energías Renovables (APPA)
Fig. 93: Evolución de la aportación de las energías renovables al PIB español durante el periodo 2013-20

Como se puede apreciar en la Fig. 93, la mayor contribución de las energías renovables al PIB español se registró en el 2019 con un aporte de €12.540 millones, seguido por la contribución aportada en el 2020 por €11.806 millones y por la aportada en el 2018 por €10.522 millones;

- El sector de las energías renovables ha incrementado, en el 2020, la capacidad instalada en el país en más de 5.100 MW, de los cuales más del 88,3% o 4.503 MW han sido conectados a la red eléctrica nacional. De las nuevas capacidades instaladas, más de 2.800 MW son parques solares fotovoltaicos, y 1.700 MW en parques eólicos. De la capacidad total instalada en el 2020 unos 623 MW son para autoconsumo de los parques solares siendo esta la capacidad mayor destinada para este fin reportada por este sector;
- La evolución del impacto económico por el uso de las energías renovables para la generación eléctrica representada en el ahorro en importaciones energéticas durante el periodo 2013-20 se muestra en la Fig. 94.

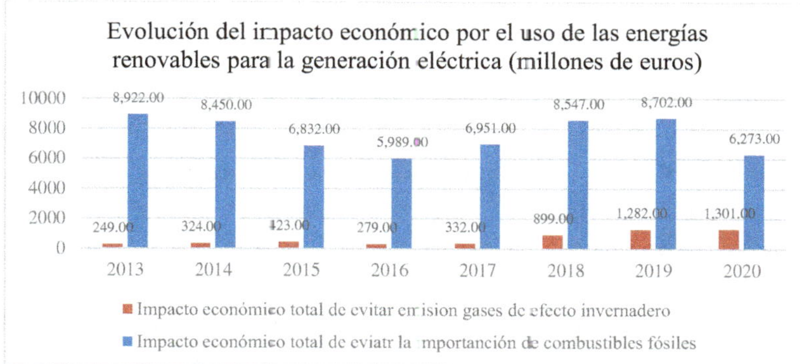

Fuente: Asociación de Empresas de Energías Renovables (APPA)
Fig. 94: Evolución del impacto económico por el uso de las energías renovables para la generación eléctrica representada en el ahorro en importaciones energéticas durante el periodo 2013-20

Tal y como se puede apreciar en la Fig. 94, el mayor impacto económico relacionado con el uso de las energías renovables para la generación eléctrica en España está relacionado con la emisión de gases de efecto invernadero muy por encima del impacto económico relacionado con el ahorro por la importación de combustibles fósiles. Los mayores impacto debido al ahorro por la emisión de gases de efecto invernadero durante el periodo 2013-20 se reportaron en el 2013 con €8.922 millones, seguido por los €8.702 millones reportados en el 2019, y los €8.547 millones reportados en el 2018. El menor impacto económico por este motivo se reportó en el 2016 (€5.989 millones). El impacto económico debido al ahorro de la importación de combustibles fósiles ha venido creciendo sistemáticamente desde el 2016, pasando de los €279 millones reportados en ese año hasta los €1.301 millones reportados en el 2020, o un incremento de 4,7 veces;

- La pandemia del coronavirus trajo consigo confinamientos y restricciones de movilidad en todo el mundo, creando problemas logísticos sin precedentes afectando de manera significativa las cadenas de suministro de todos los sectores económicos imaginables. A pesar de ello, el sector de las energías renovables en España logró exportar, en el 2020, bienes y servicios por valor de más de €4.100 millones, solamente un 4% menos que lo reportado en el 2019. Sin embargo, en el campo de las importaciones de bienes y servicios la caída fue considerable, pues mientras que en el 2019 España importó bienes y servicios en el sector de las energías renovables por valor de más de €3.000 millones, en el 2020 este indicador cayó un 31,1% hasta alcanzar los €2.100 millones;

- También se ha comportado bien la inversión en investigación, desarrollo, e innovación, en el sector nacional de las energías renovables. Según el documento titulado "Estudio del Impacto Macroeconómico de las Energías Renovables en España (2020)" elaborado por la APPA, la inversión en el sector de las energías renovables, en el 2020, respecto al PIB fue de un 2,81%, prácticamente el doble de la media de la economía española que fue de 1,47% y considerablemente por encima de la media en la UE, que se situó en el 2,13%. Pero quizá lo más importante de las energías renovables en España es su potencia depresora del precio de la electricidad. Sin duda alguna, las energías renovables abaratan el precio de la electricidad. En el año 2020, las energías renovables produjeron un ahorro en el mercado mayorista de €3.263 millones, evitaron la importación de combustibles fósiles por valor de €1.507 millones y ahorraron €901 millones en concepto de derechos de CO_2 para un total de €5.671 millones;
- Según el documento sobre sobre el impacto macroeconómico de las energías renovables mencionado anteriormente, los ahorros en el mercado mayorista en esos quince años han ascendido a €70.011 millones, a los que se pueden añadir los ahorros en conceptos como importaciones de combustibles fósiles evitadas (€33.946 millones) o ahorros al evitar emisiones de gases de efecto invernadero (€6.621 millones) para un total de más de €100.000 millones por concepto de ahorro durante ese periodo. Frente a ellos, las energías renovables recibieron una retribución específica (primas recibidas) por valor de €72.113 millones por la electricidad generada durante el mismo periodo (Barrero, 2021);
- La evolución del empleo en el sector de las energías renovables en España durante el periodo 2015-20 se muestra en la Fig. 95.

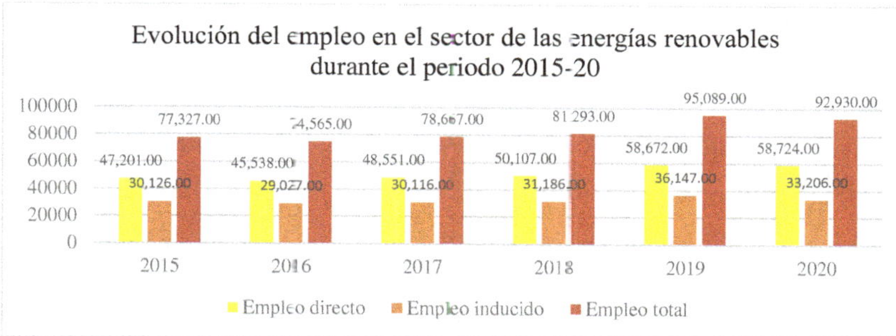

Fuente: Asociación de Empresa de Energías Renovables (APPA)
Fig. 95: Evolución del empleo en el sector de las energías renovables en España durante el periodo 2015-20

Según se puede apreciar en la Fig. 95, el empleo directo en el sector de las energías renovables en España creció durante el periodo 2015-20 un 24,4% pasando de los 47.201 trabajadores en el 2015 a los 58.724 trabajadores en el 2020. En el caso de los empleados inducidos, el crecimiento fue del 10,2% durante el mismo periodo bajo consideración, pasando de los 30.126 trabajadores en el 2015 a los 33.206 trabajadores en el 2020. En resumen se puede afirmar que el empleo total en el sector de las energías renovables en España durante el periodo 2015-20 creció un 20,2%, pasando de los 77.327 trabajadores en el 2015 a los 92.930 trabajadores en el 2020. Se espera que este indicador siga creciendo durante los próximos años como resultado de los planes del gobierno y la industria de incrementar la participación de las energías renovables en la matriz energética del país.

La energía nuclear en la generación eléctrica en España

España tiene siete reactores nucleares de potencia en funcionamiento con una capacidad de 7.121 MW lo que representó el 6,4% de la capacidad total instalada en el país en el 2020 que fue de 110.462 MW (ver Tabla 22). Según la base de datos PRIS-OIEA de diciembre del 2021, las centrales nucleares españolas generaron, en el 2020, un total de 55.793 GWh, lo que representó el 22,2% del total de la electricidad producida en el país considerando todas las centrales eléctricas en operación (251.159 GWh). Debido a ello, las centrales nucleares españolas ocuparon el primer lugar por el total de la electricidad generada en el país en el 2020, seguidas por las plantas eólicas con el 19,8%, las plantas que utilizan el carbón como combustible con el 14,5%, y las hidroeléctricas con el 13,7%.

Tabla 22: Reactores nucleares de potencia en funcionamiento en España en diciembre 2021

Nombre	Tipo	Unidad de potencia referencia MW	Capacidad eléctrica bruta MW	Primera conexión a la red
Almaraz-1	PWR	1.011	1.049	1981-05-01
Almaraz-2	PWR	1.006	1.044	1983-10-08
Asco-1	PWR	995	1.033	1983-08-13
Asco-2	PWR	997	1.027	1985-10-23
Cofrentes	BWR	1.064	1.102	1984-10-14
Trillo-1	PWR	1.003	1.066	1988-05-23
Vandellos-2	PWR	1.045	1.087	1987-12-12
Total (7)		7.121		

Fuente: PRIS-OIEA diciembre 2021

El país tiene tres reactores nucleares de potencia en parada permanente o a largo plazo, lo que reduce la capacidad nuclear instalada en el país en 1.067 MW. Estas unidades se incluyen en la Tabla 23.

Tabla 23: Reactores nucleares de potencia en parada permanente o a largo plazo en España

Nombre	Tipo	Unidad de potencia de referencia MW	Capacidad eléctrica bruta MW	Primera conexión a la red
José Cabrera-1	PWR	141	150	1968-07-14
Santa María de Garona	BWR	446	466	1971-03-02
Vandellos-1	GCR[56]	480	500	1972-05-06
Total (3)		1.067		

Fuente: PRIS-OIEA diciembre 2021

[56] Reactor Grafito Gas.

Hay que tener presente, cuando se analiza el sector energético español, que España es esencialmente una isla, separada de la red eléctrica de la UE. Solo hay dos países de la UE que tienen conexión eléctrica con España. Estos países son Francia y Portugal. Alrededor del 2% de la energía se importa de Francia y una cantidad similar se exporta a Portugal.

Según Morales Pedraza (2012), en noviembre de 2007, el Foro de la Industria Nuclear Española realizó una encuesta para obtener información sobre la posición de la opinión pública con respecto al uso de la energía nuclear para la generación de electricidad. Esta fue una continuación de la encuesta realizada en el 2004 con el propósito de analizar los cambios en las actitudes hacia el uso de la energía nuclear para la generación de electricidad por parte de la población. La principal conclusión que se puede extraer de la encuesta realizada en el 2007 es la siguiente: "La opinión pública española que está a favor del uso de la energía nuclear para la producción de electricidad ha aumentado, pero el número de personas que están en contra no ha disminuido. En otras palabras, algunas personas que estaban o decían estar indecisas se han mudado a las filas de los votantes a favor, que ahora representan el 23% de la población."

Por otro lado, es importante destacar que la mayoría de los españoles apoyan el uso de las energías renovables para abordar las necesidades presentes y futuras energéticas del país, pero es importante tener presente de que generar un MWh de electricidad utilizando energía nuclear cuesta aproximadamente una cuarta parte del costo si se utiliza las fuentes de energías renovables. Además, el Protocolo de Kyoto exige a España que reduzca su nivel actual de emisiones de CO_2 y esto es algo muy difícil de lograr sin el uso de la energía nuclear para la producción de electricidad, tomando en consideración que es la fuente de energía que más electricidad generó en el país en el 2020 con el 22,2% del total.

El relativo bajo apoyo del uso de la energía nuclear para la producción de electricidad por parte de la población española, es el resultado del temor a un accidente nuclear y a la contaminación por desechos nucleares, según Carlos Bravo, director de la campaña antinuclear de Greenpeace en España. Una encuesta del Eurobarómetro sobre el uso de la energía nuclear para la generación eléctrica realizada en el 2005 encontró que el 75% de los europeos no están bien informados sobre los residuos nucleares y de su gestión segura.

El 79% de los encuestados afirmó que todos los residuos nucleares son muy peligrosos. En el caso de España, la encuesta mostró que es uno de los países menos informados sobre este tema relevante, con solo un 15% de personas que dicen están adecuadamente informados sobre el tema. La falta de información es una de las razones por las cuales la mayoría de los españoles temen el uso de la energía nuclear para la producción de electricidad.

Según otra encuesta realizada con 1.000 adultos españoles por Sigma Dos para El Mundo y publicada en *elmundo.es* en agosto de 2008[57], se detectó que casi la mitad de los adultos en España (48,3%) se opone a eliminar la moratoria sobre la construcción de una nueva central nuclear aprobada en el 1983, mientras que el 39,7% apoya terminar con esta moratoria. El número de encuestados que no tiene opinión sobre este asunto alcanzó el 12%. Además, el 75,1% de las personas no aprobaría la construcción de una central de energía nuclear en su propia comunidad, mientras que el 22% lo aprobaría. Alrededor del 2,9% de los encuestados no tiene opinión sobre este asunto. No debe descartarse que los altos precios de la electricidad debido a los altos precios del gas natural y el petróleo reportados desde finales del 2021, más aún después de las sanciones a Rusia por la guerra en Ucrania, provoquen una cambio en la posición de los españoles con respecto al uso de la energía nuclear para la generación eléctrica.

El actual gobierno español ha permitido que las centrales nucleares existentes operen hasta que expiren sus licencias de operación. Una vez que esto suceda, la decisión adoptada es la de cerrar todas las centrales nucleares sin excepción para el 2035. Su desmantelamiento comenzará a partir del 2027, según un acuerdo, que no figura en el Plan Nacional Integrado de Energía y Clima 2021-2030 (PNIEC) (2020), entre los propietarios de las centrales y la Empresa Nacional de Residuos Radiactivos, SA (ENRESA). Durante el 2027, se cerraría la central Almaraz I; su grupo gemelo, Almaraz II, lo haría en el 2028; Ascó I, en el 2029, y Ascó II, para finales del 2030. Quedarían Cofrentes con un cierre previsto para el 2033), Vandellós II en el 2034 y, la última, Trillo, en el 2035 (Sevillano, 2021).

---

[57] Encuesta realizada con 1.000 adultos españoles por Sigma Dos para El Mundo y publicada en elmundo.es en agosto de 2008

Sin embargo, existe un fuerte debate sobre este asunto dentro de los partidos políticos españoles y dentro de la sociedad por las razones expuestas anteriormente. La industria nuclear está firmemente a favor no solo en la extensión de la vida útil de los actuales reactores nucleares de potencia que operan en el país, sino también en la construcción de nuevas unidades durante los próximos años.

Sin lugar a duda, el futuro de la energía nuclear para la generación de electricidad en España es muy incierto, aunque si no hay un cambio de política hacia el uso de este tipo de fuente energética, la energía nuclear quedaría fuera de la matriz energética española para el 2035. Por el momento, el gobierno ya cerró la central nuclear de Santa María Garona en Burgos y ha indicado que no autorizaría la construcción de un nuevo reactor nuclear de potencia en el futuro. Es interesante mencionar que la central nuclear de Santa María de Garona, con su factor de carga neta del 85% ha sido identificada como el sistema BWR más eficiente de Europa y el séptimo a nivel mundial.

El gobierno también tomó la decisión de dar el visto bueno a la Declaración de Impacto Ambiental (DEI) sobre el proyecto Desmantelamiento y clausura de la central nuclear José Cabrera en el término municipal de Almonacid de Zorita (Guadalajara) mediante la Resolución de fecha 21 de diciembre del 2009. El gobierno considera que el impacto ambiental del desmantelamiento de la central nuclear de Zorita es convencional y aceptable. De las tres posibles alternativas, el gobierno eligió el desmantelamiento total inmediato, para liberar el lugar para otros usos. El proceso incluirá la descontaminación y demolición, así como la eliminación de todos los residuos nucleares existentes en la mencionada central.

El sector industrial en España, particularmente la industria nuclear, está presionando al gobierno para que abandone la política de cerrar las centrales de energía nuclear y está pidiendo autorización para extender la vida útil de varias de las unidades actualmente en funcionamiento.

Según el último estudio realizado por Foro de la Industria Nuclear Española titulado "Energía 2021," la economía mundial decreció un 4% siendo la economía española la más perjudicada de toda la UE con un desplome del 10,8%. Como consecuencia de ello, el consumo de energía primaria en España descendió un 13,3% y el de energía final un 13,6%. La demanda de electricidad decreció un 5,6%. A nivel mundial, "en el conjunto de países de la OCDE el descenso del consumo de electricidad fue del 2,9% y el de la producción de electricidad del 2,7%. En la Unión Europea esas cifras fueron del -4,4% y -4,2%, respectivamente" (Energía 2021, 2021).

De acuerdo con las opiniones de varios expertos, España necesita construir no menos de 13.000 MW de nuevas capacidades nucleares para lograr una mezcla de generación de electricidad con el mínimo impacto negativo en el medio ambiente para el 2030. La energía nuclear ha vuelto a estar bajo consideración en algunos países europeos, a pesar del accidente en la central nuclear de Fukushima-Daiichi en marzo del 2011, como una forma posible y realista de reducir las emisiones de dióxido de carbono y disminuir la dependencia de suministros inciertos de combustibles fósiles importados como el gas natural y el carbón y de sus altos precios como está ocurriendo con el gas natural desde finales del 2021, rompiendo todos los registros hasta ahora reportado por el gobierno. El mencionado estudio estimó que la capacidad total de la generación instalada en España necesitaría aumentar hasta los 125.000 MW para el 2030 (en el 2020 había instalada una capacidad de 110.462 MW), o sea un incremento del 11,7%, para poder satisfacer la potencial demanda de electricidad prevista para ese año.

El objetivo principal del documento titulado "Energía 2021" mencionado en el párrafo anterior, era el de estimar la combinación de las diferentes fuentes de energía que España necesitará para satisfacer sus necesidades energéticas, teniendo en cuenta, la seguridad del suministro y la calidad del servicio a los clientes. Del total proyectado, la energía nuclear debería proporcionar unos 20.000 MW, o el 16% de la capacidad instalada para el 2030 (en julio del 2021, la energía nuclear tenía una capacidad instalada de 7.121 MW o el 6,4% del total). El total para la energía nuclear incluye 13.000 MW como resultado de la construcción de nuevos reactores nucleares de potencia, con una vida útil más larga que el de las unidades actualmente en operación. El objetivo es que las centrales nucleares cubran aproximadamente el 24% de la demanda máxima de invierno prevista para el 2030 que se estima sea de 82.700 MW.

En la Tabla 24, se incluye la generación eléctrica de las centrales nucleares españolas en el 2020.

Tabla 24: Generación eléctrica de las centrales nucleares en operación en España en el 2020

ral nuclear	Generación eléctrica (GWh)
Cofrentes (Valencia)	9.247,36
Ascó II (Tarragona)	7.637,72
Trillo (Guadalajara)	8.275,82
Almaraz II (Cáceres)	8.729,49
Almaraz I (Cáceres)	7.161,3
Ascó I (Tarragona)	8.005
Vandellós (Tarragona)	9.242,35
Total	58.300

Fuente: Energía 2021 (2021)

En la Fig. 96, se indica la localización de las centrales nucleares españolas en operación en el 2020.

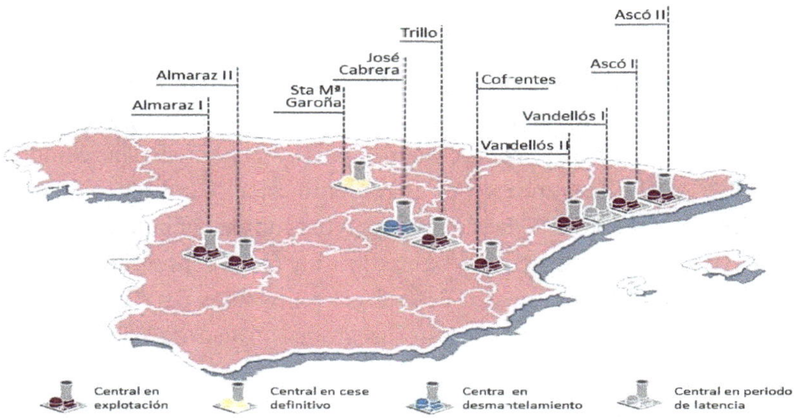

Fuente: La Energía en España 2017 (2018). Secretaría de Estado de Energía, Ministerio para la Transición Ecológica. 2018

Fig. 96: Mapa de ubicación de las centrales nucleares españolas

Mirando hacia el futuro

Las energías renovables en España tienen un peso relativamente pequeño en la generación eléctrica en el país en la actualidad en comparación con el existente en otros países. Para el año 2010, el objetivo según el Plan de Energías Renovables en España para 2005-2010 (REP), era generar hasta el 30% de energía eléctrica a partir de este tipo de fuentes de energía, cifra que se consiguió mediante la energía eólica y la energía hidráulica. La idea de utilizar la energía solar para generar electricidad en una cantidad superior a la alcanzada hasta ese momento quedó muy lejos a lo deseado. En términos generales, para finales del año 2016, casi el 16% de toda la energía consumida en España provenía de energías renovables, y casi el 40% de la generación de electricidad era producida mediante la utilización de las diferentes energías renovables, cifras similares a las que se pueden obtener al revisar el uso de energías renovables en España en el 2018[58]. No obstante, se han marcado unos determinados objetivos energéticos para incrementar el uso de las energías renovables para la generación eléctrica en España y en Europa a ser alcanzados durante los próximos años.

¿Cuál ha sido la evolución del uso de las energías renovables en España en las últimas décadas que le ha permitido no solo incrementar modestamente su participación en la matriz energética del país sino cumplir sus compromisos con la UE? En 1997, se aprobó por el gobierno español la liberación del sector energético para la búsqueda de una mayor competencia mediante la Ley 54/1997 del sector eléctrico[59] y se aprobó un amplio programa de apoyo a favor del uso de nuevas fuentes de energía renovables para la generación de electricidad. Como resultado de este programa, el uso de nuevas fuentes de

[58] La generación eléctrica mediante las energías renovables por Comunidades Autónomas es la siguiente. Castilla y León, tiene una generación de un 73,2% de electricidad a partir de este tipo de fuentes energéticas, seguida por Navarra con un 62,7%, Galicia con un 57,1%, y Aragón con un 54,5%.

[59] Reformulada por la Ley 24/2013, del 26 de diciembre del sector eléctrico, esta reestructuración del mencionado sector significó el paso de una estructura vertical, donde todas las actividades estaban agrupadas, a otra estructura donde generación, transporte, distribución y comercialización operan independientemente. La generación y la comercialización de electricidad se realizan en competencia en el nuevo mercado eléctrico, mientras que el transporte y la distribución se mantienen como actividades en monopolio reguladas por el gobierno.

energía renovables para la generación de electricidad en España se beneficiaría de los siguientes mecanismos de apoyo:

- Una tarifa de alimentación o un precio premium que se pagaría por encima del precio de mercado. En el proyecto de ley publicado el 29 de noviembre de 2006, se propuso un menor apoyo para nuevas plantas eólicas e hidroeléctricas y un mayor apoyo para la biomasa, el biogás, y la solar térmica;
- Estarían disponibles préstamos a bajo interés que cubrirían hasta el 80% de los costos de referencia.

Un paso importante para incrementar la participación de las energías renovables en la matriz energética española fue la aprobación del Plan de Energías Renovables en España para 2005-2010 (REP), en el Consejo de Ministros en agosto de 2005. El REP estableció nuevos objetivos para la instalación de capacidades adicionales de energía eólica y para la producción de electricidad utilizando esta fuente especifica de energía renovable. El objetivo era lograr alcanzar el 12% del consumo de energía primaria a partir de fuentes de energías renovables y, según la Directiva de la UE, el 29,4% del consumo bruto de electricidad a partir del uso de ese tipo de fuentes de energías. El plan revisado de 2005 estableció objetivos detallados sobre la capacidad instalada para el 2010, que incluía una capacidad de energía eólica de 20,155 MW, solar fotovoltaica de 400 MW, solar térmica de 500 MW, y biomasa de 1.695 MW. El REP también tenia como objetivo reducir constantemente las crecientes emisiones de CO_2, que en el 2005 eran un 30% más altas de lo previsto, para que España pudiese cumplir con sus compromisos asumidos en el marco de la aplicación del Protocolo de Kyoto.

Según el documento titulado "Estadísticas de Energía Renovable 2021," España ocupó el segundo puesto en la UE en capacidad eólica instalada con 22.958 MW en el 2013; esto representó un aumento del 0,7% respecto a la capacidad instalada en el 2012 (22.789 MW). En ese año, el número de parques eólicos que operaban en el país alcanzó la cifra de 985. El mayor aumento en la capacidad instalada de energía eólica se alcanzó en 1998 (95,4%). En el 2012, la nueva capacidad de energía eólica instalada alcanzó los 1.260 MW. En el año 2020, la capacidad eólica instalada en el país fue de 27.089 MW, representando un incremento del 5,9% con respecto a la capacidad instalada en el 2019 (25.583 MW), y de un 18% con respecto a lo registrado en el 2013.

El Plan de Acción Nacional de Energías Renovables (NREAP en inglés) de España tenía como objetivo superar el objetivo vinculante del 20% en la participación de las energías renovables en la matriz energética del país en casi un 3%. El NREAP español 2011-20 establecía para la energía eólica terrestre un objetivo de alcanzar una capacidad instalada de 27.847 MW en el 2015 y de 38.000 MW en el 2020 (rebajado a 35 GW posteriormente). El plan de acción mencionado anteriormente enfatizó el papel del sector eólico en alcanzar el objetivo general y pronosticó que era posible lograr hasta el 41% de todo el consumo de electricidad a partir de las energías renovables en el 2020, más del doble de lo asumido en el marco de la UE.

Sin embargo, el plan de acción aprobado fue revisado y se redujo las previsiones sobre la capacidad de energía eólica a instalar en el país a 35 GW en tierra, con tasas de acumulación por debajo de lo que el mercado español ha estado entregado en los últimos años. Esto es 4-5 GW menos que en el escenario previsto por la EWEA dentro del Plan de Acción Nacional de Energías Renovables (NREAP) para España. El objetivo de la capacidad a instalar en energía eólica para el 2020 se muestra en la Tabla 25. Esta previsión no fue alcanzada pues en el año 2020 solamente se reportó la instalación de una capacidad eólica total de 27.259 MW, es decir 7.741 MW menos de lo previsto.

Tabla 25: Objetivos a alcanzar relacionados con la energía eólica para el 2020

Objetivo RES 2020 para la Directiva 28/2009 / CE (%)	Objetivo RES 2020 en NREAP (%)	2020 RES-E- objetivo en NREAP (%)	Capacidad eólica instalada a finales de 2013 (MW)	Capacidad eólica 2020 en NREAP (MW)	Producción eólica 2020 en NREAP (TWh)	Participación eólica en 2020 del consumo de electricidad en NREAP (%)
20	22,7	40	20,676	38,000 (rebajado a 35.000 MW o 35 GW)	70,5	20,8

Nota: La capacidad eólica a instalar en el 2020 fue ajustada a 35 GW

Fuente: EWAE 2011 Plan de Acción Nacional de Energías Renovables (NREAP) para España

Por el momento, España subsidia en gran medida su sector de energías renovables, que cuesta miles de millones de dólares todos los años al país. Cuando el gobierno intentó elevar las tarifas individuales para las energías renovables, la población se quejó amargamente y el gobierno retrocedió, dejando al país con un déficit de energía renovable de casi US$35 mil millones. La idea de que las energías renovables no pueden sobrevivir sin grandes subsidios podría estar enfriando el mercado en España poniendo en tela de juicio el futuro del crecimiento de las energías renovables para la generación eléctrica.

Finalmente, es importante resaltar que a principios del 2012, se aprobó por el gobierno español el Real Decreto-ley 1/2012 del 27 de enero, por el que se procedía a la suspensión de los procedimientos de preasignación de retribución y a la supresión de los incentivos económicos para nuevas instalaciones de producción de energía eléctrica a partir de cogeneración, fuentes de energía renovables y residuos. La justificación, basada en la crisis económica y en las dificultades financieras en la industria eléctrica, era detener un sistema de recompensas que implicaba un costo sustancial para el sistema eléctrico, causando el déficit tarifario, en particular, limitando el impacto de las primas renovables en el déficit tarifario, reduciendo así los costos. Este Real Decreto-ley tuvo un impacto negativo en el papel de las energías renovables en la matriz energética del país, que redujo la velocidad de la construcción de nuevas capacidades eólicas y solares, y un incremento del uso de los combustibles fósiles para la generación eléctrica.

Resumiendo todo lo que se ha dicho anteriormente, se puede afirmar lo siguiente:

- En el caso de las centrales térmicas de carbón, la UE estableció una reducción considerable de emisiones de gases de efecto invernadero a partir del 2020 (concretamente, del 20% respecto a 1990). Además, anunció el fin de las ayudas estatales al uso del carbón para la generación eléctrica en el marco de la UE. Por su parte, la Comisión Europea publicó en agosto de 2017 una nueva normativa que endureció los límites de emisiones de gases contaminantes para este tipo de centrales. Para ajustarse a estas limitaciones, España necesita realizar inversiones cuantiosas en las centrales térmicas que emplean carbón nacional, que es más caro y tiene una menor potencia calorífica que el importado. Unas inversiones que, con toda probabilidad, no se realizarán ya que las compañías eléctricas que las gestionan aseguran que no serían económicamente viables. Debido a ello, España tiene previsto el cierre de varias centrales térmicas de carbón para los próximos años y, por tanto, la participación de esta fuente de energía en la matriz energética del país será mucho menor del 14,5% reportado en el 2018;

- Por otro lado, el uso de la energía nuclear para la generación eléctrica en España también decrecerá en los próximos años, ya que el gobierno no tiene planes para construir nuevas centrales nucleares en el futuro y sigue con su decisión de cerrar las centrales nucleares actualmente en operación cuando lleguen al final de su vida útil, la última en el 2035. Hay que tener presente que la energía nuclear proporcionó el 21,4% del total de la electricidad generada en el país en el 2019, siendo la principal fuente de energía generadora de electricidad individual en dicho año. En el 2020, esta participación fue del 22,2%, o un 0,8% mayor que la registrada en el 2019. Debido a ello, la salida de las centrales nucleares españolas tendrá que ser compensadas con nuevas capacidades de energías renovables que deberán ser construidas durante los próximos años;
- En la cobertura de la demanda de electricidad, lo más destacado ha sido el incremento de la aportación de las centrales de ciclo combinado (un 20,1% frente al 10,2 % del año anterior), y un nuevo descenso en la aportación del carbón (un 4,2 % frente al 13,5% del 2018). En cuanto a las tecnologías que más han contribuido a cubrir la demanda, la energía nuclear se sitúa nuevamente en primer lugar con una aportación del 22,2%, seguida muy de cerca por la energía eólica con el 20,9%. Asimismo, es importante destacar que el 2,7% de la demanda se ha cubierto con energía importada de otros países (Francia y Portugal) (Sistema Eléctrico Español, 2020 y PRIS-OIEA diciembre del 2021).

Sin lugar a duda, las fuentes de energía renovables son la apuesta más segura de cara al futuro, al menos dentro del territorio de la UE y también en España. Los Estados miembros de la UE se han comprometido a aumentar, durante los próximos años, la participación de las energías renovables dentro de sus respectivas matrices energéticas. Debido a ello, a corto y mediano plazo, las fuentes de energías renovables deberán tener una mayor participación dentro de la generación de energía eléctrica de España y demás Estados miembros de la UE. Es decir, las centrales hidroeléctricas, las plantas de bioenergías, los parques eólicos y fotovoltaicos en cada uno de los países miembros de la UE verán incrementada su participación en la matriz energética de cada uno de estos países, con el fin de poder satisfacer una mayor demanda de electricidad prevista para los próximos años y a suministrar la electricidad que dejarán de hacerlo las centrales térmicas más contaminantes del medio ambiente, como son las centrales térmicas de carbón y petróleo y en el caso de España, además, las centrales nucleares. Es importante resaltar que como las centrales de energías renovables deberán satisfacer parte del incremento de la demanda de electricidad que antes cubrían otras fuentes de energía mucho más contaminantes y las centrales nucleares, los avances en el desarrollo de estas tecnologías deberán garantizar el objetivo de conseguir una generación de electricidad cada vez más limpia y económicamente eficiente.

Finalmente, es importante resaltar el tema del almacenamiento de la energía. El almacenamiento de energía asociado con un mayor uso de las nuevas tecnologías renovables para la generación eléctrica tendrán un papel clave en la transición energética en España. La optimización de las instalaciones renovables híbridas y de almacenamiento presenta un reto importante para hacer que las energías renovables sean realmente eficientes.

En España los objetivos a alcanzar en el 2030 relacionados con la reducción de la emisión de gases de efecto invernadero están plasmados en el Plan Nacional Integrado de Energía y Clima 2021-2030 (PNIEC) (2020). Mediante la ejecución de dicho plan, se espera disponer de una capacidad de energía eólica de 50 GW y de energía solar fotovoltaica de 39 GW para dicho año, con una capacidad de almacenamiento de 2,5 GW equivalentes de baterías con un mínimo de dos horas de almacenamiento a carga máxima, con el fin de compensar el cierre de las centrales de carbón más ineficientes y de las centrales nucleares.

Capítulo IV

La Unión Europea

La Unión Europea (UE) es un conjunto de estados que comprende un total de 27 países de Europa continental[60], los que se comprometen a:

- Promover la paz, sus valores, y el bienestar de sus ciudadanos;
- Ofrecer libertad, seguridad, y justicia sin fronteras interiores;
- Favorecer un desarrollo sostenible basado en un crecimiento económico equilibrado y en la estabilidad de los precios, una economía de mercado altamente competitiva con pleno empleo y progreso social, y la protección del medio ambiente;
- Combatir la exclusión social y la discriminación;
- Promover el progreso científico y tecnológico;
- Reforzar la cohesión económica, social, territorial y la solidaridad entre los Estados miembros;
- Respetar la riqueza de su diversidad cultural y lingüística;
- Establecer una unión económica y monetaria con el euro como moneda.

La población total de la UE supera los 500 millones de personas. Los países europeos no pertenecientes a la UE son Islandia, Suiza, Noruega, y algunos estados de los Balcanes[61] pero sus redes eléctricas están en cierta medida conectadas con la red eléctrica de la UE.

En febrero de 2015, la Comisión Europea (CE) fijó su estrategia energética para garantizar que la UE esté en condiciones de afrontar sus desafíos energéticos durante los próximos años. La estrategia se centra en cinco ámbitos claves:

---

[60] Austria (1995), Bélgica (1958), Bulgaria (2007), Croacia (2013), Chipre (2004), República Checa (2004), Dinamarca (1973), Estonia (2004), Finlandia (1995), Francia (1958), Alemania (1958), Grecia (1981), Hungría (2004), Irlanda (1973), Italia (1958), Letonia (2004), Lituania (2004), Luxemburgo (1958), Malta (2004), Países Bajos (1958), Polonia (2004), Portugal (1986), Rumania (2007), Eslovaquia (2004), Eslovenia (2004), España (1986), y Suecia (1995). A partir del 31 de enero del 2020, el Reino Unido, que entró en la UE en el 1973, dejó de ser un estado miembro.

[61] Serbia, Bosnia-Herzegovina, Montenegro, Albania, y Macedonia.

- Garantía del suministro de energía a sus estados miembros;
- Ampliación del mercado interior de la energía;
- Aumento de la eficiencia energética;
- Reducción de las emisiones de gases contaminantes;
- Promoción de la investigación e innovación.

La UE consume el 11,9% de la producción mundial de energía, pero dispone relativamente de pocas reservas energéticas y produce solo el 4,4% de la producción mundial de energía (ver Figura 97). Esto tiene enormes consecuencias para las economías de sus estados miembros.

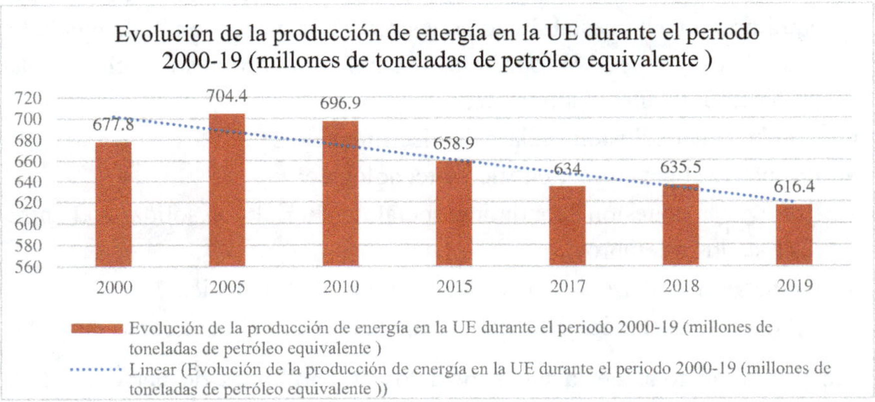

Fuente: EU Statistical Pocketbook 2020 and 2021

Fig. 97: Evolución de la producción de energía por la UE durante el periodo 2000-19

Según la Fig. 97, la UE ha venido disminuyendo su producción de energía desde el 2005, logrando una reducción del 12,5% dentro del periodo bajo consideración, pasando de los 704,4 millones de toneladas de petróleo equivalente en el 2005 a los 616,4 millones de toneladas de petróleo equivalente en el 2019. Esta reducción es el resultado de la aplicación de varias medidas, una de las cuales es, sin dudas, elevar la eficiencia energética de las diferentes fuentes de energía que utilizan sus estados miembros para satisfacer sus crecientes demandas energéticas, pero sin aumentar su producción.

En el 2020, la UE produjo 2.879,2 TWh o el 10,7% del total de la electricidad producida en el mundo (26.823,2 TWh), una cifra muy baja en comparación con otros países y con su nivel de consumo. Los mayores productores mundiales de electricidad, además de la UE, son China con 7.779,1 TWh o el 29% del total mundial, los EE.UU con 4.286,6 TWh o el 16% del total mundial, el Medio Oriente con 1.265,2 TWh o el 4,7% del total mundial, Asia, excluyendo a China, con 5.140,2 TWh o el 19,2% del total mundial, y Rusia con 1.085,4 TWh o el 4% del total mundial.

Los combustibles fósiles en la generación eléctrica en la Unión Europea

La mayor parte de la energía que se consume en la UE sigue procediendo de los combustibles fósiles. Este consumo representó, en el 2019, más del 70%, aunque su proporción en los últimos años en el conjunto de fuentes energéticas no ha dejado de descender en favor de una mayor participación de las fuentes de energía renovables. En el 2020, este consumo se redujo a un poco menos del 70%, cifra todavía muy alta y que compromete el objetivo de la descarbonización para el 2050 adoptada por la UE. En el 2020, la reducción en el consumo general de combustibles fósiles en la UE fue del 14,5% con respecto al 2019 como resultado de las mejoras en la eficiencia energética, el aumento de la proporción de las energías hidráulica, eólica, y solar fotovoltaica, y los cambios estructurales en la economía, entre otros factores. También ha contribuido a esta reducción del consumo de combustibles fósiles el hecho de que los inviernos en la región hayan sido más cálidos, lo que ha permitido reducir la cantidad de energía destinada a la calefacción tanto del sector residencial como del industrial y de los servicios.

La reducción en el uso de los combustibles fósiles en muchos sectores de la economía es muy significativa. La mayor reducción se observó en la producción de electricidad a partir del carbón y el lignito, que fue sustituida principalmente por electricidad generada a partir de gas natural. Sin embargo, en el conjunto de la UE el gas natural ha perdido terreno a causa de una combinación de factores, entre los que se incluyen la rápida introducción de las energías renovables para la generación eléctrica en muchos países de la UE, y el aumento del precio del gas natural durante los últimos meses del 2021 y los primeros meses del 2022, el que ha crecido a niveles nunca antes visto y que ha afectado a muchas personas en toda la UE, en particular en España.

Es evidente que la sustitución del carbón y el petróleo por fuentes alternativas de energías más limpias ha contribuido a reducir significativamente la emisión de gases de efecto invernadero en sectores muy ligados al consumo de electricidad en el conjunto de la UE. De hecho, esta sustitución está jugando un papel fundamental en el proceso de transición energética que se lleva a cabo en el conjunto de la UE, mediante el cual se está pasando de un sistema basado en el uso de los combustibles fósiles para la generación eléctrica a otro basado en fuentes de energía renovables y limpias.

En el 2019, el principal suministrador de petróleo crudo a la UE fue Rusia con el 26,9% del total. En el 2020, este porcentaje fue del 29%, algo superior al registrado en el 2019. En el caso del carbón, la UE importó desde Rusia, durante el año 2019, el 46,8% del total de carbón que necesitó para satisfacer sus necesidades energéticas. En el 2020, este porcentaje fue del 50,2% del total, algo superior al reportado en el 2019. En el caso del gas natural, la UE importó desde Rusia el 41,3%) de sus necesidades, siendo este país su principal suministrador. En el 2020, este porcentaje fue del 37,5% del total, un poco menos del reportado en el 2019. El caso del gas natural líquido (GNL), en el 2019 Rusia suministró alrededor del 17% de las necesidades de la UE, ocupando el segundo lugar después de Qatar. En el 2020, este porcentaje fue del 15%, algo inferior el reportado en el 2019, manteniéndose Qatar como el principal suministrador de este tipo de fuente energética a la UE.

Por tipo de combustible, la dependencia de la UE a la importación de combustibles fósiles, en el 2019, se muestra en la Fig. 98.

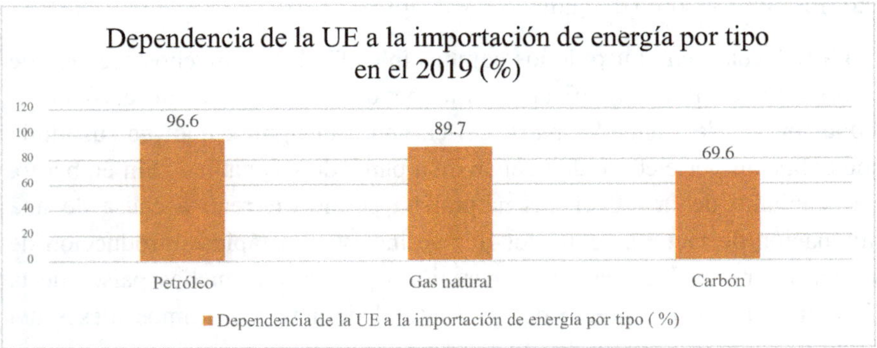

Fuente: EU Energy in Figures 2021

Fig. 98: Dependencia de la UE a la importación de combustibles fósiles por tipo en el 2019

Tal y como se refleja en la Fig. 98, la UE registró, en el 2019, una alta dependencia de la importación de petróleo y otros productos alcanzando la cifra del 96,6%, seguido por el gas natural con el 89,7%, y por el carbón con el 69,6%. Comparando la dependencia de la UE registrada en el 2020 con la del 2019, se puede afirmar que la misma creció para todas las fuentes energéticas. Tal y como se dijo en el párrafo anterior, Rusia es el principal suministrador de combustible fósiles a la UE, con excepción del GNL. En el caso del petróleo satisfizo, en el 2019, el 26,9% de sus necesidades, seguido por Iraq con el 9%, Nigeria con el 7,8%, Arabia Saudita con el 7,7%, Kazakstán con el 7,2%, Noruega con el 7,1%, Libia con el 6,2% y los EE.UU con el 5,4%. En el caso del gas natural, Rusia satisfizo el 41,3% de las necesidades de la UE, en el 2019, seguido por Noruega con el 16,%, Argelia con el 7,8%, Qatar con el 5,4%, Nigeria con el 3,5%, EE.UU con el 3,2%, y el Reino Unido con el 2,7%. En el caso del carbón, Rusia satisfizo, en el 2019, el 46,8% de las necesidades de la UE, seguido por los EE.UU con el 18,1%, Australia con el 14,1%, Colombia con el 8,2%, Sudáfrica con el 2,9%, Canadá con el 2,3%, Kazakstán con el 2,3%, e Indonesia con el 2,2%.

Se espera que la dependencia de la UE de la importación del carbón disminuya durante las próximas décadas como resultado de las medidas adoptadas por sus Estados miembros para descarbonizar sus economías e incrementar la participación de las energías renovables en la matriz energética regional. Rusia seguirá siendo, durante los próximos meses, el principal suministrador de combustibles fósiles a la UE, a pesar de las sanciones adoptadas contra este país por su participación en la guerra de Ucrania y la anexión de Crimea, pero su peso se espera disminuya en favor de incrementar el suministro de este tipo de fuerte energética hacia la región de Asia, particularmente hacia China.

Es importante resaltar que la UE es la única región que logró reducir la producción de energía durante el periodo 2000-19 en un 4,7% ya que las demás regiones la incrementaron: el Medio Oriente en un 110%, Asia, excluyendo a China, en un 64,5%, y África en un 51,7%. En el caso del consumo de energía, la UE es también la única región del mundo que redujo este importante indicador durante el periodo 2000-18. La EU lo redujo en un 1,2%, mientras que Asia, excluyendo a China, lo aumentó en un 62,7%, África lo aumentó en un 68,9%, y el Oriente Medio en 2,1 veces.

Las energías renovables en la generación eléctrica en la Unión Europea

Durante los últimos años, la UE ha realizado un esfuerzo considerable para crear un marco político favorable en sus estados miembros para la expansión del uso de las fuentes de energía renovables para la generación eléctrica, contribuyendo de esta forma a la seguridad del suministro energético y a la protección del clima, así como al fortalecimiento del sector energético de la UE. La industria de fuentes renovables, uno de los sectores de más rápido crecimiento en Europa, lo será aún más después del significativo incremento de los precios del petróleo y el gas, particularmente este último durante los últimos meses del 2021 y los primeros meses del 2022, y de las medidas adoptadas por la UE para limitar al máximo posible el uso de los combustibles fósiles en la generación eléctrica. La guerra en Ucrania y la aplicación de sanciones contra Rusia han disparado aún más estos precios, con un negativo impacto en amplios sectores económicos de los EE.UU y la UE.

Para mantener el liderazgo de la industria europea dentro del sector de las energías renovables es necesario tener un mercado con condiciones estables. Para garantizar esto, es crucial una rápida incorporación a la legislación nacional de todos los estados miembros de la UE de la Directiva sobre las fuentes de energías renovables ((Directiva 2009/28/EC). La UE debe continuar desempeñando un papel de liderazgo en el campo de las energías renovables y ser un impulsor relevante hacia una remodelación del sistema energético de la UE basado en un incremento de la participación de las diferentes fuentes de energías renovables en la matriz energética de cada estado miembro y en una mayor eficiencia energética.

¿Por qué? Las energías renovables inevitablemente dominarán el sistema mundial de suministro de energía en el futuro. La razón es a la vez muy simple e imperativa: no hay alternativa. La humanidad no puede basar su vida indefinidamente en el consumo de los combustibles fósiles que su existencia no es solo limitada, sino que, además, tienen un impacto muy negativo en el medio ambiente. La tierra recibe energía solar como radiación del sol, en una cantidad muy superior al uso que hasta ahora se le ha dado por la humanidad. Al calentar el planeta, el sol genera viento. El viento crea olas. El sol también alimenta el ciclo de evapotranspiración, que permite la generación de energía a través de centrales hidroeléctricas, actualmente la mayor fuente de electricidad renovable en uso. Las plantas realizan la fotosíntesis, que es esencialmente un almacenamiento químico de energía solar, creando una amplia gama de los llamados "productos de biomasa" que van desde combustible de madera hasta colza, que se puede utilizar para la producción de calor, electricidad, y de combustibles líquidos. Las interacciones entre el sol y la luna producen flujos de marea que pueden ser interceptados y utilizados para producir electricidad. A pesar de lo dicho anteriormente, hoy en día, el suministro mundial de energía se basa en gran medida en combustibles fósiles, los que han demostrado ser una de las principales causas de los problemas ambientales que afectan a la humanidad. Los impactos ambientales negativos del uso de los combustibles fósiles en la generación eléctrica no son nuevos pero son cada vez más conocidos, particularmente el vínculos entre el uso de los combustibles fósiles y los problemas relacionados con el cambio climático. Debido a ello, resulta indispensable romper la actual dependencia de los combustibles fósiles para la generación eléctrica en todos los países de la UE e impulsar el uso de las diferentes fuentes de energías renovables para la generación eléctrica objetivo que no sólo es posible, deseable, y necesario, sino que es, además, un imperativo impostergable (Renewable Energy in Europe. Markets, Trends and Technologies EREC, 2010)".

Las decisiones de inversión en nuevas capacidades de generación de energías renovables que se tomen hoy dentro de la UE tendrán un impacto en la estructura de la matriz energética de la EU durante los próximos 40 años. El objetivo a alcanzar esta claro y consiste en liderar el camino hasta alcanzar un 100% de la generación eléctrica en la región a travės de las fuentes de energías renovables para el 2050. El objetivo planteado no sólo es tecnológicamente factible, sino también la única alternativa realmente sostenible tanto en términos económicos, como de seguridad de suministro y medioambientales. Sin embargo, es muy probable que este objetivo no pueda ser alcanzado en la mayoría de los países de la UE, de seguir la tendencia reportada durante los últimos años relacionada con el incremento de la participación de las diferentes fuentes de energías renovables en la matriz energética de la mayoría de sus estados miembros.

La evolución de la generación eléctrica mediante el uso de las diferentes fuentes de energías renovables en el marco de la UE durante el periodo 2010-2019 se muestra en la Fig. 99.

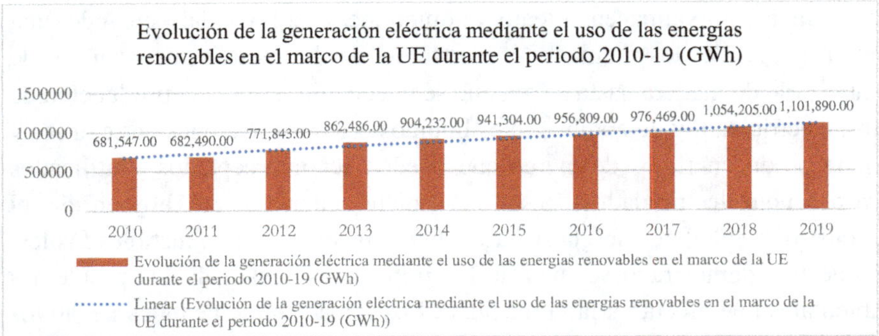

Fuente: Estadísticas de Energía Renovable 2021 IRENA

Fig. 99: Evolución de la generación eléctrica mediante el uso de las de energías renovables en el marco de la UE durante el periodo 2010-19

De los datos incluidos en la Fig. 99, se puede afirmar que la generación eléctrica mediante las centrales de energías renovables instaladas en la UE creció en un 61,7% durante el periodo 2010-19, pasando de los 681.574 GWh en el 2010 a los 1.101.890 GWh en el 2019. Como resultado de las medidas que se han adoptado en el marco de la UE para incrementar las capacidades de generación eléctrica y la producción de electricidad mediante el uso de las energías renovables, se espera que este tipo de energía incremente su participación en la matriz energética de los países de la UE durante los próximos años, a pesar de las dificultades que se han presentado durante la expansión del uso de este tipo de energías en algunos de sus estados miembros.

El objetivo a alcanzar por la UE en el 2020 es que la generación eléctrica mediante el uso de las centrales de energías renovables instaladas en la región alcance el 20% del total de la electricidad que se genere en el marco de la UE en ese año y el 32% en el 2030. Por tipo de combustible, la producción de energía en la UE, en el 2019, se muestra en la Fig. 100.

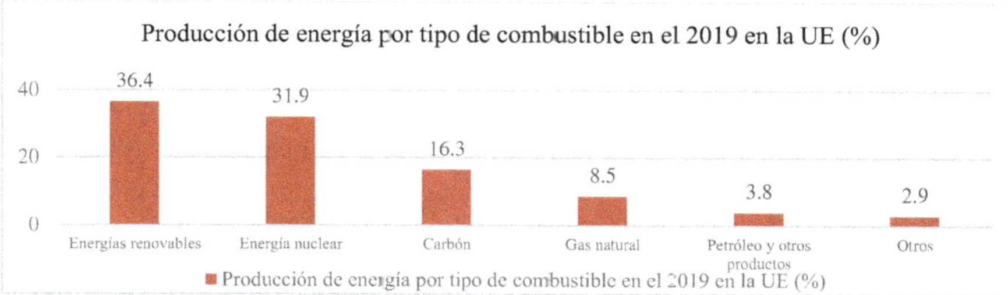

Fuente: Energy in the EU 2021

Fig. 100: Producción de energía por tipo de combustible en la UE en el 2019

Según los datos incluidos en la Fig. 100, las energías renovables produjeron en el 2019 el 36,4% del total de la energía producida dentro de la UE, seguido de la energía nuclear con el 31,9% del total, y los combustibles fósiles con el 28,6%. Es muy probable que en los próximos años la producción de carbón dentro de la matriz energética de la UE continue disminuyendo, debido al cierre de centrales térmicas de carbón en varios países como son los casos de Alemania, España, entre otros, cumpliendo con los acuerdos para reducir el uso del carbón en los países de la UE. También se espera que la participación de los combustibles fósiles en la producción de energía dentro de la UE sea menor que el porcentaje alcanzado en el 2019, debido al cierre de centrales de carbón viejas y obsoletas y la reducción del uso del petróleo en la generación eléctrica.

La evolución de la participación de las energías renovables en la matriz energética de la UE durante el periodo 2010-2019 se muestra en la Fig. 101.

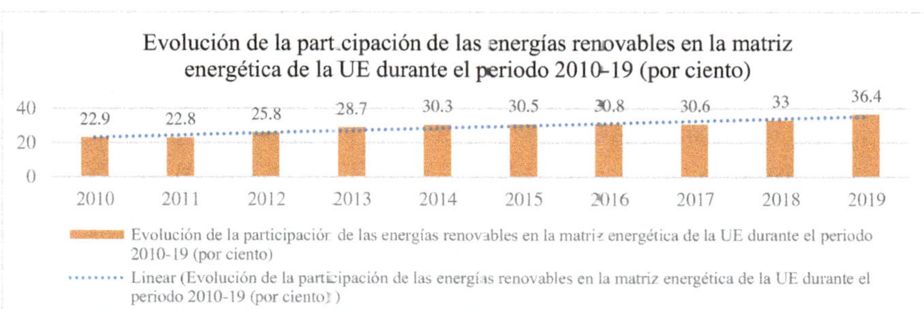

Fuente: Energy in the EU 2021

Fig. 101: Evolución de la participación de las energías renovables en la matriz energética de la UE durante el periodo 2010-19

Tal y como se puede apreciar en la Fig. 101, la participación de las energías renovables en la generación eléctrica en la UE creció un 13,5% durante el periodo 2010-2019, pasando del 22,9% en el 2010 al 36,4% en el 2019. Se espera, de acuerdo con los planes de la UE, que la participación de las energías renovables en la matriz energética de la región alcance el 50% del total de la energía generada en el 2030 y el 100% en el 2050.

La evolución de la capacidad de las centrales de energías renovables instaladas en la UE en el periodo 2010-20 se muestra en la Fig. 102.

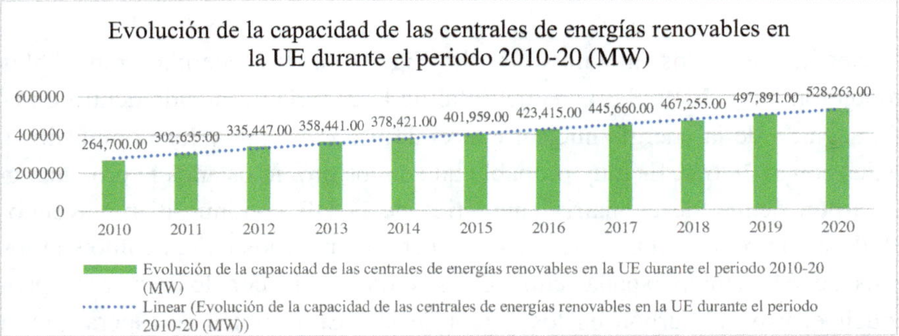

Fuente: Estadísticas de Energía Renovable 2021 IRENA

Fig. 102: Evolución de la capacidad de las centrales de energías renovables instaladas en la UE en el periodo 2010-20

A partir de los datos incluidos en la Fig. 102 se puede afirmar, que la capacidad de las centrales de energías renovables instaladas en los países que conforman la UE durante el periodo 2010-20 creció en un 99,6%, pasando de los 264.700 MW en el 2010 a los 528.263 MW en el 2020. Según las medidas adoptadas en el marco de la UE para el sector energético, se espera que las capacidades de generación eléctrica de las centrales de energías renovables instaladas en la UE continúen creciendo durante los próximos años, logrando una mayor participación en la matriz energética de los países que la conforman. El objetivo a alcanzar es el de lograr, en el 2030, una generación del 50% del total de la electricidad a producir en ese año mediante el uso de las diferentes fuentes de energías renovables y del 100% en el 2050.

La energía hidroeléctrica en la generación eléctrica en la Unión Europea

Por tipo de fuentes de energías renovables, la situación dentro de la UE es la siguiente, según el documento titulado "Estadísticas de Energía Renovable

2021." En el caso de las centrales hidroeléctricas la capacidad instalada en la UE ha venido creciendo en los últimos años, siendo Francia el país con las mayores capacidades instaladas. En el 2020, la capacidad de las centrales hidroeléctricas instaladas dentro de la UE ascendió a los 156.408 MW o el 17,7% del total mundial. Los países dentro de la EU con las mayores capacidades hidroeléctricas instaladas en el 2020 son Francia con 25.897 MW o el 16,6% del total, Italia con 22.448 MW o el 14,3% del total, España con 20.114 MW o el 12,9% del total, Suecia con 16.479 MW o el 10,5% del total, y Austria con 15.147 MW o el 9,7% del total. Fuera del UE, pero dentro de Europa, el país con la mayor capacidad en centrales hidroeléctricas es Noruega con 33.003 MW.

La evolución de la capacidad de las centrales hidroeléctricas dentro de la UE durante el periodo 2010-2020 se muestra en la Fig. 103.

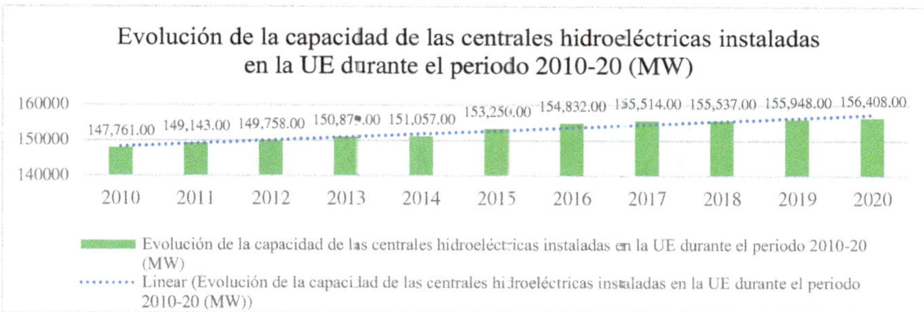

Fuente: Estadísticas Energía Renovable 2021 IRENA

Fig. 103: Evolución de la capacidad de las centrales hidroeléctricas dentro de la UE durante el periodo 2010-20

Tal y como se puede apreciar en la Fig. 103, la capacidad de las centrales hidroeléctricas dentro de la UE creció un 5,9% durante el periodo 2010-20, pasando de los 147.761 MW en el 2010 a los 156.408 MW en el 2020. Según los planes aprobados por la UE para descarbonizar la matriz energética de sus estados miembros, se espera que estas capacidades sigan creciendo durante los próximos años, a pesar de que las potencialidades de crecer no son muy amplias. Ello está motivado, por un lado, por una fuerte oposición de la opinión pública de muchos de sus estados miembros para incrementar las capacidades hidroeléctricas ya instaladas, con el fin de evitar más afectaciones al medio ambiente, y por el otro, a las posibilidades limitadas desde el punto de vista geográfico de ampliar las capacidades ya instaladas.

La producción de electricidad de las centrales hidroeléctricas en la UE fue, en el 2019, según el documento titulado "Estadísticas de Energía Renovable 2021," de 353.841 GWh, lo que representó el 8,2% del total mundial (4.321.616 GWh). Las regiones que superaron a la UE, en el 2019, en cuanto a la generación de electricidad mediante las centrales hidroeléctricas fueron Asia con 1.864.540 GWh o el 43,1% del total mundial, siendo China el país de la región con la mayor generación reportada ese año con 1.304.440 GWh o el 30,2% del total mundial, América del Norte con 714.310 GWh o el 16,5% del total mundial, y América del Sur con 642.581 GWh o el 14,9% del total mundial.

La evolución de la generación eléctrica mediante el uso de las centrales hidroeléctricas dentro de la UE durante el periodo 2010-19 se muestra en la Fig. 104.

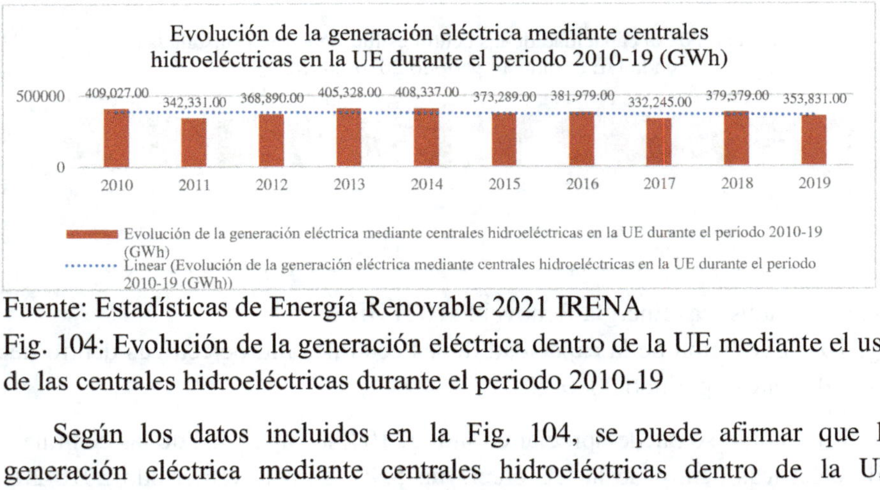

Fuente: Estadísticas de Energía Renovable 2021 IRENA

Fig. 104: Evolución de la generación eléctrica dentro de la UE mediante el uso de las centrales hidroeléctricas durante el periodo 2010-19

Según los datos incluidos en la Fig. 104, se puede afirmar que la generación eléctrica mediante centrales hidroeléctricas dentro de la UE decreció un 13,5% durante el periodo 2010-19, pasando de los 409.027 GWh en el 2010 a los 353.831 GWh en el 2019. Esta reducción fue motivada por la intensa la sequía que afectó a varios países del UE durante los años 2011, 2015, y 2017.

En el caso de las centrales hidroeléctricas renovables, incluidas las mixtas, la capacidad instalada en el 2020 en la UE fue de 131.160 MW, reflejando un 10,5% de crecimiento desde el 2011. La generación eléctrica producida por este tipo de centrales en el 2019 fue de 326.669 GWh, un 4% más que los reportado en el 2011. En el caso de las centrales hidroeléctricas de bombeo pura tenemos que la capacidad instalada en la UE en el 2020 fue de 25.248 MW, con un crecimiento de solo 3,7% con respecto a la registrado en el 2011. La generación eléctrica de este tipo de centrales dentro de la UE en el 2019 fue de 27.162 GWh, o un 4,2% menor al reportado en el 2019 (Estadísticas de Energía Renovable 2021, 2021).

El aumento de la generación eléctrica mediante el uso de las centrales hidroeléctricas en el marco de la UE será limitado durante los próximos años no solo por las sequias que el cambio climático pueda producir en varios países, sino también por la fuerte oposición que existe en la población de muchos países de la UE de aumentar las capacidades ya instaladas, con el fin de evitar daños adicionales al medio ambiente.

La energía eólica en la generación eléctrica en la Unión Europea

Sin lugar a duda, la energía eólica es un elemento importante dentro de la matriz energética de muchos países de la UE. Este tipo de fuente energética se prevé que seguirá jugando dentro de la UE un papel fundamental en la generación eléctrica durante las próximas décadas.

La tecnología moderna de turbinas está disponible para su utilización en sitios con velocidades de viento bajas y altas, y en climas extremadamente cálidos o fríos. Los parques eólicos son capaces de una alta disponibilidad durante todo el año. Europa tiene un enorme recurso eólico. Las principales áreas que tienen grandes recursos de energía eólica incluyen Dinamarca, el norte de Alemania, España, Noruega, suroeste de Suecia, Países Bajos, Bélgica, noroeste de Francia, Reino Unido, e Irlanda. Otras áreas con potenciales para la construcción de parques eólicos incluyen el sur de Francia, Portugal, Italia, la República Checa, Austria, Grecia, y Bulgaria. En el caso de los parques eólicos marinos, las mayores potencialidades en el seno de la UE están concentradas en Dinamarca y Francia. Es importante tener en cuenta que antes de construir un parque eólico, se requiere una evaluación en profundidad y se deben proporcionar estimaciones sólidas para respaldar la inversión y decisiones de financiación. Una vez que se ha estimado la velocidad del viento en el sitio, es vital hacer una estimación precisa y fiable de la producción de energía resultante de un parque eólico que podría construirse allí (EREC, 2010).

Durante el periodo 2010-20 la capacidad de los parques eólicos instalados dentro de la UE creció todos los años, tal y como se muestra en la Fig. 105.

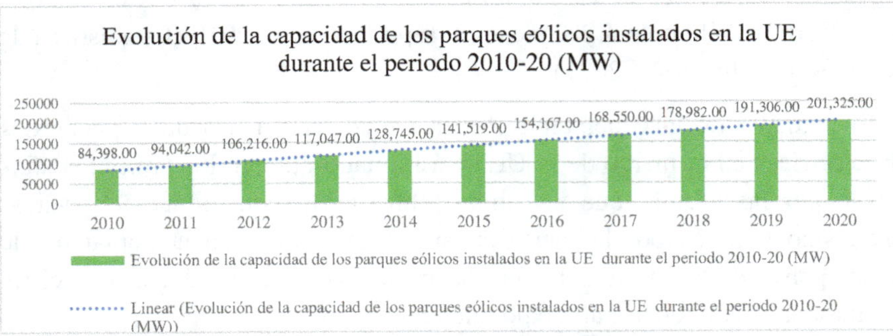

Fuente: Estadísticas de Energía Renovable 2021 IRENA

Fig. 105: Evolución de la capacidad de los parques eólicos instalados en la UE durante el periodo 2010-20

Tal y como se puede apreciar en la Fig. 105, la capacidad de los parques eólicos instalados en la UE creció 2,4 veces% durante todo el periodo bajo consideración, reportando crecimientos sistemáticos en todo el periodo, pasando de los 84.398 GWh en el 2010 a los 201.325 MW en el 2020. Esta capacidad representó el 27,5% del total mundial (732.410 MW) de ese año situando a la UE por detrás de Asia con 332.253 MW o el 45,4% del total mundial, siendo China el país de la región con la mayor capacidad eólica instalada con 281.993 MW o el 38,5% del total mundial. Dentro de la UE los países con las mayores capacidades eólicas instaladas son Alemania con 62.184 MW o el 30,9% del total, España con 27.089 MW o el 13,5% del total, y Francia con 17.382 MW o el 8,6% del total. Se espera que la capacidad de los parques eólicos en la UE siga esta tendencia por lo menos hasta el 2050, lo que ayudará a la descarbonización de la matriz energética de la región, en cumplimiento de las decisiones adoptadas por la UE sobre este asunto.

La evolución de la generación eléctrica de los parques eólicos instalados en la UE durante el periodo 2010-2019 se muestra en la Fig. 106.

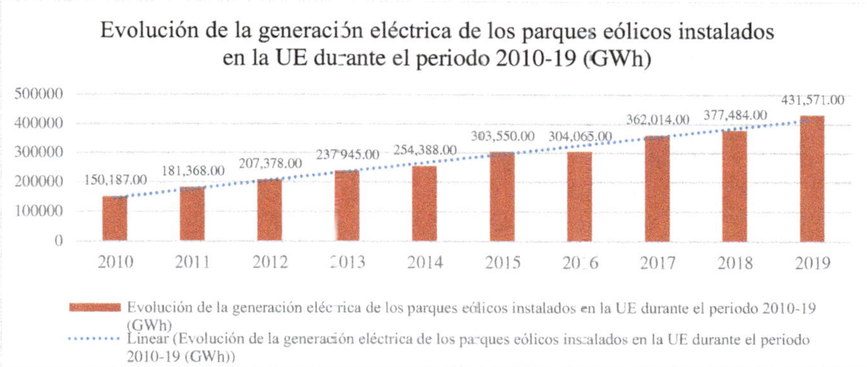

Fuente: Estadísticas de Energía Renovable 2021 IRENA

Fig. 106: Evolución de la generación eléctrica de los parques eólicos instalados en la UE durante el periodo 2010-19

En la Fig. 106 se puede apreciar que la generación eléctrica mediante los parques eólicos instalados en la UE creció 2,9 veces durante el periodo considerado, pasando de los 150.187 GWh en el 2010 a los 431.571 GWh en el 2019, siendo superado solo por la región de Asia con 491.068 GWh o el 34,8% del total mundial reportado en ese año (1.412.384 GWh). La generación eléctrica mediante los parques eólicos en la UE, en el 2019, representó el 30,6% del total mundial. Es importante resaltar que en todos los años del periodo 2010-19, la generación eléctrica mediante los parques eólicos instalados en la UE creció de forma sistemática. Se prevé que esta tendencia continúe sin cambo alguno al menos hasta el 2050, con el fin de ayudar a incrementar la participación de la energía eólica en la matriz energética de la región durante los próximos años, y alcanzar los objetivos de descarbonización de dicha matriz adoptados por la UE.

Es importante destacar que cada vez más se están construyendo nuevos parques eólicos en muchos países del mundo de todos los continentes. En Europa se ha aprobado un plan para cubrir hasta el 25% de la demanda de electricidad mediante la energía eólica durante los próximos años. Este es un plan a largo plazo, que se espera esté en su etapa final para el año 2030. Según la EWEA, este proyecto logrará alcanzar una producción energética de unos 320 GW de potencia, de los cuáles unos 66 GW aproximadamente serán de parques eólicos marinos brindando empleo directo e indirecto a unas 334.000 personas (Gutiérrez, 2020).

Los parques eólicos instalados en la UE son de dos tipos: terrestres y marinos. La evolución de la capacidad de los parques eólicos terrestres dentro de la UE, que son los mayoritarios en la región, creció según el documento titulado "Estadísticas de Energía Renovable 2021," unas 2,2 veces durante el periodo 2010-20, pasando de los 81.469 MW en el 2010 a los 176.407 MW en el 2020. Esta capacidad representó en el 2020 el 25,3% del total mundial (698.043 MW), solo superado por Asia con 322.835 MW o el 46,2% del total mundial, siendo China el país con la mayor capacidad instalada, con 273.003 MW o el 84,6% del total instalado en la región. Los países de la UE con las mayores capacidades eólicas terrestres instaladas, en el 2020, son Alemania con 54.437 MW o el 7,8% del total mundial, España con el 27.084 MW o el 3,9% del total mundial, y Francia con 17.380 MW o el 2,5% del total mundial.

La generación eléctrica de los parques eólicos terrestres instalados en la UE creció según el documento mencionado en el párrafo anterior unas 2,5 veces durante el periodo 2010-19, pasando de los 143.008 GWh en el 2010 a los 359.474 GWh en el 2019. Este nivel de generación representó, en el 2019, el 27,1% del total mundial (1.328.054 GWh), solo superado por Asia con 478.942 GWh o el 36,1% del total mundial, siendo China el país que más electricidad generó mediante los parques eólicos terrestre instalados con 395.048 GWh o el 82,5% del total de la región.

En el caso de los parques eólicos marinos, la UE tenía una capacidad instalada, en el 2020, de 24.018 MW, lo que representó en ese año el 69,9% del total mundial (34.367 MW). En el 2019, la UE tenía más de 100 parques eólicos marinos instalados en sus estados miembros. El país de la UE con la mayor capacidad eólica marina instalada, en el 2020, es Alemania con 7.747 MW o el 22,5% del total mundial. La generación eléctrica producida por los parques eólicos marinos instalados en la UE, en el 2019 ascendió a 72.097 GWh o el 85,5% del total mundial (84.330 GWh). En el 2019, el país de la UE con la mayor generación eléctrica mediante parques eólicos marinos fue Alemania con 24.744 GWh o el 29,3% del total mundial[62]. A nivel mundial, la

---

[62] La UE quiere convertir el Mar del Norte en la "central energética verde" de Europa para las próximas tres décadas impulsando la energía eólica marina, según el compromiso acordado este miércoles en la cumbre celebrada en la localidad danesa de Esbjerg por los jefes de Gobierno de Dinamarca, Alemania, Holanda y Bélgica (Periódico de la Energía, 2022).

Estos cuatro países quieren alcanzar en el 2030 una capacidad en parques eólicos marinos de 65 GW y, en el 2050, los 150 GW. Ello supondría multiplicar por diez la potencia instalada actual y proporcionar electricidad a 230 millones de hogares europeos. Esa cifra

mayor capacidad de parques eólicos marinos está instalada en el Reino Unido con 31.975 MW o el 37,9% del total mundial (Estadísticas de Energía Renovable 2021, 2021).

Finalmente es importante resaltar lo siguiente: tres tendencias principales han dominado el desarrollo de turbinas eólicas conectadas a la red en años recientes. Estas son las siguientes:

- Las turbinas se han vuelto más grandes y más altas, por lo que el tamaño promedio de las turbinas vendidas en el mercado ha aumentado sustancialmente;
- La eficiencia de la producción de las turbinas ha aumentado constantemente;
- En general, los costos de inversión por kW han disminuido.

Resumiendo tenemos que los objetivos de la UE para el sector eólico para el 2030 son los siguientes:

- Capacidad instalada de 400 GW: 150 GW en tierra y 250 GW en alta mar:
- Instalaciones anuales de 24,2 GW: 10,5 GW en tierra (43%) y 13,7 GW en alta mar (57%);
- Inversiones anuales por €24.800 millones: €8,300 millones en parques eólicos terrestres y €16.500 millones en parques eólicos marinos;
- Cubrir entre el 26% y el 34,7% de la demanda de electricidad de la UE en función de la demanda total;
- Lograr el 38% de la capacidad total de generación de electricidad en la UE (Total a finales de 2030 de 1.051 GW);
- Producir 1.155 TWh de electricidad: 592 TWh a través de parques eólicos terrestres y 563 TWh a través de parques eólicos marinos, equivalente al consumo de 241 millones de hogares promedio de la UE;

---

equivaldría, además, a la mitad del objetivo marcado en energía eólica para ese año por la CE, con el propósito de que el continente sea neutral en emisiones de gases contaminantes. El compromiso asumido por estos cuatro países es un paso más en los esfuerzos de la UE "para reducir la dependencia de los combustibles fósiles, sobre todo de Rusia, e impulsar el desarrollo de las energías renovables para tener mayor resistencia energética" (Periódico de la Energía, 2022). Se espera que otros países de la CE tales como Francia, Irlanda, Luxemburgo, Noruega y Suecia se incorporen posteriormente a este proyecto.

- Evitar la emisión anual de 600 Mt de CO_2;
- Ahorro en el costo de combustible de €56.000 millones (suponiendo un pronóstico de la AIE: costo de combustible equivalente a $122 por barril de petróleo).

La energía solar en la generación eléctrica en la Unión Europea

Otra componente importante de la matriz energética de la UE es la energía solar. Los sistemas solares se basan en un principio simple conocido desde hace siglos: el sol emite la radiación solar que mediante paneles solares o recipientes con agua u otro liquido adecuado que al calentarse genera vapor e impulsa la generación de electricidad. En la década de 1970, impulsada por la primera crisis del petróleo, los sistemas solares comenzaron a utilizarse con mayor frecuencia en muchos países, incluyendo los países europeos. Después de más de 30 años de tecnología y el desarrollo del mercado, las tecnologías solares ahora son más eficientes y altamente confiable, proporcionando energía solar para una amplia gama de aplicaciones tales como agua caliente sanitaria y calefacción de espacios en edificios residenciales y comerciales, soporte para la calefacción urbana, enfriamiento asistido por energía solar, calor de proceso industrial, desalinización, entre otras. El enorme potencial de crecimiento de la energía solar es clave para mover el sector de calefacción y refrigeración hacia la sostenibilidad, y para reducir el impacto de la creciente demanda de importaciones de energía en la economía y en el medioambiente. Los principales beneficios tecnológicos asociados a este tipo de energía solar son los siguientes:

- Reduce la dependencia de los combustibles fósiles importados;
- Mejora la diversidad del suministro de energía;
- Ahorra el uso de otros recursos naturales escasos;
- Reduce las emisiones de CO_2 a muy bajo costo;
- Frena la contaminación del aire de las ciudades;
- Crea puestos de trabajo locales y estimula la economía local;
- Es una tecnología probada y fiable;
- Está disponible de inmediato en toda la UE;
- Reduce sustancialmente las facturas de calefacción (Renewable Energy in Europe. Markets, Trends and Technologies EREC, 2010).

La capacidad total de los parques solares instalados en la UE, en el 2020, ascendió a 152.823 MW, cifra que representó el 21,3% del total mundial reportado ese año (716.152 MW), solo superado por Asia que tiene una capacidad instalada de 408.677 MW, cifra que representó el 57% del total mundial para ese año, de los cuales a China le corresponde el 62,2% del total de la región (254.355 MW), seguido por Japón con 68.665 MW o el 27% del total de la región.

La UE ha venido apoyando, desde hace ya varios años, la construcción de parques solares en sus estados miembros, con el fin de reducir la generación eléctrica mediante las centrales térmicas de carbón y petróleo, y de esta forma incrementar el papel de las energías renovables en la matriz energética regional.

La evolución de la capacidad de los parques solares en la UE durante el periodo 2010-20 se muestra en la Fig. 107.

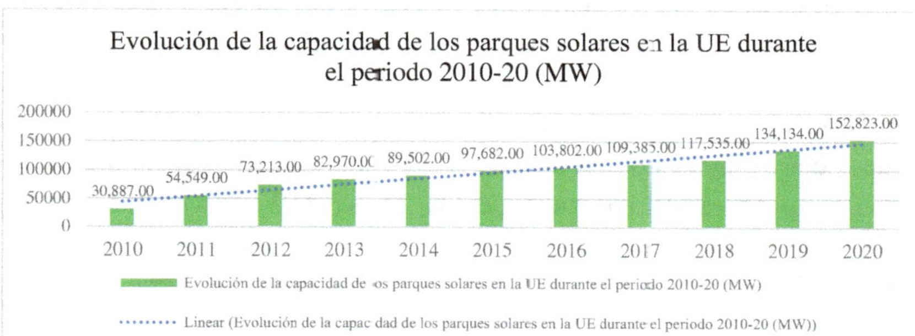

Fuente: Estadísticas de Energía Renovables 2021 IRENA

Fig. 107: Evolución de la capacidad de los parques solares en la UE durante el periodo 2010-20

Tal y como se puede apreciar en la Fig. 107, la capacidad de los parques solares dentro del marco de la UE creció unas cinco veces durante el periodo 2010-20, pasando de los 30.887 MW en el 2010 a los 152.823 MW en el 2020. Durante todo el periodo considerado, la capacidad de los parques solares creció de forma ininterrumpida. Se prevé que esta tendencia continúe al menos hasta el 2030 ayudando de esta forma a la descarbonización de la matriz energética regional. Los países con las mayores capacidades solares instalados en la UE en el 2020 fueron Alemania con 53.783 MW o el 35,2% del total de la región, seguido por Italia con 21.600 MW o el 14,1% del total de la región, y España con 14.089 MW o el 9,2% del total de la región.[63]

La evolución de la generación eléctrica por la operación de los parques solares instalados dentro de la UE durante el periodo 2010-19 se muestra en la Fig. 108.

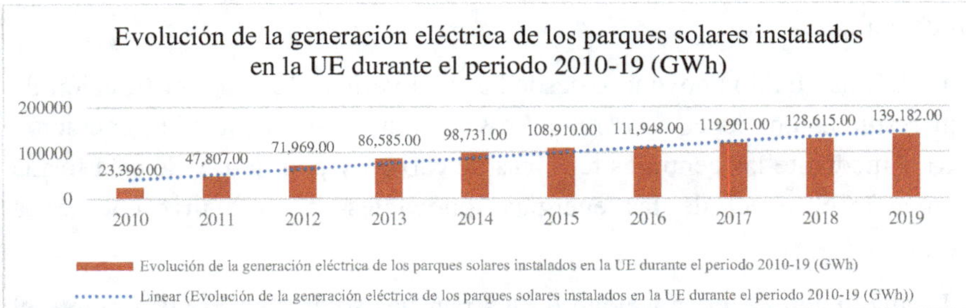

Fuente: Estadísticas de Energía Renovable 2021 IRENA

Fig. 108: Evolución de la generación eléctrica en la UE mediante la operación de los parques solares instalados en la región durante el periodo 2010-19

Según los datos que se muestran en la Fig. 108, la generación eléctrica de los parques solares instalados en la UE creció cerca de seis veces durante el periodo bajo consideración, pasando de los 23.396 GWh en el 2010 a los 139.182 GWh en el 2019. En todos los años del periodo 2010-19 se reportó un crecimiento ininterrumpido de la generación eléctrica mediante parques solares instalados en la UE, tendencia que se espera continúe hasta el 2030. La generación eléctrica en la UE mediante el uso de parques solares solo fue superada, en el 2019, por la producción de electricidad reportada por Asia la cual ascendió a 369.870 GWh o el 53,4% del total mundial.

La energía solar se divide en dos grupos. Estos son: a) la energía solar fotovoltaica; y b) la energía solar térmica. La energía solar fotovoltaica, que es la que mayormente se utiliza en la UE para la generación eléctrica, tenía una capacidad instalada que, en el 2020, alcanzó los 150.502 MW o el 21,2% del total mundial (709.674), generando, en el 2019, un total de 133.469 GWh para el 19,7% del total generado ese año a nivel mundial (678.999 GWh).

[63] El Reino Unido, que ya no es miembro de la UE desde enero del 2021, tuvo una capacidad instalada de parques solares en el 2020 de 13.462 MW o el 8,8% del total de la región.

La energía solar fotovoltaica en la generación eléctrica en la Unión Europea

Los sistemas de energía solar fotovoltaica ofrecen muchos beneficios únicos más allá de la producción de energía. Entre estos beneficios se encuentran, según el documento titulado "Renewable Energy in Europe. Markets, Trends and Technologies (EREC, 2010)," los siguientes:

- La materia prima utilizada para la generación de electricidad por los parques solares fotovoltaicos es gratis. El sol es el único recurso necesario para alimentar los paneles solares, y este seguirá brillando hasta el fin del mundo. Además, la mayoría de las células fotovoltaicas están hechas de silicio y este es el segundo material más abundante en la tierra;
- La generación de electricidad a través de los parques solares fotovoltaicos no produce ruido, emisiones nocivas, ni gases contaminantes;
- Los sistemas solares fotovoltaicos son extremadamente seguros y altamente confiables. La vida útil estimada de un parque solar fotovoltaico es de 30 años. Además, el rendimiento del módulo es muy alto, proporcionando más del 80% de la potencia inicial después de 25 años de operación, lo que hace que la energía solar fotovoltaica sea una tecnología muy confiable a largo plazo;
- Los módulos fotovoltaicos se pueden reciclar y, por lo tanto, los materiales utilizados en el proceso de producción (silicio, vidrio, aluminio, etc.) pueden ser reutilizados;
- Los parques solares fotovoltaicos prácticamente no requieren mantenimiento y son fáciles de instalar;
- La energía solar fotovoltaica puede llevar la electricidad a áreas rurales remotas. Los sistemas solares dan un valor añadido a las áreas rurales (especialmente en países en desarrollo donde la electricidad no siempre está disponible). La iluminación de las casas, los sistemas de refrigeración de los hospitales y el bombeo de agua son algunas de las muchas aplicaciones de los sistemas solares fotovoltaicos fuera de la red. Los sistemas de telecomunicaciones en áreas remotas también son usuarios bien conocidos de los sistemas solares fotovoltaicos;

- La energía fotovoltaica será un componente clave de los futuros edificios dentro de la UE. Los sistemas solares fotovoltaicos pueden cubrir fachadas y techos de edificios y casas, contribuyendo a la reducción del consumo energético de los mismos. Este tipo de sistemas no producen ruido y se puede integrar de formas muy estéticas a muchos tipos de instalaciones. Las leyes de construcción europeas han sido y aún están siendo revisadas para hacer que las energías renovables sean una fuente de energía en edificios públicos y residenciales. Este hecho está acelerando el desarrollo de eco-edificios y edificios de energía positiva ofreciendo muchas oportunidades para una mejor integración de los sistemas solares fotovoltaicos en el entorno urbano;
- El tiempo de recuperación de la inversión en la construcción de los parques solares fotovoltaicos es corto y disminuye constantemente. Esto significa que el tiempo requerido para que un módulo fotovoltaico produzca tanta energía como la que necesitaría para fabricarse es muy corto, variando entre un año y medio y tres años. Un módulo, por lo tanto, produce de seis a 18 veces más energía de la que se necesita para fabricarlo;
- Los parques solares fotovoltaicos crean puestos de trabajo locales. El sector fotovoltaico, con un crecimiento medio anual de 40% en los últimos años, está contribuyendo cada vez más a la creación de miles de puestos de trabajo en Europa y en todo el mundo;
- La energía solar fotovoltaica contribuye a mejorar la seguridad del suministro energético de Europa. Para cubrir el 100% de la demanda anual de electricidad en UE, alrededor del 2% de la tierra total de Europa tendría que estar cubierta por módulos fotovoltaicos. Por lo tanto, la energía fotovoltaica puede desempeñar un papel importante en la mejora de la seguridad energética de la UE.

La evolución de la capacidad de los parques solares fotovoltaicos en el seno de la UE durante el periodo 2010-20 se muestra en la Fig. 109.

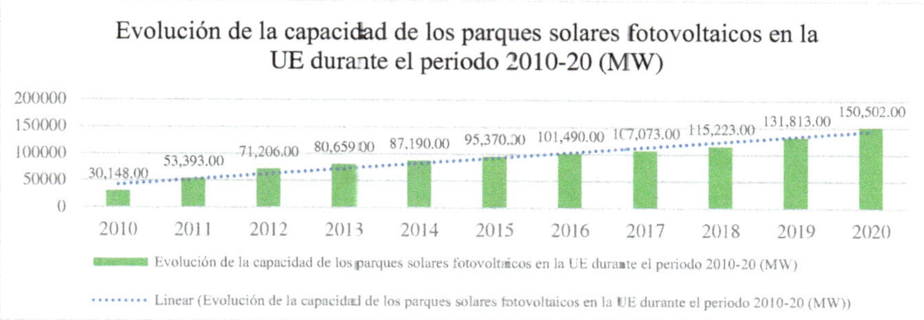

Fuente: Estadísticas de Energía Renovable 2021 IRENA

Fig. 109: Evolución de la capacidad de los parques solares fotovoltaicos instalados en el seno de la UE durante el periodo 2010-20

Tal y como se puede apreciar de los datos incluidos en la Fig. 109, la capacidad de los parques solares fotovoltaicos instalados en el seno de la UE creció unas cinco veces durante el periodo 2010-20, pasando de los 30.148 MW en el 2010 a los 150.502 MW en el 2020. Es importante destacar que en todos los años del periodo bajo consideración, la capacidad de los parques solares fotovoltaicos instalados en la UE creció de forma ininterrumpida, tendencia que se prevé se mantenga, al menos hasta el 2050. Los países con las mayores capacidades de parques solares fotovoltaicos ya instaladas dentro de la UE son Alemania con 53.781 MW o el 7,6% del total mundial (709.674 MW), seguido por Italia con 21.594 MW o el 3% del total mundial, España con 11.785 MW o el 1,7 del total mundial, y Francia con 11.724 MW o el 1,7% del total mundial.

La evolución de la generación eléctrica producida por los parques solares fotovoltaicos instalados en el seno de UE durante el periodo 2010-19 se muestra en la Fig. 110.

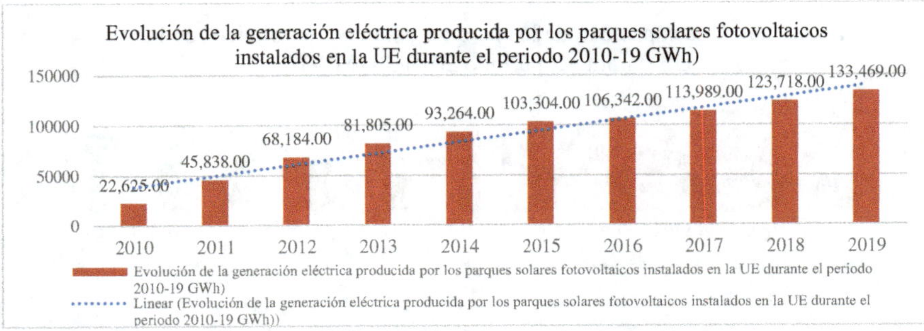

Fuente: Estadísticas de Energía Renovable 2021 IRENA

Fig. 110: Evolución de la generación eléctrica producida por los parques solares fotovoltaicos instalados en el seno de UE durante el periodo 2010-19

Según los datos que se muestran en la Fig. 110, se puede afirmar que la generación eléctrica en el seno de la UE producida por los parques solares fotovoltaicos instalados en la misma creció unas 5,9 veces durante el periodo bajo consideración, pasando de los 22.625 GWh en el 2010 a los 133.469 GWh en el 2019. Es de señalar que la generación eléctrica producida por los parques solares fotovoltaicos instalados en la UE aumentó de forma ininterrumpida todos los años dentro del mencionado periodo, tendencia que se espera se mantenga al menos hasta el 2030. Sin lugar a duda, los parques solares fotovoltaicos serán un elemento importante para lograr la descarbonización de la producción de electricidad en el marco de la UE, según se plantea en la política energética aprobada por sus estados miembros.

La energía solar térmica en la generación eléctrica en la Unión Europea

La energía solar térmica, también conocida como energía solar concentrada (CSP), se produce utilizando tecnologías de concentración de radiación solar. Eso proporciona energía limpia y confiable en unidades que van desde 10 kW a 300 MW. Los parques de energía solar térmica se ubican principalmente en áreas extremadamente secas que no están cultivadas o no se utilizan para la agricultura. La actividad comercial dentro de estas áreas benefician a las comunidades locales. Los beneficios directos incluyen la recaudación de impuestos y la creación de nuevos puestos de trabajo. Los beneficios indirectos son un aumento en los servicios locales para apoyar los nuevos puestos de trabajo creados.

Las plantas del tipo CSP requieren mano de obra calificada para su construcción, mantenimiento y operación. Los tipos de puestos de trabajo creados inicialmente serían probablemente técnicos o de construcción, pero las oportunidades de empleo en la industria y los servicios también pueden ampliarse a medida que evolucionan las instalaciones. El cálculo de los nuevos puestos de trabajo creados se basa en prácticas de la industria para evaluar el número y tipo de puestos de trabajo que resultarán de la promulgación de programas de energía renovable en los últimos años. Para los parques solares térmicos, cada 100 MW de capacidad instalada proporcionarán 400 personas/año de empleo relacionados con su fabricación, 600 hombre/año relacionados con la contratación e instalación y 60 hombre/año relacionados con la operación y mantenimiento. Una comunidad puede beneficiarse indirectamente del desarrollo económico asociados a los parques del tipo CSP, a través de una demanda creciente de productos básicos de servicios locales. Está ampliamente aceptado que por cada trabajo de construcción relacionados con los parques del tipo CSP, se crean cuatro puestos de trabajos de servicios de apoyo. Una vez que se complete la construcción del parque, su operación y mantenimiento también requerirá servicios locales. Es más, la creación de estos puestos de trabajo permitirá el desarrollo de un sistema educativo permanente (escuelas, institutos de formación profesional, etc.) para formar continuamente mano de obra calificada (técnicos, ingenieros, desarrolladores, etc.) (Renewable Energy in Europe. Markets, Trends and Technologies EREC, 2010).

La industria solar térmica tiene fuertes raíces europeas. Está creciendo principalmente debido al éxito técnico y económico de los primeros proyectos. El crecimiento futuro del uso de las plantas CSP para la generación eléctrica dependerá de una reducción exitosa de costos y un fuerte esfuerzo en investigación y desarrollo para optimizar el potencial de mejora técnica. A largo plazo, aparecerán nuevos mercados y oportunidades de mercado, como por ejemplo la generación de electricidad termo solar en el área del sur del Mediterráneo y su transmisión a otras partes de Europa.

El potencial para la investigación y la innovación siguen siendo actividades claves para el desarrollo de nuevas tecnologías de energía solar térmica. Se necesitan actividades de investigación y desarrollo para probar nuevos materiales y componentes. También es necesario realizar más investigaciones para mejorar la transmisión a la red de la energía producida.

La UE debería continuar financiando plantas de demostración del tipo CSP con el fin de impulsar el desarrollo de nuevas tecnologías solar térmica. Esto es de suma importancia, ya que solo las tecnologías comprobadas atraen a nuevos inversores dispuestos a financiar proyectos de parques del tipo CSP. El gran dinamismo, el alto potencial, la confiabilidad operativa, y la capacidad de producción actual de la UE así como las buenas características de despacho de este sector, hacen que la energía solar térmica se convierta en un recurso estratégico para la planificación del esquema eléctrico europeo en un futuro mediato.

Según el documento titulado "Estadísticas de Energía Renovable 2021," la capacidad actual de los parques solares térmicos instalados en el seno de la UE en el 2020 es todavía muy pequeña (2.321 MW), si se compara con la capacidad de los parques solares fotovoltaicos instalados en la misma (150.502 MW) durante ese mismo año. En el 2020, los parques solares térmicos instalados en la UE se encontraban solo en España (2.304 MW), Francia (9 MW), Italia (6 MW), y Alemania (2 MW). En España se encuentra instalada el 99,7% del total de la capacidad de los parques solares térmicos existente en la UE. Estos parques generaron, en el 2019, un total de 5.713 GWh, cantidad muy pequeña si se compara con la electricidad producida, durante ese mismo año, por otras fuentes de energía renovables.

La bioenergía en la generación eléctrica en la Unión Europea

La bioenergía es otra de las principales componentes de la matriz energética de la UE, mediante la cual se asegura un suministro estable de energía. La bioenergía, también conocida como energía de biomasa, es aquella que se consigue a partir de desechos vegetales o animales. En la actualidad, es una de las alternativas más prometedoras para sustituir a los combustibles fósiles.

En el 2010, la bioenergía era la fuente de aproximadamente el 7,5% de la energía utilizada en la UE, y según los planes aprobados por sus estados miembros, se prevé que se incremente hasta alrededor del 10% en el 2020. Ahora bien, a la hora de promover el uso de la bioenergía dentro de la UE es importante tener en cuenta que la biomasa forestal y las tierras productivas son recursos limitados en el contexto europeo y, por ello, es esencial que se utilicen todos los recursos existentes para conformar la matriz energética de la región de la forma más eficiente posible, antes de decidir adicionar nuevas de tierra para la producción de energía.

Las plantas de bioenergías más comunes son las siguientes:

- Plantas de biocombustibles sólidos y residuos renovables;
- Plantas de residuos municipales renovables;
- Plantas de bagazo;
- Plantas de otros biocombustibles sólidos;
- Plantas de biocarburantes líquidos;
- Plantas de biogás (casi 18.000 unidades en el 2017).

De este tipo de plantas de bioenergías hay en la EU las siguientes:

- Plantas de biocombustibles sólidos y residuos renovables (en todos los países de la UE)[64];
- Plantas de residuos municipales renovables (en 19 países de la UE);
- Plantas de bagazo (solo en Portugal);
- Plantas de otros biocombustibles sólidos (en 25 países de la UE);
- Plantas de biocarburantes líquidos (en 13 países de la UE);
- Plantas de biogás (en todos los países de la UE).

Los principales beneficios de usar bioenergía para producir electricidad son los siguientes:

- Amplia disponibilidad;
- Contribución a la seguridad del suministro;
- Por lo general los materiales necesarios para la generación de electricidad en las centrales de bioenergía se pueden almacenar en grandes cantidades y, como consecuencia, la generación de electricidad se puede producir cuando sea necesario;
- Creación de puestos de trabajo estables, especialmente en las zonas rurales;

[64] Finlandia, que es el país con mayor consumo de energía per cápita de Europa, con 1.490 toneladas de biomasa sólida, es el país que coloca mayor número de plantas de este tipo, con un total de siete centrales, aunque la mayor planta es británica.

- Buenas oportunidades para exportar tecnologías y conocimientos;
- Reducción en la emisión de dióxido de carbono (CO_2) y de otros tipos de gases contaminantes del medio ambiente;
- Alto potencial a largo plazo, si los residuos se valorizan adecuadamente y se cultivan plantas apropiadas con altos recursos energéticos;
- Uso valioso de algunos desechos, evitando su contaminación y costo de eliminación;
- Mayor eficiencia en la conversión y el uso de la energía y, por lo tanto, grandes ahorros en costos (Renewable Energy in Europe. Markets, Trends and Technologies (EREC, 2010).

Europa está asistiendo en una expansión del uso de biomasa para la generación de energía y cogeneración. Los países con la mayor utilización de la bioenergía para la generación eléctrica en la UE son Alemania, Italia, Finlandia, y Suecia, produciendo principalmente bioelectricidad a partir de residuos de madera y en plantas de cogeneración.

De acuerdo a los datos incluidos en el documento titulado "Estadísticas de Energía Renovable 2021," la capacidad total de las centrales de bioenergía instaladas en la UE, en el 2020, ascendió a 41.801 MW, siendo los países con las mayores capacidades instaladas Alemania con 10.367 MW o el 8,2% del total mundial (127.201 MW), Suecia con 5.299 MW o el 4,2% del total mundial, Italia con 3.544 MW o el 2,8% del total mundial, y Finlandia con 2.597 MW o el 2% del total mundial.

La evolución de la capacidad total de las centrales de bioenergías instaladas en la UE durante el periodo 2010-20 se muestra en la Figura 111.

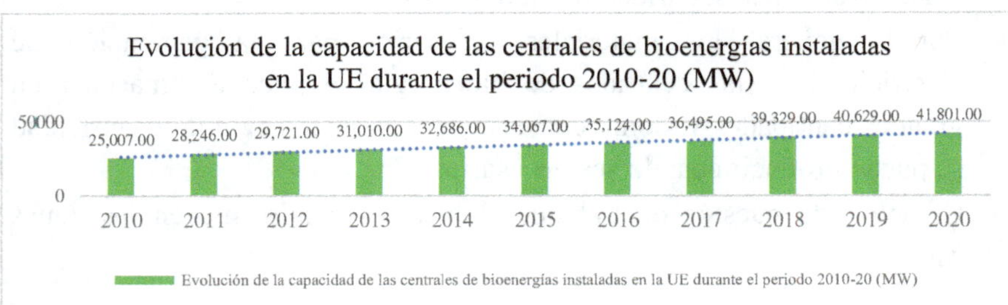

Fuente: Estadísticas de Energía Renovable 2021 IRENA

Fig. 111: La evolución de la capacidad total de las plantas de bioenergías instaladas en la UE durante el periodo 2010-20

Tal y como se muestra en la Fig. 111, las capacidades de las centrales de bioenergías instaladas en la UE crecieron un 67,2% durante el periodo considerado, pasando de los 25.007 MW en el 2010 a los 41.801 MW en el 2020. Como se puede apreciar en la Fig. 113, las capacidades de las centrales de bioenergías en la UE crecieron todos los años incluidos en el periodo bajo consideración, y se prevé que esta tendencia se mantenga al menos hasta el 2050.

La evolución de la generación eléctrica de las centrales de bioenergía instaladas en la UE durante el periodo 2010-19 se muestra en la Fig. 112.

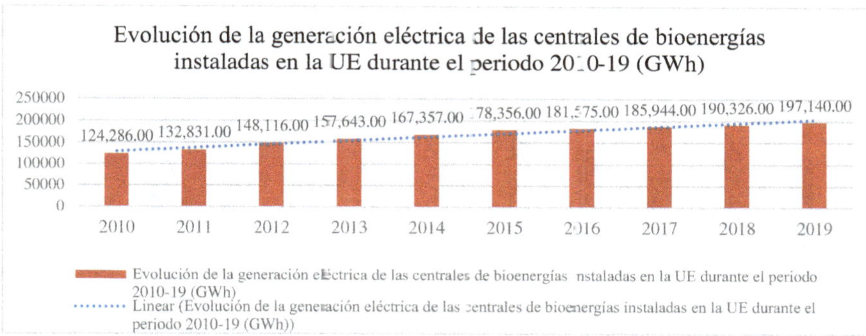

Fuente: Estadísticas de Energía Renovable 2021 IRENA
Fig. 112: Evolución de la generación eléctrica de las centrales de bioenergías instaladas en la UE durante el periodo 2010-19

Tal y como se puede apreciar en la Fig. 112, la generación eléctrica mediante las centrales de bioenergías instaladas en la UE creció un 58,6% durante el periodo 2010-19 pasando de los 124.286 GWh en el 2010 a los 197.140 GWh en el 2019. Se espera que esta tendencia se mantenga durante los próximos años contribuyendo de esta forma con el proceso de descarbonización del sector energético de la UE aprobado por todos sus estados miembros.

Los biocombustibles sólidos y líquidos en la generación eléctrica en la Unión Europea

Con respecto a las centrales de biocombustibles sólidos y residuos renovables instaladas en todos los países de la UE, la información sobre sus capacidades instaladas en el 2020 y su evolución en el periodo 2010-20, y su generación eléctrica en el 2019 y su evolución durante el periodo 2010-19 se detallan a continuación:

- Centrales de biocombustibles sólidos y residuos municipales renovables instaladas en 25 países de la UE. La capacidad es de 26.074 MW, generando 129.379 GWh.

La evolución de las capacidades de las centrales de biocombustibles sólidos y residuos renovables durante el periodo 2010-20 se muestra en la Fig. 113.

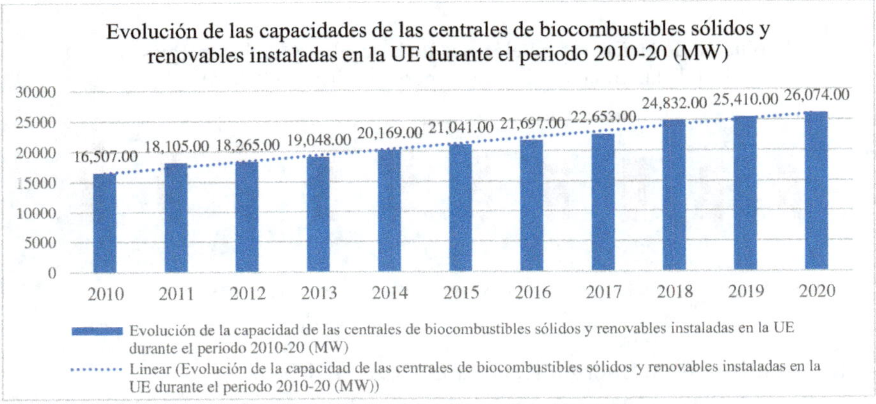

Fuente: Estadísticas de Energía Renovable 2021 IRENA

Fig. 113: Evolución de la capacidad de las centrales de biocombustibles sólidos y renovables instaladas en la UE durante el periodo 2010-20

A partir de los datos que se muestran en la Fig. 113 se puede afirmar que la capacidad de las centrales de biocombustibles sólidos y residuos renovables instaladas en la UE durante el periodo 2010-20 creció un 58%, pasando de los 16.507 MW en el 2010 a los 26.074 MW en el 2020. Se espera, según los planes aprobados por la UE sobre el incremento de la participación de este tipo de fuente de energía en la matriz energética de la región, un incremento modesto de la capacidad total de las centrales de biocombustibles sólidos y renovables durante los próximos años.

La evolución de la generación eléctrica de las centrales de biocombustibles sólidos y residuos renovables instaladas en la UE durante el periodo 2010-19 se muestra en la Fig. 114.

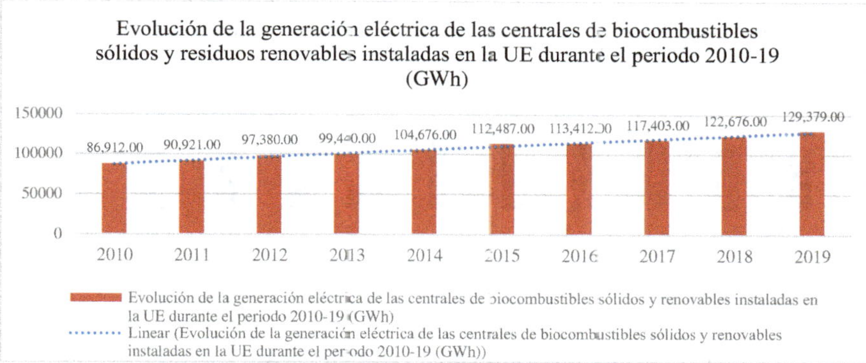

Fuente: Estadísticas de Energía Renovable 2021 IRENA

Fig. 114: Evolución de la generación eléctrica de las centrales de biocombustibles sólidos y residuos renovables instaladas en la UE durante el periodo 2010-19

Tal y como se puede apreciar en la Fig. 114, la generación eléctrica mediante las centrales de biocombustibles sólidos y residuos renovables instaladas en la UE creció un 48,9% durante el periodo 2010-19, pasando de los 86.912 GWh en el 2010 a los 129.379 GWh en el 2019. Se espera que esta tendencia se mantenga durante los próximos años contribuyendo de esta forma con el proceso de descarbonización del sector energético de la UE aprobado por todos sus Estados miembros.

- Residuos municipales renovables. La capacidad de las centrales de residuos municipales renovables instalada en 19 países de la UE en el 2020 alcanzó la cifra de 4.749 MW generando en el 2019 un total de 22.895 GWh.

La evolución de la capacidad de las centrales de residuos municipales renovables instaladas en la UE durante el periodo 2010-20 se muestra en la Fig. 115.

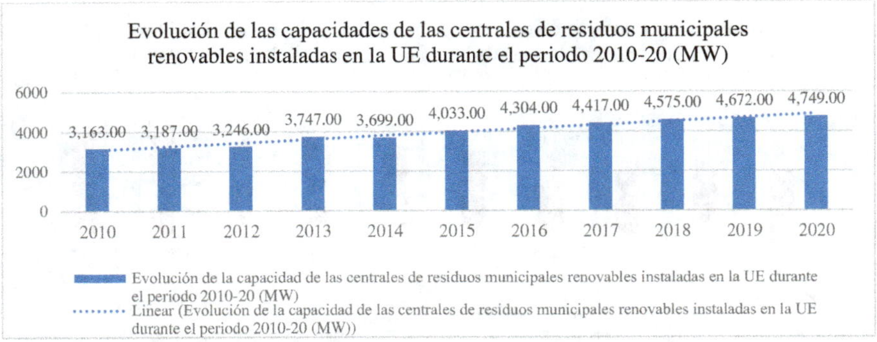

Fuente: Estadísticas de Energía Renovable 2021 IRENA

Fig. 115: Evolución de la capacidad de las centrales de residuos municipales renovables instaladas en la UE durante el periodo 2010-20

A partir de los datos que se muestran en la Fig. 115 se puede afirmar que la capacidad de las centrales de residuos municipales renovables instaladas en la UE durante el periodo 2010-20 creció un 50,1%, pasando de los 3.163 MW en el 2010 a los 4.749 MW en el 2020. Se espera, según los planes aprobados por la UE sobre el incremento de la participación de este tipo de centrales en la matriz energética de la región, un incremento modesto de la capacidad total de las centrales de residuos municipales renovables durante los próximos años.

La evolución de la generación eléctrica de las centrales de residuos municipales renovables instaladas en la UE durante el periodo 2010-19 se muestra en la Fig. 116.

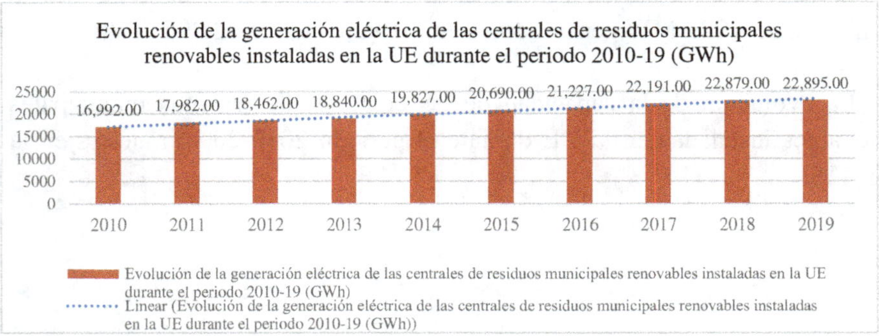

Fuente: Estadísticas de Energía Renovable 2021 IRENA

Fig. 116: Evolución de la generación eléctrica de las centrales de residuos municipales renovables instaladas en la UE durante el periodo 2010-19

Tal y como se puede apreciar en la Fig. 116, la generación eléctrica mediante las centrales de residuos municipales renovables instaladas en la UE creció un 34,7% durante el periodo 2010-19, pasando de los 16.992 GWh en el 2010 a los 22.895 GWh en el 2019. Se espera que esta tendencia se mantenga durante los próximos años contribuyendo de forma modesta con el proceso de descarbonización del sector energético de la UE aprobado por todos sus estados miembros.

- Centrales de bagazo dentro de la UE hay una sola instalada en Portugal. La capacidad instalada es de 2 MW y generó, en el 2019, un total de 516 GWh.

La cogeneración de electricidad mediante el uso del bagazo es uno de los proyectos de energía de biomasa más atractivos y exitosos que ya se han demostrado en muchos países productores de caña de azúcar como Mauricio, India, y Brasil. El calor y la energía combinados de la caña de azúcar en forma de generación de energía ofrecen opciones de energía renovable que promueven el desarrollo sostenible, aprovechan los recursos nacionales, aumentan la rentabilidad y la competitividad en la industria, y abordan de manera rentable la mitigación del clima y otros objetivos ambientales.

Según la Alianza Mundial para la Energía Descentralizada (WADE) sobre la cogeneración de electricidad mediante el uso del bagazo, esta podría satisfacer hasta el 25% de los requisitos de demanda de energía actuales en los principales países productores de caña del mundo. La participación potencial global en los principales países productores de azúcar del mundo supera el 7%. Existe una gran oportunidad para un uso más amplio de la cogeneración de electricidad a base de bagazo en los principales países productores de caña de azúcar como son Brasil, India, Tailandia, Pakistán, México, Cuba, Colombia, Filipinas, y Vietnam. Sin embargo, este potencial permanece en general sin explotar en muchos países. En la UE solo Portugal tiene una planta para la producción de electricidad a base del bagazo y no se espera que otros países de la región utilicen este tipo de fuente energética para la generación eléctrica en el futuro.

- Centrales que operan con otros biocombustibles sólidos instaladas en 25 países de la UE. La capacidad instalada en el 2020 fue de 21.170 MW, generando en el 2019 un total de 105.853 GWh.

La evolución de la capacidad de las centrales que operan con otros biocombustibles sólidos instaladas en 24 países de la UE durante el periodo 2010-20 se muestra en la Fig. 117.

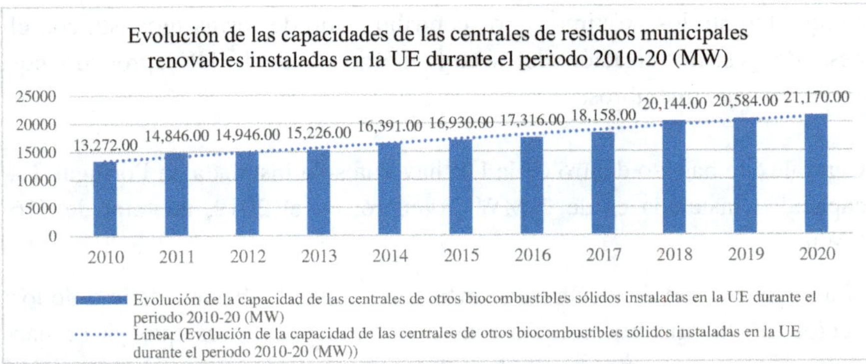

Fuente: Estadísticas de Energía Renovable 2021 IRENA

Fig. 117: Evolución de la capacidad de las centrales que operan con otros biocombustibles sólidos instaladas en la UE durante el periodo 2010-20

A partir de los datos que se muestran en la Fig. 117 se puede afirmar que las capacidades de las centrales que operan con otros biocombustibles sólidos instaladas en 24 países de la UE durante el periodo 2010-20 creció un 59,5%, pasando de los 13.272 MW en el 2010 a los 21.170 MW en el 2020. Se espera, según los planes aprobados por la UE sobre el incremento de la participación de este tipo de centrales en la matriz energética de la región, un incremento modesto de la capacidad total de este tipo de centrales durante los próximos años.

La evolución de la generación eléctrica de las plantas de otros biocombustibles sólidos instaladas en 25 países de la UE durante el periodo 2010-19 se muestra en la Fig. 118.

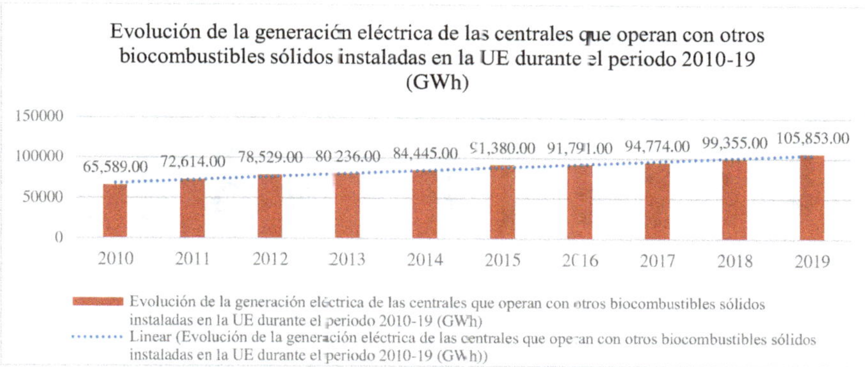

Fuente: Estadísticas de Energía Renovable 2021 IRENA

Fig. 118: Evolución de la generación eléctrica de las centrales que operan con otros biocombustibles sólidos instaladas en la UE durante el periodo 2010-19

Tal y como se puede apreciar en la Fig. 118, la generación eléctrica mediante las centrales que operan con otros biocombustibles sólidos instaladas en 25 países de la UE creció un 61,4% durante el periodo 2010-19, pasando de los 65.589 GWh en el 2010 a los 105.853 GWh en el 2019. Se espera que esta tendencia se mantenga durante los próximos años aumentando su participación en la matriz energética de la región, contribuyendo de esta forma con el proceso de descarbonización del sector energético de la UE aprobado por todos sus estados miembros.

- Centrales de biocombustibles líquidos instaladas en siete países de la UE. La capacidad instalada de este tipo de fuente energética en la región en el 2020 fue de 2.128 MW generando en el 2019 un total de 5.240 GWh.

La evolución de la capacidad de las centrales de biocombustibles líquidos instaladas en siete países de la UE durante el periodo 2010-20 se muestra en la Fig. 119.

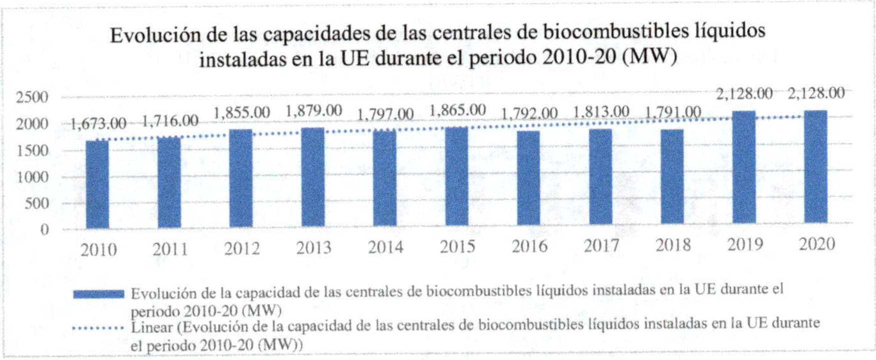

Fuente: Estadísticas de Energía Renovable 2021 IRENA

Fig. 119: Evolución de la capacidad de las centrales de biocombustibles líquidos instaladas en la UE durante el periodo 2010-20

A partir de los datos que se muestran en la Fig. 119 se puede afirmar que la capacidad de las centrales de biocombustibles líquidos instaladas en siete países de la UE durante el periodo 2010-20 creció un 27,2%, pasando de los 1.673 MW en el 2010 a los 2.128 MW en el 2020. El periodo considerado puede dividirse en dos etapas. La primera del 2010 al 2013, la capacidad de las centrales de biocombustibles líquidos instaladas en la UE creció un 12,3%. Durante la segunda etapa entre los años 2016 y 2020, la capacidad instalada de este tipo de centrales creció un 18,8%. Se espera, según los planes aprobados por la UE sobre la participación de este tipo de fuente de energía en la matriz energética de la región, un incremento de estas durante los próximos años, aunque muy inferior al que se estima alcanzaran otras centrales de bioenergía.

La evolución de la generación eléctrica de las centrales de biocombustibles líquidos instaladas en siete países de la UE durante el periodo 2010-19 se muestra en la Fig. 120.

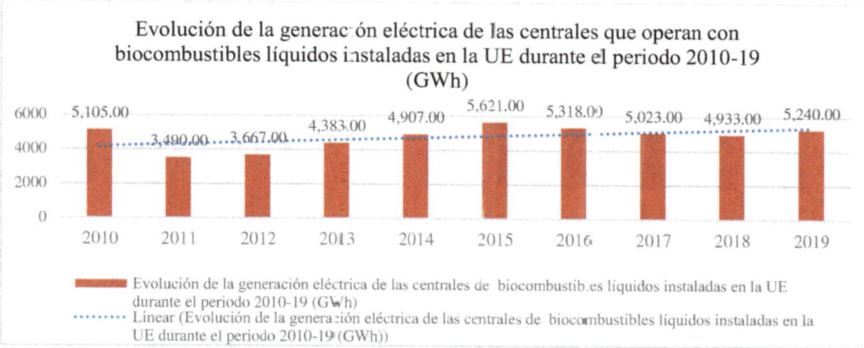

Fuente: Estadísticas de Energía Renovable 2021 IRENA

Fig. 120: Evolución de la generación eléctrica de las centrales que operan con biocombustibles líquidos instaladas en la UE durante el periodo 2010-19

Tal y como se puede apreciar en la Fig. 120, la generación eléctrica mediante las centrales que operan con biocombustibles líquidos instaladas en la UE creció un 2,6% durante el periodo 2010-19, pasando de los 5.105 GWh en el 2010 a los 5.240 GWh en el 2019. El periodo bajo consideración puede dividirse en dos etapas. La primera, cubriendo los años 2011 y 2015, se registra un crecimiento de la generación eléctrica de un 61,1% mediante la operación de este tipo de centrales. Sin embargo, durante la segunda etapa, cubriendo los años 2015 y 2019, se registra un descenso de la generación eléctrica mediante este tipo de centrales del 7,3%. Se espera que este tipo de fuente de energía continúe estando presente en la matriz energética de la región durante los próximos años, aunque es posible que su participación en la mencionada cambie con el proceso de descarbonización del sector energético de la UE aprobado por todos sus estados miembros.

- Centrales de biogás instaladas en todos los países de la UE. La capacidad instalada en el 2020 fue de 13.599 MW generando, en el 2019, un total de 62.520 GWh.

La evolución de la capacidad de las centrales de biogás instaladas en los 27 países de la UE durante el periodo 2010-20 se muestra en la Fig. 121.

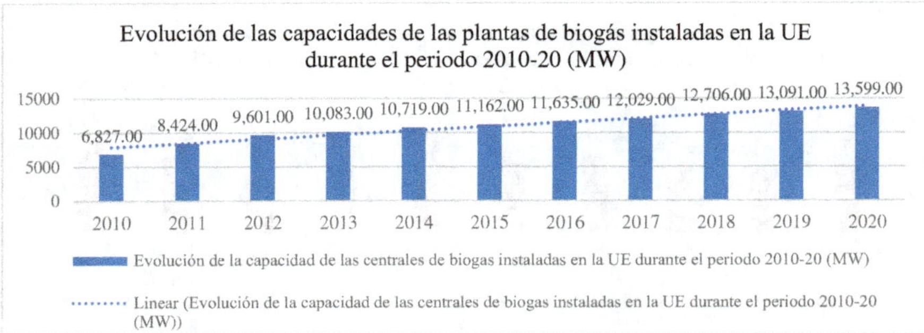

Fuente: Estadísticas de Energía Renovable 2021 IRENA

Fig. 121: Evolución de la capacidad de las centrales de biogás instaladas en la UE durante el periodo 2010-20

A partir de los datos que se muestran en la Fig. 121 se puede afirmar que la capacidad de las plantas de biogás instaladas en los 27 países de la UE durante el periodo 2010-20 creció un 99,2%, pasando de los 6.827 MW en el 2010 a los 13.599 MW en el 2020. Se espera, según los planes aprobados por la UE sobre el incremento de la participación de este tipo de fuente de energía en la matriz energética de la región, un incremento significativo de las mismas durante los próximos años.

La evolución de la generación eléctrica de las centrales de biogás instaladas en todos los países de la UE durante el periodo 2010-19 se muestra en la Fig. 122.

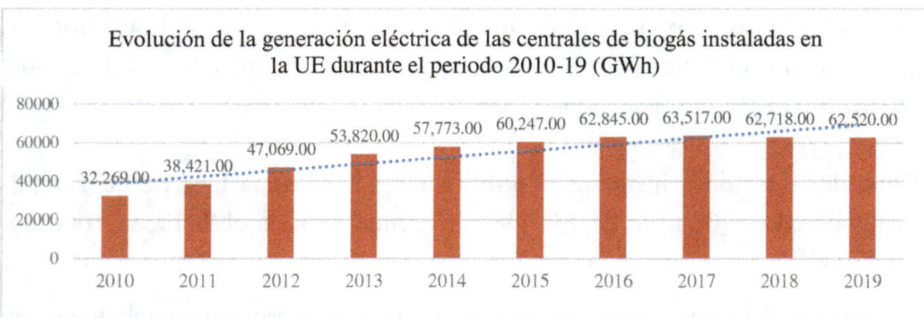

Fuente: Estadísticas de Energía Renovable 2021 IRENA

Fig. 122: Evolución de la generación eléctrica de las centrales de biogás instaladas en la UE durante el periodo 2010-19

Tal y como se puede apreciar en la Fig. 122, la generación eléctrica mediante las centrales de biogás instaladas en todos los países de la UE creció un 93.7% durante el periodo 2010-19, pasando de los 32.269 GWh en el 2010 a los 62.520 GWh en el 2019. El periodo bajo consideración puede dividirse en dos etapas. La primera etapa, cubriendo los años 2010 y 2015, se registra un crecimiento de la generación eléctrica de un 86,7%. Durante la segunda etapa cubriendo los años 2016 y 2019 se registra un ligero decrecimiento del 0,5%. Se espera que esta tendencia cambie durante los próximos años, como resultado de un mayor número de centrales de biogás que podrían ser instaladas en los países de la UE dentro del proceso de descarbonización del sector energético de la región aprobado por todos sus estados miembros.

Principales ventajas políticas y económicas del uso de la bioenergía en la generación eléctrica en la Unión Europea

La bioenergía está ampliamente disponible y representa un recurso local, limpio y renovable dentro de la UE. Pero el uso de la bioenergía, principalmente de la biomasa, requiere producir la materia prima a utilizar para la generación eléctrica en la central, sino también cultivarla, y transportarla a la central de generación, lo que añade un coste adicional a este tipo de bioenergía en comparación con otras fuentes de energías renovables. Sin embargo, la biomasa puede almacenarse en grandes cantidades y, por lo tanto, producirse bajo demanda. Es más, el uso de la biomasa tiene muchas ventajas adicionales. Entre estas se encuentran las siguientes, según el documento titulado "Renewable Energy in Europe: Markets, Trends, and Technologies (EREC, 2010):

- Garantiza el suministro local de energía y por lo tanto la independencia económica y política de los países;
- Crea puestos de trabajo, especialmente en las zonas rurales, fortaleciendo así la economía local;
- Ofrece oportunidades para la transferencia de tecnología y las exportaciones;
- Proporciona un uso adecuado de áreas agrícolas marginales o áreas excedentes con nuevos desarrollos y oportunidades para el fortalecimiento de la economía local;
- Amplia disponibilidad en toda la EU;

- Tiene la capacidad de penetrar en todos los sectores energéticos: calefacción, energía y transporte;
- Muestra un potencial considerable a largo plazo, si los residuos son debidamente utilizados y los cultivos atendidos adecuadamente para asegurar su crecimiento;
- Costo de combustible generalmente bajo en relación con los combustibles fósiles;
- Puede crear y promover mercados para la biomasa refinada que se puede almacenar, transportar y utilizar fácilmente para calefacción;
- Reduce las emisiones de CO_2 y otras gases contaminantes (SOx, etc.);
- Hace un uso valioso de los residuos agroindustriales y forestales, evitando el costo de su disposición como desecho;
- Son generalmente biodegradables y no tóxicos, lo cual es importante cuando ocurren accidentes.

Como sucede con otras fuentes energéticas, también existen barreras que impiden la expansión de la bioenergía dentro de la EU. Estas son, entre otras, las siguientes:

- Las características físicas de la biomasa son bastante diferentes;
- Falta de unidades eficientes de pequeña capacidad para la cogeneración utilizando la biomasa sólida como fuente de energía;
- Costos de las tecnologías y de los recursos necesarios para la utilización de la bioenergía para la generación eléctrica, especialmente los asociados a la transición de los sistemas basados en combustibles fósiles a los que utilizan las fuentes renovables;
- La competitividad la cual depende fuertemente de la cantidad de externalidades incluidas en el cálculo de los costos;
- Distribución y potencialidades de los recursos necesarios para el uso de los diferentes tipos de bioenergía para la generación eléctrica, los cuales son diferentes;
- Dificultades en la movilización de recursos para el uso de la biomasa para la generación eléctrica;
- Cuellos de botella administrativos y legislativos que dificultan el uso de la bioenergía en algunos países (Renewable Energy in Europe: Markets, Trends, and Technologies (EREC, 2010).

Para superar estas barreras sería necesario:

- Mejorar los mecanismos de apoyo y eliminar las medidas y barreras legislativas y administrativas existentes que dificultan la utilización de la bioenergía en la generación eléctrica en algunos países;
- Mejorar la rentabilidad de las tecnologías de conversión/utilización de la bioenergía;
- Desarrollar e implementar sistemas bioenergéticos modernos e integrados (multicultivos, multiproductos, etc.);
- Incrementar la productividad de los cultivos energéticos asociados a la biomasa;
- Establecer mercados de bioenergía y desarrollar la logística indispensable para asegurar su transporte y entrega de recursos y productos bioenergéticos;
- Considerar el valor de los beneficios ambientales para la sociedad, por ejemplo el balance de carbono (Renewable Energy in Europe: Markets, Trends, and Technologies (EREC, 2010).

La energía geotérmica en la generación eléctrica en la Unión Europea

El término "energía geotérmica" se refiere a la energía almacenada en forma de calor debajo la superficie de la tierra. Se ha utilizado desde la antigüedad para calentar y durante aproximadamente 100 años también para la generación de electricidad. La tierra puede ofrecer una fuente de calor (30° C - 80° C) para usos directos: calefacción, aplicaciones en la agricultura, entre otras. La tierra ofrece también una fuente de calor constante e increíblemente grande, un disipador de calor y un medio de almacenamiento de calor para usos energéticos térmicos, como la bomba de calor geotérmica.

La existencia de una temperatura subterránea constante se probó científicamente por primera vez en 1778 en bóvedas profundas debajo del Observatorio de París. Tomó hasta mediados del siglo XX antes de que este calor constante fuese utilizado por primera vez por una bomba de calor geotérmica. La energía geotérmica también es utilizada para la generación de electricidad. El primer intento de generar electricidad a partir del vapor geotérmico se hizo en Larderello, Italia en 1904. El éxito de este experimento indicó el valor industrial de la energía geotérmica y marcó el comienzo de una forma de explotación que se desarrollaría significativamente a partir de entonces. Después de la Segunda Guerra Mundial, muchos países se sintieron atraídos por la energía geotérmica, considerándola económicamente competitiva con otras formas de energía. No tenía que ser importada y, en algunos casos, era la única fuente de energía disponible localmente (Renewable Energy in Europe: Markets, Trends, and Technologies EREC, 2010).

Hasta ahora se ha utilizado solo una parte marginal del potencial mundial existente de la energía geotérmica para generar electricidad, calefacción urbana y para calefacción (y refrigeración) de edificios individuales, incluidas oficinas, tiendas, pequeñas viviendas, casas, etc. Dado que la tierra está llena de energía, cualquier nivel de temperatura bajo tierra se puede utilizar directamente para la energía geotérmica, por ejemplo, con perforaciones profundas o con bomba de calor. Mientras tanto, una serie de aplicaciones nuevas e innovadoras de la energía geotérmica han sido desarrolladas, y algunas de ellas ya se han demostrado su efectividad (por ejemplo, derretimiento de nieve, desalinización, etc.).

Los principales beneficios de la energía geotérmica son los siguientes:

- Es una fuente de energía renovable: el calor de la tierra entrega inagotablemente calor y energía las 24 horas del día durante todo el año, disponible en regiones específicas de todo el mundo, con un mínimo uso del suelo, y contribuye a la reducción de emisiones de gases de efecto invernadero;
- Es una tecnología segura y controlada: independiente de la estación, las condiciones climáticas y hora del día, es una tecnología probada técnicamente, y utilizada desde la antigüedad para calefacción y refrigeración, y durante más de 100 años para generación de electricidad;
- Es una energía adaptable con alto rendimiento: da una respuesta a todas las necesidades energéticas (energía eléctrica, calefacción, refrigeración, agua caliente y almacenamiento de energía) de los países en donde existe es tipo de energía;

- Se puede modular de acuerdo al tipo de recursos, al tamaño, y la naturaleza de los equipos, con el fin de poder satisfacer la demanda de energía;
- Tiene una amplia distribución global que lo hace accesible tanto para países en desarrollo como desarrollados;
- Es una energía económicamente sostenible: es autóctona, creando así independencia de los efectos de oferta/demanda externa y de las fluctuaciones en los tipos de cambio; ayuda al ahorro en gastos en la importación de energía del extranjero; permite que los recursos fósiles locales como el suelo, el carbón y el gas natural ahorren recursos dada la durabilidad de las instalaciones geotérmicas y que estas no son sensibles a los precios de la energía convencional.

Además, la energía geotérmica puede ayudar a mejorar la competitividad de las industrias, al menos a largo plazo, y puede tener un impacto positivo en el desarrollo y empleo regional. La energía geotérmica también tiene varios beneficios para la sociedad, entre ellos se encuentran los siguientes:

- Puede llegar a ser un destino favorable para las inversiones privadas;
- Reduce las emisiones de CO_2 y de otros gases contaminantes del medio ambiente;
- Seguridad del suministro energético;
- Desarrollo económico local;
- Contribución a la creación de economías de escala y por tanto a la reducción de costes a medio y largo plazo.

Al ahorrar el uso de combustibles convencionales, los sistemas geotérmicos tienen costos de funcionamiento más bajos, aunque los costes de inversión inicial suelen ser más elevados que en los sistemas de calefacción convencionales. Sin embargo, con el aumento de los precios del petróleo, del gas, y de la electricidad, el plazo para un retorno positivo de la inversión en plantas geotérmicas se hace más corto y el uso de este tipo de centrales más rentables.

Con respecto a este tipo de energía se debe señalar el bajo nivel de su uso para la generación eléctrica dentro de la UE, limitado a solo ocho países (29,6% del total de países). La capacidad de las plantas de energía geotérmica instaladas en la UE, en el 2020, ascendió a solo 911 MW, casi toda concentrada en Italia con 797 MW o el 87,5% del total de la UE. La generación eléctrica producida por este tipo de centrales ascendió, en el 2019, a unos 6.835 GWh, de los cuales 6.075 GWh fue generado por Italia para el 88,9% del total de la UE. Dentro de la región europea, el país con la segunda mayor capacidad en energía geotérmica es Islandia con 756 MW en el 2020, y generó, en el año 2019, un total de 6.018 GWh.

La energía nuclear en la generación eléctrica en la Unión Europea

En 2019, se confirmó una tendencia a la baja en la producción de energía nuclear en el marco de UE. A pesar de esta tendencia, Francia mantiene su hegemonía dentro de la UE en el uso de la energía nuclear para la generación eléctrica con un 70,6% en el 2020 (379.500 GWh), de acuerdo con la base de datos del OIEA (PRIS-OIEA, diciembre 2021).

Mientras 13 de los Estados miembros de la UE utilizan la energía nuclear para la generación eléctrica con una capacidad de 104.371 MW, y generando en el 2020 el 26% de toda la electricidad producida en la UE, los 14 países restantes no solo continuaron sin disponer de instalaciones de producción de este tipo de energía, según recogen los datos recogidos en la base de datos mencionada anteriormente, sino que se oponen a su uso con este objetivo dentro de la UE.

La cantidad de reactores nucleares de potencia que se encuentran en operación y en construcción en países de la UE en diciembre del 2021 se incluye en la Tabla 26.

Tabla 26: Reactores nucleares de potencia en operación en la UE en diciembre del 2021

País	Número de reactores nucleares de potencia en operación	Capacidad neta total instalada (MW)	Número de reactores nucleares de potencia en construcción	Capacidad neta a ser instalada (MW)
BÉLGICA	7	5.942	-	-
BULGARIA	2	2.006	-	-
REPÚBLICA CHECA	6	3.934	-	-
FINLANDIA	4	2.794	1	1.600
FRANCIA	56	61.370	1	1.630
ALEMANIA	6	8.113	-	-
HUNGRÍA	4	1.902	-	-
PAÍSES BAJOS	1	482	-	-
RUMANIA	2	1.300	-	-
ESLOVAQUIA	4	1.837	2	880
ESLOVENIA	1	688	-	-
ESPAÑA	7	7.121	-	-
SUECIA	6	6.882	-	-
Total	**106**	**104.371**	**4**	**4.110**

Fuente: PRIS-OIEA diciembre 2021

Tabla 27: Total de la electricidad generada por las centrales nucleares en el seno de la UE por país en el 2020

País	Número de reactores nucleares de potencia en operación	Electricidad total generada en el 2020 (GWh)
BÉLGICA	7	32.606
BULGARIA	2	16.626
REPÚBLICA CHECA	6	28.372
FINLANDIA	4	22.358
FRANCIA	56	379.500
ALEMANIA	6	60.918
HUNGRÍA	4	15.179
PAÍSES BAJOS	1	3.865
RUMANIA	2	10.558
ESLOVAQUIA	4	15.444
ESLOVENIA	1	6.041
ESPAÑA	7	55.793
SUECIA	6	47.262
Total	**106**	**694.522**

Fuente: PRIS-OIEA diciembre 2021 y cálculos del Autor

En el 2020, la UE generó 694.522 GWh desde las centrales nucleares en operación. Este fue, de hecho, el principal uso de la energía nuclear en el seno de la UE.

Como se puede apreciar en la Tabla 27, Francia es el mayor productor de electricidad a través del uso de la energía nuclear dentro de la UE generando, en el 2020, un total de 379.500 GWh, o el 70,6% de toda la electricidad producida en el país. El país es, además, responsable de producir el 54,6% del total de la electricidad producida en el marco de la UE utilizando la energía nuclear. El segundo puesto dentro de la UE por la generación eléctrica a través de centrales nucleares le corresponde a Alemania. Este país es responsable de producir alrededor del 8,8%% de la electricidad dentro de la UE a través del uso de la energía nuclear generando, en el 2020, un total de 60.918 GWh o el 11,3% del total de la electricidad producida en el país[65]. España ocupa el tercer puesto dentro de la UE por el total de la electricidad generada por centrales nucleares. El país generó, en el 2020, un total de 55.793 GWh o el 22,2% del total de la electricidad generada en el país y el 8% del total dentro de la UE.

Los Estados miembros de la UE que menos electricidad producen mediante el uso de la energía nuclear son Holanda (3.865 GWh), Eslovenia (6.041 GWh) y Rumanía (10.588 GWh). Hay un total de 14 estados miembros de la UE que no producen electricidad mediante el uso de la energía nuclear.

A pesar de los accidentes nucleares ocurridos en Three Miles Island en los EEUU en 1979, Chernóbil en Ucrania en 1986, y Fukushima-Daiichi en Japón en el 2011, se ha venido registrando a nivel mundial en las últimos años (2012-2020) un aumento de la producción de energía eléctrica mediante el uso de la energía nuclear. Este incremento ha sido del 8,8% pasando de los 2.346,19 TWh en el 2012 a los 2.553,12 TWh en el 2020.

Si bien desde el 1990 hasta el 2004, la cantidad de electricidad producida en instalaciones nucleares se disparó dentro de la UE un 27%, alcanzando los 1.008,4 GWh, durante el siguiente periodo la tendencia fue a la inversa. Entre el 2004 y el 2016 la producción de energía eléctrica de origen nuclear se

[65] Alemania cerró, al inicio del 2022, cuatro de los reactores nucleares de potencia que tenía en operación, reduciendo considerablemente la participación de la energía nuclear en la matriz energética del país.

desplomó dentro de la UE un 17%, tendencia que sigue registrándose en el periodo 2016-20 debido a la clausura de varias unidades en Francia, Alemania, España, Bélgica, Suecia, Lituania, entre otros. Alemania decidió eliminar progresivamente el uso de la energía nuclear para la generación de electricidad para el año 2022. Bélgica decidió el cierre temporal de dos reactores nucleares de potencia como consecuencia del descubrimiento de fisuras en sus vasijas. España decidió el desmantelamiento de sus centrales nucleares a partir de 2027 hasta el 2035, según un acuerdo entre los propietarios de las centrales y la Empresa Nacional de Residuos Radiactivos, SA (ENRESA). Para el 2027 se cerraría la central Almaraz I; su grupo gemelo, Almaraz II, lo haría en el 2028; Ascó I, en el 2029, y Ascó II, para finales del 2030. Quedarían Cofrentes (con parada prevista en el 2033), Vandellós II (en el 2034) y, la última, Trillo, en el 2035 (Sevillano, 2021).

Si bien es decisión de los estados miembros de la UE de incluir o no la energía nuclear en sus matrices energéticas, la legislación de la UE pretende mejorar las normas de seguridad de las centrales nucleares y garantizar una manipulación y eliminación seguras de los residuos nucleares.

Mirando hacia el futuro

La actual crisis energética que está afectando a los países de la UE ha revivido el debate sobre la utilización de la energía nuclear para la generación de electricidad dentro de sus estados miembros. Francia, líder dentro de UE para que se reconozca a la energía nuclear como una energía limpia (energía verde), ha anunciado que construirá nuevas centrales nucleares para ganar soberanía y reducir emisiones de gases de efecto invernadero, posición que comparten la República Checa, Polonia, Hungría, Rumania, entre otros países. Fuera de la UE, China, Rusia, Corea del Sur, Turquía, los Emiratos Árabes Unidos, el Reino Unido, Japón entre otros están adoptando planes para construir nuevas centrales nucleares durante los próximos años. En el caso del Reino Unido, el gobierno ha reconocido el papel central de la energía nuclear en sus últimos planes de descarbonización y soberanía energética, al tiempo que anunciaba su respaldo político y financiero a un proyecto de Rolls-Royce para el desarrollo de minirreactores, que están atrayendo la mirada tanto del mundo emergente como de países europeos como Holanda o la República Checa (Fariza, 2021).

Pocos analistas supieron anticiparse al brutal encarecimiento del precio del gas y del carbón que se ha producido en el 2021 y principios del 2022 y que está afectando significativamente a los países de la UE. Prácticamente nadie logró predecir el monumental atasco en las cadenas de suministro que traería consigo la recuperación económica de los países en el 2021 y principios del 2022. Menos aún, que la energía nuclear iba a regresar con fuerza al centro del tablero energético tras más de una década de declive en Europa. A pesar de este cambio, todavía hay 14 países de la UE que no tienen intención de utilizar la energía nuclear para la generación de electricidad, o se oponen firmemente a que la misma sea reconocida como una fuente de energía limpia y segura.

Uno de los mejores indicadores del creciente interés por la utilización de la energía nuclear para la generación eléctrica es el precio del uranio. Tras años de depresión, y al calor de los nuevos planes de instalación de nuevos reactores nucleares de potencia, el valor del uranio está hoy en máximos de casi una década. Aunque aún a años luz de su pico reportado en el 2007 —cuando más que triplicaba los valores actuales—, ya está claramente por encima de la media histórica (Fariza, 2021).

Según la CE en su página "La UE y la Unión de la Energía y la Acción por el Clima" (2017), la UE es el mayor importador de energía del mundo y consume una quinta parte de la energía que se produce a nivel mundial. Importa el 53% de sus necesidades energéticas, a un costo anual de alrededor de €400 mil millones. La UE depende de un número limitado de países de donde importar la energía que necesita para el funcionamiento adecuado de las economías de sus estados miembros, lo que la hace vulnerable a posibles interrupciones en el suministro de la energía que necesita o a la volatibilidad de los precios del petróleo, el gas, y el carbón. Estas interrupciones pueden estar motivas por múltiples razones de origen político, militar, tecnológico, financiero, medio ambiental, entre otros.

Debido a ello, la UE debe encontrar nuevas fuentes de energía renovables y limpias, como la electricidad generada por el viento en los parques eólicos, la fuerza del agua en las hidroeléctricas, la luz del sol en los parques solares, o la energía nuclear para disminuir todo lo posible esta dependencia energética. La UE también debe mantener su competitividad en un momento en que los mercados mundiales de la energía se decantan por una energía más limpia, y no solo adaptarse a esta transición energética, sino también liderarla.

Por otro lado, es importante resaltar que muchas redes eléctricas y gasoductos están construidos para satisfacer las necesidades nacionales, pero no están bien conectados con otros países pertenecientes a la UE. La electricidad y el gas deberían poder circular libremente por las redes del territorio europeo, pero para eso hace falta construir una infraestructura que conecte a todos los países de la región, cosa que no existe actualmente.

También hay que transportar la energía, a veces a través de continentes o mares donde se produce, hasta el lugar donde va a consumirse. Esto requiere una red de centrales eléctricas capaces de garantizar un suministro continuo de energía. Para ello se necesita enormes recursos técnicos, logísticos, y financieros que garanticen el flujo constante de la energía que se produce de forma tal que puedan satisfacerse las necesidades energéticas de los países de la UE. Al no existir un mercado a escala europea ello perjudica la inversión en infraestructuras energéticas en la región. Como consecuencia de ello, podrían retrasarse las inversiones en la construcción de nuevas centrales eléctricas que sustituyan a las centrales antiguas y obsoletas en espera de la adopción de medidas claras relacionadas con la aplicación de la política energética aprobada en el marco de la UE.

La nueva dirigencia de la CE, que asumió sus responsabilidades en noviembre de 2014, tiene un nuevo cargo de vicepresidente para abordar los temas energéticos dentro de la UE, a través de la promoción del concepto de la "Unión Europea de la Energía." Esta vicepresidencia tiene la responsabilidad de promover la adopción de una política energética común dentro de la UE, y une las antiguas carteras de Energía y de Cambio Climático con el fin de subrayar su estrecha conexión. La Unión Europea de la Energía garantizará que la UE tenga una energía segura, asequible y que ésta sea respetuosa con el clima.

Es importante señalar que la CE adoptó, en febrero de 2015, su estrategia energética para garantizar que la UE esté en condiciones de afrontar sus desafíos presentes y futuros relacionados con los temas energéticos fundamentales que son de interés para sus estados miembros. La implementación de esta estrategia implica la integración y el fortalecimiento del mercado interior de la energía de la UE, y el respeto a sus cinco prioridades descritas en enero de 2015. Estas prioridades son:

- Garantía del suministro, mediante la mejora en la seguridad del suministro de la energía según las necesidades de sus estados miembros;
- Ampliación del mercado interior de la energía, mediante el establecimiento de un mercado energético interno único;
- Aumento de la eficiencia energética;
- Reducción de las emisiones mediante la descarbonización de la economía de sus estados miembros;
- Impulsar la investigación, innovación, y la competitividad en el campo de las diferentes fuentes de energía.

La asociación de la industria FORATOM ha indicado que la política energética de la UE debería basarse en los siguientes tres pilares:

- La sostenibilidad;
- La competitividad;
- La seguridad del suministro.

La energía nuclear, como fuente de energía competitiva, confiable, y de carga base, continuará contribuyendo, junto a otras fuentes de energías limpias, a la descarbonización de la energía dentro de la UE, a pesar de que no todos sus estados miembros apoyan el uso de este tipo de fuente energética sino que, además, se oponen firmemente a su uso para la generación de electricidad dentro de la región. Debido a ello, la construcción de nuevas centrales nucleares en el seno de la UE se podría ver perjudicada por varios factores, entre ellos una baja significativa de los precios de la electricidad producida por un incremento en el uso de las energías renovables durante los próximos años, una fuerte oposición del uso de la energía nuclear para la generación de electricidad en algunos de sus estados miembros, la no disponibilidad de nuevos tipos de reactores nucleares de potencia más confiables y económicos, una disminución significativa de la disponibilidad de inversión de capital inicial, que en el caso de las centrales nucleares es actualmente muy alto, y largos periodos de construcción.

El enorme encarecimiento que están experimentando la electricidad y el gas durante los últimos meses del 2021 y principios del 2022, refleja la magnitud de la crisis energética en la que está sumida toda Europa. Francia, país de Europa con la mayor participación de la energía nuclear dentro de su matriz energética, está liderando un campaña mediante la cual se considere a la energía nuclear como un ingrediente fundamental para conformar una respuesta a las necesidades energéticas de la región, y, a su vez, reducir la emisión de gases de efecto invernadero para poder cumplir con los objetivos del acuerdo de Paris sobre cambio climático. A esta campaña se oponen varios países europeos.

El cierre progresivo de las centrales nucleares en Alemania está obligando al país a incrementar la utilización de los combustibles fósiles (gas y carbón) para resolver sus necesidades energéticas a corto plazo, incrementado de esta forma la generación de gases de efecto invernadero. Se espera que esta situación se mantenga por varios años más después del 2022, pues la capacidad de sus fuentes de energías renovables no pueden por si solas satisfacer las crecientes necesidades del país.

El Parlamento Europeo, la CE, y los estados miembros de la UE discuten intensamente en la actualidad las medidas necesarias en el marco de un extenso paquete de leyes bajo el título: "Energía limpia para todos los europeos" adoptado en el 2019 mediante las cuales la EU actualiza su marco de política energética. La propuesta de la CE prevé, entre otras cuestiones, que la cuota de energías renovables con relación al consumo total de energía ascienda al 27% en el 2030. de un 20% previsto inicialmente. Posteriormente, el Parlamento elevó este objetivo hasta el 35%. En el 2022, La CE evalúa aumentar este objetivo hasta el 45%, con el fin de acelerar el cambio para reducir la dependencia de los combustibles fósiles rusos tras la guerra de Ucrania[66]. Según la CE, se espera poder abandonar la compra de combustibles rusos para el 2027, aunque la guerra de Ucrania podría acelerar la puesta en práctica de estos planes.

El problema principal del sector energético europeo es que los mercados en Europa se estancan o retroceden, y las inversiones son las más bajas desde hace más de una década. Bajo estas condiciones los empresarios evidentemente no pueden invertir ni en masa ni en innovaciones tecnológicas. Si Europa quiere disputarle seriamente el liderazgo a otros países o regiones, entonces la UE debería aspirar como mínimo lograr una participación de las

[66] En el 2020, la UE obtuvo el 22% de su consumo final bruto de energía de energías renovables como la eólica, la solar y la biomasa, pero la proporción varía ampliamente entre los países de la UE, desde más del 50% en Suecia hasta menos del 10% en Luxemburgo.

energías renovables en la matriz energética del bloque de no menos del 50% con relación al consumo total de energía en el 2030.

Para alcanzar este objetivo, el mercado eólico terrestre de la UE instaló 7.130 MW de nuevas capacidades en el 2020, lo que representó un incremento del 4,2% en comparación con lo reportado en el 2019. Del total de 176.407 MW de capacidad de los parques eólicos instalados en tierra dentro de la región, Alemania tiene 54.437 MW o el 30,9% del total, seguido por España con 27.084 MW o el 15,4% del total, Francia con 17.380 MW o el 9,9% del total, e Italia con 10.839 MW o el 6,1% del total. De los 24.918 MW de capacidad total de los parques eólicos marinos instalados en la UE, Alemania tiene instalados 7.747 MW o el 31,1% del total a nivel de la UE, después del Reino Unido, ahora fuera de la UE, que tenía instalados 10.383 MW en ese año.

Otro de los mercados importantes dentro de la UE es el de la energía solar. En el 2020, el mercado de la energía solar fotovoltaica de la UE contó con una capacidad total instalada de 150.502 MW con unas 18.689 MW de nuevas capacidades instaladas en el 2020, lo que representó un incremento del 14,2% en comparación con lo reportado en el 2019. Del total de la capacidad de los parques eólicos instalados en tierra dentro de la UE, Alemania tiene 53.781 MW o el 35,7% del total, seguido por Italia con 21.594 MW o el 14,3% del total, España con 11.785 MW o el 7,8% del total, y Francia con 11.724 MW o el 7.8% del total. De los 2.321 MW de capacidad total de los parques solares térmicos instalados en la UE, España tiene instalados 2.304 MW o el 99,3% del total a nivel de la UE.

No obstante las acciones ya adoptadas anteriormente por la UE para sancionar a Rusia por la guerra en Ucrania, la CE ha propuesto nuevas medidas para dar forma a un plan coherente que permita que Europa deje de depender de Rusia, y no solo de Rusia sino de otros países individuales también, para calentarse y hacer funcionar su industria. El plan de la Comisión Europea ha sido bautizado como RePower EU y presentado a la consideración y aprobación de sus estados miembros en el mes de mayo del 2022. Entre estas medidas se encuentran las siguientes:

- Reducir este año en un 65% sus importaciones de hidrocarburos rusos y dejar de importar hidrocarburos desde ese país en el 2027. El plan, cifrado en más de €200.000 millones, debería ahorrar €92.000 millones al año al reducir las importaciones de hidrocarburos rusos. Según la CE, una parte de los recursos necesarios para poner en ejecución el mencionado plan se obtendría subastando cuotas de emisiones de carbono y la otra parte desviando una parte de los fondos originalmente destinados a la política agrícola común, que ahora mismo se come casi un tercio de los presupuestos de la UE;

- Acelerar la transición energética incrementando el papel de las energías renovables y reduciendo el de los combustibles fósiles en la matriz energética de los estados miembros de la UE y uniendo fuerzas para poner en marcha un sistema eléctrico más resiliente y una verdadera Europa de la Energía. El plan de la CE aspira también a que la eficiencia energética alcance el 13%, cuatro puntos más, e incluye otros objetivos como duplicar la capacidad de energía solar fotovoltaica instalada en la UE hasta los 600 GW;
- Incrementar el ahorro energético dentro de la UE. La CE cree que la UE puede reducir su consumo energético total un 13% de aquí al 2030. Esa directiva lo fijaba hasta ahora en un 9%. También propone un plan adicional de ahorro de energías que pretende reducir la demanda energética en un 5% a corto plazo;
- Bruselas calcula que será necesario invertir €210.000 millones los próximos seis años, por encima de los €195.000 millones que aparecían en borradores de la nueva hoja de ruta energética de la Comisión.
- Invertir €210.000 millones para acabar con la dependencia energética del bloque de los combustibles fósiles de Rusia, de los que €86.000 millones serán necesarios para acelerar el despliegue de renovables y €27.000 para infraestructuras clave de hidrógeno.
- Diversificar las importaciones de combustibles fósiles. La CE quiere inversiones en interconexiones, en capacidad regasificadora[67] y en infraestructuras energéticas en general, y que la UE apruebe una estrategia energética internacional y una especialmente dedicada a los países del Golfo Pérsico.

---

[67] La CE reconoce la necesidad de aumentar la capacidad regasificadora en los estados miembros de la UE, pero llama la atención sobre el hecho de que la construcción de ese tipo de infraestructuras creen una nueva dependencia que consuma grandes recursos que tarden décadas en amortizarse porque el plan a largo plazo es dejar de importar gas.

El plan busca resolver tres problemas fundamentales que están afectado a la UE en el sector de la energía. Estos problemas son:

- Lograr la total independencia europea de los hidrocarburos rusos para el 2027;
- Reducir lo más posible los elevados precios de la energía;
- Reducir las emisiones contaminantes para cumplir con los compromisos de la Cumbre de Paris sobre el cambio climático.

Para lograr los objetivos incluidos en el plan de la CE se requiere que el 45% de la energía que consuma la UE en el 2030 sea de origen renovable lo que significa tener instalados 1.236 GWh para ese año (ahora mismo hay 511 GWh). El objetivo de la CE era alcanzar el 40%, mientras que el Parlamento Europeo quiere que sea un 55%. Hoy es un 22%[68].

El plan de la CE prevé construir nuevos parques solares fotovoltaicos con una capacidad de 500 GWh para el 2028 (300 GWh más que ahora), incluyendo la instalación obligatoria de paneles solares a partir de 2026 en todos los nuevos edificios de más de 250 metros cuadrados de terreno y en todas las construcciones, independientemente de su uso y superficie, a partir de 2030. Para poder alcanzar este objetivo la CE espera fomentar la industria fotovoltaica europea para de esta forma reducir lo más posible la actual dependencia que Europa de los paneles solares chinos.

---

[68] Es importante tener presente, a la hora de adoptar el plan de la CE (RePower EU), que algunos estados miembros tienen problemas con ampliar los parques solares y eólicos debido al rechazo de su población a expandir el uso de la energía solar y eólica para la generación eléctrica.

Capítulo V

América Latina y el Caribe

Según el documento titulado "World Energy Issues Monitor 2015," la región de América Latina y el Caribe es muy diversa y rica en términos de recursos energéticos. En la región se encuentran países que son exportadores y otros importadores netos de energía. Aunque las tasas de crecimiento económico se han desacelerado en la región en los últimos años, mucho más desde la llegada de la pandemia provocada por el coronavirus a la región, la energía sigue siendo un importante impulsor de crecimiento.

Es significativo señalar que los precios fluctuantes de la energía afectan no solo al sector energético, sino a toda la economía de los distintos países y de la región en su conjunto, y reflejan por qué sigue siendo el factor precio una incertidumbre crítica para muchos países latinoamericanos y caribeños. El crecimiento demográfico y económico en la región ha conllevado a un aumento en la demanda de energía, y a pesar del retroceso registrado en la región en el 2020, se espera que este crecimiento continúe en el futuro mediato, con una demanda que se prevé duplique la actual para el 2050.

Para poder crecer a un mayor ritmo, disponer, para beneficio de los pueblos latinoamericanos y caribeños de los amplios recursos energéticos que se encuentran en la región, estar en mejores condiciones para hacerle frente a los diferentes bloques económicos que actualmente existen en el mundo, y los que se espera se establezcan en el futuro, y acomodar los intereses económicos de las principales potencias y de los inversores a los interés de los pueblos de la región, América Latina y el Caribe necesita con urgencia abordar la integración regional para aprovechar al máximo sus fuentes de energía complementarias y poder satisfacer un aumento en la demanda de energía en el futuro sin grandes inversiones para lograrlo.

La interconexión regional es un aspecto clave para poder lograr beneficios mutuos. Sin embargo, este asunto debe complementarse con un marco regulatorio y de política energética estable a largo plazo y aceptable para todos. A pesar de sus reconocidos beneficios, no solo para asegurar la demanda, sino también para abordar cuestiones importantes como la equidad energética y la sostenibilidad medioambiental, la voluntad política y las tensiones históricas continúan deteniendo o posponiendo diferentes iniciativas de integración presentadas por distintos países, lo que beneficia fundamentales a los intereses de las grandes potencias y a los de los inversores extranjeros. Esta situación explica por qué este problema de la integración energética se presenta como una gran incertidumbre crítica para los países de América Latina y el Caribe y, tomando en consideración la actual situación política de la región, existen pocas perspectivas de encontrar una solución que satisfaga las necesidades a corto o mediano plazo de todos los países de la región.

Los subsidios a la energía juegan un papel importante en países como Argentina, Bolivia, Chile, Ecuador, y Venezuela. El suministro de energía y el cambio climático también son cuestiones importantes para la mayoría de los países de América Latina y el Caribe. Estos problemas han sido abordados, de una forma u otra, a través de las siguientes iniciativas:

- Más inversiones en centrales hidroeléctricas grandes y medianas, y en el desarrollo de otras fuentes de energías renovables, como la eólica, la solar, y la biomasa;
- Mayor participación de la generación térmica mediante el uso del gas natural con una alta eficiencia;
- Medidas para mejorar la exploración y la extracción de petróleo y gas natural en las cuencas prospectivas de la región;
- Grandes inversiones para aumentar el comercio transfronterizo de gas en el Cono Sur y en América Central y el Caribe Oriental. En los mercados más grandes, como México, Brasil, y Chile, las inversiones están planificadas para importar una mayor cantidad de gas natural licuado (GNL) como parte de una estrategia para diversificar sus fuentes energéticas;
- Promoción de programas mejorados de eficiencia energética;
- Continuar la diversificación de la combinación de suministro de combustible en la generación de energía térmica, que satisface los criterios de menor costo y riesgo. Sin embargo, en algunos países, esto daría lugar a la construcción de nuevas centrales eléctricas de carbón, y ello conllevaría a un esfuerzo sustancial para introducir tecnologías de carbón limpias para reducir las emisiones de CO_2.

El uso de GNL es un tema nuevo en la región, sobre el cual los líderes de América Latina y el Caribe lo consideran mucho más importante que otros temas incluidos en la agenda global, aunque también más incierto. Las mejoras del Canal de Panamá permitirán el paso de grandes buques tanque de GNL a través de esta importante vía, lo que permitirá aumentar el comercio de este tipo de combustible, no solo dentro de la región, sino también con la región de Asia, centro del desarrollo económico mundial durante los próximos años.

Al comparar la agenda global con la agenda regional, se puede comprobar fácilmente que los temas asociados a los precios de la energía, la eficiencia energética, los subsidios energéticos, la regulación innovadora, y los precios de los productos básicos tienen una importancia similar. Sin embargo, cuestiones como la recesión global, la energía nuclear, el GNL y la dinámica política en el Medio Oriente, tienen una importancia mucho menor en la región que en otras partes del mundo. La mayoría de los problemas geopolíticos mundiales no parecen tener un gran impacto en los países de América Latina y el Caribe; sin embargo, los problemas macroeconómicos si juegan un papel importante.

Cinco tipos diferentes de energías renovables están disponibles en la región de América Latina y el Caribe. Estos son la energía solar, la energía eólica, la energía hidroeléctrica, la energía geotérmica, y la biomasa. Según datos de la AIE, las energías renovables representan casi el 29% del suministro total de energía primaria en América Latina y el Caribe, lo que parece bastante impresionante en comparación con el 5,7% de las energías renovables en la OCDE. Sin embargo, la situación no es tan buena como parece. El sector de las energías renovables de la región está dominado casi en su totalidad por las energías hidroeléctricas y los biocombustibles. El problema es que estas dos formas de energía no son en todos los casos las más adecuadas para la generación eléctrica. La dependencia de la generación eléctrica de la energía hidroeléctrica sigue siendo la fuente de electricidad dominante en América del Norte y América Central, aunque el crecimiento anual de la capacidad instalada de energía hidroeléctrica en esta región fue el más bajo a escala mundial en el 2018. Además, es importante señalar de que este tipo de energía causa problemas significativos de generación eléctrica cuando hay sequías, o cuando los niveles de lluvia caen de forma importante.

Por otro lado, es importante tener en cuenta que Sudamérica fue la segunda región de más rápido crecimiento en el sector de la energía hidroeléctrica en el 2019, agregando 5.311 MW de nuevas capacidades. Brasil contribuyó con el 61,4% de la capacidad hidroeléctrica agregada en la región en dicho año (4.629 MW), siendo el segundo país de más rápido crecimiento en el mundo después de China. Brasil con 109.092 MW de capacidad total instalada de centrales hidroeléctricas en el 2019, ha superado a los EE.UU con 102.769 MW como el segundo país más grande del mundo por capacidad hidroeléctrica instalada, ha apoyado la creación de un grupo de desarrolladores y operadores de energía hidroeléctrica, e impulsado la formación del Foro para el Desarrollo de Plantas Hidroeléctricas Medianas para fortalecer las inversiones del sector privado en este tipo de fuente de energía.

La variabilidad climática ha aumentado la necesidad de interconexiones regionales para importar electricidad de países con excedentes crecientes como Bolivia y diversificar las fuentes de energía renovables en países como Argentina y Chile. Existe una creciente necesidad de modernizar la infraestructura hidroeléctrica para extender la vida útil de las grandes centrales hidroeléctricas, particularmente la más antiguas, con el fin de aumentar la generación de electricidad para hacer frente a la creciente demanda de electricidad de la región.

Como se ha dicho anteriormente, una de las fuentes energéticas principales en la región lo son los biocombustibles. Por sus características específicas éstos han sido objeto de fuertes críticas en varios países por diferentes razones, entre ellas el impacto que tienen en la producción de alimentos. Los biocombustibles industriales no contribuyen a reducir los gases de efecto invernadero, según se plantea por expertos en el tema, mientras que los biocombustibles tradicionales y la producción de carbón vegetal conducen a la deforestación. Debido a ello, entre otros factores hacen que la situación actual de las energías renovables en América Latina y el Caribe sea menos optimista de lo que parece a primera vista, tomando en consideración el peso de los biocombustibles dentro del sector de las energías renovables en la región.

Por otro lado, es importante destacar que, durante los últimos 15 años, el suministro y la demanda de electricidad en la región de América Latina y el Caribe tuvieron una transformación sustancial. La demanda de electricidad aumentó a una tasa de crecimiento anual del 4,5%. La capacidad de generación se expandió aproximadamente en 100,000 MW, de los cuales 52,000 MW (52%) fueron en centrales térmicas convencionales. La generación de electricidad se volvió más dependiente de los combustibles fósiles, principalmente del gas natural en México y el Cono Sur, y el petróleo residual y Diésel en América Central y el Caribe, utilizados en centrales térmicas construidas por inversores privados. Aunque, en algunos países, la expansión de la capacidad de energía térmica ayudó a lograr una mezcla de generación hidro/térmica mas equilibrada y menos vulnerable a las sequías, ello creó sus propios problemas de generación.

La mayoría de los países de la región que dependen de combustibles fósiles importados para la generación eléctrica, se volvieron vulnerables a los altos y volátiles precios del petróleo o del gas suministrado por una sola fuente. Esta situación trajo serias consecuencias pues el incremento de los precios de los combustibles fósiles no se pudo pasar a las tarifas eléctricas debido a restricciones políticas, creando serios problemas financieros para los gobiernos, las compañías de distribución, y la interrupción en el suministro de gas amenazó la seguridad del suministro de energía (Byer et al., 2015).

Según los expertos mencionados en el párrafo anterior, muchos países de la región se enfrentarán a nuevos problemas o a problemas no resueltos para satisfacer la futura demanda de energía. Estos son los siguientes:

- Caída de la inversión privada y en el número de inversores privados;
- Dependencia de las importaciones de petróleo para la generación de energía y vulnerabilidad a los altos precios de este tipo de fuente energética que pudiera llegar a registrarse en el futuro, principalmente en las subregiones de América Central y el Caribe. Se pronostica un incremento significativo de los precios del petróleo durante las próximas décadas;
- Oposición política e insatisfacción con las políticas de privatización y liberalización adoptadas por varios gobiernos de la región, siguiendo la política neoliberal promovida por los EE.UU y otras instituciones internacionales en el pasado;
- En algunos países como Argentina, Ecuador, Honduras, Nicaragua, y la República Dominicana, la viabilidad financiera del sector eléctrico está en riesgo debido a las tarifas de electricidad que van a la zaga de los

costos de suministro, a las conmociones externas, o a la falta de voluntad política para hacer los ajustes de tarifas necesarios;

- Falta de buen gobierno corporativo y un bajo rendimiento de la efectividad de las políticas energéticas adoptadas, un problema que todavía existe en países como República Dominicana, Honduras, Ecuador, y Colombia;
- En varios países, las instituciones reguladoras son débiles o carecen de credibilidad debido a la interferencia del gobierno en el mercado o tienen dificultades para desarrollar la competencia técnica;
- La legitimidad de la reforma se vio socavada en algunos países cuando las personas con bajo nivel adquisitivo, que son mayorías en muchos países de la región, no fueron los beneficiarios de la reforma, y el acceso a la electricidad para la población rural en muchos países es todavía muy bajo (Byer, et al., 2015).

En los próximos diez años, la región necesita instalar aproximadamente la misma capacidad de generación que se agregó durante los últimos 15 años. La región proyecta un crecimiento de la demanda de alrededor del 4,5% por año, lo que significa que se requerirá un aumento neto de aproximadamente 100.000 MW en nuevas capacidades de generación, de los cuales aproximadamente 60.000 MW (60%) serían nuevas capacidades que no están en construcción y que aún no han sido contratadas. México y el Cono Sur acaparan aproximadamente el 80% de la nueva capacidad que debe construirse durante los próximos años.

Los datos más relevantes con respecto a las diferentes fuentes de energía en la región de América Latina y el Caribe se muestran en los siguientes párrafos.

Los combustibles fósiles en la generación eléctrica en América Latina y el Caribe

La región de América Latina y el Caribe tiene, en general, una alta dependencia del uso de los combustibles sólidos para la generación eléctrica, aunque hay un pequeño grupo de países con una alta participación de las energías renovables, particularmente de la energía hidroeléctrica en sus respectivas matrices energéticas, como son los casos de Brasil, Paraguay, Costa Rica, y Venezuela.

El petróleo en la generación eléctrica en América Latina y el Caribe

Según el documento titulado "BP Statistical Review of World Energy 2021," la evolución de las reservas de petróleo en la región de América Latina y el Caribe durante el periodo 2000-20 se muestra en la Fig. 123.

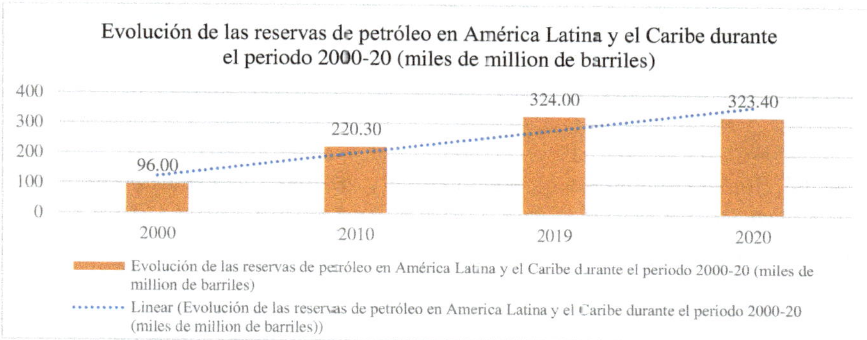

Fuente: BP Statistical Review of World Energy 2021

Fig. 123: Evolución de las reservas de petróleo en la región de América Latina y el Caribe durante el periodo 2000-20

Como se puede apreciar en la Fig. 123, las reservas de petróleo en la región crecieron 3,4 veces durante el periodo bajo consideración, pasando de los 96 miles de millones de barriles en el 2000, a los 323,4 miles de millones de barriles en el 2020. Las reservas de petróleo de la región representan el 18,7% del total mundial (1.732,4 miles de millones de barriles). Es probable que estas reservas aumenten en los próximos años por nuevos descubrimientos que puedan producirse en Brasil, México, Cuba, y otros países de la región. Las mayores reservas de petróleo en América Latina y el Caribe, en el 2020, se encontraban en Venezuela con 303,8 miles de millones de barriles (17,5% del total mundial), seguido muy de lejos por Brasil con 11,9 miles de millones de barriles (0,7% del total mundial), y México con 6,1 miles de millones de barriles (0,4% del total mundial).

La evolución de la producción de petróleo en la región de América Latina y el Caribe durante el periodo 2010-20 se muestra en la Fig. 124.

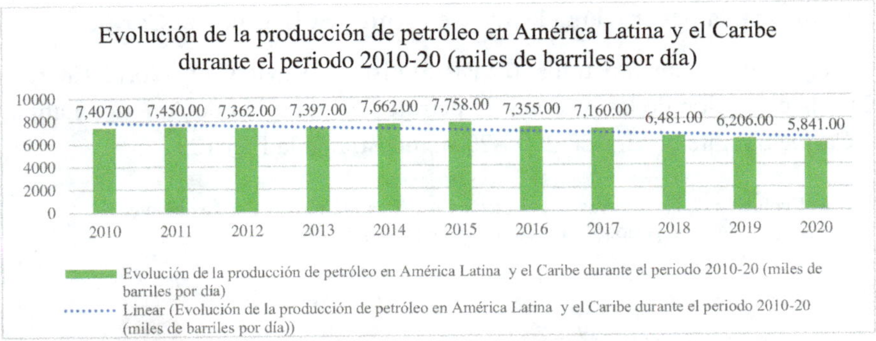

Fuente: BP Statistical Review of World Energy 2021 (Excluyendo a México)
Fig. 124: Evolución de la producción de petróleo en la región de América Latina y el Caribe durante el periodo 2010-20

Según los datos incluidos en la Fig. 124, la producción de petróleo en la región decreció un 21,1% durante el periodo considerado, pasando de los 7.407 miles de barriles diario en el 2010 a los 5.841 miles de barriles por día en el 2020. Desde el año 2014 se ha venido registrando una caída ininterrumpida de la producción de petróleo en la región, tendencia que al parecer se mantendrá al menos por algunos años más. La causa principal de esta caída brusca de la producción de petróleo en la región es la reducción significativa de la producción de petróleo en Venezuela, que fue del 81% en el periodo bajo consideración, pasando de los 2.842 miles de barriles diario en el 2010 a solo 540 miles de barriles por día en el 2020. Se espera que la producción de petróleo en la región siga decreciendo, al menos en los próximos años debido, entre otras razones, a la situación política y económica en Venezuela y su impacto negativo en la producción de petróleo, así como la existente en otros países de la región.

La evolución del consumo de petróleo en la región durante el periodo 2010-20 se muestra en la Fig. 125.

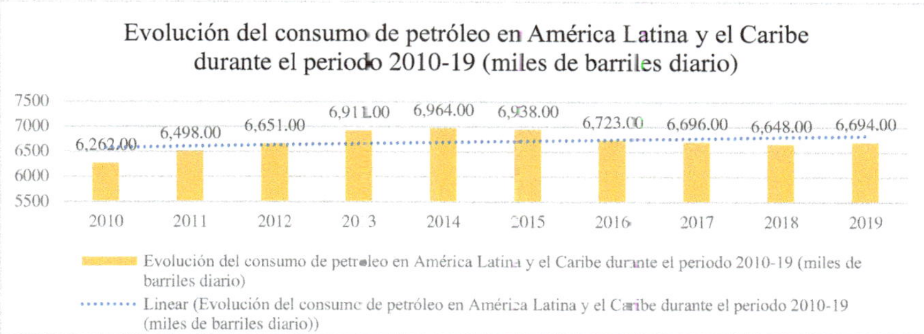

Fuente: BP Statistical Review of World Energy 2021 (Excluyendo México)
Fig. 125: Evolución del consumo de petróleo en América Latina y el Caribe durante el periodo 2010-19

De acuerdo a los datos incluidos en la Fig. 125, se puede afirmar que el consumo de petróleo en la región decreció un 9,3% durante el periodo considerado, pasando de los 65.809 miles de barriles diarios en el 2010 a los 5.274 miles de barriles diarios en el 2020. Si se divide el periodo 2010-20 en dos se puede llegar a la siguiente conclusión. Durante los años 2010-14, el consumo de petróleo creció un 11,5% pasando de los 5.809 miles de barriles por día en el 2010 a los 6.478 miles de barriles diarios en el 2014. Sin embargo, a partir del 2014 el consumo de petróleo en la región decayó un 19% pasando de los 6.478 miles de barriles por día en el 2014 a los 5.274 miles de barriles por día en el 2020. El bajo consumo de petróleo en Venezuela (4,6% del consumo total de la región), el que descendió un 32,7% durante el periodo considerado, es sin duda uno de los principales factores en el descenso del consumo de petróleo en la región.

La capacidad de refinación de petróleo en la región, excluyendo a México, decreció un 3% en el periodo 2010-20, pasando de los 6.358 de miles de barriles diarios en el 2010 a los 6.168 miles de barriles diarios en el 2020.

El gas natural en la generación eléctrica en América Latina y el Caribe

Según el documento titulado "BP Statistical Review of World Energy 2021," la evolución de las reservas de gas natural en la región de América Latina y el Caribe durante el periodo 1999-2020 se muestra en la Fig. 126.

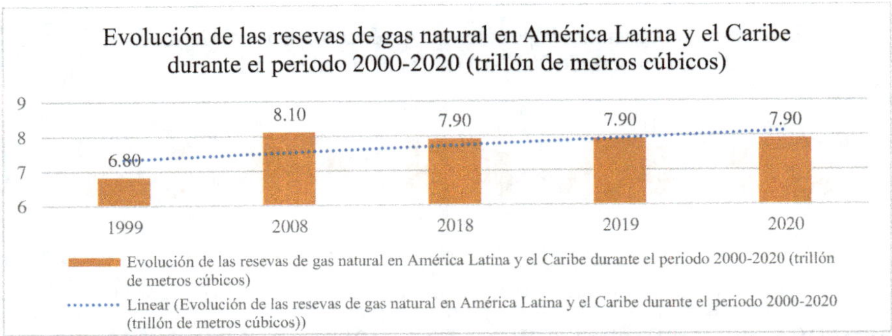

Fuente: BP Statistical Review of World Energy 2021 (Excluyendo México)

Fig. 126: Evolución de las reservas de gas natural en América Latina y el Caribe durante el periodo 1999-2020

Tal y como se muestra en la Fig. 126, las reservas de gas natural en la región durante el periodo bajo consideración crecieron en un 16,2%, pasando de los 6,8 trillones de metros cúbicos en 1999 a los 7,9 trillones de metros cúbicos en el 2020. Este incremento de las reservas de gas natural en la región fue motivado por el crecimiento de las reservas de gas en Venezuela (37%), el país de la región con las mayores reservas de gas natural y con una relación reserva/producción de 333,9 años. Se espera que las reservas de gas natural continúen creciendo en los próximos años en la región de América Latina y el Caribe debido a posibles nuevas reservas que se prevé sean descubiertas en varios países de la región.

La evolución de la producción de gas natural en la región de América Latina y el Caribe durante el periodo 2010-20 se muestra en la Fig. 127.

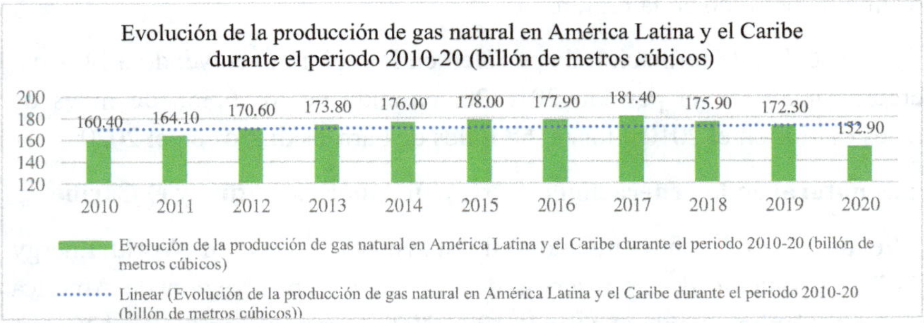

Fuente: BP Statistical Review of World Energy 2021 (Excluyendo México)

Fig.127: Evolución de la producción de gas natural en la región de América Latina y el Caribe durante el periodo 2010-20

Como se puede apreciar en la Fig. 127, la producción de gas natural en la región decreció un 4,7% durante el periodo 2010-20, pasando de los 160,4 billones de metros cúbicos en el 2010 a los 152,9 billones de metros cúbicos en el 2020. El periodo bajo consideración puede dividirse en dos partes. En la primera parte, abarcando los años 2010 y 2017, se produjo un crecimiento de la producción de gas natural en América Latina y el Caribe (excluyendo a México) del 13,1%, pasando de los 160,4 billones de metros cúbicos registrados en el 2010, a los 181,4 billones de metros cúbicos reportados en el 2017, año en el cual se registró la mayor producción de gas natural en la región dentro del mencionado periodo. La segunda parte, abarcando los años 2017 y 2020, la producción de gas natural en la región decreció un 15,8%, pasando de los 181,4 billones de metros cúbicos en el 2017 a los 152,9 billones de metros cúbicos en el 2020.

Los países que aumentaron la producción de gas natural en el periodo bajo consideración fueron Perú (65,8%), Brasil (59,3%), Colombia (23,1%), y Bolivia (5,1%). Los países que disminuyeron su producción de gas en la región fueron Venezuela (38,4%), Trinidad y Tobago (26,8%), y Argentina (1,8%). Se espera que la producción de gas natural en la región aumente durante los próximos años, así como también su participación en la matriz energética, con el objetivo de reducir al máximo posible la utilización del petróleo y el carbón para la generación de electricidad.

La evolución del consumo de gas natural en América Latina y el Caribe durante el periodo 2010-20 se muestra en la Fig. 128.

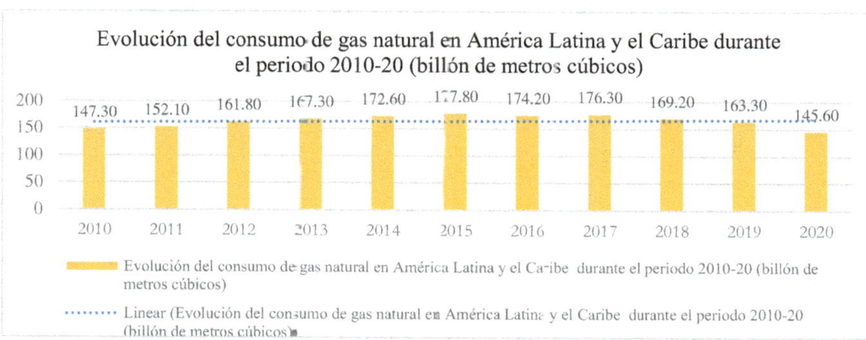

Fuente: BP Statistical Review of World Energy 2021 (Excluyendo México)

Fig. 128: Evolución del consumo de gas natural en América Latina y el Caribe durante el periodo 2010-20

Tal y como muestra la Fig. 128, el consumo de gas natural en la región decreció un 1,6% durante el periodo 2010-20, pasando de los 147,3 billones de metros cúbicos en el 2010 a los 145,6 billones de metros cúbicos en el 2020. El crecimiento del consumo de este tipo de fuente energética durante el periodo bajo consideración estuvo motivado por el aumento en el consumo de gas por Colombia (59,8%), Perú (31,5%), Brasil (16,3%), Chile (7%),y Argentina (4,3%). Se espera que el consumo de gas natural en la región crezca al menos durante los próximos años debido a que un grupo de países está llevando a cabo la sustitución del petróleo en la generación eléctrica por gas natural y otras fuentes de energías, incluyendo el incremento del uso de la energía nuclear en Argentina y Brasil.

Los países de la región con importantes exportaciones de gas licuado en el 2020 fueron Trinidad y Tobago con 14,3 billones de metros cúbicos, y Perú con 5 billones de metros cúbicos. Mediante el uso de gasoductos el país con el mayor nivel de exportación de gas en el 2020 en la región fue Bolivia con 11,4 billones de metros cúbicos. Los principales países importadores fueron Brazil con 6,2 billones de metros cúbicos y Argentina con 5,2 billones de metros cúbicos.

El carbón en la generación eléctrica en América Latina y el Caribe

El carbón es el combustible fósil menos utilizado en la región para la generación eléctrica y sus reservas ascendían a 13.689 millones de toneladas a finales del 2020, representando solo el 1,3% del total mundial (1.074.108 millones de toneladas). Según el documento titulado "BP Statistical Review World Energy 2021," las reservas de carbón en la región de América Latina y el Caribe en el 2020 estuvieron concentradas fundamentalmente en dos países, Brasil con 6.596 millones de toneladas (48,2% del total de la región) y Colombia con 4.554 millones de toneladas (33,3% del total de la región).

La evolución de la producción de carbón en América y el Caribe durante el periodo 2010-20 se muestra en la Fig. 129.

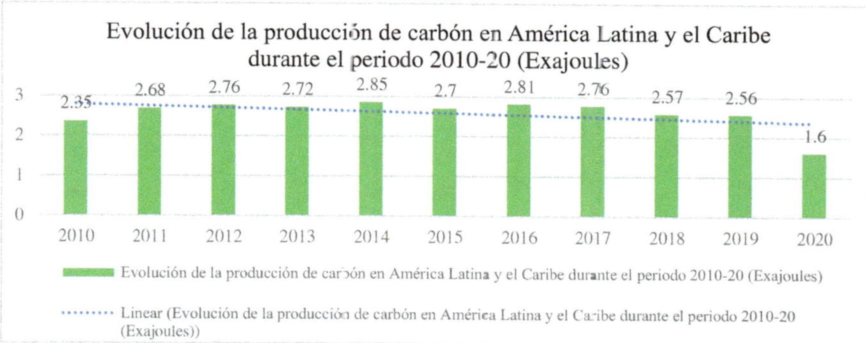

Fuente: BP Statistical Review World Energy 2021 (excluyendo México)
Fig. 129: Evolución de la producción de carbón en la región de América Latina y el Caribe durante el periodo 2010-20

Como se puede apreciar en la Fig. 129, la producción de carbón en América Latina y el Caribe decreció en un 32% durante el periodo considerado, pasando de los 2,35 Exajoules en el 2010 a los 1,6 Exajoules en el 2020. Como se puede apreciar de la Fig.131, desde el 2016 la producción de carbón en la región comenzó a disminuir, como resultado de la reducción del uso de este tipo de fuente energética para la generación de electricidad en varios países de la región, tendencia que se espera se mantenga durante los próximos años. Esta tendencia es el resultado de la aplicación de las medidas adoptados por los gobiernos de la región para disminuir al máximo posible el uso del carbón para la generación de electricidad.

Por otro lado, se espera que la utilización del carbón en el sector industrial de la región crezca en los próximos años, con excepción de la industria generadora de electricidad que tenderá a decrecer. Por esta razón, la participación del carbón en la matriz energética de varios países debe continuar disminuyendo en los próximos años incrementándose a su vez el uso de otras fuentes de energía menos contaminantes para la generación de electricidad como las energías renovables.

Por último, la evolución del consumo de carbón en América Latina y el Caribe durante el periodo 2010-20 se muestra en la Fig. 130.

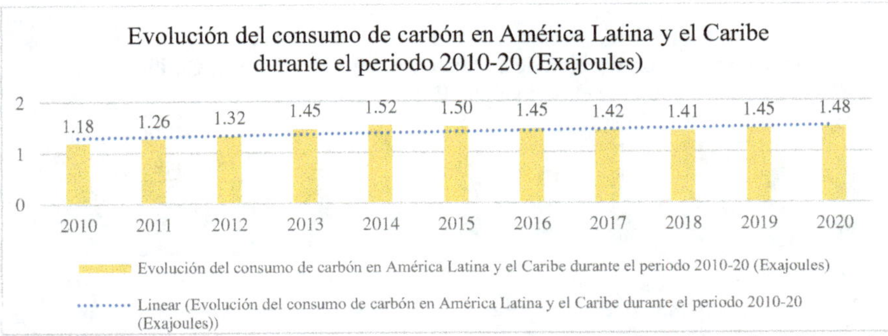

Fuente: BP Statistical Review of World Energy 2021 (Excluyendo México)
Fig. 130: Evolución del consumo de carbón en América Latina y el Caribe durante el periodo 2010-20

Tal y como se puede apreciar en la Fig. 130, el consumo de carbón en la región creció un 25,4% durante el periodo considerado, pasando de los 1,18 Exajoules en el 2010 a los 1,48 Exajoules en el 2020. El alza en el consumo de carbón en el periodo considerado se debió al incremento del uso de este tipo de fuente energética en Chile (57,9%), y Colombia (35%) en sectores claves de sus respectivas economías.

El consumo de carbón en América Latina y el Caribe en 2020 representó solo el 1% del total de consumo mundial de este tipo de combustible fósil (151,42 Exajoules). Se espera que la utilización del carbón para la generación eléctrica en la región disminuya en los próximos años, con el fin de reducir la contaminación ambiental causada por el uso de este tipo de combustible fósil en la generación eléctrica (Aquino et al., 2013).

Las energías renovables en la generación eléctrica en América Latina y el Caribe

Según el documento titulado "Estadísticas de Energía Renovable 2021," la generación eléctrica producida por las diferentes fuentes de este tipo de energía fue de 842,9 TWh en el 2019, con una capacidad total instalada de 249.279 MW en la región, excluyendo México. La generación eléctrica por tipo de fuentes de energías renovables en el 2019 se muestra en la Fig. 131.

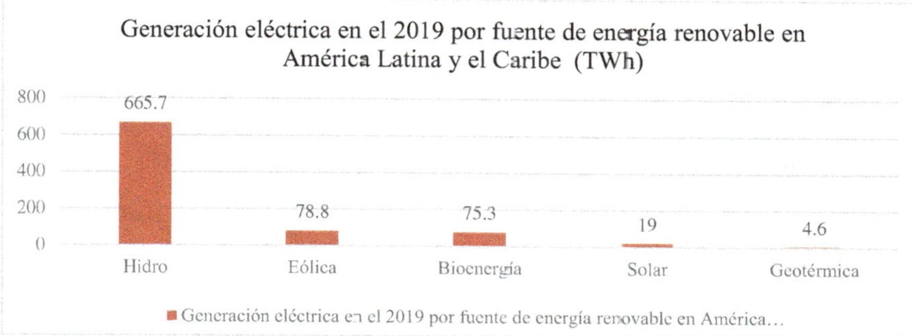

Fuente: Estadísticas de Energía Renovable 2021 IRENA (Excluyendo México)

Fig. 131: Generación eléctrica por tipo de fuente de energía renovable en América Latina y el Caribe en el 2019

Como se puede apreciar de la Fig. 131, la energía hidroeléctrica generó, en el 2019, el 78,9% del total de la electricidad generada en ese año por todas las fuentes de energías renovables en la región (843,4 TWh), seguido por la energía eólica con el 9,3% del total regional, la bioenergía con el 8,9% del total regional, la energía solar con el 2,3% del total regional, y la geotérmica con el 0,05% del total regional.

La energía hidroeléctrica en la generación eléctrica en América Latina y el Caribe

La energía hidroeléctrica suministra más de la mitad de la energía eléctrica de América Latina y el Caribe, con el 78,9% del total en el 2019, convirtiendo la matriz energética de esta región en el más limpia del planeta. Según el documento titulado "BP Statistical Review World Energy 2021," la capacidad de las centrales hidroeléctricas instaladas en la región en el 2020 ascendió a 187.206 MW, de las cuales Brasil posee 109.318 MW o el 58,4% del total de la región, Venezuela 16.521 MW o el 8,8% del total de la región, Colombia 12.611 MW o el 6,7% del total de la región, y Argentina con 11.348 MW o el 6,1% del total de la región. Los países de la región de América Latina y el Caribe que construyeron nuevas centrales hidroeléctricas, en el 2020, fueron Colombia con 684 MW, Chile con 251 MW, Brasil con 175 MW, Honduras con 108 MW, Argentina con 34 MW, Ecuador con 22 MW, Perú con 20 MW, Costa Rica con 11 MW, República Dominicana con 7 MW, y Guatemala con 3 MW. El total de las nuevas capacidades hidroeléctricas instaladas en la región en el 2020 fue de 1.292 MW, de las cuales 1.186 MW corresponden a América del Sur y 106 MW en el caso de América Central y el Caribe. Las centrales hidroeléctricas en América Latina y el Caribe generaron, en el 2019, un total de 665.714 GWh.

En la Tabla 28 se muestra las capacidades hidroeléctricas ya instaladas en América Latina y el Caribe y las nuevas capacidades instaladas en el 2020.

Tabla 28: Capacidades ya instaladas en el 2019 y nuevas capacidades hidroeléctricas instaladas en el 2020 en América Latina y el Caribe

País	Nueva capacidad instalada en el 2020 (MW)	Capacidad total instalada en 2019 (MW)	Generación eléctrica 2019 (GWh)
Brasil	175	109.318	397.877
Venezuela	-	16.521	15.113
Colombia	684	12.611	54.456
Argentina	34	11.348	35.375
Paraguay	-	8.810	49.445
Chile	251	6.934	21.440
Ecuador	22	5.098	24.685
Perú	20	5.735	31.462
Costa Rica	11	2.332	8.343
Panamá	-	1.796	5.096
Uruguay	-	1.538	8.108
Guatemala	3	1.577	4.381
Bolivia	-	736	3.251
Honduras	108	838	2.430
República Dominicana	7	625	1.060
El Salvador	-	573	1.526
Surinam	-	180	953
Nicaragua	-	157	227
Guyana francesa	-	119	413
Cuba	-	72	146
Haití	-	78	98
Belice	-	55	250
Jamaica	-	30	155
Guadalupe	-	11	44
San Vicente y las Granadinas	-	6	24
Dominica	-	7	24
Guyana	-	2	-

Fuente: Estadísticas de Energía Renovable 2021 IRENA

Según el documento titulado "Hydopower Status Report 2019," la situación y perspectivas de la utilización de la energía hidroeléctrica en la región es la siguiente:

América Central y el Caribe, incluyendo a Mexico:

- México continuará persiguiendo sus ambiciosos objetivos para aumentar la participación de las fuentes de energías renovables dentro de su matriz energética durante los próximos años. El gobierno planea aumentar significativamente la generación hidroeléctrica en el país mediante la construcción de nuevas centrales hidroeléctricas y la rehabilitación de las que ya están en operación. La energía hidroeléctrica es un pilar clave en el nuevo programa nacional de electricidad del gobierno mexicano, al desarrollo del cual se han asignado US$985 millones en inversiones anunciadas para modernizar y actualizar 60 centrales hidroeléctricas actualmente en operación. Las autoridades mexicanas estimaron que la renovación de las centrales hidroeléctricas podría agregar otros 3.300 MW de capacidad y aumentar la generación del país en un 26%;
- La subregión en su conjunto agregó solamente 106 MW de nuevas capacidades hidroeléctricas en el 2020, excluyendo a México, aunque varios proyectos están en desarrollo en la región. Actualmente, Guatemala tiene 1.577 MW de capacidad instalada de energía hidroeléctrica, lo que representa el 19,1% del total de la capacidad de esta fuente de energía en la subregión, ubicada solo después de Costa Rica con 2.332 MW (28,3% del total), y de Panamá con 1.796 MW (21,8% del total). En los últimos diez años, el consumo de energía procedente de fuentes renovables se duplicó en Guatemala, y las energías renovables llegaron a suministrar hasta el 70% del consumo nacional;
- En Panamá, la capacidad instalada total de energía hidroeléctrica es de 1.796 MW. Durante el año 2018, la generación de electricidad en el país tuvo la distribución siguiente: el 78% de la electricidad fue generada por energía hidroeléctrica, el 11% por la energía térmica, el 8% por la energía eólica, el 2% por la energía solar, y el 1% de generación propia;
- Por cuarto año consecutivo, Costa Rica generó más del 98% de su energía de fuentes renovables, con más del 60% suministrado por la energía hidroeléctrica. En algunos periodos la generación eléctrica mediante las diferentes fuentes de energías renovables existentes en el país llegó a alcanzar el 100% de la producción de electricidad, siendo

uno de los pocos países del mundo que han logrado alcanzar ese objetivo;

- En Honduras, las autoridades planean avanzar en la construcción de nuevas centrales hidroeléctricas ya planificadas como parte del objetivo del país para alcanzar el 95% de la energía suministrada por fuentes de energías renovables para el 2027.

América del Sur:

- En el 2019, América del Sur registró la tasa de crecimiento más alta a nivel mundial de generación eléctrica mediante la energía hidroeléctrica, posicionándose después de la región de Asia Oriental y el Pacífico con 1.292 MW de nuevas capacidades instaladas. Brasil aportó el 14,8% de esta nueva capacidad instalada en la subregión (175 MW);
- La generación de energía hidroeléctrica en América del Sur se ve cada vez más desafiada por el cambio climático que afecta a la subregión. Durante el verano 2017-18, la región experimentó una sequía severa que afectó a Argentina, Uruguay, Venezuela, y el noreste de Brasil, y fue la responsable, en parte, del racionamiento eléctrico en Venezuela que afectó al país durante ese periodo, así como de la caída en los niveles de los embalses que obligó a Brasil importar electricidad por 1.131 GWh de Argentina y Uruguay, siendo esta cantidad la mayor importación de energía reportada por el país en los últimos 17 años;
- Las variaciones en el clima y la capacidad instalada han fortalecido la necesidad de interconexiones regionales para satisfacer la creciente demanda en países con déficit energético. Debido a ello, la compañía eléctrica estatal de Bolivia, ENDE, está desarrollando una línea de interconexión con Argentina, mientras que planes similares para establecer líneas de conexión con Brasil, Paraguay, y Perú están en proceso de ejecución. También se han hecho planes para la construcción de una línea de 500 kV de transmisión que conecte Ecuador y Perú;
- La nueva política energética de Chile se está alejando de la utilización del carbón para la generación eléctrica, e impulsando la diversificación del uso de las diferentes fuentes de energías renovables con ese objetivo. Durante el periodo 2010-20, la capacidad total de las plantas

de energías renovables instaladas en el país se incrementó en un 11,3%. En el caso de la energía hidroeléctrica, la capacidad instalada creció un 3,8% en el 2020 con respecto al 2019. El Ministerio de Energía de Chile anunció planes para eliminar gradualmente la generación eléctrica mediante el uso de centrales de carbón con el objetivo de obtener el 70% de la generación nacional de electricidad a partir de las energías renovables para el 2050. Esto ha posicionado una serie de proyectos hidroeléctricos en la cartera de desarrollo de hasta 1.3 GW, el más notable de ellos es el complejo hidroeléctrico Alto Maipo de 531 MW que se espera comience a operar en antes que termine el 2021;

- Ecuador agregó, en el 2020, un total de 22 MW de nuevas capacidades hidroeléctricas. El plan maestro de electricidad del país prevé la instalación de 4,7 GW de nuevas centrales entre 2018 y 2025. La mayor parte será en centrales hidroeléctricas como las de Cardenillo (596 MW) y Santiago G8 (3.600 MW). Esto aumentará la cuota de electricidad de la energía hidroeléctrica al 92% para el 2035 del actual 58%;
- Sin duda alguna, la subregión está avanzando hacia la diversificación de su matriz de energía renovable para proteger a los países de los impactos de eventos climáticos severos como sequías e inundaciones. Argentina tiene previsto incrementar el uso de sus fuentes de energías renovables, como la eólica y la solar, del 2% al 20% para el 2025;
- En la subregión también están en proceso de rehabilitación y expansión algunos proyectos importantes en Brasil, Paraguay, y Argentina. Itaipú, la presa más grande del mundo por generación de electricidad, propiedad conjunta de los gobiernos de Brasil y Paraguay, comenzó un proyecto de modernización global de diez años. La central hidroeléctrica Itaipú de 14.000 MW alcanzó su mayor generación de energía durante los primeros cinco meses del 2018 desde su inauguración en 1984, pero vio disminuida esta generación de mayo a septiembre de dicho año, debido a la escasez de agua;
- La Empresa Estatal de Energía de Paraguay, ANDE, está avanzando con planes de rehabilitación, actualización, y modernización de su central hidroeléctrica Acaray de 200 MW mediante una inversión de US$125 millones en financiamiento del Banco Interamericano de Desarrollo (BID). Este banco también aprobó US$80 millones para

financiar la modernización de la central hidroeléctrica binacional argentino-uruguaya Salto Grande de 1.890 MW de capacidad;

- El complejo Yacyretá en la frontera Argentina-Paraguay también está en proceso de rehabilitación y expansión para agregar 270 MW, y se espera que las nuevas capacidades entren en funcionamiento en el 2023, aumentando la producción de electricidad en un 10%. El proyecto Ituango de 2.400 MW de Colombia ha estado en construcción durante siete años y se convertirá en la planta de energía hidroeléctrica más grande del país, suministrando el 17% de sus necesidades de electricidad, cuando entre en funcionamiento a fines del 2021;
- Perú como parte del compromiso del gobierno de convertirse en autosuficiente de energía para el 2040, seis centrales hidroeléctricas entraron en operación en el 2018, agregando 110.6 MW a la capacidad ya instalada y otros 20 MW en el 2020. El país tiene previsto la ejecución de nuevos proyectos hidroeléctricos con una capacidad total de 250 MW;
- Bolivia agregó 70 MW de capacidad hidroeléctrica en el 2019 con la puesta en marcha de la primera fase del proyecto hidroeléctrico San José, con una capacidad adicional de 560 MW, prevista para entrar en operación entre 2019 y 2023. Más adelante en el proceso de desarrollo se encuentran proyectos de construcción de nuevas centrales hidroeléctricas que agregarían un total de 6.200 MW. Estos proyectos tendrán como objetivo aumentar la participación de las centrales hidroeléctricas en la generación de electricidad del país, y la energía excedente ofrecerla a los mercados de los países vecinos. En este contexto, Bolivia y Brasil comenzaron estudios para un proyecto hidroeléctrico binacional en marzo de 2018. En el 2020, Bolivia no agregó nuevas capacidades hidroeléctricas a los 736 MW ya instaladas en el país;
- En Guyana, dos proyectos hidroeléctricos de una capacidad combinada de 4.15 MW están avanzando en el desarrollo bajo la Estrategia de Desarrollo de Bajo Carbono (LCDS) aprobado por el gobierno en julio del 2009, con financiamiento recibido a través de los Emiratos Árabes Unidos y el Fondo de Inversión REDD-plus de Guyana (GRIF), para promover el desarrollo económico combatiendo al mismo tiempo el cambio climático;

- Uruguay es uno de los seis países en el mundo que ha llegado a producir energía 100% solo a través de las fuentes de energías renovables por ciertos periodos, con más del 80% de su producción de electricidad generada a partir de energía hidroeléctrica. En enero del 2018, el gobierno obtuvo un seguro climático por valor de US$450 millones del Banco Internacional de Reconstrucción y Desarrollo (BIRF) para proteger su empresa de energía de los costos adicionales inducidos por la sequía y la necesidad de recurrir a la generación térmica de alto costo.

La energía eólica en la generación eléctrica en América Latina y el Caribe

En el caso de la energía eólica en la región de América Latina y el Caribe, la Fig. 132 muestra la evolución de la capacidad instalada de este tipo de fuente energética en la región durante el periodo 2011-20.

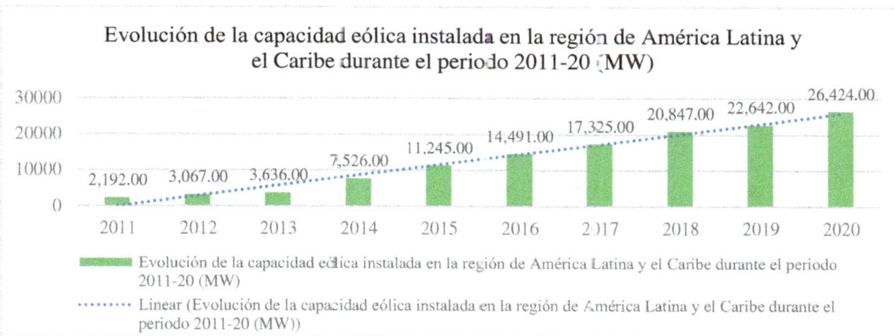

Fuente: Estadísticas de Energía Renovable 2021 IRENA y cálculos del Autor (Excluyendo a México)

Fig. 132: Evolución de la capacidad eólica en la región instalada durante el periodo 2011-20

Según los datos que se han incluido en la Fig. 132, la capacidad eólica en la región creció significativamente (12 veces) durante el periodo bajo consideración, pasando de los 2.192 MW en el 2011 a los 26.424 MW en el 2020. Los países con las mayores capacidades eólica instaladas en el 2020 fueron Brasil con 11.198 MW (42,3% del total de la región), Argentina con 2.624 MW (9,9% del total de la región), Chile con 2.149 MW (8,1% del total de la región), Uruguay con 1.514 MW (5,7% del total de la región), Costa Rica con 394 MW (1,5% del total de la región), Perú con 376 MW (1,4% del total de la región), República Dominicana con 370 MW (1,4% del total de la región), y Panamá con 270 MW (1% del total de la región). Se espera que la capacidad eólica en la región siga creciendo durante los próximos años, con el fin de incrementar la participación de las energías renovables, en particular la energía eólica, en la matriz energética de América Latina y el Caribe.

La evolución de la generación eléctrica mediante el uso de los parques eólicos instalados en América Latina y el Caribe durante el periodo 2011-19 se muestra en la Fig. 133.

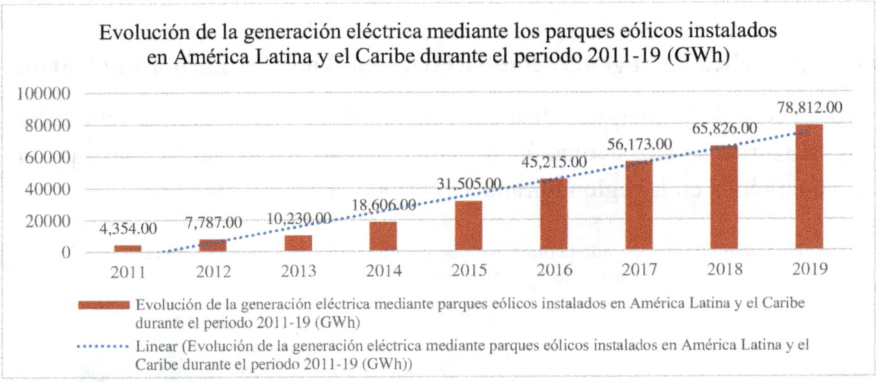

Fuente: Estadísticas de Energía Renovable 2021 IRENA y cálculos del Autor (Excluyendo a México)

Fig. 133: Evolución de la generación eléctrica en América Latina y el Caribe mediante el uso de los parques eólicos instalados en la región durante el periodo 2011-19

Tal y como se puede apreciar en la Fig. 133, la generación eléctrica en América Latina y el Caribe mediante el uso de la energía eólica durante el periodo 2011-19 creció 18,1 veces, pasando de los 4.354 GWh en el 2011 a los 78.812 GWh en el 2019. Los países de América Latina y el Caribe con mayor crecimiento en el uso de la energía eólica para la generación de electricidad durante 2019 fueron Brasil con 55.986 GWh (71% del total regional), Argentina con 4.998 GWh (6,3% del total regional), Chile con 4.895 GWh (6,2% del total regional), Uruguay con 4.752 GWh (6% del total regional), Costa Rica con 1.796 GWh (2,3% del total regional), Perú con 1.655 MW (2,1% del total regional), Honduras con 819 MW (1% del total regional) y Nicaragua con 730 MW (0.9% del total regional). Se espera que la generación eléctrica en la región mediante el uso de los parques eólicos siga creciendo durante los próximos años, con el fin de reducir el uso de los combustibles fósiles para este tipo de actividad.

Todos los parques eólicos instalados en la región de América Latina y el Caribe (excluyendo a México) son parques eólicos terrestres.

La energía solar en la generación eléctrica en América Latina y el Caribe

La evolución de la capacidad de los parques solares instalados en la región de América y el Caribe durante el periodo 2011-20 se muestra en la Fig. 134.

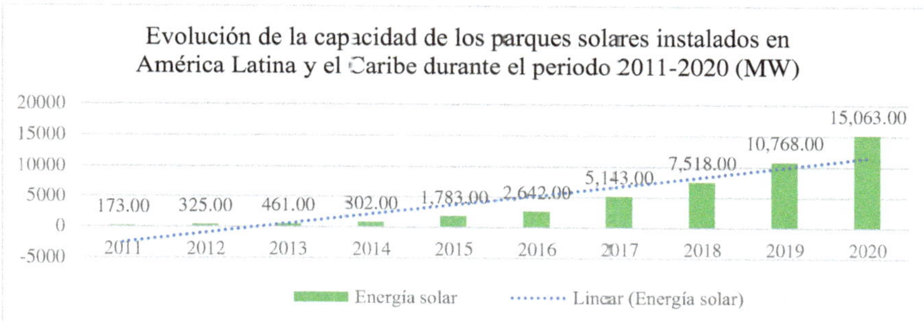

Fuente: Estadísticas de Energía Renovable 2021 IRENA y cálculos del Autor (Excluyendo México)

Fig. 134: Evolución de la capacidad de los parques solares instalados en América Latina y el Caribe durante el periodo 2011-20

A partir de los datos que se muestran en la Fig. 134, se puede afirmar que la capacidad de los parques solares instalados en la región durante el periodo 2011-20 creció 87,1 veces, pasando de los 173 MW en el 2011 a los 15.063 MW en el 2020. Desde el 2017, el crecimiento de la capacidad de los parques solares instalados en la región creció de forma significativa. Los países con las mayores capacidades de parques solares instaladas en la región en el 2020 fueron Brasil con 7.879 MW (52,3% del total regional), seguido por Chile con 3.205 MW (21,3% del total regional), y Honduras con 1.118 MW (7,4% del total regional). Se espera que la capacidad de los parques solares instalados en la región siga creciendo durante los próximos años, con el objetivo de incrementar su presencia en la matriz energética regional y reducir de esta forma el uso de los combustibles sólidos para la generación eléctrica.

A finales del 2018, los países con los mayores parques eólicos en operación en la región fueron Chile con 15 parques, Brasil con cinco parques, Honduras con tres parques, México con dos parques, y el Salvador, Guatemala, Perú, y Uruguay con un parque cada uno.

La evolución de la generación eléctrica mediante el uso de los parques solares instalados en América Latina y el Caribe durante el periodo 2011-19 se muestra en la Fig. 135.

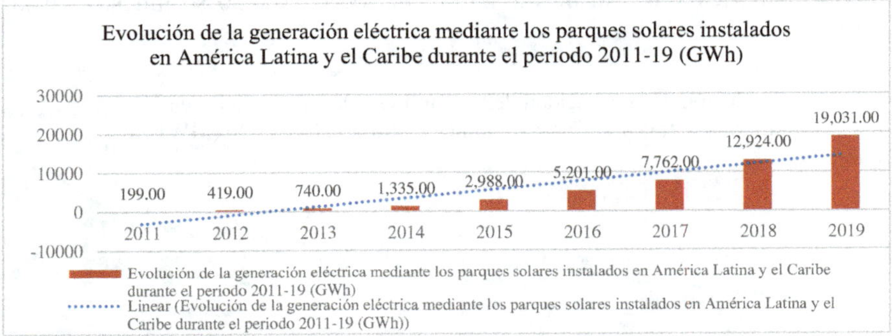

Fuente: Estadísticas de Energía Renovable 2021 IRENA y cálculos del Autor (Excluyendo México)

Fig. 135: Evolución de la generación eléctrica mediante los parques solares instalados en América Latina y el Caribe durante el periodo 2011-19

Tal y como se muestra en la Fig. 135, la generación eléctrica mediante los parques solares instalados en la región de América Latina y el Caribe durante el periodo 2011-19 creció 95,6 veces, pasando de los 199 GWh en el 2011 a los 19.031 GWh en el 2019. Los países con las mayores generaciones de electricidad provenientes de los parques solares instalados en la región reportadas en el 2019 fueron Brasil con 6.665 GWh (35% del total regional), Chile con 6.419 MW (33,7% del total regional), y Honduras con 1.118 GWh (5,9% del total regional). Sin duda alguna, Brasil y Chile continúan siendo los países más populares para los desarrolladores de energía solar fotovoltaica, el último con un total de 15 parques entre los 30 mayores del área. Se estima que la generación eléctrica mediante el uso de la energía solar en la región continúe creciendo durante los próximos años, con el fin de aumentar la participación de este tipo de energía en la matriz energética de un grupo importante de países de América Latina y el Caribe, y reducir de esta forma el consumo de combustibles fósiles para la producción de electricidad.

Los diez mayores parques solares de la región, incluyendo a México, son los siguientes:

- Parque Solar PV Villanueva (828 MW, México). Hasta la fecha este es el parque solar fotovoltaico más grande en América Latina y el Caribe y se encuentra en Viesca, México. El parque tiene una capacidad total de 828 MW, pero se prevé una ampliación de su capacidad inicial del 10%. El parque solar es capaz de producir más de 2.000 GWh por año y de evitar la emisión de más de 1 millón de toneladas de CO_2 a la atmósfera. El costo total de la construcción de este parque ascendió a US$710 millones;
- Nova Olinda (292 MW, Brasil). Este es el segundo parque solar más grande de la región y fue construido en la localidad de Piauí, Brasil. Inició operaciones en septiembre del 2017 y el costo de construcción ascendió a US$300 millones;
- Pirapora (284 MW, Brasil). Actualmente el parque solar está constituido por dos parques solares Pirapora 1 de 191,5 MW y Pirapora 3 de 92,5 MW ubicadas en el estado brasileño de Minas Gerais. Se espera que el proyecto solar Pirapora agregue otros 115 MW después de la finalización del parque solar Pirapora 2. Una vez que esté en pleno funcionamiento, el proyecto de 399 MW cubrirá las necesidades energéticas anuales de 420.000 hogares brasileños y será más grande que el parque solar Nova Olinda;
- Don José (260 MW, México). El parque solar está ubicado en San Luis de la Paz, en el estado de Guanajuato, México. El contrato aprobado preveía la ampliación de la capacidad del parque en un 10%. La expansión, se acaba de materializar y ha agregado 22 MW a la capacidad inicial del parque, tras una inversión adicional de US$21 millones. El parque solar de Don José ocupa más de 1.300 hectáreas de terreno que acogen más de 810.000 paneles, capaces de producir más de 625 GWh al año, además de evitar la emisión de más de 340.000 toneladas de CO_2 a la atmósfera;
- Ituverava (254 MW, Brasil). El parque solar está ubicado en el estado brasileño de Bahía y se conectó a la red en septiembre de 2017 junto con Nova Olinda. La construcción del parque requirió una inversión de alrededor de US$400 millones. Tanto Nova Olinda como Ituverava

proporcionan energía suficiente para satisfacer las necesidades anuales de consumo de energía de más de 568.000 hogares brasileños;

- El Romero Solar (246 MW, Chile). El parque solar fue inaugurado en noviembre de 2017 en el desierto chileno de Atacama, y en aquel momento era el mayor parque solar fotovoltaico de América del Sur, con una potencia de 246 MW. El parque solar El Romero Solar, ubicada en el municipio de Vallenar, a 645 kilómetros al norte de Santiago, está conformada por 776.000 paneles solares en una superficie de 280 hectáreas, capaces de producir electricidad para el consumo de 240.000 hogares (alrededor de un millón de personas). El parque se construyó en un plazo récord de 13 meses, en una labor realizada por unos 450 trabajadores de la zona. Esta instalación posee una superficie de captación solar de más de 1,5 millones de metros cuadrados (equivalentes a 211 campos de fútbol), y evita la emisión anual a la atmósfera de unas 485.000 toneladas de dióxido de carbono. El parque solar supuso una inversión de US$343 millones, con el objeto de generar anualmente 505 MW(e) de electricidad a las empresas concesionarias de distribución del Sistema Interconectado Central (SIC), a partir de 2018;
- Parque solar fotovoltaico Rubí Solar (180 MW, Perú). El parque solar fotovoltaico Rubí fue inaugurado en marzo de 2018, tiene una capacidad de 180 MW, es la más grande del Perú y ha requerido una inversión de US$165 millones. El parque solar se ubica en el distrito de Moquegua, provincia de Mariscal Nieto, departamento de Moquegua en el Perú. Tiene una potencia instalada de 180 MW proporcionada por la instalación de 560.880 paneles solares fotovoltaicos de 320 vatios cada uno. El parque es capaz de generar 440 GWh anuales, equivalentes al consumo de 351.177 hogares peruanos. Además, evitará la emisión de 209.343 toneladas de CO_2 a la atmósfera por año. El parque está conectado a la subestación Montalvo (Moquegua) de 500/220 kW a través de una línea de transmisión de 22 km de 220 kW;
- Finis Terrae (160 MW, Chile). El parque cuenta con una capacidad instalada de 160 MW con la que podrá generar más de 400 GWh al año, cantidad suficiente para cubrir el consumo anual de cerca de 198.000 hogares chilenos. Su construcción ha supuesto una inversión de cerca de US$270 millones. El parque se encuentra en la región de Antofagasta, a

1.300 kilómetros del norte de la capital chilena y permitirá evitar la emisión a la atmósfera de más de 198.000 toneladas de CO_2 al año. Finis Terrae cuenta con un acuerdo de suministro a largo plazo y la energía producida será transmitida a la red de la zona norte de Chile;

- Parque Solar Lapa (158 MW, Brasil). El parque inició sus operaciones en junio del 2017, está ubicado en el estado de Bahía, y está compuesto por los parques solares fotovoltaicos de Bom Jesus da Lapa, de 80 MW, y Lapa, con 78 MW. El parque tiene una capacidad total de 158 MW y es capaz de generar cerca de 340 GWh al año, suficiente para satisfacer las necesidades anuales de consumo de energía de más de 166.000 hogares brasileños, y evitar la emisión de cerca de 198.000 toneladas de CO_2 a la atmósfera;
- Proyecto solar Boler (146 MW, Chile). El parque se inauguró en diciembre de 2016 y está ubicado en el desierto de Atacama, en el norte de Chile. Está conformado por 475.000 paneles fotovoltaicos y posee un sistema de seguimiento cubriendo una superficie de más de 500 hectáreas.

Por último, es importante resaltar que hasta el 2020 no había parques solares termoeléctricos (CSP) instalados en ningún país de la región.

La bioenergía en la generación eléctrica en América Latina y el Caribe

Uno de los tipos de energías renovables que más se utiliza por muchos países de la región de América Latina y el Caribe para la generación eléctrica es la bioenergía. La evolución de la capacidad de las centrales de bioenergía instaladas en la región durante el periodo 2011-20 se muestra en la Fig. 136.

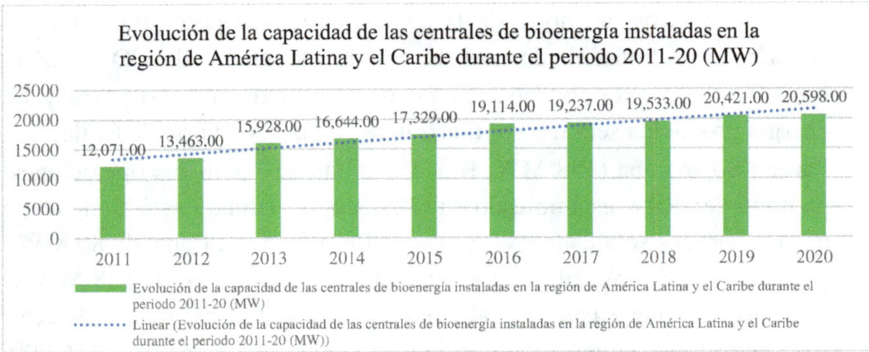

Fuente: Estadísticas de Energía Renovable 2021 IRENA y cálculos del Autor (Excluyendo México)

Fig. 136: Evolución de la capacidad de las centrales de bioenergía instaladas en la región de América Latina y el Caribe durante el periodo 2011-20

A partir de los datos que se muestran en la Fig. 136, se puede afirmar que la capacidad de las centrales de bioenergía en la región creció un 70,6% durante el periodo bajo consideración, pasando de los 12.071 MW en el 2011 a los 20.598 MW en el 2020. Los países con las mayores capacidades instaladas en la región en el 2020 fueron Brasil con 15.650 MW (76% del total regional), y Guatemala con 1.036 MW (5% del total regional). Se estima que la capacidad de las centrales de bioenergía instaladas en la región siga creciendo durante los próximos años, con el fin de aumentar su presencia en la matriz energética de muchos países de América Latina y el Caribe.

La evolución de la generación eléctrica mediante el uso de la bioenergía en la región de América Latina y el Caribe durante el periodo 2011-19 se muestra en la Fig. 137.

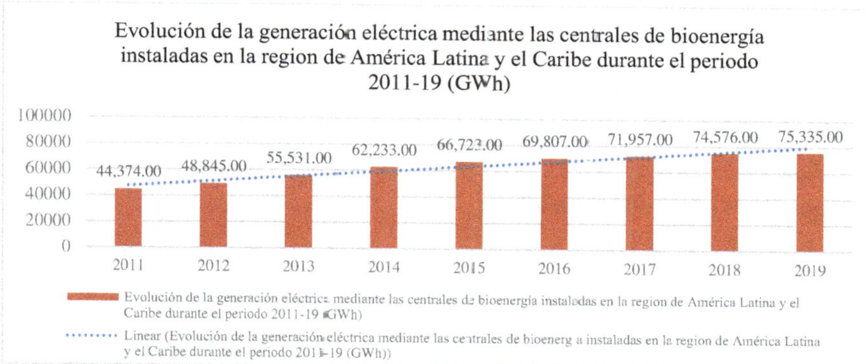

Fuente: Estadísticas de Energía Renovable 2021 IRENA y cálculos del Autor (Excluyendo México)

Fig. 137: Evolución de la generación eléctrica mediante el uso de la bioenergía en América Latina y el Caribe durante el periodo 2011-19

De acuerdo con los datos de la Fig. 137, se puede afirmar que la generación eléctrica en América Latina y el Caribe mediante el uso de centrales de bioenergía creció un 69,8% durante el periodo considerado, pasando de los 44.374 GWh en el 2011 a los 75.335 GWh en el 2019. Se espera que la generación eléctrica mediante el uso de este tipo de centrales en la región continúe creciendo durante los próximos años. Los países que generaron la mayor cantidad de electricidad mediante el uso de las centrales de bioenergía en América Latina y el Caribe en el 2019 fueron Brasil con 54.921 GWh (72,9% del total regional), Chile con 4.353 GWh (5,8% del total regional), Guatemala con 3.194 MW (4,2% del total regional), Uruguay con 2.491 GWh (3,3% del total regional), Argentina con 2.159 GWh (2,9% del total regional), Colombia con 1.801 GWh (2,41% del total regional), y Honduras con 1.754 GWh (2,3% del total regional).

En el 2020, la capacidad de las centrales de biocombustibles sólidos y residuos renovables instaladas en la región de América Latina y el Caribe ascendió a 20.191 MW, registrando un crecimiento del 58,8% durante el periodo 2011-20, y generando un total de 73.396 GWh durante el 2019. Se espera que la capacidad de este tipo de centrales en la región continue creciendo durante los próximos años, con el fin de incrementar la participación de las energías renovables en la matriz energética de América Latina y el Caribe.

En el caso de las centrales de residuos municipales renovables en la región de América Latina y el Caribe se reportó, en el 2020, una capacidad instalada solamente de 4 MW, todas localizadas en la subregión de Centro América y el Caribe, y generando en el 2019 un total de 19 GWh. No se espera que este tipo de centrales aumente su participación en la matriz energética de la región durante los próximos años.

En el caso de las centrales que utilizan bagazo para la generación eléctrica se reportó una capacidad instalada en la región de 15.738 MW en el 2020, registrándose un crecimiento del 69,8% durante el periodo 2011-20. Este tipo de centrales generaron en el 2019 un total de 47.315 GWh, lo que refleja un crecimiento del 75,2% con respecto al reportado en el 2011 (27.004 GWh). Se espera que la capacidad instalada y la generación eléctrica producida por este tipo de centrales continue creciendo durante los próximos años.

En el caso de las centrales que operan con otros combustibles sólidos, la capacidad instalada en el 2020 de este tipo de centrales en la región de América Latina y el Caribe ascendió a 4.434 MW, creciendo un 70,5% durante el periodo 2011-20, y generando un total de 26.062 GWh durante el 2019. El crecimiento de la generación eléctrica de este tipo de centrales durante el periodo 2011-19 fue del 55,9%. Se espera un crecimiento en la capacidad y generación eléctrica de este tipo de centrales en la región durante los próximos años, con el objetivo de incrementar la presencia de las energías renovables en la matriz energética de América Latina y el Caribe.

En el 2020, la capacidad de las centrales de biogás instaladas en la región de América Latina y el Caribe alcanzó la cifra de 602 MW, creciendo 3,1 veces durante el periodo 2011-20, y generando durante el 2019 un total de 1.476 GWh. Durante el periodo 2011-19, el crecimiento de la generación eléctrica de este tipo de plantas fue de 3,3 veces.

La energía geotérmica en la generación eléctrica en América Latina y el Caribe

La energía geotérmica se utiliza en la región de forma muy limitada, concentrándose las capacidades instaladas fundamentalmente en la región de América Central. La evolución de la capacidad instalada de este tipo de centrales durante el periodo 2011-20 se muestra en la Fig. 138.

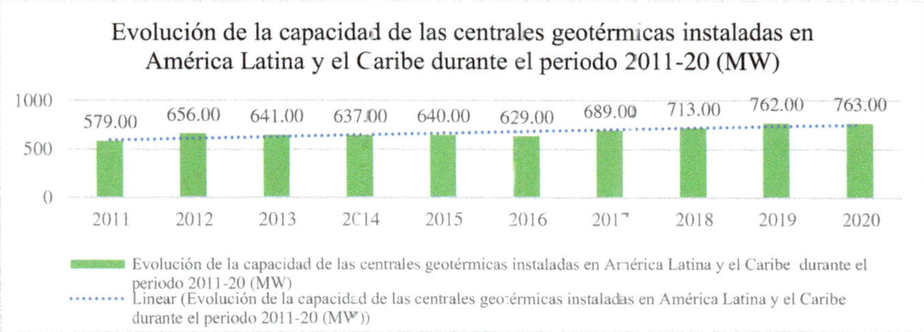

Fuente: Estadísticas de Energía Renovable 2021 IRENA y cálculos del Autor (Excluyendo México)

Fig. 138: Evolución de la capacidad instalada de las centrales geotérmicas en América Latina y el Caribe durante el periodo 2011-20

De acuerdo con los datos incluidos en la Fig. 138, se puede afirmar que la capacidad de las centrales geotérmicas instaladas en la región durante el periodo 2011-20, concentradas fundamentalmente en la subregión de América Central[69], creció un 31,8%, pasando de los 579 MW en el 2011 a los 763 MW en el 2020. Se estima que la generación eléctrica mediante las centrales geotérmicas instaladas en la región continúe creciendo durante los próximos años, pero a un ritmo relativamente lento en comparación con el crecimiento que se espera registrar en otros tipos de fuentes de energías renovables y seguirá concentrada en la subregión de América Central. Los países con las mayores capacidades instaladas en centrales geotérmicas en esa subregión en el 2020 fueron Costa Rica con 262 MW (36,2% del total de la subregión), El Salvador con 204 MW (28,2% el total de la subregión), y Nicaragua con 153 MW (21,2% del total de la subregión).

La evolución de la generación eléctrica producida por las centrales geotérmicas instaladas en la región de América Latina y el Caribe durante el periodo 2011-19 se muestra en la Figura 139.

[69] En América del Sur solo Chile genera electricidad utilizando este tipo de fuente energética (202 GWh en el 2020).

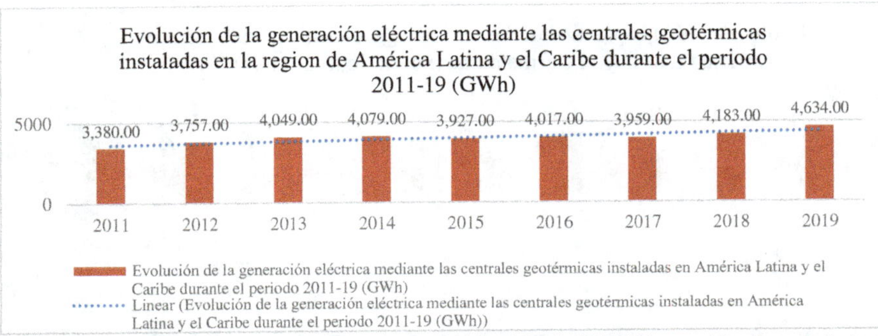

Fuente: Estadísticas de Energía Renovable 2021 IRENA y cálculos del Autor (Excluyendo México)

Fig. 139: Evolución de la generación eléctrica producida por las centrales geotérmicas instaladas en la región de América Latina y el Caribe durante el periodo 2011-19

Tal y como se puede apreciar en la Fig. 139, la generación eléctrica mediante el uso de las centrales geotérmicas instaladas en América Latina y el Caribe durante el periodo 2011-19 creció un 37,1%, pasando de los 3.380 GWh en el 2011 a los 4.634 GWh en el 2019. Se estima que la generación eléctrica en la región mediante el uso de las centrales geotérmicas ya instaladas seguirá creciendo durante los próximos años, pero a un ritmo mucho más lento que el crecimiento que se registrará en el caso de otras fuentes de energías renovables, y estará concentrado en la subregión de América Central. Los países de América Central con las mayores producciones de electricidad mediante el uso de las centrales geotérmicas en el 2019 fueron Costa Rica con 1.513 MW (32,6% del total de la región), El Salvador con 1.474 GWh (31,8% del total de la región), y Nicaragua con 778 GWh (16,8 % del total de la región).

La energía geotérmica en la subregión tiene un potencial significativo sin explotar en las aproximadamente 700 islas, islotes, arrecifes, y cayos ubicados en la zona tropical. El Caribe goza de playas con sol constante, aguas tranquilas en la costa y un ambiente totalmente relajado, pero debajo de sus serenas costas se encuentra una fuente vasta y en gran parte inexplorada de energía baja en carbono (Recursos energéticos en el Caribe, 2019).

Es importante señalar que los datos incluidos en las figuras incluidas en esta sección correspondiente a la región de América Latina y el Caribe se refieren a las capacidades de las diferentes centrales energéticas que están conectadas a la red. En la Tabla 29 se han incluidos los datos de las capacidades de las plantas de energías renovables no conectadas a la red correspondiente al 2020.

Tabla 29: Capacidad de las centrales de energías renovables instaladas en la región no conectadas a la red en el 2020

Energías renovables	Capacidad instalada (MW)
Total	1.112.130
Hidroeléctricas	151.227
Solar fotovoltaica	141.528
Otras	379.863

Fuente: Estadísticas de Energía Renovable 2021 IRENA y cálculos del Autor (Excluyendo México)

Los países de la región con las mayores capacidades instaladas de centrales de energías renovables no conectadas a la red en el 2020 fueron Perú con 435.486 MW (39,17% del total regional), Bolivia con 251.850 MW (22,6% del total regional), y Venezuela con 76.700 MW (6,9% del total regional).

La energía nuclear en la generación eléctrica en América Latina y el Caribe

Hay solo tres países en la región, Argentina, Brasil, y México, que utilizan la energía nuclear para la generación eléctrica. La evolución del uso de este tipo de fuente energética para la generación eléctrica en estos tres países durante el periodo 2019-20 se muestra en la Fig. 140.

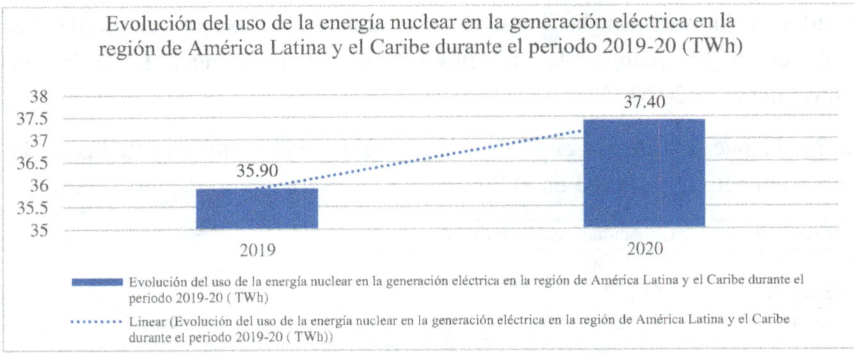

Fuente: BP Statistical Review of World Energy 2021 y cálculos del Autor

Fig. 140: Evolución del uso de la energía nuclear para la generación de electricidad en la región de América Latina y el Caribe durante el periodo 2019-20

De los datos que se muestran en la Fig. 140, se puede afirmar que el uso de la energía nuclear para la generación eléctrica en la región creció un 4,2% durante el periodo considerado, pasando de los 35.9 TWh en el 2019 a los 37.4 TWh en el 2020. Los reactores nucleares de potencia en operación y en construcción en la región en el 2021 se muestran en la Tabla 30.

Tabla 30: Reactores nucleares de potencia en operación y construcción en América Latina y el Caribe

País	Número de reactores	Número de reactores en construcción	Capacidad instalada (MW) 2021	Generación de electricidad (GWh) 2020	Por ciento (%)
Argentina	3	1	1.641	10.011	7,5
Brasil	2	1	1.884	14.053	2,1
México	2	-	1.552	10.864	4,9

Fuente: PRIS-OIEA diciembre 2021

Tal y como se puede apreciar en la Tabla 30, en la región hay siete reactores nucleares de potencia en operación con una capacidad total de 5.077 MW, los cuales generaron un total de 34.928 GWh en el 2020. También se reportan dos reactores nucleares de potencia en construcción, uno en Argentina y otro en Brasil. Los sietes reactores nucleares de potencia instalados en la región son de tres tipos:

- Reactores nucleares de agua en ebullición (BWR en inglés) todos operando en Mexico;
- Reactores nucleares de agua a presión (PWR en inglés) todos operando en Brazil;
- Reactores de agua pesada a presión (PHWR en inglés) todos operando en Argentina.

Como se puede apreciar, cada uno de los países de la región con centrales nucleares en operación utiliza una tecnología nuclear diferente, seleccionada de acuerdo al suministrador de las centrales nucleares y basada en su experiencia en el desarrollo de la energía nuclear en el país.

Por el momento, no se espera que otros países de la región inicien un programa nuclear para la generación eléctrica, aunque algunos de ellos están considerando esta posibilidad. Pero lo que es muy probable es que Argentina y Brasil continúen incrementando la participación de la energía nuclear en sus matrices energéticas en el futuro, con la construcción de nuevas unidades, según los planes preparados por los dos gobiernos.

En el caso específico de la Argentina, es importante resaltar que en estos momentos se encuentra en construcción un reactor nuclear de potencia del tipo SMR con tecnología propia y con una capacidad total neta de 25 MW(e). Por otro lado, se ha dado a conocer en el mes de febrero del 2022 que la empresa estatal Nucleoeléctrica Argentina y la Corporación Nuclear Nacional de China reactivaron un acuerdo firmado en el 2015 para construir un nuevo reactor nuclear de potencia denominado "Atucha III" en el país sudamericano con una inversión de US$8.300 millones. La nueva unidad se ubicará en el Complejo Nuclear Atucha, convirtiendo la región en la de mayor peso en términos energéticos dentro del país. Atucha III, tendrá una potencia de 1.200 MW (e) y se convertirá en la cuarta unidad del país.

Es importante resaltar que la construccion de Atucha III estaba previsto comenzase en el 2015, pero el gobierno de Mauricio Macri suspendió los trabajos relacionados con la construcción de dicha unidad. El contrato establece la provisión de la ingeniería, construcción, adquisición, puesta en marcha y entrega de un reactor nuclear de potencia del tipo HPR-1000, que utilizará uranio enriquecido como combustible y agua ligera como refrigerante y moderador. Se prevé que Atucha III tenga una vida útil inicial de 60 años, y se espera que las obras comiencen a fines de este año creando más de 7.000 empleos y se alcance una integración aproximada del 40% de proveedores nacionales.

Mirando hacia el futuro

Existe un renovado interés en la región por el desarrollo de las energías renovables. En respuesta a las perspectivas de altos precios del petróleo y del gas a largo plazo, el agotamiento de sus reservas, la dependencia de los combustibles fósiles importados para la generación eléctrica, y las preocupaciones sobre el cambio climático, muchos países están dando prioridad al desarrollo del gran potencial de energía renovable existente en la región, tales como centrales hidroeléctricas medianas y grandes, minicentrales hidroeléctricas, parques eólicos y solares, centrales geotérmicas, centrales de bioenergía, centrales de generación térmica mediante el uso de gas natural, programas de eficiencia y conservación de energía y, en algunos casos, el uso de energía nuclear para la generación de electricidad.

Con los precios proyectados del petróleo y del gas para los próximos años, la mayoría de estas tecnologías son comercialmente viables, siempre que se establezcan los incentivos y políticas adecuadas. Por lo tanto:

- Se espera que la capacidad instalada en energías renovables en la región de América Latina y el Caribe se incremente de forma significativa durante los próximos años, como ya se ha visto en los diferentes gráficos incluidos en esta sección. Esta capacidad puede aumentar sustancialmente si se establecen incentivos adecuados para el desarrollo de las energías renovables en algunos países y si el precio de algunos de este tipo de energías continúa disminuyendo como ha venido sucediendo hasta ahora;
- Las centrales hidroeléctricas y de gas medianas y grandes se pronostican que representarán el 93% de la energía limpia que se instalará en la región durante la próxima década.
- Hay un amplio espacio para mejorar la eficiencia energética. La exitosa experiencia de México indica que son posibles ahorros de aproximadamente el 15% de la demanda pico de electricidad con niveles de precios adecuados y programas de eficiencia energética bien diseñados basados, entre otros, en la promulgación de legislación de eficiencia, aplicación de normas adecuadas, financiamiento de

proyectos, etiquetado de aparatos y equipos, difusión de información, y promoción del servicio energético;

- Muchos países de la región, especialmente los productores de caña de azúcar de bajo costo, además de Brasil, están adoptando una mezcla obligatoria de gasolina y bioetanol por razones ambientales y de seguridad energética. Una mezcla de etanol al 10% es factible en países tropicales;
- La diversificación de las fuentes de energía para satisfacer las necesidades energéticas de los países de la región también es un aspecto importante a tener en cuenta durante la conformación de sus respectivas matrices energéticas. La diversificación efectiva de las fuentes de energías mejora la seguridad energética, puede reducir los costos de generación, mitigar la volatilidad de los precios del petróleo y del gas y reducir la vulnerabilidad a las conmociones externas. La diversificación de las fuentes de energías no solo comprende el desarrollo de energía limpia, incluido el GNL importado y el gas natural suministrado por gasoducto, sino también la promoción del comercio regional de energía;
- La energía limpia es competitiva en muchos países de la región, basada en un escenario de precios del petróleo de aproximadamente US$60 por barril, muy por debajo del precio del barril de petróleo registrado en el primer trimestre del 2022 por encima de los US$115;
- Los países con acceso al gas natural continúan confiando en la expansión térmica basada en la turbina de gas a gas y CCGT, las que contribuyen con aproximadamente el 32% de la capacidad de nueva generación. Aunque parece ser una estrategia de expansión de generación de menor costo, es posible que no minimice los riesgos. A excepción de Perú y Bolivia, que tienen amplias reservas de gas natural, los otros países enfrentan el riesgo de restricciones en el suministro de gas por medio de gasoductos o el riesgo de precios volátiles y altos de GNL como está sucediendo en el primer trimestre del 2022;
- Los países con un gran potencial de generación hidroeléctrica continúan confiando en el desarrollo de proyectos hidroeléctricos medianos y grandes, que se espera representen alrededor del 46% de la nueva capacidad de generación que se instalará en la región durante la próxima década;

- La generación eléctrica mediante centrales de carbón es una opción atractiva y de menor costo para mitigar el riesgo de precios volátiles del petróleo y gas para algunos países de la región. El carbón es el único combustible convencional cuyo precio se ha mantenido separado del precio del petróleo, pero también su precio oscila entre un 50% y un 60% menor que el del gas, lo que compensa los mayores costos de inversión. Los costos de generación eléctrica para las centrales eléctricas de carbón están en el rango de US$50 a US$57 por MWh. Sin embargo, el problema del uso de este tipo de fuente energía para la generación de electricidad, es que ella es muy contaminante siendo una de las causas principales que están provocando el cambio climático a nivel mundial.

Sin lugar a duda, existen oportunidades para restablecer la confianza en el comercio transfronterizo de energía y ampliar las interconexiones regionales. Sin embargo, las dificultades recientes en el mercado energético del Cono Sur revelaron los riesgos de dependencia de una sola fuente de suministro de energía y la necesidad de fortalecer los mercados energéticos en la región. El refuerzo de la red de gasoductos en el Cono Sur contribuiría a restaurar la confianza y mejorar la seguridad energética en la subregión.

La interconexión eléctrica entre Colombia y Centroamérica es un buen complemento para la interconexión centroamericana (Sistema de Interconexión Eléctrica para los Países de América Central - SIEPAC) y para la interconexión México-Guatemala. Una nueva interconexión eléctrica entre Uruguay y Brasil sería útil para diversificar las opciones de suministro y promover el comercio de electricidad en el Cono Sur (Byer et al., 2015).

Por último, es importante resaltar que se espera que la generación de energía hidroeléctrica caerá un 25% en América Latina y el Caribe para el año 2040 como consecuencia del cambio climático, pese a que la demanda de energía se prevé se duplique para ese año, según las Naciones Unidas. "Con los escenarios de cambio climático va a haber menos lluvia y por lo tanto menos escorrentía en los ríos, menos agua en los pantanos y menos generación hidroeléctrica", dijo a la AFP Gustavo Mañez, coordinador de Cambio Climático para América Latina y el Caribe de ONU Medio Ambiente. Estamos hablando de una pérdida de un 25% de toda la generación hidroeléctrica de aquí al año 2040", añadió Mañez durante un taller en el que participa el Banco Centroamericano de Integración Económica (BCIE).

Capítulo VI

Asia y el Pacífico

Durante las últimas décadas, la región del Asia y el Pacífico ha registrado un rápido crecimiento económico, un incremento significativo de las necesidades energéticas, y una intensa urbanización. Este crecimiento económico han significado un aumento de las exigencias medioambientales y una dependencia de los combustibles fósiles, la mayoría de ellos costosos y especialmente contaminantes. Debido a ello, en la región se encuentran dos de los tres países más contaminantes a nivel mundial, China e India, con un nivel muy alto en el uso del carbón para la generación eléctrica.

El desarrollo de las energías renovables se impone como una solución lógica en esta región para la reducción del alto nivel de la contaminación de las principales ciudades de la región, la cual posee una gran riqueza natural en recursos renovables y en la que el costo relativo de la electricidad de origen renovable es cada vez más competitivo. El objetivo a alcanzar es el de reducir el alto nivel de contaminación de sus principales ciudades y regiones, particularmente en China e India. Al hablar en la Conferencia inaugural de Wood Mackenzie Asia Pacific Power and Renewables, el director de investigación Alex Whitworth indicó que las inversiones en generación de energía en la región del Asia y el Pacífico están liderando las inversiones en el sector energético a nivel mundial y se espera que estas alcancen los US$2,4 billones en la década actual, con las energías renovables alcanzado la cifra de US$1,3 billones o el 54,2% del total. En su opinión, se espera que el carbón represente el 55% de las inversiones en combustibles fósiles hasta el 2030, y después de ese año se prevé que el porcentaje de las inversiones en los combustibles sólidos sea de solo el 30% del total durante la década de 2030-40 paralelo a un incremento en el uso del gas para la generación eléctrica en la región (Roca, 2021) y de la energía nuclear.

Los combustibles fósiles en la generación eléctrica en Asia y el Pacífico

Sin lugar a duda, los combustibles fósiles son la fuente de energía que más se utiliza en la región para la generación de electricidad, siendo esta la causa principal de la alta contaminación de sus principales ciudades.

El petróleo en la generación eléctrica en Asia y el Pacífico

Según el documento titulado "BP Statistical Review of World Energy 2021," el consumo de petróleo creció 0,9 millones de barriles por día a nivel mundial, o un 0,9% ligeramente menor que el promedio del 1,3% anual registrado durante los últimos 10 años. El crecimiento fue liderado por China, donde la demanda aumentó en 680.000 barriles por día, el mayor aumento en la demanda de petróleo registrado en el país desde el 2015.

La producción mundial de petróleo cayó levemente en 6.570 miles de barriles por día en el 2020 con respecto al 2019. En el 2020, la producción mundial de petróleo diaria fue liderada por los Estados Unidos, con una producción reportada de 16.476 miles de barriles por día, seguido por Arabia Saudita con una producción de 11.039 miles de barriles por día, y Rusia con una producción de 10.667 miles de barriles por día. Es importante señalar que estos tres países reportaron una producción de petróleo en el 2020 que fue inferior a la reportada en el 2019.

Por otro lado, la producción de la OPEP cayó en dos millones de barriles por día, la caída más pronunciada del grupo desde el 2009. Gran parte de esta disminución se debió a una combinación de sanciones y dificultades económicas en Irán (-1,3 millones de barriles por día) y Venezuela (-560.000 barriles por día). Además, se llegó a un acuerdo renovado de recorte de la producción de petróleo entre la OPEP y otros países productores de petróleo con una caída de la producción de Arabia Saudita (-430.000 barriles por día). A pesar de este acuerdo, la producción de petróleo aumentó en al menos dos miembros de la OPEP (Irak y Nigeria), los que aumentaron su producción en 150.000 y 100.000 barriles por día respectivamente. En cuanto a la producción de petróleo por tipo, las disminuciones se concentraron en el petróleo crudo y condensado, que en conjunto cayeron en 580.000 barriles por día.

Las reservas de petróleo en la región del Asia y el Pacífico, incluyendo a los países del CIS y del Medio Oriente, en el 2020 ascendieron a 1.027,3 miles de millones de barriles[70].

[70] Si se incluyen a los países del CIS y del Medio Oriente, entonces las reservas de petróleo de la región de Asia y el Pacífico en el 2020 ascenderían a 45,2 miles de millones de barriles.

En el caso específico de la región de Asia y el Pacífico, la evolución de la producción de petróleo durante el periodo 2010-20 se muestra en la Fig. 141.

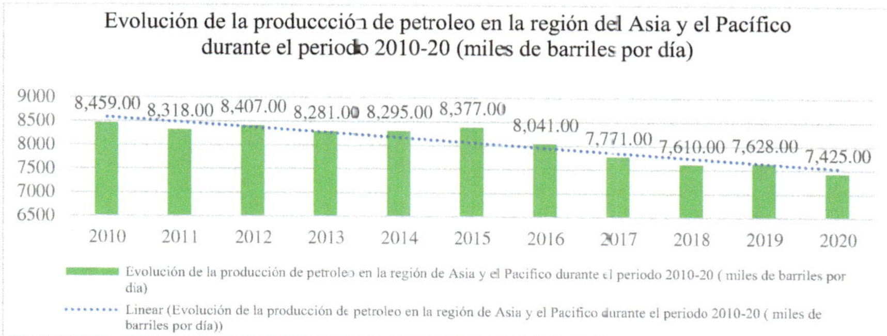

Nota: Se excluyen los países del CIS y el Medio Oriente
Fuente: BP Statistical Review of World Energy 2021
Fig. 141: Evolución de la producción de petróleo en la región del Asia y el Pacífico durante el periodo 2010-20

Como se puede apreciar en la Fig. 141, la producción de petróleo en la región del Asia y el Pacífico disminuyó un 12,3% durante el periodo 2010-20, pasando de los 8.459 miles de barriles por día en el 2010 a los 7.425 miles de barriles por día en el 2020. Los mayores productores de petróleo en la región en el 2020 fueron China con 3.901 miles de barriles por día (52,5% del total de la región), India con 771 miles de barriles por día (10,4% del total de la región), Indonesia con 743 miles de barriles por día (10% del total de la región), y Malasia con 596 miles de barriles por día (8% del total de la región). Se espera que esta tendencia se mantenga durante los próximos años, como resultado de la reducción del uso del petróleo para la generación eléctrica en la mayoría de los países del mundo.

En el año 2020, según el documento titulado "BP Statistical Review of World Energy 2021," la producción de petróleo en la región del Asia y el Pacífico, excluyendo a los países del CIS y el Medio Oriente, representó solo el 8,4% del total mundial que fue de 88.392 miles de barriles por día. La producción de petróleo crudo y condensado en la región del Asia y el Pacífico fue de 6.828 miles de barriles por día en el 2020, representando el 8,9% del total mundial que fue de 76.685 miles de barriles por día.

Por otro lado, el consumo de petróleo en la región de Asia y el Pacífico durante el periodo 2010-20 se muestra en la Fig. 142.

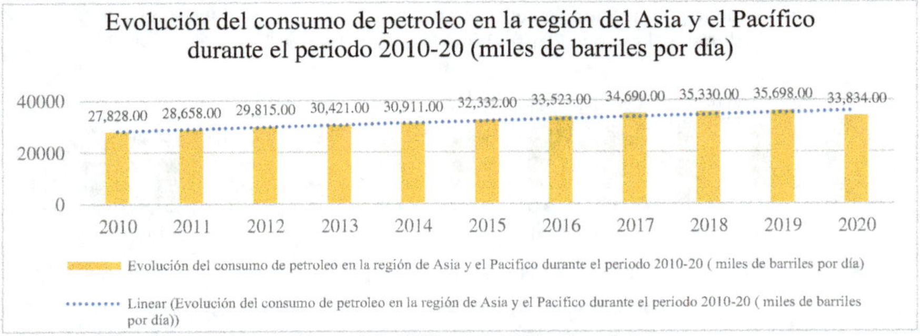

Nota: Se excluyen los países del CIS y del Medio Oriente

Fuente: BP Statistical Review of World Energy 2021

Fig. 142: Evolución del consumo de petróleo en la región del Asia y el Pacífico durante el periodo 2010-20

Como se puede apreciar en la Fig. 142, el consumo de petróleo aumentó un 21,6% durante el periodo bajo consideración, pasando de los 27.828 miles de barriles por día en el 2010 a los 33.834 miles de barriles por día en el 2020. El consumo de petróleo representó, en el 2020, el 38,1% del total mundial que fue de 88.696 miles de barriles por día. Los mayores consumidores de petróleo en la región en el 2020 fueron China con 14.225 miles de barriles por día, India con 4.669 miles de barriles por día, Japón con 3.2618 miles de barriles por día y Corea del Sur con 2.560 miles de barriles por día. Se prevé que esta tendencia se mantenga durante los próximos años aumentando las importaciones de petróleo por parte de la región en su conjunto para poder satisfacer la creciente demanda de este tipo de combustible a partir de una disminución en su producción.

En el 2020, la región del Asia y el Pacífico reportó una capacidad de refinación de 36.492 miles de barriles diario que representó el 35,8% del total de la capacidad de refinación instalada a nivel mundial (101.947 miles de barriles por día). Durante el periodo 2010-20, la capacidad de refinación de la región del Asia y el Pacífico creció un 19,9% pasando de los 30.427 miles de barriles por día en el 2010 a los 36.492 miles de barriles por día en el 2020 (BP Statistical Review of World Energy 2021, 2021).

El gas natural en la generación eléctrica en Asia y el Pacífico

En el 2020, según el documento titulado "BP Statistical Review of World Energy 2021," las reservas de gas natural en la región del Asia y el Pacífico ascendieron a 16,6 trillones de metros cúbicos, las que representan el 8,8% del total de las reservas mundiales de este tipo de fuente energética. Durante el periodo 2010-20, las reservas de gas natural en la región aumentaron en un 23%, pasando de los 13,5 trillones de metros cúbicos en el 2010 a los 16,6 trillones de metros cúbicos en el 2020.

De acuerdo con los datos incluidos en el documento mencionado anteriormente, la producción mundial de gas natural creció hasta alcanzar los 3.853,7 billones de metros cúbicos. La producción de gas natural en la región del Asia y el Pacífico en ese mismo año alcanzó los 652,1 billones de metros cúbicos, reflejando un decrecimiento del 1,2% con respecto a lo reportado en el 2019. En los EE.UU se reportó un aumento volumétrico de 85 billones de metros cúbicos apenas por debajo del récord de incremento reportado en el 2018 (90 billones de metros cúbicos), representando casi dos tercios de la red global de crecimiento. La oferta de gas natural también se vio impulsada por un fuerte crecimiento en Australia (23 billones de metros cúbicos) y China (16 billones de metros cúbicos). Un crecimiento de la demanda de gas natural con una disminución de la oferta debido a la aplicación de sanciones económicas contra Rusia por parte de la UE, EE.UU y otros países, y la suspensión de la en entrada en operación del nuevo gasoducto Nord Stream 2 por la guerra en Ucrania, ha disparado los precios del gas natural desde finales del 2021 hasta alcanzar niveles históricos nunca visto en muchos países, especialmente en Europa.

La evolución de la producción de gas natural en la región del Asia y el Pacífico durante el periodo 2010-20 se muestra en la Fig. 143.

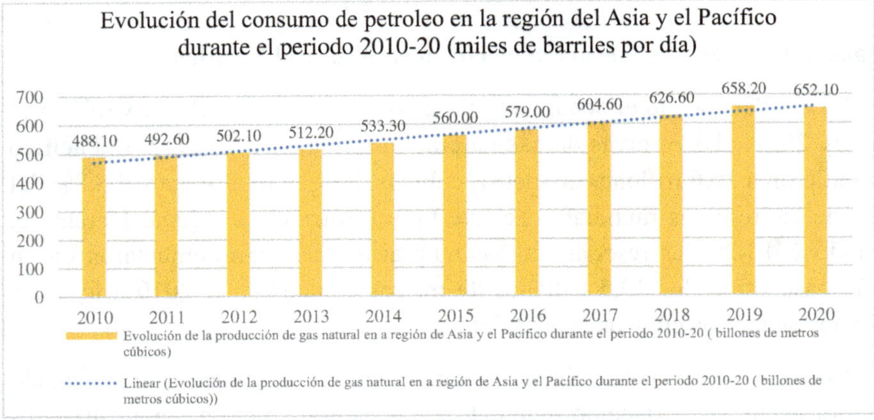

Nota: Se excluyen los países del CIS y del Medio Oriente
Fuente: BP Statistical Review of World Energy 2021
Fig. 143: Evolución de la producción de gas natural en la región del Asia y el Pacífico durante el periodo 2010-20

Basado en los datos incluidos en la Fig. 143 se puede afirmar lo siguiente: la producción de gas natural en la región del Asia y el Pacífico creció un 36,6% durante el periodo 2010-20, pasando de los 488,1 billones de metros cúbicos en el 2010 a los 652,1 billones de metros cúbicos en el 2020. La producción de gas natural en la región representó, en el 2020, el 16,9% del total mundial siendo los mayores productores China, con 194 billones de metros cúbicos, Australia, con 142,5 billones de metros cúbicos, y Malasia, con 73,2 billones de metros cúbicos. Se espera que la producción de gas natural en la región del Asia y el Pacífico siga creciendo durante los próximos años con el fin de poder suplir la reducción en la producción de carbón y su utilización para la generación de electricidad.

Según el documento titulado "BP Statistical Review of World Energy 2021," el consumo mundial de gas natural decreció un 2,3% en el 2020 con respecto al reportado en el 2019, una cifra que está por debajo de su promedio registrado durante sus últimos 10 años, y muy por debajo del crecimiento excepcional observado en el 2018 (7,3%). En términos de volumen, la demanda mundial decreció en 81 billones de metros cúbicos. Es de destacar que el crecimiento del consumo de gas natural en China fue mucho más lento en el 2020 que el reportado en el 2019, cuando se desvaneció el impulso de los efectos climáticos y el cambio del carbón a gas impulsado por las políticas en

China. Los días cálidos y fríos también contribuyeron a una caída en el consumo de gas en Rusia (32,9 billones de metros cúbicos), la mayor caída de cualquier país reportado en el 2019.

La evolución del consumo de gas natural en la región del Asia y el Pacífico durante el periodo 2010-20 se muestra en la Fig. 144.

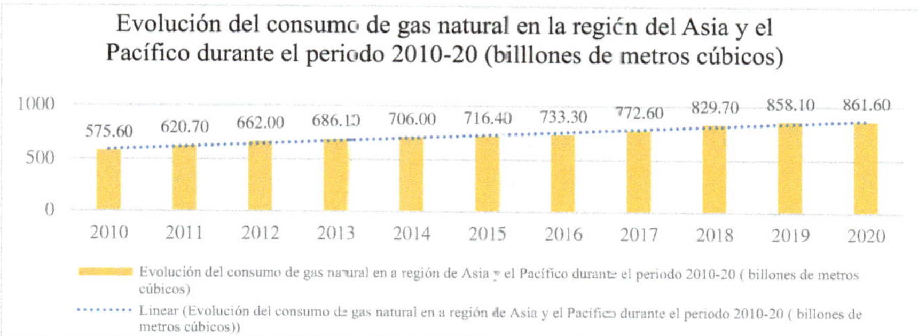

Nota: Se excluyen los países del CIS y el Medio Oriente
Fuente: BP Statistical Review of World Energy 2021
Fig. 144: Evolución del consumo de gas natural en la región del Asia y el Pacífico durante el periodo 2010-20

A partir de los datos incluidos en la Fig. 144 se puede afirmar que el consumo de gas natural en la región del Asia y el Pacífico creció un 49,7% durante el periodo 2010-20, pasando de los 575,6 billones de metros cúbicos en el 2010 a los 861,6 billones de metros cúbicos en el 2020. El consumo de gas natural en la región representó, en el 2020, el 22,5% del total mundial siendo los mayores consumidores China, con 335,5 billones de metros cúbicos, Japón, con 104,4 billones de metros cúbicos, India, con 59,6 billones de metros cúbicos, y Corea del Sur con 56,6 billones de metros cúbicos. Se espera que el consumo de gas natural en la región del Asia y el Pacífico siga creciendo durante los próximos años con el fin de poder suplir la reducción en el consumo de carbón para la generación de electricidad.

Según los datos proporcionados por la Administración de Información de Energía de los Estados Unidos (EIA)[71] se puede llegar a las siguientes conclusiones:

1. El consumo mundial de energía se espera aumente casi un 50% durante el periodo 2018-50, y más de la mitad del aumento proyectado en el consumo mundial de energía ocurriría en países de la región del Asia y el Pacífico no pertenecientes al OECD, principalmente en China e India;
2. La demanda de energía en países de Asia y el Pacífico no pertenecientes a la OCDE fue mayor que en cualquier otra región en el 2018, y se prevé que casi se duplique durante el periodo 2018-50. Este crecimiento la convierte en la región más grande y de más rápido desarrollo en el mundo. Con respecto al consumo de energía, este significativo aumento estará muy relacionado con un fuerte crecimiento económico previsto para la región, un mayor acceso a la energía comercializada, y a un rápido incremento de la población y de su demanda de energía;
3. Durante el periodo 2018-50, se prevé que los países de la región del Asia y el Pacífico no pertenecientes a la OCDE sean responsables de casi la mitad del crecimiento mundial previsto del consumo de gas natural. Ello se debe en gran medida al aumento de la actividad económica de esos países lo que traerá como resultado niveles más altos de consumo gas natural, particularmente en el sector industrial. Los principales países de la región en los que se prevé un aumento en el consumo de gas natural son China, India, Bangladesh, Tailandia, y Vietnam. Se espera que en el 2050 el consumo anual de gas natural en los países de la región del Asia y el Pacífico no pertenecientes a la OCDE alcance los 120 mil millones de pies cúbicos por día;
4. Un elemento importante a tener en cuenta al analizar la producción y consumo de gas natural en la región del Asia y el Pacífico es que se ha previsto se produzca un desequilibrio entre la oferta y el consumo de gas natural en la región. Se estima que el actual desequilibrio entre la oferta y demanda de gas natural en la región del Asia y el Pacífico se amplíe durante el período 2018-50, lo que tendría como consecuencia

[71] Para más información ver el documento titulado "International Energy Outlook 2019" (IEO 2019).

una dependencia cada vez mayor de los países de la región del Asia y el Pacífico de las importaciones de gas natural de otras regiones, particularmente los países de la región no pertenecientes a la OCDE;

5. Sin lugar a duda, China continuará siendo el mayor consumidor de gas natural en comparación con otros países en toda la región del Asia y el Pacífico. Se espera que para el 2050, China consuma casi tres veces más gas natural que en el 2018. La EIA estima que este aumento se deberá al crecimiento en el sector de energía eléctrica del país. Este crecimiento se prevé que sea el resultado tanto del aumento de la demanda de electricidad en el país como a la reducción de la generación de electricidad mediante el uso de las centrales de carbón[72];
6. Durante el período 2018-50, la EIA espera que el consumo de gas natural en el sector de generación de energía de China aumente al menos cuatro veces. Por ello, el aumento proyectado de China en el consumo de gas natural se espera sea mayor que el crecimiento combinado del consumo de gas natural previsto para todos los demás países de la región de Asia y el Pacífico no pertenecientes a la OECD;
7. La EIA proyecta, además, un crecimiento comparativamente menor de la demanda de gas natural en las economías desarrolladas de la OCDE (Australia, Japón, Nueva Zelanda, y Corea del Sur). De igual modo se espera que el consumo de gas natural en Japón, actualmente el mayor consumidor de gas natural en este grupo disminuya levemente para el 2050;
8. La creciente demanda de gas natural en la India está relacionada con su creciente producción de bienes. El uso de gas natural en el sector industrial de la India se espera supere al sector industrial de China después del 2040. Durante el periodo 2018-50, la EIA espera que crezca la fabricación intensiva en energía de la India, especialmente la producción de hierro y acero, minerales no metálicos y productos químicos básicos. EIA también espera que otros países de la región como Bangladesh, Tailandia. y Vietnam, experimenten un aumento del

[72] El sector del transporte también se prevé que contribuya al crecimiento en el consumo de gas natural en China, impulsado principalmente por el aumento de la demanda de gas natural en el transporte de carga por camión y ferrocarril. Según el pronóstico de la EIA, el consumo de gas natural en el sector del transporte de China se espera crezca más de seis veces en el 2050.

30% en la demanda de gas natural durante el periodo bajo consideración, como resultado del aumento de la fabricación de productos y otros bienes de carácter industrial;

9. La falta de gas natural en países de la región del Asia y el Pacífico no pertenecientes a la OCDE será un factor importante y que se espera contribuya a un creciente desequilibrio entre la oferta y la demanda de gas natural en la región durante los próximos años. Aunque se espera que la producción de gas natural en los países del Asia y el Pacífico no pertenecientes a la OCDE se duplique para el 2050, el consumo de gas natural de la región crecerá más rápidamente. Como resultado, se necesitarán más importaciones de gas natural para satisfacer el incremento de la demanda prevista para la región durante los próximos años.

El carbón en la generación eléctrica en Asia y el Pacífico

La Agencia Internacional de la Energía (AIE) estima que la demanda mundial de carbón se mantendrá más o menos estable durante los próximos años, respaldada por el crecimiento previsto del mercado chino, que representa la mitad del consumo mundial. Según el documento titulado "Carbón 2019," se estima que el consumo de carbón en la región de Asia y el Pacífico se estabilice a partir de 2022 y, posteriormente, comience a disminuir ligeramente. Según el mencionado documento, el repunte de la demanda mundial de carbón experimentado en el 2017, después de tres años consecutivos de reducción, continuó en el 2018 con un incremento del 1,1%, impulsado por el crecimiento en la generación de electricidad a partir de este tipo de combustible fósil. Como consecuencia de este repunte en el uso de carbón para la generación eléctrica, éste mantuvo su posición como la mayor fuente de energía utilizada en la generación eléctrica del mundo con una participación del 38% en el 2018. Sin embargo, en el 2019, y según el documento titulado "BP Statistical Review of World Energy 2020," el consumo mundial de carbón se redujo un 0,6% y su participación en la matriz energética mundial cayó a su nivel más bajo en los últimos 16 años (27%). En el 2020, según el documento titulado "BP Statistical Review of World Energy 2021," el consumo mundial de carbón se redujo en un 3% con respecto al reportado en el 2019.

Los aumentos en el consumo mundial de carbón fueron impulsados por los países emergentes, en particular China (0,36 Exajoules), Malasia (0,19 Exajoules) y Vietnam (0,03 Exajoules). En la India, uno de los mayores consumidores de carbón para la generación eléctrica, se registró un decrecimiento del consumo de este tipo de fuente energética de 1,06 Exajoules, su nivel más bajo desde el 2017. Sin embargo, el incremento en el consumo de carbón en algunos países de la región del Asia y el Pacífico fue compensado por una fuerte caída en la demanda de carbón por parte de los países de la OCDE, la que alcanzó su nivel más bajo desde 1965. En el 2018, se registró un aumento en la producción de carbón del 3,3%, principalmente impulsada por el crecimiento mundial de la demanda. Los principales países productores de carbón, con India, Indonesia, y Rusia a la cabeza, aumentaron notablemente la producción de esta tipo de fuente energética. Durante ese año, Indonesia y Rusia registraron los mayores niveles de exportaciones de carbón a nivel mundial desde 1965.

Inversiones en los combustibles fósiles en Asia y el Pacífico

Según la opinión de muchos expertos, se espera que las inversiones en energía procedente de combustibles fósiles disminuyan en torno a un 25% hasta alcanzar los US$54.000 millones de anuales. En el caso específico del carbón se espera que las inversiones lleguen a representar el 55% de las inversiones totales en combustibles fósiles hasta el 2030, pero después de dicho año se prevé que estas lleguen a alcanzar solamente el 30% del total como resultado de un incremento en el uso del gas natural para la generación eléctrica.

Por el contrario, según el analista senior de Wood Mackenzie, Rishab Shrestha, la seguridad energética y la disponibilidad de carbón de bajo costo han impulsado la inversión en el uso de este tipo de fuente energética para la generación eléctrica en la región del Asia y el Pacífico. Sin embargo, se prevé que el interés de inversión en el carbón empiece de nuevo a disminuir en los próximos años, a medida que los países incrementen la adopción de medidas para alcanzar un futuro más sostenible y más verde y de esta forma cumplir con los objetivos incluidos en el Acuerdo de Paris sobre el cambio climático. Se pronostica que la inversión en gas/carbón se dividiría en 40/60 durante la próxima década y que la participación del carbón en la matriz energética de la región disminuya después del 2030. Se prevé que el uso del gas contribuiría con el 70% de la producción de energía, mientras que el carbón se reduciría al 30%, así como la inversión en el uso del carbón para la generación eléctrica. Debido a ello, las inversiones en carbón caerá de su pico de US$57.000 millones registrado en el 2013 a solo US$18.000 millones al final de la década, de acuerdo a los cálculos realizados por el analista de Wood Mackenzie (López Redondo, 2020).

Un elemento importante que debe tenerse en cuenta durante el proceso de transición de la utilización de los combustibles fósiles al uso de las diferentes fuentes de energías renovables para la generación eléctrica es que los subsidios a las diferentes fuentes de energías en la región del Asia y el Pacífico serán reducidos, particularmente en el caso de las energías renovables, mientras que continuarán los objetivos de políticas energéticas más fuertes y la disminución de costos. Otro elemento a tener en cuenta es que en la mayoría de los mercados de los países de la región del Asia y el Pacífico, el precio de la electricidad generada a través del uso de las energías renovables sin subsidios no podrá competir con el precio de la electricidad generada por las centrales de carbón hasta al menos el año 2025 (Roca, 2021).

Incremento del uso de los combustibles fósiles en la generación eléctrica en Asia y el Pacífico

Se prevé que la demanda mundial de electricidad se recuperará con fuerza en el 2021 y 2022, después de caer alrededor del 1% en el 2020. Se espera, además, que la demanda mundial de electricidad crezca aproximadamente un 5% en el 2021 y un 4% en el 2022. La mayoría de estos aumentos tendrá lugar en la región de Asia y el Pacífico y más de la mitad del crecimiento mundial en el 2022 se producirá en China, el mayor consumidor de electricidad del mundo. India, el tercer mayor consumidor de electricidad en el mundo, representará el 9% del crecimiento mundial (Electricity Market Report July 2021, 2021).

Según el documento titulado "BP Statistical Review of World Energy 2020," la región del Asia y el Pacífico dominó una cuota del 47% de la electricidad generada en todo el mundo en el 2019 con 12.690,5 TWh. En el 2020, según el documento titulado "BP Statistical Review of World Energy 2021," la región reportó una cuota del 48,2% de la electricidad generada en el mundo con 12,919,3 TWh, reflejando un incremento del 1,2% con respecto a lo reportado en el 2019. China (7.779,1 TWh) e India (1.560,9 TWh) son dos de los cinco países que mayor electricidad generan en el mundo. Estas dos economías en ascenso, que también figuran entre las más contaminantes, están llamadas a desempeñar un papel fundamental en la transición energética de los combustibles fósiles al uso de las energías renovables para la generación eléctrica.

Sin embargo, como la demanda de energía siguió creciendo en la región, varios países han aumentado su producción de combustibles fósiles para satisfacer la creciente demanda de energía. A pesar de los esfuerzos globales por reducir la dependencia mundial de combustibles fósiles altamente contaminantes en la generación eléctrica, como por ejemplo el petróleo o el carbón, un análisis de la empresa de investigación energética Wood Mackenzie prevé que la demanda de petróleo en la región del Asia y el Pacífico podría aumentar un 25% en el 2040 en comparación con los niveles registrados en el 2019.

Los datos más relevantes de los principales países generadores de electricidad en 2020 en la región de Asia y el Pacífico son los siguientes:

1. China - 7.779,1 TWh

China es, con diferencia, el mayor productor de electricidad del mundo (29% del total mundial), generando una parte importante de sus 7.779,1 TWh de energía en el 2020 a través del uso del carbón y la hidroelectricidad. El país alberga la instalación Datang Tuoketuo, con una capacidad instalada de 6,7 GW, considerada la mayor central eléctrica de carbón del mundo.

En los últimos años, China ha aumentado la participación de las diferentes fuentes de energías renovables en su matriz energética y, en la actualidad, posee la mayor cuota mundial en el uso de las energías eólica y solar para la generación de electricidad. El gobierno chino está mirando hacia las fuentes de energía limpia para ayudar a descarbonizar su red eléctrica, con la ambición de alcanzar la neutralidad de carbono para el 2050.

2. India - 1.560,9 TWh

India, que ocupa el segundo lugar en la lista de los principales países generadores de electricidad en la región del Asia y el Pacífico, produjo una cantidad significativa de sus 1.560,9 TWh de energía a partir de sus centrales de carbón en el 2020. Su participación en la generación de electricidad mundial fue del 5,8%. Algunas de sus mayores centrales termoeléctricas son la central termoeléctrica de Vindhyachal, de 4,7 GW, en el distrito de Singrauli, en Madhya Pradesh, y la central termoeléctrica de Mundra, de 4,6 GW, en el distrito de Kutch, en Gujarat.

El gobierno indio ha depositado grandes esperanzas en que la energía solar aporte una gran parte de su objetivo de disponer de 450 GW de energía renovable para el 2030, con el fin de reducir su alta dependencia de los combustibles fósiles para la generación de electricidad.

3. Japón - 1.004,8 TWh

Japón es el tercer país generador de electricidad en la región de Asia y el Pacífico, con una producción de 1.004,8 TWh en el 2020, lo que supone el 3,7% de la generación global de energía. Hasta la catástrofe nuclear de Fukushima-Daiichi en marzo del 2011, Japón había dependido tradicionalmente de la generación de electricidad a través de sus centrales nucleares, ya que el país no cuenta con cantidades importantes de reservas nacionales de crudo y gas natural.

Más de un tercio de la electricidad en el Japón se genera con combustibles fósiles, pero la energía hidroeléctrica y la solar siguen aumentando su participación en la matriz energética del país.

La evolución de la generación eléctrica mediante los combustibles fósiles en la región del Asia y el Pacífico durante el periodo 2019-20 se muestra en la Fig. 145.

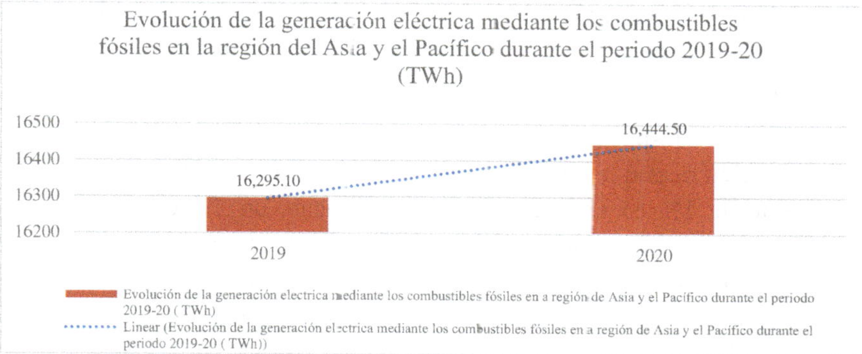

Nota: Se excluyen los países del CIS y Medio Oriente

Fuente: BP Statistical Review of World Energy 2021

Fig. 145: Evolución de la generación eléctrica mediante los combustibles fósiles en la región del Asia y el Pacífico durante el periodo 2019-20

Analizando los datos incluidos en la Fig. 145, se puede afirmar que la generación eléctrica mediante el uso de los combustibles fósiles en la región del Asia y el Pacífico durante el periodo 2019-20 creció un 0,9%, pasando de los 16.295,1 TWh en el 2019 a los 16.444,5 TWh en el 2020. En este último año, la generación eléctrica por tipo de combustible fósil fue la siguiente:

- Petróleo: 123,8 TWh o el 1% del total regional;
- Gas natural: 1.456,9 TWh o el 11,3% del total regional;
- Carbón: 7.386,4 TWh o el 57,2% del total regional.

Como se puede apreciar de los datos anteriores, el uso del carbón fue el combustible fósil más utilizado en la región para la generación eléctrica, con una participación muy alta en comparación con el uso del petróleo y el gas. Se espera que esta estructura se mantenga sin cambios significativos durante los próximos años, aunque se prevé una disminución del uso del carbón y su reemplazo por gas en la generación eléctrica durante ese periodo.

Según el documento titulado "Electricity Market Report 2021," la generación de electricidad basada en combustibles fósiles se espera que cubra el 45% de los demanda en el 2021 y el 40% en el 2022. La electricidad generada por las centrales de carbón, después de disminuir un 4,6% en el

2020, se pronostica que aumentará casi en un 5% en el 2021 para superar los niveles anteriores al brote pandémico del COVID-19. Se prevé que el uso del carbón para la generación eléctrica crezca más del 3% en el 2022 y podría establecer inclusive un máximo histórico en ese año.

Por otro lado, después de disminuir la generación de electricidad mediante las centrales eléctricas que operan con gas en un 2% en el 2020, se espera que esta aumente un 1% en el 2021 y aproximadamente un 2% en el 2022. El crecimiento de la generación de electricidad mediante las centrales eléctricas que operan con gas va a la zaga de las que operan con carbón, ya que el uso del gas con este propósito juega un papel mucho más pequeño en la región de Asia y el Pacífico (Electricity Market Report 2021, 2021).

Las energías renovables en la generación eléctrica en Asia y el Pacífico

En el 2020, según el documento titulado "Estadísticas de Energía Renovable 2021," la capacidad total de las diferentes fuentes de energías renovables instaladas en los países de la región del Asia y el Pacífico (excluyendo Eurasia, el Medio Oriente, y Oceanía) ascendió a 1.289.955 MW generando, en el 2019, un total de 2.894.738 GWh. Los países de la región con las mayores capacidades instaladas en el 2020 fueron China con 894.879 MW, India con 134.257 MW y Japón con 103.490 MW. Los países con los mayores niveles de generación eléctrica en el 2019 fueron China con 1.986.041 GWh, India con 271.163 GWh, y Japón con 196.259 GWh.

La evolución de la capacidad instalada de las diferentes fuentes de energías renovables en la región del Asia y el Pacífico durante el periodo 2011-20 se muestra en la Fig. 146.

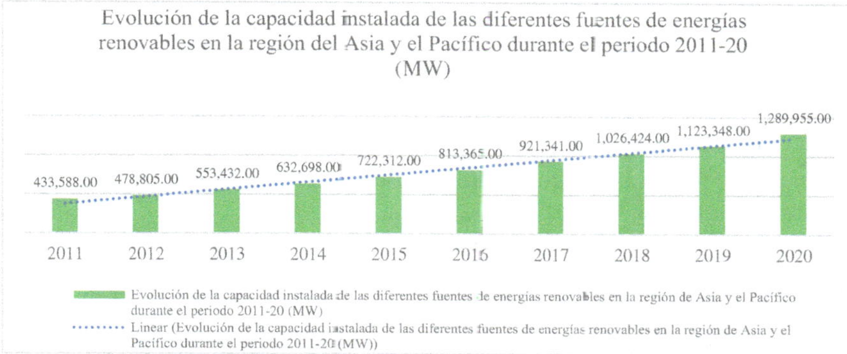

Fuente: Estadísticas de Energía Renovable 2021 IRENA

Fig. 146: Evolución de la capacidad instalada de las diferentes fuentes de energías renovables en la región del Asia y el Pacífico durante el periodo 2011-20

Según los datos incluidos en la Fig. 146 se puede afirmar que la capacidad instalada de las diferentes fuentes de energías renovables en la región del Asia y el Pacífico durante el periodo 2011-20 creció casi tres veces pasando de los 433.588 MW en el 2011 a los 1.289.955 MW en el 2020. Se prevé que esta tendencia se mantenga en el futuro ya que los principales países de la región continúan adoptando medidas para reducir aún más el consumo de petróleo y carbón para la generación eléctrica y su reemplazo por un mayor uso del gas, la energía nuclear, y de las diferentes fuentes de energías renovables con el fin de disminuir la contaminación de sus principales ciudades y regiones.

Entre los años 2021 y 2030, la capacidad eólica y solar adicional anual en la región será, por término medio, de unos 140 GW al año, lo que supondrá dos tercios del promedio de la capacidad total de energía añadida en la región para el 2030. Hasta el 2040, la región necesitará colectivamente unos US$14.000 millones anuales de inversiones en energía eólica y solar, lo que supone algo menos de la mitad de las inversiones totales en energía en la región. Los principales contribuyentes a las inversiones en energía eólica y solar en la región del Asia y el Pacífico durante los próximos años serían China, Japón, India, y Corea del Sur (Roca, 2021).

El experto Xiaoyang Li, dijo: “El objetivo de 1.200 GW de capacidad eólica y solar de China para 2030 requerirá la incorporación de más de 534

GW de energías renovables durante la próxima década. Esto elevará la capacidad eólica anual a más de 40 GW entre 2021 y 2030". Por otro lado, el analista principal, Robert Liew, dijo: "La energía eólica marina desempeñará un papel fundamental en el apoyo al objetivo de Japón de 2050 de consumo neto cero. Cumplir este objetivo exigiría construir una nueva capacidad eólica marina equivalente a un nuevo reactor nuclear cada año hasta mediados de este siglo". El analista Ken Lee añadió que Corea del Sur se convertiría rápidamente en uno de los líderes de la energía eólica marina en Asia, con casi 4,4 GW en proyecto de desarrollo inmediato (World Energy Trade, 2021).

Según el documento titulado "Electricity Market Report July 2021," el sector de la electricidad se encuentra en el centro de la vía para alcanzar el objetivo de "emisión cero" para el 2050 por muchos países. Para lograrlo, se requiere de una descarbonización rápida y profunda de este sector para así poder alcanzar los objetivos incluidos en el Acuerdo de Paris sobre cambio climático. Se prevé que la demanda mundial de electricidad crezca en más de 2,5 veces, en parte debido a la transición de la electrificación por combustibles fósiles a una electrificación a través de las energías renovables y en algunos países a través de la energía nuclear. El enorme crecimiento de la generación de electricidad mediante el uso de las energías renovables es el núcleo de este proceso de descarbonización.

Ahora bien, es importante tener en cuenta que no todas las diferentes fuentes de energías renovables jugarán el mismo papel en el proceso de descarbonización de los distintos países. Se espera que la energía solar fotovoltaica y eólica sean las dos fuentes de energías renovables más importante dentro de este proceso, creciendo en conjunto 20 veces durante el periodo 2020-50. Por otro lado, se prevé que el uso combinado de la energía hidroeléctrica, la bioenergía, y la energía geotérmica en la generación de electricidad aumente aproximadamente 2,5 veces, complementado con el uso de la energía nuclear por un grupo de países, la que se espera crezca dos veces durante ese periodo (Electricity Market Report July 2021, 2021).

Un análisis detallado de la tendencia del mercado eléctrico mundial de los últimos años y los primeros de la década del 2020s muestra que a corto plazo la estructura de la generación de electricidad a nivel mundial no es coherente con el esfuerzo internacional de alcanzar el objetivo de emisiones cero para el 2050. Después de una leve caída de la demanda mundial de electricidad en el

2020 provocada por la pandemia del COVID-19, se prevé un fuerte crecimiento de la generación de electricidad en el 2021, liderado por la región del Asia y el Pacífico. Si bien se espera un crecimiento del uso de las diferentes fuentes de energías renovables en la generación de electricidad durante los próximos dos años, éstas solo podrán satisfacer alrededor de la mitad del aumento de la demanda neta que se espera se produzca durante los años 2021 y 2022. A su vez, la generación de electricidad a través de la operación de las centrales nucleares solo podrá satisfacer una pequeña parte de la demanda prevista no satisfecha por el uso de las diferentes fuentes de energías renovables.

Las inversiones en energías renovables en Asia y el Pacífico

Según el documento titulado "World Energy Trade (2021)," las inversiones en generación de electricidad mediante el uso de los diferentes tipos de energías renovables, particularmente la eólica y solar, en la región del Asia y el Pacífico podrían duplicarse hasta alcanzar entre los US$1,3 y US$1,5 billones durante la década actual (hasta el 2030), en comparación con la década anterior (2011-20), citando a fuentes de Wood Mackenzie, una empresa de Verisk. Según López Redondo (2020), buena parte de este presupuesto irá destinado a financiar la ejecución de proyectos de energías renovables. Las inversiones en energías renovables llevan superando a la inversiones en los combustibles fósiles desde el 2013 y es la energía eólica y la solar fotovoltaica la que ocupan los primeros puestos en el ranking de inversiones en el sector energético a nivel de la región.

El reparto de inversiones en sector energético en la región del Asia y el Pacífico, según la mencionada consultora, quedaría estructurado de la forma siguiente:

- En el caso de las energías renovables, especialmente la energía solar y eólica, el reparto de inversiones representará el 66% del total hasta llegar al billón de dólares;
- En el caso de los combustibles fósiles se espera que las inversiones lleguen a acumular unos US$500.000 millones. El carbón y el gas serán los principales receptores de capital durante los próximos años (López Redondo, 2020).

La energía hidroeléctrica en la generación eléctrica en Asia y el Pacífico

De acuerdo con el documento titulado "Renewable Energy Essentials: Hydropower (2010)," el potencial técnico para el crecimiento de la energía hidroeléctrica en todo el mundo por regiones es el siguiente:

- Europa: 71%;
- América del Norte: 75%;
- América del Sur: 79%;
- África: 95%;
- Oriente Medio: 95%;
- Asia Pacífico: 82%.

Según los datos anteriores, la región del Asia y el Pacífico tiene un potencial estimado de producción de electricidad mediante las centrales hidroeléctricas que la sitúan en la tercera posición después de las regiones del Oriente Medio y África, y por delante de Europa, y las Américas (Norte, Centro, y Sur). Los países con las mayores potencialidades para el desarrollo de la generación electricidad mediante el uso de las centrales hidroeléctricas son China, los EEUU, Rusia, Brasil, y Canadá, los que podrían generar un total de 8.360 TWh por año.

Las realidades políticas de los nuevos embalses en los países occidentales, las limitaciones económicas en los países del tercer mundo, y la falta de un sistema de transmisión de la electricidad producida por las centrales hidroeléctricas a los centros de consumo que operan en países en desarrollo, dan como resultado la posibilidad de utilizar el 25% del potencial restante antes del 2050. Las mayores posibilidades de utilizar este potencial está en la región del Asia y el Pacífico.

De acuerdo a los datos incluidos en el documento titulado "Estadísticas de Energía Renovable 2021," la capacidad mundial de las centrales hidroeléctricas instaladas en el 2020 fue de 1.332.885 MW generando, en el 2019, un total de 4.321.616 GWh. En el caso específico de la región de Asia y el Pacífico, la capacidad de las centrales hidroeléctricas que operan en la región en el 2020 ascendió a 566.809 MW lo que representa el 42,5% del total mundial.

La evolución de las capacidad de las centrales hidroeléctricas instaladas en la región del Asia y el Pacífico durante el periodo 2011-20 se muestra en la Fig. 147.

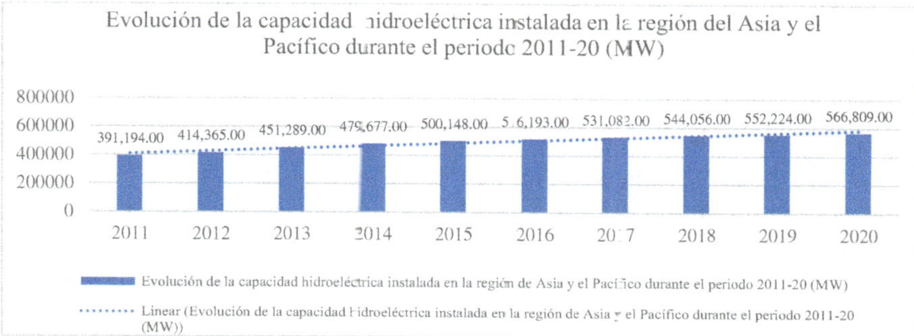

Fuente: Estadísticas de Energía Renovable 2021 IRENA (Excluyendo Eurasia, Medio Oriente, y Oceanía)

Fig. 147: Evolución de la capacidad hidroeléctrica instalada en la región del Asia y el Pacífico durante el periodo 2011-20

Según los datos incluidos en la Fig. 147, la capacidad hidroeléctrica en la región creció un 44,9% durante el periodo 2011-20, pasando de los 391.194 MW en el 2011 a los 566.809 MW en el 2020. Los países con las mayores capacidades hidroeléctricas instaladas en la región son China con 370.160 MW, India con 50.740 MW, y Japón con 50.041 MW. La capacidad de las centrales hidroeléctricas que operan en la región representan el 42,1% del total mundial. Se espera que la generación de electricidad mediante las centrales hidroeléctricas de la región del Asia y el Pacífico siga creciendo durante los próximos años, con el fin de lograr la descarbonización de la matriz energética de la región en el 2050 (excepto China que prevé la descarbonización de su economía para el 2060).

En el caso de las centrales hidroeléctricas de bombeo puro, según el documento mencionado anteriormente, la capacidad instalada en la región del Asia y el Pacífico en el 2020 ascendió a 65.598 MW, generando un total de 52.374 GWh en el 2019. Los países con las mayores capacidades instaladas de este tipo de instalación en el 2020 fueron China con 30.320 MW (46,2% del total de la región), Japón con 21.894 MW (33,4% del total de la región), India con 4.786 MW (7,3% del total de la región), y Corea del Sur con 4.700 MW

(7,2% del total de la región). La generación eléctrica reportada por este tipo de centrales hidroeléctricas en la región del Asia y el Pacífico en el 2019 ascendió a 52.374 GWh, siendo los mayores generadores China con 31.900 (60,9% del total de la región), Japón con 7.660 GWh (14,6% del total de la región), India con 4.949 GWh (9,4% del total de la región), y Corea del Sur con 3.458 GWh (6,6% del total de la región).

Según el documento titulado "Estadísticas de Energía Renovable 2021," en el 2019, la generación de electricidad por las centrales hidroeléctricas instaladas en la región fue de 1.864.540 GWh. Los países que más electricidad generaron a través de este tipo de fuente energética en la región en el 2019 fueron China con 1.304.440 GWh (70% del total de la región, India con 147.527 GWh (8% del total de la región), Vietnam con 92.506 GWh (5% del total de la región), y Japón con 87.255 GWh (4,7% del total de la región).

La evolución de la generación hidroeléctrica en la región del Asia y el Pacífico durante el periodo 2011-19 se muestra en la Fig. 148.

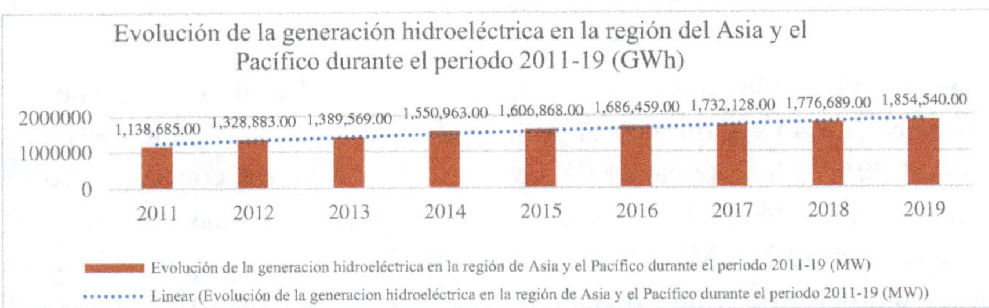

Fuente: Estadísticas de Energía Renovable 2021 IRENA (Excluyendo Eurasia, Medio Oriente, y Oceanía)
Fig. 148: Evolución de la generación hidroeléctrica en la región del Asia y el Pacífico durante el periodo 2011-19

De acuerdo con los datos que se muestran en la Fig. 148 se puede afirmar que la generación hidroeléctrica en la región del Asia y el Pacífico creció un 62,7% durante el periodo 2011-19, pasando de los 1.138.685 GWh en el 2011 a los 1.854.540 GWh en el 2019. Se espera que la generación de electricidad a través de las centrales hidroeléctricas en la región Asia y el Pacífico continúe creciendo durante los próximos años.

La energía eólica en la generación eléctrica en Asia y el Pacífico

La región de Asia y el Pacífico ha sido durante los últimos años, y lo continuará siendo durante el futuro mediato, el líder del mercado de aerogeneradores con una capacidad de instalación anual que se espera llegue a los 33,14 GW para el 2023, impulsada en gran medida por el incremento de la construcción de nuevos parques eólicos terrestres y marinos, según un nuevo documento publicado por Global Data titulado "Wind Turbine, Update 2019 – Global Market Size, Competitive Landscape and Key Country Analysis to 2023." El mencionado documento revela que el dinamismo del mercado se debe en gran medida a las tendencias mundiales de inversión en energías renovables para hacer frente a los desafíos del sector energético.

Según Bhavana Sri Pullagura, analista de energía de Global Data "la necesidad de abordar la demanda de electricidad, las políticas gubernamentales de apoyo, las tarifas de apoyo (FiT) y otros incentivos financieros, el creciente tamaño de las turbinas eólicas, y la disminución de los costes de operación y mantenimiento están impulsando principalmente el mercado de los aerogeneradores" (Wind Turbine, Update 2019 – Global Market Size, Competitive Landscape and Key Country Analysis to 2023, 2019). Además, las oportunidades de mercado están atrayendo a un importante grupo de potenciales inversores dispuestos a financiar la construcción de nuevos parques eólicos, lo que empuja a la reducción de los costos de los equipos, fomenta el desarrollo tecnológico, y crea un mercado viable para incrementar la participación de la energía eólica en la matriz energética de la región de Asia y el Pacífico durante los próximos años.

Según el documento titulado "Estadísticas de Energía Renovable 2021," en el 2020, la capacidad total de los parques eólicos instalados en la región del Asia y el Pacífico ascendió a 332.253 MW, generando en el 2019 un total de 491.068 GWh. Durante el periodo 2011-2020, la capacidad de los parques eólicos en la región creció cinco veces pasando de los 66.027 MW en el 2011 a los 332.253 MW en el 2020. La generación eléctrica producida por estos parques creció en el periodo considerado también casi cinco veces pasando de los 98.459 GWh en el 2011 a los 491.068 GWh en el 2019. Los países con las mayores capacidades instaladas en parques eólicos en el 2020 fueron China con 281.993 MW (84,9% del total de la región), India con 38.559 MW (11,6% del total de la región), y Japón con 4.371 MW (1.3% del total de la región). En el 2019, los países con las mayores generaciones eléctricas a través de la operación de sus parques eólicos fueron China con 406.560 GWh (82,8% del total de la región), India con 62.689 GWh (12,8% del total de la región), y Japón con 7.673 GWh (1,6% del total de la región).

La energía eólica terrestre en la generación eléctrica en Asia y el Pacífico

Según el documento mencionado anteriormente de Global Data, se espera que las capacidades de los nuevos parques eólicos terrestres a nivel global alcancen un total de 312,39 GW en el periodo 2019-23. La región del Asia y el Pacífico se espera continúe liderando el mercado, con un total de 157,61 GW de capacidad instalada, seguido por EMEA (Europa, Medio Oriente, y África) y América con 88,41 GW y 66,36 GW, respectivamente.

La región del Asia y el Pacífico no solo viene liderando desde hace años el mercado de aerogeneradores terrestres, con una capacidad nueva total de 100,6 GW entre el 2014 y el 2019, sino que se espera lo continúe haciéndolo en el futuro. La necesidad de mejorar el acceso a la electricidad, el aumento de las tendencias de consumo y la solidez del mercado industrial son los principales factores que impulsan el mercado de las turbinas eólicas terrestres. Sin lugar a duda, China es el motor principal de este crecimiento, gracias fundamentalmente a los planes integrales de desarrollo que ha establecido para incrementar la participación de las energías renovables en su matriz energética futura, particularmente la energía eólica, y lograr de esta forma convertirse y mantenerse como el líder mundial en el desarrollo de la tecnología eólica y su amplia participación en la generación de electricidad.

El uso de la energía eólica terrestre se considera un mecanismo adecuado para eliminar la resistencia al uso de los combustibles fósiles en la generación eléctrica en muchos países, los que han contribuido a una multitud de problemas ambientales y económicos. El compromiso mundial de reducir las emisiones, la necesidad de eludir los riesgos geopolíticos que afectan al suministro de combustibles fósiles, la transición hacia economías con bajas emisiones de carbono, y el aumento de la demanda de electricidad, impulsarán la construcción de nuevos parques eólicos terrestres en la región de Asia y el Pacífico en el futuro.

Los últimos datos incluidos en el documento titulado "Estadísticas de Energía Renovable 2021," muestran que la región del Asia y el Pacífico instaló una capacidad adicional de 71.463 MW de energía eólica terrestre durante el periodo 2019-20, lo que representó un aumento del 28,4% con respecto a lo reportado en el 2019. La capacidad total de los parques eólicos terrestres instalados en la región en el 2020 fue de 322.835 MW. Este total representó el 46,2% del total mundial lo que sitúa a la región del Asia y el Pacífico en el primer lugar por ese nivel, posición que ocupa desde varios años. En el 2020, los países con las mayores capacidades instaladas en parques eólicos terrestres en la región del Asia y el Pacífico fueron China con 273.003 MW (84,6% del total de la región), India con 38.559 MW (11,9% del total de la región), y Japón con 4.306 MW (1,3% del total de la región). Sin lugar a duda, China instaló, en el 2020, la mayor capacidad eólica terrestre no solo en toda la región del Asia y el Pacífico sino en todo el mundo. Se espera que China siga siendo el mayor mercado en el sector de la energía eólica terrestre en el futuro. Se están desarrollando otros mercados y, a medida que avanzan las subastas en la India, las nuevas instalaciones de los parques eólicos terrestres instalados en ese país podrían tener una capacidad total superior a los 5 GW por año.

El CEO del GWEC, Ben Backwell, ha realizado una valoración de estos datos y ha llegado a la siguiente conclusión: la región del Asia y el Pacífico es la región líder en crecimiento para la industria eólica terrestre mundial. Aparte de los mercados más grandes localizados en los países mencionados anteriormente se espera desarrollos positivos en el sudeste asiático, puesto que la energía eólica terrestre representa una opción competitiva en costo para los mercados con una creciente demanda de energía. Otros mercados más maduros como los de Japón y Corea del Sur continuarán creciendo durante los próximos años, mediante la construcción de nuevos parques eólicos terrestres. Por su parte, Karin Ohlenforst, directora de Conocimiento de Mercado del GWEC, ha manifestado que los mercados eólicos terrestres en el sudeste asiático ofrecen una oportunidad mayor de crecimiento si los compromisos políticos se centran en la competitividad y eficiencia que la energía eólica puede ofrecer para la generación de electricidad (Sánchez, 2019).

La evolución de las capacidades de los parques eólicos terrestres en la región del Asia y el Pacífico durante el periodo 2011-20 se muestra en la Fig. 149.

Fuente: Estadísticas de Energía Renovable 2021 IRENA (Excluyendo Eurasia, Medio Oriente, y Oceanía)

Fig. 149: Evolución de la capacidad de los parques eólicos terrestres instalada en la región del Asia y el Pacífico durante el periodo 2011-20

A partir de los datos incluidos en la Fig. 149 se puede llegar a la conclusión de que la capacidad de los parques eólicos terrestres instalada en la región del Asia y el Pacífico creció cinco veces pasando de los 65.792 MW en el 2011 a los 322.835 MW en el 2020. Se espera que esta tendencia se mantenga en el futuro manteniendo la región el liderazgo mundial en cuanto al total de la capacidad de los parques eólicos terrestres instalados en las diferentes regiones para la generación eléctrica, así como también en cuanto a la construcción de nuevos parques eólicos de este tipo. Se espera también que China continúe liderando el crecimiento de las capacidades de parques eólicos terrestres y la generación eléctrica utilizando este tipo de fuente energética a nivel mundial.

Según el documento titulado "Estadísticas de Energía Renovable 2021," la generación eléctrica de los parques eólicos terrestres instalados en la región de Asia y el Pacífico en el 2019 fue de 478.942 GWh, representando el 36,1% del total mundial (1.328.054 GWh) y registrando un 10,5% de crecimiento con respecto a lo reportado en el 2018. En el 2019, los países con las mayores generaciones eléctricas mediante los parques eólicos terrestres instalados en la región fueron China con 395.048 GWh (82,5% del total de la región), India con 62.689 GWh (13,1% del total de la región), y Japón con 7.568 GWh (1,6% del total de la región).

La evolución de la generación eléctrica mediante el uso de los parques eólicos terrestres instalados en la región del Asia y el Pacífico durante el periodo 2011-19 se muestra en la Fig. 150.

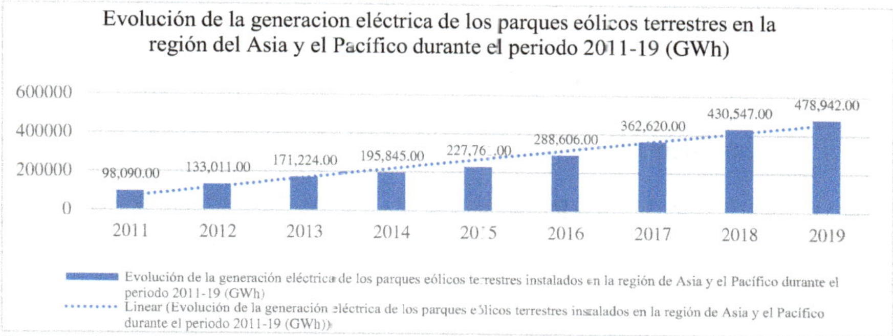

Fuente: Estadísticas de Energía Renovable 2021 IRENA (Excluyendo Eurasia, Medio Oriente, y Oceanía)

Fig. 150: Evolución de la generación eléctrica de los parques eólicos terrestres instalados en la región del Asia y el Pacífico durante el periodo 2011-19

A partir de los datos que se muestran en la Fig. 150, se puede afirmar que la generación eléctrica de los parques eólicos terrestres instalados en la región del Asia y el Pacífico durante el periodo 2011-19 creció 4,9 veces pasando de los 98.090 GWh en el 2011 a los 478.942 GWh en el 2019. Se espera que esta tendencia se mantenga durante los próximos años con la entrada en operación de nuevos parques eólicos terrestres en la región, particularmente en China y la India.

La energía eólica marina en la generación eléctrica en Asia y el Pacífico

El experto Robert Liew, dijo: "La energía eólica marina desempeñará un papel fundamental en el apoyo al objetivo de Japón de 2050 de emisión neto cero. Cumplir este objetivo exigiría construir una nueva capacidad eólica marina equivalente a un nuevo reactor nuclear cada año hasta mediados de este siglo". El analista Ken Lee añadió que Corea del Sur se convertiría rápidamente en uno de los líderes de la energía eólica marina en Asia, con casi 4,4 GW en proyecto de desarrollo inmediato (World Energy Trade, 2021).

De acuerdo con Reve (2019), en un artículo titulado "Asia-Pacífico: potencial para convertirse en el líder en energía eólica marina", se destaca que la energía eólica marina está ganando impulso en la carrera por la transición energética del uso de combustibles fósiles al uso de las diferentes fuentes de energías renovables para la generación eléctrica en la región del Asia y el Pacífico. De acuerdo con los pronósticos elaborados por la AIE, el mercado de la energía eólica marina está aún lejos de explotar todo el potencial que existe a nivel mundial y en particular el que existe en la región del Asia y el Pacífico. Teniendo en cuenta los recursos disponibles en todo el mundo, la energía eólica marina tiene el potencial de generar más de 420 TWh por año, esto es, más de 18 veces la demanda mundial de electricidad actual.

La energía eólica marina, por lo tanto, se convertirá en una pieza cada vez más importante del complejo proceso de la transición energética del uso de los combustibles fósiles a una mayor utilización de las energías renovables para la generación de electricidad a nivel mundial, y en particular en la región del Asia y el Pacífico. Para el 2030, se espera que el mercado eólico marino en la región del Asia y el Pacífico se haya incrementado por la instalación de cerca de 100 GW de nuevas capacidades, según el documento titulado "Global Offshore Wind Report 2019," publicado por GWEC. Este documento revela que China continuará su crecimiento en el mercado del sector eólico marino. Actualmente China ya desplazó al Reino Unido como el líder mundial en nuevas instalaciones eólicas marinas alcanzando en el año 2020 una capacidad total de aerogeneradores en alta mar de 8.990 MW. Esta capacidad representó un 26,2% del mercado eólico marino global (34.367 MW) y el 95,5% del total de la región (9.418 MW). En el 2019, la generación eléctrica producida por los parques eólicos marinos en la región del Asia y el Pacífico fue de 12.126 GWh. Durante el periodo 2011-2019, la producción de electricidad de los parques eólicos marinos instalados en la región creció unas 32,9 veces, pasando de los 369 GWh en el 2011 a los 12.126 GWh en el 2019.

Otros países de la región como Japón y Corea del Sur están también impulsando el desarrollo de la construcción de nuevos parques eólicos marinos en gran escala con objetivos políticos ambiciosos y contando con el apoyo tanto del gobierno como de la industria. En el Japón, se espera que entren en funcionamiento nuevas capacidades eólicas marina por 4,5 GW durante el periodo 2019-28. A pesar de las condiciones de baja velocidad del viento, Corea del Sur también tiene previsto aumentar su capacidad eólica marina en más de 3,5 GW durante el mismo periodo. A este pronóstico de desarrollo de la energía eólica marina está influyendo de una manera significativa, una disminución de los precios asociados a este tipo de fuente energética. Debido a ello, la energía eólica marina está ganando cada vez más fuerza en los mercados emergentes en la región del Asia y el Pacífico. Países como India, Filipinas, Turquía, Sri Lanka, y Vietnam ahora están poniendo sus ojos en una mayor utilización de este tipo de fuente energética para la generación de electricidad, con el objetivo de aprovechar los beneficios económicos que esta tecnología ofrece. En un nuevo documento publicado por el Grupo del Banco Mundial titulado "Going Global: Expanding Wind Offshore to Emerging Markets (2021)," se identificaron aproximadamente 458 GW de energía eólica marina de fondo fijo y 551 GW de nuevas capacidades de energía eólica marina flotante en estos cinco países de la región.

Si bien los mercados emergentes tienen abundantes recursos eólicos marinos por explotar todavía tienen que enfrentar barreras importantes que limitan la inversión eólica marina, según se señala en un documento del Banco Mundial. Sin embargo, tienen la posibilidad de acelerar su desarrollo eólico marino basado en las experiencias y la colaboración de la industria offshore europea. Si bien los parques eólicos marinos actualmente representan solo el 0,3% de la generación de energía mundial, se espera que la capacidad aumente quince veces para el 2040, convirtiéndose en una industria de US$1 billón en las próximas dos décadas e igualando el gasto de capital en la construcción de nuevas capacidades de gas y carbón durante el mismo periodo. Si las políticas y el apoyo de los gobiernos se mantiene como hasta ahora, los países de la región del Asia y el Pacífico pueden convertirse en líderes en esta importante industria en los próximos años y aprovechar todos los beneficios que los parques eólicos marinos ofrecen para la generación de electricidad de forma limpia.

La evolución de las nuevas capacidades eólicas marinas que se esperan instalar en la región del Asia y el Pacífico durante el periodo 2020-30 se muestra en la Fig. 151.

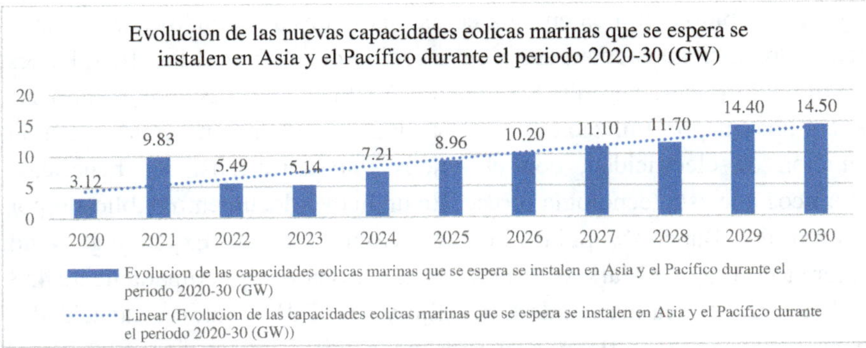

Fuente: GWEC Global Offshore Wind Report 2021

Fig. 151: Evolución de las nuevas capacidades eólicas marinas que se esperan sean instaladas en la región del Asia y el Pacífico durante el periodo 2020-30

Como se puede apreciar en la Fig. 151, se prevé un incremento sostenido de unas 4,6 veces de las capacidades eólicas marinas a instalar durante el periodo 2020-30 en la región del Asia y el Pacífico, pasando de los 3,12 GW en el 2020 a los 14,40 GW en el 2030. Se prevé que los países con los mayores incrementos en las capacidades a instalar durante el periodo bajo consideración serán China, República de Corea, Vietnam, Taiwán, Japón, India, y Filipinas.

Los parques eólicos marinos flotantes en la generación eléctrica en Asia y el Pacífico

Los parques eólicos marinos flotante podrían convertirse en la tecnología del futuro en el desarrollo de la energía eólica en Asia y el Pacífico, según Roca (2021 a) en un artículo titulado “El futuro de la eólica en Asia Pacífico está en la tecnología flotante,” publicado en el Periódico de la Energía el 24 de febrero del 2021.

Sin lugar a duda, en Asia y el Pacífico está surgiendo un mercado importante para la utilización de tecnología eólica marina flotante para la construcción de nuevos parques eólicos marinos de este tipo. Los desarrolladores de Japón, Corea del Sur, y Taiwán han anunciado planes para desarrollar proyectos de demostración del uso de esta nueva tecnología, pero la escala de implementación todavía es limitada en comparación con el uso de la tecnología convencional eólica marina de fondo fijo. La capacidad de los parques eólicos marinos flotantes representa solo el 6% de los 26 GW de nueva capacidad eólica marina que se espera se despliegue en esta década en la región del Asia y el Pacífico, excluyendo a China.

El analista principal de Wood Mackenzie, Robert Liew, indicó que las nuevas capacidades asociados a parques eólicos marinos flotantes a construirse en alta mar en Japón, Corea del Sur, y Taiwán durante los próximos años requerirán inversiones de al menos US$8.000 millones. Si consideramos la cartera de nuevos proyectos por 9 GW que se encuentran en sus primeras etapas de planificación, las oportunidades de inversión total en la construcción de nuevos parques eólicos marinos flotantes podrían alcanzar los US$58.000 millones.

Según el mencionado experto, mantener el suministro de energía es un desafío clave para los mercados de Japón, Corea del Sur, y Taiwán a medida que las centrales térmicas llegan al final de su vida útil, o son cerradas por ser la causa principal de la alta contaminación que ellos producen al generar electricidad, y las oportunidades para la construcción de nuevas centrales que utilizan el carbón o la energía nuclear son muy limitadas debido a diferentes factores. Los tres mercados de los países anteriormente mencionados se enfrentan al cierre de centrales térmicas y nuclear por una capacidad total de 89 GW durante el periodo 2020-30. Los gobiernos de estos tres mercados buscan cada vez más ampliar el uso de las diferentes fuentes de energías renovables para la generación eléctrica y de esta forma cerrar la brecha de suministro de energía que podría producirse por el cierre de algunas de sus centrales térmicas y nucleares. Ahora bien, debido a las limitaciones de tierra, las opciones de ampliar el uso de las diferentes fuentes de energías renovables, especialmente la energía solar y eólica terrestre, son bastante limitadas.

Por esta razón, la construcción de nuevos parques eólicos marinos flotantes está comenzando a ganar más atención en los países anteriormente mencionados, a pesar del alto costo asociado a la construcción de este tipo de parques que sigue siendo una barrera importante para la adopción generalizada de esta tecnología. Para garantizar la sostenibilidad a largo plazo de la utilización de la energía eólica marina flotante para la generación de electricidad, los precios deben bajar significativamente para al menos ser competitivos con las nuevas centrales que utilizan el gas con ese mismo objetivo.

Con un historial limitado y solo 21 MW de capacidad en parques de demostración eólicos marinos flotantes en funcionamiento, existe una gran incertidumbre sobre los costos de los proyectos para la construcción de nuevos parques eólicos marinos flotantes en los países del Asia y el Pacífico.

Por ahora, el gobierno japonés estima que los costos de inversión actuales de los parques eólicos marinos flotantes pueden alcanzar hasta los US$10 millones por MW, pero podrían ser comercialmente competitivos si se reducen a US$4 millones por MW, en comparación con el costo de inversión en la construcción de parques eólicos marinos de anclaje fijo de entre US$2 y US$3 millones por MW, y un costo de inversión estimado en parques eólicos terrestres promedio en la región del Asia y el Pacífico de US$1,5 millones por MW para el 2030. Wood Mackenzie espera que los costos de inversión medios de las parques eólicos marinos flotantes en Japón, Corea del Sur, y Taiwán disminuyan en alrededor de un 40%, es decir, entre US$2,6 y US$4 millones por MW para el periodo 2025-30.

La energía solar en la generación eléctrica en Asia y el Pacífico

Según el documento titulado "World Energy Trade 2021," el analista principal, Rishab Shrestha, dijo lo siguiente: "El sudeste asiático es una de las regiones más calientes del mercado solar en el mundo, con una capacidad instalada que se duplica cada año desde 2018. Habrá una desaceleración momentánea con la retirada de los subsidios, pero la región añadirá más de 100 GW de energía solar en los próximos diez años."

En los últimos años, instalaciones solares en China han visto un crecimiento sin precedentes. El 13.° Plan Quinquenal Energético de China para los próximos cinco años aprobado por el gobierno china en el año 2016, establecía el objetivo mínimo de tener instala una capacidad en energía solar de no menos de 105 GW para el 2020. China alcanzó su objetivo en el 2017, tres años antes de lo previsto, al disponer de una capacidad de parques solares acumulada de casi 131 GW (130.822 MW). La nueva meta a alcanzar fue la de llegar a tener una capacidad de parques solares de 250 GW para el 2020 (Tianjie, 2016). En dicho año la capacidad instalad ascendió a 254,4 GW, un 1,6% superior al planificado (Estadísticas de Energía Renovable 2021, 2021).

Durante el periodo 2016-18, debido a la superoferta de módulos solares, los costos cayeron muy rápidamente. Con el fin de recuperar el control del ritmo de desarrollo de la energía solar y reducir la carga de subsidios, China implementó una serie de medidas que incluyeron la eliminación de más cupos para proyectos de escala, una reducción de las nuevas capacidades a ser instaladas por un total de 10 GW, y una transición a las subastas, entre otras.

En el 2020, la capacidad de los parques solares instalados en la región del Asia y el Pacífico fue de 408.677 MW. Los países con las mayores capacidades solares instaladas en la región en ese año fueron China con 254.355 MW (62,2% del total de la región), Japón con 68.665 MW (16,8% del total de la región), y la India con 39.211 MW (9,6% del total de la región) (Estadísticas de Energía Renovable 2021, 2021). La evolución de la capacidad de los parques solares instalados en la región del Asia y el Pacífico durante el periodo 2011-2020 se muestra en la Fig. 152.

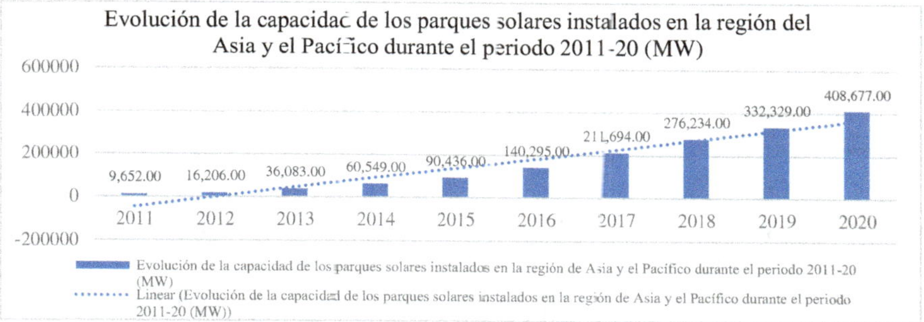

Fuente: Estadísticas de Energía Renovable 2021 IRENA (Excluyendo Eurasia, Medio Oriente, y Oceanía)

Fig. 152: Evolución de la capacidad de los parques solares instalados en la región del Asia y el Pacífico durante el periodo 2011-20

De acuerdo a los datos incluidos en la Fig. 152, se puede afirmar que la capacidad de los parques solares en Asia y el Pacífico creció 42,3 veces durante el periodo 2011-20, una cantidad significativa en comparación con otras regiones geográficas, pasando de los 9.652 MW en el 2011 a los 408.677 MW en el 2020. La capacidad de los parques solares en la región del Asia y el Pacífico en el 2020 representó el 57,1% del total mundial (716.152 MW). Se prevé que esta tendencia se mantenga en el futuro y la región conserve su liderazgo en la construcción de nuevos parques solares.

Según el documento titulado "Estadísticas de Energía Renovable 2021," los parques solares instalados en la región del Asia y el Pacífico generaron, en el 2019, un total de 369.870 GWh, cantidad que representa el 53,4% del total mundial. Los países de la región con las mayores generaciones eléctricas mediante parques solares fueron China con 224.541 GWh (60,7% del total de la región), Japón con 68.953 GWh (18,6% del total de la región), y la India con 43.870 GWh (11,9% del total de la región). La evolución de la generación eléctrica de los parques solares instalados en la región del Asia y el Pacífico durante el periodo 2011-19 se muestra en la Fig. 153.

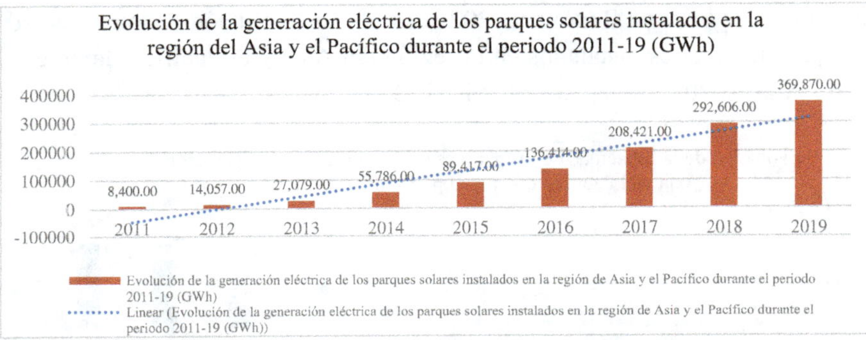

Fuente: Estadísticas de Energía Renovable 2021 IRENA (Excluyendo Eurasia, Medio Oriente, y Oceanía)

Fig. 153: Evolución de la generación eléctrica de los parques solares instalados en la región del Asia y el Pacífico durante el periodo 2011-19

Según los datos incluidos en la Fig. 153, se puede afirmar que la generación eléctrica de los parques solares instalados en la región del Asia y el Pacífico creció 44 veces durante el periodo 2011-19, una cantidad muy significativa si se le compara con el crecimiento reportado por otras regiones geográficas durante el mismo periodo, pasando de los 8.400 GWh en el 2011 a los 369.870 GWh en el 2019. Se espera que esta tendencia se mantenga durante los próximos años con el fin de lograr la descarbonización de la generación eléctrica en la región, según los planes aprobados por los diferentes países.

Sin lugar a duda, y de acuerdo al documento titulado "World Energy Trade (2021)," la región del Asia y el Pacífico es el epicentro de la innovación y la fabricación de tecnología solar. La región alberga a los mayores fabricantes de módulos solares y de inversores fotovoltaicos del mundo, y es el campo de pruebas de muchas tecnologías nuevas que tienen un gran potencial para reducir los costos de inversión, de operación, y de mantenimiento de la energía solar. "La competitividad económica de la energía solar depende de que el sector siga apostando por las nuevas tecnologías para reducir el coste nivelado de la electricidad, aumentar la fiabilidad de los proyectos y mejorar la producción de electricidad. Vamos a ver muchas innovaciones tecnológicas que darán sus frutos en la región en los próximos años," dijo el analista principal Xiaojing Sun.

Los parques solares fotovoltaicos en la generación eléctrica en Asia y el Pacífico

El mercado de módulos solares fotovoltaicos en la región del Asia y el Pacífico se pronostica que aumentará un 7,9% durante los próximos meses. Además, se espera que la capacidad instalada acumulativa de la energía solar fotovoltaica en la región de Asia y el Pacífico crezca a un ritmo más rápido que en el pasado, y se estima que aumente de los 16,2 GW reportado en el 2012 a los 420,6 GW en el 2030, con una tasa de crecimiento anual de 18,6%.

En el 2020, China y Japón reportaron una capacidad instalada de parques solares que ascendió a 253.334 MW (62,2% del total de la región) y 68.665 MW (16,8% del total de la región) respectivamente, lo que representó el 79,1% del total de toda la región de Asia y el Pacífico en su conjunto. Se espera que China y Japón sigan siendo los principales mercados para la construcción de nuevos parques solares de la región de Asia y el Pacífico durante los próximos años, pero la proporción disminuirá ligeramente con respecto al resto de la región. Se espera que la India, con 38.983 MW (9,6% del total de la región), continúe ocupando el tercer lugar en cuanto a la capacidad de parques solares fotovoltaicos instalados en la región.

Los gobiernos de muchos de los países de la región del Asia y el Pacífico han impulsado el desarrollo de la industria solar fotovoltaica a través de políticas a largo plazo, incentivos financieros, subsidios, e incentivos fiscales. China, Taiwán, Japón, y la India ya han construido una industria solar fotovoltaica que compite con otros países a nivel mundial.

Por otro lado, Vietnam ocupa el cuarto lugar en la región del Asia y Pacífico, después de China (incluyendo Taiwán), Japón, y la India en cuanto a la capacidad de los parques solares instalados en la región, y encabeza los mercados emergentes con respecto a transformaciones de energía renovable, al ofrecer buenas tarifas eléctricas para atraer inversiones en el desarrollo de energía eólica y solar. Vietnam prevé la instalación de más de 20.000 MW de energías renovables antes del 2030, con el fin de poder satisfacer un fuerte crecimiento de la demanda eléctrica y del PIB que se espera se produzca durante los próximos años. Se estima que gracias a las condiciones favorables que existen en la región, el mercado solar fotovoltaico de Asia y el Pacífico crecerá aún más que lo reportado hasta el momento durante los próximos años.

Muchas empresas petroleras nacionales de la región de Asia y el Pacífico están siguiendo ahora los pasos de sus homólogas europeas e iniciando su camino hacia la transición energética. Por ejemplo, en Malasia, Petronas ha anunciado que aumentará su presencia dentro de las energías renovables y recientemente ha invertido en un sistema solar fotovoltaico para los sectores residencial y de pequeñas y medianas empresas existentes en el país.

La evolución de la capacidad de los parques solares fotovoltaicos instalados en la región del Asia y el Pacífico durante el periodo 2011-20 se muestra en la Fig. 154.

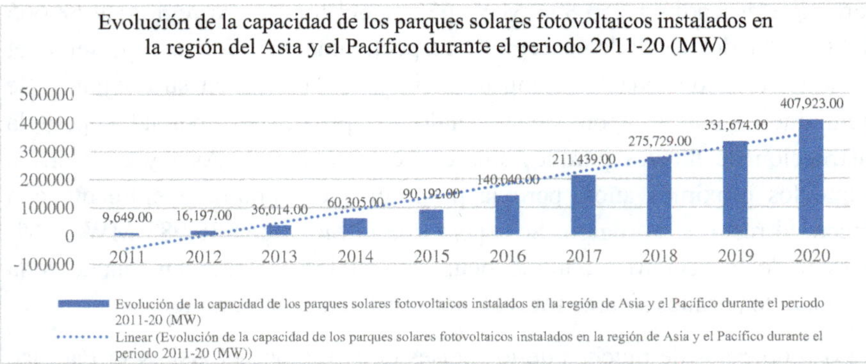

Fuente: Estadísticas de Energía Renovable 2021 IRENA (Excluyendo Eurasia, Medio Oriente, y Oceanía)

Fig. 154: Evolución de la capacidad de los parques solares fotovoltaicos instalados en la región del Asia y el Pacífico durante el periodo 2011-20

Analizando los datos que se muestran en la Fig. 154, se puede llegar a la siguiente conclusión: la capacidad de los parques solares fotovoltaicos instalados en la región del Asia y el Pacífico creció 42,3 veces durante el periodo 2011-20, pasando de los 9.649 MW en el 2011 a los 407.923 MW en el 2020. Esta capacidad representó en dicho año el 57,5% de la capacidad total mundial instalada (709.674 MW). Los países de la región con las mayores capacidades de parques solares fotovoltaicos instalados en el 2020 fueron China con 253.834 MW (62,2% del total de la región), Japón con 68.665 MW (16,8% del total de la región), y la India con 38.983 MW (9,6% del total de la región). Se espera que la capacidad de los parques solares fotovoltaicos instalados en la región continúe creciendo durante los próximos años, según los planes de desarrollo de esta fuente de energía aprobados por los gobiernos de muchos países de la región. Estos nuevos parques solares fotovoltaicos harán que Asia y el Pacífico continúe en el futuro siendo la región líder en la generación eléctrica por medio de este tipo de fuente energética.

Según el documento titulado "Estadísticas de Energía Renovable 2021," en el 2019, los parques solares fotovoltaicos instalados en la región del Asia y el Pacífico generaron un total de 369.495 GWh o el 54,4% del total mundial (678.999 GWh). La evolución de la generación eléctrica mediante los parques solares fotovoltaicos instalados en la región del Asia y el Pacífico durante el periodo 2011-20 se muestra en la Fig. 155.

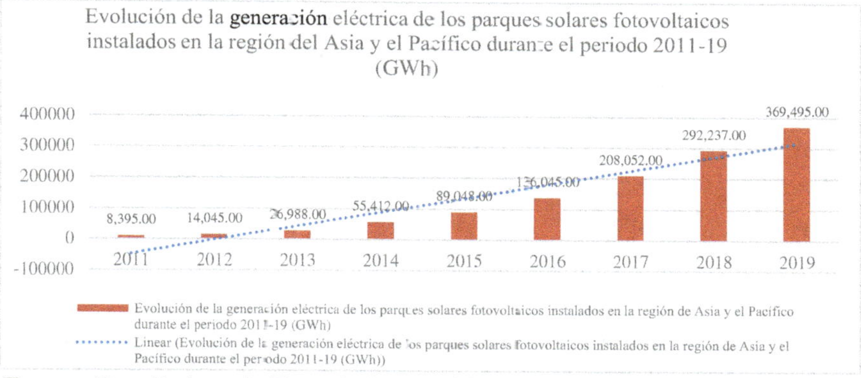

Fuente: Estadísticas de Energía Renovable 2021 IRENA (Excluyendo Eurasia, Medio Oriente, y Oceanía)

Fig. 155: Evolución de la generación eléctrica de los parques solares fotovoltaicos instalados en la región del Asia y el Pacífico durante el periodo 2011-19

De acuerdo a los datos que se muestran en la Fig. 155, se puede llegar a la siguiente conclusión: la generación eléctrica de los parques solares fotovoltaicos instalados en la región del Asia y el Pacífico creció 44 veces durante el periodo 2011-19, pasando de los 8.395 GWh en el 2011 a los 369.495 GWh en el 2019. Esta generación eléctrica representó en dicho año el 54,4% de la generación eléctrica total mundial producida (678.899 GWh). Los países de la región con las generaciones eléctricas más altas producidas por los parques solares fotovoltaicos instalados en el 2019 fueron China con 224.527 GWh (60,8% del total de la región), Japón con 68.953 GWh (18,7% del total de la región), y la India con 43.510 GWh (11,8% del total de la región). Se prevé que la generación eléctrica mediante los parques solares fotovoltaicos instalados en la región del Asia y el Pacífico siga creciendo durante los próximos años con la entrada en operación de nuevos parques solares fotovoltaicos, debido a la puesta en práctica de las medidas adoptadas por los gobiernos de la región para lograr la descarbonización de sus matrices energéticas para el 2050 para la mayoría de los países y para el 2060 en el caso de China.

Los parques solares térmicos en la generación eléctrica en Asia y el Pacífico

La demanda global del mercado de parques de energía solar térmica se ha fragmentado en varias regiones, según el documento titulado "Estadísticas de Energía Renovable 2021." Estas regiones son:

- América del Norte (Estados Unidos y México);
- Europa (Alemania, Francia, Reino Unido, Rusia, e Italia, Portugal, Rumanía, y España);
- Asia y el Pacífico (China, India, y Tailandia);
- Oceanía (Australia);
- Medio Oriente y África (Arabia Saudita, Emiratos Árabes Unidos, Israel, Kuwait, Egipto, Argelia, Marruecos, y Suráfrica).

En la región del Asia y el Pacífico son muy pocos los países que tienen instalados parques de energía solar termoeléctrica y la capacidad total instalada es muy pequeña en comparación con las capacidades instaladas de otras fuentes de energías renovables. Estos países son China (521 MW), India (229 MW), y Tailandia (5 MW). La capacidad total instalada de parques de este tipo en la región en el 2020 fue de 755 MW, los que generaron 374 GWh en el 2019 (Estadísticas de Energía Renovable 2021, 2021). La evolución de la capacidad de los parques de energía solar termoeléctrica en la región del Asia y el Pacífico durante el periodo 2011-20 se muestra en la Fig. 156.

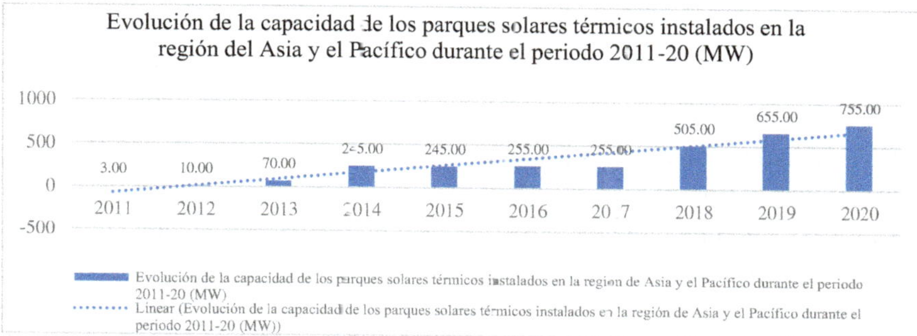

Fuente: Estadística de Energía Renovable 2021 IRENA (Excluyendo Eurasia, Medio Oriente, y Australia)

Fig. 156: Evolución de la capacidad de los parques solares térmicos instalados en la región del Asia y el Pacífico durante el periodo 2011-20

Analizando los datos que se muestran en la Fig. 156, se puede afirmar que la capacidad de los parques solares térmicos instalados en la región del Asia y el Pacífico creció 251,7 veces durante el periodo 2011-20, pasando de los 3 MW en el 2011 a los 755 MW en el 2020. Esta capacidad representó en el 2020 el 11,8% de la capacidad total mundial instalada (6.379 MW). Los países de la región con las mayores capacidades de parques solares térmicos instalados en el 2020 fueron China con 521 MW, y la India con 229 MW.

De acuerdo a los datos incluidos en el documento titulado "Estadísticas de Energía Renovable 2021," la generación eléctrica de los parques solares térmicos instalados en la región en el 2019 alcanzó los 374 GWh. En el 2019, la mayor generación eléctrica mediante los parques solares térmicos instalados en la región fue reportado por la India con 360 GWh (96,3% del total de la región), y China con 14 GWh (3,7% del total de la región). La evolución de la generación eléctrica mediante las parques solares térmicos instalados en la región del Asia y el Pacífico durante el periodo 2011-19 se muestra en la Fig. 157.

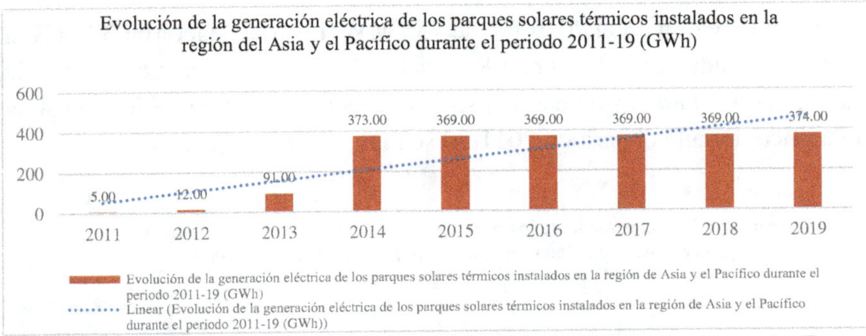

Fuente: Estadísticas de Energía Renovable 2021 IRENA (Excluyendo Eurasia, Medio Oriente, y Australia)

Fig. 157: Evolución de la generación eléctrica de los parques solares térmicos instalados en la región del Asia y el Pacífico durante el periodo 2011-19

De acuerdo a los datos que se muestran en la Fig. 157, se puede llegar a la siguiente conclusión: la generación eléctrica de los parques solares térmicos instalados en la región del Asia y el Pacífico creció 74,8 veces durante el periodo 2011-19, pasando de los 5 GWh en el 2011 a los 374 GWh en el 2019. Esta generación eléctrica representó en el 2019 el 2,7% de la generación eléctrica total mundial producida (14.064 GWh). Los países de la región con las generaciones eléctricas más altas producidas por los parques solares térmicos instalados en el 2019 fueron la India con 360 GWh y China con 14 GWh. Se prevé que la generación eléctrica mediante los parques solares térmicos instalados en la región del Asia y el Pacífico siga la tendencia actual y se mantenga estable durante los próximos años. No se espera la entrada en operación de nuevos parques solares térmicos en la región al menos durante los próximos años.

La bioenergía en la generación eléctrica en Asia y el Pacífico

La bioenergía es una de las fuentes de energías renovables que presenta mayores incentivos al aparato productivo de los países, ya que agrega valor al uso de materias primas biológicas y genera beneficios directos a las empresas. La producción de bioenergía puede provenir de tres fuentes distintas: biocombustibles sólidos o biomasa, biocombustibles líquidos, y biogás.

Según IRENA en un documento titulado "Estadística de Energía Renovable 2021," la capacidad instalada en bioenergía en el mundo en el 2020 alcanzó la cifra de 127.201 MW, lo que representó un 2,4% mayor que el registrado en el 2019, y generando en el 2018 un total de 557.853 GWh, o un 5,9% mayor que lo producido en el 2017. La región con la mayor capacidad de plantas de bioenergías en el 2020 fue la región del Asia y el Pacífico con 43.013 MW, seguido de cerca por la UE con 41.801 MW.

Las centrales que operan con biocombustibles sólidos registraron en el 2020 la mayor capacidad instalada en el mundo con 208.871 MW, seguido por las centrales que operan con biogás con 20.108 MW y las centrales que operan con biocombustibles líquidos con 2.259 MW. La capacidad instalada por tipo de bioenergía y regiones en el 2020 se muestra en la Tabla 31.

Tabla 31: Capacidad instalada por tipo de bioenergía y regiones en el 2020 (MW)

Regiones	Total Bioenergía (MW)	Bioenergía sólida (MW)	Biogás (MW)	Biocombustible líquidos (MW)
Mundial	252.407	230.040	20.108	2.259
África	3.917	3.357	56	-
Asia	83.303	81.298	2.005	-
Centro América y el Caribe	11.127	11.086	41	-
Eurasia	4.644	3.895	749	-
Europa	68.745	52.812	13.805	2.128
Unión Europea	67.871	52.144	13.599	2.128
Medio Oriente	135	60	75	-
América del Norte	28.120	25.426	2.571	123
Oceanía	1.903	1.653	247	3
América del Sur	34.930	34.364	561	5

Fuente: Estadísticas de Energía Renovable 2021 IRENA y cálculos del Autor

Según los datos incluidos en la Tabla 31, se puede afirmar lo siguiente: las mayores capacidades de las centrales de bioenergías en todas las regiones del mundo son las asociadas a las centrales de biocombustibles sólidos, seguidas por las centrales de biogás y por último las de biocombustibles líquidos.

La generación de electricidad por tipo de centrales de bioenergías y regiones en el 2019 se muestra en la Tabla 32.

Tabla 32: Generación eléctrica por tipo de centrales de biogás y regiones geográficas en el 2019 (GWh)

Tipo de bioenergía/ Regiones	Total Bioenergía (GWh)	Bioenergía sólida (GWh)	Biogás (GWh)	Biocombustible líquidos (GWh)
Mundial	1.013.072	915.188	91.819	6.065
África	36.392	36.226	159	7
Asia	373.706	365.226	8.480	-
Centro América y el Caribe	16.311	16.170	141	-
Eurasia	4.978	2.380	2.598	-
Europa	332.021	263.407	63.380	5.234
Unión Europea	326.403	258.643	62.520	5.240
Medio Oriente	345	150	195	-
América del Norte	140.044	125.796	13.890	358
Oceanía	6.855	5.212	1.641	2
América del Sur	132.421	130.622	1.335	464

Fuente: Estadísticas de Energía Renovable 2021 IRENA y cálculos del Autor

De acuerdo a los datos incluidos en la Tabla 32, se puede afirmar que la mayor generación eléctrica registrada en el 2019 fue debido a las centrales que operan con biocombustibles sólidos, con excepción de la región de Eurasia y el Medio Oriente que fueron las centrales de biogás las que mayor generación eléctrica produjeron.

La evolución de las capacidades de las centrales de bioenergías en la región del Asia y el Pacífico durante el periodo 2011-20 se muestra en la Fig. 158.

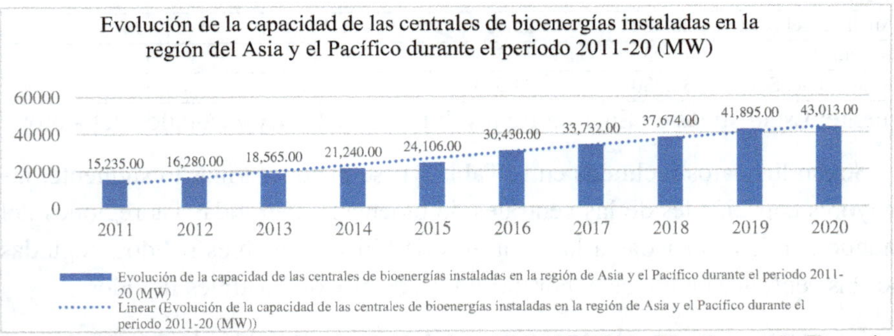

Fuente: Estadísticas de Energía Renovable 2021 IRENA (Excluyendo Eurasia, Medio Oriente, y Oceanía)

Fig. 158: Evolución de las capacidades de las centrales de bioenergías instaladas en la región del Asia y el Pacífico durante el periodo 2011-20

Analizando los datos incluidos en la Fig. 158, se puede afirmar lo siguiente: durante el periodo 2011-20, la capacidad de las centrales de bioenergías instaladas en la región del Asia y el Pacífico creció 2,8 veces, pasando de los 15.235 MW en el 2011 a los 43.013 MW en el 2020. Los países de la región con las mayores capacidades de centrales de bioenergía instaladas en el 2020 fueron China con 18.687 MW (43,4% del total de la región), India con 10.532 MW (24,5% del total de la región), y Tailandia con 4.389 MW (10,2% del total de la región). De acuerdo a los diferentes planes aprobados por los países de la región se espera que esta tendencia se mantenga durante los próximos años y se instalen nuevas capacidades en los principales países para continuar el proceso de descarbonización de la región del Asia y el Pacífico.

¿En qué consiste este proceso de descarbonización que se lleva a cabo en la región del Asia y el Pacífico? Tomemos los tres países siguientes para analizar este proceso: China, Japón, e India. Según el Observatorio Parlamentario Asia Pacífico de Chile en el documento titulado “Los planes para descarbonizar la energía en China, Japón, e India” del 17 de junio 2019, estos países han sido seleccionados no solamente por ser las economías más grandes en la región del Asia y el Pacífico, sino porque también son los países que han tenido una trayectoria más larga en la adopción de políticas energéticas para reducir el uso del carbón para la generación eléctrica, tanto a nivel industrial, como en empresas de menor tamaño y los consumidores de este tipo de fuente energética.

China no solo es la economía con la mayor demanda en estos momentos de energía en la región del Asia y el Pacífico, sino es también el territorio con más problemas sociales en relación al impacto ambiental que generan sus industrias, los hábitos de su población, y la composición de su matriz energética, en la cual prevalece el uso de los combustibles fósiles para la generación eléctrica (67,9% del total). Sin lugar a duda, el aumento exponencial del nivel de vida de amplios sectores de la población china en las últimas décadas ha traído como consecuencia un incremento en la demanda en el consumo de energía así como también de productos y servicios, lo que ha generado a su vez que las industrias aumenten su capacidad de producción para cubrir dichas necesidades y se incremente la demanda de energía. Debido a la alta contaminación de sus principales ciudades, en particular la capital del país y sus alrededores, además del empeoramiento de la calidad del aire, el agua, y el suelo en muchas regiones del país, el gobierno chino aprobó un plan con el fin de reducir la intensidad de las emisiones de CO_2 por unidad del PIB en un 45%.

Con el fin de incrementar el uso de las diferentes fuentes de energías renovables y reducir de este forma el uso de combustibles fósiles para la generación eléctrica, fundamentalmente carbón, el gobierno chino aprobó, en el 2005, la Ley de Energías Renovables[73], la cual tiene entre sus objetivos principales establecer prioridades para conectarse a redes de energía solar, diferenciar las tarifas de las diferentes energías según su origen fósil o renovable, crear un fondo especial de energía renovable y establecer una política que ofrezca créditos y buenas condiciones fiscales para los negocios que utilicen o promuevan el uso de energías limpias. El Ministerio de Finanzas de China desde el año 2008 ha venido apoyando el incremento del uso de los biocombustibles y la energía solar, con el fin de ser aplicadas en proyectos rurales y áreas remotas para la generación eléctrica y ha apoyado la adopción de regulaciones para producir vehículos impulsados con energía alternativa. Debido a ese apoyo del gobierno chino, muchas ciudades han incorporado automóviles, taxis, transporte público, y servicios de correo que se mueven mediante el uso de la energía eléctrica (1,1 millones de autos eléctricos solo en el 2018).

Es bien conocido la ausencia de fuentes energéticas relevantes en el Japón, lo que convierte a este país en muy dependiente a las importaciones de múltiples fuentes de energía. Como consecuencia del accidente en la central nuclear de Fukushima-Daiichi en marzo del 2011, el gobierno japonés aprobó en el año 2014 su Cuarto Plan Estratégico de Energía hasta el 2030. Si bien dicho plan establece que su objetivo principal es reducir el uso de los combustibles fósiles en la generación eléctrica, en el mismo se expresa claramente que ello solo puede lograrse mediante el incremento del uso de las diferentes fuentes de energía renovables. El Cuarto Plan Estratégico de Energía en su versión revisada de julio de 2018 para incluir los compromisos

---

[73] Ley de Energías Renovables de la República Popular de China del 28 de febrero de 2005. Mediante esta ley "se estableció como objetivo diversificar el suministro de energía, salvaguardar la seguridad de la energía, proteger el medioambiente y alcanzar un desarrollo sostenible. La Ley de Energías Renovables, efectiva a partir del 1 de Enero de 2006, creó una amplia definición de "energía renovable" y estableció los requisitos que se imponen a los distribuidores para la compra la producción de energía renovable" (Soler y Yu, 2010).

asumidos por el Japón en el marco de acuerdo de Paris sobre cambio climático, reconoce la necesidad vital de incrementar el papel de las diferentes fuentes de energía renovables en la matriz energética del país. Según el gobierno japonés ello es posible lograrlo mediante la aplicación de una política energética sostenible que garantice un suministro estable y seguro de energía con el menor costo posible, y con altos estándares de eficiencia económica.

En julio del 2021, el Ministerio de Economía, Comercio e Industria de Japón publicó un borrador de su sexto Plan Estratégico de Energía, que incluía cambios importantes en los objetivos de su matriz de generación de energía para el 2030. Según el borrador de la propuesta, la proporción de combustibles fósiles en la matriz energética de Japón para los próximos años se deberá reducir casi a la mitad, pasando del 76% en 2019 al 41% en el 2030, lo que tendrá repercusiones significativas en la demanda de carbón y petróleo. Para compensar la reducción de la participación de los combustibles fósiles en la matriz energética del país para los próximos años, en el borrador elaborado se incluye un aumento significativo en la participación de las energías renovables y nucleares en la matriz energética. Se proyecta que las energías renovables alcancen el 36%, y mantiene el objetivo anterior de que la participación de la energía nuclear se mantenga entre un 20-22% (Roca, 2021 b).

Por otro lado, la India sigue apostando por incrementar el papel de las diferentes fuentes de energía renovables en la matriz energética del país, con el fin de combatir los efectos nocivos del uso de los combustibles fósiles para la generación de electricidad en el medio ambiente. Según el Observatorio Parlamentario Asia Pacífico de la Biblioteca del Congreso Nacional de Chile en un documento titulado "Los planes para descarbonizar la energía en China, Japón e India (2019), en el año 2001, el gobierno indio aprobó la Ley de Conservación de Energía, cuyos objetivos fueron, reducir el consumo de energía de los principales sectores económicos, por una parte, y establecer parámetros institucionalizados para la medición de la eficiencia energética, por otro, a fin de ser aplicadas a diversas plantas productivas instaladas en el país. El Ministerio de Energías Nuevas y Renovables, creado por el gobierno indio en el año 2006, ha venido impulsando dos políticas energéticas complementarias y no contaminantes. La primera es el Plan Estratégico del Sector de Energías Nuevas y Renovables 2011-2017, cuya misión fue fomentar el desarrollo y comercialización de tecnologías que contribuyan a la sustitución del uso de los combustibles fósiles en la generación eléctrica, en especial en las zonas más remotas del país. La segunda es la Política Nacional de Energía Híbrida Eólica-Solar, Emitida por el Ministerio de Energía Nueva y Renovable el 14 de mayo del 2018. La nueva política apunta a alentar nuevas tecnologías y técnicas que involucren la operación combinada de plantas eólicas y solares fotovoltaicas, con el objetivo de alcanzar una capacidad híbrida eólica solar de 10 GW para el 2022. Su objetivo es crear un marco de promoción para desarrollar la infraestructura energética del país, mediante la construcción de parques eólicos o solares, incluyendo los híbridos, en regiones con gran densidad poblacional.

La evolución de las capacidades de las centrales de biocombustibles sólidos y residuos renovables instaladas en la región del Asia y el Pacífico durante el periodo 2011-20 se muestra en la Fig. 159.

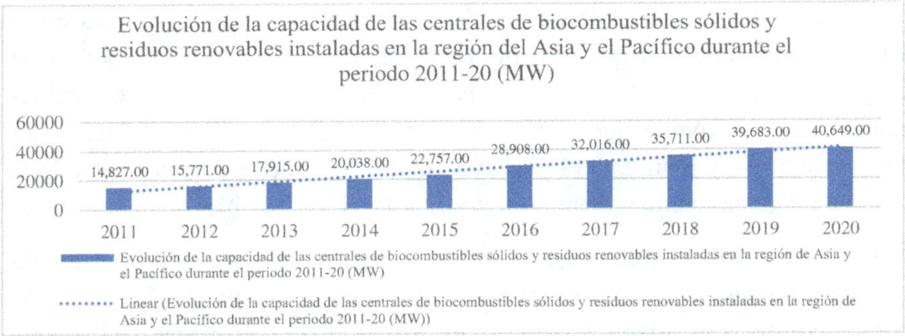

Fuente: Estadísticas de Energía Renovable 2021 IRENA (Excluyendo Eurasia, Medio Oriente, y Oceanía)

Fig. 159: Evolución de las capacidades de las centrales de biocombustibles sólidos y residuos renovables instaladas en la región del Asia y el Pacífico durante el periodo 2011-20

Como se puede apreciar en la Fig. 159, la capacidad de las centrales de biocombustibles sólidos y residuos renovables instaladas en el región del Asia y el Pacífico creció 2,7 veces durante el periodo 2011-20, pasando de los 14.827 MW en el 2011 a los 40.649 MW en el 2020. Los países de la región con las mayores capacidades de centrales de biocombustibles sólidos y residuos renovables instaladas en el 2020 fueron China con 17.784 MW (43,8% del total de la región), India con 10.518 MW (25,9% del total de la región), y Tailandia con 3.835 MW (9,4% del total de la región). Se prevé que esta tendencia se mantenga durante los próximos años con la instalación de nuevas capacidades de este tipo de centrales en los principales países, con el fin de acelerar el proceso de descarbonización de la región del Asia y el Pacífico.

Según el documento titulado "Estadísticas de Energía Renovable 2021," en el 2020, la capacidad de las centrales que operaban con residuos municipales renovables instaladas en la región del Asia y el Pacífico ascendió a 9.003 MW. Durante el periodo 2011-2020, la capacidad de este tipo de centrales creció cuatro veces, pasando de los 2.246 MW en el 2011 a los 9.003 MW en el 2020. Los países con las mayores capacidades de este tipo de centrales en la región del Asia y el Pacífico en el 2020 fueron China con 6.790 MW (75,4% del total de la región), y Japón con 963 MW (10,7% del total de la región). Las centrales que operan con residuos municipales renovables en la región generaron, en el 2019, un total de 36.563 GWh, siendo China el país con la mayor generación reportada (30.350 GWh o el 83% del total de la región).

De acuerdo al documento mencionado en el párrafo anterior, la capacidad de las centrales que operaban con bagazo instaladas en la región del Asia y el Pacífico para la generación eléctrica reportada en el 2020 ascendió a 1.305 MW, generando un total de 4.584 GWh. El país con la mayor capacidad instalada de este tipo de centrales en el 2020 y con la mayor generación reportada en el 2019 en la región es Pakistán (372 MW y 2.562 GWh).

Por último, la capacidad de las centrales que utilizan otros tipos de combustibles sólidos para la generación eléctrica instaladas en la región del Asia y el Pacífico en el 2020 ascendió a 30.341 MW, las que generaron, en el 2019, un total de 141.466 GWh. Los países con las mayores capacidades instaladas de este tipo de centrales en el 2020 fueron China con 10.994 MW (36,2% del total de la región), e India con 10.331 MW (34% del total de la región).

En el caso específico de las centrales que operan con biocombustible líquido, es importante resaltar que este tipo de centrales no existen en la región del Asia y el Pacífico y no se prevé que se construyan en el futuro inmediato.

Con respecto a las centrales de biogás, según el documento titulado "Estadísticas de Energía Renovable 2021," la evolución de la capacidad de este tipo de plantas instaladas en la región del Asia y el Pacífico durante el periodo 2011-20 se muestra en la Fig. 160.

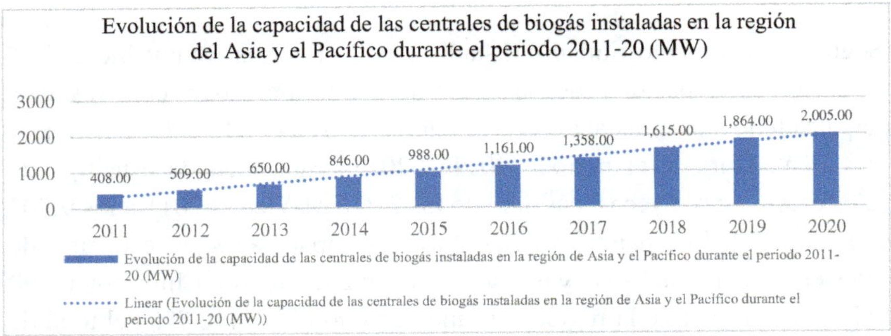

Fuente: Estadísticas de Energía Renovable 2021 IRENA (Excluyendo Eurasia, Medio Oriente, y Oceanía)
Fig. 160: Evolución de la capacidad de las centrales de bioenergía sólida instaladas en la región del Asia y el Pacífico durante el periodo 2011-20

A partir de los datos incluidos en la Fig. 160, se puede afirmar que la capacidad de las centrales de biogás instaladas en el región del Asia y el Pacífico creció 4,9 veces durante el periodo 2011-20, pasando de los 408 MW en el 2011 a los 2.005 MW en el 2020. Los países de la región con las mayores capacidades de este tipo de centrales instaladas en el 2020 fueron China con 903 MW (45% del total de la región), y Tailandia con 554 MW (27,6% del total de la región). Se prevé que esta tendencia se mantenga durante los próximos años con la instalación de nuevas capacidades de este tipo de centrales, con el fin de acelerar el proceso de descarbonización de la región descrito anteriormente.

La energía geotérmica en la generación eléctrica en Asia y el Pacífico

En regiones como África, Asia oriental y el Pacífico, y América Latina y el Caribe, alrededor de 40 países tienen una gran cantidad de recursos geotérmicos que pueden ayudarlos a satisfacer sus necesidades energéticas de manera confiable y a bajo costo. La energía geotérmica también podría contribuir a limitar las emisiones nocivas de gases que tienen un efecto negativo en el medio ambiente. Según estimaciones de la AIE, se prevé que para el año 2050 la energía geotérmica podría representar el 3,5% de la producción mundial de electricidad, con 200 GW de capacidad instalada, evitándose la emisión de 760 millones de toneladas de CO_2 a la atmósfera cada año.

En el año 2020, la AIE en su documento titulado "Estadísticas de Energía Renovable 2021," muestra la capacidad mundial de las centrales geotérmicas instaladas en 30 países de África (dos países), Asia y el Pacífico (ocho países, incluyendo dos de Oceanía), Centro América y el Caribe (seis países), Eurasia (dos países), Europa (nueve países), América del Norte (dos países) y América del Sur (un país) que fue de 14.013 MW, generando un total de 92.047 GWh en el 2019. En el 2020, la capacidad geotérmica mundial acumulada superó los 14 GW, y se espera que esta aumente a casi 17 GW para el 2021. Los mayores incrementos se esperan sean registrados en Indonesia, Turquía, Filipinas, y México. Los países con las mayores capacidades de centrales geotérmicas instaladas a nivel mundial en el 2020 fueron los EEUU con 2.587 MW (18,5% del total mundial), Indonesia con 2.131 MW (15,2% del total mundial), las Filipinas con 1.928 MW (13,8% del total mundial), y Turquía con 1.613 MW (11,5% del total mundial).

La evolución de la capacidad de las centrales geotérmicas en la región del Asia y el Pacífico durante el periodo 2011-20 se muestra en la Fig. 161.

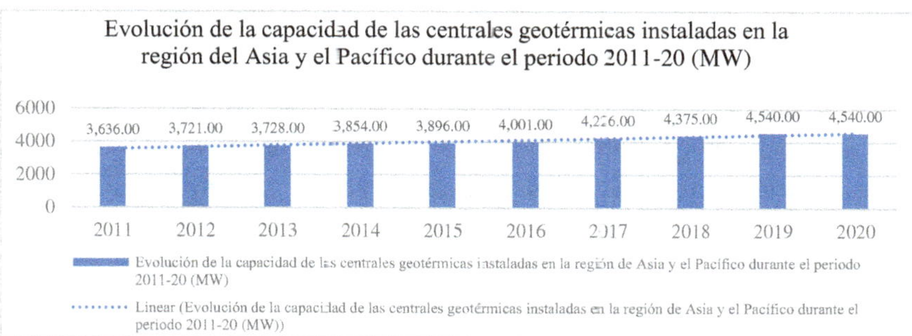

Fuente: Estadísticas de Energía Renovable 2021 IRENA (Excluyendo Eurasia y Oceanía)

Fig. 161: Evolución de las capacidades de las centrales geotérmicas instaladas en la región del Asia y el Pacífico durante el periodo 2011-20

A partir de los datos incluidos en la Fig. 161, se puede llegar a la conclusión de que la capacidad de las centrales geotérmicas instaladas en el región del Asia y el Pacífico creció un 24,9% durante el periodo 2011-20, pasando de los 3.636 MW en el 2011 a los 4.540 MW en el 2020. Los países de la región con las mayores capacidades de centrales geotérmicas instaladas en la región en el 2020 fueron Indonesia con 2.131 MW, y las Filipinas con 1.928 MW. Se prevé que esta tendencia de incrementar las capacidades de las centrales geotérmicas en la región se mantenga durante los próximos años con la instalación de nuevas capacidades de este tipo de centrales en al menos seis países, incluyendo Taiwán, con el fin de acelerar el proceso de descarbonización de la región del Asia y el Pacífico.

Aunque existe amplio consenso de que la energía geotérmica puede ser un recurso transformador, el desarrollo inicial de esta fuente de energía es extremadamente riesgoso y costoso lo que ha constituido una barrera para la inversión del sector privado en el desarrollo de esta fuente energética, causando un crecimiento lento de la capacidad geotérmica instalada en la región del Asia y el Pacífico en las dos últimas décadas.

Ahora bien, en los últimos cinco años, el desarrollo geotérmico mundial ha tomado un rumbo diferente impulsado principalmente por dos factores. El primero de ellos es el compromiso mundial con el desarrollo con bajas emisiones de carbono y el Objetivo de Desarrollo Sostenible sobre Energía adoptado por las Naciones Unidas[74]. El segundo es la movilización estratégica del financiamiento climático en condiciones concesionarias para mitigar los riesgos relacionados con las etapas iniciales del desarrollo geotérmico.

Según el Banco Mundial en el documento titulado "Aprovechar el gran potencial de la energía geotérmica (2018)," la experiencia mundial acumulada durante las últimas décadas de desarrollo de la energía geotérmica indica que reducir los costos de exploración y perforación y mitigar los riesgos puede desbloquear la inversión que se necesita para desarrollar a gran escala la energía geotérmica. Los países también están estableciendo mecanismos de eliminación de riesgos para atraer y ayudar a los desarrolladores en las

---

[74] Ver el documento titulado "Objetivos de Desarrollo Sostenible. Energía Asequible y no Contaminante. Objetivo 7 Naciones Unidas" https://www.un.org/sustainabledevelopment/es/energy/#:~:text=Energ%C3%ADa%20%E2%80%93%20Desarrollo%20Sostenible%20Objetivo%207%3A%20Garantizar%20el,se%20est%C3%A1%20volviendo%20m%C3%A1s%20sostenible%20y%20ampliamente%20disponible.

primeras fases de sus inversiones en la exploración y explotación de la energía geotérmica. Por ejemplo, con el respaldo del Banco Mundial y otros asociados, "Indonesia está diseñando un nuevo mecanismo de mitigación de riesgos vinculados a la energía geotérmica que movilizaría miles de millones de dólares en financiamiento del sector privado". Esto es un paso importante "para subsanar el déficit de inversión de US$25.000 millones durante los próximos ocho años y ayudar al Gobierno a cumplir su meta de agregar 5,8 GW de producción eléctrica con recursos geotérmicos a más tardar en el 2026".

En el 2017, el Banco Mundial proporcionó US$55,25 millones en donaciones para respaldar el Proyecto de Desarrollo de la Energía Geotérmica en Indonesia, mediante la creación de infraestructura y las perforaciones de exploración, y para respaldar tareas de asistencia técnica y fortalecimiento de la capacidad instalada. Estas inversiones van a reducir significativamente la actual dependencia de Indonesia de los combustibles fósiles, como el carbón, su principal fuente de energía para la producción eléctrica. El incremento de la participación de la energía geotérmica en la matriz energética del país ayudará a reducir las emisiones de gases de efecto invernadero considerablemente y respaldará los objetivos nacionales de mitigación del cambio climático, establecidos en su contribución determinada a nivel nacional en el marco del Acuerdo de París sobre cambio climático. Para cubrir su creciente demanda de energía de manera responsable con el medio ambiente, el gobierno indonesio se ha embarcado en un ambicioso plan de aprovechamiento de los recursos geotérmicos.

Por otro lado, de acuerdo a la Agencia Xinhua[75], China planeó elevar el uso anual de energía geotérmica hasta los 70 millones de toneladas equivalentes de carbón para el 2020, dentro de los esfuerzos del país por rebajar la dependencia de los combustibles fósiles para la generación eléctrica y frenar la actual alta contaminación de sus principales ciudades y regiones. Según un plan elaborado por agencias del gobierno chino, entre las que figuran la Comisión Nacional de Desarrollo y Reforma y la Administración Nacional de la Energía, la utilización anual de la energía geotérmica para

[75] Ver el documento titulado "China aumenta el uso de energía geotérmica (2017)".

calefacción debería alcanzar los 40 millones de toneladas equivalentes de carbón en el 2020.

La experiencia mundial ha mostrado también que los enfoques de la expansión geotérmica se pueden adaptar para ajustarse a diferentes contextos nacionales. En un estudio financiado por ESMAP[76] de la cartera mundial de proyectos de energía geotérmica encomendado antes del 2014, se analizan en profundidad los mecanismos de apoyo para cada proyecto y se describen los distintos enfoques que los países han adoptado para aumentar su desarrollo geotérmico. Como resultado de esos estudios, cada vez son más los países que han abierto las puertas a los desarrolladores privados y que siguen un modelo donde los sectores público y privado comparten los costos y los riesgos asociados a la exploración y explotación de los recursos geotérmicos existentes en los diferentes países.

La evolución de la generación eléctrica mediante el uso de las centrales geotérmicas en la región del Asia y el Pacífico durante el periodo 2011-19 se muestra en la Fig. 162.

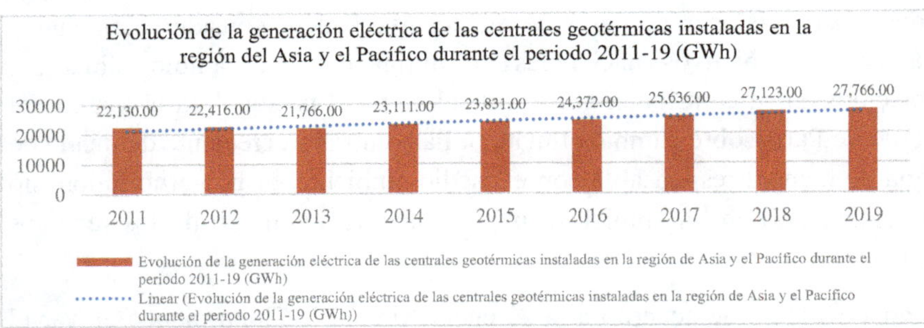

Fuente: Estadísticas de Energía Renovable 2021 IRENA (Excluyendo Eurasia y Oceanía)

Fig. 162: Evolución de la generación eléctrica mediante el uso de centrales geotérmicas en la región del Asia y el Pacífico durante el periodo 2011-19

De acuerdo a los datos que se muestran en la Fig. 162, se puede llegar a la siguiente conclusión: la evolución de la generación eléctrica de las centrales geotérmicas instaladas en la región del Asia y el Pacífico creció un 25,5% durante el periodo 2011-19, pasando de los 22.130 GWh en el 2011 a los

[76] Energy Sector Management Assistance Program.

27.766 GWh en el 2019. Esta generación eléctrica de la región representó, en el 2019, el 30,2% de la generación eléctrica total mundial producida por esta fuente de energía (92.047 GWh). Los países de la región con las generaciones eléctricas más altas producidas por las centrales geotérmicas instaladas en la región en el 2018 fueron Indonesia con 14.100 GWh (50,8% del total de la región), y Filipinas con 10.691 GWh (38,5% del total de la región). Se prevé que la generación eléctrica mediante las centrales geotérmicas instaladas en la región del Asia y el Pacífico siga la tendencia actual y se mantenga creciendo durante los próximos años aunque de manera modesta en comparación con el crecimiento previsto para otras fuentes de energías renovables.

La energía nuclear en la generación eléctrica en Asia y el Pacífico

La región del Asia y el Pacífico albergaba, según la base de datos PRIS-OIEA en el mes de diciembre del 2021, el 31,2% del total de los reactores nucleares de potencia operativos del mundo. Además, es la región con el programa nuclear más grande y ambicioso a nivel mundial, con China a la cabeza por el número de unidades en operación, con el mayor número de unidades en construcción y con el plan más grande de construcción de nuevos reactores nucleares de potencia para los próximos años. En diciembre del 2021, seis países (Japón, Corea del Sur, China continental, Taiwán, India y Pakistán) tenían en operación 138 unidades, con una capacidad total de 113,745 MW (ver Tabla 33).

El accidente nuclear en la central japonesa de Fukushima-Daiichi ocurrido en marzo del 2011, generó serias preocupaciones sobre la seguridad del funcionamiento de los reactores nucleares de potencia en los diferentes países. Debido al mencionado accidente, la mayoría de los países retrasaron la aprobación de la construcción de nuevas centrales nucleares, y muchas de las unidades que estaban en construcción fueron revisadas y retrasada su terminación debido a un control de seguridad más estricto a las que fueron sometidas anteriormente. Un grupo de países decidió cerrar todas sus centrales nucleares durante los próximos años, como fueron los casos de Alemania, España, Suiza, entre otros. Diez años después del accidente nuclear de Fukushima-Daiichi, todos los gobiernos de la región del Asia y el Pacífico, incluyendo el gobierno de Japón, han reconsiderado el papel que debería jugar en el futuro la energía nuclear para la generación eléctrica en sus planes de desarrollo energéticos.

Tabla 33: Reactores nucleares de potencia en operación en la región del Asia y el Pacífico en diciembre del 2021

País	Número de reactores	Capacidad eléctrica total neta (MW)
CHINA	53	49.789
INDIA	23	6.885
JAPÓN	33	31.679
REPÚBLICA DE COREA	24	23.150
PAKISTÁN	5	2.242
Total	**138**	**113.745**

La siguiente información ha sido incluida en los totales:

TAIWAN, CHINA	3	2.859

Fuente: PRIS-OIEA diciembre 2021

El número de unidades en operación en la región del Asia y el Pacífico en diciembre del 2021 representaba, como se ha indicado anteriormente, el 31,2% del total de las unidades en operación a nivel mundial (442 unidades) y el 28,9% del total de la capacidad instalada a ese mismo nivel (394.177 MW). Por tipo de reactores nucleares de potencia actualmente en operación en la región la situación es la siguiente:

- China: PWR 49 unidades; FBR una unidad; HTGR una unidad; PHWR dos unidades;
- India: PWR dos unidades; BWR dos unidades; PWHR 19 unidades;
- Japón: PWR 16 unidades; BWR 17 unidades;
- Corea del Sur: PWR 21; PHWR tres unidades;
- Pakistán: PWR cinco unidades;
- Totales: PWR 93 unidades (67,4% del total); FBR una unidad (0,7% del total); BWR 19 unidades (13,8% del total); HTGR una unidad (0,7% del total); y PHWR 24 unidades (17,4% del total).

Los tipo de reactores nucleares de potencia más utilizados en la región son los tipo PWR (64,7% del total y además, son utilizados en todos los países para la generación eléctrica); seguidos por los del tipo PHWR (17,4% del total y son utilizados en tres países para la generación eléctrica) y los del tipo BWR (13,8% del total y además, son utilizados para la generación eléctrica solamente en dos países de la región).

Los programas de construcción de nuevos reactores nucleares de potencia por país en la región del Asia y el Pacífico en diciembre del 2021 se muestran en la Tabla 34.

Tabla 34: Reactores nucleares de potencia en construcción en la región del Asia y el Pacífico en diciembre del 2021

País	Número de reactores	Capacidad eléctrica total neta (MW)
BANGLADESH	2	2.160
CHINA	13	13.675
INDIA	6	4.194
JAPAN	2	2.653
KOREA, REPUBLIC OF	4	5.360
PAKISTAN	1	1.014
Total	**28**	**29.056**

Fuente: PRIS-OIEA diciembre 2021

Como se puede apreciar en la Tabla 34, el número de unidades en construcción en la región del Asia y el Pacífico representa el 52,8% del total de las unidades en construcción a nivel mundial en diciembre del 2021 (53 unidades), y el 53,8% del total de la capacidad a instalar a ese nivel. El total de unidades que han sido cerradas de forma permanente en la región asciende a 31 unidades, de los cuales el 87,1% pertenecen a Japón (27 unidades).

Por tipo de reactores nucleares de potencia actualmente en construcción en la región la situación es la siguiente:

- China: PWR 12 unidades; FBR una unidad;
- India: PWR dos unidades; FBR una unidad; PHWR tres unidades;
- Japón: BWR dos unidades:
- Corea del Sur: PWR cuatro unidades;
- Pakistán: PWR una unidad.
- Bangladesh: PWR dos unidades.
- Totales: PWR 21 unidades (75% del total); BWR dos unidades (7,1% del total); FBR dos unidades (7,1% del total); PHWR tres unidades (10,8% del total).

Como se puede apreciar el tipo de reactor nuclear de potencia que mayoritariamente se construye en la región es del tipo PWR (75% en cinco países), seguido por los del tipo PHWR (10,8% pero en un solo país).

Según los planes de los gobiernos de China y la India, ambos países liderarán el desarrollo de la energía nuclear en la región del Asia y el Pacífico durante las próximas décadas, debido a la sólida demanda de energía que se pronostica para ambos países, y las fuertes presiones ambientales que se están ejerciendo a nivel internacional y nacional para que ambos países reduzcan al máximo posible la utilización del carbón para la generación eléctrica y la alta contaminación de sus principales ciudades y regiones. Es importante indicar que los gobiernos de ambos países apoyan el uso de la energía nuclear para la generación de electricidad, y han establecido objetivos claros sobre la capacidad que debe ser instalada durante los próximos años. El gobierno chino tiene como objetivo construir nuevos reactores nucleares de potencia con una capacidad total de 70 GW para el 2025, y el gobierno indio de 27,5 GW para el 2030 (Khoo and Xue, 2021).

China y la India comparten muchos intereses comunes para impulsar el uso de la energía nuclear para la generación eléctrica, y se espera que sean los principales promotores del uso de este tipo de fuente energética en la región del Asia y el Pacífico durante los próximos años. Por otro lado, se estima que estos dos países de rápido crecimiento en la región probablemente respaldarán el 32% de las adiciones de demanda total de energía del mundo durante el periodo 2021-50. Sin lugar a duda, una estructura de suministro de energía diversificada es necesaria para satisfacer la creciente demanda que se pronostica se produzca en ambos países en el futuro, evitar de esta forma un incremento significativo de la contaminación ambiental de sus principales ciudades y regiones, y reducir al máximo posible los riesgos en el suministro estable y seguro de energía. Un suministro de energía cada vez más estable, eficiente, y con bajas emisiones de carbono, mediante el uso de las centrales nucleares en la generación eléctrica, ayudará a mitigar estas presiones.

Como se puede apreciar en la Tabla 33, China tenía 53 unidades en funcionamiento a finales del 2021 (incluyendo tres unidades en Taiwán), con una capacidad total de 49.789 MW. La energía producida por estas unidades en el 2020 fue de 366.3 GWh (4,9% del total de la electricidad generada en el país en dicho año), un 5% mayor que el reportado en el 2019, y es una cantidad similar a la energía producida por la quema de 104,74 toneladas métricas de carbón.

El programa nuclear de la India entró en su tercera fase de desarrollo, priorizando la utilización de la tecnología y el combustible nuclear desarrollados localmente para aumentar la capacidad nuclear en el país. India ha planeado alcanzar los 27,5 GW de nuevas capacidades nucleares para el 2030. En diciembre del 2021, la India contaba con 23 reactores nucleares de potencia con una capacidad instalada de 6.885 MW, los que generaron, en el 2020, un total de 40.374 GWh para un 3,3% del total de la electricidad generada durante ese año. Además, el gobierno indio tenía seis unidades en construcción con una capacidad de 4.194 MW, los que se espera entren en operación durante los próximos años.

Pakistán y Bangladesh ven la energía nuclear como una importante fuente energética que les permitiría encontrar soluciones a los problemas de seguridad energética cada vez más intensos por los que atraviesan, después de la eliminación gradual del uso del carbón para la generación eléctrica, y de reducir lo más posible las importaciones de gas previstas para los próximos años, teniendo en cuenta el alto precio actual del gas y la escasez de su oferta. Ambos países dependen del suministro de gas para la generación eléctrica, fuente energética que representa el 43% y el 58%, respectivamente, dentro sus matrices energéticas a partir del 2019. Sin lugar a duda, la energía nuclear puede reducir el riesgo de tener una alta dependencia de una sola fuente de combustible para satisfacer la creciente demanda de energía que se espera se produzca en el futuro.

En diciembre del 2021, Pakistán operaba cinco reactores nucleares de potencia con una capacidad de 2.242 MW, y tenía una unidad en construcción con una capacidad de 1.014 MW, la cual se espera entre en operación antes del 2030. Los reactores nucleares de potencia en Pakistán generaron 9.640 GWh de electricidad en el 2020, representando el 7,% del total de la electricidad producida en el país durante ese año. Pakistán tiene un solo reactor nuclear de potencia cerrado de forma permanente.

Para el desarrollo a largo plazo de su sector energético, el gobierno pakistaní promulgó en el 2015 el documento titulado "Visión de la Energía Nuclear 2050." En este documento se planteó alcanzar una capacidad de 44 GW de capacidad nuclear para el 2050. Es importante señalar que el programa de construcción de nuevas capacidades nucleares en el país ha avanzado de forma muy lenta, por lo que se espera que Pakistán probablemente no cumpla con el objetivo establecido en el mencionado documento (Khoo y Xue, 2021).

Bangladesh comenzó la construcción del primero de sus dos reactores nucleares de potencia con asistencia rusa en noviembre del 2017, y se espera que este primer reactor pueda entrar en operación comercialmente en el 2026. La capacidad total de sus dos unidades en construcción es de 2.160 MW.

Otros países de la región del Asia y el Pacífico que utilizan la energía nuclear para la generación eléctrica han adoptado una política más conservadora con respecto al uso futuro de este tipo de fuente energética, y tienen planes de construcción de nuevas unidades más modestos. Japón, Corea del Sur, y Taiwán solían tener la energía nuclear como una fuente de energía importante para la generación eléctrica dada la falta de recursos naturales que tienen esos tres países. Sin embargo, como resultado de las crecientes preocupaciones y temores de la población japonesa al uso de la energía nuclear para la generación eléctrica, y a un incremento de la oposición del uso de este tipo de fuente de energía con ese fin registrada en la última década, los tres países se han vuelto cada vez más cautelosos sobre el uso de la energía nuclear y ya no están aprobando la construcción de nuevos reactores a los que ya estaban en construcción en la actualidad.

Japón, un importante suministrador de reactores nucleares de potencia se enfrenta a un severo desafío al reiniciar la operación de algunos de sus reactores nucleares de potencia después del accidente nuclear de la central de Fukushima-Daiichi. La Autoridad de Regulación Nuclear (NRA) ha ordenado a las empresas de energía eléctrica (EPCO) que implementen estrictas medidas de seguridad, después de apagar todos los reactores nucleares de potencia durante el año fiscal 2014, y ralentizaron el reinicio de muchas unidades. El reinicio de la operación de sus reactores se ha retrasado debido a las medidas de seguridad adicionales adoptadas, el costo, y la revisión prolongada a las que fueron sometidas todas las unidades existentes en el país. En el 2020, se aprobó la operación de 10 unidades con una capacidad total de 9,96 GW. En diciembre del 2021, Japón tenía 33 unidades en operación con una capacidad de 31.679 MW, los cuales generaron un total de 43.000 GWh en el 2020, para un 5,1% del total de la electricidad producida en el país durante ese año. Además, el país tenía dos unidades en construcción con una capacidad de 2.653 MW, y había cerrado definitivamente un total de 27 unidades con una capacidad de 17.128 MW. La mayoría de las cuales fueron cerradas después del accidente nuclear de la central de Fukushima-Daiichi.

El 22 de julio de 2021, el gobierno japonés anunció un borrador de propuesta de combinación de fuentes de energía para su incorporación en el próximo plan básico de energía que se renovará en el año fiscal 2022. La combinación de las diferentes fuentes de energía propuesta incluye una participación mucho más fuerte de las energías renovables hasta alcanzar entre un 36% y un 38% versus el 22%-24% previsto en la política anterior, pero sin cambios en la participación de la energía nuclear que se propone sea entre un 20% y un 22%, tal como existía anteriormente. Con la ambición de llegar a una emisión neta cero para el 2050, así como alcanzar el objetivo de reducción de gases de efecto invernadero recientemente anunciado del 46% en comparación con los niveles del 2013, la energía nuclear se posiciona como una fuente de energía estable que no emite dióxido de carbono y que puede respaldar el crecimiento de la participación futura de las energías renovables en la matriz energética del país (Khoo y Xue, 2021).

En Corea del Sur, otro importante productor de reactores nucleares de potencia, el gobierno ha anunciado un plan de cierre de algunas de su unidades actualmente en operación durante los próximos años. El Tercer Plan Básico de Energía de 2019 elaborado por el Ministerio de Industria, Comercio, y Recursos de Corea del Sur, establece que no se aprobará la construcción de nuevos reactores nucleares de potencia, excepto los que ya se encuentran en construcción y no se prolongaría la vida útil de las unidades existentes. La construcción de los reactores Shin-Kori-5 y 6 continuará según el plan aprobado, y se espera que entren en operación en el 2022 y el 2023, respectivamente, junto con Shin-Hanul-1 y 2, los que deben entrar en funcionamiento a más tardar en el 2022, respectivamente. En diciembre del 2021, Corea del Sur tenía 24 unidades en operación, con una capacidad de 23.150 MW, las cuales generaron un total de 152.328 GWh en el 2020, o el 29,6% del total de la electricidad producida en el país durante ese año. Además, el país tenía cuatro unidades en construcción con una capacidad de 5.360 MW. En total se reporta el cierre definitivo de dos unidades con una capacidad de 1,237 MW. Se espera que la participación de la generación nuclear dentro de la matriz energética del país decrezca de manera constante pasando del 29% en el 2020 al 22% para el 2030 debido al cierre de algunas unidades durante ese periodo.

Taiwán planeó la construcción de cuatro centrales nucleares en la década de 1970. Los reactores se completaron sucesivamente durante el periodo 1978-85, pero la construcción de la central nuclear de Lungmen, conocida comúnmente como la cuarta central nuclear en el distrito de Gongliao, fue suspendida debido a razones políticas y nunca fue puesta en servicio. Las tres unidades operativas se acercan a su vida útil y el gobierno ha decidido que no aprobará su extensión.

El resto de los países de la región del Asia y el Pacífico no tienen unidades en operación ni planes concretos para la utilización de la energía nuclear para la generación eléctrica, según se menciona en la base de datos PRIS-OIEA de diciembre del 2021, aunque algunos de ellos están considerando la posibilidad de utilizar la energía nuclear para la generación eléctrica en el futuro.

A pesar de que la energía nuclear se considera como una de las fuentes de energía más confiables y estables para sustituir las fuentes de energía tradicionales no renovables que liberan una gran cantidad de gases de efecto invernadero, la energía nuclear sigue siendo un tema muy controvertido para muchos países, particularmente desde el accidente nuclear de la central Fukushima-Daiichi en marzo del 2011. La disputa sobre la continuación del uso de la energía nuclear para la generación eléctrica o la eliminación gradual de su uso nunca se ha desvanecido del todo e incluso últimamente ha atraído más atención como resultado del proceso de la transición energética hacia fuentes de energía con bajas emisiones de carbono y los acuerdos adoptados en la cumbre de Paris sobre el cambio climático. Lo único cierto es que la energía nuclear continuarán atrayendo la atención e influyendo en el futuro de la política energética de varios países de la región del Asia y el Pacífico durante las próximas décadas.

Mirando hacia el futuro

La demanda mundial de electricidad se recuperará con fuerza durante los años 2021 y 2022. Tras caer alrededor del 1% en el 2020, la demanda mundial de electricidad está previsto que crezca cerca de un 5% en el 2021 y un 4% en el 2022. La mayoría de estos aumentos se producirán en la región del Asia y el Pacífico. Dentro de esta región, más de la mitad del crecimiento mundial en el 2022 se espera que ocurra en China, el país mayor consumidor de electricidad del mundo. India, el tercer consumidor de electricidad más grande del mundo, se estima alcance el 9% del crecimiento global.

La generación de electricidad mediante las diferentes fuentes de energías renovables se espera siga creciendo con fuerza durante los próximos años, pero no puede por si sola satisfacer la creciente demanda mundial que se espera en ese periodo por su todavía alto costo, baja eficiencia energética, inestabilidad en el suministro, y su alta dependencia del clima. Después de crecer un 7% en el 2020, se prevé que la generación de electricidad a partir de las diferentes fuentes de energías renovables crezca un 8% en el 2021 y en más de un 6% en el 2022. A pesar de estos crecimientos, se espera que las diferentes fuentes de energías renovables puedan satisfacer solo alrededor de la mitad del crecimiento proyectado de la demanda mundial de electricidad en el 2021 y el 2022.

La generación de electricidad mediante el uso de centrales nucleares se pronostica que crecerá alrededor del 1% en el 2021 y un 2% en el 2022, siendo la región del Asia y el Pacífico la que tiene un mayor porcentaje dentro de este crecimiento debido a su amplio programa nuclear. Este programa consta de 28 reactores nucleares ahora en construcción, representando el 52,8% del total de unidades en construcción a nivel mundial La nueva capacidad de estos reactores nucleares será de 29.056 MW.

La electricidad basada en combustibles fósiles se espera que cubra el 45% de los demanda en el 2021 y el 40% en el 2022. La generación de electricidad mediante las centrales que utilizan el carbón como combustible, después de disminuir un 4,6% en el 2020, se espera que crezca casi un 5% en el 2021 y alrededor de un 3% en el 2022. La región del Asia y el Pacífico continuará siendo un alto consumidor de carbón para la generación de electricidad durante este periodo. Los mayores consumidores de este tipo de combustible fósil para la generación eléctrica en la región de Asia y el Pacífico continuarán siendo China y la India.

Desde finales del 2020 hasta principios del 2021, la participación del carbón en la generación de electricidad en China se recuperó de los mínimos históricos de generación eléctrica reportados al principio del 2020. El incremento del uso del carbón para la generación eléctrica se vio reforzado por la reducción de la disponibilidad de energía hidroeléctrica producto de la sequía que afectó al país durante el período de invierno y un crecimiento rápido de la demanda de electricidad.

Impulsada por una expansión récord en el uso de las diferentes fuentes de energías renovables en China entre julio y octubre del 2020 se llegó a registrar una generación de electricidad de más de 210 TWh, representando el nivel mensual más alto en el período 2015-20. Este incremento en la utilización de las diferentes fuentes de energías renovables para la generación de electricidad ayudó a reducir la utilización del carbón con ese mismo objetivo a un nuevo mínimo histórico del 58% en octubre del 2020. Lamentablemente, desde noviembre del 2020, se ha reportado un incremento del uso del carbón para la generación de electricidad permaneciendo por encima del 64% hasta abril del 2021. Si se toman los datos reportados durante los primeros cuatro meses del 2021, la participación del carbón en la generación eléctrica en China fue del 66,5%, mayor que en los mismos períodos del 2019 y el 2020.

El incremento del uso del carbón en la generación eléctrica en China a partir de finales del 2020 no es del todo inesperado. Eso se debe a que la generación de electricidad mediante las diferentes fuentes de energías renovables en China está estrechamente relacionada con la situación estacional del país. Durante el verano, que es el periodo de lluvias en el sur de China, se registra una mayor participación de las energías renovables, particularmente la hidroeléctrica, en la generación de electricidad. Debido a ello, en mayo del 2021, se reportó una mayor disponibilidad de energía hidroeléctrica y solar. El incremento en el uso de la energía solar fotovoltaica y de la energía eólica para la generación de electricidad ocasionaron una reducción en el uso del carbón hasta el 61%.

En el caso de la India, a principios del 2021, la generación de electricidad mediante las centrales de carbón alcanzó el 79% del total, siendo éste el nivel más alto registrado desde principios del 2019, con el fin de poder satisfacer el crecimiento de la demanda de electricidad cuando la disponibilidad de la generación hidroeléctrica y la eólica era muy baja. La generación de electricidad en la India en el primer trimestre del 2021 fue de alrededor de un 10% mayor que en el mismo período del 2019. La generación de electricidad mediante las centrales de carbón creció un 11% desde del primer trimestre del 2019 al primer trimestre del 2021. La generación de electricidad mediante las diferentes fuentes de energías renovables aumentó en un 13% en el mismo período. Al mismo tiempo, la generación de electricidad mediante las centrales nucleares creció solo un 2% y la generación de electricidad mediante las centrales de gas disminuyó en un 4%.

A pesar de un crecimiento significativo de la capacidad instalada de las diferentes fuentes de energías renovables en la India durante los últimos años, la generación de electricidad total mediante las diferentes fuentes de energías renovables durante el primer trimestre del 2021 cayó un 0,1% en relación con el primer trimestre del 2020, debido a condiciones climáticas desfavorables para la energía hidroeléctrica y eólica. Por esta razón, el crecimiento de la participación de las diferentes fuentes de energías renovables en la matriz energética nacional en ese período fue insuficiente para satisfacer el crecimiento de la demanda, obligando al país a utilizar las centrales de carbón para producir la generación de electricidad adicional que se necesitaba para cubrir las necesidades del país.

Es importante resaltar que la demanda de electricidad en la India se redujo después de la segunda ola de la pandemia del coronavirus que comenzó a mediados de abril del 2021. La generación de electricidad total en mayo todavía era del 8% por encima del nivel registrado en el 2020, pero un 8% por debajo del registrado en el mismo periodo del 2019. Esto provocó un aumento de la participación de las diferentes fuentes de energías renovables en la generación de electricidad del 2% aumentando del 20% en mayo del 2019 al 22% en mayo del 2021.

Después de disminuir en un 2% en el 2020, se espera que la generación electricidad mediante las centrales que utilizan el gas como combustible aumente un 1% en el 2021 y cerca del 2% en el 2022, aunque el crecimiento descontrolado del precio del gas natural reportado desde finales del 2021 y la guerra en Ucrania puede que influya negativamente en el nivel de crecimiento previsto de este tipo de fuente energética en el 2022. El crecimiento de la utilización del gas como fuente de energía para la generación de electricidad va a la zaga del carbón, ya que su uso en la región del Asia y el Pacífico, la de mayor crecimiento en la generación de electricidad en el mundo, es todavía muy pequeño, y en los EE.UU se enfrenta a una fuerte competencia por el rápido crecimiento de las diferentes fuentes de energías renovables que son utilizadas con ese mismo objetivo.

Sin lugar a duda, el mundo ha iniciado el camino hacia la descarbonización del sector energético. Pero la transición energética no podrá ser definitiva si los países no son capaces de compensar el suministro intermitente de energía que aportan las energías renovables con el fin de evitar una interrupción del suministro de energía en el momento que más se necesita. "La producción de energía solar y eólica depende de factores que pueden sufrir grandes variaciones a lo largo de un mismo día. Para poder integrarlas en el sistema de generación de energía es necesario combinarlas con un sistema de almacenamiento energético" (Sánchez Prieto, 2021).

Indiscutiblemente, la energía solar térmica es uno de los tipos de energía solar que es utilizada por un grupo reducido de países, y en mucha menor escala que el uso de la energía solar fotovoltaica. Para que estas instalaciones solares sean más eficientes y puedan suministrar electricidad en condiciones climáticas desfavorables, éstas deben contar con un sistema de almacenamiento térmico adecuado. Este tipo de sistema de almacenamiento se encuentra en una etapa experimental todavía por lo que aún no muy eficientes y costosas, pero se espera que puedan estar disponibles en las próximas décadas. Esto incrementaría significativamente la importancia y el papel de la energía solar térmica dentro del proceso de transición energética mundial.

Por último, según el artículo titulado "La capacidad de energía renovable de Asia y el Pacífico crecerá 50% en cinco años," elaborado por el World Energy Trade (2020), la capacidad instalada de energía renovable en la región de Asia y el Pacífico se prevé que tenga un gran impulso en los próximos cinco años, hasta llegar a los 754 GW en el 2025, frente a los 497 GW de este año. El líder de este crecimiento será la energía solar, cuya capacidad regional se espera se duplique hasta llegar a los 349 GW durante los próximos años, superando incluso la capacidad instalada de la energía eólica terrestre bien establecida en la región.

Capítulo VII

El papel de las fuentes de energías renovables en la generación eléctrica

El uso de las energías renovables no es un fenómeno reciente, ya que los humanos la han utilizado durante miles de años. El primer uso de las energías renovables fue la quema de biomasa para calentar, cocinar, y generar luz. A finales del siglo XIX, las máquinas eólicas generadoras de electricidad, las turbinas de agua, y los paneles solares alimentaban pequeñas empresas de servicios públicos y regiones remotas. A partir de entonces, el desarrollo de las energías renovables se ha vinculado a la disponibilidad y los precios de los combustibles fósiles. Varios factores allanaron el camino para el dominio de la energía basada en el uso de los combustibles fósiles hasta hoy día. Estos factores son los siguientes:

- La disponibilidad de combustibles fósiles y avances en su explotación;
- Su relativamente fácil almacenamiento y múltiples usos;
- Precios relativamente bajos.

Por sus características específicas y limitado desarrollo tecnológico, las energías renovables, excluida la energía hidroeléctrica, se mantuvieron durante mucho tiempo utilizadas fundamentalmente en soluciones para la generación eléctrica fuera de la red, por ejemplo, en el Ártico, en islas remotas, y en ubicaciones costeras. Fueron utilizadas en un escala mayor como Dinamarca, Alemania, así como en algunos estados de los EE.UU, después de la crisis del petróleo de la década de 1970. A partir de mencionada década, la expansión del uso de las energías renovables en la generación eléctrica se aceleró significativamente en muchos países, y ya en el 2018, el 28% de la electricidad global se generó a partir de fuentes de energía renovables, la mayoría (96%) de las cuales se produjeron a partir de las centrales hidroeléctricas, eólicas, solares, y las de bioenergía. En el 2020, este porcentaje creció hasta el 28,6%, una incremento muy modesto para los objetivos de descarbonizar la matriz energética mundial para el 2050.

En el documento titulado "International Energy Outlook 2019 (IEO2019)," la EIA proyectó que las energías renovables aumentarán colectivamente y llegarían a generar el 49% de la generación mundial de electricidad para el 2050. De las tres principales fuentes renovables, EIA espera que la generación de los parques solares aumente de forma más rápida que las demás. La energía hidroeléctrica se espera que crezca, pero a un ritmo mucho más lento debido a su ya alta participación en la matriz energética de muchos países y regiones (ver Fig. 163) y a una fuerte reacción en contra de la población de estos países a seguir construyendo centrales hidroeléctricas, especialmente de gran tamaño, por su negativo impacto en el medio ambiente y en las personas que viven en la zona donde se construirían estas.

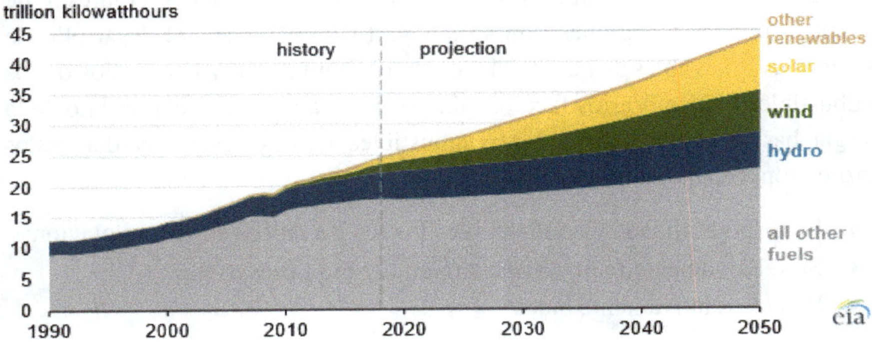

Fuente: International Energy Outlook 2019 (IEO2019)
Fig. 163: Generación eléctrica neta mundial durante el periodo 1950-2050 (trillón kWh)

De acuerdo con el documento titulado “BP Energy Outlook 2019,” las mayores incertidumbres en los próximos 20 años están asociadas a la necesidad de disponer de más energía para apoyar el crecimiento económico mundial y el aumento de la prosperidad en muchos países, especialmente del Tercer Mundo, junto con la necesidad de una transición más rápida hacia un futuro con menores emisiones de dióxido de carbono y de otros gases de efecto invernadero. En el mencionado documento también se examinan otras cuestiones, tales como el posible impacto de una escalada en las disputas comerciales entre los EE.UU y China, la UE, y otros países, las implicaciones de un endurecimiento significativo de la regulación de los plásticos, y la demanda mundial de energía que se espera aumente en alrededor de un tercio para el 2040, impulsada por las mejoras en los niveles de vida, especialmente en la India, China y en toda la región de Asia y el Pacífico.

La energía consumida por la industria y los edificios representa alrededor del 75% de este aumento de la demanda total de energía, mientras que el crecimiento de la demanda de energía en el sector del transporte se ralentiza considerablemente en relación con el pasado, a medida que se aceleran las mejoras en la eficiencia de los vehículos y el aumento de la producción de vehículos eléctricos. Alrededor del 85% del crecimiento en el suministro de energía se generará a través de un mayor uso de las energías renovables y el gas natural, si el precio de este tipo de fuente energética puede ser controlado y reducido de los niveles reportados durante el primer trimestre del 2022. Las energías renovables se esperan se conviertan en la mayor fuente de generación de energía a nivel mundial para el año 2050, aunque para ello se necesita resolver algunas cuestiones esenciales relacionadas con el uso de este tipo de fuente energética, como la instabilidad del suministro, su alta dependencia del medio ambiente y el clima, el costo inicial de inversión, el precio de la electricidad generada por este tipo de centrales, su impacto en el medio ambiente, su baja eficiencia energética, y los problemas del almacenamiento de la energía producida, entre otros.

La demanda de petróleo, fundamentalmente en el sector del transporte, se espera que crezca en los próximos años antes de estabilizarse gradualmente hasta el 2050. Se prevé, por otro lado, una reducción significativa en el uso de este tipo de energía para la generación eléctrica en muchos países.

Entre las energías renovables, la hidroeléctrica es la predominante para la generación de electricidad en muchos países, generando en algunos casos por encima del 90% del total de la electricidad producida, y todo parece indicar que lo será durante al menos los próximos 30 años.

Por otro lado, la energía eólica ha madurado considerablemente y se espera que registre un crecimiento significativo en el futuro previsible en muchos países, mientras que el uso de energía geotérmica solo crecerá muy poco y en países específicos, debido a que es un tipo de energía disponible solo en regiones muy concretas. Sin lugar a duda, la energía eólica está en el centro de los esfuerzos internacionales para mitigar el cambio climático. Con casi 800 GW ya instalados en todo el mundo, la energía eólica ya ayuda a evitar la emisión de más de 1.100 millones toneladas de CO_2 al año, equivalente al total anual de las emisiones de carbono de América Latina.

La industria eólica también proporciona muchos beneficios socioeconómicos y es un importante proveedor de puestos de trabajo cualificados, de innovación e inversión, transformando las economías de muchos países del mundo. La industria eólica también desempeña un papel crucial en la revitalización de la economía de muchos países mediante la mejora de su infraestructura, y contribuye a proporcionar sistemas energéticos asequibles, fiables, sostenibles, limpios, y modernos. Es un elemento clave para la descarbonización de industrias intensivas en consumo de energía, tales como la del transporte, el acero, la del cemento, y la industria de productos químicos. La energía eólica es una energía limpia que apoya la naturaleza, la biodiversidad, y la agricultura.

En las llamadas "Hojas de Ruta hacia el 2050," aprobadas por la Agencia Internacional de Energías Renovables (IRENA)[77] y la Agencia Internacional de Energía (AIE)[78], la energía eólica juega un papel central para alcanzar en el 2050 un mundo de cero emisiones. A pesar de ello, los países no están desplegando todo su potencial en la construcción de nuevos parques eólicos ni incrementando significativamente la participación de la energía eólica en las matrices energéticas de muchos países, o no lo hacen lo suficientemente rápido para satisfacer la creciente demanda actual de energía ni la prevista para los próximos años.

Según el documento titulado "Global Wind Energy Manifesto for COP 26," si se mantienen las tasas actuales de construcción de nuevos parques eólicos, solo se alcanzará el 43% de la capacidad de energía eólica necesaria para que en el 2050 se logre la meta de tener un mundo de emisiones cero. Sin una acción drástica para ampliar el despliegue de la energía eólica, no se logrará la descarbonización de la energía, la industria, el transporte, la calefacción y otros sectores y no se logrará como se desea expandir significativamente la producción y el uso del hidrógeno verde.

---

[77] IRENA (2018). Transformación energética mundial: hoja de ruta hasta 2050, Agencia Internacional de Energías Renovables, Abu Dhabi (ISBN 978-92-9260-059-4).

[78] Ver el documento titulado "Cero neto para 2050: una hoja de ruta para el sector energético mundial," preparado por la Agencia Internacional de Energía en el 2021.

Para encaminarse hacia un mundo de emisiones neta cero en los próximos nueve años, el volumen anual de energía eólica a instalar globalmente debe cuadriplicar los 93 GW instalados el año pasado. Esto se puede lograr, pero solo si se deja de pensar en hacer "negocios como de costumbre" y se aplica un enfoque de "emergencia climática" al sector de energía y a la economía en su conjunto.

El otro crecimiento significativo en el sector de las energías renovables es en los sectores de la energía solar y los biocombustibles, especialmente si el costo de la construcción de nuevos parques de energía solar continúa disminuyendo. El tamaño absoluto del mercado de electricidad solar sigue siendo muy pequeño, generando alrededor entre el 0,1% y el 0,3% de la electricidad a nivel mundial. No es sorprendente que haya diferencias significativas entre las regiones. Debido a ello, la demanda de electricidad en países no pertenecientes a la OCDE superará la demanda acumulada de electricidad en los países de la OCDE.

A pesar de los altos costos de algunos sistemas de energías renovables, el crecimiento en la generación de electricidad a partir de fuentes de energías renovables sigue siendo significativamente mayor en los países no miembros de la OCDE (3,2%) que en los países de la OCDE (2,5%). Si bien la introducción de fuentes de energías renovables ha sido bien recibida en muchos países, hoy no pueden todavía alguna de ellas competir con los combustibles fósiles en el mercado global. Por esta razón, el carbón seguirá siendo la principal fuente de energía utilizada para la generación de electricidad durante los próximos años a nivel global, seguido del gas natural, y las energías renovables en muchos países. Pero se espera que esta situación cambie antes del 2050, como resultado de la descarbonización de la generación eléctrica en muchos países, particularmente en China, la India, los EE.UU, y Rusia, altos consumidores de este tipo de fuente energética para la generación eléctrica.

Algunos países en desarrollo no pueden permitirse el lujo de suministrar a su población actual toda la energía que necesitan, particularmente electricidad, y el aumento en el costo de este tipo de energía podría dejar a más personas sin la energía necesaria en el futuro. El costo de la energía solar actualmente supera el costo del petróleo y el gas natural, a pesar de la reducción significativa de sus costos de inversión inicial registrado en los últimos años, por lo que es una fuente de energía poco competitiva por el momento para muchos países en desarrollo (Delucchi y Jacobson, 2013).

Las energías renovables requieren una infraestructura adecuada, que no solo es costosa de construir, sino que debe mantenerse y su eficiencia energética todavía es baja con respecto a otros tipos de fuentes energéticas. La eficiente energética de los parques eólicos y solares no sobrepasan, como regla, el 30% ó 40%, siendo este uno de los inconvenientes asociados con las energías renovables, porque muchos países en desarrollo no tienen los fondos para construir y mantener la infraestructura necesaria para garantizar una alta eficiencia en el caso de algunos tipos de fuentes de energías renovables.

Si bien los países desarrollados pueden pagar los costos asociados con el uso de fuentes de energías renovables para la generación de electricidad, muchos países en desarrollo no lo pueden hacer. El mayor costo asociado a algunas fuentes de energías renovables será un elemento disuasorio para el incremento en el uso global de este tipo de fuente de energía para la generación eléctrica y para su aceptación en varios países, particularmente en los países menos desarrollados. El mundo se ha vuelto extremadamente dependiente de los combustibles fósiles como fuente de energía. A menos que la tasa actual de consumo se desacelere, el mundo corre el riesgo de agotar algunos de los recursos fósiles disponibles antes del final de este siglo.

Los principales inconvenientes para aumentar el uso de las energías renovables y la energía nuclear para la generación de electricidad en los diferentes países son, entre otros, los siguientes:

- La hidroelectricidad es una poderosa fuente de energía y puede suministrar al mundo miles de TW por año. Sin embargo, las represas pueden ser perjudiciales para el ecosistema circundante y pueden desplazar a miles de personas afectando seriamente el medio ambiente y la vida y costumbres de la población de la zona donde se construirán dichas represas (Demirbas, 2007);
- La energía solar generada en el norte de África teóricamente podría suministrar energía a la subregión subsahariana. Sin embargo, la infraestructura es costosa de construir y de mantener. Además, la energía generada actualmente se exporta a Europa porque es más beneficiosa económicamente;

- Por último, la energía nuclear podría potencialmente alimentar a muchos países del mundo y hacerlo sin emisiones de gases de efecto invernadero, pero es una fuente de energía muy controvertida en muchos países, costosa, y compleja que no está al alcance de todos los países, particularmente aquellos con un desarrollo económico y tecnológico muy bajo. Como se puede apreciar de los accidentes nucleares de Chernóbil y Fukushima-Daiichi, los efectos de un accidente nuclear son extremadamente perjudiciales para las personas y el medio ambiente (Marples, 2008 y Morales Pedraza, 2013).

A pesar de los inconvenientes mencionados anteriormente para aumentar el uso de las energías renovables y la energía nuclear en la generación eléctrica de ciertos países, es innegable el hecho de que este tipo de energías están dominando las inversiones de capital tendientes a aumentar las capacidades de generación de energía en muchos países. La energía eólica y solar vuelven a ser con diferencia las fuentes de electricidad de mayor crecimiento a nivel mundial. Según el último documento preparado por Ember titulado "Global Electricity Review 2022," ambas tecnologías alcanzaron un récord del 10% de la matriz energética mundial en el 2021[79]. Este hito ya lo han alcanzado 50 países de todo el mundo y tres de ellos han alcanzado la cifra del 40%. En total, las energía renovables generaron el 38% del total de la electricidad generada por todas las fuentes energéticas en el 2021, pero se espera un incremento del uso del carbón en los próximos años. En el 2021, el carbón generó el 36% del total de la electricidad producida ese año. En el caso de la UE, en el 2020, el 78% de la energía consumida fue generada por los combustibles fósiles, según datos de Eurostat.

Por otro lado, según el documento titulado "World Energy Investment 2021," la participación de las energías renovables en el gasto total del sector energético, incluida la infraestructura de red, estuvo por encima del 45% en el 2020. Un nuevo aumento en las inversiones de capital para el aumento de las capacidades en energías renovables se espera se produzca en el 2022, como

[79] Para lograr la descarbonización de la matriz energética mundial para el 2050, se necesita que las energías solar y eólica mantengan un ritmo de crecimiento del 20% anual al menos hasta el 2030. Se espera que los EE.UU, Alemania, el Reino Unido y Canadá, entre otros países, puedan alcanzar la total descarbonización de su matriz energética para el 2050 o incluso antes (Jones, 2022).

respuesta a las medidas adoptadas para la recuperación de las economías de muchos países de la crisis económica y epidemiológica causada por la pandemia del COVID-19, los altos precios del petróleo y el gas reportados durante los primeros meses del 2022, y la guerra en Ucrania con el fin de avanzar en la descarbonización de la matriz energética mundial.

Los gastos de capital en el sector de las energías renovables aumentaron alrededor del 7% en el 2020 en comparación con lo reportando en el 2019, a pesar de que los costos de capital continúan reduciéndose en muchos países. Por ejemplo, los costos de inversión de capital para las instalaciones de energía solar fotovoltaica a escala de servicios públicos disminuyeron un 10% en el 2020, mientras que en el caso de la energía eólica terrestre éste disminuyó en un 5% como promedio mundial. En general, un dólar gastado en inversión en el incremento de las capacidades de parques eólicos terrestres y en nuevos parques solares fotovoltaicos en el 2020 generaron cuatro veces más electricidad que un dólar gastado en las mismas tecnologías diez años antes, debido al desarrollo de nuevas y más eficientes tecnologías y reducción de costos asociados a las mismas. El aumento del 45% en el despliegue de fuentes de energías renovables en el 2020 se debió en gran parte a un incremento significativo en la construcción de nuevos parques eólicos. La capacidad de los parques eólicos casi se duplicó en el 2020 en comparación con lo reportado en el 2019, alcanzando los 114 GW, mientras que la capacidad de los parques solares fotovoltaicos también creció en casi un 25%, alcanzando los 135 GW. La capacidad total de los nuevos parques eólicos terrestres conectados a la red en China alcanzó los 70 GW, mientras que en los EE.UU la capacidad de los nuevos parques eólicos terrestres conectados a la red fue de solo 15 GW, la segunda cifra más alta a nivel mundial para ese año, según el documento titulado "World Energy Investment 2021."

Para el 2021, las proyecciones de crecimiento de las energías renovables a nivel mundial son algo diferentes a las registradas en el 2020. Según el documento mencionado anteriormente, la energía solar fotovoltaica, en lugar de la energía eólica, liderará el crecimiento del gasto de inversión en el sector de las energías renovables a nivel mundial, dada su competitividad y la cartera existente de proyectos comprometidos en licitaciones, subastas, y contratos corporativos de compra de energía. Se prevé que las inversiones en energía solar fotovoltaica crezcan en más del 10% en China, India, los EE.UU, y la UE. Este crecimiento se debe no solo a la entrada en servicio de proyectos de energía solar fotovoltaica a escala de servicios públicos, sino también a un aumento en las inversiones en energía solar fotovoltaica distribuida en muchos países.

Sin lugar a duda, las fuentes de energías renovables deben investigarse más a fondo, pero es una realidad que cualquiera de estas fuentes de energía con la tecnología apropiada y los recursos financieros y humanos adecuados, podría alimentar el mundo sin el uso de fuentes de energías no renovables, si se logra resolver los problemas de almacenamiento de la energía producida por algunos tipos de fuentes renovables. Muchos expertos opinan que existe la necesidad de explorar y usar una variedad de opciones de energía, de modo que las consecuencias asociadas con cada una no se sientan tan agudamente. Si los medios actuales de suministro de energía no pueden proporcionar a la población mundial el nivel adecuado de este, entonces se deben explorar nuevos tipos de fuentes de energías en el futuro. Una de las posibles soluciones a explorar es garantizar la seguridad energética mediante el uso de todas las fuentes de energías renovables disponibles como complemento de otras fuentes de energías, incluida la energía nuclear. El uso de una combinación de energía hidroeléctrica, solar, eólica, bioenergía, geotérmica, y nuclear, cuando sea posible, producirá la mejor combinación energética para cualquier país. El uso de una variedad de fuentes de energía ayudaría a garantizar que una fuente no se agote y que el país no dependa del suministro de una fuente de energía para satisfacer sus necesidades energéticas.

La energía hidroeléctrica en la generación eléctrica

La energía hidroeléctrica es la principal fuente de energía para la generación de electricidad con bajas emisiones de dióxido de carbono, proporcionando casi la mitad del total de la electricidad generada en todo el mundo en la actualidad. Según el documento titulado "Estadísticas de Energía Renovable 2021," en el 2020, la capacidad de las centrales hidroeléctricas instaladas en el mundo ascendió a 1.332.885 MW y generaron alrededor de 4.321.616 GWh de electricidad, que representa el 16% de la generación eléctrica mundial y cubriendo casi el 4% del consumo total de la energía final.

Los sistemas hidroeléctricos van desde microsistemas hidroeléctricos que suministran electricidad a las comunidades rurales remotas, a las mega centrales hidroeléctricas que generan electricidad para cubrir las necesidades de millones de personas. La flexibilidad del uso de las centrales hidroeléctricas será particularmente valiosa en el contexto de incrementar el volumen de la generación eléctrica de las parques solares y eólicos por su inestabilidad (REN21, 2020; IEA, 2020 b). Sin embargo, las adiciones anuales de capacidad hidroeléctrica se ralentizaron por debajo del 2% (15 GW) en el 2019 (REN21, 2020), mientras que se requería alcanzar un 3% para cumplir con los objetivos de la IEA de lograr una generación anual de 5.722 TWh en el 2030.

Al igual como sucede con la energía eólica y la energía solar fotovoltaica, China también ocupa un lugar destacado en cuanto a la capacidad hidroeléctrica instalada en el país con 370.160 MW, generando 1.304.440 GWh de electricidad en el 2019. Otros países con mercados maduros en el uso de centrales hidroeléctricas para la generación de electricidad son Brasil con 109.318 MW y los EE.UU con 102.938 MW. En Europa, prácticamente no queda potencial para las grandes centrales hidroeléctricas (Misak y Prokop, 2017), mientras que tales perspectivas existen todavía en Asia oriental, el Pacífico, y especialmente en África. En América del Norte y Asia central (incluida Rusia), la modernización y mejora de las grandes centrales hidroeléctricas envejecidas son las prioridades que se han establecidas por los gobiernos de los países de ambas regiones (IHA, 2020).

En general, se puede afirmar que la energía hidroeléctrica es utilizada hoy día por más de 150 países de todas las regiones geográficas, porque es una tecnología robusta, madura, e integrada, y que incluye economías de escala, una alta eficiencia de operación, variedad de sistemas existentes y de sus dimensiones, facilidades de servicios, entre otros. El LCOE de las grandes centrales hidroeléctricas recién puestas en servicio está por debajo del LCOE más barato de todas las alternativas existentes de las centrales que operan con combustibles fósiles (Aalto y otros, 2021).

Aunque las centrales hidroeléctricas pueden suministrar electricidad de carga base sin emisiones de dióxido de carbono durante su operación, sus características imponen afectaciones al medio ambiente a la población que pueden ser significativas. La construcción de una gran presa, un embalse y la infraestructura relacionada, requiere grandes cantidades de hormigón armado (Sovacool y Walter, 2019). Una vez construido, el nuevo embalse inunda extensas áreas río arriba y destruye los hábitat de muchas especies, tierras agrícolas, y áreas pobladas. En el 2000, la Comisión Mundial de Embalses

(WDC, 2000), estimó entre 40 y 80 millones de personas en todo el mundo que había sido desplazadas como resultado de la construcción de nuevas centrales hidroeléctricas. Si el área no se limpia antes de la inundación, además de la arena aluvial, el material vegetal se acumula cerca de la presa, cambiando el ambiente anaeróbico bajo el agua y formando metano. La limpia del depósito para aumentar su capacidad puede empujar el material vegetal acumulado corriente abajo, provocando la mortalidad de peces (Morales Pedraza, 2015). En la sección baja de la corriente del rio, la interrupción del flujo dificulta el transporte de sedimentos en suspensión, facilitando su traslado particularmente para las riberas de los ríos y sus alrededores así como a otros ecosistemas acuáticos. Del mismo modo, obstaculiza la migración de peces, aunque este efecto puede mejorarse mediante la instalación de canales para la migración de los peces (Gosh y Prelas, 2011).

El llenado de los depósitos o embalses provoca, además, escasez de agua río abajo. La escasez de agua corriente, como recurso estratégico, puede causar disputas diplomáticas con países localizados aguas abajo, como ocurrió entre Egipto y Etiopia en el caso de la construcción de una presa gigante sobre el rio Nilo (Owojori, 2020). La población río abajo cerca de la presa está en peligro por posibles ataques contra la misma o por un colapso estructural debido a fallas en la construcción o mal mantenimiento. Por ejemplo, en 1975, la presa Banqiao en China colapsó después de fuertes lluvias matando a más de 26.000 personas (Morales Pedraza, 2015).

Asimismo, es importante conocer que las sequías prolongadas reducen la producción de las centrales hidroeléctricas. Por tanto, el cambio climático y el aumento asociado en el clima extremo son eventos naturales que amenazan el normal funcionamiento tanto de las centrales hidroeléctricas como a las comunidades que viven alrededor de las mismas.

Según el documento titulado "Hydropower Special Market Report: Analysis and forecast to 2030," la contribución de la energía hidroeléctrica fue un 55% mayor que la generación eléctrica mundial a través de las centrales nucleares y más grande que la generación eléctrica de todas las demás energías renovables combinadas, incluida la eólica, la solar fotovoltaica, la bioenergía, y la geotérmica. En el 2020, la energía hidroeléctrica suministró una sexta parte de la generación de la electricidad mundial, siendo la tercera fuente de energía más grande después del carbón y el gas natural.

En los últimos 20 años, la capacidad total de la energía hidroeléctrica instalada en el mundo aumentó un 70%, pero su participación en la generación de electricidad total se mantuvo estable debido al crecimiento de la energía eólica, la solar fotovoltaica, el carbón, y el gas natural. Las economías emergentes y en desarrollo han liderado el crecimiento global de la energía hidroeléctrica desde la década de 1970, principalmente a través de inversiones del sector público en grandes centrales hidroeléctricas. Hoy en día, la energía hidroeléctrica satisface la mayor parte de la demanda de electricidad en 28 países emergentes y economías en desarrollo, con una población total de 800 millones. En esos países, la energía hidroeléctrica ha proporcionado una forma rentable de ampliar el acceso a la electricidad a millones de personas. En las economías avanzadas, sin embargo, la participación de la energía hidroeléctrica en la generación de electricidad ha ido disminuyendo con el paso del tiempo, y las centrales hidroeléctricas existentes en esos países se han envejecido. Por ejemplo, en América del Norte, el promedio de las centrales hidroeléctricas tiene ya casi 50 años, mientras que en Europa, la media es de 45 años.

Las centrales hidroeléctricas envejecidas, que han proporcionado electricidad de manera fiable y a un precio razonable durante décadas, necesitan de una modernización urgente para garantizar que pueden continuar contribuyendo a la seguridad eléctrica de manera sostenible durante las próximas décadas. Las centrales hidroeléctricas también hacen una contribución importante a la flexibilidad y seguridad de los sistemas eléctricos, ya que muchas de ellas pueden aumentar o disminuir la generación de electricidad muy rápidamente, en comparación con otras centrales eléctricas como la nuclear, las de carbón, y las de gas natural. Este alto grado de flexibilidad permite a este tipo de centrales adaptarse rápidamente a los cambios en la demanda de electricidad y compensar las fluctuaciones en el suministro de otras fuentes de energía. Esto hace que la energía hidroeléctrica sea una opción convincente para apoyar el despliegue rápido y la integración segura en los sistemas eléctricos de parques solares fotovoltaicos y eólicos, cuya producción de electricidad puede variar en función de factores como el clima y la hora del día o del año.

Con su capacidad para suministrar grandes cantidades de electricidad baja en carbono para satisfacer la demanda, la energía hidroeléctrica es un activo clave para construir otros sistemas de electricidad. Hoy en día, las centrales hidroeléctricas representan casi el 30% de la capacidad mundial instalada garantizando un suministro eléctrico flexible, pero con un potencial de generación aún mayor en varios países, en especial en países del Tercer Mundo.

Fuente: https://commons.wikimedia.org/wiki/File:Itaipu_geral.jpg
Fig. 164: Presa Itaipu

La energía hidroeléctrica (ver Fig. 164) es una fuente renovable de energía, que puede generar electricidad sin el riesgo de agotamiento de los recursos y como fuente de energía de base. Dentro de las energías renovables que más se utilizan en la generación eléctrica, la energía hidroeléctrica es la tecnología más consolidada y de mayor grado de madurez a nivel mundial.

Existen tres tipos de centrales hidroeléctricas:

- Embalse;
- Desviación;
- Almacenamiento por bombeo.

Algunas de las centrales hidroeléctricas utilizan presas para acumular el agua que utilizan para la generación de electricidad mientras que otras no. La central hidroeléctrica más común es la denominada "embalse." El embalse es un gran sistema de energía hidroeléctrica, donde se utiliza una presa para almacenar el agua del río en un depósito. Al liberar el agua esta fluye por una turbina, haciendo girar sus paletas, activando un generador el cual produce la electricidad. El agua de la presa puede ser liberada para cumplir con la demanda de la electricidad o bien para mantener el depósito del agua en un nivel constante. La mayoría de las grandes centrales hidroeléctricas utilizan un sistema de embalse, donde una presa retiene el agua en un depósito (ver Fig. 162), lo que le permite utilizarla en momentos en que la demanda se incrementa. Las compuertas permiten la liberación controlada de agua para fluir a través de las turbinas para generar electricidad. El volumen de agua y la diferencia de niveles entre la presa y la salida de agua determinan la capacidad y producción de electricidad de la central hidroeléctrica.

Por lo tanto, grandes centrales hidroeléctricas con sistemas de embalses como la central hidroeléctrica "Tres Gargantas" de China puede ofrecer potencia de carga de base flexible, suministrar electricidad en horarios pico de demanda para grandes áreas metropolitanas, y pueden cumplir muchas otras funciones, incluyendo riego, mitigación de inundaciones, suministro de agua, manejo ambiental, transporte, recarga de agua subterránea, recreación y resiliencia contra los efectos del cambio climático. Al mismo tiempo, está claro que centrales de tal magnitud también tienen serias implicaciones ambientales que requieren de acciones adecuadas de mitigación propias (Xu et al., 2020), así como serias afectaciones a las población que habita en la zona donde se construirá la hidroeléctrica.

En una central hidroeléctrica de desvió se utiliza la corriente del río, canalizándola a través de una compuerta. Para este sistema no se requiere la construcción de ninguna represa. Las centrales hidroeléctricas de almacenamiento por bombeo son otro tipo de central hidroeléctrica la cual funciona como una batería, almacenando en un embalse toda la electricidad generada por otras fuentes de energía como es la eólica, solar, o nuclear. Este tipo de central eléctrica almacena la energía bombeando agua cuesta arriba a un depósito ubicado a una mayor altura, y cuando la demanda de electricidad crece, esa agua se libera haciendo girar las turbinas y generando electricidad.

Las centrales hidroeléctricas que utilizan la fuerza del rio para la generación de electricidad (ROR), hacen pasar la mayoría del agua (alrededor del 95%) a través de una tubería que conduce a las turbinas generadoras de electricidad. A pesar de que una pequeña presa asegura que entren suficientes volúmenes de agua en las turbinas, los sistemas ROR no interrumpen de forma significativa el caudal del río y sus alrededores por lo que sus implicaciones en el medio ambiente no son comparables con los cambios ambientales asociados a las grandes centrales hidroeléctricas con embalses. Sin embargo, al disponer de un depósito o embalse de almacenamiento reducido limita significativamente la capacidad y la resiliencia de las centrales de este tipo durante las estaciones secas (Pandey y Karki, 2017).

En el 2020, las centrales hidroeléctricas tenían a nivel mundial una capacidad total instalada de 1.332.885 MW, llegando a generar en el 2019 un total de 4.321.616 GWh. La capacidad de las centrales eléctricas que operan con energías renovables (incluyendo las centrales hidroeléctricas mixtas), alcanzó la cifra de 1.211.701 MW, generando un total de 4.207.127 GWh en el 2019. En el 2020, la capacidad de las centrales hidroeléctricas de bombeo puro instaladas en el mundo alcanzó la cifra de 121.184 MW generando, en el 2019, 114.480 GWh en el 2019.

Según Demirbas (2007), existe un enorme potencial para la hidroelectricidad a nivel mundial, ya que en teoría podría proporcionar 14.400 TWh por año de energía limpia y renovable. La energía hidroeléctrica no produce gases de efecto invernadero y, por lo tanto, no contribuye al cambio climático. Sin embargo, aunque es una fuente limpia de energía, existen consecuencias significativas para el medio ambiente y la población que reside en el área donde será construida la central, por lo que es muy importante una valoración adecuada de cuales podrían ser estas consecuencias con el fin de reducirlas al mínimo posible.

La mayoría de las preocupaciones sobre el uso de la energía hidroeléctrica para la generación de electricidad en muchos países provienen de los efectos que tiene la construcción de las represas asociadas a este tipo de fuentes energéticas en el medio ambiente, particularmente en los patrones migratorios de los peces, y en la población de la zona. A medida que los ríos están represados, los peces no pueden adherirse a sus patrones de migración natural y tienen que sufrir un cambio significativo en su estilo de vida. También afecta las dietas de las personas en los países en desarrollo, debido a la disminución del suministro de proteínas por la reducción del número de peces disponibles para su alimentación en el área de la presa (Orr et al., 2012).

La energía hidroeléctrica es un componente clave en la matriz energética de muchos países, la cual permite satisfacer la demanda fluctuante de energía al tiempo que reduce la dependencia de los combustibles fósiles para la generación de electricidad.

La energía hidroeléctrica representa una fuerte opción para la generación de electricidad en la región de América Latina y el Caribe. Según Morales Pedraza (2013), sin duda alguna, la hidroeléctrica seguirá siendo la principal fuente de electricidad en América del Sur en el futuro cercano, junto con el carbón y el gas natural, pero el desarrollo de nuevas centrales hidroeléctricas enfrenta diversos desafíos, debido a su negativo impacto ambiental y su rechazo por la población que reside en la zona donde sería instalada.

Los países de América del Sur con las mayores capacidades hidroeléctricas instaladas en el 2020 se muestran en la Tabla 35.

Tabla 35: Países de América del Sur con las mayores capacidades hidroeléctricas instaladas en el 2020 y la generación eléctrica producida en el 2019

País	Capacidad instalada 2020 (MW)	Electricidad generada 2019 (GWh)
Brasil	109.318	397.877
Venezuela	16.521	15.113
Colombia	12.611	54.456
Argentina	11.348	35.375
Paraguay	8.810	49.445
Chile	6.934	21.440
Ecuador	5.098	24.685
Perú	5.735	31.462
Uruguay	1.538	8.108

Fuente: Estadísticas de Energía Renovable 2021 IRENA

En el caso de América Central y el Caribe, la capacidad hidroeléctrica instalada, en el 2020 y la generación eléctrica producida en el 2019 por país, se muestra en la Tabla 36.

Tabla 36: Capacidad de las centrales hidroeléctricas instaladas en América Central y el Caribe en el 2020 y la generación eléctrica reportada por país en el 2019

País	Capacidad instalada 2020 (MW)	Electricidad generada 2019 (GWh)
Costa Rica	2.332	7.827
Panamá	1.796	7.855
Guatemala	1.577	4.381
Honduras	838	2.430
República Dominicana	625	1.060
El Salvador	573	1.526
Nicaragua	157	227
Cuba	72	128

Fuente: Estadísticas de Energía Renovable 2021 IRENA

La capacidad hidroeléctrica instalada en otros países en el 2020 y la generación de electricidad producida en el 2019 se muestran en la Tabla 37.

Tabla 37: Capacidad hidroeléctrica instalada en otros países en el 2020 y su generación eléctrica en el 2019

País	Capacidad instalada 2020 (MW)	Electricidad generada 2019 (GWh)
China	370.160	1.304.440
India	50.740	149.527
España	20.114	26.874
Estados Unidos	102.938	310.571
Federación Rusa	52.427	197.709

Fuente: Estadísticas de Energía Renovable 2021 IRENA

Sin lugar a duda, la energía hidroeléctrica está jugando y continuará jugando en los próximos años, un papel importante en la combinación energética en un grupo importantes de países de todas las regiones geográficas.

Principales ventajas y desventajas del uso de la energía hidroeléctrica en la generación de electricidad

Indudablemente, el uso de la energía hidroeléctrica para la generación de electricidad tiene beneficios pero también consecuencias para el medio ambiente y la población que vive en la zona donde se construirá la misma, por lo que es necesario alcanzar un equilibrio para mantener la sostenibilidad.

Según Morales Pedraza (2013, 2015), Yandry Maldonado Geologiaweb (2022), y Ventajas y Desventajas.Pro (2022), el uso de centrales hidroeléctricas para la generación de electricidad tiene algunas ventajas sobre otras fuentes de energía. Estas son las siguientes:

Principales ventajas

- **Es una de las principales fuentes de energías renovables**: La electricidad generada por las centrales hidroeléctricas es a través de la fuerza del agua, la que siempre estará presente en la naturaleza (Geologiaweb, 2022);
- **No hay costo de combustible**: el uso de centrales hidroeléctricas para la generación de electricidad no requiere ningún combustible para operar como la mayoría de las otras fuentes de energía. Esta es una gran ventaja sobre los combustibles fósiles cuyos precios varían a un ritmo que pudiera llegar a ser significativo en ciertas condiciones. El desmesurado incremento del precio del gas en el 2021y primer trimestre del 2022 y el encarecimiento de la electricidad generada por estas fuentes energéticas es un claro ejemplo de ello;
- **Bajos costos de operación y mantenimiento**: el costo de mano de obra también suele ser bajo, ya que las centrales hidroeléctricas están automatizadas, y por ello, requieren poco personal para su operación y mantenimiento;
- **Menor costo de electricidad**: el costo de la electricidad producida a partir de la energía hidroeléctrica es bastante bajo, por lo que es muy atractivo para muchos países construir centrales hidroeléctricas para la generación eléctrica. Sin embargo, una limitante importante de este tipo de centrales es que las mismas no son posible construirlas en todos los lugares donde se necesite generar electricidad.
- **Cortos periodos de recuperación de la inversión inicial**: en general, el período de recuperación de la inversión inicial asociado a una central hidroeléctrica se estima que sea entre cinco y ocho años, aunque las grandes centrales hidroeléctricas pueden requerir un mayor periodo de recuperación;
- **Sin emisiones de gases de efecto invernadero**: la generación de electricidad mediante las centrales hidroeléctricas es un tipo de fuente energética ecológica, es decir es un tipo de fuente que es limpia y

además segura pues no produce emisiones de gases de efecto invernadero ni causa contaminación del aire (Geologiaweb, 2022), ya que en su funcionamiento no utiliza combustibles fósiles. Debido a ello, las centrales hidroeléctricas son muy atractivas como fuente de electricidad barata que no produce dióxido de carbono, aunque si metano;

- **Almacenamiento de energía**: el almacenamiento hidroeléctrico bombeado es posible en ciertos tipos de centrales hidroeléctricas. Esto las convierte en el almacenamiento ideal para la utilización de las energías eólica y solar para la generación de electricidad, que son de naturaleza intermitente y que no están disponibles en todo momento debido a su alta dependencia del clima;
- **Diversidad de tamaño**: las centrales hidroeléctricas pueden ser de diversos tamaños desde micro centrales hidroeléctricas de 1 MW de capacidad hasta grandes centrales hidroeléctricas de hasta 10.000 MW de capacidad, lo que las hace muy versátiles. Los gobiernos de varios países promueven la construcción de pequeñas centrales hidroeléctricas, particularmente en Europa, ya que causan menos efectos ecológicos que las grandes centrales hidroeléctricas. Las micro centrales hidroeléctricas son aún más propicias de construir en muchos países;
- **Fiabilidad**: la energía hidroeléctrica es mucho más confiable que la energía eólica y solar, aunque menos que el petróleo, el gas natural, el carbón y la energía nuclear como fuente de carga base. La hidroelectricidad es más o menos predecible con mucha anticipación, aunque puede disminuir en los meses de verano cuando llueve poco en las áreas de captación. La tecnología es confiable y probada a lo largo del tiempo, y con un proceso de conversión de energía mucho más eficiente si se compara con otras fuentes de energías renovables como las energías solar y eólica;
- **Factor de carga alto**: el factor de carga para la energía solar y eólica varía, como regla entre el 15% y el 40%, que es bastante bajo en comparación con el factor de carga de las centrales que utilizan combustibles fósiles y la energía nuclear, las que pueden llegar a tener un factor de carga superior al 90%. La hidroelectricidad, por otro lado, tiene un factor de carga entre un 40% y 60%;

- **Larga vida útil**: las centrales hidroeléctricas tienen una vida útil muy larga de alrededor de 40 a 150 años, que es mucho más larga que incluso la vida útil de las centrales nucleares. El tiempo de utilidad productiva de las centrales hidroeléctricas es calculado por constructores de la obra civil y para ello se toman en cuenta los materiales usados en la construcción, su calidad y durabilidad, el tipo de represa edificada así como su tamaño y ciertas condiciones ambientales como la erosión y sedimentación, entre otros (Geologiaweb, 2022). La larga vida útil de las centrales hidroeléctricas implica que el costo del ciclo de vida de una central de este tipo se vuelve muy bajo a largo plazo;
- **Ampliamente distribuidos por todo el mundo**: el potencial existe en alrededor de 150 países, y queda por desarrollar alrededor del 70% del potencial económicamente factible, principalmente en muchos países en desarrollo;
- **No hay quema de combustible pues este no existe, por lo que la contaminación es mínima**: sin duda, la electricidad generada por las centrales hidroeléctricas representa la forma más limpia y barata de producir electricidad;
- **Apoyo al desarrollo de otras fuentes de energías renovables**: la energía hidroeléctrica es un elemento importante de apoyo al desarrollo de otras fuentes de energías renovables como la eólica y la solar, al poder utilizarse conjuntamente con ellas y servir de carga base;
- **Fomenta la seguridad energética y la estabilidad de precios**: las centrales hidroeléctricas ofrecen tarifas de electricidad estables, ya que la generación de electricidad es independiente del uso de algún tipo de combustible;
- **Contribuye al almacenamiento de agua dulce**: los embalses también ofrecen la oportunidad de mejorar la gestión del agua dulce, permitiendo el control de inundaciones, facilitando el riego de tierras para la producción de alimentos, y el transporte fluvial. El agua de los embalses no solo es utilizable una sola vez durante el proceso de generación energética, sino que es un recurso que puede emplearse en varias ocasiones y con el mismo propósito (Geologiaweb, 2022);
- **Funcionamiento flexible**: las centrales hidroeléctricas son extremadamente flexibles en su funcionamiento, lo que permite un

control de frecuencia suave y una respuesta rápida en situaciones de emergencia;

- **Energía de carga base**: la producción de energía de carga base a partir de la energía hidroeléctrica permite aprovechar mejor la energía de carga base de otras fuentes de electricidad menos flexibles, especialmente la energía eólica y solar. Su rápido tiempo de respuesta le permite satisfacer el incremento repentino de la demanda;
- **Hace una contribución significativa al desarrollo sostenible**: las centrales hidroeléctricas permiten a los países beneficiarse de sus recursos energéticos internos para la generación de electricidad;
- **Fuerza impulsora**: las centrales hidroeléctricas, especialmente las de mayor capacidad, son una fuerza impulsora para el desarrollo regional;
- **Uso para actividades recreativas**: las centrales hidroeléctricas de embalses son utilizadas para realizar actividades recreativas (Ventajas y Desventajas.Pro, 2022);
- **Fuente de generación de empleos**: las centrales hidroeléctricas genera empleos directos e indirectos (Ventajas y Desventajas.Pro, 2022).

Sin embargo, también existen ciertas desventajas en el uso de la energía hidroeléctrica para la generación de electricidad. Las principales desventajas son, según Morales Pedraza (2013 y 2015), (Yancry Madonado, Geologiaweb, 2022), Ventajas y Desventajas.Pro (2022), Robbins (2007), Patrick y Chansen (1998), Şentürk (1994), Urban y Mitchell (2011), y la Comisión Mundial de Embalses (2008), las siguientes:

Principales desventajas

- **Demoras en su construcción**: la construcción de grandes centrales hidroeléctricas puede demorar más de 10 años en dependencia de su tamaño, lugar de construcción, entre otros factores. El tiempo de ejecución tiene innumerables variables que hacen más larga la construcción de una central hidroeléctrica de cierta tamaño (Geologiaweb, 2022);
- **Daño al ecosistema y pérdida de tierras productivas**: las centrales hidroeléctricas que usan represas para su funcionamiento inundarán grandes áreas de tierra debido al requerimiento de un embalse que pudieran ser beneficiosas para otros fines. Los grandes reservorios

requeridos para la operación de centrales hidroeléctricas de embalse provocan la inmersión de extensas áreas aguas arriba de las represas, destruyendo bosques, pantanos y praderas de tierras bajas y productivas, ricas en ríos y pantanos. La pérdida de tierra a menudo se ve exacerbada por un cambio significativo del hábitat de las áreas circundantes causada por la construcción del embalse (Robbins 2007);

- **Los proyectos hidroeléctricos pueden ser perjudiciales para los ecosistemas acuáticos circundantes, tanto aguas arriba como aguas abajo del sitio de la central hidroeléctrica**. La generación de energía hidroeléctrica cambia el entorno del río aguas abajo. El agua que sale de una turbina generalmente contiene muy poco sedimento suspendido, lo que puede provocar el fregado de los lechos de los ríos y la pérdida de las riberas. Como las compuertas de las turbinas a menudo se abren de manera intermitente, se observan fluctuaciones rápidas o incluso diarias en el flujo del río;
- **Sedimentación y escasez de flujo**: cuando el agua fluye, tiene la capacidad de transportar partículas más pesadas aguas abajo. Esto tiene un efecto negativo en las presas y, posteriormente, en sus centrales de energía, particularmente en los ríos o en áreas de captación con alta sedimentación. La sedimentación puede llenar un embalse y reducir su capacidad para controlar las inundaciones, además de causar una presión horizontal adicional en la parte de la central aguas arriba de la presa (Patrick y Chansen, 1998; Şentürk, 1994);
- **Los cambios en la cantidad de flujo del río se correlacionarán con la cantidad de energía producida por una presa**: los caudales más bajos del río reducirán la cantidad de almacenamiento en un embalse, y por lo tanto, reducirán la cantidad de agua que puede usarse para generar electricidad. El resultado de la disminución del flujo del río puede provocar la escasez de energía en áreas que dependen en gran medida de la energía hidroeléctrica. El riesgo de escasez de flujo puede aumentar como resultado del cambio climático (Urban y Mitchell, 2011);
- **Emisiones de gas metano**: estas emisiones, en el caso de las centrales hidroeléctricas de embalse, se debe a que el material vegetal en las áreas inundadas se descompone en un ambiente anaeróbico formando metano, un gas de efecto invernadero. Según el informe de la Comisión

Mundial de Embalses, donde el embalse es grande en comparación con la capacidad de generación (menos de 100 W por m^2 de superficie) y no se emprendió la tala de los bosques en el área antes de la construcción del embalse, la emisión de gases de efecto invernadero proveniente del embalse pueden llegar a ser más altas que las de una central de generación térmica mediante la quema de petróleo (Comisión Mundial de Embalses, 2008);

- **Reubicación de la población que vive en la zona de construcción del embalse**: una importante desventaja de las centrales hidroeléctricas de embalse es la necesidad de reubicar a las personas que viven donde se planifican construir este tipo de centrales. En 2000, la Comisión Mundial de Embalses estimó que los embalses construidos hasta la fecha habían desplazado físicamente entre 40 y 80 millones de personas en todo el mundo (Comisión Mundial de Embalses, 2008 y Ventajas y Desventajas.Pro, 2022);
- **Riesgos de falla**: debido a que las grandes centrales hidroeléctricas de embalses convencionales retienen grandes volúmenes de agua, una falla debido a una mala construcción, desastres naturales, o sabotaje puede ser catastrófica para los asentamientos río abajo y la infraestructura. Las fallas en las presas han sido algunos de los mayores desastres provocados por el hombre en la historia. La falla de la presa de Banqiao en el sur de China provocó directamente la muerte de 26.000 personas y otras 145.000 murieron posteriormente por epidemias. Millones de personas quedaron sin hogar. Además, la creación de una presa en un lugar geológicamente inapropiado puede causar grandes daños como los ocasionados por el desastre de 1963 en la presa de Vajont en Italia, donde murieron casi 2.500 personas;
- **Altos costos de inversión**: este es un elemento importante en el caso de las grandes centrales hidroeléctricas (Ventajas y Desventajas.Pro, 2022 y Geologiaweb, 2022);
- **Limitación de sitios**: los espacios apropiados para la construcción de las centrales hidroeléctricas están prácticamente agotados en muchos países. Para la generación de electricidad a través de las centrales hidroeléctricas es necesario disponer de lugares destinados para este fin y que los mismos puedan cumplir con ciertas condiciones geográficas. "También debe tener algunas características naturales que posibiliten el

total aprovechamiento energético, por ejemplo un gran caudal para ser conducido hacia la presa y la altura necesaria para aumentar la fuerza del agua" (Geologiaweb, 2022). Por lo general, las grandes centrales hidroeléctrica requieren de una gran superficie de terreno;

- **Alto costo del sistema de transporte y distribución**: el sistema de transporte y distribución de la energía producida por las centrales hidroeléctricas en muchos casos son muy alto debido a la distancia entre la localización de la central y el área de consumo (Ventajas y Desventajas.Pro, 2022 y Geologiaweb, 2022);
- **Dependencia de la hidrología (precipitación)**: las centrales hidroeléctricas para su adecuada operación requieren de precipitaciones que suministren el agua necesaria para que funcionen sus turbinas (Ventajas y Desventajas.Pro, 2022).

En general, no hay riesgo de agotar el suministro de agua como resultado de la construcción de una central hidroeléctrica, pero la represa excesiva de agua puede causar escasez de alimentos, invasión del hábitat, y contaminación del agua en las regiones más pobres del mundo (Orr et al., 2012).

La energía hidroeléctrica es una forma razonable de suministrar energía para la inmensa mayoría de los países. Sin embargo, este tipo de fuente de energía debe usarse con moderación, sin la destrucción del medio ambiente, reduciendo al mínimo la afectación a las poblaciones localizadas en la zona donde estas serán construidas, y teniendo siempre presente las ventajas y desventajas mencionadas anteriormente.

La energía solar en la generación eléctrica

Sin duda alguna, la fuente de energía más grande de la tierra es la radiación electromagnética emitida por el Sol. La llamada insolación o irradiancia alcanza hasta 1,000 W/m^2 dependiendo de varios factores como son hora del día, la estación, la ubicación, la topografía, y el clima. El término energía solar se refiere a la energía recolectada directamente del Sol utilizando células o paneles solares fotovoltaicos, concentradores u otros dispositivos para generar electricidad o producir calor. Los paneles solares fotovoltaicos construidos a base de silicio son una tecnología madura y aplicada a nivel mundial. Las aplicaciones van desde pequeños sistemas residenciales ubicados en azoteas hasta parques de energía solar a gran escala para la generación de electricidad. Los sistemas solares térmicos, como la energía solar concentrada (CSP), existen en varios países con radiación intensa y poca precipitación. Sin embargo, la mayoría de los parque solares existentes son sistemas solares fotovoltaicos con generación variable similar al caso de la energía eólica. Los parques solares térmicos del tipo CSP, sin embargo, pueden tener asociados sistemas de almacenamiento de energía que aumentan su valor como un sistema flexible para la generación eléctrica en horas pico (Aalto y otros, 2021), aunque este tipo de almacenamiento es todavía ineficiente y costoso.

La energía solar fotovoltaica en la generación eléctrica

Durante los últimos años, la energía solar fotovoltaica ha sido la tecnología energética de más rápido crecimiento en el mundo en términos absoluto de la generación de electricidad (considerando la energía eólica terrestre y marina por separado). Se espera que la energía solar fotovoltaica se convierta en la principal fuente de energía a nivel mundial para la década del 2050.

En 2019, la generación de electricidad mediante el uso de la energía solar fotovoltaica aumentó en un 22,9% (126.334 GWh) llegando a producir un total mundial de 678.999 GWh, lo que representó cerca del 3% de la generación mundial de energía (REN21, 2020; IEA, 2020 b). Juntos con el biogás, es la única energía renovable que cumple con las metas trazadas para lograr el objetivo de la IEA de alcanzar la neutralidad energética para el 2050. Para ello se requiere un promedio de crecimiento anual de la generación eléctrica solar fotovoltaica del 15% hasta alcanzar a los 3.268 TWh en el 2030 (IEA, 2020 b).

A partir del 2000, la capacidad global de energía solar fotovoltaica instalada aumentó de 1,3 GW en el 2000 a 709,7 GW en el 2020, es decir 546 veces, impulsado por el aumento de la eficiencia de los paneles solares y el uso de instrumentos económicos como tarifas de alimentación (REN21, 2020). En el 2020, al menos 39 países tenían una capacidad de energía solar fotovoltaica acumulada de 1 GW o más, con la mayoría de las instalaciones localizadas en la región del Asia y el Pacífico, con la mayor capacidad instalada en China con 253,8 GW, seguido de los EE.UU con 73,8 GW, Japón con 69 GW, y Alemania con 53,8 GW. China también es líder mundial en la fabricación de paneles fotovoltaicos (REN21, 2020).

Un elemento importante a destacar es que el desarrollo acelerado de la energía solar fotovoltaica de China ha afectado los intereses comerciales extranjeros de sus competidores. En el 2013, la UE, anteriormente líder en este mercado, acusó a China de subsidiar ilegalmente a sus fabricantes de paneles solares fotovoltaicos e impuso aranceles a las exportaciones chinas a Europa. En el 2018, un precio mínimo para los paneles solares fotovoltaicos finalmente fue establecido. Se produjeron disputas similares entre China y los EE.UU durante la década del 2010 (Hajdukiewicz y Pera, 2020).

Desarrollo de la tecnología de los paneles solares

Como es conocido, los paneles solares se basan en el efecto fotovoltaico. que convierte la radiación electromagnética (luz) en corriente eléctrica (potencia) a través de la absorción de fotones por un material semiconductor (por ejemplo, silicio). En otras palabras, la energía solar se convierte directamente en electricidad sin emisiones o ruido. En el 2017, alrededor del 95% de todos los paneles solares producidos en el mundo utilizaron variaciones de silicio (Fraunhofer ISE, 2019), con policristalino utilizado en más de la mitad de estos. Este tipo de material es más barato y produce menos desperdicio de silicio que el monocristalino, pero su tolerancia de temperatura y la eficiencia (11% y 16%) son muy bajas. Los monocristalinos duran hasta 25 años, tienen tasas más alta de eficiencia (entre el 15% y el 20%), pero son más caras (IRENA, 2019 a; Pavlovic, 2020). Los paneles solares de película delgada son la tercera tecnología fotovoltaica más utilizada a nivel mundial. Ofrecen un material flexible pero tienen una eficiencia también muy baja (entre el 7% y el 12%) (Fraunhofer ISE, 2019; IRENA, 2019 a).

El trabajo continuo de investigación y desarrollo ha permitido el descubrimiento de otros materiales primarios como por ejemplo, materiales orgánicos o perovskita, y paneles fotovoltaicos integrados en edificios, tales como paneles solares flexibles, paneles solares transparentes para ventanas, y paneles fotovoltaicos instalados verticalmente (IRENA, 2019 a). Sin embargo, hay que tener presente que cualquier análisis que se haga sobre los beneficios de estos nuevos materiales debe considerar que las pruebas de laboratorio generalmente producen mejores resultados que los que se obtienen en las instalaciones reales.

La alta curva de aprendizaje de la energía solar fotovoltaica y el exceso de suministro en China han reducido significativamente los costó de los paneles solares fotovoltaicos desde los US$300/Watt en el 1950, a los US$2/Watt en el 2010, y a los US$0,36/Watt en el 2019 (Penna, 2020; REN21, 2020). Además, hay que tener presente que los costos de operación y mantenimiento de los nuevos parques solares fotovoltaicos han bajado significativamente. Los primeros sistemas solares fotovoltaicos no subsidiados tenían precios de oferta por debajo de los US$0,020/kWh (REN21, 2020). El LCOE promedio global se mantuvo mucho más alto en alrededor de US$0.068/kWh. Es importante tener en cuenta que los costos dependen, a su vez, del nivel de radiación solar, la madurez del mercado fotovoltaico, y el entorno de la política local adoptada. En muchos países en desarrollo, las limitaciones financieras e institucionales son factores a tener en cuenta y que incluyen una financiación inadecuada, la ausencia de la capacidad de transmisión disponible para proyectos más grandes, la falta de mano de obra calificada, una adecuada y correcta información y la concienciación del consumidor (Morales Pedraza, 2015).

La energía solar fotovoltaica también puede ser utilizada para la generación eléctrica en áreas remotas alejadas de la red y en países en desarrollo sin fuertes sistemas de energías centrales. Los parques solares fotovoltaicos pueden ser utilizados para generar electricidad fuera de la red, desde una sola casa hasta un pueblo entero y hasta instalaciones a escala de megavatios. La mayoría de los sistemas fuera de la red se pueden conectar con una batería o funcionar como un sistema de energía híbrido combinado con un generador de combustible para asegurar un suministro de energía constante. Si estos parques solares se conectan a la red, entonces toda la electricidad generada y no consumida puede ser vendida a los operadores de la red.

Los llamados "productores-consumidores" juegan un papel significativo en el mercado de la energía en Europa y en los EE.UU a pesar del pequeño tamaño de sus sistemas, a menudo llamado "generación distribuida." A escala comercial estos sistemas pueden suministrar electricidad para construcciones o negocios específicos. Estos sistemas pueden estar conectados a la red como estar fuera de la misma.

Los parques solares fotovoltaicos flotantes

Los parques solares fotovoltaicos flotantes (FPV en inglés) comenzaron como proyectos piloto a pequeña escala (20 kW) en el 2007, alcanzando la escala de servicios públicos (150 MW) en una década. En el 2019, un total de

35 países tenían tales sistemas con una capacidad total de 2,4 GW, con China dominando el mercado (REN21, 2020). Los FPV son utilizados para superar las limitaciones de tierra que puedan presentarse en un área específica densamente poblada para la instalación de parques solares fotovoltaicos. Sus beneficios incluyen refrigeración de fácil acceso, reducción de la evaporación de los reservorios de agua dulce, y compatibilidad con la infraestructura de energía hidroeléctrica existente. Sin embargo, los FPV deben ser robustos para soportar olas y fuertes vientos. Los principales problemas a superar están relacionados con la experiencia limitada en el uso de estos tipo de sistemas, y los procesos de licenciamiento y permisos adecuados (REN21, 2020; IRENA, 2019 a).

Las limitaciones medioambientales asociadas al uso de la energía solar fotovoltaica para la generación eléctrica están relacionadas con los requisitos de uso del suelo, a menos que se incorporen en edificios, así como también con los residuos en la producción de paneles solares fotovoltaicos y su intensidad energética. Los paneles solares fotovoltaicos contienen materiales tóxicos (por ejemplo, plomo, cadmio, entre otros) que puede ser arrastrado por la lluvia de paneles solares fotovoltaicos dañados durante eventos naturales (granizo, terremotos, tormentas severas, entre otras) o a su llegada al final de su vida útil razón por la cual deben de ser depositados en lugares seleccionados para ello. Varios sistemas de reciclaje han sido desarrollados, pero sus costos son altos, consumen mucha energía y materiales impuros (por ejemplo, vidrio) factores que han impedido una más amplia utilización. Debido a ello, se requiere la adopción de estrategias y regulaciones gubernamentales adecuadas para poder atender las crecientes necesidades de gestionar los paneles solares fotovoltaicos al final de su vida útil y eventualmente obligar a los fabricantes a implementar procedimientos más eficientes para desechar o reutilizar sus productos (Chowdhury et al., 2020).

Como resultado de la producción de los paneles solares fotovoltaicos y los procesos que deben ser utilizados para disponer de los mismos al final de su vida útil, se estima que se liberen a la atmosfera entre 0,8 y 99 g de CO_2/kWh, dependiendo del tamaño, ubicación, y tecnología utilizada para la fabricación de los paneles solares fotovoltaicos. Críticos al uso de los sistemas solares fotovoltaicos, especialmente en los EE.UU, han presentado argumentos similares a los de los grupos opuestos al uso de los sistemas eólicos relacionados con los efectos sobre el paisaje y las preocupaciones sobre la depreciación en el valor de sus propiedades (Usher, 2019).

Aplicaciones solares térmicas: Energía solar concentrada

Las aplicaciones de energía solar térmica (STE) cuentan con la conversión de la radiación solar en calor para cocinar, secar, calentar, enfriar y, más recientemente, para la generación de electricidad a gran escala. Los colectores no concentrados están permanentemente instalados en techos principalmente para calefacción residencial o refrigeración (colectores de placa plana o de tubo de vacío). Las tecnologías termo solar de concentración (CST), por su parte, suelen rastrear el sol y sólo se utilizan marginalmente para propósitos térmico a pesar de su potencial utilización en procesos químicos, destilación, y secado (Bader y Lipinski, 2017). Dado que el desarrollo de las CST se centran predominantemente en la generación de electricidad, la mayoría de los sistemas existentes pertenecen al sector de la energía solar concentrada (CSP).

La construcción de parques solares del tipo CSP presenta un crecimiento global desde el 2010. En el 2020, se instalaron un total de 94 MW de nuevas capacidades del tipo CSP, representando un incremento del 1,2% en el acumulado de la capacidad global de CSP ya instalada en el 2019, la que alcanzaba los 6,3 GW. Una características de las nuevas capacidades instaladas en el 2020 es que todas ellas se construyeron en China. Los actuales líderes mundiales en cuanto a capacidades de CSP ya instalada, España (2,3 GW) y los EE.UU (1,8 GW), no han reportado la ampliación de sus capacidades desde el 2013 en el primer caso, y desde el 2015 en el segundo (REN21, 2020). En general, se puede afirmar que los objetivos planteados por la AIE para los parques solares del tipo CSP de alcanzar un aumento anual del 24% en la producción de electricidad creciendo de los 15,2 TWh en el 2019 a los 183,8 TWh en el 2030 no se espera que puedan ser cumplidos (IEA, 2020 b).

A finales de la década del 2010, la curva de aprendizaje de la industria de la CSP logró disminuir drásticamente los costos iniciales de inversión. Por lo tanto, los sistemas del tipo CSP aún pueden convertirse en sistemas más competitivos debido a los sistemas de almacenamiento de larga duración (> 4 h), los que no están disponibles todavía para la energía solar fotovoltaica con batería (REN21, 2019). Sin embargo, ambas tecnologías se pueden utilizar en paralelo, dentro de un mismo proyecto. La estación de energía solar de

Ouarzazate en Marruecos utiliza la generación solar fotovoltaica durante las horas del día y los sistemas CSP con TES para el despacho de energía durante la noche (REN21, 2020). Los sistemas híbridos redujeron el LCOE de la CSP en alrededor de US$0,182/kWh a nivel mundial en el 2019. Sin embargo, los instrumentos económicos siguen siendo vitales para el despliegue de la energía solar térmica. En China, las FIT se han utilizado para apoyar a la industria local de CSP, reduciendo los costos de construcción en un 40% en comparación con proyectos ejecutados en otros países (REN21, 2019).

A pesar de los avances logrados en el desarrollo e implementación acelerada de proyectos del tipo CSP, estos pueden verse obstaculizados debido a varios factores. Entre estos factores se encuentran los siguientes:

- La instalación de parques solares del tipo CSP en el desierto u otros sitios remotos pueden prevenir protestas de los opositores al uso de la energía solar para la generación eléctrica por problemas ambientales o de otro tipo, pero en estos lugares el polvo y el viento requiere una limpieza frecuente de los reflectores para mantener altas tasas de eficiencia (Duffie et al., 2020);
- El gran consumo de agua para la limpieza, ciclo de vapor, y enfriamiento húmedo del parque consume recursos hídricos locales que podrían ser necesarios para el desarrollo de la producción agrícola y la vida de las comunidades cercanas. Las soluciones alternativas, como el enfriamiento en seco, perjudican el rendimiento de este tipo de parques (Otieno y Loosen, 2016). La producción de hidrógeno a partir de energía solar térmica por su parte puede incrementar el consumo de agua en los parques solares térmicos que se utilicen con ese fin;
- La luz resplandeciente de los reflectores puede cegar o confundir a las aves que ocasionalmente chocan con los componentes que conforman el parque solar térmico. El calor extremo de las torres solares plantea una nueva amenaza para las aves al chamuscar sus plumas (Otieno y Loosen, 2016). Sin embargo, hay que destacar que tanto en el caso de la energía solar fotovoltaica y la CSP, como en el caso de la energía eólica, las tasas de mortalidad de aves son significativamente más bajas que las ocasionadas por las plantas de energía que operan con combustibles fósiles (Sovacool, 2013).

Sin lugar a duda, la energía solar (ver Figs. 165 y 166) es una fuente confiable para proporcionar energía limpia a muchos países de todo el mundo, particularmente a países ubicados en zonas soleadas. Uno de los principales obstáculos para la expansión del uso de la energía solar es el hecho de que esta sigue siendo aún una fuente de energía costosa para algunos países y aun no muy eficiente comparada don otras fuentes de energía, aunque el costo de los sistemas solares está disminuyendo significativamente y se espera que continúe esta tendencia durante los próximos años. De hecho, los expertos predicen que el precio de la producción de energía solar será comparable con otras fuentes de energía en los próximos diez años (Delucchi y Jacobson, 2013).

Las diferentes tecnologías solares actualmente existentes en el mundo se pueden clasificar en pasivas o activas según como capturan, convierten, y distribuyen la energía solar. Las tecnologías activas incluyen el uso de paneles solares fotovoltaicos (ver Fig. 166) y colectores solares térmicos para recolectar la energía (ver Fig. 165). Entre las tecnologías pasivas, se encuentran diferentes técnicas enmarcadas en la arquitectura bioclimática: la orientación de los edificios al Sol, la selección de materiales con una masa térmica favorable o que tengan propiedades para la dispersión de luz, así como el diseño de espacios mediante ventilación natural (Wikipedia Energía solar, 2019).

Fuente: afloresm Solucar PS 10 https://creativecommons.org/licenses/by/2.0/
Fig. 165: Central solar térmica PS 10 en Sanlúcar, Sevilla, España

Fuente: https://commons.wikimedia.org/wiki/File:Nellis_AFB_Solar_panels.jpg
Fig. 166: Parque solar fotovoltaico

En la Figura 167, se puede apreciar el esquema de un parque solar fotovoltaico con todas sus componentes fundamentales.

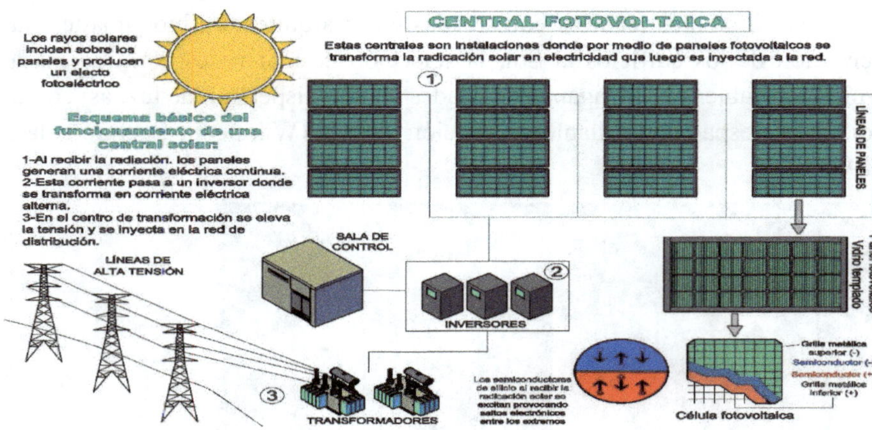

Fuente: Cortesía de Alejandro Seijas basado en figura del Diario de Cuyo.com
Fig. 167: Esquema de un parque solar fotovoltaico

Tal y como se puede apreciar en la Fig. 167, los semiconductores de silicio al recibir la radiación solar se excitan provocando saltos electrónicos entre los extremos y generando una corriente continua. Esta corriente pasa a un inversor donde se transforma en una corriente eléctrica alterna, la cual pasa a los transformadores y de ahí a la red eléctrica.

En el caso de los parques solares térmicos el esquema para la generación eléctrica se puede apreciar claramente en la Figura 168.

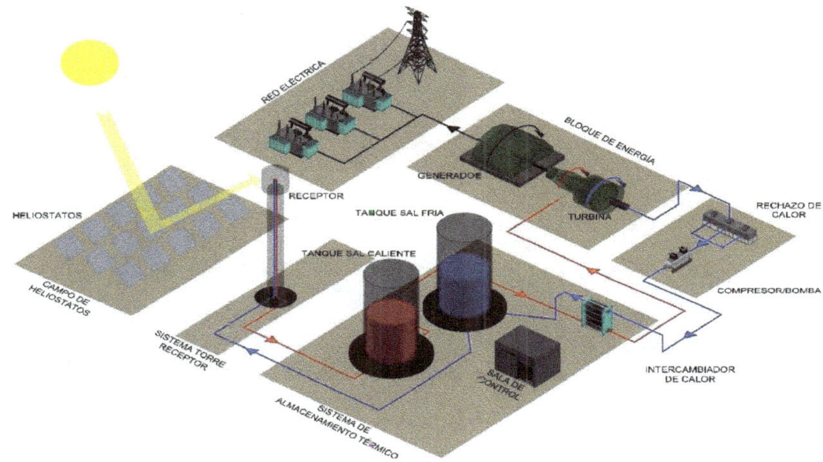

Fuente: Cortesía de Alejandro Seijas tomando como referencia www.sciencedirect.com
Fig. 168: Esquema de un parque solar térmico

Sin lugar a duda, la fuente de energía solar más desarrollada en la actualidad es la energía solar fotovoltaica. Según informes de la organización ecologista Greenpeace, la energía solar fotovoltaica podría suministrar electricidad a dos tercios de la población mundial en el 2030 (ver Fig. 169) (Teske, 2008). Gracias a los avances tecnológicos alcanzados en este tipo de fuente de energía, la sofisticación, y la economía de escala, el coste de la energía solar fotovoltaica se ha venido reduciendo de forma significativa, y simultáneamente aumentando su eficiencia, aunque esta sigue siendo baja comparada con otras fuentes energéticas. Debido a ello, el coste medio de generación eléctrica puede llegar a ser competitivo con otras fuentes de energías no renovables en un número de países ubicados en ciertas regiones geográficas. Otras tecnologías solares, como la energía solar térmica, está reduciendo sus costes también de forma considerable pero aun su utilización para la generación eléctrica es muy baja a nivel mundial y, en muchos países, no se utiliza este tipo de fuente energética para la generación eléctrica.

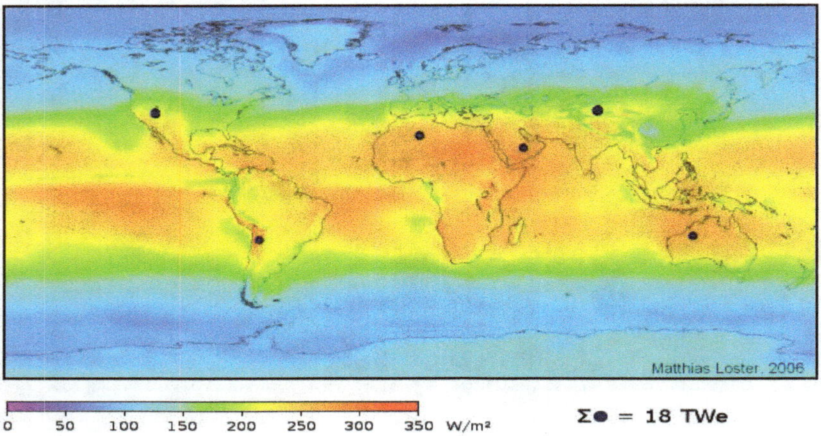

Fuente: De Mlino76: http://www.ez2c.de/ml/solar_land_area/, CC BY 2.5, https://commons.wikimedia.org/w/index.php?curid=652995
Fig. 169: Zonas adecuadas para la construcción de parques solares

Tal y como se puede apreciar en la Fig. 169, las regiones más adecuadas para la construcción de parques solares son América Latina y el Caribe, África y el Medio Oriente, el sudeste de Asia, y Oceanía.

En los últimos 20 años, las tecnologías de generación de electricidad solar se han desarrollado a pasos agigantados, registrando tasas de crecimiento anual entre el 25% y el 41%. Los costos a su vez han caído en un 80%, lo que ha permitido la expansión en el uso de la energía solar para la generación eléctrica en muchos países. Según los datos incluidos en el documento titulado "Estadísticas de Energía Renovable 2021," la capacidad de los parques solares fotovoltaicos instalados hasta el 2020 alcanzó la cifra de 709.674 MW, reflejando un crecimiento del 21,5% con respecto al 2019 y generando en dicho año un total de 678.999 GWh. En el caso de la energía solar térmica, en el 2020 había instalada una capacidad de 6.379 MW generando, en el 2019, un total de 14.064 GWh, índices muy inferiores a los asociados a la energía solar fotovoltaica.

Según el documento mencionado anteriormente, en el 2020, la capacidad de los parques solares fotovoltaicos no conectados a la red alcanzó la cifra de 4.293.351 MW, muy superior (seis veces) a la reportada con respecto a la energía solar fotovoltaica conectada a la red (709.674 MW). Se espera que la participación de la energía solar en la combinación energética de muchos países de todo el mundo aumente durante los próximos años. Es importante destacar que mientras que la energía solar fotovoltaica es más conocida y utilizada por muchos países en todas las regiones geográficas para la generación de electricidad, los parques de energía solar térmica son mucho menos utilizados por los países con ese mismo objetivo, pero suministran mucha más electricidad a una determinada región, por ser éstas de mayor capacidad que los parques solares fotovoltaicos.

Una medida de la eficiencia de los paneles solares fotovoltaicos es el porcentaje de luz que transforma en electricidad. Los paneles solares fotovoltaicos registran eficiencias que van del 15% al 40% para celdas solares de silicio[80]. La eficiencias de las instalaciones de ciclo solar térmico son aproximadamente del 22%. Los platos solares de Stirling se han medido con eficiencias tan altas como el 30%. Sobre la base de los datos mencionados anteriormente se puede afirmar, con toda seguridad, de que el nivel de eficiencia alcanzado por la energía solar aún es muy bajo en comparación con otras fuentes de energía. Las bajas eficiencias de los sistemas solares y sus costos relativamente altos son dos de las principales limitaciones que tiene este tipo de fuente de energía para aumentar su uso para la generación de electricidad en muchos países, particularmente en los países en desarrollo. Ahora bien, esta situación ha venido cambiando de forma significativa en los últimos años, debido a la pronunciada caída de los precios de los paneles solares y, por tanto, del costo del uso de este tipo de fuente de energía para la generación de electricidad.

El uso de sistemas solares para la generación eléctrica es beneficioso en particular para los países localizados en áreas donde el sol está disponible la mayor parte del tiempo. Es bien conocido que la conversión de energía solar en energía eléctrica requiere de un sistema de energía costoso, poco eficiente,

---

[80] En los últimos años se han venido realizando una serie de investigaciones para descubrir nuevos materiales para fabricar celdas solares. Estos son: a) dióxido de titanio; b) cobre; y c) perovskita.

y con reducidas capacidades de almacenamiento para su utilización cuando resulte indispensable. Es imperativo, para garantizar su expansión en el futuro, que el sistema solar que se utilice pueda capturar, transferir, y almacenar la mayor cantidad posible de la energía provista por el sol con el propósito de proporcionar suficiente energía cuando sea necesario. Debido a los muchos beneficios que puede proporcionar la energía solar, se debe alentar a los gobiernos y a la industria energética a encontrar un nuevo enfoque para desarrollar un sistema solar que sea mucho más rentable y eficiente que los actuales existentes en el mercado, con el fin de que sean más accesibles para los países menos desarrollados.

Principales ventajas y desventajas en el uso de la energía solar en la generación eléctrica

Como toda fuente de energía utilizada para la generación eléctrica, la energía solar tiene ventajas o beneficios. Algunos de los principales beneficios que ofrece la energía solar para la generación eléctrica son, según Schussler (2008), los siguientes:

- Independencia del carbón y del petróleo para generar energía, las dos fuentes de energéticas más contaminantes disponibles con ese objetivo;
- Como la energía del Sol es ilimitada, no habrá escasez en la producción de electricidad utilizando este tipo de fuente energética;
- La energía solar también puede reducir la factura energética en los países en desarrollo, agregando un nuevo tipo de fuente de energía a la matriz energética del país, si se mantiene la tendencia actual de disminución significativa de los costos asociados a este tipo de fuente energética y el incremento de su eficiencia;
- En vista del hecho de que la energía del Sol es limpia y pura, se reducirán los problemas de salud como las infecciones respiratorias como resultado de la quema de combustibles fósiles para la generación de electricidad;
- El uso de la energía solar para el consumo de energía es una de las formas más efectivas de conservación y protección del medio ambiente, aunque no hay que olvidarse de la contaminación que ocasiona la eliminación y gestión de los paneles solares una vez terminada su vida útil;

- El mantenimiento del panel solar es fácil y económico. No hay necesidad de usar combustible para la generación eléctrica y debido a que no hay componentes móviles en la mayoría de los paneles solares que se han instalados hasta hoy, no tiene problemas de mantenimiento y es más conveniente de usar para la generación eléctrica en comparación con otras fuentes de energía.

De hecho, según Schussler (2008), utilizar el potencial solar de África podría ayudar a reducir las crisis energéticas en Europa y África en el futuro. Si la energía solar pudiera generarse de tal manera que fuera mucho más asequible para los países en desarrollo, entonces los 600 millones de personas que viven sin acceso a la energía eléctrica en la subregión subsahariana podrían beneficiarse por el uso de esta fuente de energía limpia (Rosnes y Vennemo, 2012).

Sin embargo, según Komendantova y otros (2012), una parte de la energía generada en África probablemente se enviaría a Europa, si se crean las condiciones apropiadas para exportar la electricidad producida en la región utilizando este tipo de fuente de energía, por el beneficio económico que ello conllevaría. La energía solar podría proporcionar energía a un porcentaje significativo para satisfacer la demanda de electricidad de la subregión subsahariana, si el precio asociado con este tipo de fuente de energía continúa disminuyendo en los próximos años. Si el precio de la energía solar continúa esa tendencia, entonces la energía solar podría, junto con otras fuentes de energía en una relación apropiada, ser una forma de proporcionar energía limpia no solo para África sino para el resto del mundo también.

Las principales ventajas y desventajas en el uso de la energía solar en la generación de electricidad, según Morales Pedraza 2013 y 2015, Gana Energía (2020), y Esneca (2021), se detallan a continuación:

Principales ventajas

- **La energía solar es una fuente de energía renovable sostenible**: la energía solar es un recurso que no solo es sostenible, sino que es renovable indefinidamente (al menos hasta que el Sol se agote). La energía solar se puede usar para generar electricidad, pero también para calentar agua (calentadores solares de agua): Según Gana Energía (2020), la energía solar no contamina durante su proceso de transformación, contribuye a la protección del medioambiente y reduce la dependencia del uso de los combustibles fósiles en la generación eléctrica;

- **Los paneles solares requieren poco mantenimiento**: después de la instalación y el comienzo de su operación, los paneles solares son muy confiables debido al hecho de que crean activamente electricidad en solo unos pocos milímetros y no requieren ningún tipo de piezas mecánicas que puedan fallar, a no ser que se instalen parque solares móviles que sigan al movimiento del Sol, con el fin de incrementar su eficiencia energética. Según Esneca 2021, el mantenimiento que deben tener los paneles solares suele ser sencillo y poco costoso;
- **Los paneles solares también son un productor silencioso de energía**: este es una necesidad si se trata de vecinos exigentes. Muchos gobiernos han introducido generosos créditos fiscales para individuos y empresas que invierten en sistemas solares para la generación de electricidad y calefacción;
- **Vida útil**: Los paneles solares tienen una vida útil de 20 años aunque hay paneles solares con una vida útil de hasta 40 años. Sin embargo, hay que tener presente una reducción de la eficiencia de los paneles solares después de las dos primera décadas de explotación (Gana Energía, 2020);
- **La energía solar es cada año menos costosa**: con la disminución del costo de la energía solar en los últimos años, la misma se ha convertido en una fuente de energía económicamente competitiva a largo plazo para muchos países, en especial para los países en desarrollo;
- **Recuperación de la inversión**: el periodo de la recuperación de la inversión en la construcción de parques solares puede llegar hasta cerca de diez años pero, salvo excepciones, a la larga siempre es una inversión rentable (Gana Energía, 2020).
- **La energía solar no emite ningún gas de efecto invernadero que afecte al medio ambiente**: los paneles solares no liberan ningún gas de efecto invernadero a la atmósfera mientras generan electricidad. Esto no es algo que pueda esperarse de la electricidad generada a partir de los combustibles fósiles. Por otro lado uso de los parques solares para la generación eléctrica reduce la huella de carbono significativamente. Es una energía limpia que no genera gases de efecto invernadero ni

contamina mientras se usa (Esneca, 2021). Además, hay esfuerzos para encontrar tecnología más económica y segura para reciclar los paneles solares al final de su vida útil, que es una de las principales limitaciones en el uso de este tipo de fuente de energía para la generación de electricidad, debido a la alta contaminación que producen los desechos solares;

- **La energía solar es flexible en su configuración**: los parques solares para la generación eléctrica y los paneles solares utilizados para alimentar con electricidad toda la casa, se pueden montar con configuraciones y capacidades diferentes en el sitio seleccionado para construir el parque solar o en el techo, o para alimentar las luces del jardín, o algo que requiera menos electricidad y, por tanto, menos paneles solares a ser instalados;
- **Diversos uso de la energía solar**: la energía solar también se puede utilizar en la industria, para alimentar de energía a los satélites, e incluso para mover automóviles y aviones, con el fin de que estos medios de transporte sean más económicos y menos contaminantes;
- **La energía solar se puede utilizar en lugares remotos para la generación de electricidad**: en los lugares más remotos, la energía solar puede ser la fuente ideal de electricidad. De hecho, es más económico instalar paneles solares para el suministro de electricidad en tales áreas que conectarlos a la red eléctrica.

Principales desventajas

- **No puede generar electricidad durante la noche o en días muy nublados**: la energía a generar también puede reducirse durante los períodos de nubosidad (aunque es posible producir energía en un día nublado en ciertas regiones). Un suministro regular de luz solar es esencial para seguir generando electricidad. Una vez que se pone el Sol, el nivel de energía solar cae muy rápidamente. Esto hace que sea importante tener un dispositivo de almacenamiento de energía en forma de baterías para garantizar un suministro ininterrumpido de electricidad durante la noche o en días muy nublosos. Si no hay baterías instaladas, entonces no habrá electricidad sin luz solar (Gana Energía, 2020);

- **La producción de energía mediante el uso de paneles solares se maximiza cuando el panel se enfrenta directamente al Sol**: esto significa que los paneles solares con una ubicación fija verán una producción de energía reducida cuando el Sol no esté en un ángulo óptimo con respecto a los paneles solares. Muchos parques solares resuelven este problema al montar los paneles en dispositivos móviles que pueden seguir al Sol para mantener el panel en ángulos óptimos durante la mayor parte del día;
- **Baja eficiencia**: los paneles solares más eficientes en la actualidad solo convierten alrededor del 40% como máximo de los rayos solares en electricidad. En días nublados su eficiencia no sobrepasa los 25% de su capacidad (Esneca, 2021). Con el aumento de los avances en la tecnología de células solares, es probable que este porcentaje aumente en el futuro no muy lejano. Además de su baja eficiencia de conversión, los paneles solares pueden representar una inversión inicial sustancial. Sin embargo, después de la compra y la instalación estos parques producen energía muy barata;
- **Los paneles solares son fuentes de contaminación**: una vez terminada su vida útil, los paneles solares son fuentes de contaminación cuando se procede a su destrucción, elemento a tener en cuenta a la hora de determinar el nivel de participación de la energía solar en la matriz energética del país. Sin lugar a duda, la producción de los paneles solares o módulos no es un proceso de cero emisiones. Hay que tener en cuenta, sin embargo, que la cero emisión del consumo energético podría compensar las emisiones durante su proceso de fabricación (Esneca, 2021);
- **Requiere de grandes extensiones de terreno**: los parques solares de gran capacidad requieren de grandes extensiones de terreno que no pueden ser utilizados con otros fines (Gana Energía, 2020);
- **Inversión inicial cara**: La construcción de parques solares requiere de una gran inversión inicial, con un periodo de recuperación de la inversión que puede llegar hasta los 10 años (Gana Energía, 2020).

Es importante destacar que la mayoría de las desventajas de la energía solar son de naturaleza económica, incluso después de mucho desarrollo tecnológico. Los paneles solares utilizados para producir electricidad siguen siendo caros para muchos países, especialmente para los países en desarrollo menos avanzados. Por otro lado, un solo panel solar puede generar una pequeña cantidad de energía. Esto significa que se requiere un gran número de paneles solares para generar suficiente cantidad de electricidad para suministrar este tipo de energía a la red eléctrica o para su uso fuera de la red. Aunque algunos críticos argumentan que el futuro de la energía solar descansa, fundamentalmente, en la reducción de su costo sin ignorar la necesidad de lograr avances en la elevación de su eficiencia energética, es indiscutible que es una fuente de energía sostenible y mucho menos contaminantes con respecto al uso de los combustibles fósiles para la generación de electricidad, ya que éstos no solo tienen reservas limitadas que se agotan con su uso, sino que contaminan el medio ambiente.

Según el desarrollo de la energía solar durante los últimos diez años, no hay duda de que este tipo de fuente energética va a ser competitiva con respecto al uso de otras fuentes de energía para la generación de electricidad durante la próxima década en algunas áreas geográficas. En otras lo será menos. Pero, una cosa es segura, la energía solar será una fuente de energía indispensable para la generación de electricidad en muchos países durante los próximos años.

La energía eólica en la generación eléctrica

El viento es una forma de energía solar. El calentamiento desigual de la atmósfera por el Sol, las irregularidades de la superficie terrestre, y la rotación de la tierra son las principales causas que originan los vientos. Los patrones de flujo del viento son modificados por la configuración del terreno, los flujos de agua, y la cubierta vegetal. Este flujo del viento, o energía de movimiento, cuando es aprovechado por las turbinas eólicas modernas, puede generar electricidad. Las turbinas eólicas, como los molinos de viento, se montan en una torre para capturar la mayor fuerza del viento y así generar una mayor cantidad de energía (ver Figs. 170 y 171). A 100 metros sobre el suelo, se puede aprovechar mejor el viento, aunque a una altura superior el aprovechamiento de la fuerza del viento es mayor. Las turbinas captan la energía del viento con sus palas en forma de hélice. Por lo general, dos o tres palas se montan en un eje para formar un rotor. El esquema de un parque eólico terrestre se muestra en la Fig. 172.

Fuente: https://www.freepik.es/foto-gratis/parque-eolico-tierras-cultivo_1329894.htm
Fig. 170: Parque eólico terrestre

Fuente: https://pixabay.com/es/photos/viento-turbina-energ%c3%ada-e%c3%b3lica-6533777/
Fig. 171: Parque eólico marino

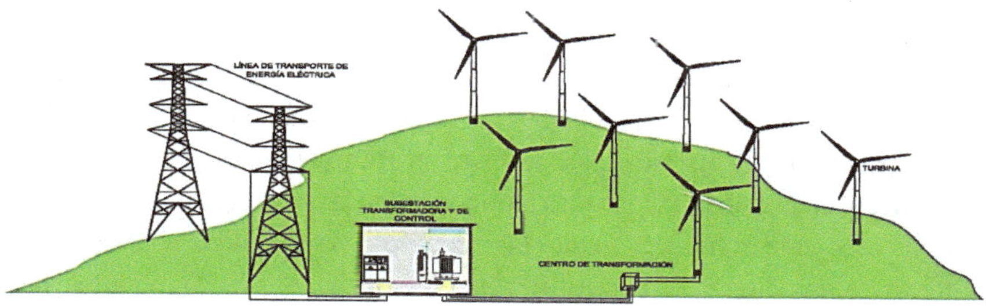

Fuente: Cortesía de Alejandro Seijas tomando como referencia a Greenpeace.com
Fig. 172: Esquema de parque eólico terrestre

La pala de la turbina actúa como un ala de avión. Cuando sopla el viento, se forma una bolsa de aire a baja presión en el lado a favor del viento de la pala. La bolsa de aire de baja presión luego tira de la cuchilla hacia ella, haciendo que el rotor gire como una hélice, y el eje de giro hace girar un generador para producir electricidad.

Las turbinas eólicas se pueden usar como parques eólicos formado por varias unidades o como unidades independientes, se pueden conectar a una red eléctrica de servicios públicos, o incluso combinarse con un parque solar fotovoltaico. Para generar electricidad y conectarse a la red, se requiere una gran cantidad de turbinas eólicas para formar lo que se conoce actualmente como un parque eólico terrestre o marino (ver Figs. 170 y 171). Las turbinas eólicas independientes se utilizan típicamente para bombeo de agua. Sin embargo, los propietarios, agricultores y ganaderos en áreas de mucho viento también suelen usar turbinas eólicas como una forma de reducir sus facturas de electricidad.

Los pequeños parques eólicos también tienen potencial como recursos energéticos distribuidos. Los recursos de energía distribuida se refieren a una variedad de tecnologías pequeñas y modulares de generación de energía que se pueden combinar para mejorar el funcionamiento del sistema de suministro de electricidad en una región dada.

En el 2020, la energía eólica representó el 5,3% de la generación de energía a nivel mundial. Sin lugar a duda, la energía eólica está volviéndose más competitiva y más ampliamente utilizada en la generación eléctrica que la energía hidroeléctrica, con 732.410 MW de capacidad instalada en más de 100 países (REN21, 2020 y Estadísticas de Energía Renovable 2021, 2021). Esta aceleración en el uso de los parques eólicos para la generación eléctrica se basa en la creciente maduración de las tecnologías asociadas a la energía eólica terrestre, las cuales se encuentran ya en explotación en muchos países. Con respecto a la utilización de la energía eólica marina en la generación eléctrica se espera que durante la década del 2020 se incrementen las solicitudes para la construcción de parques de este tipo en un grupo de países (IEA, 2019).

La energía eólica terrestre y marina son tecnologías muy dependientes del clima (y, en cierta medida, de la temporada). La energía eólica ofrece hoy en día una fuente económica de energía eléctrica en muchas regiones en diferentes países. Sin embargo, su variabilidad les resta valor con respecto a otros sistemas de energía.

La energía eólica terrestre en la generación eléctrica

En el 2020, el 95,3% de la capacidad mundial de los parques eólicos estaba instalada en tierra. Dentro de ese año, un total de 104.752 MW de nuevas capacidades de energía eólica terrestres fueron instalados a nivel mundial. En China se instaló el 66,2% de esa capacidad (69.351 MW), siendo el mercado de energía eólica más grande y de más rápido crecimiento a nivel mundial. De mantenerse esta tendencia se espera que la capacidad de los parques eólicos terrestres en China alcance más de 400 GW para el 2030, de 273 GW que tenía instalados en el 2020, es decir crecerá en un 46,5%. Europa ocupa el segundo lugar con una mayor saturación del mercado, con un alta capacidad de energía eólica ya instalada, produciendo en algunos países la mitad de la generación eléctrica y en muchos otros, más del 20% del total de la energía generada.

Sin embargo, es importante resaltar que a pesar de los avances logrados en la construcción de nuevos parques eólicos terrestres a nivel mundial, la capacidad instalada está por debajo de los pronósticos incluidos en el Programa Sostenible de la AIE. Según dicho programa, para alcanzar la neutralidad cero en el 2050 se requiere que la generación eólica anual pase de los 1.328.054 GWh reportados en el 2019 a los 3.749.000 GWh en el 2030, o sea crezca unas tres veces (IEA, 2020 b).

No obstante el atraso en la ejecución del mencionado programa es posible acelerar el ritmo de construcción de nuevos parques eólicos terrestres, ya que en muchas regiones la competitividad de los costos de la energía eólica terrestre son los más bajos entre las diferentes alternativas existentes, incluyendo los costos asociados a los combustibles fósiles. Para medir esto, es común utilizar el LCOE como referencia. Según este indicador, el costo global promedio de la electricidad generada por los parques eólicos terrestres fue de US$0,053/kWh en el 2019, muy por debajo de los demás. En general, los costos asociados a los parques eólicos terrestres siguen disminuyendo y, en varias regiones del mundo lo seguirán haciendo durante los próximos años (Aalto y otros, 2021).

A pesar del gran potencial que tiene el uso de los parques eólicos terrestres para la generación de electricidad a un costo ventajoso, existen varias limitaciones que podrían reducir el ritmo de construcción de nuevos parques terrestres a nivel mundial. Estas limitaciones son, entre otras, las siguientes:

- Primero, es indispensable sustituir viejas turbinas ya obsoletas y antieconómicas por generaciones más nuevas de turbinas (Nelson y Starcher, 2019). Si bien esto ofrece beneficios de eficiencia, requiere procesos de aprobación, que en muchos casos son todavía complejos y que necesitan algo de simplificación para hacerlos menos caros, menos burocráticos, y más eficientes;
- Segundo, los nuevos diseños de aerogeneradores requieren menos mantenimiento pero grandes cantidades de elementos de tierras raras (alrededor de 200 kg/MW) lo que eleva el costo del sistema. Los sistemas de turbinas eólicas son en general intensivos en material, y requieren grandes cantidades de acero y aluminio (torres), hormigón (cimentaciones), cobre (electrónica), fibra de vidrio (palas), y otros

materiales (Zepf, 2020). La incineración de la fibra de vidrio tras el eventual desmantelamiento de la turbina produce altas emisiones de gases contaminantes, complicando el reciclaje de las turbinas fabricadas en las décadas de 1980 y 1990 (Albers et al., 2009);

- Tercero, el ajuste de las políticas de subvenciones y la proliferación sin control de estas produce una intensa competencia de precios, desafiando a los fabricantes y conduciendo a la consolidación del mercado (REN21, 2020);
- Cuarto, numerosas iniciativas ciudadanas se oponen al uso de las turbinas eólicas debido al impacto en las personas, la vida silvestre, y el uso de la tierra. También ha habido denuncias sobre los potenciales peligros para la salud debido al ruido de baja frecuencia de las turbinas (Usher, 2019), a pesar de que algunos estudios informan que el mencionado ruido es bastante bajo. Algunos grupos ecologistas, además, destacan la alta mortalidad aviar causada por los aerogeneradores. Las tasas anuales de colisión de aves por turbina varían en un amplio rango, correspondiendo la cifra más alta a una turbina instalada en un sitio costero con una gran población de gaviotas, charranes, y patos (Drewitt y Langston, 2006). Por lo tanto, no deben instalarse nuevas turbinas cerca de las vías de migración o el hábitat de las aves. Sin embargo, las turbinas eólicas representan la muerte de menos de 600.000 aves al año en los EE.UU, indicador que es significativamente más bajo que los asociados a las muertes de otros animales por otros motivos como es el caso de la muerte de los gatos (hasta 4.700 millones al año) (Sovacool, 2013). Al mismo tiempo, no puede descartarse que algunos oponentes pueden simplemente tener un interés personal sobre el mejor uso del terreno o el uso de tecnologías competidoras para la generación eléctrica.

Parques eólicos marinos en la generación eléctrica

La construcción de parques eólicos marinos comenzó a principios de la década de los 90s. A pesar de su vasto potencial, su desarrollo ha sido lento en algunos países y en otros es inexistente. En el 2020, la capacidad instalada total de parques eólicos marinos alcanzó los 34,4 GW, lo que significa un crecimiento de 6 GW con respecto al 2019, con más de 6.000 turbinas conectadas a la red en 18 países, la mayoría de ellas en el Reino Unido, China, y Alemania.

Si bien estos parques eólicos marinos generan menos del 1% del suministro eléctrico a nivel mundial (REN21, 2020), los mejores parques eólicos marinos son los situados en aguas poco profundas (menos de 60 m) y cerca de la costa los que podrían potencialmente suministrar casi 36.000 TWh, lo que casi equivale a la demanda mundial de electricidad esperada en el 2040 (IEA, 2019). Para cumplir con los objetivos de la AIE para el 2030, las nuevas capacidad anuales tendrían que cuadriplicarse durante los próximos años.

Aunque el principio básico de los parques eólicos marinos situados en alta mar es similar al de los parques eólicos terrestres, algunos de los nuevos parques eólicos marinos situados en alta mar utilizan sistemas de imanes permanentes en lugar de una caja de cambios. Al ser más uniforme las velocidades del viento en el mar ello hace más eficiente no solo la generación eléctrica, sino también provocan una menor turbulencia, aumentando la vida útil de los componentes de los aerogeneradores (Dinh y McKoegh, 2019). Los parques eólicos marinos instalados en alta mar pueden operar hasta 4.500 horas por año, más del doble del tiempo que operan los parques eólicos terrestres (Klinger y Muller, 2017). Un factor de capacidad más alto y una ubicación remota permite el uso de aerogeneradores de grandes tamaños, con diseños de más de 14 MW de capacidad con una altura y un diámetro por encima de los 200 m. Se espera que se puedan construir en el futuro parques eólicos marinos con aerogeneradores de mayor capacidad y altura.

Un elemento importante a tener en cuenta a la hora de decidir la construcción de parques eólicos marinos en alta mar es el de las limitaciones técnicas, las que aumentan con la profundidad del agua. La mayor parte de la tecnología para la construcción de los cimientos de turbinas marinas proviene del sector de petróleo y gas. Desde la cimentación típica de un pilote fijo en el fondo (< 30 m), la tendencia es hacia la construcción de parques eólicos marinos en aguas más profundas basadas en trípodes (< 50 m) o estructuras de chaqueta (< 60 m). Los diseños flotantes permiten la instalación de aerogeneradores en aguas más profundas (de varios cientos de metros de profundidad), ofreciendo la posibilidad de construir parque eólicos marinos en una área mayor (Arshad y O'Kelly, 2016). Tales parques eólicos marinos podrían, en principio, generar más de 18 veces la demanda global de electricidad, que en el 2019 fue alrededor de 27.000 TWh (IEA, 2020 b; BP Energy Outlook, 2020).

Varias son las principales limitaciones para la construcción acelerada de parques eólicos marinos durante los próximos años, entre ellas se encuentran los altos costos asociados a este tipo de instalaciones. En el 2019, el promedio mundial de LCOE fue de aproximadamente US$0,115/kWh para las nuevas instalaciones superando significativamente al promedio mundial de LCOE asociado a otros tipos de energías renovables.

La cimentación, junto con la exposición a olas fuertes y altas velocidades del viento, provocan un aumento de los costos de material y mantenimiento, y son elementos claves a la hora de determinar los costos de la construcción de nuevos parques eólicos marinos en alta mar. Los trabajos de reparación o restauración asociados a los parques eólicos marinos situados en alta mar requieren, debido a su ubicación alejada de la costa, de mucho más tiempo y son más caros que los asociados a estos mismos trabajos en el caso de los parques eólicos terrestres (Poudineh et al., 2017).

Por otro lado, los parques eólicos marinos situados en alta mar también requieren más largas y caras conexiones a la red eléctrica. En subastas para la construcción de nuevos parques eólicos marinos realizadas en Alemania y Holanda se han logrado aprobar proyectos donde el único subsidio ha estado asociado a la conexión del parque a la red eléctrica en tierra. Sin embargo, en la mayoría de las regiones, la construcción de parques eólicos marinos se espera que siga siendo más costoso que la construcción de parques eólicos terrestres.

Otro elemento importante a tener en cuenta relacionado con la construcción de nuevos parques eólicos marinos es la negativa de algunos grupos de ambientalistas y ciudadanos que se oponen al uso de la energía eólica marina para la generación eléctrica. Aunque el impacto del ruido de la operación de los parques eólicos marinos en la población costera es mínimo, el ruido subacuático asociado a la construcción y operación de las turbinas eólicas marinas puede causar alteraciones del comportamiento o incluso daño a la audición de los mamíferos marinos (Tougaard y Mikaelsen, 2018). Además, los parques eólicos marinos situados cerca de la costa pueden dar lugar a la oposición de la industria del turismo por el negativo impacto que los mismos pueden tener el sector del turismo de playa.

Sin lugar a duda, el desarrollo acelerado de la energía eólica marina a largo plazo depende, en última instancia, del apoyo de los gobiernos para incrementar el papel de este tipo de fuente de energía en la matriz energética del país, de las estrategias adoptadas para el desarrollo del sector energético, incluidas las políticas para apoyar licitaciones de capacidad de tecnología específica, y de los esfuerzos regulatorios y de ayuda para apoyar el desarrollo de la red (REN21, 2020). Por ejemplo, la UE ha reconocido el potencial de la energía eólica marina para cumplir los objetivos del Acuerdo de París sobre cambio climático y ha decidido instalar entre 230 GW y 450 GW de capacidad para el 2050 (European Commission, 2018 b). Para alcanzar los objetivos planteados anteriormente, los países de la UE necesitarían identificar nuevas áreas marinas dentro de las que actualmente están ya destinadas a la conservación de la naturaleza, la pesca, o con fines militares, para la construcción de nuevos parques eólicos marinos (Aalto y otros, 2021).

La evolución de las capacidades eólicas terrestres y marinas mundiales durante el periodo 2010-2020 se muestra en la Fig. 173.

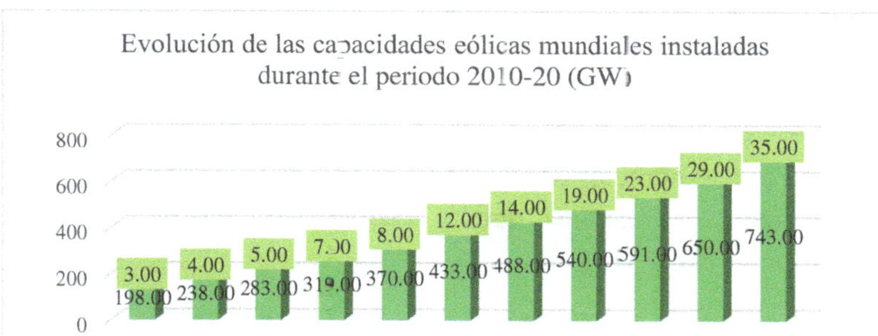

Fuente: GWEC Global Wind Report 2021
Fig. 173: Evolución de las capacidades eólicas terrestres y marinas mundiales durante el periodo 2010-20

Como se puede apreciar en la Fig. 173, las capacidades eólicas terrestres y marinas crecieron 3,8 veces y 11,7 veces, respectivamente durante el periodo 2010-20. Se espera que tanto las capacidades eólicas terrestres como marinas continúen creciendo durante los próximos años, con el fin de ayudar a la descarbonización de la generación eléctrica en muchos países.

Las nuevas capacidades y las capacidades eólicas totales terrestres instaladas en el 2020 en un grupo de países se muestran en la Tabla 38.

Tabla 38: Nuevas capacidades y capacidades eólicas totales terrestres instaladas en el 2020 en un grupo selecto de países y regiones

Países	Nuevas capacidades instaladas en el 2020 (GW)	Capacidades totales instaladas en el 2020 (GW)
Estados Unidos	16.193	122.275
Brasil	2.297	17.750
México	574	6.789
Argentina	1.014	2.618
Chile	684	2.829
China	48.940	278.324
India	1.119	38.625
Alemania	1.431	55.122
Francia	1.318	17.946
Suecia	1.007	9.811
Reino Unido	115	13.731
Turquía	1.224	9.280
Regiones		
Américas	21.750	169.758
África y el Medio Oriente	823	7.277
Asia y el Pacífico	52.546	336.286
Europa	11.813	194.075

Fuente: GWEC Global Wind Report 2021

Tal y como se puede apreciar de los datos incluidos en la Tabla 38, los países y regiones con las mayores nuevas capacidades eólicas terrestres instaladas y totales en el 2020 son:

- En las Américas: EE.UU, Brasil, y Argentina;
- En Asia y el Pacífico: China, Japón, India, Tailandia, Pakistán, y Australia;
- En Europa: Alemania, Francia, Suecia, y Turquía;
- En África y el Medio Oriente: Sudáfrica.

En la Tabla 39 se incluyen los datos de las nuevas capacidades eólicas marinas instaladas en el 2020 en un grupo selecto de países y regiones, así como también las capacidades eólicas marinas totales instaladas en esos mismos países y regiones.

Tabla 39: Nuevas capacidades eólicas marinas instaladas en el 2020 en un grupo selecto de países y regiones, así como también las capacidades eólicas marinas totales instaladas en esos mismos países y regiones.

Países	Nuevas capacidades instaladas en el 2020 (GW)	Capacidades totales instaladas en el 2020 (GW)
Reino Unido	483	10.206
Alemania	237	7.728
Bélgica	706	2.262
China	3.060	9.996
República de Corea	60	36
Estados Unidos	12	42
Regiones		
Europa	2.936	24.837
Asia y el Pacífico	3.120	10.414
Américas	12	42

Fuente: GWEC Global Wind Report 2021

Según los datos incluidos en la Table 39, los países y regiones con las mayores nuevas capacidades eólicas marinas instaladas en el 2020 y con las mayores capacidades totales son:

- En las Américas: EE.UU;
- En Europa: Reino Unidos, Alemania, Bélgica, y Países Bajos;
- En Asia y el Pacífico: China.

La evolución de las nuevas capacidades eólicas marinas instaladas durante el periodo 2010-20 se muestra en la Fig. 174.

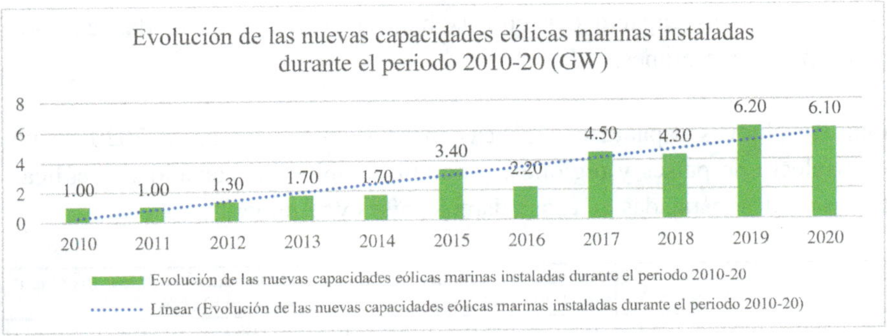

Fuente: Global Offshore Wind Report 2021

Fig. 174: Evolución de las nuevas capacidades eólicas marinas instaladas durante el periodo 2010-20

Tal y como se puede apreciar en la Fig. 174, el crecimiento de las nuevas capacidades eólicas marinas durante el periodo 2010-20 fue de 6,1 veces, pasando de 1 GW en el 2010 a los 6,1 GW en el 2020. Sin lugar a duda, el mayor crecimiento se registró en el periodo 2017-20. Se espera que esta tendencia se mantenga hasta el 2050. Por regiones, las mayores nuevas capacidades instaladas en el 2020 se reportaron en la región del Asia y el Pacífico con el 51,4% del total, seguido por Europa con el 48,4%. El total de las capacidades eólicas marinas instaladas por regiones en el 2020 fue el siguiente: Europa con el 70,4% del total, seguido por la región del Asia y el Pacífico con el 29,5% del total.

Resumiendo se puede afirmar lo siguiente:

- El mercado eólico marino creció en promedio un 22% anual la última década, alcanzando un total de 35,3 GW, y representando el 5% del total global de la capacidad eólica instalada a finales del 2020;
- Europa sigue siendo el mercado eólico marino más grande al final del 2020, representando el 70% del total instalaciones eólicas marinas instaladas, pero un 5% más bajo que el registrado el año anterior.
- La capacidad eólica marina total en la región del Asia y el Pacífico superó los 10 GW a finales del 2020, lo que lo convierte en el segundo mercado regional más grande del mundo. China tiene actualmente un

fuerte liderazgo en energía eólica marina, seguido por Corea del Sur, Taiwán, Vietnam, y Japón;

- América del Norte tiene solo 42 MW de energía eólica marina en funcionamiento desde el último año, pero se espera que en los EE.UU se acelere la construcción de nuevos parques eólicos marinos a partir del 2023;
- El Reino Unido se mantiene en el primer lugar a nivel mundial en términos de la capacidad eólica marina instalada a partir de finales del 2020, mientras que China superó a Alemania para convertirse en el segundo mercado eólico marino más grande del mundo (Global Offshore Wind Report 2021, 2021);
- El mercado mundial de energía eólica creció de los US$130 mil millones en el 2013, a los US$165,5 mil millones en el 2014. Se espera que el mercado continúe creciendo a una tasa anual de 7,2% entre el 2015 y el 2020, resultando en un mercado ascendente a los US$250 mil millones en el 2020. En ese mismo año, el mercado eólico terrestre, marino, y mixto anual creció en todas las regiones del mundo, excepto en la región de África y Oriente Medio. Los mayores incremento de las nuevas capacidades eólicas instaladas en el 2020 se reportaron en China y los EE.UU. La región con mayor incremento en nuevas capacidades eólicas terrestres en el 2020 fue la región de Asia y el Pacífico seguido de la región de las Américas. En el caso de las nuevas capacidades eólicas marinas instaladas en el 2020, la región con el mayor incremento reportado fue también la región de Asia y el Pacífico, seguido por Europa. Es importante destacar que en el 2020 las nuevas instalaciones en África y el Medio Oriente se redujeron en 7 MW en comparación con el año anterior, principalmente debido a la situación del mercado eólico en Egipto y Marruecos;
- Según el documento titulado "GWEC Global Wind Report 2021," la situación del mercado eólico terrestre en el 2020 fue el siguiente. Las 86,9 GW de nuevas capacidades eólicas terrestres que se instalaron a nivel mundial en el 2020, representaron un crecimiento interanual del 59%, incremento que permitió que la capacidad total de los parques eólicas terrestres sobrepasaran los 700 GW (707,4 GW). Este aumento se debió, principalmente, a un crecimiento significativo en los dos mayores mercados eólicos a nivel mundial (China y los EE.UU). En

China, la Administración Nacional de Energía (NEA en inglés) reportó la conexión de 68,6 GW de nuevas capacidades eólicas terrestres a la red eléctrica nacional, aumentando la capacidad eólica terrestre total a más de 272 GW.

Sin embargo, de los 68,6 GW de energía eólica terrestre conectados a la red, unos 26 GW fueron instalados a finales de 2019, y su conexión a la red se realizó realmente en el 2020. Debido a ello, las nuevas capacidades eólicas terrestres conectadas a la red eléctrica nacional en China en el 2020 fueron 42,3 GW. El sector eólico terrestre de los EE.UU reportó, en el 2020, el más alto incremento anual de nuevas instalaciones eólicas terrestres de su historia al agregar casi 17 GW. Este alto incremento de nuevas capacidades eólicas terrestres le permitió a los EE.UU disponer de una capacidad total de este tipo de instalaciones por encima de los 120 GW;

- Además de los EE.UU y China, los principales mercados eólicos terrestres fueron, en el 2020, los siguientes Brasil con 2,30 GW, Noruega con 1,53 GW, y Alemania con 1,43 GW;
- De los 33,7 GW de nuevas capacidades de energía eólica terrestre subastado a nivel mundial en el 2020, las subastadas en China representaron el 67% del total.

A pesar de las serias dificultades económicas que la inmensa mayoría de los países tuvieron que enfrentar en el 2020 por la pandemia del coronavirus, la industria eólica marina mundial registró su segundo mejor año en su historia instalando 6,1 GW de nuevas capacidades, manteniendo el crecimiento registrado en los últimos años. China lideró a nivel mundial la instalacion de nuevas capacidades eólicas marinas por tercer año consecutivo con más de 3 GW. El resto de las nuevas capacidades eólicas marinas fue reportado por Europa, liderada por los Países Bajos que instaló casi 1,5 GW de nuevas capacidades en el 2020, lo que lo convierte en el segundo mercado más grande en ese año, seguido de Bélgica con 706 MW. El Reino Unido y Alemania instalaron, en el 2020, 483 MW y 237 MW de nuevas capacidades eólicas marinas respectivamente, convirtiendolos en los mercados 4to y 5to a nivel mundial. Portugal instaló dos nuevas turbinas eólicas marinas en el 2020, totalizando 16,8 MW.

Fuera de China y Europa, otros dos países que registraron nuevas instalaciones eólicas marinas en el 2020 fueron Corea del Sur con 60 MW y los EE.UU con 12 MW. El Reino Unido se mantuvo, en el 2020, como el país con la mayor capacidad eólica marina total instalada, mientras que China superó a Alemania para convertirse en el segundo mercado eólico marino más grande del mundo.

El mercado de la energía eólica marina ha crecido 2,8 veces pasando de los 2,2 GW en el 2016 a los 6,1 GW en el 2020. pero su participación en el mercado decreció del 7% al 4%, que es un 3% más bajo que el reportado en el 2019. Este decrecimiento se debe al fuerte crecimiento de la instalación de nuevas capacidades eólicas terrestres en el 2020. A pesar de ello, GWEC Market Intelligence espera que el mercado eólico marino global siga creciendo en los próximos años.

Principales ventajas y desventajas del uso de los parques eólicos en la generacion electrica

Si bien actualmente se estima que aproximadamente un 5% de la electricidad que se consume en el mundo es producida por los parques eólicos instalados en muchos países, se proyecta que para el 2040 la energía eólica pueda satisfacer el 9% de las necesidades energéticas en todo el mundo. Sin embargo, el uso de la energía eólica para la generación eléctrica tiene sus ventajas y desventajas. Estos son, según Morales Pedraza (2013 y 2015), Rodriguez (2019), Meg (2021), la Cumbre de los Pueblos (2019), y Twenergy (2019), las siguientes:

Principales ventajas

- **Es una fuente limpia, inagotable, segura, y renovable de energía**: el viento es un recurso natural inagotable y limpio, y en su funcionamiento no se genera ningun tipo de residuo tóxicos (Cumbre de los Pueblos, 2019, Meg, 2021. y Rodriguez, 2019), “ni lleva implícitos procesos de combustión” (Twenergy, 2019). Dado que el viento es un recurso natural inagotable, la energia eólica es tambien inagotable porque siempre se puede contar con la fuente que da origen a la energía. “En consecuencia, los aerogeneradores podrían estar en funcionamiento cien años porque siempre existirá la presencia de viento para hacerlos accionar" (Rodriguez, 2019);

- **Es económica y su crecimiento va en aumento**: la energía eólica es barata, si se le compara con otras fuentes energéticas que se utilizan para la generación eléctrica, pues el viento es gratuito, y sus costos de producción disminuyen cada vez más gracias a los avances tecnológicos que se desarrollan para mejorar su eficiencia, la cual es superior a la de la energía solar. Se estima que los costos han disminuidos un 80% desde 1980. Su participacion en la matriz energética de muchos países ha crecido un 25% anual como promedio (Twenergy, 2019);
- **No afecta al medio ambiente en la forma en que lo hacen los combustibles fósiles**: la generación de electricidad por los parques eólicos no tiene impactos agresivos sobre la composición del suelo o su erosionabilidad. Por esa razón, además de colaborar con la reduccion de la contaminación atmosférica, la energía eólica tiene un papel fundamental cuando se habla de la contaminación del suelo. "Como reduce el consumo de combustible de origen fósil, tiene un impacto positivo sobre el cambio climático" (Rodriguez, 2019);
- **No afecta la composición del agua del lugar donde son instalados los parques eólicos**: el funcionamiento de los parques eólicos no produce alteraciones sobre las fuentes de agua disponible en el area, al no hacer uso de ellas durante la producción de energía, y no producir residuos o vertidos que pudieran contaminar los acuíferos existentes (Twenergy, 2019). Debido a esta caracteristica de los parques eólicos representa una fuente de energía fundamental a la hora de proteger las reservas hídricas locales y los ecosistemas ligados a ellas (Cumbre de los Pueblos, 2019);
- **Enorme potencial para la generación de electricidad**: se estima que si lograra alcanzar todo su potencial, la energía producida por los parques eólicos sería 20 veces más que la demanda eléctrica de toda la población mundial. La electricidad que llega a producir un aerogenerador alcanza una capacidad de energía similar a la de 1.000 kg de petróleo, evitando que se quemen diariamente miles de litros de este combustible (Twenergy, 2019);
- **Permite el suministro de electricidad a viviendas aisladas**: los parques eólicos, junto a los parques solares, pueden generar electricidad sin necesidad de estar conectados a las redes de suministro y

proporcionar electricidad a pueblos y casas aisladas en regiones remotas del país;

- **Permite aprovechar tierras improductivas y puede tambien construirse en el mar**: los parques eólicos pueden construirse sobre tierras áridas, o no cultivables por su dificil topografía, o incluso desiertos (Meg, 2021). "Hoy día se está explotando la posibilidad de construir parques eólicos en el mar, donde hay mayor viento y donde no conlleva un impacto visual tan cercano" (Cumbre de los Pueblos, 2019);
- **Genera riquezas y empleos**: la energía eólica es una excelente fuente de generación de empleos y, en consecuencia, de riquezas en las zonas donde se construyen los parques eólicos. "En aquellos lugares donde se instalan los parques de aerogeneradores se disminuye de forma considerable el desempleo. Otro aspecto a tomar en cuenta es que, como no requiere de extensas superficies de terreno, esta energía es completamente compatible con otras actividades económicas como la agricultura y ganadería" (Rodriguez, 2019).

Principales desventajas

- **Es una fuente de energía impredecible**: debido a que la energía se genera por la acción del viento es muy dificil planificar su gestión, ya que no siempre hay corrientes de brisa y no se puede garantizar la estabilidad en su velocidad. Aunque el viento es inagotable también es impredecible y difícil de controlar, y puede cambiar de dirección en cualquier momento (Rodriguez, 2019). Al ser menos predecible, la energía eólica no puede ser utilizada de forma absoluta como único arranque de generación eléctrica (Cumbre de los Pueblos, 2019);
- **Alto costo de instalación y mantenimiento**: Ello se debe a que el costo de los equipos necesarios son bastante elevados, por lo que solo las grandes empresas y no los particulares, puedan costear su instalación. Este alto costo, también limita en ocasiones a los gobiernos a invertir en la construcción de parques solares a pesar de lo beneficiosa que es esta tecnología para la generación de elctricidad. "Asimismo, realizar mantenimiento preventivo y correctivo a los aerogeneradores requiere también una gran cantidad de dinero y profesionales capacitados los cuales no abundan actualmente" (Cumbre de los Pueblos, 2019);

- **Tiene una baja efectividad por aerogenerador**: es conocida que la densidad del viento es baja. Por esa razón se requiere, para que el parque eólico sea rentable, una alta concentración de aerogeneradores funcionando al mismo tiempo (Rodríguez, 2019);
- **Ineficiente almacenamiento de la electricidad generada**: no existe todavía una forma eficiente y económica de almacenar la electricidad generada por los parques eólicos;
- **Uso de cables de alta tensión específicos**: los parques eólicos requieren de la utilización de cables de alta tensión cuatro veces más gruesos que los empleados en otras fuentes de energía para garantizar no solo su transportación a los lugares de consumo sino también para disminuir su perdida por este concepto;
- **Contaminación visual**: los parques eólicos tienen un impacto visual negativo. La construcción de parques eólicos tiene un impacto estético en el paisaje que puede causar molestias en la población local (Rodríguez, 2019);
- **Contaminación sónica**: es ruidosa. A pesar de las mejoras tecnológicas de las nuevas turbinas, los aerogeneradores de los parques eólicos ocasionan todavía mucha contaminación acústica, por lo que se recomienda se construyan retirados de centros poblados para evitar causar esta molestia (Cumbre de los Pueblos, 2019). Los parques eólicos ocasionan mucho ruido molesto, por eso suelen construirse retirados de centros poblados para evitar causar esta molestia. Recientemente se han realizado mejoras en las turbinas que han reducido de forma considerable la contaminación acústica que generan (Rodriguez, 2019);
- **Afectación a la fauna**: los parques eólicos ponen en riesgo la fauna ya que cuando los aerogeneradores están en funcionamiento, sus aspas pueden ser un verdadero riesgo para las aves y murciélagos de la zona, ya que si llegasen a chocar con ellas en la mayoría de los casos les ocasionaría la muerte (Meg, 2021);
- **Contaminación al medio ambiente**: si bien la generación de la energía eólica es un proceso limpio y que no contamina ni genera residuos, no es del todo amigable con el ambiente. En el proceso de fabricación de los aerogeneradores se generan residuos y se utilizan materiales que generan impacto ambiental (Cumbre de los Pueblos, 2019).

Según el documento titulado "GWEC Global Wind Report 2019," se espera que el mercado eólico terrestre instale más de 50 GW por año hasta el 2023. Los mercados eólicos de Asia, Europa, y América del Norte, especialmente en EE.UU, continuarán con volúmenes estables de crecimiento (ver Fig. 175). En el caso específico de Europa, se espera que el mercado de parques eólicos terrestres se mantenga estable a medida que los gobiernos ejecutan sus subastas y licitaciones. En América Latina, el compromiso de los gobiernos con las subastas a gran escala está impulsando la instalación de nuevas capacidades eólicas. Mantener el compromiso es crucial para el desarrollo positivo en América Latina.

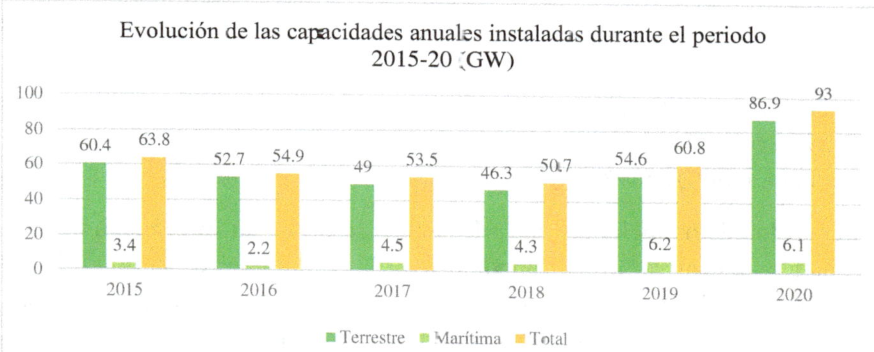

Fuente: GWEC Global Wind Report 2021

Fig. 175: Evolución de las capacidades eólicas por año durante el periodo 2015-20

El mercado eólico terrestre decreció un 23,4% durante el periodo 2015-18 pasando de los 60,4 GW instalados en el 2015 a los 46,3 GW en el 2018. Después de dicho año, las nuevas capacidades eólicas terrestres crecieron significativamente (87,7%), pasando de las 46,3 GW en el 2018 a los 86,9 GW en el 2020. Por otro lado, el mercado global eólico marino se mantuvo estable en el 2017 y 2018, con 4,5 GW y 4,3 GW de nuevas capacidades instaladas, respectivamente. Después del 2018, las nuevas capacidades eólicas marinas crecieron hasta llegar a los 6,1 GW en el 2020 (ver Fig. 174). Las capacidades eólicas marinas totales ya instaladas han alcanzado los 35,3 GW, lo que representa el 4,8% de las capacidades eólicas totales instaladas hasta el 2020 (742,7 GW). Se espera un aumento de las capacidades eólicas marinas primero en Asia y luego en América del Norte de unos 6 GW o más para los próximos años.

Según el documento titulado "GWEC Global Wind Report 2019," se prevé la instalación de nuevas capacidades eólicas durante el periodo 2018-23 tal y como se muestra en la Fig. 176.

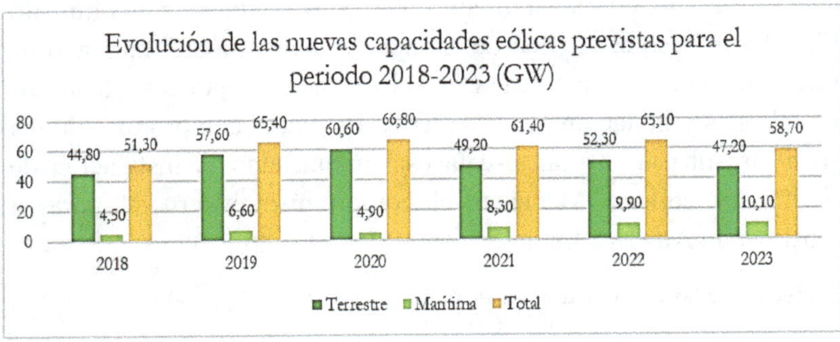

Fuente: GWEC Global Wind Report 2019

Fig. 176: Evolución de las nuevas capacidades eólicas previstas a instalar durante el periodo 2018-23

Según los datos incluidos en la Fig. 176, se prevé un incremento de las capacidades eólicas a nivel mundial del 31% durante el periodo bajo consideración. El crecimiento mayor se espera que se produzca en la construcción de nuevos parques eólicos marinos y que éste sea del 124%, pasando de los 4,5 GW en el 2018 a los 10,1 GW en el 2023. En el caso de los parques eólicos terrestres el crecimiento que se prevé será del 5,4%, pasando de los 44,8 GW en el 2018 a los 47,2 GW en el 2023. A pesar de los incrementos de las capacidades eólicas registrado en los últimos años, si se mantienen las tasas de instalación actuales, solo tendremos el 43% de la capacidad de energía eólica necesaria para que en el 2050 pueda ser declarado un mundo con neutralidad neta cero. Sin una acción drástica para ampliar el despliegue de la energía eólica, no se logrará descarbonizar la producción de la energía, la industria, el transporte, la calefacción, entre otros sectores, y no se logrará expandir significativamente la producción de hidrógeno verde. Para lograr un mundo con neutralidad neta cero, se requiere, en los próximos nueve años, que el volumen anual de energía eólica desplegado a nivel mundial se cuadriplique del total de los 93 GW instalados el año pasado (Global Wind Energy Manifesto for COP 26, 2021).

Según el documento titulado "Global Offshore Wind Report 2021," a partir de ahora hasta el año 2050, la energía eólica marina se convertirá en una plataforma global de descarbonización y transformación del sistema eléctrico en cuanto a lo referido a la generación, infraestructura, flexibilidad, y producción de energía limpia. La energía eólica marina de fondo fijo es una tecnología clave en todos los escenarios de emisión neta cero, y se pronostica un rápido crecimiento durante la presente década. Se espera también que la energía eólica marina crezca de un 7% registrado en el 2020, a más del 20% en el 2021 y en lo adelante. Para ello se requiere la instalación de nuevas capacidades anuales de energía eólica marina que permitan crecer desde los 6,1 GW de capacidad instalada en el 2020 a los 80 GW para el 2030. Para el 2050, se estima que habrá más de 2.000 GW de capacidad instalada de energía eólica marina, representando casi una cuarta parte de la capacidad total de energía eólica instalada para ese año.

Los 35 GW de capacidad de parques eólicos marinos instalados hoy día, principalmente en Europa y China, representan menos del 0,5% de la capacidad eléctrica global instalada. El Banco Mundial ha identificado un potencial de más de 71.000 GW de nuevas capacidades eólicas marinos disponibles en todo el mundo, es decir casi diez veces la capacidad total de generación eléctrica actual instalada.

Según el documento mencionado anteriormente, se prevé que la región del Asia y el Pacífico emerja como la región más relevante en el desarrollo de la energía eólica marina, con casi el 44% de las nuevas capacidades estimadas para el 2050, seguida de Europa con el 32%, Norteamérica con el 18%, América Latina con el 6%, y África y el Oriente Medio con el 2% (ver Fig. 177).

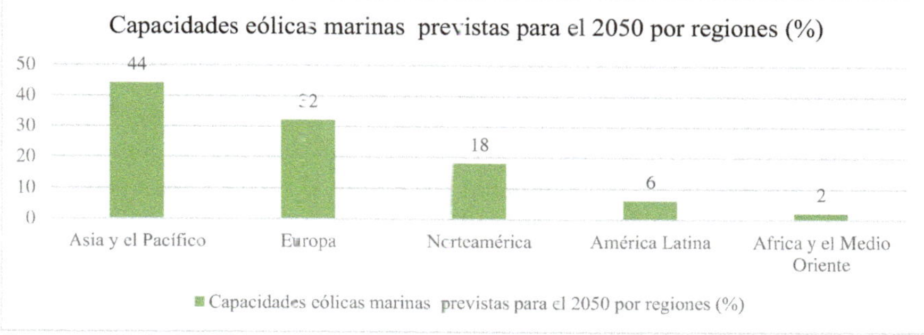

Fuente: Global Offshore Wind Report 2021 y cálculos del propio Autor
Fig. 177: Capacidades eólica marinas previstas para el 2050 por regiones

Según el mencionado documento, en el 2020, la región con las mayores capacidades eólicas marinas instaladas fue Europa con 25 GW, seguida por la región del Asia y el Pacífico con 10 GW. En el 2020 no había capacidades eólicas marinas instaladas en ninguna otra región del mundo. En el 2030, se prevé que Europa mantenga el liderazgo mundial con 127 GW de capacidad eólica marina instalada, seguida por la región del Asia y el Pacífico con 112 GW, Norteamérica con 29 GW y América Latina con 2 GW. Para el 2050, se estima que todas regiones tendrán parques eólicos marinos en operación, siendo Asia y el Pacífico la región con la mayor capacidad instalada con 840 GW (44 del total), seguido por Europa con 640 GW (32% del total), Norteamérica con 360 GW (18% del total), América Latina con 120 GW (6% del total), y África y el Oriente Medio con 40 GW (2% del total).

La energía eólica marina puede ser un factor importante en la seguridad energética en muchos países, y permitiría desplazar el uso de los combustibles fósiles en centrales térmicas sirviendo como carga base con energía limpia, operando a baja intermitencia en comparación con otros tipos de energías renovables, particularmente cuando se combina con soluciones de almacenamiento. Los parques eólicos marinos tienen los factores de capacidad más altos entre todos los demás tipos de energías renovables, y son comparables con los factores de capacidad de las centrales eléctricas de gas. Los nuevos parques eólicos marinos están registrando factores de capacidad que oscilan entre el 40% y el 50% utilizando turbinas de 5 MW, aunque en algunos casos, como el parque eólico marino de Hywind Scotland, el que reportó, en el 2020 un factor de capacidad promedio del 57% en su tercer año de operación (Global Offshore Wind Report 2021, 2021).

Las posibilidades reales de la reducción de costos asociados a los parques eólicos marinos no debe ser subestimado. Alrededor de un tercio de los costes de vida útil de los proyectos eólicos marinos están asociados a la instalación de las turbinas eólicas. La eficiencia en la evolución de la fabricación, instalación, operación, y mantenimiento, combinado con el aumento del tamaño de la turbina y economías de escala, han influido en la disminución del costo de la energía eólica marina por debajo de lo que los expertos de la industria habían previsto. Una encuesta realizada en el 2020 a más de 140 expertos encontró que las vías de reducción de costos para la energía eólica marina habían sido drásticamente subestimadas en los últimos cinco años. Los expertos encuestados predicen que los costos asociados a los parques eólicos marinos de fondo fijo continuarán disminuyendo entre un 35% y un 49% durante el periodo 2035-50, mientras que los parques eólicos marinos localizados en alta mar disminuirán entre un 17% y el 40% durante el mismo periodo. Esta reducción estaría motivada por la innovación en la tecnología de las turbinas eólicas, así como por la reducción en los costos de capital, mayor vida útil del diseño del proyecto, incremento del factor de capacidad general, entre otros (Global Offshore Wind Report 2021, 2021).

Es importante destacar que la agenda del cambio climático ha pasado, en los países más contaminantes, a un segundo plano durante los últimos años debido a la recesión en la mayor parte de la OCDE, a la falta de ambición de la UE para arreglar su sistema de comercio de emisiones, y a la política negativa de los EE.UU y de otros países respecto al cambio climático, entre otros factores. Ello ha contribuido a un crecimiento más lento en el sector de la energía eólica al que se esperaba se produjera en muchos países.

La demanda de electricidad en la UE, en el 2018, fue de 2.884 TWh. El potencial eólico de la UE, en el 2018, ha sido estimado en 33.844 TWh; en otras palabras, mediante el uso de las potenciales que ofrece la energía eólica se puede satisfacer la futura demanda de electricidad de la región en unas 12 veces. Por otro lado, los EE.UU tuvieron una demanda de electricidad de 4.011 TWh, en el 2018, y se ha estimado que el potencial eólico reportado en ese año fue de 8.086 TWh; en otras palabras, las potencialidades de la energía eólica podrían satisfacer la futura demanda de electricidad en ese país unas dos veces. En el caso de China, la demanda de electricidad, en el 2018, fue de 6.330 TWh muy superior al potencial eólico reportado en ese año que fue solo de 1.993 TWh. La demanda eléctrica en la India fue de 1.243 TWh, en el 2018, con un potencial eólico reportado en ese año de 4.753 TWh, suficiente para satisfacer la demanda futura de electricidad casi 4 veces.

Resumiendo, es importante resaltar los siguientes elementos:

- La energía eólica continuará generando un crecimiento récord de nuevas instalaciones durante los próximos cinco años, y se espera que haga contribuciones cruciales a la recuperación económica en todo el mundo;
- Con 732,4 GW de capacidad de energía eólica ya instalados en el 2020, la industria eólica ha generado hasta hoy día casi 1,2 millones de puestos de trabajo en todo el mundo. Los países líderes en energía

eólica en el mundo contratan a cientos de miles de trabajadores de forma directa en la industria. En el 2020, había aproximadamente 550.000 trabajadores laborando en el sector de la energía eólica en China, 260.000 en Brasil, 115.000 en EE.UU y 63.000 en India, según una encuesta global de GWEC Market Intelligence Report 2021. Esta nueva encuesta destaca los beneficios económicos netos de la transición energética y el potencial de la energía eólica para la creación de empleo a nivel mundial. También resalta el papel de la energía eólica para impulsar una transición energética económicamente ventajosa para los países;

- Los 470 GW adicionales de capacidad eólica prevista hasta el 2025 podrían crear más de 3,3 millones de puestos de trabajo directos en una cadena de suministro dinámica en todo el mundo. Las acciones de recuperación ecológica que aceleran el despliegue de proyectos de energía eólica pueden desbloquear puestos de trabajo en los segmentos de transporte, instalación, y puesta en marcha;
- La ampliación de 6 TW en la capacidad energía eólica para el 2050 evitaría la emisión de 6,3 gigatoneladas de CO_2 al año y generaría enormes ahorros de costos en atención médica, infraestructura, bienestar social, y resiliencia del sistema;
- La energía eólica marina ofrece una respuesta a las interrupciones del mercado laboral derivadas de la transición energética, como la dislocación de puestos de trabajo para los trabajadores de ingeniería marina y de petróleo y gas en alta mar. La transición energética ofrece ganancias netas de empleo, y cada dólar gastado en combustibles fósiles es una pérdida de recursos y de puestos de trabajo;
- La industria eólica marina mundial tuvo su segundo mejor año en el 2020 a pesar del impacto de COVID-19. China lideró a nivel mundial la instalación de nuevos parques eólicos marinos en el 2020 por tercer año consecutivo con más de 3 GW conectada a la red. En segundo lugar se mantuvo Europa registrando la mayoría de las nuevas capacidades restante, liderada por Holanda, que instaló casi 1,5 GW en nuevos parques eólicos marinos, seguido de Bélgica (706 MW), Reino Unido (438 MW), y Alemania (237 MW). Fuera de China y Europa, los dos países que registraron las mayores instalaciones de nuevas capacidades eólicas marinas fueron Corea del Sur (60 MW) y EE.UU (12 MW). El

mercado de la energía eólica marina pasó de 2,2 GW en el 2016 a los 6,1 GW en el 2020, lo que se tradujo en un incremento de nuevas instalaciones eólicas marinas del 4% al 7%. Si lo comparamos con el 2019, tendremos que este crecimiento es un 3% menor al reportado ese año, debido principalmente a un fuerte crecimiento de la energía eólica terrestre reportado en el 2020 (Global Offshore Wind Report 2021, 2021).

La energía geotérmica en la generación eléctrica

El término energía geotérmica es el tipo de energía que se obtiene del calor localizado en el interior del planeta, y se corresponde con un tipo de energía renovable que se puede obtener por medio de la extracción de este o aprovechando los lugares donde este calor sale de forma natural del interior de la Tierra. Los sistemas geotérmicos utilizan tecnologías maduras para proporcionar energía con bajas emisiones de carbono y a un costo moderado, con el fin de calentar y enfriar hogares, edificios, u otras instalaciones. En el 2020, la capacidad de los sistemas geotérmicos instalados a nivel mundial aumentó un 1,4% alcanzando los 14 GW, de los cuales alrededor del 66,7% corresponden a sistemas instalados en Turquía, Indonesia, y Kenia. En total, la energía geotérmica produjo en el 2019 alrededor de 92 TWh de electricidad y unos 117 TWh adicionales de calor, con EE.UU a la cabeza del uso de esta fuente de energía y con el mercado europeo centrado en aplicaciones a pequeña escala para calefacción urbana (REN21, 2020). La tasa de crecimiento de la generación geotérmica anual fue entre un 3% y un 5%. Es importante resaltar que este crecimiento es todavía insuficiente para cumplir el objetivo de la AIE de alcanzar una participación de la energía geotérmica en la matriz energética mundial del 10% por año (IEA, 2020 b) para poder alcanzar la neutralidad neta cero en el 2050.

Los sistemas geotérmicos están concentrados, fundamentalmente, en regiones volcánicas cerca de los límites de las placas tectónicas, pero las nuevas tecnologías que están hoy disponibles están ampliando considerablemente las opciones de utilización de este tipo de fuente energética, como bombas para extraer el calor procedente del suelo, las que representan el grupo más amplio de soluciones de bombeo de calor tanto a nivel de edificios como a escala industrial.

Un sistema geotérmico consta de tres elementos clave. Estos son los siguientes:

- Una fuente calorífica que proviene de las profundidades de la Tierra;
- Un fluido líquido o gaseoso (agua o vapor) capaz de trasladar el calor desde el interior de la Tierra hacia el exterior;
- Un reservorio o depósito situado en el interior de la Tierra (roca porosa y permeable).

El término energía geotérmica también se refiere a la porción accesible de la energía térmica utilizada directamente como calor en procesos industriales (por ejemplo, producción de cemento), para calefacción doméstica y de distrito (o enfriamiento), o indirectamente convertido en electricidad (Dincer y Ozcan, 2018).

Para la generación eléctrica se requiere que los sistemas geotérmicos alcancen temperaturas estables por encima de los 150° C cerca de la superficie. Hay tres tipos diferentes de sistemas geotérmicos. Estos son los siguientes:

- **Sistema geotérmicos de vapor**: los sistema geotérmicos de vapor utilizan el vapor del agua extraída del interior de la Tierra directamente para impulsar una turbina en un sistema abierto.
- **Sistema geotérmico de tipo flash**: los sistemas geotérmicos del tipo flash, bombean hacia la superficie agua caliente a alta presión donde se vaporiza parcialmente, impulsa una turbina y se devuelve al subsuelo.
- **Sistema geotérmico de ciclo binario**: los sistemas geotérmicos de ciclo binario utiliza un circuito secundario cerrado en forma de bucle donde el agua caliente moderada transfiere la energía térmica a un fluido secundario que se evapora a temperaturas más bajas y donde el vapor creados impulsa una turbina. Este tipo de sistema permite explotar recursos con temperaturas inferiores a los 150° C, característica de sistemas geotérmicos más comunes, lo que convierte a los sistemas geotérmicos de ciclo binario como los sistemas que más se utilizarán para la producción de electricidad en el futuro (Dincer y Ozcan, 2018; Manzella, 2019).

De acuerdo con Avatar Energía, existen tres tipos diferentes de sitios geotérmicos (ver Figs. 178 y 179). Estos son:

- **Superficial (de 30 metros a 400 metros)**. "Desde unos pocos metros debajo de la superficie del suelo, la temperatura de la Tierra es constante durante todo el año. La energía se extrae del subsuelo utilizando una (o más) sonda vertical, generalmente a una profundidad de entre 120 metros y 150 metros. A esta profundidad, la temperatura del suelo está entre 12° C y 15° C. Un líquido (agua o dióxido de carbono) se inyecta en un tubo en forma de U. Se calienta en contacto con el calor del subsuelo y luego se eleva a la superficie." Este tipo de sitio no es apropiado para la generación de electricidad;
- **Profunda (desde 400 metros hasta los 4.000 metros de profundidad)**. "La temperatura del agua entre uno y cuatro kilómetros de profundidad alcanza entre 40° C y 130° C. La explotación en forma hidrotermal es una de las técnicas de recuperación de esta energía." Se puede producir electricidad, si la temperatura del fluido geotérmico es alta (150° C). El agua del pozo de producción se reinyecta en el sótano o se descarga en un arroyo o laguna;
- **Energía geotérmica de gran profundidad (de 4.000 metros a los 6.000 metros)**. Entre 4.000 metros y los 6.000 metros, la temperatura de la roca alcanza los 200° C. La recuperación de esta energía hace posible producir electricidad y calefacción. Esta tecnología, denominada "Sistema de Estimulación Geotérmica Mejorada (EGS)," es prometedora pero tiene riesgos que requieren de la realización de estudios geológicos más detallados.

Fuente: https://commons.wikimedia.org/wiki/File:
Central_Geot%C3%A9rmica_de_Berl%C3%ADn_14.JPG
Fig. 178: Central geotérmica

Un esquema de una central geotérmica se muestra en la Fig. 179.

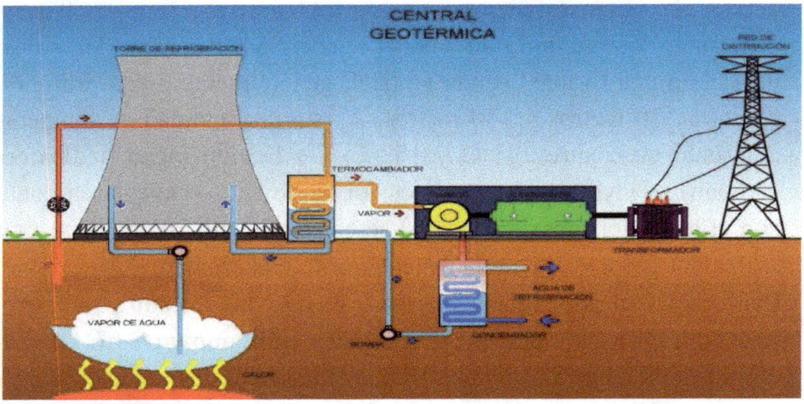

Fuente: Cortesía Alejandro Seijas tomando como referencia a Laenergiarenovables.com

Fig. 179: Esquema de una central geotérmica

Finalmente, se debe destacar que el cumplimiento de los objetivos geotérmicos depende del desarrollo de nuevos sistemas, como los sistemas EGS y los sistemas geotérmicos avanzados (AGS). Si el desarrollo de estos tipos de sistemas tiene éxito, entonces podría producirse un aumento significativo de la apertura de pozos en varios países. Aunque los objetivos planteados han resultado ser demasiado ambiciosos, el actual impulso de este sector en crecimiento es prometedor y podría ofrecer atractivas oportunidades a los operadores de servicios de pozos. Los sistemas EGS dependen de las perspectivas de fracturar la roca en casos de encontrar rocas naturales de poca permeabilidad. Si ello se logra, este tipo de sistema geotérmico permitiría la expansión de la energía geotérmica en muchos más lugares (Boden, 2017). Sin embargo, existen preocupaciones sobre los riesgos de las técnicas de estimulación hidráulica y química para la reapertura de las juntas existentes para la circulación del agua, lo que podría desencadenar actividades sísmicas (Chavot et al., 2019).

Debido a su alto costo de capital inicial, muchos proyectos geotérmicos, ya sean en países que utilizan este tipo de fuente energética o son pioneros en energía geotérmica (por ejemplo, Nueva Zelanda), enfrentan serias limitaciones económicas para la efectiva utilización de la energía geotérmica. Por otro lado, el renovado interés por el sector geotérmico durante los últimos años ha impulsado a las grandes petroleras y a las industrias asociadas al gas a invertir en numerosas empresas de nueva creación, y a batir un nuevo récord en el número de pozos perforados para la generación de energía geotérmica, superando los 200 pozos este año por primera vez. Se espera que el gasto en actividades geotérmicas se dispare en los próximos años, con un gasto de capital en la apertura de nuevos pozos a nivel mundial que superará los US$1.000 millones en el 2021, antes de dispararse hasta los US$3.000 millones en el 2026, si se cumplen los objetivos previstos de incrementar el papel de la energía geotérmica a nivel mundial.

La exploración de recursos geotérmicos potenciales incluye perforaciones de nuevos pozos, lo que implica altos riesgos de inversión y de costos de desarrollo junto con largos plazos de inicio de explotación de estos pozos. Por esta razón, la obtención de préstamos bancarios o la financiación pública de la exploración de nuevas fuentes de sistemas geotérmicos puede ser un gran desafío para muchos países. Menos del 1% de todas las inversiones en energías renovables (excluidas las grandes hidroeléctricas) reportados en el 2018 fue para la energía geotérmica a pesar del amplio potencial que existe en muchos países, incluidos los pequeños estados insulares (REN21, 2020).

Las limitaciones en el uso de la energía geotérmica pueden surgir debido a las alteraciones causadas al paisaje, ya que las ubicaciones geotérmicas suelen ser atracciones turísticas y una importante fuente de ingresos para las comunidades locales. También puede producirse debido al ruido de descargas ocasionales que pueden afectar a la zona donde están situados los sistemas geotérmicos, al ruido de los ventiladores de la torre de enfriamiento, del eyector de vapor, y de otras partes del sistema (Manzella, 2019). Las limitaciones ambientales incluyen el posible impacto en el aire y el agua de la explotación de los pozos. En sistemas de vapor abierto, el exceso de vapor contiene dióxido de carbono, sulfuro de hidrógeno, amoníaco, metano, y otros gases, aunque las emisiones de CO_2 son típicamente seis veces más bajas que las asociadas al uso de los combustibles fósiles para la generación eléctrica (Boden, 2017). El agua bombeada del reservorio o depósito puede contener altos niveles de azufre, sal, y otros minerales, pero por lo general se mantienen contenidos en los bucles cerrados (Dincer y Ozcan, 2018).

El hidrodeslizamiento y otros procesos operativos asociados a la explotación de los pozos pueden causar fugas en las que el agua escapa y contamina el agua subterránea. Dependiendo del sistema y la tecnología de enfriamiento que se utilicen, las plantas de energía geotérmica consumen entre los 3.200 litros de agua por MWh y los 18.200 litros de agua por MWh. Algunos sistemas utilizan fluidos geotérmicos en lugar de agua fresca para el enfriamiento de estos (Macknick, et al., 2011).

Con mucha menos visibilidad que la energía solar y la eólica, la energía geotérmica es una de las energías renovables disponibles para la generación eléctrica en un grupo de países. A pesar de los avances logrados en la explotación de los recursos geotérmicos en varias regiones, hoy en día este tipo de fuente energética no está tan explotado como debería, por lo que se puede afirmar que se trata de una fuente energética que todavía está por expandirse y sacarle el máximo beneficio posible. Si todos los países donde existen recursos geotérmicos aprovecharan el calor emitido por el planeta, se conseguirá una mayor autonomía y una fuente energética más limpia y económica.

A pesar de sus limitaciones, el uso de la energía geotérmica está ayudando a un grupo restringido de países a satisfacer parte de su demanda de electricidad y disminuir de esta forma el uso de los combustibles fósiles en la generación eléctrica. Los avances tecnológicos y las ventajas competitivas de esta fuente de energía, como su independencia de las condiciones climáticas pero limitada a ciertas regiones geográficas, están haciendo a este tipo de fuente de energía una componente fundamental de la matriz energética de países donde es posible encontrar y explotar los recursos geotérmicos económicamente.

En el año 2020, según el documento titulado "Estadísticas de Energía Renovable 2021," había una capacidad instalada de centrales geotérmicas de 14.013 MW a nivel mundial, siendo las regiones con las mayores capacidades instaladas las siguientes: Asia con 4.540 MW (32,4% del total mundial), América del Norte con 3.492 MW (24,9% del total mundial), Europa con 1.652 MW (11,8% del total mundial), Eurasia con 1.695 MW (12,1% del total mundial), y Oceanía con 1.040 MW (7,4% del total mundial). La UE tenía en ese año una capacidad instalada de 911 MW (6,5% del total mundial), y la región de América Latina y el Caribe de 763 MW (5,4% del total mundial).

Los países de la región del Asia y el Pacífico con las mayores capacidades geotérmicas instaladas en el 2020 y que generaron electricidad a partir de esta fuente de energía en el 2019 se muestra en la Tabla 40.

Tabla 40: Países de la región del Asia y el Pacífico con las mayores capacidades geotérmicas instaladas en el 2020 y que generaron electricidad a partir de esta fuente de energía en el 2019

País	Capacidad instalada en el 2020 (MW)	Generación eléctrica en el 2019 (GWh)
Indonesia	2.131	14.100
Filipinas	1 928	10.691
Japón	481	2.830
China	26	144
Total	**4.566**	**27.765**

Fuente: Estadísticas de Energía Renovable 2021 IRENA y cálculos del Autor

Según el documento mencionado en el párrafo anterior, la generación eléctrica de las plantas geotérmicas a nivel mundial ascendió, en el 2019, a 92.047 GWh. Las regiones con mayor generación eléctrica en ese año fueron Asia con 27.766 GWh (30,2% del total mundial), América del Norte con 23.694 GWh (25,4% del total mundial), Oceanía con 8.441 GWh (9,2% del total mundial), Eurasia con 9.384 GWh (10,2% del total mundial), y la UE con 6.835 GWh (7,4% del total mundial). La generación eléctrica potencial mediante el uso de la energía geotérmica, según la Agencia Internacional de la Energía (AIE), es de 400 TWh por año, lo que supondría el 3,5% de la producción mundial de electricidad.

Principales ventajas y desventajas de la energía geotérmica en la generación eléctrica

La limitante fundamental para un incremento de la participación de la energía geotérmica en la matriz energética de los países es que este tipo de fuente energética se encuentra disponible solo en lugares específicos. Por ejemplo, en el 2020, solo 27 países explotaban sus recursos geotérmicos. Por regiones, la cantidad de países que explotan sus recursos geotérmicos son África (un país), Asia (cinco países), América Latina y el Caribe (siete países), Eurasia (dos países, Europa (ocho países), América del Norte (dos países), y Oceanía (dos países).

Según Morales Pedraza (2013 y 2015) y Gana Energía (2020 a), las principales ventajas y desventajas en el uso de la energía geotérmica para la generación eléctrica se detallan en los siguientes párrafos:

Principales ventajas

Las principales ventajas del uso de la energía geotérmica para la generación eléctrica son las siguientes:

- **Respeta el medioambiente**: la energía geotérmica se considera normalmente respetuosa con el medioambiente. Hay muy pocos aspectos relacionados con ella que puedan considerarse contaminantes, pero son mínimos comparados con la contaminación ocasionada por el uso de los combustibles fósiles para la generación eléctrica. La huella de carbono de una planta geotérmica es mínima. Por lo tanto, el desarrollo de la tecnología geotérmica y su uso para la generación eléctrica se puede considerar beneficioso para la lucha contra el calentamiento global. Una central geotérmica libera de media el equivalente de 122 kg de CO_2 por cada MWh de electricidad generada, lo que supone una octava parte de las emisiones de carbono a la atmósfera asociadas a las centrales térmicas de carbón convencionales;
- **Es renovable**: los reservorios geotermales provienen de fuentes naturales que se rellenan de forma continua. La energía geotérmica es por tanto una forma de energía renovable. También se le puede definir como sostenible. En otras palabras, la energía geotérmica es una fuente que puede sostener su tasa de utilización, si es debidamente explotada, a diferencia de las fuentes convencionales como el carbón, el gas natural, o el petróleo, cuyas reservas son limitadas. De acuerdo con diversos estudios, la energía disponible en los reservorios geotermales del interior de la tierra podría durar literalmente billones de años;
- **Es económica**: después de la etapa inicial de exploración para la construcción de una central geotérmica que puede llegar a ser costosa, su explotación es muy económica;
- **Precio por región o país**: su precio no es global sino que lo marcan las regiones o los países en donde se encuentran instaladas las centrales geotérmicas (Gana Energía, 220 a);

- **Es fácil de controlar**: una ventaja de la energía geotérmica es que es posible predecir cuánto se va a generar en un momento dado y es independiente del clima, lo que lo hace muy competitiva con respecto a la utilización de otras fuentes de energías renovables, como la energía solar o la energía eólica (Gana Energía, 2020 a);
- **Es segura**: las centrales geotérmicas pueden operar todo el día sin interrupciones;
- **Gran potencial**: muchos de los posibles yacimientos geotermales no son rentables por lo que sólo podemos usar una pequeña parte de todo su potencial. Las estimaciones más realistas de producción de las centrales geotérmicas varían entre los 0,035 TWh y los 2 TWh. Actualmente, las centrales geotérmicas de todo el mundo tenían, en el 2020, una capacidad de 14.013 MW y produjeron unos 92.047 GWh;
- **Es estable**: la energía geotérmica es una fuente constante de energía. Podemos predecir la producción de cada central geotérmica con bastante precisión. Esto no ocurre con otras fuentes de energía renovables como la solar o la eólica, donde el clima juega un gran papel. Por lo tanto, las centrales geotérmicas pueden cubrir la demanda de energía base. Además, este tipo de centrales tienen una alta eficiencia. La energía producida se acerca mucho a la capacidad total instalada y según se sigan consiguiendo nuevos avances tecnológicos se puede esperar mejores resultados;
- **Es ideal para calefacción y enfriamiento**: para producir electricidad se necesitan fuentes de agua geotermales a una temperatura de 150° C o más con el fin de que puedan moverse las turbinas generadoras instaladas en la central. Pero también se pueden aprovechar menores gradientes de temperatura entre la superficie y el interior del planeta. La tierra mantiene una temperatura más o menos estable a lo largo del año. Por ello, el suelo a tan sólo unos metros puede funcionar como disipador del calor o como fuente de calor y usarlo como una bomba de calor convencional. De hecho, esta tecnología está siendo muy usada en hogares para calefacción/enfriamiento.

Principales desventajas

No obstante, las ventajas que se han mencionado sobre el uso de la energía geotérmica para la generación eléctrica, también el uso de esta fuente de energía tiene sus desventajas. Las principales desventajas son:

- **Aspectos medioambientales**: existen multitud de gases de efecto invernadero bajo la superficie terrestre. Algunos de ellos pueden liberarse durante el aprovechamiento de la energía geotérmica, o la operación de una central geotérmica para la generación eléctrica y acabar en la atmósfera. Las centrales geotérmicas se asocian a emisiones de dióxido de sulfuro y de sílice, y en los reservorios de aguas geotermales pueden existir metales pesados como mercurio, arsénico, y boro. A pesar de todo esto, la contaminación atmosférica asociada a la operación de las centrales geotérmicas es insignificante comparada con la contaminación que producen las centrales térmicas convencionales utilizadas con el mismo fin;
- **Inestabilidad del terreno** (terremotos): la construcción de centrales geotérmicas puede afectar a la estabilidad del terreno. Los terremotos pueden producirse debido a fracturas hidráulicas, que es algo intrínseco al desarrollo de los sistemas geotermales[81];
- **Afecta al medio ambiente**: la construcción de una planta geotérmica tiene serias afectaciones al lugar donde será instalada;
- **Contamina a los acuíferos cercanos** (Gana Energía, 2020 a);
- **Es cara**: los proyectos geotermales son caros. Hay que explorar y perforar los nuevos yacimientos y aunque no se logre alcanzar el objetivo planteado, normalmente hay que pagar la mitad del presupuesto aprobado. Por cada central geotérmica de 1 MW de capacidad se debe prever una inversión entre €2 y €7 millones. Las bombas de calor para uso doméstico son más asumibles, aunque supone un gran desembolso al comienzo, estimado entre €3.000 y €10.000, pero con el ahorro que suponen en los hogares la inversión puede recuperarse pasados 10-20 años, dependiendo de cada caso;

---

[81] En enero de 1997, en Suiza, la construcción de una central geotérmica provocó un terremoto de magnitud 3,4 en la escala Richter.

- **Están muy localizados**: los buenos yacimientos geotermales son escasos. Algunos países tienen grandes recursos de este tipo (Islandia, Filipinas, e Indonesia, entre otros) y son capaces de producir hasta un tercio de su demanda eléctrica con tan sólo el aprovechamiento geotérmico. Pero si la energía geotérmica se transporta a largas distancias en forma de agua caliente para su aprovechamiento en otros lugares, se pierde gran cantidad de energía y deja de ser eficiente;
- **Complejidad en la transmisión y almacenamiento de la electricidad generada**: la transmisión de la electricidad generada por las centrales geotérmicas y su almacenamiento es complejo debido a su localización, que por lo general es lejana de los centros de consumo;
- **Requiere de estudios del terreno muy detallados y el uso de maquinaria especializada**;
- **Aspectos de sostenibilidad**: el agua de lluvia se filtra a través de la superficie terrestre hasta los yacimientos geotermales en un proceso que puede durar miles de años. Hay ciertos estudios que muestran que los yacimientos pueden agotarse si el agua se extrae a mayor velocidad de la que se regenera. Por ello, en algunas centrales geotérmicas se procede a reinyectar el agua una vez que se ha aprovechado su energía y se ha generado electricidad.

Los recursos geotérmicos son sostenibles si los yacimientos se aprovechan adecuadamente. Esto no afecta al uso doméstico de calefacción y refrigeración, ya que la energía se usa de forma diferente, sino que es un problema que afecta directamente a las centrales geotérmicas utilizadas para la generación de electricidad.

La bioenergía en la generación eléctrica

La bioenergía es energía producida a partir de seres vivos o materia orgánica viva (biomasa) como es la masa forestal o de cultivos, los residuos de animales y alimentos, o las aguas residuales (ver Fig. 180). La energía de la biomasa puede ser utilizada para producir calor, electricidad, y varios tipos de biocombustibles. Esta naturaleza multifacética de la energía de la biomasa moderna la convierte en un tipo de energía diferente de las demás energías renovables que se utilizan solo para la generación de electricidad. La biomasa tiene una contribución del 12% del total mundial de la generación de energía, pero la mayor parte del uso se destina a generar calor y producir otros tipos de combustibles, y solo el 2% se utiliza para la generación eléctrica a nivel mundial (REN21, 2020).

La biomasa tradicional se refiere a la combustión de madera y carbón vegetal para suministrar energía a ciertas actividades como la calefacción residencial y la coacción de alimentos en dispositivos sencillos y normalmente ineficaces con graves repercusiones para la salud debido a la combustión impura y, por tanto, al humo que genera. Tales prácticas son muy comunes en las economías en desarrollo y emergentes y, a menudo, están vinculados a la mala gestión de los bosques y la deforestación local (Mehetre et al., 2017). La participación de la biomasa tradicional en el consumo total de energía final disminuyó de un 9% en el 2006 al 7% en el 2018 (REN21, 2020).

Las tecnologías modernas asociadas a la bioenergía proporcionan varios portadores de energía como los combustibles líquidos y gaseosos, calor, y electricidad de carga base. El LCOE global de la bioenergía está dentro del rango del costo de la energía generada por las centrales térmicas que operan con combustibles fósiles. Los costos reales dependen de la tecnología y la ubicación de las centrales de bioenergía, siendo más bajos en China y la India y más alto en Europa y América del Norte (IRENA, 2020).

En el 2020, la capacidad global de las centrales de bioenergía aumentó en un 2,4% alcanzando la cifra de 127,2 GW. Estas centrales tuvieron en ese mismo año un aumento de la generación de electricidad del 5,9%, hasta alcanzar aproximadamente los 557,9 TWh, siendo Asia y Europa los mayores productores de electricidad mediante el uso de este tipo de fuente energética (IEA, 2020 b; REN21, 2020, y Estadísticas de Energía Renovable 2021 IRENA, 2021). La tasa de crecimiento de la energía de la biomasa se espera supere la tasa anual del 6% para alcanzar el objetivo de la AIE de generar 1.168 TWh mediante el uso de este tipo de fuente energética. La adopción reciente de políticas por parte de un grupo de países y las tendencias del mercado en los países emergentes permiten ser optimistas al pensar que se alcanzarán los objetivos adoptados (IEA, 2020 b).

Las fuentes modernas de biomasa ayudan a reemplazar a los combustibles fósiles en la generación eléctrica, además de ofrecer otros beneficios socioeconómicos colaterales en las cadenas de valor del sector agrícola y forestal. Sin embargo, la compleja cadena de valor asociada a la utilización de la biomasa para la generación eléctrica, y que comprende desde la recolección de materias primas y otros recursos hasta la producción de energía, tiene varias repercusiones medio ambientales. Esto incluye las emisiones de CO_2 y la generación de otros contaminantes del clima de vida corta. A pesar de estas emisiones, la biomasa es tratada como una forma de energía climáticamente neutra debido a su condición de energía renovable. Debido a ello, la bioenergía es un tema de debate frecuente no sólo en las negociaciones de las políticas climáticas internacionales y que deberían ser adoptadas por los diferentes países, sino también en la investigación, debido al carbono que se genera durante su utilización (Aalto y otros, 2021).

Es importante resaltar que el estado de neutralidad climática es, en última instancia, una suposición calculada que depende de la tasa de la biomasa utilizada y de su reemplazo por cantidades equivalentes de biomasa de nuevo crecimiento, las implicaciones asociadas del uso de la tierra, y la gestión de la fuga de carbono en la cadena de valor de la biomasa (Bilgili et al., 2017; Catuti et al., 2020).

La bioenergía moderna puede ser subdividida de la forma siguiente, donde cada una de ellas tiene repercusiones medioambientales diferentes:

- Biocombustibles sólidos (11% del total del consumo de energía final, incluida la tradicional biomasa);
- Biocombustibles líquidos (1%);
- Biogás (0,2%).

La energía de biomasa es un tipo de energía renovable procedente del aprovechamiento de la materia orgánica o industrial formada en algún proceso biológico o mecánico. Generalmente se obtiene de las sustancias que constituyen seres vivos (plantas, animales, entre otros), o sus restos y residuos. El aprovechamiento de la energía de la biomasa se hace directamente (por ejemplo, por combustión), o por transformación en otras sustancias que pueden ser aprovechadas más tarde como combustibles o alimentos (Lucas Martínez et al, 2004). En su más estricto sentido es un sinónimo de biocarburantes (combustibles derivados de fuentes biológicas). En su sentido más amplio abarca también la biomasa, y el material biológico utilizado como biocombustible. Hay una ligera tendencia a favor de la bioenergía en Europa, en comparación con los biocarburantes en América del Norte. (Wikipedia Bioenergía, 2019).

Fuente:
https://commons.wikimedia.org/wiki/File:MBT_anaerobicdigesters.jpg
Fig. 180: Central de biocombustibles

Los biocombustibles sólidos en la generación eléctrica

Los biocombustibles sólidos consisten en materia agrícola orgánica (por ejemplo, paja, desechos animales, entre otros) o material forestal (ramas, madera, entre otros). El material forestal es la fuente más común de los biocombustibles sólidos. Este tipo de biocombustible se puede convertir en pellets de madera mediante la compactación de residuos de madera pulverizados de bajo costo como el aserrín, desechos de madera de baja calidad, entre otros (REN21, 2020; IRENA, 2019 b; Jones et al., 2014).

En la década del 2010, la industria de pellets de madera desarrolló tecnologías de procesamiento y la infraestructura logística adecuada para el suministro global de este tipo de biocombustible sólido, de acuerdo a intereses socioeconómicos de desarrollo regional en muchos países (IRENA, 2019 b). En el 2018, la industria produjo 35 millones de toneladas métricas de biocombustible sólido, beneficiándose de una demanda creciente para su utilización para el suministro de calor y energía combinados (CHP) en varios países. A nivel mundial, se generaron unos 90 TWh de electricidad mediante el uso de biocombustibles sólidos (REN21, 2020).

Las centrales de biocombustibles sólidos de cogeneración pueden ser utilizadas como carga base, aunque algunas tecnologías también pueden ser utilizadas para asegurar la estabilidad de la producción de energía en momentos de alta demanda o instabilidad en la generación eléctrica por el uso de parques solares y eólicos.

Teniendo en cuenta que los árboles y bosques son el hábitat de muchos animales, varios países han introducido normas más estrictas para el uso de los biocombustibles sólidos para la generación eléctrica. Por ejemplo, la Directiva de Energía Renovable de la UE de 2018 establece nuevos requisitos de sostenibilidad, reducción de gases de efecto invernadero, así como criterios y normas específicas para la generación de electricidad a partir de los biocombustibles sólidos (European Commission, 2018 a).

Los biocombustibles líquidos en la generación eléctrica

Los biocombustibles líquidos representan una tecnología alternativa al uso de los biocombustibles sólidos en motores de combustión que es una tecnología madura, renovable, no tóxica, y biodegradable. Hasta ahora, los biocombustibles líquidos se utilizan predominantemente en el sector del transporte y no para la generación de electricidad.

Los biocombustibles líquidos se pueden dividir en combustibles de primera, segunda y tercera generación en dependencia de la materia prima que se utilice en su producción. Con una producción total de 161 mil millones de litros en el 2019 (un 6% de crecimiento con respecto al registrado en el 2018), los dos tipos más comunes de biocombustibles líquidos son el biodiésel y etanol de primera generación (REN21, 2020). El biodiésel, con una producción de 47,4 mil millones de litros, es producido a partir de plantas oleaginosas como los girasoles, semillas de colza, soja, o aceite de palma. Se puede utilizar directamente en motores diésel pero es generalmente mezclado con otros tipos apropiados de combustibles fósiles (por ejemplo, en una mezcla 20/80) para mayor eficiencia. El etanol, con una producción de 114 mil millones de litros, es un alcohol elaborado fermentando y refinando en un proceso de varios pasos, a partir de patatas o azúcar (caña de azúcar, maíz) (Debnath, 2019). El etanol también se suele mezclar con gasolina. En los EE.UU, se suele utilizar como materia prima ciertos cultivos para la producción de etanol con una mezcla del 10%; en Brasil, la mezcla es entre el 18% y el 25%, mientras que en el caso de Finlandia, se utilizan residuos forestales para lograr la producción de etanol. Los planes en Finlandia es lograr una mezcla del 30% para el 2030 y una mezcla del 10% en fueloil ligero para maquinaria y la calefacción de edificios (Gaffney y Marley, 2020; Government of Finland, 2017).

El proceso de producción de biocombustibles líquidos de segunda generación permite el uso de biodiésel en aceites vegetales no comestibles, aceites usados reciclados (por ejemplo, aceite para cocinar o freír), y grasas animales. A nivel mundial, lamentablemente dicho material de desecho es todavía de un volumen limitado. Aunque los productos finales de los biocombustibles líquidos de la segunda generación tienen menos emisiones de gases de efecto invernadero que los biocombustibles de primera generación o los combustibles fósiles, y requieren para su producción utilizar procesos intensivos en energía por lo que su producción es todavía muy costosa (Kargbo et al., 2021).

Los biocombustibles líquidos de tercera generación (tanto biodiésel como etanol) están hechos de microbios y algas naturales, pero su cultivo en sistemas abiertos o contenidos (fotobiorreactor) requiere de altos niveles de fertilizantes y agua. El uso de aguas marinas o residuales ricas en nutrientes podría reducir esa necesidad. La producción a base de algas aún no se comercializa a escala industrial (Leong et al., 2018).

La compatibilidad con la actual infraestructura de la industria de los combustibles fósiles hacen de los biocombustibles líquidos un combustible de interés para transición energética que es política y socialmente aceptable en opinión de muchos responsables de la formulación de políticas. No obstante ello, la AIE anticipa un crecimiento promedio anual de la producción de los biocombustibles líquidos del 3% entre el 2020 y el 2025, muy por debajo del 10% a alcanzar para el 2030 (alrededor de 500 mil millones de litros) tal y como se había sugerido por dicha organización.

El aumento de la producción de biocombustibles líquidos de primera generación plantea no solo desafíos operativos sino también notables retos ambientales que, en última instancia, hacen que este camino sea insostenible a nivel global. Esto se aplica en particular a los biocombustibles producidos a base de cultivos. El rendimiento de biomasa por hectárea varía en dependencia del tipo de cultivo a utilizar, su ubicación geográfica, y la tecnología de conversión que se utilice. La producción de biodiésel de aceite de palma podría alcanzar hasta 4.700 litros/ ha en Malasia. La producción de etanol a través de la azúcar de remolacha podría llegar a los 5.500 litros/ ha en los EE.UU (FAO, 2008).

Un elemento importante relacionado con la producción de biocombustibles líquidos de la primera generación basada en cultivos es el siguiente: requiere de grandes extensiones de tierra cultivable, lo que los hace competir con la seguridad alimentaria. Agricultores económicamente vulnerables y de bajos ingresos en los países con pocas exportaciones agrícolas se podrían ver tentados a cambiar a cultivos que se utilicen para la producción de biocombustibles líquidos en busca de mayores ingresos (Malins, 2017), en lugar de cultivos para la producción de alimentos.

En Asia y América del Sur, la tala de grandes áreas de selva tropical para utilizar ese espacio para ampliar las extensiones de tierras para cultivos energéticos compite con la biodiversidad, provocando erosión, deforestación, y un aumento de las emisiones de carbono. Suponiendo que se dispusiera de tierra cultivable suficiente, la producción industrial a gran escala de biocombustibles líquidos de la primera generación requiere una mejora de las prácticas agrícolas, y aumenta significativamente el riesgo de promover el monocultivo, la rotación limitada de cultivos, y el uso de fertilizantes sintéticos, herbicidas y pesticidas, que por ser derivados del petróleo y soluble en agua, amenaza la degradación del agua subterránea (Aktar et al., 2009). Finalmente, el proceso de producción de biocombustibles líquidos consume grandes cantidades de agua dulce. En la India, por ejemplo se necesitan cerca de 3.500 litros de agua de riego para producir un litro de etanol a partir de la caña de azúcar. Sin lugar a duda, este es un problema muy importante para los países con una gran escasez de agua (Fraiture et al., 2008).

En general, las cadenas de valor mundiales de los biocombustibles líquidos dependen de varios factores, tales como las condiciones de crecimiento (calidad del suelo y clima) y el nivel de la demanda en los diferentes mercados, incluidas las restricciones comerciales que puedan existir. En Europa, la directiva de la UE sobre energías renovables para el periodo 2020-30 plantea como un objetivo a alcanzar una participación del 14% de las energía renovables en el sector del transporte para el 2030. Debido a las serias preocupaciones sobre la competencia entre alimentos y combustibles, y otros impactos medio ambientales, la UE ha establecido un límite del 7% para la producción de los biocombustibles líquidos de la primera generación en el sector del transporte y un objetivo de al menos un 3,5% de participación para los biocombustibles avanzados (European Commission, 2018 a).

Los principales productores de biocombustibles líquidos, entre los que se encuentran los EE.UU con un 41% del total mundial, Brasil con un 26% del total mundial, e Indonesia con un 4,5% del total mundial, han incrementado significativamente la producción de este tipo de bioenergía para uso doméstico. Otros grandes productores de biocombustibles líquidos como la India y China enfatizan la producción a gran escala de biocombustibles avanzados a mediano plazo (REN21, 2019 and 2020).

Los combustibles gaseosos en la generación eléctrica: El Biogás

El biogás es una mezcla de gases (principalmente metano y CO_2) apto para cocinar, calentar, generar electricidad y como combustible en el sector del transporte. El biogás puede ser producido a partir de la fermentación de materiales orgánicos. Este proceso denominado "digestión anaeróbica" (DA) ocurre naturalmente en los vertederos o en una zona de manera más controlada y eficiente en los sistemas de biogás mediante la reutilización de residuos biológicos tales como excrementos, material vegetal, y aguas residuales (Da Costa Gomez, 2013). Además, el biogás se puede producir mediante la gasificación de la biomasa forestal, por ejemplo, mediante el procesamiento de los residuos de la industria forestal. Al ser una tecnología madura y su producción económica, la capacidad instalada de biogás a nivel mundial se ha más que duplicado. Sin embargo, su potencial técnico permanece en su mayoría sin explotar en muchos países, incluso cuando se utilizan solo materias primas en tierras agrícolas que no compiten con la producción de alimentos. Este potencial podría satisfacer alrededor 20% de la demanda mundial de gas (IEA, 2020 a).

La escala de los sistemas de biogás varía desde pequeños digestores de tanque de plástico (por debajo de 3 m^3) a sistemas con varios tanques digestores conectados de más de 1.000 m^3 cada uno, y a la gasificación a escala industrial en instalaciones que utilizan la madera como materia prima. En las zonas rurales de muchos países en desarrollo, se encuentran instalados un total de varios millones de pequeños sistemas de biogás hechos de plástico (tanques o tubos) o de ladrillos y hormigón que pueden proporcionar energía para un hogar de cuatro personas (< 2 m^3/día), ayudan a reducir el agotamiento de la biomasa, disminuyen las misiones de gases de efecto invernadero y gastos de energía, y mejoran la calidad del aire interior en las instalaciones agrícolas, junto con otros beneficios socioeconómicos (IRENA, 2016; Cheng et al., 2014).

Los sistemas de biogás a nivel comunitario pueden servir a varios cientos de usuarios y ayudar a mejorar el saneamiento del medio ambiente (Oxfam, 2011). En los países desarrollados, los sistemas de biogás son normalmente conectado a una central de cogeneración. En Europa, una central de biogás típica es o de pequeña capacidad (entre 30 y 150 kW) o de mediana capacidad (entre 150 kW y 1 MW) y es operada por uno o más agricultores en una empresa conjunta (FNR, 2016). La materia prima consiste típicamente en material agrícola como cultivos, pastos, o excrementos. Sin embargo, el material no desechado hacen que el proceso de producción sea muy intensivo en cuanto a las necesidades de tierra para producirla. Alrededor de 260 ha de tierras agrícolas (cultivos) para alimentar una central de cogeneración de biogás de 500 kW, la cual podría llegar a generar alrededor de 10.800 kWh de electricidad y 11.800 kWh de calor al día. El uso de los excrementos pueden reducir la cantidad de material por planta, disminuye la densidad de energía requiriendo finalmente una sustancial masa de ganado como co-ingrediente (Karpenstein-Machan, 2013; FNR, 2016).

Los sistemas de biogás más grandes provocan una mayor demanda de materia prima y ello hace que aumenten las áreas de captación, las necesidades de transporte, el uso de combustibles fósiles y, finalmente, empeoran el ciclo de vida de las emisiones de electricidad a partir del biogás.

A pesar de las diferencias de diseño, las centrales de biogás consisten en un digestor, un contenedor de biogás (generalmente ubicado bajo tierra) y un tanque con desbordamiento de purines. En el tanque digestor, bajo la exclusión de luz, temperatura uniforme, nivel de pH y suministro de nutrición, los microorganismos anaeróbicos descomponen la biomasa para producir biogás (Da Costa Gomez, 2013). El biogás se eleva y se acumula bajo presión en el portador de biogás. El tanque de desplazamiento evita la sobre presurización del gas y almacena temporalmente el residuo completamente fermentado de materiales que luego pueden servir como abono para reducir la cantidad de fertilizante mineral en la agricultura (FNR, 2016).

Dependiendo de la materia prima utilizada, el biogás producido contiene metano (entre un 50% y un 70%), CO_2 (entre un 30% y un 50%), agua, oxígeno, así como trazas de azufre y sulfuro de hidrógeno (Pääkkönen et al., 2019). Después de la desulfuración y el secado, el biogás limpio puede ser utilizado para la producción de calor (por ejemplo, cocinar, calentar agua) o para generar electricidad y calor en una central del tipo CHP con una eficiencia total de hasta el 90% (FNR, 2016). Alternativamente, el biogás convertido en biometano tiene las mismas propiedades que el gas natural y puede inyectarse a la red de gas y utilizarse como combustible en el transporte, por ejemplo, para el transporte pesado por carretera (Pääkkönen et al., 2019).

La producción de biogás se enfrenta a limitaciones financieras, sociales, y medioambientales obstaculizando la explotación de todo su potencial. En los países en desarrollo, además hay que tener presente la falta de piensos, material, trabajadores calificados, participación pública, apoyo político, disponibilidad de capital y oportunidades de financiación. En los países desarrollados hay que tener presenta, además, características relacionadas con el régimen socio-técnico, como las prácticas regulatorias, e instrumentos de política, la falta de subsidios en comparación con otros sectores de la energía, entre otros factores (Nevzorova y Kutcherov, 2019).

Por último es importante tener en cuenta que las centrales de biogás presentan problemas similares vis-a-vis a otros tipos de biomasa para lograr la neutralidad climática. Las emisiones del ciclo de vida aumentan con las prácticas agrícolas intensivas de energía (para biogás) y las distancias entre los puntos de compilación de la materia prima, la producción de biogás y los puntos de venta minorista (Aalto y otros, 2021).

Por otro lado, la producción de biogás a gran escala para la generación eléctrica a partir de cultivos energéticos causa problemas ambientales similares a los de la producción de biocombustibles líquidos. En el caso del biometano, estos efectos son similares a los del gas natural en términos de fugas que deben evitarse durante el ciclo de producción y las emisiones de metano durante la combustión.

Las centrales de bioenergía pueden ser de diversos tamaños. Se pueden encontrar desde instalaciones de pequeño tamaño para uso doméstico (chimeneas u hogares de leña), de tamaño mediano (digestores de residuos ganaderos en granjas), o de gran tamaño (centrales térmicas que queman residuos agrícolas o forestales para producir electricidad, o suministrar calefacción a un distrito o ciudad, etc.).

En el 2020, estaban operando en todo el mundo centrales de bioenergía con una capacidad total de 127.201 MW que generaron, en el 2019, un total de 557.853 GWh de electricidad. Las mayores capacidades se encuentran en Asia con 43.013 MW (33,8% del total mundial), seguido por la UE con 41.801 MW (32,9% del total mundial), y América del Sur con 17.755 MW (14% del total mundial). Las mayores producciones de electricidad mediante el uso de las centrales de bioenergía en el 2019 fueron reportadas por la UE con 197.140 GWh (35,3% del total mundial), Asia con 193.380 GWh (34,7% del total mundial), y América del Sur con 67.110 GWh (12% del total mundial).

Principales ventajas y desventajas del uso de la bioenergía en la generación eléctrica

Según Morales Pedraza (2013 y 2015) y Energías Renovables (2014), las principales ventajas y desventajas en el uso de la bioenergía para la producción eléctrica se detallan en los siguientes párrafos.

Principales ventajas

- **Es renovable y abundante**: en todos los países existe la posibilidad de acceder a restos de cosecha, estiércol, y basura orgánica (Energías Renovables, 2014), las cuales a su vez se pueden utilizar para la generación de electricidad;
- **Disminuye las emisiones de CO_2 y otros gases de efecto invernadero**: Este tipo de centrales disminuye las emisiones de CO_2 en comparación con centrales térmicas que operan con combustibles fósiles;
- **La energía de la biomasa es sostenible**: para ello se requiere que los cultivos se cultiven y se manipulen de una manera efectiva, la cual estará disponible en donde sea que se puedan cultivar eso productos;
- **La bioenergía puede ser utilizada con diferentes propósitos**: estos incluyen la producción de calor, combustible para vehículos, y para la producción de electricidad;
- **Posibilita el uso productivo de tierras marginales**: este tipo de tierras se encuentran en pendientes o en regiones semiáridas;

- **Favorece la generación de empleo en las áreas rurales**;
- **Requiere normalmente una menor inversión en divisas**: en comparación con otros sistemas energéticos y el aprovechamiento de la energía contenida en la biomasa, esta resulta muy económica si se le compara con otras fuentes de energías como es el caso de los combustibles fósiles;
- **Las empresas pueden adquirir una amplia gama de maquinarias de la más moderna tecnología**: ello permite entregar un recurso eficaz a sus clientes;
- **Disponibilidad de los recursos humanos necesarios**: existe en la actualidad un numero razonable de personas capacitadas e instituciones con un amplio conocimiento de la bioenergética.

Principales desventajas

- **Puede promover el monocultivo extensivo y reducir la biodiversidad**: ello afectaría el uso de tierras para la producción de alimentos;
- **Pueden emitir partículas tóxicas en su combustión**: ello tendría implicaciones medioambientales significativas;
- **Puede incrementar la erosión y la degradación de los suelos**: ello destruiría hábitats de gran valor ecológico, provocando la desaparición o el movimiento de especies animales al destruir sus refugios y fuentes de alimento;
- **Aspectos medioambientales**: en ocasiones se destinan a la obtención de biomasa amplias zonas forestales o selvícolas, destruyendo hábitats de gran valor ecológico y provocando la desaparición o el movimiento de especies animales al destruir sus refugios y fuentes de alimento (Energías Renovables, 2014);
- **La relación oferta-consumo frecuentemente es definida por el mismo agente**: esto implica que no se requiera de una valoración explícita del recurso;
- **Los sistemas bioenergéticos presentan en general costos de capital** elevados: los costos asociados a estos sistemas son comparativamente más elevados que los sistemas convencionales basados en el uso de los combustibles fósiles para la generación eléctrica. Ello es el resultado de

la necesidad de su recolección, procesamiento, y almacenamiento de algunos tipos de biomasa;

- **Falta de una marco institucional adecuado**: normalmente no existe un marco institucional eficiente para estimular la producción y utilización racional de la bioenergía;
- **El uso de la energía de biomasa requiere de mucho espacio**: se necesita grandes cantidades de tierra y agua para poder producir cultivos de biomasa y cuando estos crecen, requieren de grandes espacios para ser almacenados antes de poder convertirlos en energía (Energías Renovables, 2014).

Finalmente, es importante resaltar, de acuerdo al documento World Energy Investment 2021, que las perspectivas de inversión a corto plazo para biocombustibles líquidos y gaseosos dependen en gran medida de las políticas gubernamentales para contrarrestar las incertidumbres creadas por la pandemia del coronavirus, en particular, los menores márgenes operativos derivados de los menores precios de los combustibles. La inversión en proyectos sobre biocombustibles líquidos y gaseosos se redujo en el 2019 y disminuyó aún más en el 2020 llegando a alcanzar la cifra de un poco más de US$8 mil millones En el caso de los combustibles líquidos, el enfoque para la nueva capacidad de producción está cambiando de etanol a aceite vegetal hidro tratado (HVO), también conocido como diésel renovable, cuya capacidad de producción mundial se espera se triplique para el 2025.

Por otro lado, y según el documento mencionado en el párrafo anterior, las inversiones en la construcción de nuevas capacidades de biodiesel se mantuvo alta en la región del Asia y también en Brasil. Las inversiones en la construcción de nuevas capacidades de etanol están siendo impulsadas por Brasil y China, que juntos representan alrededor de la mitad de las inversiones mundiales, seguidas por el sudeste asiático en su conjunto. La capacidad total de etanol instalada en China se ha duplicado desde el 2017, y se están construyendo nuevas plantas de etanol de gran tamaño.

El biometano está emergiendo como una alternativa prometedora al gas natural debido a su menor nivel de emisiones de carbono a la atmósfera. El mercado actual de biometano es de aproximadamente ocho millones de metros cúbicos, una pequeña fracción del suministro total de gas natural, pero la actividad inversora se ha recuperado en los últimos años, ya que varios países, en particular en Europa y América del Norte, así como en Brasil, China, e India, han alentado su uso, principalmente en el sector del transporte. Ahora hay más de 1.000 plantas de biometano en todo el mundo, incentivadas por una variedad de políticas adoptadas por varios gobiernos como cuotas, subsidios directos, exenciones tributarias, y acuerdos de garantías de compra. Grandes petroleras, como Total, BP, Shell, y Chevron, han anunciado recientemente que incrementarán sus inversiones en biometano, siguiendo iniciativas anteriores de muchas empresas europeas de servicios públicos y redes de gas (World Energy Investment, 2021).

Mirando hacia el futuro

Sin lugar a duda, las diferentes fuentes de energías renovables incrementaran su papel en la conformación de la matriz energética de la mayoría de los países en todas las regiones geográficas. Según la AIE, la construcción de nuevas instalaciones de energías renovables en el mundo creció un 6% en el 2021 hasta alcanzar una capacidad récord de 295 GW y se prevé que vuelva a aumentar en el 2022 otro 8% hasta llegar a los 320 GW debido al impulso que se le dará al uso de este tipo de fuente energética para la generación eléctrica en China, la UE y América Latina y el Caribe, que compensarán el descenso de las cifras de EE.UU. Este descenso esperado en los EE.UU se debe a la incertidumbre que existe en el sector sobre los nuevos incentivos que el gobierno adoptara para promover el uso de la energía eólica y la solar para la generación eléctrica, así como por las nuevas restricciones que se espera el gobierno adopte para reducir las importaciones de equipos fotovoltaicos procedentes de China y de otros países de la región del sureste asiático.

La mayoría de las instalaciones de energías renovables que entraron en servicio en el 2021 en el mundo fueron parques solares fotovoltaicas. Su expansión compensó con creces el descenso del 17% que se registró en la construcción de nuevos parques eólicos en el mundo. También fue significativa la progresión de las centrales hidroeléctricas. Se espera que esa tendencia alcista experimente una inflexión en el 2023. Se pronostica por la

AIE un estancamiento o incluso un ligero descenso de las nuevas capacidades a ser instaladas en ese periodo[82].

[82] Ver el documento titulado "La instalación de renovables crecerá un 8% este año en todo el mundo y experimentará su primer descenso en 2023," publicado por el Periódico de la Energía en mayo del 2022.

Capítulo VIII

El papel de la energía nuclear en la generación eléctrica

La energía nuclear es otra opción de energía limpia pero no renovable, que puede usarse también como fuente de energía de carga base, y no contribuye a la emisión de gases de efecto invernadero. De hecho las centrales nucleares (ver Fig. 181) en realidad han reducido las emisiones de gases de efecto invernadero hasta en un tercio (Apergis et al., 2010). Hay países, tanto desarrollados como en desarrollo (alrededor de 33 países), que consideran la energía nuclear como una opción realista y económicamente viable para la generación eléctrica y, por esta razón, tienen planes para expandir los programas de energía nuclear en curso, o para introducir por primera vez este tipo de fuente de energía para la generación de electricidad. Muchos otros países consideran este tipo de fuente energética muy peligrosa y costosa y se oponen a utilizarla para la generación eléctrica.

Fuente: Cortesía de Emilio Silvera
Fig. 181: Central nuclear

En 2020, las centrales nucleares en explotación generaron, según el documento titulado "BP Statistical Review of World Energy 2021," un total de 2.700,1 TWh que representa el 10,1% del total de la electricidad producida en el mundo (26.823,2 TWh).

Sin embargo, es una realidad que el uso de energía nuclear para la generación de electricidad en los países en desarrollo todavía es muy limitado, y la situación no cambiará para muchos de ellos a corto o mediano plazo. No hay lugar para la duda, la construcción de una central nuclear es una empresa industrial importante que involucra una serie de desafíos económicos, financieros, técnicos, y regulatorios, con repercusiones políticas y sociales significativas. Por esta razón, la energía nuclear representó alrededor del 5% de la inversión global total en el 2020 y se prevé que aumente, fundamentalmente, en países con programas nucleares de expansión bien definidos como son los casos de China, India, y Rusia. China, por ejemplo, encargó 2 GW en el 2020, y tiene, en diciembre del 2021, otras centrales nucleares en construcción con una capacidad total de 13.675 MW, de los cuales unos 3 GW fueron iniciados en el 2021, aproximadamente tres veces más que lo reportado en el 2019, y tiene planes de construir más centrales nucleares en los próximos años para cumplir con su objetivo de cero emisión de carbono para el 2060.

Es importante resaltar que cualquier estudio que se lleve a cabo sobre la construcción de una central nuclear debe tener muy presente el tema del financiamiento para respaldar esa construcción, ya que la inversión inicial es muy alta en comparación con la inversión inicial de otras fuentes de energía. Por esta razón, el financiamiento de la construcción de una central nuclear es quizás el más importante y el más difícil de todos los desafíos que deben enfrentar las nuevas construcciones de centrales nucleares, ahora y en el futuro, particularmente durante las fases de preparación y construcción, pero no es el único. El costo de operación de una central nuclear es competitivo con el costo de operación de otras plantas de energía pero bajo ciertas condiciones al menos en algunos países.

En diciembre del 2021, se encontraban en operación, según la base de datos PRIS-OIEA de fecha diciembre 2021, un total de 442 reactores nucleares de potencia en 32 países (33 si se considera Taiwán como país independiente), 51 unidades en construcción en 19 países (20 si se considera a Taiwán como país independiente), y 198 unidades en cierre permanente en 21 países (22 si se considera a Taiwán como país independiente).

La Tabla 41 muestra el número de reactores nucleares de potencia en operación, en construcción, y en cierre permanente en un grupo de países.

Tabla 41: Numero de reactores en operación, en construcción, y en cierre permanente en diciembre del 2021

País	Reactores en operación	Reactores en construcción	Reactores en cierre permanente	Capacidad neta total eléctrica (MW)	Capacidad neta total eléctrica unidades en construcción (MW)
Argentina	3	1	-	1.641	25
Armenia	1	-	1	415	-
Bélgica	7	-	1	5.942	-
Bielorrusia	1	1	-	1.110	1.110
Bangladesh	-	2	-	-	2.160
Brasil	2	1	-	1.884	1.340
Bulgaria	2	-	4	2.006	-
Canadá	19	-	6	13.624	-
China/Taiwán	53/3	13	3	49.789/2.859	13.675
República Checa	6	-	-	3.934	-
Finlandia	4	1	-	2.794	1.600
Francia	56	1	14	61.370	1.630
Alemania	6	-	30	8.113	-
Hungría	4	-	-	1.902	-
India	23	6	-	6.885	4.194
Italia	-	-	4	-	-
República Islámica de Irán	1	1	-	915	974
Japón	33	2	27	31.679	2.653
Kazajistán	-	-	1		
República de Corea	24	4	2	23.150	5.360
Lituania	-	-	2	-	-
México	2	-	-	1.552	-
Holanda	1	-	1	482	-
Pakistán	5	1	1	2.242	1.014
Rumania	2	-	-	1.300	-
Rusia	38	4	9	28.578	3.759
Eslovaquia	4	2	3	1.837	880
Eslovenia	1	-	-	688	-
Emiratos Árabes Unidos	2	2	-	2.690	2.690
Suráfrica	2	-	-	1.860	-
Turquía	-	3	-	-	3.342
España	7	-	3	7.121	-
Suecia	6	-	7	6.882	-
Suiza	4	-	2	2.960	-
Ucrania	15	2	4	13.107	2.070
Reino Unido	12	2	33	7.343	3.260
Estados Unidos	93	2	40	95.523	2.234
Total	442	51	198	394.177	53.970

Nota: Taiwán tiene cuatro unidades en operación con una capacidad de 3.884 MW incluidas ya en la Tabla en China

Fuente: PRIS-OIEA diciembre 2021

La situación global actual de la industria nuclear es muy compleja. Está experimentando un cambio tecnológico significativo a medida que los reactores de energía nuclear de las Generaciones I y II son sustituidos por reactores de energía nuclear de las Generaciones III y III + más grandes, complejos y mucho más seguros en varios países y por los llamados SMRs. Este es un proceso muy complejo por las siguientes dos razones:

- En primer lugar, la pérdida de habilidades y capital humano de una generación de ingenieros que surgieron como resultado del auge de la construcción de centrales nucleares durante los años setenta y ochenta, y que ya se ha retirado, o está por jubilarse en los próximos cinco años, los que en general, no han sido reemplazados por un nuevo grupo de profesionales con experienciahttps://translate.googleusercontent.com/translate_f - ftn7. Por ejemplo, solo en los EE.UU, se estima que más del 40% de la fuerza laboral de la industria nuclear es elegible para la jubilación en los próximos cinco años. La gestión y retención del conocimiento es fundamental para mantener la alta eficiencia operativa nuclear de América del Norte. Si bien la industria nuclear continúa atrayendo a una nueva generación de trabajadores calificados para llenar este vacío, algo que cada año se vuelve más difícil de lograr, es la gran cantidad de conocimiento que los jubilados llevarán consigo lo que no es tan fácil de reemplazar. Esta "fuga de cerebros" no es nada nuevo pero administrar y retener el conocimiento que posee la fuerza laboral del envejecimiento nuclear es una lucha que la industria nuclear aún tiene que enfrentar y ganar;
- En segundo lugar, la reconfiguración de la cadena de suministro global de contratistas y subcontratistas, que está impulsada tanto por las nuevas posibilidades en la gestión de datos, la externalización, y la logística, como por un cambio fundamental de actividad desde los EE.UU, Europa, y Japón, a China, Rusia, Corea del Sur, el sudeste de Asia y el Medio Oriente, también debe tenerse en cuenta. Si bien esto último constituye un cambio de países de la OCDE a países que no pertenecen a la OCDE, muchos, si no la mayoría, de los principales proveedores continúan teniendo su sede en países del área de la OCDE (Keppler y Cometto, 2015).

Además de lo que se ha dicho anteriormente, en la década de los 90s, hubo un gran entusiasmo por un posible "renacimiento nuclear" a través de los llamados reactores de las Generaciones III y III +, y los llamados SMRs[83]," diseñados para abordar los enormes problemas que enfrenta la industria en términos de seguridad, costo, complejidad, y tiempo de construcción. Estas promesas (que recordaban algunas de las primeras afirmaciones hechas en nombre de la energía nuclear en las décadas de los 50s y 60s) fueron decisivas para persuadir tanto al expresidente estadounidense, George Bush, como al ex primer ministro del Reino Unido, Tony Blair, para que volvieran a comprometerse con los programas de energía nuclear en los EE.UU y el Reino Unido, respectivamente.

Veinte años después, muy pocas unidades de los diseños de reactores de las Generaciones III y III + están en servicio, y algunas de las unidades en construcción han reportado retrasos significativos y un aumento en el costo de la construcción, como son los casos de la construcción del reactor del tipo EPR[84] en Finlandia y en Francia. Debido a estos ejemplos, el tipo de costos reducidos de los que se hablaba en ese momento con respecto a la construcción de los reactores de la Generaciones III y III+ ha demostrado ser completamente ilusorio, al menos por el momento. El aumento en el costo de construcción del reactor EPR en Finlandia y en Francia es un ejemplo de lo que está sucediendo con el costo de construcción de los reactores de la Generación III+. Los problemas alrededor de la construcción del reactor nuclear de potencia del tipo ERP en Finlandia, y los atrasos acumulados, han elevado los costos para su finalización hasta los €9 mil millones, es decir tres veces más que los €3 mil millones inicialmente estimados. La mencionada unidad de la central nuclear finlandesa Olkiluoto (llamada OL3 EPR) fue encendida en la madrugada del 21 de diciembre del 2021, convirtiéndose en la primera de su tipo en ponerse en marcha en 40 años en ese país. Se espera que

[83] Los SMRs son reactores de fisión nuclear más pequeños que los reactores nucleares convencionales y normalmente tienen una potencia eléctrica de menos de 300 MWe. El mercado global estimado para los reactores del tipo SMR alcanza hasta los US$300 mil millones por año para el 2040. En estos momentos hay aproximadamente 70 conceptos de SMR en desarrollo, un aumento del 40% con respecto a lo reportado en el 2018. Todos los reactores del tipo SMR tienen como características comunes la simplicidad de diseño, menor costo de inversión, facilidad de fabricación y construcción, la modularidad del diseño, y un incremento de la seguridad operacional.

[84] Reactor europeo presurizado.

la mencionada unidad genere alrededor del 14% del total de la electricidad producida en Finlandia.

En el caso del EPR en construcción en Francia, la situación no es muy diferente. La empresa de servicios públicos francesa EdF (Èlectricité de France) ha aumentado el costo de la construcción de su reactor nuclear de nueva generación en más de €2.000 millones. Sin duda alguna, una regulación más estricta a raíz del desastre nuclear de Fukushima-Daiichi contribuyó a elevar el costo total del ERP Flamanville en Francia de 1.600 MW de capacidad a unos €8,5 mil millones. En 2005, la empresa de servicios públicos estimó el costo del reactor en €3,3 mil millones.

Es importante destacar que, en el 2015, se estimó que las 18 unidades de diseños de nuevos reactores de potencia en construcción cumplían con los criterios de Generación III o III +. De estas 18 unidades solo dos se terminaron en tiempo, y las 16 unidades restantes se retrasó su terminación entre dos a nueve años. Debido a ello, a primera vista, las afirmaciones de que estos diseños serían más fáciles de construir no parecen estar basadas en elementos técnicos y de costo sólidos y objetivos (Schneider, et al., 2015).

El número de reactores de energía nuclear por tipo en funcionamiento en 32 países (si se excluye a Taiwán como país independiente), se incluye en la Tabla 42 y la Fig. 184.

Tabla 42: Reactores nucleares de potencia en operación por tipo y por país diciembre 2021

Países	PWR	BWR	GCR	PHWR	LWGR	FBR	HTGR	Total
Argentina				3				3
Armenia	1							1
Bielorrusia	1							1
Bélgica	7							7
Brasil	2							2
Bulgaria	2							2
Canadá				19				19
China	49			2		1	1	53
República Checa	6							6
Finlandia	2	2						4
Francia	56							56
Alemania	5	1						6
Hungría	4							4
India	2	2		19				23
República	1							1

Islámica de Irán								
Japón	16	17						33
República de Corea	21			3				24
México		2						2
Países Bajos	1							1
Pakistán	5							5
Rumanía				2				2
Rusia	24				12	2		38
Eslovaquia	4							4
Eslovenia	1							1
Suráfrica	2							2
España	6	1						7
Suecia	2	4						6
Suiza	3	1						4
Reino Unido	1		11					12
Ucrania	15							15
Emiratos Árabes Unidos	2							2
Estados Unidos	62	31						93
Total	303	61	11	48	12	3	1	439

Nota: Se han excluido los tres reactores de Taiwán

Fuente: PRIS-OIEA diciembre 2021

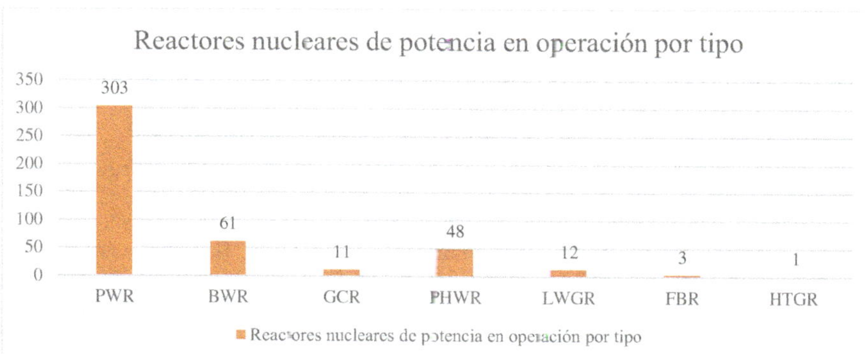

Nota: Se excluyen los tres reactores nucleares de potencia de Taiwán

Fuente: PRIS-OIEA diciembre 2021

Fig. 182: Reactores nucleares de potencia en operación por tipo

Tal y como se muestra en la Tabla 42 y Fig. 182, el 69% de los reactores nucleares de potencia actualmente en operación son del tipo PWR (agua a presión, ver Figura 183)[85] seguidos por los del tipo BWR (agua en ebullición, ver Figura 184)[86] con el 13,9% del total y por los del tipo PHWR con el 10,9%. Con excepción de cuatro países, todos los demás se encuentran construyendo reactores del tipo PWR.

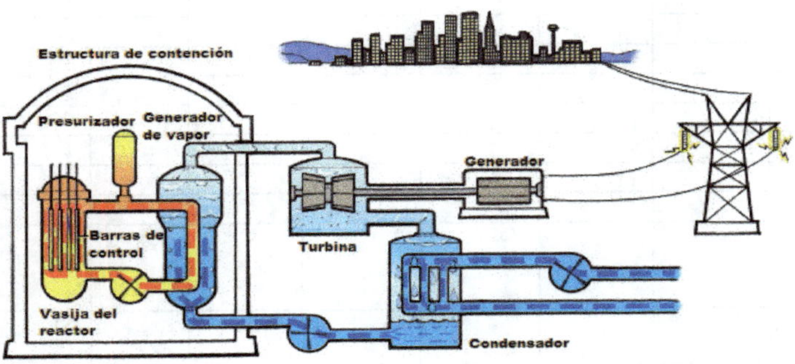

Fuente: NCR https://www.nrc.gov/reading-rm/basic-ref/students/animated-pwr.html
Fig. 183: Esquema de un reactor del tipo PWR

[85] Un reactor de agua a presión (por sus siglas en inglés PWR: Pressurized Water Reactor) es un tipo de reactor nuclear que usa agua como refrigerante y moderador de neutrones. En un PWR, el circuito primario de refrigeración está presurizado con el fin de evitar que el agua alcance su punto de ebullición, de aquí el nombre de este tipo de reactores. El PWR es el tipo de reactor nuclear de potencia más utilizado a nivel mundial. Hay 303 reactores tipo PWR en uso (69% del total) para la generación de energía eléctrica (los PWR producen típicamente entre 900 y 1.500 MWe), y varias decenas más que se usan para propulsión naval. El PWR fue diseñado originalmente por el Bettis Atomic Power Laboratory para ser utilizado como planta de energía en un submarino nuclear. También, algunos PWR pequeños han sido utilizados para calefacción en regiones polares (Wikipedia Reactores de agua a presión, 2019).

[86] El reactor de agua en ebullición (BWR) por sus siglas en inglés: Boiling Water Reactor), es un tipo de reactor nuclear de agua ligera (LWR por sus siglas en inglés), diseñado por General Electric a mediados de la década de los cincuenta, y en el que el agua común se utiliza como refrigerante y moderador. Esta alcanza la ebullición en el núcleo, formando vapor que se utiliza para impulsar la turbina que mueve el generador eléctrico (Wikipedia Reactor de agua en ebullición, 2019). Hay 61 reactores de este tipo en operación en diciembre del 2021 (13,9%).

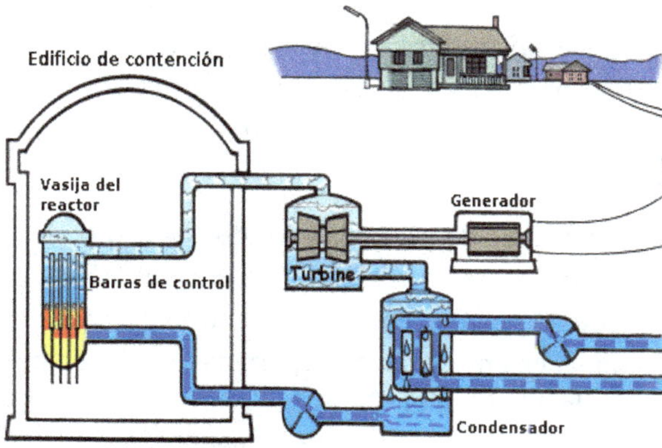

Fuente: NCR https://www.nrc.gov/reading-rm/basic-ref/students/animated-bwr.html

Fig. 184: Esquema de un reactor del tipo BWR

La edad de los reactores actualmente en operación se muestra en la Tabla 43.

Tabla 43: Edad de los reactores nucleares de potencia actualmente en operación

Edad del reactor	Cantidad
0-9 años	59
10-19 años	33
20-29 años	50
30 a 39 años	171
Mas de 40 años	129

Fuente: PRIS-OIEA diciembre 2021

Como se puede apreciar de los datos de la Tabla 43, la mayoría de los reactores nucleares de potencia que estaban en operación a finales de 2021 tenían más de 30 años de explotación (67,9%), aunque muchos de ellos han sido modernizados para aumentar su vida útil hasta los 60 años.

Tabla 44: Reactores nucleares en construcción por tipo en diciembre 2021

Tipo	Cantidad	%
PWR	43	84,3
BWR	2	3,9
PHWR	3	5,9
FBR	3	5,9
Total	51	100

Fuente: PRIS-OIEA diciembre 2021

En el caso de los nuevos reactores nucleares de potencia actualmente en construcción (51 unidades) se puede afirmar que la mayoría de ellos son del tipo PWR (84,3 % del total), con una capacidad de generación eléctrica de 48.015 MW. De los demás tipos de reactores nucleares de potencia solo están en construcción ocho unidades (ver Tabla 42).

La mayoría de los reactores nucleares de potencia en construcción o en la fase de planificación están concentrados en la región del Asia y el Pacífico, incluyendo la región del del Medio Oriente y Rusia. Es importante destacar que la mayor parte de las 442 unidades en operación reportadas en diciembre del 2021 en todo el mundo, están localizadas en los EE.UU y Europa, por lo que lo señalado anteriormente representa un cambio geográfico de la utilización de la energía nuclear para la generación eléctrica hacia la región del Asia y el Pacífico, especialmente hacia China, India, Rusia, y la República de Corea, entre otros. Las tecnologías para las centrales nucleares que están planificadas, pero que aún no han comenzado su construcción, no están todas seleccionadas, pero es probable que una proporción creciente sea del diseño de la Generaciones III, III + y del tipo SMR.

Otro elemento importante que también debe tenerse en cuenta cuando se esté considerando el uso de la energía nuclear para la generación de electricidad es la estandarización del diseño. La estandarización del diseño de los nuevos reactores nucleares de potencia es de gran importancia para la reducción del tiempo de construcción y la cantidad de recursos que necesita la construcción de un nuevo tipo de unidad. Si bien existe cierta evidencia de un aumento de los costos por MW de capacidad a lo largo del tiempo en diferentes tipos de reactores, varios estudios brindan nueva evidencia de ahorros de costos a medida que aumenta el número de unidades basados en un diseño particular. Además de la replicación de un diseño probado, un factor clave de éxito es la existencia de un entorno regulatorio y político estable con partes interesadas experimentadas que tengan una visión a largo plazo (Keppler y Cometto, 2015).

Según Jewell (2011), muchos países de Asia y el Pacífico están considerando construir centrales nucleares para que puedan proporcionar energía a sus poblaciones en crecimiento y poder hacerle frente a un previsto incremento de la demanda de electricidad durante los próximos años, pero sin afectar al medio ambiente. En esta región, los países con los mayores programas de energía nuclear en construcción son China (13 unidades, dos de ellos en Taiwán), India (seis unidades), Japón (dos unidades), y la República de Corea (cuatro unidades). Hay también en Asia, tres unidades en construcción en Turquía y en Bangladesh (dos unidades). En Europa, incluyendo Rusia (cuatro unidades), Bielorrusia (una unidad) y Ucrania (dos unidades), hay en total 11 unidades en construcción en seis países, además de los tres países ya mencionados, entre los cuales se encuentra Francia (una unidad), Finlandia (una unidad), Reino Unido (dos unidades), y Eslovaquia (dos unidades). En la región de las Américas, hay cuatro unidades en construcción, dos unidades en los EE.UU, una unidad en Argentina, y otra en Brasil. En la región del Medio Oriente hay dos unidades en construcción en los Emiratos Árabes Unidos. No hay ningún rector nuclear de potencia en construcción en África.

Sin lugar a duda, la inestabilidad política puede afectar negativamente las perspectivas para el uso de la energía nuclear en algunos países, así como la amenaza de la producción de armas nucleares utilizando las instalaciones construidas bajo un programa pacífico de energía nuclear, particularmente si el programa involucra la construcción de instalaciones de enriquecimiento y reprocesamiento. La posibilidad del desarrollo de armas nucleares en algunos países bajo el desarrollo de un programa pacífico de energía nuclear podría conducir a una mayor inestabilidad política en algunas regiones, particularmente en el Medio Oriente, donde algunos países están adoptando medidas específicas para la introducción de un programa nuclear en los próximos años (ver Tabla 41).

En resumen, se puede afirmar que la energía nuclear podría ser una fuente de energía para la generación de electricidad beneficiosa para varios países, tanto desarrollados como en desarrollo. Sin embargo, hay que tener presente que este tipo de fuente energética también podría ser peligrosa bajo ciertas circunstancias, particularmente si el país no cuenta con la infraestructura adecuada, el financiamiento necesario, el desarrollo tecnológico indispensable para apoyar el desarrollo o introducción de un programa nuclear, la indispensable legislación y existencia de órganos regulatorios fuertes y experimentados, así como profesionales y técnicos con suficiente experiencia en el campo nuclear para construir y operar una central nuclear de la manera más segura y económica posible.

La financiación de las centrales nucleares

Durante un momento de grandes cambios tecnológicos, estructurales, y geográficos, es importante que la industria nuclear mundial mantenga una dinámica de mejora tecnológica, logística, y administrativa continua en todas las etapas de la construcción de una central nuclear, al tiempo que preserve la estabilidad financiera y reguladora a nivel del programa nuclear en general. Con respecto a la financiación de la construcción de una nueva central nuclear, debido a sus altos costo de inversión inicial, este tipo de instalación requiere de un nivel estable y garantizado a largo plazo de los precios de la electricidad y, por lo tanto, un flujo constante de ingresos durante un período sustancial de su vida útil. Dicha estabilidad es importante para que la energía nuclear compita contra otras tecnologías de carga base, como las centrales eléctricas de carbón o las turbinas de gas de ciclo combinado (CCGT).

Es extremadamente difícil para los inversores absorber el riesgo del precio de la electricidad a largo plazo cuando dos tercios o más de los costos totales de por vida deben comprometerse antes de la fecha de puesta en servicio de una central nuclear. Esta es una estructura de costos y riesgos que la energía nuclear comparte con otras tecnologías bajas en carbono como las fuentes de energías renovables. Algunas fuentes de energía renovables, como la eólica y la solar, que producen energía en función de la situación climática y no según la demanda, necesitan una estructura más flexible del sistema eléctrico. Las tecnologías que podrían responder a esta necesidad, como el almacenamiento, la gestión del lado de la demanda, o las redes mejoradas de transporte y distribución, tienen nuevamente una relación muy alta de costos fijos a costos variables. En todos estos casos, los grandes costos iniciales contrastan con los costos variables bajos o insignificantes, lo que significa que el riesgo de precios a largo plazo disuadirá a los inversores a invertir en la construcción de las centrales nucleares y darán prioridad al uso de los combustibles fósiles para la generación eléctrica.

Sin embargo, si bien puede ser demasiado pronto para saberlo, hay suficientes avances prometedores en marcha para justificar las expectativas de un nuevo modelo de negocios para que los proyectos de construcción de nuevas centrales nucleares sean sostenibles financiera y económicamente competitivas (Keppler y Cometto, 2015).

Según el documento de la NEA titulado “El financiamiento de las centrales nucleares (2010),” las siguientes acciones claves deberán ser consideradas por los gobiernos que desean apoyar o promover inversiones en la construcción de nuevos reactores nucleares de potencia en el futuro:

- Brindar apoyo político claro y sostenido para el desarrollo de la energía nuclear, como parte de una estrategia energética nacional a largo plazo. Debe asegurarse la aceptación pública de un papel relevante para la energía nuclear en el cumplimiento de los objetivos ambientales aprobados por los gobiernos, a la vez de convencer a la opinión pública de que la energía nuclear es un elemento clave para proporcionar un suministro de energía seguros y asequibles, sin afectar al medio ambiente;
- Trabajar con empresas de servicios eléctricos, compañías financieras y otros inversores potenciales, así como con la industria nuclear desde una etapa temprana. con el fin de abordar las preocupaciones que pueden prevenir la inversión en el desarrollo de un programa nuclear, así como evitar errores al establecer los parámetros para la selección de los nuevos reactores nucleares de potencia que podrían ser construidos en el futuro. El gobierno deberá asumir un papel activo en la facilitación y apoyo de proyectos nucleares, incluso cuando la inversión sea realizada por entidades comerciales privadas;
- Establecer un sistema regulador eficiente y efectivo, que brinde oportunidades adecuadas para la participación pública en el proceso de toma de decisiones, al tiempo de brindar a los posibles inversores la certeza que necesitan para planificar una inversión tan importante y alta. Un proceso de licencia con aprobación previa de diseños estandarizados ofrece claros beneficios a este respecto;
- Establecer acuerdos para la gestión de los desechos radiactivos y el combustible gastado, así como para la disposición final de los desechos nucleares, a partir de las tecnologías ya disponibles al respecto;
- Definir claramente los arreglos financieros necesarios con el fin de garantizar que los inversores recuperen su inversión en un tiempo razonable;
- Asegurar que la regulación del mercado eléctrico no perjudique el uso de la energía nuclear para la generación de electricidad. Los acuerdos a largo plazo pueden ser necesarios para proporcionar seguridad a los

inversores en centrales nucleares, lo que refleja la naturaleza a largo plazo de los proyectos de energía nuclear.

Principales ventajas y desventajas en el uso de la energía nuclear en la generación eléctrica

Desde el comienzo del uso de la energía nuclear para la producción de electricidad en la década de los 50s y 60s, dos posiciones fueron claramente identificadas. Un grupo de países estaba a favor del uso de la energía nuclear para la generación de electricidad, mientras que otros estaban fuertemente en contra. La posición de los países que han promovido el uso de la energía nuclear para la producción de electricidad en el pasado es bastante diferente de la posición de los países que la promueven hoy. A principios de la década de los 50s, se consideró que el uso de la energía nuclear para la producción de electricidad era competitivo, seguro, y limpio con respecto al uso de los combustibles fósiles con el mismo objetivo.

Sin embargo, es importante estar consciente de lo siguiente: los partidarios de la opción nuclear no deben olvidar, sin embargo, una serie de características propias de este tipo de fuente de energía que requieren ser muy bien estudiadas. Estas son, entre otras, las siguientes:

- En primer lugar, el uso de la energía nuclear genera residuos peligrosos que son difíciles de aislar, no se pueden reprocesar fácilmente y dura varios miles de años, por lo que representan una potencial amenaza para el medio ambiente y la salud humana, si no se gestionan adecuadamente. Aunque es cierto que las diferentes fuentes energéticas que son utilizados en la producción de electricidad generan residuos que hay que gestionar, algunos de ellos tóxicos, ninguno de ellos supone tantos riesgos como los producidos por la energía nuclear ni requieren un programa de gestión a largo plazo y tan costoso;
- En segundo lugar, la energía nuclear no es del todo segura, como lo demuestran los accidentes en las centrales nucleares de Three Mile Island, Chernóbil, y Fukushima-Daiichi, aunque es justo señalar que otras fuentes energéticas tampoco lo son;
- En tercer lugar, la construcción, el desmantelamiento, y la clausura de instalaciones nucleares es extremadamente costosa.

Teniendo en cuenta el actual desarrollo mundial en todas las esferas y sectores económicos es importante resaltar lo siguiente: la comunidad internacional debe ser consciente de que para la primera mitad del siglo XXI, se necesitarán todas las formas de energía primaria para la producción de electricidad, si se quiere que este desarrollo sea sostenible y amigable con el medio ambiente.

Principales ventajas

Hay una serie de sólidos argumentos a favor del uso de la energía nuclear para la generación eléctrica. Estos argumentos son, según Morales Pedraza (2012), los siguientes:

- **Impulso el progreso tecnológico**: Impulsa, en un mayor grado, el progreso tecnológico en sectores cruciales del desarrollo de los países en comparación con cualquier otra fuente de energía, debido a una demanda de alta tecnología para la construcción de un reactor nuclear de potencia;
- **Tecnología madura**: Es una tecnología comprobada que puede satisfacer las demandas de energía a gran escala en el futuro y que es independiente del clima;
- **Seguridad de suministro**: Proporciona un suministro continuo y seguro de energía característica que hace a la energía nuclear como una fuente idónea para ser utilizada como carga base. Otras tecnologías disponibles como la energía hidroeléctrica, solar, y eólica dependen de factores ambientales difíciles de predecir por lo que no son propicias para ser utilizadas como carga base;
- **Abastecimiento seguro del combustible**: No existen problemas de abastecimiento del combustible, al menos en el mediano y largo plazo. Las existencias mundiales de uranio son más que suficientes para satisfacer cualquier futuro aumento de la demanda mundial de energía y estas reservas no están ubicadas en regiones políticamente inestables o sensibles del mundo;
- **Costo aceptable del combustible**: El costo internacional del combustible nuclear en este momento es aceptable y puede ser asumido tanto por aquellos países, tanto desarrollados como en desarrollo, con programas de energía nuclear ya ejecutándose, como también por

aquellos países que están pensando en introducir este tipo de programa por primera vez en el futuro;

- **Carga base**: Puede ser utilizada como apoyo a otras fuentes energéticas para garantizar la estabilidad de la red actuando como carga base;
- **Energía limpia**: Es una energía limpia pues durante su operación no emite gases de efecto invernadero;
- **Alta generadora de energía**: Genera una gran producción de energía a partir de pocas cantidades de combustible;
- **Previsible:** La generación eléctrica puede ser planificada con tiempo de antelación.

Principales desventajas

- **Genera residuos tóxicos**: Genera residuos que son altamente radiactivos y de muy difícil eliminación, los cuales requieren de una gestión adecuada y de un almacenamiento seguro en instalaciones construidas específicamente con este propósito;
- **Impacto negativo en el medio ambiente y la población**: El impacto negativo y las consecuencias a largo plazo en el medio ambiente y la población de un accidente nuclear puede ser elevado;
- **Alta inversión inicial de capital**: La construcción de una central nuclear requiere de una alta inversión inicial de capital;
- **Tiempo de construcción**: El largo tiempo que se necesita para construir una central nuclear, y sus potenciales atrasos;
- **Existencia de una infraestructura adecuada**: La necesidad de disponer de una infraestructura adecuada para garantizar la operación segura y eficiente de una central nuclear, así como la disponibilidad de una fuerza de trabajo altamente calificada y adiestrada;
- **Alto costo de clausura**: El alto costo asociado a las tareas de desmantelamiento y clausura de una central nuclear;
- **Gestión del combustible gastado**: La complejidad de la gestión del combustible nuclear gastado y sus costos;
- **Proliferación nuclear**: Los riesgos de proliferación nuclear asociados a ciertos tipos de programas nucleares.

Resumiendo se puede decir lo siguiente:

1- En 2018, la generación de energía nuclear en el mundo aumentó un 2,4%, de los cuales el 1,8% se debe a un aumento del 19% en China. La generación eléctrica mundial por medio de la energía nuclear, excluyendo a China, aumentó un 0,6% por primera vez después de disminuir tres años consecutivos, pero sin compensar el descenso desde 2014. En 2019, la generación eléctrica creció un 3,7% (2.657,16 TWh), pero en el 2020 decreció un 3,9% (2.553,21 TWh) con respecto al año anterior. Nueve reactores nucleares de potencia se iniciaron en 2018, de los cuales siete estaban en China y dos en Rusia. En 2019, se conectaron a la red seis nuevos reactores nucleares de potencia del tipo PWR, lo que dio como resultado 5.174 MWe adicionales de capacidad de energía nuclear instalada a nivel mundial. Más del 77% de esta nueva capacidad se agregó en Asia e incluyó dos unidades en China (Taishan-2 con una capacidad de 1.660 MWe y Yangjiang-6 con una capacidad de 1.000 MWe), y una unidad en la República de Corea (Shin-Kori-4 con una capacidad de 1.340 MWe). Además, tres unidades con una capacidad total de 1.174 MWe se conectaron a la red en Rusia, incluida Novovoronezh 2-2 con una capacidad de 1.114 MWe, y la primera central nuclear flotante comercial del mundo 'Akademik Lomonosov' con dos unidades de 30 MWe cada una.

En el 2020, se produjo un decrecimiento de la generación de electricidad por las centrales nucleares que operaban en África, América del Norte y Europa Occidental. Las nuevas capacidades nucleares agregadas en el 2020 fue de 0,5 GW, y se cerraron seis unidades más que en el 2019 con una capacidad total de 5,2 GW. Asia fue la región con el mayor número de unidades en construcción (34 unidades con una capacidad de 34,6 GW). Fueron conectadas a la red cinco unidades con una capacidad de 5,5 GW. Del total de las nuevas capacidades conectadas a la red, el 44% de ellas (con una capacidad de 2,4 GW) estaban localizadas en países que utilizaban por primera vez la energía nuclear. El número de unidades por tipo en el 2020 fue la siguiente: PWR (89,5%); BWR (6%); reactores de agua ligera y moderados por grafito (2%); reactores refrigerados por gas (2%); reactores reproductores rápidos (0,5%). El factor de carga registrado en el 2020 a nivel mundial fue de 84,6%;

2- No hay inicio de construcción de ningún reactor comercial en China desde diciembre de 2016. Debido a ello, China no alcanzó sus objetivos nucleares del Plan Quinquenal de China 2016-2020 que consistía en tener 58 GW instalados y otros 30 GW en construcción;
3- En el 2017, China invirtió un récord de US$146 mil millones en energías renovables, más de la mitad del total mundial, pero reportó una disminución de US$91 mil millones, en el 2018. A pesar de ello, China invirtió, en energías renovables, cerca del doble de los EE.UU, el segundo mayor inversionista con US$48.500 millones;
4- No se reportaron más reinicios de reactores nucleares de potencia en Japón desde el 2018, y se registraron retrasos mundiales en la construcción de este tipo de unidades: la proporción nuclear de la generación mundial de electricidad ha continuado su lento descenso de un pico histórico de alrededor del 17,5% en 1996 al 10,15% en 2018. Japón había reiniciado, después del accidente nuclear de Fukushima-Daiichi en el 2011, nueve reactores a mediados de 2018 pero ninguno más desde entonces;
5- Al menos 27 de las 51 unidades en construcción están retrasadas, en su mayoría por varios años (52,9%); 11 han reportado retrasos crecientes (21,6%) y tres han documentado retrasos por primera vez en el último año (5,9%). Sólo nueve de las 17 unidades programadas para su puesta en marcha en el 2018 estaban conectadas a la red;
6- La capacidad de operación nuclear aumentó hasta alcanzar los 370 GW (excluyendo 25 GW en LTO), un nuevo máximo histórico, superando ligeramente el pico anterior de 368 GW en el 2006;
7- El factor de capacidad por fuente de energía en el 2020 se muestra en la Fig. 185. Según los datos incluidos en la mencionada figura proporcionados por la EIA, la energía nuclear reportó, en el 2020, el más alto factor de capacidad en comparación con el resto de los factores de capacidad de las demás fuentes de energía, alcanzado el 92,5% muy por encima del factor de capacidad de la energía geotérmica que ocupa el segundo lugar con el 74,3%. Como se puede apreciar en la Fig. 185, las energía eólicas y solares siguen teniendo los factores de capacidad más bajos en comparación con otras fuentes energéticas con el 35,4% y el 24,9%, respectivamente.

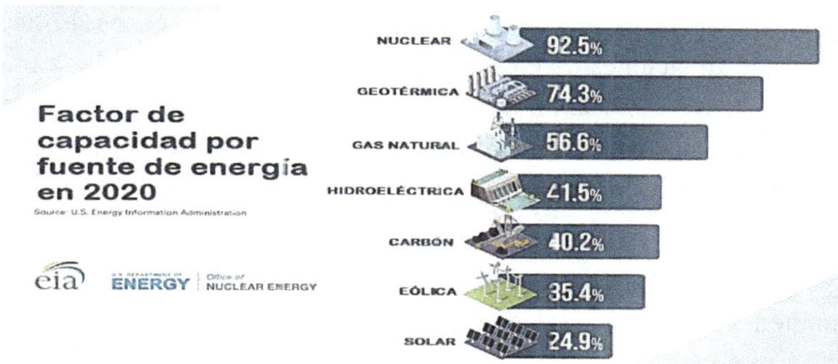

Fuente: US Energy Information Administration. Oficina de Energía Nuclear del Departamento de Energía de los EEUU
Fig. 185: factor de capacidad por fuente de energía en el 2020

La UE deberá invertir €500.000 millones (US$568.000 millones) en centrales nucleares de nueva generación desde ahora hasta el 2050, según el Comisionado de mercado interno de la EU, para satisfacer la creciente demanda de electricidad prevista para los próximos años y lograr la descarbonización de su matriz energética para el 2050. Solo las centrales nucleares actualmente en operación necesitarán €50.000 millones de inversión desde ahora hasta el 2030. Francia ha liderado la campaña dentro de la UE para que se considere la energía nuclear como energía verde, su principal suministro de energía, a pesar de la fuerte oposición de Austria, España, Dinamarca, y Alemania, que está en proceso de cerrar todas sus plantas nucleares en el 2022, entre otros países miembros de la UE. Según la propuesta presentada, la UE consideraría que el gas natural y la energía nuclear pueden desempeñar un papel como medio para facilitar la transición hacia un futuro basado predominantemente en las energías renovables. Actualmente, la UE obtiene el 26% de su energía a través de la energía nuclear, y si no se toman medidas ahora se estima que para el 2050, este porcentaje se reduciría alrededor del 15% (AFP Staff Writers, 2022).

A nivel mundial, la producción de electricidad mediante la energía eólica creció un 11,4% en 2018, mediante la energía solar un 28,3%, y a través de la energía nuclear un 3,5%. En comparación con hace una década, las energías renovables no hidroeléctricas generan más de 1.900 TWh, superando el carbón y el gas natural, mientras que la energía nuclear produce menos. En la última década, las estimaciones de costos nivelados para la energía solar a escala de servicios públicos cayeron un 88%, la energía eólica en un 69%, mientras que la energía nuclear aumentó un 23%. Las energías renovables ahora están por debajo del costo del carbón y el gas natural.

Finalmente, es importante resaltar los siguiente: "La transición a una energía limpia supone el pasaje de la producción de energía a partir de fuentes que emiten una gran cantidad de gases de efecto invernadero a otras que emiten pocos gases de ese tipo o ninguno. El desafío de la transición a una energía limpia es doble: se trata de eliminar el uso arraigado y constante de combustibles fósiles, aumentando al mismo tiempo las fuentes de bajas emisiones de carbono, como las fuentes renovables (por ejemplo, la energía hidroeléctrica, la solar, la eólica, la geotérmica y la bioenergía), y la energía nuclear. El carbón sigue siendo la mayor fuente de generación de electricidad a escala mundial y una fuente muy importante de energía para la industria, incluida la de la fabricación de acero y la de la calefacción" (Fisher y Liou, 2021).

Capítulo IX

Conclusión

Resulta indispensable, para elaborar una matriz energética viable económicamente, tener en cuenta todas las fuentes de energías disponibles en un país en un momento dado, y disponer, además, de una estrategia y política energética clara y coherente con el desarrollo económico del país. Para elaborar esta estrategia es importante tener en cuenta, según Wikipedia Política energética 2019, entre otros, los siguientes elementos:

- Disponer de una política nacional sobre planificación energética, generación, transmisión, consumo, e importación de la energía que refleje las necesidades energéticas presentes y futuras del país;
- Poseer una legislación sobre actividades energéticas actualizada y que incluya el uso de las diferentes fuentes de energía existentes en el país, los estándares de eficiencia a alcanzar por el sector energético, o los estándares de emisiones que resulten compatibles con los compromisos internacionales relacionados con el cambio climático;
- Disponer de instrucciones precisas de operación para las instalaciones y organizaciones que conforman el sector energético de propiedad pública;
- Tener una participación activa en la exploración de los combustibles fósiles existentes en el país, definiendo claramente los incentivos para llevarla a cabo, así como las penalizaciones por el uso de los combustibles fósiles más contaminantes para la generación eléctrica;
- Poseer una política clara y coherente sobre la posible privatización de activos energéticos propiedad del Estado (centrales eléctricas, redes de transporte, yacimientos petrolíferos o gasistas, entre otros), o para la cesión temporal al sector privado de estos activos energéticos para su operación bajo ciertas condiciones, o para la nacionalización de activos energéticos propiedad del sector privado por interés nacional;
- Determinar el grado de apertura del sector energético al capital extranjero teniendo en cuenta las prioridades y necesidades presentes y futuras del país;

- Disponer de una financiación adecuada de las investigaciones realizadas por parte de las universidades y los institutos de investigaciones, dirigidas a alcanzar los objetivos energéticos aprobados por el gobierno para todo el sector energético;
- Disponer de una adecuada política fiscal relacionada con la producción y el consumo de la energía por parte de la industria, el comercio y la población (impuestos, exenciones, subsidios, etc.);
- Definir una clara política de seguridad energética y la adopción de medidas de política internacional relacionadas con:

  - La ratificación de tratados y alianzas energéticas internacionales de claro beneficio para el país;
  - La aprobación de acuerdos internacionales relacionados con el comercio de la energía;
  - El desarrollo de relaciones a establecerse o promoverse con países ricos en energía y que sean grandes suministradores de ésta.

Para la elaboración de esta estrategia energética hay que disponer de una clara política energética que incluya, según Wikipedia Política energética 2019, los siguientes elementos:

- ¿En qué medida desea el país ser energéticamente autosuficiente, si ello es posible lograrlo, y si el gobierno desea hacerlo o si ello es económica y tecnológicamente posible o deseable?
- ¿Cuáles son las actuales fuentes de energías disponibles en el país y cuáles serán las que se encuentren disponibles para su utilización de forma económicamente viable para la generación eléctrica?
- ¿Cuál será el nivel del consumo energético futuro por sectores?
- ¿Qué fracción de la población resultaría aceptable que no pueda cubrir totalmente sus necesidades energéticas en el futuro?
- ¿Cuáles serán los objetivos futuros de intensidad energética, o lo que es lo mismo, cuál será la energía necesaria para generar una unidad del PIB?
- ¿Cuál deberá ser un estándar de fiabilidad para la distribución eléctrica?
- ¿Qué grado de competencia debe existir en el mercado energético y el porcentaje máximo que una empresa puede alcanzar dentro de ese mercado?

- ¿Qué externalidades medioambientales son aceptables y su previsión?
- ¿Qué fuentes energéticas se prevé para el sector de generación eléctrica y cuáles para otros sectores?
- ¿Cómo fomentar la eficiencia energética?
- ¿Cómo puede la política nacional impulsar las políticas provinciales y municipales asociadas al sector energético?
- ¿Qué mecanismos concretos como impuestos, incentivos, y estándares de fabricación, están disponibles para llevar a cabo la política energética que sea aprobada?
- Qué consecuencias futuras tendrá cada una de las opciones para la seguridad nacional y la política exterior?

Sin lugar a duda, se espera que el uso de las fuentes de energía renovables registre un incremento, como fuentes primarias de energía dentro del balance energético mundial, a un ritmo promedio anual de entre un 3,3% y un 3,6%. Dentro de las diferentes fuentes de energías renovables, la energía eólica crecerá a un ritmo más acelerado que las demás, especialmente en los EE.UU, Europa, y otros países de la OCDE, cuyos gobiernos han adoptado medidas urgentes para promover proyectos de energía basados en fuentes de energía renovables, más aún después del alza incontrolable que se ha producido en el precio de los combustibles fósiles, particularmente el gas y el petróleo durante los últimos meses del 2021 y los primeros meses del 2022. En otros países, el uso creciente de la energía eólica no será tan alto como en los países de la OCDE. El mayor crecimiento se espera se produzca mediante la construcción de nuevos parques eólicos terrestres, aunque se espera un incremento importante en la construcción de parques eólicos marinos pero limitado a un grupo reducido de países.

El uso de la energía solar en la generación eléctrica seguirá creciendo durante los próximos años, pero a un ritmo mucho menor que el de la energía eólica. Se construirán, además, muchos más parques solares fotovoltaicos que térmicos durante los próximos años.

Sin embargo, según Morales Pedraza (2015), el uso a escala de algunas de estas nuevas fuentes de energías renovables presenta limitaciones importantes relacionadas con su ubicación geográfica, la intensidad de la radiación solar, la fuerza del viento, y las condiciones meteorológicas, entre otras. Los operadores e inversores del sistema eléctrico podrían utilizar el almacenamiento de energía hidroeléctrica bombeada para complementar la creciente incorporación de las energías renovables, en particular las energías eólica y solar a la red, con el fin de garantizar la mayor estabilidad posible de esta, teniendo en cuenta la inestabilidad que tiene la generación eléctrica mediante el uso de estos dos tipo de fuentes energéticas.

Es importante tener presente que la red actual tiene dificultades para transportar la energía cuando se genera en grandes cantidades y para satisfacer la demanda cuando la generación es baja. El almacenamiento de energía producida por los parques eólicos y solares en combinación con las centrales hidroeléctricas de bombeo permitiría que la electricidad no tenga que venderse en el mismo momento que se está produciendo, y podría utilizarse cuando más se necesite. Precisamente, el principal inconveniente en el uso masivo de las energías eólicas y solares para la generación de electricidad es la naturaleza intermitente de estas, así como la falta de un almacenamiento de la energía producida por ellas que sea lo suficientemente eficiente y económica.

El viento es extremadamente variable y no hay garantía de que sople cuando más se necesita y el sol no siempre se puede utilizar durante todo el día para la generación de electricidad, particularmente si el día es muy nublado o lluvioso. Por esta razón, la incorporación a gran escala de parques eólicos y solares a la red podría representar una amenaza para la estabilidad y confiabilidad de ésta, si no se toman medidas adecuadas para evitar que eso suceda. Además, las energías eólica y la solar no ayudan a proporcionar ninguno de los servicios auxiliares, como son las reservas de regulación, o el control de voltaje y de frecuencia y, por lo tanto, requieren de la existencia de una capacidad de generación de energía convencional que pueda proporcionar esta reserva de regulación cuando se necesite.

Por otro lado, es importante insistir en lo siguiente: en un sistema de energía con abundante generación de energía hidroeléctrica, el equilibrio por el uso de la energía eólica y solar se logra de manera bastante económica. Durante el período de alta generación eólica o solar, o de ambas, cuando la demanda puede satisfacerse solo con el uso de estos dos tipos de fuentes energéticas, las centrales hidroeléctricas de bombeo se pueden dedicar a almacenar el agua en un depósito superior. Esta agua almacenada se puede utilizar posteriormente para generar electricidad y satisfacer la demanda durante el período de baja generación de los parques eólicos y solares.

Además de lo dicho anteriormente, existe una limitación debido a la naturaleza estocástica de la fuerza del flujo de agua del río que debe ser tenida en cuenta. La medida en que una central hidroeléctrica puede equilibrar efectivamente la variación de la energía eólica y solar generalmente depende de su capacidad de almacenamiento y la fuerza del flujo del río. En un sistema de energía dominado por la generación de energía térmica, la integración de los parques eólicos y solares debe ser cuidosamente estudiado debido a la limitación de la tasa de aumento en los generadores térmicos. Incluso cuando hay abundante energía eólica y solar, los generadores térmicos a veces tienen que operar en condiciones de funcionamiento no óptimas, lo que los hace poco rentables.

El problema que enfrenta el mundo ahora es cómo satisfacer el aumento esperado de la demanda de electricidad utilizando las fuentes de energía disponibles, especialmente las diferentes fuentes de energías renovables, de la manera más eficiente y económicamente posible, sin aumentar la emisión de CO_2 y otros gases de efecto invernadero. Una de las soluciones más efectivas es la elaboración de una política energética nacional en la que se identifiquen las prioridades y preferencias, así como las principales responsabilidades de las autoridades nacionales a cargo del sector energético. Esta política energética debe representar un compromiso entre la satisfacción de la demanda de energía esperada, la calidad ambiental, la seguridad energética, el costo, las actitudes públicas, las reservas disponibles, y las capacidades de producción y servicio. Las autoridades energéticas nacionales competentes y los representantes de la industria energética deben tener en cuenta todos estos elementos al formular una política y estrategia para el desarrollo del sector energético en sus respectivos países.

Los combustibles fósiles, a pesar de todas las medidas adoptadas por la mayoría de los países del mundo para reducir su participación en la generación de electricidad y las emisiones de gases de efecto invernadero, aún generan al menos dos tercios de la energía eléctrica y de las emisiones de gases de efecto invernadero en el mundo, según diferentes estudios realizados por expertos en energía y por las organizaciones internacionales competentes. Debido a ello, la contaminación del aire por la quema de combustibles fósiles causó ocho millones de muertes en el 2018, es decir, uno de cada cinco decesos en todo el mundo se produce por la quema de los combustibles fósiles para la generación eléctrica, según un estudio de la Universidad de Harvard. Con el ritmo de producción actual se prevé que las emisiones aumenten un 14% durante esta década, echando por tierra los objetivos del Acuerdo de París de 2015 de reducir el aumento de temperatura global a 1,5° C para finales de siglo (Amerise, 2022).

El carbón y el petróleo son, sin lugar a duda, las principales fuentes de energía en la actualidad, y se espera que lo sean durante las dos próximas décadas, pero también son una de las principales causas de emisiones de gases contaminantes que están afectando seriamente el clima mundial. Por lo tanto, si el gobierno y la industria energética de un país deciden incrementar la participación de las diferentes fuentes de energía en su matriz energética del, entonces cada tipo de fuente de energía debería incluirse en dicha matriz solo en la proporción adecuada. Por esta razón, es necesario el estudio y análisis de cada una de las diferentes fuentes energéticas disponibles en el país para seleccionar las tecnologías más eficientes y eficaces para conformar la matriz energética y, de esta forma, garantizar la mayor seguridad energética posible, satisfacer al máximo que se pueda la demanda de electricidad futura y hacerlo económicamente viable, ocasionando el menor daño posible al medio ambiente. La mejor estrategia energética es la que incluye todas o la mayor cantidad de las diferentes fuentes de energía disponibles para la generación de electricidad en el país, en una combinación adecuada, eficiente, y de acuerdo a las necesidades y condiciones presentes y futuras del país.

Los costos relativos de generar electricidad a partir del carbón, el gas natural, y de las centrales nucleares varían considerablemente según diversos factores. El carbón es, y probablemente seguirá siendo en un futuro mediato, económicamente atractivo en países como China, EE.UU, y Australia con recursos de carbón nacionales abundantes y accesibles, siempre que las emisiones de carbono no sean penalizadas. El gas natural es competitivo para asumir la responsabilidad de potencia de carga base en muchos lugares, particularmente utilizando centrales de ciclo combinado, aunque el aumento de los precios del gas natural en el 2021 y primeros meses del 2022 ha eliminado gran parte de esa ventaja. La guerra en Ucrania ha impulsado a la UE a adoptar medidas adicionales para prescindir del suministro de gas natural de Rusia para el 2027 o antes, si ello es técnicamente posible.

La energía nuclear es, en muchos lugares, competitiva con los combustibles fósiles para la generación de electricidad, a pesar de los altos costos iniciales de capital y la necesidad de tomar en consideración los costos asociados a la eliminación de los desechos nucleares y al desmantelamiento final de este tipo de centrales. Si los costos sociales, sanitarios, y ambientales de los combustibles fósiles también se tuvieran en cuenta, la energía nuclear sería, sin lugar a duda en excelente competidor con respecto a este tipo de fuente energética en muchos países.

Por eso, y según Morales Pedraza (2012), una de las fuentes de energía disponibles que han demostrado en el pasado que se puede utilizar de manera efectiva para la generación de electricidad es la energía nuclear, siempre que se asegure una alta seguridad de explotación. Sin lugar a duda, la energía nuclear para la generación de electricidad desempeñó un papel importante en el desarrollo del sector energético en 33 países de América del Norte, América Latina, Europa, Asia y el Pacífico, y África desde la década de los 60s, y se prevé que la energía nuclear continuará desempeñando un papel relevante en la producción de electricidad en el futuro no solo en estos países, sino también en otros países, incluso después del accidente nuclear de Fukushima-Daiichi, pero a un ritmo mucho más lento que el previsto anteriormente. "Según las proyecciones del OIEA para 2018 relativas a la capacidad nucleoeléctrica mundial instalada, esta aumentará un 30% para el 2030 (tomando como punto de partida los 392 GW(e) instalados al final de 2017) en la hipótesis alta; en la hipótesis baja, sin embargo, las proyecciones sugieren una caída del 10% en la capacidad para el 2030. A más largo plazo, en la hipótesis baja se prevé que la capacidad se reduzca durante aproximadamente una década antes de recuperar los niveles del 2030 para el 2050. En la hipótesis alta, la capacidad de las centrales nucleares instalada aumentaría hasta llegar a los 748 GW(e) para el 2050. (Informe Anual del OIEA de 2018, 2019).

Según la base de datos PRIS-OIEA de diciembre del 2021, la generación de electricidad nuclear alcanzó, en el 2020, un total de 2.553,21 TWh, cifra que representa alrededor del 10% del total de la electricidad producida en el mundo y es la mayor registrada desde el 2010 que fue de 2.629.82 TWh. Es importante resaltar que durante los últimos diez años, la generación eléctrica de las centrales nucleares en operación decreció un 2,1%, pasando desde los 2.629,82 TWh en el 2010 a los 2.553,21 TWh en el 2020.

Por otro lado, hay que tener presente que la participación de la energía nuclear en la generación eléctrica mundial ha venido disminuyendo constantemente de un pico histórico del 17,6% en el 1996 al 10,8% en el 2013 y alrededor del 10% en el 2020. Es importante resaltar que la energía nuclear solo será más importante en el futuro que en la actualidad, si los gobiernos de los países donde la energía nuclear es parte de la combinación energética juegan un papel más relevante para facilitar la inversión privada, especialmente en los mercados liberalizados, y si las preocupaciones sobre la seguridad de las centrales nucleares, particularmente después del accidente nuclear de Fukushima-Daiichi, la eliminación de desechos nucleares, y el riesgo de proliferación nuclear, pueden resolverse a satisfacción del público (Schneider y Froggatt, 2007).

Sin embargo, el aumento en el costo debido a demoras en la construcción de una central nuclear y las estrictas regulaciones actualmente vigentes, son elementos importantes que deben tenerse en cuenta cuando se analiza el costo general asociado con el uso de energía nuclear para la generación de electricidad. La competitividad futura de la energía nuclear dependerá sustancialmente de los costos adicionales, que pueden corresponder a las centrales eléctricas generadoras de carbón y el costo del gas natural para las centrales eléctricas que operan consumiendo este tipo de combustible.

Resumiendo, se puede concluir que:

- Las energías renovables serán la fuente de electricidad de más rápido crecimiento durante el período 2018 a 2050, aumentando en un promedio de entre un 3,3% y un 3,6% por año. Las mejoras tecnológicas y los incentivos gubernamentales en muchos países respaldarán un mayor uso de este tipo de fuente energética para la generación eléctrica. A nivel mundial, en los 12 meses del año 2021, se han instalado hasta 227 GW más de capacidad en el sector de las energías renovables, lo que supone un aumento del 4,7% con respecto a los niveles registrados en el 2020, según un nuevo informe de la compañía Rystad Energy (Martin, 2021). El crecimiento de la capacidad mundial para generar electricidad a partir de paneles solares, turbinas eólicas y otras tecnologías renovables está en camino de acelerarse en los próximos años, y se espera que en el 2021 establezcan un nuevo récord histórico. Para el 2026, se pronostica que la capacidad mundial de generación eléctrica mediante las diferentes fuentes de energías renovables aumentará más del 60% con respecto a los niveles alcanzados en el 2020 llegando a lograr más de 4.800 GW, lo que equivale a la capacidad energética global total actual instalada de las centrales que operan con combustibles fósiles y las centrales nucleares combinados. Además, se prevé que las energías renovables representen casi el 95% del aumento de la capacidad energética mundial hasta el 2026, siendo las energías solar fotovoltaica y la eólica las que proporcionen más de la mitad del total. Se espera, por otro lado, que la capacidad renovable agregada durante el período comprendido entre el 2021 y el 2026 sea un 50% mayor que la registrada durante el periodo 2015-2020 (Econosas, 2021).

- En comparación con hace una década, las energías renovables no hidroeléctricas generaron más de 1.900 TWh de energía, superando el carbón y el gas natural, mientras que la energía nuclear produjo menos. En la última década, las estimaciones de costos nivelados para la energía solar a escala de servicios públicos cayeron un 88%, la energía eólica en un 69%, mientras que la energía nuclear aumentó un 23%. Las energías renovables ahora están por debajo del costo del carbón y el gas natural en muchos países siendo esta diferencia mayor a partir de los últimos años del 2021 y los primeros meses del 2022, periodo durante el cual se ha producido un incremento significativo del precio del gas en Europa y los EE.UU;
- Si bien las energías renovables se espera que tengan un crecimiento del 8% en el 2021, éstas solo podrán satisfacer cerca del 50% del aumento proyectado de la demanda mundial de electricidad. Si bien las energías renovables se expanden de manera rápida por todo el mundo, ellas solas no serán suficientes para satisfacer el repunte esperado en la demanda mundial de electricidad a partir del 2021, lo cual podría resultar en un incremento en el uso de combustibles fósiles, según un documento de la Agencia Internacional de Energía titulado "Electricity Market Report July 2021." Un mayor uso de los combustibles fósiles para la generación eléctrica podría impulsar las emisiones de dióxido de carbono del sector eléctrico a niveles récord en el 2022. Como resultado, se prevé que las emisiones de carbono del sector eléctrico, que cayeron tanto en el 2019 como en el 2020, aumenten en un 3,5% en el 2021 y un 2,5% en el 2022, lo que las llevaría a un máximo histórico;

- De acuerdo con cifras de la AIE incluidas en el documento mencionado en el párrafo anterior, se espera que la demanda mundial de electricidad crezca un 5% durante el 2021 y un 4% para el 2022. Además, se espera que este incremento provenga principalmente de la región del Asia y el Pacífico, específicamente de China e India. Del mismo modo, la AIE en su mencionado documento señaló que se estima que las energías renovables tenga un crecimiento de más del 6% en el 2022. Debido a ello, la generación de electricidad a base de combustibles fósiles será la responsable de satisfacer el 45% de la demanda adicional en el 2021; y el 40% para el 2022. El resto será satisfecho por la energía nuclear. Según el OIEA, por primera vez desde el accidente de la central nuclear de Fukushima-Daiichi ocurrido hace ya 10 años, es posible se produzca un aumento de la capacidad nucleoeléctrica para la generación de electricidad en los próximos años. El cambio en el pronóstico anual del OIEA no indica todavía una nueva tendencia, pero se produce en un momento en que el mundo se ha propuesto abandonar los combustibles fósiles para combatir el cambio climático. Muchos países están estudiando la posibilidad de utilizar la energía nucleoeléctrica para impulsar una producción de energía fiable y limpia y con ese mismo propósito, la UE ha propuesto que la energía nuclear sea considerada como una energía verde generando tanto apoyo por parte de algunos países como rechazo por otros.

  El OIEA prevé que la capacidad mundial de generación nuclear se duplique, pasando de los 393 GW(e) del año anterior a los 792 GW(e) para el 2050. En comparación con la proyección para el escenario de alta capacidad del año pasado, que situaba esta cifra en 715 GW(e) para el 2050, la nueva estimación supone un aumento de poco más del 10%. No obstante, para que la hipótesis del OIEA se haga realidad será necesario adoptar medidas importantes, como agilizar el desarrollo de tecnologías nucleares innovadoras. En el peor caso, las proyecciones del OIEA indican que en el 2050 la capacidad nuclear mundial será prácticamente la misma que en la actualidad, es decir, 392 GW(e).

  De acuerdo con la nueva proyección del OIEA, se espera que para el 2050 la contribución de la energía nuclear a la generación de electricidad a nivel mundial podría ser de un 12%, un 1% mayor que el anterior estimado presentado por el OIEA para dicho año. La energía nucleoeléctrica generó el 10,1% de la electricidad mundial en el 2020. En el peor escenario, se prevé que la energía nuclear represente el 6% de toda la electricidad generada a nivel mundial en un futuro;

- Por otro lado, en la Hoja de Ruta de la AIE para la alcanzar la meta de emisiones cero en el 2050 (Cero Neto para 2050), se establece que es necesario que la generación eléctrica a base de carbón caiga en más del 6% por año. Pero, lamentablemente, se estima que la generación de electricidad a base de carbón se incremente en un 5% durante el 2021 y un 3% más en el 2022 lo que hace más difícil alcanzar el objetivo propuesto. Se prevé que la generación eléctrica mediante el uso de gas, la cual disminuyó en un 2% en el 2020, aumente un 1% en el 2021 y casi un 2% para el 2022, aunque los altos precios del gas natural reportados en los últimos meses del 2021 y los primeros meses del 2022, podrían tener un efecto importante en este pronóstico para ese año.

La generación de gas natural se prevé crezca como promedio un 1,5% por año durante el periodo 2018-2050, y la generación nuclear un 1% por año. El nivel de generación mediante el uso del carbón como fuente energética se espera se mantenga relativamente estable, pero su participación en la generación de electricidad se espera disminuya del 35% en el 2018 al 22% en el 2050; es decir una reducción del 13%.

Para el 2050, se pronostica que China, India, la OCDE Europa y los EE.UU generen casi el 75% de la producción mundial de electricidad a partir de las energías renovables. El crecimiento en estas regiones resulta importante tanto desde el punto de vista de la política energética adoptada, especialmente en el caso de la India y China, como resultado de la creciente demanda de nuevas fuentes de generación para satisfacer las crecientes necesidades energéticas. Se espera que para el 2025, las energías renovables superarán al carbón como la fuente principal para la generación de electricidad, y para el 2050, las energías renovables representarán casi la mitad de la generación total de electricidad en el mundo.

Por último, es importante tener presente lo siguiente: las empresas de petróleo y gas han sido eficientes y competentes en el suministro de los combustibles que forman la base del sistema energético mundial actual, pero debido a su alta emisión de gases contaminantes y el efecto negativo que las mismas tienen en el medio ambiente y la población, este tipo de combustibles fósiles están bajo una presión cada vez mayor para que reduzcan significativamente estos efectos negativos. Debido a ello, la generación eléctrica no puede continuar produciendo como de costumbre a base de los combustibles fósiles, por lo que todas las operaciones deben ser no solo de bajo costo en el entorno de mercado actual, sino también tienen que ser de bajas emisiones de gases contaminantes.

Las inversiones de capital en energía limpia ha sido hasta ahora una parte menor de la inversión total, pero esto está cambiando a medida que las empresas, especialmente las grandes empresas europeas, buscan aumentar la inversión en energía limpia. Según el documento "World Energy Investment 2021, BP ha indicado que aumentará su inversión en energía limpia de US$500 millones en el 2019 a los US$5 mil millones anuales para el año 2030, con una meta provisional de entre US$3 y US$4 mil millones anuales para el 2025. La firma francesa Total ha anunciado que unos US$2,5 mil millones de su inversión total planificada ascendente a unos US$12-13 mil millones en el 2021 se destinará al uso de las energías renovables para la generación de electricidad, así como al gas natural. Shell está apuntando a una participación del 25% de la inversión en gastos de capital en energía limpia para el 2025. El plan estratégico de ENI para el periodo 2021-24 tiene como objetivo invertir alrededor del 20% del gasto de capital anual medio de €7,000 millones para financiar proyectos de energías limpias.

Las inversiones directas en energías renovables suelen estar motivadas por un impulso a reducir el nivel de las emisiones de gases contaminantes en lugar de diversificar el suministro eléctrico. Empresas chinas como Cnooc, Petrochina y Sinopec se han centrado en la reducción máxima posible de las emisiones de dióxido de carbono para el 2025, en gran parte a través de inversiones para aumentar las capacidades instaladas de energía solar y eólica marina.

Las estrategias de transición de las empresas que utilizan petróleo y gas para la generación eléctrica al uso de otras fuentes de energías con ese mismo propósito incluye, entre otros elementos, la financiación de proyectos, fusiones y adquisiciones, capital de riesgo y gasto en investigación y desarrollo, y proyectan ampliar su red en los negocios de energía limpia. Si se mantiene esta tendencia ello significaría que la proporción de la inversión de capital que se destina a las inversiones en energía limpia podrían aumentar a más del 4%, desde el 1% registrado en el 2020. El financiamiento de proyectos sobre la energía eólica marina, estrechamente alineada con las fortalezas de la industria, ya era considerablemente mayor en el primer trimestre del 2021 que en el conjunto del año 2020 (World Energy Investment, 2021), y se espera que esta tendencia se mantenga en el futuro.

Referencias

Aalto, Pami; Haukkala, Teresa; Kilpeläinen, Sarah; y Kolo, Matti (2021). Electrification. accelerating the energy transition. Edited by Pami Aalto, Faculty of Management and Business/Politics Unit, Tampere University, Tampere, Finland. Academic Press. Elsevier. 2021.

Abengoa (2018). El futuro de la energía termo solar (STE o CSP) en China - Segunda entrega. 2018.

Administración Nacional de Energía de China. 2019.

Agencia Europea del Medio Ambiente (2013). Total electricity consumption - outlook from IEA. www.eea.europa.eu/data-and-maps/indicators/total-electricity-consumption-outlook-from-iea/total-electricity-consumption-outlook-from-1/. 2013.

Agencia Internacional de la Energía de la OCDE.

Afloresm Solucar PS 10. https://creativecommons.org/licenses/by/2.0/

Aktar, W.; Sengupta, D.; Chowdhury, A. (2009). Impact of pesticides use in agriculture: their benefits and hazards. Interdiscipl. Toxicol. 2 (1), 1e12. https://doi.org/10.2478/v10102-009-0001-7. 2009.

Albers, H.; Greiner, S.; Seifert H.; Kuhne U. (2009). Recycling of wind turbine rotor blades e fact or fiction? DEWI Mag. 34, pp 32-41. 2009.

Alianza Mundial para la Energía Descentralizada (WADE). Sobre la cogeneración de electricidad mediante el uso del bagazo.

American Public Power Association (2020). America's Electricity Generation Capacity 2020 Updated. 2020.

Amerise, Atahualpa (2022). 7 claves para entender cómo funciona la energía nuclear y que desafíos enfrenta para reemplazar al gas y al petróleo. BBC News Mundo. 28 abril 2022.

Apergis, N.; Payne, J.; Menyah, K.; & Wolde-Rufael, Y. (2010). On the causal dynamics between emissions, nuclear energy, renewable energy, and economic growth. Ecological Economics, 69 (11), 2255-2260. 2010.

Aprovechar el gran potencial de la energía geotérmica (2018). Banco Mundial. 2018.

Arshad, M. and O'Kelly, B.C. (2016). Analysis and Design of Monopile Foundations for Offshore Wind-Turbine Structures. Marine Georesources & Geotechnology, 34, 503-525. https://doi.org/10.1080/1064119X.2015.1033070. 2016.

Asociación de Empresas de Energías Renovables (APPA).

Asociación Mundial de la Energía Nuclear. 2019.

Aquino R.; J. Antonio; Corona R.; Leonel; Fernández N., C. (2013). Las tendencias actuales de inversión en generación eléctrica en América Latina. X Congreso Internacional sobre Invención y Desarrollo Tecnológico, Cuernavaca Morelos, México. 2013.

Bader, R. y Lipinski W. (2017). Solar thermal processing. Advances in Concentrating Solar Thermal Research and Technology. Woodhead Publishing Series in Energy, pages 403-459. 2017.

Barrero F., Antonio (2021). Estado de las energías renovables en España. Energías renovables, Panorama. https://www.energias-renovables.com/panorama/estos-son-los-once-graficos-que-detallan-20211126/. 2021.

Berkman, Mark; Murphy, Dean; and Lagos, Stephen (2015). The Nuclear Industry's Contribution to the U.S. Economy, the Brattle Group. 2015.

Bilgili, F.; Koçak, E.; Bulut, U.; and Kuskaya, S. (2017). Can biomass energy be an efficient policy tool for sustainable development? Renew. Sustain. Energy Rev. 71, pp 830-845. https://doi.org/10.1016/j.rser.2016.12.109. 2017.

Bloomberg New Energy Finance (Bloomberg NEF).

Boden, David R, (2017). Geologic fundamentals of geothermal energy. Published: Boca Raton: Taylor & Francis, CRC Press. 2017.

BP's Energy Outlook projected (2015). Edition of BP's Energy Outlook. 2015.

BP Energy Outlook 2019. 2019.

BP Energy Outlook 2020. 2020.

BP Statistical Review of World Energy 2020. 69th edition. 2020.

BP Statistical Review of World Energy 2021. 70th edition. 2021.

Byer, Trevor; Crousillat, Enrique; and Dussan, Manuel (2015). Latin America and the Caribbean Region. Energy Sector – Retrospective Review and Challenges, Energy Sector Management Assistance Program. ESMAP Technical Paper 123/09. 2015.

Carazo, Nicolas (2014). La Energía Geotérmica. Recursos en España. NC Arquitectura. 2014.

Carbón 2019 (2020). Uso del carbón seguirá creciendo en Asia. AsiaLink América. https://asialink.americaeconomia.com/economia-y-negocios-energia/uso-del-carbon-seguira-creciendo-en-asia. 2020.

Caparrós Gass; Alejandro y Ovando Pol, Paolo (2008). Bioenergía en la Unión Europea. Ekonomiaz No 67. 1er cuatrimestre. 2008.

Capuano, Linda (2018). International Energy Outlook 2018. 2018.

Catuti, M.; Elkerbout, M.; Alessi, M.; and Egenhofer, C. (2020). Biomass and Climate Neutrality. CEPS Policy Insights 2020-19. https://www.ceps.eu/download/publication/? id¼29914&pdf¼PI2020-19_Biomass-and-climate-neutrality. pdf. (Accessed 25 August 2020). 2020.

Caixa Bank Research a partir de datos de la EIA, FMI y Oficina Nacional Estadística de China.

Chavot, Philipe; Masseran, Anne; Bodin, Cyrille; Heimlich, Christine; Serrano, Yenis (2019). Public perception of geothermal projects in Alsace: between energy transition and territorial rooting. European Geothermal Congress 2019, European Geothermal Energy Council (EGEC), Jun 2019, La Haye, Netherlands. ffhal-02157107. 2019.

Centro de Exportaciones de Rusia 2016. 2016.

Cero neto para 2050: una hoja de ruta para el sector energético mundial (2021)". Agencia Internacional de Energía. 2021.

Cheng, S., et al. (2014). Development and application of prefabricated biogas digesters in developing countries. Renew. Sustain. Energy Rev. 34, 387e400. https://doi.org/10.1016/j.rser.2014.03.035. 2014.

China aumenta el uso de energía geotérmica" (2017); Agencia Xinhua; 2017.

Chowdhury, M.S., et al. (2020). An overview of solar photovoltaic panels' end-of-life material recycling. Energy Strategy Rev. 27. https://doi.org/10.1016/j.esr.2019.100431. 2020.

CIA World Factbook 2022. 2022.

Cobertura de la demanda eléctrica mediante los parques eólicos 2010-2020. www.ree.es. 2020.

Comisión Federal de Regulación de la Energía (FERC) de los EE.UU. 2021.

Comisión Nacional de Desarrollo y Reforma de China (NDRC). 2019.

Comisión Mundial de Embalses. 2008.

Comisión Mundial de Embalses (World Commission on Dams) (WCD, 2000). Dams and Development: A New Framework for Decision-Making. https://www.internationalrivers.org/sites/default/files/attached-files/world_commission_on_dams_final_report.pdf. (Accessed 22 March 2020). 2020.

Cuarto Plan Estratégico de Energía en Japón (2014). https://es.abcdef.wiki/wiki/Energy_in_Japan. 2014.

Cumbre Pueblos (2019). Ventajas y desventajas de la energía eólica. https://cumbrepuebloscop20.org/energias/eolica/ventajas-desventajas/. 2019.

Da Costa Gomez, Claudius (2013). Biogas as an energy option: an overview. In: Wellinger, Arthur, Murphy, Jerry, Baxter, David (Eds.), The biogas handbook - Science, production and applications. Woodhead Publishing Limited, Cambridge, pp. 1-16. 2013.

Dadwal, S. (2009). India's energy security: challenges and opportunities. Eurasian Geography And Economics, 50 (6), 665-681. 2009.

Debnath, D. (2019). From biomass to biofuel economics. In: Debnath, D., Babu, S.C. (Eds.), Biofuels, Bioenergy and Food Security: Technology, Institutions and Policies. Academic Press, London, pp. 45-60. 2019.

Declaración de Impacto Ambiental (DEI) sobre el proyecto Desmantelamiento y clausura de la central nuclear José Cabrera en el término municipal de

Almonacid de Zorita (Guadalajara) mediante la Resolución de fecha 21 de diciembre del 2009. 2009.

Delucchi, M., & Jacobson, M. (2013). Meeting the world's energy needs entirely with wind, water, and solar power. Bulletin of the Atomic Scientists, 69 (4), 30-40; 2013.

Demirbas, A. (2007). Focus on the World: Status and Future of Hydropower. Energy Sources, Part B: Economics, Planning, and Policy, 2 (3), pp. 237-242; 2007.

De Mlino76: http://www.ez2c.de/ml/solar_land_area/, CC BY 2.5, https://commons.wikimedia.org/w/index.php?curid=652995.

Dincer, Ibrahim; and Ozcan, Hasan (2018). Geothermal Energy DOI:10.1016/B978-0-12-809597-3.00119-X. In book: Comprehensive Energy System. 2018.

Dinh, V.N., McKeogh, E. (2019). Offshore wind energy: technology opportunities and challenges. In: Randolph, M.F., Doan, D.H., Tang, A.M., Bui, M., Dinh, V.N.((Eds.), Proceedings of the 1st Vietnam Symposium on Advances in Offshore Engineering: Energy and Geotechnics. Springer Nature, Singapore, pp. 2-22. 2019.

Drewitt, A.L.; and Langston, R.H.W. (2006). Assessing the impacts of wind farms on birds. Ibis 148 (1), pages 29-42; https://doi.org/10.1111/j.1474-919x.2006.00516.x. 2006.

Duffie; John A.; Beckman, William A.; and Blair, Nathan (2020). Solar Engineering of Thermal Processes, Photovoltaics and Wind, Fifth Edition. Print ISBN:9781119540281 |Online ISBN:9781119540328 |DOI:10.1002/9781119540328. 2020.

Duodécimo Plan Quinquenal del Gobierno Indio para el Periodo 2012-17 (Twelfth Five Year Plan (2012–2017): Faster, More Inclusive and Sustainable Growth, 2013). 2013.

Eco Inventos (2018). Los mayores países productores de energía solar del mundo. 2018.

Eco Inventos (2019). India quiere ser líder en el uso de energías renovables. 2019.

Enconosas (2021). Récord mundial: las energías renovables alcanzaron su máximo crecimiento en un año. https//economiasustentable.com. 2021.

Electricity Market Report July 2021 (2021). International Energy Agency (IEA). 2021.

Electric Power Monthly. Energy Information Administration. October 31, 2021.

El futuro de la bioenergía en Europa pasa por un uso más eficiente de los recursos (2013). Residuos Profesional. 2013.

El financiamiento de las centrales nucleares (2010). En inglés "The Financing of Nuclear Power Plants (2010)". Nuclear Energy Agency (NEA) Report. 2010.

El futuro de la eólica en Asia Pacífico está en la tecnología flotante (2021). Periódico de la Energía el 24 de febrero del 2021.

Elmundo.es (2008). Encuesta realizada con 1.000 adultos españoles por Sigma Dos para El Mundo y publicada en elmundo.es en agosto de 2008.

El Sistema Eléctrico Español (2020). Red Eléctrica de España (REE). 2020.

Encuesta del Eurobarómetro sobre el uso de la energía nuclear para la generación eléctrica (2005). 2005.

Energías Renovables (2014). Biomasa: ventajas y desventajas. https://www.energiasrenovablesinfo.com/biomasa/biomasa-ventajas-desventajas/. 2014.

Energía en Estados Unidos, México y Canadá (2018). https://www.efenergia.com/legislacion-eficiencia-energetica/norteamerica/. 2018.

Energía limpia para todos los europeos (2019). Reglamento de la EU mediante el cual se actualiza el marco de su política energética. 2019

Energy data 2020 edition. 2020.

Energy in the EU 2020. 2020.

Energía 2021 (2021). Foro de la Industria Nuclear Española. 2021.

Energy Infrastructure Update (con datos hasta el 30 de septiembre de 2021). FERC. Septiembre 2021.

Eólica 2018. Asociación Empresarial Eólica. 2018.

Esneca (2021). Estas son las ventajas y desventajas de la energía solar. https://www.esneca.com/blog/ventajas-desventajas-energia-solar/. 2021.

Estrategia de Desarrollo de Bajo Carbono (LCDS) de julio del 2009. 2009.

Estrategia Energética de Rusia para el periodo hasta el 2020. 2003.

Estudio del Impacto Macroeconómico de las Energías Renovables en España (2020). Asociación de Empresas de Energías Renovables (APPA). 2020.

European Commission (Comisión Europea) (2018 a). Directive 2018/2001 of the European Parliament and of the Council of 11 December 2018 on the Promotion of the Use of Energy from Renewable Sources. https://eur-lex.europa.eu/legal-content/EN/TXT/?uri¼uriserv:OJ.L_.2018.328.01.0082.01.ENG&toc¼OJ:L:2018:328:TOC. (Accessed 21December, 2020). 2018.

European Commission (2018 b). A Clean Planet for All: A European Long-Term Strategic Vision for a Prosperous, Modern, Competitive and Climate Neutral Economy. Brussels, 28.11.2018, COM (2018) 773 Final. https://ec.europa.eu/clima/sites/clima/files/docs/pages/com_2018_733_analysis_in_support_en_0.pdf. (Accessed 2 March 2020). 2018.

Europe nuclear plants need 500 bn euro investment by 2050 (2022). by AFP Staff Writers. Paris, France. Jan 9, 2022.

EU Energy in Figures 2019. 2019.

EU Energy in Figures 2021 (2021). European Commission, Directorate-General for Energy, EU energy in figures: statistical pocketbook 2021, Publications Office, 2021, https://data.europa.eu/doi/10.2833/975418. 2021.

EU Directive 2009/28/EC. European Union directive which mandates levels of renewable energy use within the European Union from 2009 to 2021. 2009.

EU Market Outlook for Solar Power 2021-2025 (2021). Solar Power Europe. 2021.

Eurostat 2019. 2019.

EU Statistical Pocketbook 2020. 2020.

EU Statistical Pocketbook 2021. 2021.

Expansión/Datos macro.com 2018-2019.

Fachagentur Nachwachsende Rohstoffe (FNR, 2016). Leitfaden Biogas: Von der Gewinnung zur Nutzung. http://www.fnr.de/fileadmin/allgemein/pdf/broschueren/Leitfaden_Biogas_web_V01.pdf. (Accessed 28 April, 2020). 2016.

Fariza, Ignacio (2021). La crisis energética revive el debate sobre la nuclear. El País. 2021.

Fisher, Matt and Liou, Joanne (2021). ¿De qué manera la energía nuclear puede reemplazar al carbón en la transición a una energía limpia? https://www.iaea.org/es/newscenter/news/de-que-manera-la-energia-nuclear-puede-reemplazar-al-carbon-en-la-transicion-a-una-energia-limpia. OIEA. 2021.

Fraiture, C.D.; Giordano, M.; and Liao, Y. (2008). Biofuels and implications for agricultural water use: blue impacts of green energy. Water Pol. 10, 67e81. https://doi.org/10.2166/wp.2008.054. 2008.

Fraunhofer ISE (2019). Photovoltaics Report. https://www.ise.fraunhofer.de/content/dam/ise/de/documents/publications/studies/Photovoltaics-Report.pdf. (Accessed 31March 2020). 2019.

Gaffney, J.S.; and Marley, N.A. (2020). Chemistry of Environmental Systems: Fundamental Principles and Analytical Methods. John Wiley & Sons, Hoboken. 2020.

Gana Energía (2020). Cuáles son las ventajas y desventajas de la energía solar. https://ganaenergia.com/blog/ventajas-y-desventajas-de-la-energia-solar/. 2020.

Gana Energía (2020). Ventajas y desventajas de la energía geotérmica: ¿Cuáles son? https://ganaenergia.com/blog/ventajas-desventajas-energia-geotermica/. 2020.

García, Cristina (2019). El estado de la Energía Solar en España. Airalia. 2019.

GEOLOGIAWEB Yandry Maldonado (2022). 10 Ventajas y desventajas de la energía hidroeléctrica. https://geologiaweb.com/recursos-naturales/ventajas-desventajas-energia-hidroelectrica/. 2022.

Global Offshore Wind Report (2019). Global Wind Energy Council (GWEC). 2019.

Global Offshore Wind Report 2021 (2021). Global Wind Energy Council (GWEC). 2021.

Global Wind Report (2019). Global Wind Energy Council (GWEC). 2019.

Global Wind Report 2021 (2021). Global Wind Energy Council (GWEC). 2021.

Global Wind Energy Manifesto for COP 26 (2021). GWEC. 2021.

Going Global: Expanding Wind Offshore to Emerging Markets (2021). Grupo del Banco Mundial. 2021.

Gosh, T.K.; and Prelas, M.A. (2011). Energy resources and systems. In: Renewable Resources, vol. 2. Springer, Dodrecht. 2011.

Government of Finland (Gobierno de Finlandia) (2017). Government Report on the National Energy and Climate Strategy for 2030. https://tem.fi/documents/1410877/2769658/Government+report+on+the+National+Energy+and+Climate+Strategy+for&+2030/0bb2a7be-d3c2-4149-a4c2-78449ceb1976. (Accessed 5 February 2019). 2017.

Grupo Red Eléctrica, a través de su filial Red Eléctrica de España 2020. 2020.

Gutiérrez Jodra, Luis (2003). «España y la energía: un punto de vista académico». Rev.R.Acad.Cienc.Exact.Fís.Nat. (Esp). http://www.rac.es/6/6_2_2.php?. 2003.

Gutiérrez, Matías (2020). La energía eólica avanza en Europa. Ecología Hoy. https://www.ecologiahoy com/la-energia-eolica-avanza-en-europa. 2020.

GWEC Market Intelligence Report 2021. 2021.

Hajdukiewicz, A., Pera, B. (2020). International trade disputes over renewable energy: the case of the solar photovoltaic sector. Energies 2020 (500), 13. https://doi.org/10.3390/en13020500. 2020.

Hernanz, Javier (2019). La energía geotérmica puede crecer un 8% en 2019. EC Post. 2019.

https://commons.wikimedia.org/wiki/File:Poulluted_killer_fog_in_Delhi.jpg.

https://commons.wikimedia.org/wiki/File:PS20andPS10.jpg

https://commons.wikimedia.org/wiki/File:MBT_anaerobicdigesters.jpg

https://www.flickr.com/photos/rlasaosa/7675481784/in/photostream/

https://www.freepik.es/foto-gratis/parque-eolico-tierras-cultivo_1329894.htm

https://pixabay.com/es/photos/viento-turbina-energ%c3%ada-e%c3%b3lica-6533777/

Hydropower Special Market Report: Analysis and forecast to 2030 (2021). International Energy Agency. 2021.

Hydropower Status Report 2019. 2019.

Informe Anual del OIEA de 2018 (2019). Documentos de la 63ª reunión de la Conferencia General del OIEA (2019). OIEA, Viena, Austria. 2019.

Instituto para el análisis económico y financiero de la energía (IEEFA).

International Energy Agency (IEA, 2019). Tracking SDG 7: The Energy Progress Report 2019. Washington DC. https://sustainabledevelopment.un.org/content/documents/2019_Tracking_SDG7_Report.pdf. (Accessed 25 June 2020). 2019.

International Energy Agency (IEA 2019 a). World Energy. 2019.

International Energy Agency (IEA, 2020 a). Outlook for Biogas and Biomethane: Prospects for Organic Growth. https://www.iea.org/reports/outlook-for-biogas-and-biomethane-prospects-for-organic-growth. (Accessed 30 April 2020). 2020.

International Energy Agency (IEA, 2020 b). Tracking Power 2020; https://www.iea.org/reports/tracking-power-2020#. (Accessed 25 June 2020). 2020.

International Energy Outlook 2019 (IEO 2019). US Energy Information Administration (EIA). 2019.

Investopedia 2019.

International Hydropower Association (IHA, 2020). Hydropower Status Report: Sector Trends and Insights. https://archive.hydropower.org/sites/default/files/publicationsdocs/2020_hydropower_status_report.pdf. (Accessed 21 December 2020). 2020.

International Renewable Energy Agency (IRENA, 2016). Measuring Small-Scale Biogas Capacity and Production. https://www.irena.org/-/media/Files/IRENA/Agency/Publication/2016/IRENA_Statistics_Measuring_small-scale_biogas_2016.pdf. (Accessed 27 April 2020). 2016.

IRENA (2018). Transformación energética mundial: hoja de ruta hasta 2050, Agencia Internacional de Energías Renovables, Abu Dhabi (ISBN 978-92-9260-059-4). 2018.

International Renewable Energy Agency (IRENA, 2019 a). Future of Solar Photovoltaic e Deployment, Investment, Technology, Grid Integration and Socio-Economic Aspects. https://www.irena.org/-/media/Files/IRENA/Agency/Publication/2019/Nov/IRENA_Future_of_Solar_PV_2019.pdf. (Accessed 5 May 2020). 2019.

International Renewable Energy Agency (IRENA, 2019 b). Solid Biomass Supply for Heat and Power: Technology Brief. International Renewable Energy Agency, Abu Dhabi. https://www.irena.org/-/media/Files/IRENA/Agency/Publication/2019/Jan/IRENA_Solid_biomass_supply_2019.pdf. (Accessed 12 May 2020). 2019.

International Renewable Energy Agency (IRENA, 2020). Bioenergy for Power. 2020.

IRENA (2021), Estadísticas de Energía Renovable 2021. The International Renewable Energy Agency, Abu Dhabi. 2021.

Jewell, J. (2011). Ready for nuclear energy? An assessment of capacities and motivations for launching new national nuclear power programs. Energy Policy, 39 (3), 1041-1055, 2011.

Jones, J.M.; Lea-Langton, A.R.; Ma, L.; Pourkashanian, M.; and Williams, A. (2014). Pollutants Generated by the Combustion of Solid Biomass Fuels. Springer, London. 2014.

Jones, Dave (2022). Global Electricity Review 2022. EMBER. 2022.

Jorquera, Carlos (2018). Sinopec continuará impulsando el desarrollo geotérmico en China con un enfoque en la calefacción. Piensa en Geotermia. 2018.

Kardoudi, Omar (2021). China quiere abaratar la electricidad con el primer reactor nuclear compacto del mundo. El Confidencial. 2021.

Kargbo, Hannah; Harris, Jonathan Stuart; and Phan, Anh N. (2021). "Drop in" fuel production from biomass: Critical review on techno-economic feasibility and sustainability. Renewable and Sustainable Energy Reviews 135 (2021) 110168. Available online 4 August 20201364-0321. Published by Elsevier Ltd. School of Chemical Engineering, University of Newcastle, Newcastle Upon Tyne. 2021.

Karpenstein-Machan, M. (2013). Integrative energy crop cultivation as a way to a more nature-orientated agriculture. In: Ruppert, H., Kappas, M., Ibendorf, J. (Eds.), Sustainable Bioenergy Production e an Integrated Approach. Springer, Dordrecht, pp. 143-181. 2013.

Keppler, Jan Horst; and Cometto, Marco (2015). Nuclear New Build: Insights into Financing and Project Management, Nuclear Energy Agency, OECD. 2015.

Khoo, Choon Gek; y Xue, Shan (2021). Nuclear power development in Asia Pacific: Opportunities amid challenges. IHS Markit. 2021.

Klinger, F., Muller, L. (2017b). Offshore wind energy: key to 100% renewable energy. In: Uyar, T.S. (Ed.), Towards 100% Renewable Energy: Techniques, Costs and Regional Case-Studies. Springer Nature, Cham, pp. 385-393. 2017.

Komendantova, N., Patt, A., Barras, L., & Battaglini, A. (2012). Perception of risks in renewable energy projects: The case of concentrated solar power in North Africa. Energy Policy, 40, 103-109. 2012.

La Estrategia de Energía 2030 (2009). Gobierno de Rusia. Noviembre 2009.

Las Energías Renovables en el Sistema Eléctrico Español (2020). www.ree. 2018.

La Energía en España 2017 (2018). Secretaría de Estado de Energía, Ministerio para la Transición Ecológica. 2018

La instalación de renovables crecerá un 8% este año en todo el mundo y experimentará su primer descenso en 2023 (2022). Redacción Periódico de la Energía. 2022.

La Ley de Energías Renovables de la República Popular de China del 28 de febrero de 2005 (2005). 2005.

La Ley de Energías Renovables de 2009 de China. 2009.

La Ley 54/1997, de 27 de noviembre, del Sector Eléctrico. BOE núm. 285, de 28 de noviembre de 1997. Referencia. BOE-A-1997-25340. 1997

La Ley 34/1998, de 7 de octubre, del sector de hidrocarburos. BOE núm. 241, de 08 de octubre de 1998. Referencia: BOE-A-1998-2328. 1998.

La Ley 24/2013, de 26 de diciembre, del Sector Eléctrico. BOE núm. 310, de 27/12/2013. Referencia: BOE-A-2013-13645. https://www.boe.es/eli/es/l/2013/12/26/24/con. 2013.

La ley sobre Innovación y Modernización en Energía Nuclear (2019). 2019.

Ladari Fuentes, Iris (2021). El primer parque eólico flotante de España estará en Gran Canaria. Sputnik Mundo. https://mundo.sputniknews.com/20211214/el-primer-parque-eolico-flotante-de-espana-estara-en-gran-canaria-1119242961.html. 2021.

La capacidad de energía renovable de Asia y el Pacífico crecerá 50% en cinco años (2020). World Energy Trade. 2020.

La UE y la Unión de la Energía y la Acción por el Clima (2017). Comisión Europea. https://op.europa.eu/webpub/com/factsheets/energy/es. 2017.

Leahy, Stephan (2017). India lidera el mayor proyecto de energía limpia del mundo. National Geographic. 2017.

Leong, Wai-Hong & Lim, Jun-Wei & Lam, Man-Kee & Uemura, Yoshimitsu & Ho, Yeek-Chia (2018). Third generation biofuels: A nutritional perspective in enhancing microbial lipid production. Renewable and Sustainable Energy Reviews, Elsevier, vol. 91(C), pages 950-961. 2018.

Ley de Conservación de Energía (2001). India. 2001.

Liu, H., Masera, D.; and Esser, L., eds. (2013). World Small Hydropower Development Report 2013, United Nations Industrial Development

Organization, International Center on Small Hydro Power. Available from www.smallhydroworld.org. 2013.

López Redondo, Noelia (2019). Las energías renovables se han triplicado en Estados Unidos. Energy News. 2019.

López Redondo, Noelia (2020). Previsión: las inversiones en renovables en Asia Pacífico superarán a las fósiles en 2030. Energy News. 2020.

Los planes para descarbonizar la energía en China, Japón e India (2019). Asia Pacífico | Observatorio Parlamentario de Chile. 2019.

Lucas Martínez; Antonio; Lobato Bajo, Justo; y Villaseñor Camacho, José (2004). Termotecnia básica aplicada Pablo Riquelme para ingenieros químicos: bases de Termodinámica aplicada. Universidad de Castilla- La Mancha. ISBN 84-8427-331-8. 2004.

Macknick, J.; Newmark, R.; Heath, G.; and Hallett, K. C. (2011). A Review of Operational Water Consumption and Withdrawal Factors for Electricity Generating Technologies (Golden, CO: National Renewable Energy Laboratory). 2011.

Malins, C. (2017). Thought for Food - A Review of the Interaction between Biofuel Consumption and Food Markets. https://www.transportenvironment.org/sites/te/files/publications/Cerulogy_Thought-for food_September2017. pdf. (Accessed 6 May 2020). 2017.

Manzella, Adele (2019). General Introduction to Geothermal Energy. Geothermal Energy and Society pp 1-18| . Springer. 2019.

Marples, D. (2008). The Energy dilemma of Belarus: The nuclear power option. Eurasian Geography and Economics, 49 (2), 215-227. 2008.

Martin, Esther (2021). Las energías renovables siguen aumentando a nivel mundial: en 2021 se han instalado hasta 227 GW más de capacidad. www.motorpasion.com. 2021.

Meg (2021). Ventajas y desventajas de la energía eólica. https://montegar.es/ventajas-y-desventajas-de-la-energia-eolica/. 2021.

Mehetre, S.A.; Panwar, N.L.; Sharma, D.; and Kumar, H. (2017). Improved biomass cookstoves for sustainable development: a review. Renew. Sustain. Energy Rev. 73, pp 672-687. https://doi.org/10.1016/j.rser.2017.01.150. 2017.

Misak, S., Prokop, L. (2017). Operation Characteristics of Renewable Energy Sources. Springer Nature, Cham. 2017.

Morales Pedraza, Jorge (2010). Is Nuclear Power a Realistic Alternative to the Use of Fossil Fuels for the Production of Electricity? International Journal of Energy, Environment, and Economics, Volume 18 Issue 3/4, Nova Science Publishers. New York, USA. 2010.

Morales Pedraza, Jorge (2012). Nuclear Power: Current and Future Role in the World Electricity Generation. ISBN 978-1-61728-504-2, Nova Science Publishers. 2012

Morales Pedraza, Jorge (2013). World Major Nuclear Accidents and their Negative Impact on the Environment, Human Health and Public Opinion, International Journal of Energy, Environment and Economics (IJEEE 21 #2) Volume 21 Issue 2. Nova Science Publishers, Inc. 2013.

Morales Pedraza, Jorge (2013). Energy in Latin American and the Caribbean: The Current and Future Role of Renewables and Nuclear Energy Sources in the Regional Electricity Generation. ISBN: 978-1-62257-9808, Nova Science Publisher Inc. 2013.

Morales Pedraza, Jorge (2015). Electrical Energy Generation in Europe: The Current Situation and Perspectives in the Use of Renewable Energy Sources and Nuclear Power for Regional Electricity Generation. 2015.

Moore, Charles (2022). European Electricity Review 2022 : Gas crisis interrupts EU coal exit. Ember. 2022.

Mosquera, Pepa (2016); Todo el potencial de la geotermia en España. Energías Renovables. 2016.

Mosquera, Pepa (2021). Más renovables: así se logra que el gas marque el precio de la electricidad las menos horas posibles. Energías Renovables. Panorama. https://www.energias-renovables.com/panorama/las-renovables-son-el-camino-para-que-20211014. 2021.

Mosquera, Pepa (2022) Estados Unidos añade cada mes 2.250 MW de nueva potencia renovable. Panorama. Energías Renovables. 2022.

Nautiyal, H., Singal, S., Varun, & Sharma, A. (2011). Small hydropower for sustainable energy development in India. Renewable and Sustainable Energy Reviews, 15 (4), 2021-2027. 2011.

Navarrete, Fernando; Mielgo, Pedro; Diaz Fernández, José Luis; Dopaso, Cesar; Guillén, José Antonio; Navarro, Conrado; Pérez Monte, Fidel; y Vicente-Tutor, Manuel (2011). Propuesta para una Estrategia Energética Nacional; Fundación para el Análisis y los Estudios Sociales (FAES). 2011.

NCR https://www.nrc.gov/reading-rm/basic-ref/students/animated-pwr.html.

NCR https://www.nrc.gov/reading-rm/basic-ref/students/animated-bwr.html

Nelson, V., Starcher, K. (2019). Wind Energy: Renewable Energy and the Environment. third ed. CRC Press e Taylor & Francis Group, Boca Raton. 2019.

Nevzorova, T.; and Kutcherov, V. (2019). Barriers to the wider implementation of biogas as a source of energy: a state of-the-art review. Energy Strategy Rev. 26, 100414. https://doi.org/10.1016/j.esr.2019.100414. 2019.

Objetivos de Desarrollo Sostenible 2030. Energía Asequible y no Contaminante. Objetivo 7 Naciones Unidas https://www.un.org/sustainabledevelopment/es/energy/#:~:text=Energ%C3%ADa%20%E2%80%93%20Desarrollo%20Sostenible%20Objetivo%207%3A%20Garantizar%20el,se%20est%C3%A1%20volviendo%20m%C3%A1s%20sostenible%20y%20ampliamente%20disponible.

Observatorio Parlamentario Asia Pacífico de la Biblioteca del Congreso Nacional de Chile (2019). Los planes para descarbonizar la energía en China, Japón e India. 2019.

Orr, S., Pittock, J., Chapagain, A., & Dumaresq, D. (2012). Dams on the Mekong River: Lost fish protein and the implications for land and water resources. Global Environmental Change, 22 (4), 925-932. 2012.

Otieno, George A.; and Loosen, Alexander E. (2016). An analysis of key environmental and social risks in the development of concentrated solar power projects. DOI:10.1063/1.4949253. Conference: SOLARPACES 2015: International Conference on Concentrating Solar Power and Chemical Energy Systems. 2016.

Oxfam (2011). Design, Construction and Maintenance of a Biogas Generator. https://oxfamilibrary.openrepository.com/bitstream/handle/10546/136537/tbn21-biogas-generators24062011-en.pdf?sequence¼5&isAllowed¼y. (Accessed 27, April 2020). 2011.

Owojori, O. (2020). The African Union Needs to Resolve Ethiopia's Dam Dispute. Foreign Policy (Online), September 24. https://foreignpolicy.com/2020/09/24/africanunion-ethiopia-egypt-sudan-dam-dispute/. (Accessed 10 October 2020). 2020.

Pääkkönen, A.; Aro, K.; Aalto, P.; Konttinen, J.; and Kojo, M. (2019). The potential of biomethane in replacing fossil fuels in heavy transport e a case study on Finland. Sustainability 11 (17), pages 1-19. https://doi.org/10.3390/su11174750, 4750. 2019.

PANER (2010). Plan de Acción Nacional de Energías Renovables de España (PANER) 2011-2020. 2010.

Pandey, B., Karki, A. (2017). Hydroelectric Energy: Renewable Energy and the Environment. CRC Press, Boca Raton. 2017.

Parque solar fotovoltaico. https://creativecommons.org/licenses/by/2.0/

Pastor, Javier (2021). La energía eólica es más barata que cualquier otra, pero cuidado: que siga bajando de precio tiene peligro. https://www.xataka.com/energia/energia-eolica-barata-que-cualquier-otra-cuidado-que-siga-bajando-precio-tiene-peligro. 2021.

Patrick, James and Chansen, H. (1998). Teaching Case Studies in Reservoir Siltation and Catchment. 1998.

Pavlovic, T. (2020). Solar energy. In: Pavlovic, T. (Ed.), The Sun and Photovoltaic Technologies. Springer Nature, Singapore, pp. 1-44. 2020.

Penna, A.N. (2020). A History of Energy Flows: From Human Labor to Renewable Power. Routledge, New York. 2020.

Periódico de la Energía (2022). Así es el plan para convertir el Mar del Norte en el gran centro renovable de Europa con 150 GW de eólica marina. Redacción del Periódico de la Energía. 2022.

Plan de Energías Renovables en España para 2005-2010 (REP). 2005.

Plan Estratégico del Sector de Energías Nuevas y Renovables 2011- 2017. https://www.india.gov.in/website-ministry-new-and-renewable-energy.

Plan Nacional Integrado de Energía y Clima 2021-2030 (PNIEC) (2020). 2020.

Plan Quinquenal de China 2016-2020 (2015). Decimotercer Plan Quinquenal de China (2016– 2020). 2015.

Planificación y desarrollo de las redes de transporte eléctrico y gasista 2002-2011 (2002). Gobierno de España. 2002.

Podorvaniuk, Nikolai (2012). Rusia y las renovables: una relación todavía muy verde. Russia Beyond. 2012.

Política Nacional de Energía Híbrida Eólica-Solar (2018). Emitida por el Ministerio de Energía Nueva y Renovable el 14 de mayo del 2018. 2018.

Poudineh, E.; Brown, C.; and Foley, B. (2017). Economics of Offshore Wind Power -Challenges and Policy Considerations. Springer Nature, Cham. 2017.

PRIS-OIEA base de datos diciembre 2021.

Protocolo de Kyoto (1997). Este Protocolo pone en funcionamiento la Convención Marco de las Naciones Unidas sobre el Cambio Climático aprobada en 1997. Entró en vigor el 16 de febrero del 2005.

Proyecto de Desarrollo de la Energía Geotérmica en Indonesia (2017). Banco Mundial. 2017.

Raiden32 https://es.wikipedia.org/wiki/Presa_de_Aldead%C3%A1vila#/media/Archivo:Presa_Aldead%C3%A1vila_desembalsando.JPG

Real Decreto 661/2007 del 25 de mayo por el que se regula la actividad de producción de energía eléctrica en régimen especial. BOE núm. 126, de 26/05/2007. Ministerio de Industria, Turismo y Comercio. Referencia: BOE-A-2007-10556. https://www.boe.es/eli/es/rd/2007/05/25/661/con. 2007.

Real Decreto 1565/2010, de 19 de noviembre, por el que se regulan y modifican determinados aspectos relativos a la actividad de producción de energía eléctrica en régimen especial. BOE núm. 283, de 23 de noviembre de

2010. Ministerio de Industria, Turismo y Comercio. Referencia: BOE-A-2010-17976. https://www.boe.es/eli/es/rd/2010/11/19/1565. 2010.

Real Decreto-ley 14/2010, de 23 de diciembre, por el que se establecen medidas urgentes para la corrección del déficit tarifario del sector eléctrico. BOE» núm. 312, de 24 de diciembre de 2010. Referencia: BOE-A-2010-19757. https://www.boe.es/eli/es/rdl/2010/12/23/14. 2010.

Real Decreto-ley 1/2012 del 27 de enero, por el que se procede a la suspensión de los procedimientos de preasignación de retribución y a la supresión de los incentivos económicos para nuevas instalaciones de producción de energía eléctrica a partir de cogeneración, fuentes de energía renovables y residuos. BOE núm. 24, de 28 de enero de 2012. Referencia: BOE-A-2012-1310. https://www.boe.es/eli/es/rdl/2012/01/27/1. 2012.

Recursos energéticos en el Caribe (2019). Avatar Energía. 2019.

Renewable Energy Essentials: Hydropower (2010). International Energy Agency (IEA). 2010.

REN21 (2019). Renewable Energy Policy Network for the 21st Century. Renewables 2019 Global Status Report. https://www.ren21.net/wp-content/uploads/2019/05/gsr_2019_full_report_en.pdf. (Accessed 5 February 2020). 2019.

REN21 (2020). Renewable Energy Policy Network for the 21st Century. Renewables 2020 Global Status Report. https://www.ren21.net/wp-content/uploads/2019/05/gsr_2020_full_report_en.pdf. (Accessed 22 June 2020). 2020.

Renewable Energy Market Update 2021. 2021.

Renewable Energy in Europe. Markets, Trends and Technologies (2010). EUROPEAN RENEWABLE ENERGY COUNCIL (EREC); 2010.

Resolución de 21 de diciembre de 2009, de la Secretaría de Estado de Cambio Climático, por la que se formula declaración de impacto ambiental sobre el proyecto Desmantelamiento y clausura de la central nuclear José Cabrera en el término municipal de Almonacid de Zorita, Guadalajara. BOE núm. 12, de 14 de enero de 2010, Ministerio de Medio Ambiente, y Medio Rural y Marino. Referencia: BOE-A-2010-586. 2010.

Reve (2019). Asia-Pacífico: potencial para convertirse en el líder en energía eólica marina. 2019.

Robbins, Paul (2007). Hydropower, Encyclopedia of Environment and Society. 2007.

Roca, José A. (2019); La generación renovable en EEUU superará al carbón en 2021; El Periódico de la Energía; 2019.

Roca, José A. (2021). Las inversiones en generación de energías renovables en Asia Pacífico podrían alcanzar los 1,3 billones de dólares en esta década. El Periódico de la Energía. 2021.

Roca, José A. (2021 a). El futuro de la eólica en Asia Pacífico está en la tecnología flotante. El Periódico de la Energía. 2021.

Roca, José A. (2021 b). El nuevo mix de Japón para 2030 revela planes radicales para transformar su sistema energético. El Periódico de la Energía. 2021.

Roca, José A. (2022). La china State Grid Corporation conecta la central hidroeléctrica de bombeo más grande del mundo. El periódico de la energía. 2022.

Roca, José A. (2022 a). California alcanza un record de participación renovables del 97,6%. El periódico de la energía. 2022.

Rodriguez, Daniela (2019). 7 Ventajas y desventajas principales de la energía eólica. Lifeder. https://www.lifeder.com/ventajas-desventajas-energia-eolica/. 2019.

Rosnes, O.; y Vennemo, H. (2012). The cost of providing electricity to Africa. Energy Economics, 34 (5), 13181328. 2012.

Sánchez, Carlos (2016). China elevará a más del triple su consumo de energía geotérmica para 2020. Energy News. 2016.

Sánchez, Carlos (2019). Asia-Pacífico instaló 24,9 GW de nueva capacidad eólica durante 2018. Energy News. 2019.

Sánchez Prieto, Javier (2021). Almacenamiento energético: ¿el gran desafío para las renovables? 2021.

Schneider, Mycle; and Froggatt, Anthony, (2007). The World Nuclear Industry Status Report 2007, Greens-EFA Group in the European Parliament, Brussels. November 2007.

Schneider, Mycle; Froggatt, Antony; Hazemann, Julie; Katsuta, Tadahiro; Ramana, M. V.; and Thomas, Steve (2015). The World Nuclear Industry Status Report 2015. 2015.

Schussler, F. (2008). Energy partnership Africa- Europe: concentrated solar power between technical realization and ethic responsibility. Erdkunde, 62 (3), 221-230. 2008.

Servicio Federal de Aduanas de Rusia 2013. 2013.

Şentürk, Fuat (1994). Hydraulics of dams and reservoirs (reference. ed.). Highlands Ranch, Colo.: Water Resources Publications. p. 375. ISBN 0-918334-80-2. 1994.

Sevillano, Elena (2021). Dos bandos por el futuro de la energía nuclear de la UE. El País. 2021.

Short-Term Energy Outlook (2022). Energy Information Administration (EIA), US. 2022.

Singla, Jordi (2019). El mix energético del futuro; Informe mensual- Dossier. 2019.

Sistema Eléctrico Español (2020). 2020.

Soler, Francisco; y Yu, Julian (2010). La nueva política china para la promoción de las energías renovables; www.iberoasis.org. 2010.

Sovacool, B.K. (2013). The avian benefits of wind energy: a 2009 update. Renew. Energy 49, pp 19-24. https://doi.org/10.1016/j.renene.2012.01.074. 2013.

Sovacool, B.K.; and Walter, G. (2019). Internationalizing the political economy of hydroelectricity: security, development and sustainability in hydropower states. Rev. Int. Polit. Econ. 26 (1), 49e79. https://doi.org/10.1080/09692290.2018.1511449. 2019.

Statista 2020 data base.

Tarazona, Daniel N. (2015). Las predicciones y el análisis del futuro energético mundial. Dinero. 2015.

Tercer Plan Básico de Energía de 2019 elaborado por el Ministerio de Industria, Comercio, y Recursos de Corea del Sur. 2019.

Teske, Sven (2008). La energía solar puede dar electricidad limpia a más de 4.000 millones de personas para 2030; Greenpeace España. 2008.

The state of food and agriculture (2008). BIOFUELS: prospects, risks and opportunities. Food and Agriculture Organization of the United Nations (FAO, 2008).Rome, Italy. 2008.

Tianjie, Ma (2016). Todas las miradas puestas sobre el 13.° Plan Energético de China. Diálogo Chino. 2016.

Tougaard, J.; and Mikaelsen, M.A. (2018). Effects of larger turbines for the offshore wind farm at Krieger's Flak, Sweden: assessment of impact on marine mammals. Sci. Rep. 54 2. DCE e Danish Cent. Environ. & Energy 286. https://dce2.au.dk/pub/SR286.pdf. (Accessed 3 March 2020). 2018.

Twenergy (2019). Ventajas de la energía eólica. https://twenergy.com/energia/energia-eolica/ventajas-de-la-energia-eolica/. 2019.

Urban, Frauke; and Mitchell, Tom (2011). Climate change, disasters and electricity generation. London: Overseas Development Institute and Institute of Development Studies. 2011.

Usher, B. (2019). Renewable Energy: A Primer for the Twenty First Century. Columbia University Press, New York; USA. 2019.

US Energy Information Administration (EIA) database.

US Energy Information Administration (2020). Electricity explained. Electricity generation, capacity, and sales in the United States. 2020.

US Energy Information Administration. Oficina de Energía Nuclear del Departamento de Energía de los EEUU (Department of Energy. Office on Nuclear Energy). 2020.

Ventajas y Desventajas.Pro (2022). Ventajas y Desventajas de la Energía Hidroeléctrica. https://ventajasydesventajas.pro/beneficios-de-la-energia-hidroelectrica/. 2022.

Wikipedia Bioenergía 2019. 2019.

Wikipedia Energía solar 2019. 2019.

Wikipedia Gas de efecto invernadero (2019). 2019.

Wikipedia Política energética 2019. 2019.

Wikipedia Reactores de agua a presión (2019). 2019.

Wikipedia Reactor de agua en ebullición (2019). 2019.

Williams, Nigel (2011). Can Spain Reach 100 % Renewable Energy by 2020, edited by Peter Meisen, President, Global Energy Network Institute (GENI). Global Energy Network Institute, 2011.

Wind Turbine, Update 2019 – Global Market Size, Competitive Landscape and Key Country Analysis to 2023. (2019). Global Data. 2019.

World Data.info (2021). 2021.

World Energy Issues Monitor (2015). World Energy Council, United Kingdom. ISBN: 978 0 946121 37 3. 2015.

World Energy Outlook 2019 (2019). Executive Summary. 2019.

World Energy Trade (2021). Las inversiones en energías renovables en Asia-Pacífico podrían alcanzar los 1,3 billones de dólares en 2030. 2021.

World Energy Investment 2021. 2021.

World Energy Outlook 2019. Information Energy Administration (IEA). 2019

www.unesa.

www.consumer.

Xu, X., et al. (2020). Unravelling the effects of large-scale ecological programs on ecological rehabilitation of China's Three Gorges Dam. J. Clean. Prod. 256, 120446. https://doi.org/10.1016/j.jclepro.2020.120446. 2020.

Yegórov, Oleg (2017). ¿Cuáles son las principales exportaciones de Rusia? Rusia. 2017.

Zepf, V. (2020). The dependency of renewable energy technologies on critical resources In: Bleicher, Alena, Pehlken, Alexandra (Eds.), The Material Basis of Energy Transitions. Academic Press, London, pp. 49-70. 2020.

Zhang, Yongmin; and Liu, Wenwen (2015). Some Recommendations for Improving Renewable Energy Policies in China. University of Nottingham Ningbo China, Ningbo, China. Management Studies, April 2015, Vol. 3, No. 3-4, 110-128 doi: 10.17265/2328-2185/2015.0304.005. 2015.

www.ingramcontent.com/pod-product-compliance
Lightning Source LLC
LaVergne TN
LVHW011100300926
849160LV00008B/240
* 9 7 9 8 8 8 6 7 6 2 0 3 7 *